ro
ro
ro

Karin Jäckel ist eine renommierte Autorin. Nach dem Studium der Kunstgeschichte, Germanistik und Sprecherziehung mit anschließender Promotion lebt sie nun mit ihrer Familie im Schwarzwald.

Das Leben Katharina von Boras hat es ihr besonders angetan: «Katharina von Bora faszinierte mich bereits als Jugendliche, weil mir ihre schweigende Rebellion und die gewaltlose Kraft ihrer Selbstbefreiung imponierte. Mit dieser Energie verkörperte sie für mich die Magie des Weiblichen schlechthin.»

Karin Jäckel

Die Frau des Reformators

Das Leben der Katharina von Bora

Historischer Roman

Rowohlt Taschenbuch Verlag

3. Auflage Oktober 2006

Originalausgabe
Veröffentlicht im Rowohlt Taschenbuch Verlag
Reinbek bei Hamburg, März 2006

Redaktion Werner Irro
Umschlaggestaltung any.way,
Barbara Hanke/Cordula Schmidt
(Umschlagabbildung: Katharina von Bora, © akg-images)
Satz Adobe Garamond PostScript (InDesign)
bei Pinkuin Satz und Datentechnik, Berlin
Druck und Bindung Clausen & Bosse, Leck
Printed in Germany
ISBN 13: 978 3 499 23946 5
ISBN 10: 3 499 23946 9

Die Frau des Reformators

«Käthchen, Käthchen, wildes Mädchen»

(1504)

«Kikeriki!»

Erst letzten Freitag hatte Katharina gelernt, dass der Hahn auch krähte, als Jesus, Gottes Sohn, von den Häschern des römischen Königs Herodes gefangen genommen und ans Kreuz geschlagen worden war. Pater Albertinus hatte es sie gelehrt und ihr Bilder dazu gezeigt, auf denen zu sehen war, wie die Soldaten den betenden Herrn überwältigten, während seine Jünger schliefen. Nur einer von ihnen, der heilige Petrus, erwachte und schlug einem der Soldaten ein Ohr mit dem Schwert ab.

«Doch Gottes Sohn in seiner unendlichen Gnade tat ein Wunder, sodass das Ohr sogleich wieder anwuchs, denn er predigte Liebe unter den Menschen und nicht die Gewalt», hatte Pater Albertinus erklärt und das Buch mit den wundersamen Bildern zugeschlagen. «Deshalb mahnte er Petrus, das Schwert niederzulegen und die Lehre von der Liebe Gottes unter die Menschen zu tragen, denn Petrus sollte der Fels sein, auf den unser Herr seine neue Kirche bauen wollte. Doch noch ehe der Hahn zum dritten Mal krähte, hatte selbst Petrus unseren Herrn und Messias schon verleugnet und verraten.»

«Aber warum?», hatte Katharina entsetzt gerufen.

«Weil das Fleisch des Menschen willig, aber der Geist oftmals schwach ist», hatte Pater Albertinus geantwortet. «Darum spute dich, Katharina, dass du stets beim ersten Hahnenschrei aufstehst und den Herrn, deinen Gott, anbetest, auf dass dein Geist stark werde, an Jesus festzuhalten wie die Klette im Pelz.»

Wie Kletten im Pelz kleben, wusste Katharina nur zu gut. Kein Sommertag verging, ohne dass sie die dicken Haarlocken ihrer Brüder mit dem Holzkamm strählen und glätten musste, weil die Bengel es nicht lassen konnten, hinter ihren Hunden durch jedes Gestrüpp zu jagen. Kamen sie endlich daraus hervor, sahen sie stachlig aus wie die Igel. Und Katharina hatte ihre liebe Müh und Not, aus ihnen wieder Menschenkinder zu machen, die sich des Mittags und Abends mit allen anderen zu Tisch setzen durften. Meist half nach allem Kämmen und Zupfen doch nur das Messer, sodass die Mutter beim Anblick der borstigen Schöpfe ihrer Söhne immer wieder die Hände zusammenschlug: «Streckt nur ja eure Köpfe nicht zur Tür heraus, wenn unser Harras zur Jagd bläst. Er könnte euch leicht für wilde Eber halten.»

Katharina räkelte sich kichernd auf ihrem frischen Strohsack, den sie erst vor wenigen Tagen mit etwas Stroh, viel duftendem Heu und den Blüten wild wachsender Blumen gefüllt hatte.

«Kikeriki!» Zum zweiten Mal krähte es über den Hof, und gleich würde der dritte Weckruf folgen. So weit durfte es nicht kommen. Mit einem Ruck warf Katharina die Bettdecke von sich. Noch gerade rechtzeitig vor dem dritten Hahnenschrei lag sie vor ihrem Bett auf den Knien und schlug mit der schönen großen Geste, die sie Pater Albertinus abgeschaut hatte, das Kreuzzeichen über sich und sprach ihr Morgengebet.

Kurz darauf lief sie mit klappernden Holzschuhen über den Hof, um Mezze, der Wäscherin, einen Besuch im Waschhaus abzustatten. Der Frühnebel stieg in dicken weißen Schwaden über den von zahllosen Entwässerungsgräben durchzogenen Niederungen und Auwäldern zwischen Saale und Elbe rund um Burg Klietzen auf. «Fast so, als ob auch die Wassergeister großen Waschtag hätten», dachte Katharina und beeilte sich, ins sichere Waschhaus zu kommen.

Mezze war freitags immer als Allererste wach. Wenn die Wäsche bis zum großen Waschtag am Montag gründlich eingeweicht und vorgewaschen sein sollte, gab es viel zu tun. Ohne schon freitags, samstags und montags das erste Morgenlicht zur Arbeit zu nutzen, würde sie bei Sonnenuntergang ihr Tagwerk nicht verrichtet haben.

Zunächst einmal galt es, genügend trockenes Brennholz aus dem

Schuppen zu holen, es auf dem Hauklotz neben dem Waschhaus in handliche Scheite zu hacken und dann griffbereit neben der gemauerten Feuerstelle aufzuschichten. Zur Mittagszeit war Mezze daher schon rechtschaffen müde, ehe die eigentliche Arbeit richtig losging.

Feuer in der gemauerten Kochstelle anzuzünden, um darüber das Waschwasser in einem riesigen Kessel zu sieden, gehörte zu Katharinas Lieblingsaufgaben. Da Mezze dies wusste, wartete sie meist, bis die Tür des Waschhauses knarrend aufschwang und das kleine Mädchen hereinsprang.

Auch an diesem Freitag erwartete Mezze sie schon. «Na? Willst du mir wieder helfen?» Katharina nickte. Ihre über den Ohren aufgesteckten Zöpfe knisterten unter der streichelnden Hand der Waschfrau, deren Haut von scharfen Laugen und dem ständigen Wäschereiben rau und rissig geworden war. «Darf ich das Feuer anzünden?»

Schweigend schob Mezze der Kleinen ein schwarzes eisernes Kesselchen zu, das vom Aussehen her an eine Bettpfanne erinnerte, die zur Winterzeit mit heißen Steinen gefüllt und zwischen Strohsack und Bettdecke geschoben wurde, um Feuchtigkeit und Kälte zu vertreiben. Es enthielt eine Hand voll Glut aus der Feuerstelle in der Küche, wo das Feuer Tag und Nacht bewahrt und erhalten wurde. Es durfte niemals ausgehen, denn dieses Herdfeuer stammte von der gesegneten Flamme, die alljährlich in der Osternacht frisch entfacht und in der Kirche geweiht wurde, damit der Teufel und seine bösen Geister keine Macht über das Feuer bekämen. Wenn es doch einmal erlosch, musste das Haus von einem Priester ausgeräuchert und das frische Feuer neu gesegnet werden.

Achtsam las Katharina aus Mezzes Vorräten besonders fein gestifteltes Spanholz, trockenes Moos, etwas Heu und etliche dürre Tannenzapfen. Dann legte sie mit raschen, geschickten Bewegungen ein kleines Feuerbett in der großen Feuerstelle an und ließ die Glut aus dem Kesselchen hineingleiten.

Während Mezze mit gekonntem Schlag aus dem Handgelenk heraus die Axt führte und einen Holzkloben nach dem anderen zu Scheiten hackte, achtete sie aus den Augenwinkeln auf das Kind. Es wunderte sie immer wieder aufs Neue, wie flink und anstellig die Haustochter mit dem Feuer hantierte, wenn sie die ins Moos gebetteten Glutstücke durch behutsames Blasen entfachte. Ein Edelfräulein wie die Tochter des Herrn Ritters von Bora und seiner vornehmen Dame aus dem Hause von Mergenthal sollte eigentlich lieber mit Nadel und Faden umgehen, feine Handarbeiten anfertigen und die Laute zu höfischen Liedern schlagen.

«Was hast du, Mezze?», fragte Katharina in die Gedanken der Waschfrau hinein. «Denkst du an den gespenstigen Mönch vom Petersberg? Ist er dir wieder begegnet?»

Mezze erschrak so heftig, dass ihr ein Holzkloben davonsprang und sie sich fast mit der scharfen Schneide der Axt in den eigenen Fuß geschlagen hätte. «Psst, Kind! Schch! Von diesen Dingen spricht man nicht einfach so wie vom Brezelbacken. Sieh doch, nur weil du den Namen genannt hast, hätte der Geist mir fast den Fuß gespalten.» Hastig schlug sie ein Kreuz über sich selbst und in alle vier Himmelsrichtungen, ehe sie die im Boden steckende Axt wieder an sich nahm und ihre Arbeit fortsetzte.

«Aber du hast ihn doch schon gesehen», bohrte Katharina nach. «Und er hat dir gar nichts Schlimmes angetan, nicht wahr?»

«Nein, Gott bewahre!» Mezze schlug erneut ein Kreuz über sich. «Er saß nur ganz still im Klostergarten und schaute mich aus seinen glühenden Augen an, dass es mir durch und durch ging», raunte sie und blickte sich um, als fürchte sie, der Mönch werde im nächsten Augenblick zu ihnen ins Waschhaus niederfahren.

«Warum sitzt er denn da?», wollte Katharina wissen und schichtete sorgsam zuerst einen Meiler aus Tannenzapfen und Anfeuerspänen über der bereits aufzüngelnden Glut auf, ehe sie frisch gehackte Holzscheite zu einem spitzen Dach darüber aufrichtete.

Mezze zögerte. «Man sagt, der gespenstige Mönch sei einst ein wilder Ritter gewesen», flüsterte sie schließlich. «Er soll eine wunderschöne Frau und ein kleines Kind gehabt haben. Eines Tages zog er mit seinen Rittern in die Schlacht. Und als er wiederkam, fand er sein Land und seine Burg bis auf die Grundfesten vom Feind zerstört.

Nur der alte Pförtner lebte noch und erzählte ihm, wie die schöne junge Frau des Ritters mit dem kleinen Kind auf dem Arm ganz oben auf dem Burgsöller gestanden habe und ein Raub der Flammen geworden sei. Da sie ohne Beichte und Letzte Ölung gestorben waren, beschloss der Ritter, zum Zeichen seiner unendlichen Trauer niemals wieder seinen Bart zu scheren und Mönch zu werden, um seine Lieben aus dem Fegefeuer herauszubeten. So ging er ins Kloster und betete dort, bis sein Bart schneeweiß und so lang geworden war wie sein Skapulier. Da endlich nahm Gott seine Seele zu sich. In Zeiten aber, in denen ein Unglück herannaht und wieder eine Mutter mit ihrem Kind in Gefahr ist, erscheint der gespenstige Mönch des Mittags im Klostergarten und singt ein trauriges Lied. Wer ihn sieht und das Lied vernimmt, muss sterben.»

Katharina hatte über dem Zuhören fast das Feuer vergessen, sodass die Waschfrau eilig mit einem Zweig frische Luft in die Flammen wedelte.

«Hat er denn gesungen?», flüsterte Katharina mit einem Kribbeln im Nacken.

«Gott bewahre!», wiederholte Mezze. «Keinen einzigen Ton. Aber jetzt muss ich zum Brunnen, Wasser schöpfen. Gib auf das Feuer Acht, dass es nicht zu stark wird.»

Katharinas Nicken sah sie schon nicht mehr, denn sie lief mit hochgeschürztem Rock auf den Hof hinaus.

Das Wasser musste in einem Eimer aus dem rund gemauerten Schacht des Sodbrunnens hochgezogen werden. Wenngleich eine über dem Brunnen befestigte Winde die Arbeit erleichterte, war es doch anstrengend, immer neue volle Eimer heraufzuziehen. Weit mühsamer war es freilich, jeden einzelnen über den Hof ins Waschhaus zu schleppen. Und auch das war nichts im Vergleich dazu, immer wieder das kochend heiße Wasser aus dem riesigen Kessel, in dem es über dem gemauerten Herd erhitzt worden war, in die Wäschezuber zu schütten.

In großen Holzbottichen wurde die Waschlauge angesetzt. Für die Buntwäsche kochte Mezze dafür einen starken Absud aus Seifenkraut, Brombeerblättern und der ganzen Brennnesselpflanze, dem sie vor allem Pottasche sowie fein gestoßene Eichenrinde beimischte. Einem Teil des Absuds setzte sie zusätzlich grob geschrotete Eicheln und Waschnüsse zu und stampfte alles zusammen so lange mit dem Wäschestößel, bis es schäumte. Diese Lauge benötigte sie für die grobe farbige Schmutzwäsche.

Der Laugenabsud für Weißwäsche hingegen musste mit reinem weißem Sand und geriebener Schlämmkreide versetzt werden, um das Weiße wieder zum Leuchten zu bringen und den Grauschleier zu nehmen, der sich besonders an Kragen, Säumen, Manschetten und in den Spitzen der Damengewänder einnistete. Doch bevor die Weißwäsche in die spezielle Lauge eingelegt werden durfte, musste jedes einzelne Wäschestück nochmals sorgfältig geprüft und gewendet werden, damit sich nur ja kein farbiges Teil darin versteckt hätte. Schon ein einzelnes falsches Wäschestück würde die gesamte Weißwäsche ruinieren. Und Mezze wäre nicht die erste Wäscherin, der dafür eine Hand auf dem Richtblock abgeschlagen worden wäre. Zuletzt beschwerte sie die Wäsche mit flachen Flusssteinen, sodass sie vollständig vom Wasser bedeckt blieb, und deckte den Bottich mit einem Tuch zu. Das feine weiße Gewebe sollte bis Montag darin ruhen und ziehen.

Wie viele Male Mezze schon die Wäsche ihrer Herrschaft auf dem Rittergut Klietzen besorgt hatte, hätte die treue Seele selbst dann nicht zu zählen vermocht, wäre sie des Rechnens mächtig gewesen. Sie wusste bloß, dass sie ihrer Mutter beim Wäschewaschen zur Hand gegangen war, seit sie laufen konnte. Im elften Lebensjahr hatte sie ihre Mutter dann abgelöst. Deren Hände und ihr Rücken waren vom vielen Wassertragen und Waschen im kochend heißen oder eiskalten Wasser von Gicht verkrümmt und von den scharfen Laugen aufgerieben. Jede Bewegung schmerzte. Die offenen Wunden an den Händen heilten nicht mehr. Nichts half, nicht einmal die Wärme und das Wollfett aus den Streifen eines ungewaschenen Schaffells, die Mezze manchmal bei Justus, dem Schäfer, gegen Fallobst eintauschte.

Eines Tages hatte die Mutter Mezze eröffnet, es sei an der Zeit, auf eigenen Füßen zu stehen. Zusammen waren sie vor die Herrschaft getreten und hatten gebeten, die Wascharbeit von nun an Mezze zu übertragen und der Mutter auf Klietzen das Gnadenbrot zu gewähren.

Niemals würde Mezze das strenge Gesicht des alten Herrn von Mergenthal vergessen, dessen Stirn so zerfurcht war wie das Wasser der Saale im Sturm. Obwohl sie noch so jung war, hatte Mezze genau gespürt, dass er dem Wunsch der Mutter nicht stattgeben wollte. Doch in diesem Moment war Anna, seine junge Frau aus dem Hause von Schönberg, hinzugekommen, und die Sonne ging auf. Sie war mit ihrem ersten Kind schwanger, und der Leib zeichnete sich deutlich unter ihrem Gewand ab, als sie sich zu ihrem Gemahl beugte und ihn um Milde für Mezzes Mutter bat, die ja immer rechtschaffen gearbeitet und kein Kleidungsstück verdorben habe.

«Bedenkt doch, lieber Herr, dass sie Eurer verstorbenen Hausfrau Elisabeth stets treu gedient hat», sagte sie mit ihrer sanften Stimme, deren Singsang erkennen ließ, dass ihr Gemahl sie aus dem weit entfernten Erzgebirge auf seinen Rittersitz zu der Saale mitgebracht hatte, und legte ihm ihre Hand auf die Schulter. «Gewährt der alten Frau die Bitte, und ich will wohl gern mit ihrer jungen Tochter als Waschfrau vorlieb nehmen.»

«So sei es denn», brummte der alte Herr von Mergenthal und küsste die Hand seiner Frau. «Ihr seid die Herrin im Haus. Wie Ihr wollt, soll es geschehen.»

So war Mezze als Waschfrau zu Klietzen in Lohn und Brot gekommen und war es auch über den Tod des alten Herrn hinaus geblieben, als seine Witwe sich nach kurzer Trauerzeit wieder verheiratete und mit ihren drei kleinen Kindern und mit Jan von Haugwitz, ihrem neuen Gemahl, auf seinen vornehmen Rittersitz zu Hirschstein hoch über der Elbe fortzog. Gern hätte sie Mezze mitgenommen. Doch Hans von Bora, der junge Sohn und Erbe des verstorbenen Herrn aus erster Ehe, hatte sich strikt geweigert, seine bewährte Waschfrau ziehen zu lassen. Ohne eigene Hausfrau brauchte er gutes Gesinde, auf das er sich verlassen konnte, und war froh, in Mezze eine tatkräftige Hilfe zu haben. Und als er selbst vor wenigen Jahren Anna von Haugwitz, die Tochter seiner Stiefmutter mit ihrem zweiten Gemahl, als seine Hausfrau nach Klietzen heimführte, war auch diese über die brave Waschfrau glücklich, die schon ihrer Mutter treu gedient hatte.

«Ein bisschen ist es wohl für sie, als hätte sie in mir ein Stück Zuhause in der Fremde gefunden», dachte Mezze oft, wenn Katharinas Mutter ihr wieder einmal eine besondere Zuwendung zukommen ließ und auch niemals zürnte, dass ihre kleine Tochter sich mit Mezze im Waschhaus oder auf den Bleichwiesen zu schaffen machte, anstatt mit ihrer Stickarbeit in der Kemenate zu bleiben.

Inzwischen lag Mezzes erster Tag als Waschfrau über zwanzig Jahre zurück. Und wenn sie nun ihre eigenen Hände ansah, schien es ihr, als wären es die Hände ihrer Mutter, die längst für immer ruhten. Oftmals verspürte sie die stechenden Schmerzen in allen Knochen und Gelenken so heftig, dass sie die Finger fast nicht mehr zu krümmen vermochte und sich abends auf ihrem Strohsack kaum zum Schlafen auszustrecken wagte. Wenn sie auch sonst nicht daran dachte, wusste sie in diesen Momenten doch, dass auch ihre Zeit im Waschhaus bald abgelaufen sein würde.

Mezze warf Katharina, die ihr Feuer angefacht hatte und sich soeben zum Heimgehen anschickte, einen liebevollen Blick zu. «Willst du mir am Montag helfen, die weiße Wäsche auf die Bleiche zu bringen?»

Katharina hatte immer ihren Spaß daran, wenn die grüne Wiese endlich voll weißer Betttücher, Kissenbezüge, Kragen, Gebendetücher und Hemden lag. Unermüdlich lief sie dann zwischen den Wäschestücken hin und her, um zu prüfen, wie die Sonne ihr Werk daran verrichtete, bis die nach Sommer und wilden Blüten duftende Wäsche am Abend blütenweiß zurück ins Waschhaus gebracht werden konnte, wo Mezze sie in den nächsten Tagen mit dem heißen Stein glätten und bügeln würde.

Lächelnd winkte Mezze Katharina nach, die mit einem freudigen «Ja!» zu kommen versprach und davoneilte, um nicht zu spät am Frühstückstisch zu erscheinen. Eine Faust in den schmerzenden Rücken gestützt, lauschte sie dem sich entfernenden Klappern der flinken Holzpantinen auf den Pflastersteinen im Hof nach. Wie gern wäre auch sie zu Tisch geeilt und hätte die Beine darunter ausgestreckt. Doch so war das Leben, den einen Menschen hatte Gott an den gedeckten Tisch gesetzt, den anderen an die Arbeit. Und sie hatte wohl im falschen Moment den Finger gestreckt, als die Rollen verteilt wurden.

Seufzend wollte Mezze sich schon wieder über den Waschzuber beugen, um die bunten Wäschestücke darin erneut zu wenden und zwischen den Handballen zu reiben, als sie wie angewurzelt innehielt. Katharina sang. So früh am Morgen! Hatte denn niemand das Kind gelehrt, dass alles seine Zeit hatte und Lieder etwas für die Stunde der Muße waren, wenn man abends, nach getaner Arbeit, die Hände in den Schoß legte?

«Gott steh uns bei», flüsterte Mezze abergläubisch und dachte an Katharinas Fragen nach dem gespenstigen Mönch und an die junge Frau im Haus, die so schwer an ihrem neuen Kind trug. «Gott steh uns bei, dass nicht die Vögel, die schon am Morgen singen, des Abends die Katz holt!»

Auch Pater Albertinus sah den Frühnebel über den Wäldern und von Wassergräben durchzogenen Äckern zu Füßen seines auf einer felsigen Anhöhe gelegenen Klosters aufsteigen, als er die schmale Seitenpforte in Richtung Bode öffnete und hinausschlüpfte. Ehrfürchtig nahm er den Anblick der weißen Schwaden in sich auf, die wie der Atem Gottes aus den Tiefen der Erde zum Himmel aufstiegen. Sah es nicht aus wie die Wolke auf dem Altarbild der Stiftskirche des Klosters, auf welcher die heilige Mutter Maria aus dem Jammertal der Welt hinauf die in die ewige Seligkeit schwebte?

Pater Albertinus bekreuzigte sich und rückte den engmaschig aus Weidenruten geflochtenen Fischkorb höher, den er an einem gedrehten Strick über der Schulter trug. Den Duft des Waldbodens nach sommerwarmer Erde und Sand, nach moderndem Laub und Holz, feuchten Gesteinsspalten, frischen Blättern und Harz, nach Blumen, Schwämmen und reifenden Beeren in der Nase, das Zwitschern der Vögel, das Rascheln kleiner Tiere im Laub und alle die anderen tausendfach vertrauten Geräusche dieser Welt in den Ohren, schritt er rasch aus.

Er liebte den Sommer, wenn er freitags mit dem ersten Frühlicht in den taufeuchten Wald eilte; und am meisten das wundervolle Gefühl unter den nackten Fußsohlen, wenn er die geschnürten Schuhe an ihrem Riemen um den Hals hängen und barfuß, mit hochgeschürzter Kutte, über Moos und Bärenfellmützengras zu den Mäandern der Bode hinuntersteigen konnte.

Wenn es nach ihm gegangen wäre, hätte jede Woche mindestens zwei Freitage haben dürfen, denn mit Ausnahme des Freitags hatte Pater Albertinus keine Zeit, in den Wald zu gehen. Abgesehen vom Sonntag, der dem Gebet gewidmet war, saß er von Samstag bis Freitag in der Klosterbibliothek. Seine Aufgabe bestand in der Katalogisierung des Bücherbestandes und der Pflege der kostbaren Bücher. Hunderte von Büchern und Manuskripten standen mittlerweile in den deckenhohen Regalen der Klosterbibliothek aufgereiht. Das bedeutete für Pater Albertinus nicht wenig Arbeit, zumal er außerdem für das Zuschneiden und Vorbereiten der Pergamentseiten zuständig war. Davon wurde reichlich benötigt, denn seine Mitbrüder kopierten nicht nur unermüdlich eine Schrift nach der anderen. Sogar berühmte Gelehrte, die sowohl an der Klosterschule zu Nienburg als auch an der jüngst in direkter Konkurrenz zu Leipzig gegründeten Universität zu Wittenberg unterrichteten, schrieben darauf das Wort Gottes und das Wissen der Welt nieder. Welche Ehre, als einfacher Bruder diese Schätze hüten und bewahren zu dürfen! Pater Albertinus war sich der Wichtigkeit seiner Pflichterfüllung durchaus bewusst – doch wenn er sich jemals hätte zwischen der Bibliothek und dem Wald entscheiden müssen, hätte er keine Sekunde gezögert und den Wald gewählt.

Hier draußen, das spürte er, fand sein wahres Leben statt. Hier, inmitten der Erhabenheit der ursprünglichen Schöpfung, in der man vor Ehrfurcht schweigsam wurde, ohne dass ein von Menschen gemachtes Schweigegebot bestand. Und zwar schweigsam allein deshalb, weil die Bäume des Waldes die Säulen der Erde schienen, die Gottes Himmel tragen, und der Wind in den Bäumen den Atem Gottes verströmte.

Ohne seine Liebe zum Wald und zu Gottes freier Natur wäre Pater Albertinus am Freitag nicht der gewesen, der er war: der am ungeduldigsten erwartete Mann im ganzen Kloster Nienburg. Dank ihm gab es freitags nämlich keinen Einheitsgrützbrei zum Frühstück, zu Mittag und zu Abend wie immer, sondern Freitag war Fischtag in der Klosterküche. Keiner griff Bachforellen geschickter mit der Hand aus dem Wasser als Pater Albertinus.

Sein Fang war stets eine herrliche Abwechslung von der wöchentlichen Einheitskost. Kein Wunder, dass die Brüder sich schon montags darauf freuten, wenn der Sonntag mit der Labspeise zu Ehren des Herrn nur mehr ein erinnerter Nachgeschmack auf der Zunge war. Wohl keiner, der Pater Albertinus zu seinem Freitags-Fischzug im wilden Gewässer der Bode kein Petri Heil gewünscht hätte.

Die schmackhaften, lachsähnlichen Bachforellen, die er mit der bloßen Hand zu fangen pflegte, standen meist in den Gewässerschlingen. Dort, im Schatten überhängender Steine und Grassoden, lauerten sie auf Beute. Manche unter ihnen waren bis zu dreißig Zentimer lang. Ihre grünlich, bläulich und silbrig schimmernden Schuppen passten sich in der Farbe dem schimmernden Bodewasser so gut an, dass sie von den von feinen Algen und Moos überzogenen Kieseln und anderen Steinen kaum zu unterscheiden waren. Aber Pater Albertinus entdeckte sie doch und schnappte sie, ehe sie den Schatten seiner über ihnen schwebenden Hand bemerkten.

Am liebsten mochte er die seltenen Rotfleckigen, deren Brustflossen einen rosaroten Schimmer hatten, als wären sie aus der Haut der Jungfrau Maria geschnitten. Wenn er sie ergriff und ihren zugleich weichen und doch festen, zugleich kühlen und doch heiß lebendigen, zugleich zarten und doch kraftvoll zappelnden Körper bezwang, erfüllte ihn eine Lust, die nur deshalb nicht sündig war, weil sie einem Fisch galt.

Normalerweise gehörte Pater Albertinus nicht zu den Windenmönchen, die an der mit einer Winde ausgestatteten Klosterpforte saßen und das Bindeglied zwischen der weltabgeschiedenen Klosterklausur und der Außenwelt darstellten, indem sie durch ein Drehen an der Winde milde Gaben der Gläubigen annahmen oder Gottesgaben des Klosters nach draußen schoben. Auch gehörte es nicht zu seinen Aufgaben, Geschäfte außerhalb des Klosters zu erledigen. Doch seit Sommerbeginn gab es für ihn eine Ausnahme.

Anna von Haugwitz, die junge Frau des Ritters auf der nahe gelegenen Burg Klietzen, war guter Hoffnung. Schon zum fünften Mal in knapp sieben Jahren Ehe. Obwohl sie noch nicht einmal sechzehn Lenze zählte, als ihr Gatte sie stolz als seine Frau nach Hause führte, hatte sie ihm seither zwei gesunde Söhne und eine Tochter geboren. Und dabei war sie nur immer schöner geworden. Anders als die meisten Frauen, denen das Kinderkriegen mit jedem Mal breitere Hüften und hängendere Brüste angedieh, sah Anna stets schmaler und damenhafter aus.

Alle Welt wusste, wie sehr Hans von Bora seine Anna liebte. Er machte auch kein Geheimnis daraus. Jedes Mal, wenn sie wieder ein Kind unter dem Herzen trug, brachte er ihr vom heilkundigen Doktor Medicus über die Wehmutter bis zur Amme alles, was Anna helfen konnte, ins Haus, noch ehe die Wehen einsetzten.

Pater Albertinus lächelte, als er sich daran erinnerte, wie Hans von Bora ihm seine geheimsten Gedanken von der Zaubernuss anvertraut hatte. Gedanken, die ein Mann normalerweise wohl nur in der Beichte, oder nicht einmal da, verraten hätte. Doch im Grunde war es wie in der Beichte gesprochen worden, denn Pater Albertinus war Hans von Boras treuer geistlicher Rat und Beistand seit Jahr und Tag und sein Freund obendrein.

«Dein Schoß ist eine Zaubernuss», hatte Hans eines Nachts geflüstert, während er Annas Haar, das ihr die Zofe zu vielen feinen weizenblonden Zöpfen geflochten hatte, wie Sonnenstrahlen über ihr Kopfkissen ausbreitete. «Ich säe einen Kern hinein. Daraus wächst ein Kind. Wenn es reif ist, klappst du die Nussschale auf, lässt das Kind heraus und klappst die Nuss wieder zu. Als sei nichts gewesen.»

«Nun ja, wenn der Wehenschmerz nichts ist», gab sie neckend zurück. «Da wollte ich doch gern mit dir tauschen und dir die kurze Arbeit des Säens abnehmen, wenn du dafür die lange Arbeit des Erntens übernehmen wolltest.»

Doch das Säen ließ Hans von Bora sich nicht nehmen, und die Ernte seines Hauses wuchs rasch nach.

Wenn Anna von Bora an der Seite ihres Gatten im Damensitz auf ihrem weißen Zelter die Felsnase über dem linken Bodeufer hinauf zur Messe in der Klosterkirche St. Marien und Cyprian ritt, renkten sich die Männer vor Bewunderung noch immer fast die Hälse aus. Die älteren Damen der Gemeinde sonnten sich in der nicht mehr nachprüfbaren Behauptung, dass auch sie selbst einst so schön gewesen seien. Und den jüngeren schaute der Neid noch hinter dem hochgezogenen Mantelkragen aus den Augen.

Das boshafte Getuschel über so zarte und bleiche Weibsgestalten wie die junge Anna von Bora und Erscheinungen, von denen man nicht wisse, ob sie aus echtem Fleisch und Blut oder am Ende nur eine Hulda aus dem Wasserreich wären, wollte freilich keine von ihnen in Umlauf gesetzt haben. Dennoch machte es die Runde, dass Anna womöglich eine der sieben Töchter des Nixen vom Saalegrund sei und aus Liebe zu ihrem Hans den Fischschwanz abgelegt und Weibsgestalt angenommen habe.

Auch Hans von Bora und seine junge Frau vernahmen das Gerücht. Doch während der Ritter sich aufregte und schon die Klauen der Inquisition nach seinem Weib greifen und die Flammen des Scheiterhaufens über ihr zusammenschlagen sah, lachte Anna nur.

«Kein Mensch würde mich vor den Inquisitor schleppen und als Hexe verbrennen. Mein Name steht für meinen Glauben. Ehe ich der peinlichen Befragung unterworfen würde, ritten Fürsten und Könige daher, mich zu befreien.»

«Dein Wort in Gottes Ohr!», brummte Hans. «Aber wenn ich die Lästermäuler erwische, reiße ich ihnen eigenhändig die Zunge heraus.»

Erst seit Anna vor einem Jahr frühzeitig ein totes Kind zur Welt gebracht hatte, schien etwas nicht ganz mit ihr zu stimmen. Und seit der neuen, nun fünften Schwangerschaft stand es vollends nicht mehr zum Besten um sie. Es fiel Pater Albertinus zum ersten Mal auf, als Anna in der heiligen Sonntagsmesse beim Niederknien ohnmächtig zur Seite sank und von ihrem Gatten eilends hinausgetragen wurde, während die Mönche in der Nienburger Klosterkirche ihre Gesänge anstimmten, die so wundersam schön klangen wie ein leibhaftiger Engelchor. Und es war nicht nur ihm aufgefallen. Noch am selbigen Abend ließ der Abt Pater Albertinus als den geistlichen Vater des Hans von Bora zu sich rufen.

«Wie du weißt, ist unser Kloster denen zu Bora verpflichtet», sagte er. «Eine Treue ist der anderen wert, Albertinus. Es ist Gottes und der Menschen Wille, dass auch wir jetzt, in der Stunde der Not seiner jungen Frau, unser Bestmögliches für Hans von Bora und die Seinen tun.»

Pater Albertinus verbarg die Hände unter dem schwarzen Skapulier, das über der schwarz umgürteten Tunika der Benediktiner getragen wurde und vorn in zwei breiten Streifen bis zu den Füßen fiel. Innerlich wappnete er sich, als er den Blick senkte und halblaut antworte: «Fünf Schwangerschaften und fünf Geburten so rasch hintereinander in sieben Jahren Ehe haben die Kräfte der jungen Frau erschöpft.»

Tatsächlich kam die Antwort des Abtes scharf: «Schweig! Es ist dem Weibe von Gott gegeben, schwanger zu werden und dabei große Schmerzen zu leiden. Und es ist dem Manne gegeben, ihr Herr zu sein, nach dem sie Verlangen hat, auf dass sie ein Fleisch werden und

Nachkommen zeugen. Willst du Hans von Bora und seinem Weibe vorwerfen, dem Willen Gottes gehorcht zu haben?»

Pater Albertinus kannte das leicht aufbrausende Temperament seines klösterlichen Vaters im Herrn. «Es ist wahr, dass die Erbsünde dem Weibe viel Schmerzen macht, sooft sie ein Kind unter dem Herzen trägt», murmelte er. «Doch ist es nicht mit dem Weibe wie mit dem Acker des Herrn, den der Bauer, der ihn bestellt, ruhen lassen muss, ein übers andere Jahr, damit die Frucht nicht im Keime erstickt?»

Wie immer verflog die jäh aufsteigende Hitze des Geistes in der Seele des Abtes schnell wieder.

Versöhnlich legte er dem Bruder, dessen Argumentationskunst er schon bei anderer Gelegenheit kennen und schätzen gelernt hatte, die Hand auf die Schulter. «So wollen wir denn das Versäumnis des Bauern wieder gutmachen und den Acker recht düngen, damit die Frucht kräftig und stark wird und der Sturm sie nicht knickt.»

«Vielleicht wüsste ich ja schon, wie wir den rechten Dünger ausbringen könnten?»

Wie erhofft, lachte der Abt laut auf. «Hätte ich's mir doch denken können! Pater Albertinus ohne neue Ideen, unmöglich! Und wie, meinst du, soll das Wunder geschehen?»

«Ich habe den Bruder Siechenmeister um Rat gefragt. Daher weiß ich, dass die Säfte der wilden Forelle doppelt wertvoll bei Blutarmut und schwachen Nerven auf ein schwangeres Weib wirken.»

«Aha, und jetzt meinst du, wir sollten Gottes Gabe von nun an nicht nur hier, auf meinem Tisch, sondern auch im Hause von Bora ehren?» Der Abt gab seinem Gesicht einen strengen Ausdruck. Rasch wandte er dann den Kopf ab, um das Zittern seines Bartes zu verbergen, das sein Grinsen verriet. «So sei es denn», sprach er und räusperte sich, um seiner Stimme den nötigen Ernst zu verleihen. «Zwei Bachforellen künftig des Freitags für meinen Tisch, eine für die junge Frau von Bora aus dem Hause von Mergenthal. Und unseren Segen dazu.»

«Amen!», sagte Pater Albertinus.

Ein Knacken im Wald schreckte Pater Albertinus aus seinen Gedanken. Doch zum Glück war es nur ein Reh, das beim Anblick der schwarzen Gestalt im Dickicht verschwand, und keine der sieben Nixen aus dem Schloss des Wassermannes auf dem Saalegrund, deren leise lockenden Gesang schon so mancher Mitbruder vernommen haben wollte.

Wie es hieß, wohnten die Nixen mit ihrem Vater genau dort, wo die Bode in die Saale mündete, in einem Schloss aus reinstem Kristall mit durchsichtigen Wänden. Nachts wollte man sie im Mondschein auf einer Insel mitten im Strom tanzen gesehen und singen gehört haben.

«Schnickschnack!», rief Pater Albertinus sich selbst zur Vernunft und warf dem flüchtenden Reh einen Kieselstein nach, als könne er dadurch die in ihm aufsteigenden Bilder der aufreizenden Nymphe verscheuchen, deren in Stein gemeißeltes Abbild er einmal an einem Säulenkapitell erblickt und nie vergessen hatte.

Zwei Forellen hatte er inzwischen in seinem Weidenkorb, eine stattlicher als die andere. Mit etwas Glück würde er die fehlende dritte ein Stück weiter oben erwischen, wo der Bodelauf sich in einem Bogen schlängelte und der Wasserdruck mehrere flache Senken in den Grund gerieben und mit feinem, hellem Sand gefüllt hatte. Die Fische liebten diese Stellen, an denen sie fast regungslos zu stehen pflegten. Oftmals waren sie selbst für die geübten Augen Pater Albertinus' kaum zu erkennen. Doch an diesem Morgen sah er sie sofort. Wie Vögel mit zu kurzen Schwingen schwebten sie in ihrem nassen Element. Er duckte sich kurz in den Schutz eines Schlehdornbusches, um Tunika und Skapulier möglichst hoch hinter den Gürtelbund zu ziehen, ehe er ins Wasser stieg und in Lauerstellung ging. Wenig später konnte er die dritte Forelle in seinen Korb legen.

Zurück auf dem Trampelpfad oberhalb des Flusses, genoss er einmal noch den Blick über den schimmernden Flusslauf. Für eine lange Woche musste dieser letzte Eindruck vorhalten. Dann machte er sich großen Schrittes auf den Weg zur Klosterpforte, wo er die für den

Abt bestimmten Forellen abgab und seinen Esel in Empfang nahm. Mit etwas Glück und ein wenig List würde dieser ihn rascher nach Klietzen tragen, als er selbst laufen konnte.

Das Bild der kleinen Katharina von Bora stieg vor Pater Albertinus' innerem Auge auf. Er konnte sicher sein, dass Katharina bei seiner Ankunft auf Klietzen entweder Futter unter die Hühner und im Gänsehag ausstreute, der Küchenmagd im Hausgarten oder der Waschfrau im Waschhaus zur Hand ging oder sich ihrer Brüder erwehrte und hoch oben im Lindenbaum neben dem Bergfried saß und auf der kleinen Wachstafel zu schreiben übte, die Pater Albertinus ihr zu Beginn ihrer Unterrichtsstunden aus dem Klosterfundus mitgebracht hatte.

«Wie heißt du?», hatte er die Kleine bei ihrer ersten Begegnung gefragt und unwillkürlich gelächelt, als sie mit ihrer klaren, doch für ein Kind tiefen Stimme «Katharina von Bora aus dem Hause von Mergenthal» antwortete.

«Der Name passt zu dir», hatte er gesagt. Er hatte nicht damit gerechnet, dass sie es wagen würde, ihn ganz einfach «Warum?» zu fragen. Immerhin war er ein Fremder für sie und überdies ein ehrwürdiger, nicht mehr ganz junger Diener Gottes mit einem langen weißen Bart und in einem Gewand, das sich gänzlich von allen Gewändern unterschied, die ein Kind normalerweise sah.

«Weißt du nicht, was dein eigener Name bedeutet?», fragte er zurück.

Doch auch diesmal überraschte sie ihn. «Ich weiß es gut. Aber Ihr wohl nicht?»

Pater Albertinus gab sich geschlagen. «So wollen wir doch sehen, wer von uns es besser weiß. Ich fange an. Also aufgepasst: Katharina ist ein lateinischer Name. Er bedeutet so viel wie: Die allzeit Reine.»

«Gut», lobte die Kleine und feuchtete die Lippen blitzschnell mit der Zungenspitze. «Aber ich heiße nicht so, weil ich allzeit sauber gewaschen bin. Ich heiße nach meiner Ahnfrau Katharina aus dem Hause von Bora, als man alles noch lateinisch nannte. Da sagte man Klitsenum zu Klietzen und Bor teutonicum, nicht Deutschenbora.

Und statt Hans rief man die Männer Hannus und Friedericus und immer so fort.»

Pater Albertinus lächelte Katharina an und beugte sich sichtlich beeindruckt ein wenig zu ihr herunter. «Das hast du dir gut gemerkt. Aber weißt du auch, von welcher Katharina deine Ahnfrau ihren Namen hat?»

Das Mädchen zögerte. Pater Albertinus ließ ihr Zeit zu überlegen, während er ihr herzförmiges Gesicht mit dem energischen Kinn, den feinen, hochgeschwungenen Brauen und den dunklen Sicheln der niedergeschlagenen Augenwimpern über den slawisch anmutenden Wangenknochen studierte. Endlich zuckten die Lippen der Kleinen.

«Meine Mutter sagt, die erste Katharina sei eine heilige Frau gewesen, die am gleichen Tag wie ich Geburtstag hatte. Nur dass sie am 29. April auf die Welt kam und ich am 29. Januar. Meine Mutter hat ein kleines Bild von ihr, darauf trägt sie ein schönes Gewand und führt ein Feuerrad bei sich.»

«Stimmt.» Die Reihe war wieder an Pater Albertinus. «Man nannte sie Katharina von Alexandrien. Und sie führt ein Rad bei sich, weil sie sich dem Befehl des heidnischen Kaisers widersetzte und lieber den Märtyrertod auf dem Rad sterben und verbrannt werden wollte, als ihrem Glauben an Jesus Christus abzuschwören.»

«Aber Gottvater hat einen Blitz aus dem Himmel geschickt und sie vor dem Feuertod gerettet», rief Katharina.

«Sterben musste sie leider doch. Weißt du, wodurch?», fügte Pater Albertinus hinzu und glaubte sicher, das letzte Wort gehabt zu haben. Doch auch diesmal hatte er sich geirrt, denn Katharina nickte und warf wie nebenbei hin, dass die Heilige enthauptet worden sei. «Der Heidenkaiser hatte nämlich Angst vor ihr, weil sie so weise war, dass sie viel mehr wusste als der Kaiser und seine fünfzig weisen Heidenräte zusammen.»

«Das gefällt dir an ihr, wie ich höre», schmunzelte Pater Albertinus. «Willst du denn auch so weise werden wie deine Namenspatronin?»

«Nein», gab die kleine Dame zurück, «denn in ihren Adern floss Milch. Und das mag ich nicht.»

«Was magst du denn?», rief Pater Albertinus.

«Forellen!», sagte Katharina. «Habt Ihr heute auch mir eine mitgebracht?»

Sprachlos über so viel Kühnheit staunte Pater Albertinus die kleine, zierliche Person in ihrem fast bodenlangen grünen Untergewand an, das vorn über den Füßen ein wenig kürzer war als hinten und von einem silberdurchwirkten Obergewand verdeckt wurde. Dieses war an den engen Ärmeln nach der aktuellen Landsknechtsmode vielfach geschlitzt und ließ durch jeden dieser Schlitze das grüne Untergewand hervorschauen. Der Wind blies soeben eine Strähne ihres langen goldblonden Haares über den Rücken hoch, sodass es sich in ihrem Schapel, einem dicken Kranz aus Butterblumen, Gänseblümchen und Wiesenschaumkraut, verfing, der wie eine Krone über der Mädchenstirn lag.

Auch Katharina betrachtete ihr Gegenüber und musterte dessen Aufzug nicht minder gründlich als er den ihren. Er sah aus wie ein Benediktiner. Aber war er auch einer?

Selbstverständlich kannte sie das Kloster, sie war ja stets zur heiligen Messe dort.

Wie oft hatte sie bei all diesen Gelegenheiten die Mönche von Nienburg gesehen. «Sie beten und arbeiten», hatte der Vater ihr erklärt, als sie ihn einmal neugierig gefragt hatte, was die vielen schwarz gekleideten Männer wohl den ganzen Tag machten, die in den lang gestreckten Gebäuden wohnten. «Und wenn sie nicht beten, so schweigen sie. Nimm dir ein Beispiel daran, Katharina.»

Gehorsam hatte sie den Kopf gesenkt und den Finger an den Mund gelegt, damit er nicht weiter plapperte. «Reden ist Silber, Schweigen ist Gold», hatte auch die Mutter schon so oft gemahnt.

Und jetzt stand einer dieser schwarzen Männer vor ihr, der die ganze Zeit mit ihr geschwatzt hatte, anstatt zu beten. Konnte da wirklich alles mit rechten Dingen zugehen? Oder war er womöglich gar kein Benediktiner, sondern ein böser Geist, der verkleidet gekommen war, um sie mit seinem Geschwätz zu versuchen?

«Ihr seid gewiss der gespenstige Mönch aus dem Klostergarten vom Petersberg», rief Katharina in plötzlicher Angst und schlug rasch das Kreuz gegen den vermeintlichen Geist. «Hebt Euch hinweg und kommt nicht herein, denn meine Mutter ist krank und darf sich nicht erschrecken.»

Pater Albertinus schwankte zwischen Schreck und Ärger, fasste sich aber rasch und schlug mit einem «Gott bewahre!» ebenfalls das Kreuz. «Keine Angst, kleine Dame.» Betont freundlich reichte er ihr seine Hand, damit sie spüren sollte, wie lebendig warm diese war. «Ich bin nicht der gespenstige Mönch, das ist nur eine Sage, die sich Leute erzählen, die gern Schauergeschichten hören. Aber ein Mönch bin ich und aus Nienburg komme ich. Und ich will deine Mutter nicht erschrecken, sondern ihr einen Gruß von meinem Herrn und Abt entbieten, der ihr tatsächlich wieder eine Forelle schickt.»

Während Katharina an jenem ersten Freitag ihres Kennenlernens noch immer etwas skeptisch abseits stand und, beide Hände hinter dem Rücken versteckt, verlegen an ihrer Unterlippe nagte, blickte Pater Albertinus nachdenklich auf ihren blonden Scheitel nieder. Er hatte sie einmal kurz nach ihrer Geburt gesehen und seither nie wieder. Zwar war er mit ihrem Vater vertraut. Doch meist hatte dieser den Weg zu ihm ins Kloster genommen, wenn er den geistlichen Rat und Beistand seines Beichtvaters suchte.

War Pater Albertinus doch einmal selbst hinaus aufs Gut geritten, geschah dies in wichtigem Auftrag seines Abtes. Und bei diesen äußerst seltenen Gelegenheiten hatte Hans von Bora seine Gemahlin Anna stets streng angewiesen, die Kinder fern zu halten. Sie durften nicht einmal neugierig aus dem Fenster schauen, wenn Pater Albertinus da war. Erst jetzt, in seiner klösterlichen Forellen-Mission, stand er dem Edelfräulein von Bora bewusst gegenüber.

«Seid Ihr durch den geheimen Gang gekommen und am hohen Bild gewesen?», drang plötzlich ihre Stimme durch seine Gedanken vor, und ihre Rechte griff zögernd nach der Forelle, die Pater Albertinus die ganze Zeit festhielt.

«Woher kann sie von diesen Gängen wissen und von der Mutter Gottes im Baum?», schoss es ihm durch den Kopf. «Gesehen hat sie diese doch wohl kaum, weiß ja nicht einmal ich, der ich den Wald in- und auswendig kenne, so genau, wovon sie spricht. Sie scheint ihrer wissbegierigen Namenspatronin wahrlich Ehre zu machen. Wächst uns da etwa eine kleine Philosophin heran, eine neue Katharina von Alexandrien oder gar eine Katharina von Siena?»

Die Madonna im Baum, wie der Volksmund das Bildnis der Mutter Maria im Wald nannte, hatte einst vor langer Zeit ein unbekannter Künstler aus dem Stein geschlagen und zur frommen Andacht unter einem frei stehenden Buchenbaum auf einer schwer zugänglichen Felsnase oberhalb der Saale aufgestellt. Zu Anfang musste es dem vom Fluss heraufschauenden, weit entfernten Betrachter erschienen sein, als schwebe die Madonna auf der Sichel des Halbmondes schwerelos vor dem dunklen Hintergrund des Waldes in den Himmel hinauf. Doch mit der Zeit war ihr Steinsockel mürbe geworden, und der hinter ihr mächtig gewachsene Baum stützte sie zunächst, bevor er sie dann immer inniger umschloss, bis allein ihr Gesicht mit einem Stück der Schulter noch aus Stamm und Rinde herausschauten.

Mit einem kleinen Zupfen an seinem Skapuliertuch zog Katharina die schweifenden Gedanken und die Aufmerksamkeit Pater Albertinus' wieder auf sich. Er schüttelte den Kopf. «Am hohen Bild Unserer Lieben Frau war ich heute nicht. Warum fragst du mich danach?»

«Weil unsere Mezze, die Wäschefrau, gesagt hat, ich solle einen Blumenstrauß zum Gnadenbild der Heiligen Mutter Gottes im Baum in den Saalewald tragen und ein Gebet für meine Mutter sprechen. Dann werde sie sofort gesund.» Katharinas Augen füllten sich mit Tränen, die sie mit raschem Blinzeln zu unterdrücken suchte. «Und sie hat gesagt, wenn ich den geheimen Klostergang wüsste, könnte ich schnell in den Wald laufen und wieder zurück sein, damit niemand merkt, dass ich fort war. Ich darf nämlich nicht allein in den Wald. Der Vater hat es verboten.»

Pater Albertinus nickte. «Ich verstehe. Schade nur, dass es den geheimen Gang gar nicht gibt.»

«Doch, es gibt ihn!», widersprach Katharina energisch und stampfte mit dem Fuß. «Ihr wollt es mir nur nicht verraten, weil niemand ihn wissen soll.»

Pater Albertinus wusste tatsächlich, wovon Katharina sprach. Es ging seit undenklichen Zeiten die Sage, einst habe zwischen dem Benediktinerkloster zu Nienburg und dem weithin übers Land sichtbaren Augustiner-Kloster auf dem nahen Petersberg ein Nonnenkloster gestanden, welches von den Äbten vom Petersberg selbst gestiftet wurde. Wegen der geringen Zahl der Klosterjungfrauen habe man es im Volksmund nur das Nonnenklösterlein genannt. Doch bald schon habe der Teufel die frommen Schwestern verführt, sodass sie ihm ihr Seelenheil verschrieben. Zum Dank habe Beelzebub persönlich einen unterirdischen Gang von drei Ellen Breite und vier Ellen Höhe hin zum Mönchskloster gegraben, durch den sich die Nonnen und Mönche heimlich besuchten und Liebesverhältnisse unterhielten.

Es war dem Klosterbruder peinlich, mit einem so kleinen Mädchen über derartige Dinge zu sprechen, doch Katharina fuhr schon fort. «Wisst Ihr nicht, dass ein Schafhirte einst ein Loch entdeckt hat, das geradewegs in Euer Kloster führt? Ja, dass es auch unter dem Marterberg ein solches Loch gibt? Und dass einst vor langer, langer Zeit ein hochedler Ritter so sehr auf seinen Herrn Vater ergrimmt war, weil dieser dem Kloster zu Nienburg einen Goldguldenschatz geschenkt hatte, dass er durch den geheimen Gang ins Kloster schlich und das Geld aus dem Altarschrein unter dem Muttergottesbild raubte?»

Pater Albertinus wartete einen Moment, bevor er vielleicht etwas zu laut fragte: «Wenn du so viel weißt, kleine Dame, dann wirst du auch wissen, was mit dem Raubritter danach geschah?»

Katharina nickte. «Ja, der Herr Abt hat ihn verflucht. Und bald war der Böse sehr krank und hat bis zu seinem frühen Tode so übel gestunken, dass keiner seiner Freunde mehr bei ihm bleiben wollte.»

Pater Albertinus staunte. In manchen alten Sagen steckte doch immer ein Körnchen Wahrheit. In Wirklichkeit war es zwar nicht ganz so gewesen, denn der Tod des Ritters stand wohl eher im Zusammenhang mit Erbstreitigkeiten, an deren Ende der Vater den Sohn vergiften ließ, sodass er unter großen Qualen in einer Bauernhütte verstarb. Da er jedoch tatsächlich den Klosterschatz geraubt hatte und dafür durch den Abt verflucht worden war, glaubte jedermann, dieser Fluch habe sich mit Gottes Hilfe erfüllt.

Für Katharinas Seelenheil schien es Pater Albertinus allerdings besser, wenn sie eine andere Version der Geschichte glaubte. «Und warum, meinst du, wurde der Tempelräuber so krank? Und warum hat er wohl so entsetzlich nach Pech und Schwefel gestunken?»

Pater Albertinus machte eine kleine Pause und gab sich dann selbst die Antwort: «Weil er durch einen Teufelsgang geschlichen war, worin die Dämpfe der Hölle waberten und die Geister der ewigen Finsternis nach ihm griffen, sodass seine Seele schwarz vergiftet wurde und er unter grässlichen Qualen bei lebendigem Leibe verfaulen musste.»

«Iiiih!» Katharina verzog ihr Gesicht zu einer solchen Grimasse, dass Pater Albertinus sich des Erfolgs seiner ein wenig passender gemachten Wahrheit sicher war.

«Sag», murmelte Pater Albertinus, denn das interessierte ihn sehr, «woher hast du das alles? Erzählt deine Mutter dir solche Geschichten?»

«Nein, sie doch nicht!», kicherte Katharina, als habe er soeben einen Scherz gemacht. «Unsere Wäschefrau erzählt sie mir, wenn wir zusammen in der Waschstube sind und sie mir zeigt, wie man die gute Seife macht und die Lauge zum Einweichen, die unsere Kleider wieder rein werden lässt.»

In diesem Moment fasste Pater Albertinus einen Entschluss, über den er sich später selbst am meisten wunderte. Wenn er jemals eine göttliche Eingebung gehabt hatte, dann, so dachte er, war es diese. Wie anders sollte es sonst erklärlich sein, dass er als Mönch, der sich nie besonders viel aus Kindern gemacht hatte, von einer Sekunde zur anderen beschloss, er selbst werde künftig diesem wissbegierigen Ding alles beibringen, was er gelernt hatte und wusste. Zwar war sie nur ein Mädchen, doch auch ihre Namenspatronin war ein Mädchen gewesen und dennoch eine so kluge, hoch gebildete Frau geworden, dass sie bis heute als Schutzheilige der geistigen Wissenschaft verehrt wurde und als Schutzengel aller Schüler und Studenten galt. Ganz gewiss wäre eine gezielte Unterrichtung dem starken, doch wohl gänzlich wilden Geist und der schönen Seele dieses Kindes zuträglicher als allerlei Ammenmärchen, die den klaren Verstand benebeln.

Spontan, ohne auch nur einmal darüber nachzudenken, und somit völlig gegen seine Gewohnheit bot er Katharina an: «Wenn du willst, bitte ich deinen Vater, dass er mir erlaubt, zusammen mit dir zum Gnadenbild zu gehen», und ließ sich vor ihr in die Hocke, sodass sie einander auf gleicher Augenhöhe ansahen.

«Wirklich?» Zwei große blaugrüne Augen mit goldenen Sonnenflecken und einem so lichten Schimmer durchdrangen ihn, als wären sie aus dem schönsten Forellenleib der Bode gemacht, sodass es Pater Albertinus wie eine Faust ums Herz griff.

«Wirklich!», versprach er.

Da nahm Katharina seine Hand und führte ihn ins Haus, zu ihrer Mutter, die matt und blass auf einem Diwan in ihrer Kemenate lag und die Stickarbeit, an der sie soeben gearbeitet hatte, auf ihrem schwangeren Leib ruhen ließ, als sei selbst der leichte Stoff für ihre Hand zu schwer.

Auf diesem kurzen Weg ins Haus war es, dass Pater Albertinus erstmals dieses zärtliche Gefühl in sich spürte, diese Sehnsucht, Katharinas kleine Hand möge auf immer so vertrauensvoll in seiner großen Hand ruhen.

Am Anfang hatte ihn die Zärtlichkeit bestürzt, die er für das kleine Mädchen empfand, das inmitten seiner wilden, ewig schmutzigen Brüderschar eine schöne innere Vornehmheit ausstrahlte und selbst im Alltagsgewand wie ein Schmuckstück hervorstach. «Sie ist ein Weib», hatte er schuldbewusst gedacht. «Eine kleine Eva, eine Verführerin. Spürst du alter Narr schon jetzt, so klein sie noch ist, den Stachel der Lust, der dem Weib anhaftet, wenn dein Herz ihr entgegenschlägt, sobald du sie siehst?»

«Vater, ich habe gesündigt», hatte er deshalb im Beichtstuhl bekannt und sich dreimal an die Brust geschlagen. «Ich habe Freude beim Anblick eines Weibes verspürt.»

Pater Albertinus fühlte sich schon wie im Fegefeuer brennen, während er mit rauem Hals und zitternder Stimme bekannte, sich manchmal zu wünschen, ein Töchterchen zu haben wie die kleine von Bora und ihr Vater zu sein, der sie lehren und ins Leben begleiten und beschützen dürfe.

Schon bei diesem Satz wandelte sich der Ton des Beichtvaters ein wenig zum Freundlichen. Und je länger die Beichte währte, desto milder wurde er, bis am Ende die erlösende Lossprechung von der Sünde stand. Es war klar geworden, dass Pater Albertinus nicht voll sinnlicher Lust an die kleine Katharina von Bora dachte und sich nicht wünschte, sie unkeusch zu berühren oder sich von ihr unsittlich berühren zu lassen. Seine Liebe zu ihr war lauter und rein und ohne fleischliches Begehren.

«Unser Herr Jesus selbst», erklärte der Beichtvater und wiederholte diese vier Wörter mit erhobener Stimme, «merke wohl, unser Herr Jesus selbst sprach zu seinen Jüngern, als sie rätselten, wer wohl die Edelsten im Paradies seien, sie sollten sich ein Beispiel an einem Kind nehmen, denn diese Kleinen seien die Größten im Himmelreich.»

Pater Albertinus sah seinen Beichtvater nicht. Dessen Gesicht und Gestalt blieben hinter einem feinen hölzernen Flechtwerk verborgen. Er erkannte ihn auch an der Stimme nicht. Flüsternd war sie unkenntlich, obwohl es sich um einen der Mitbrüder des Klosters handelte, denn sie alle nahmen einander zu gewissen Zeiten die Beichte ab. Dennoch vernahm Pater Albertinus den wohlwollenden Ernst, als sein Gegenüber fortfuhr: «Die Engel der Kinder sehen allezeit das Angesicht Gottvaters im Himmel und berichten dem Herrn, was geschieht. Darum hüte und schütze diese Kleinen, denn wer ein Kind im Namen Jesu liebt, der liebt Jesus selbst. Wer aber auch nur eines versehrt, dem wäre besser, er würde mit einem Mühlstein am Hals im Meer ersäuft, wo es am tiefsten ist.»

Seitdem hatte Pater Albertinus aus seiner fürsorgenden Liebe zu der kleinen Katharina von Bora keinen Hehl mehr gemacht und sie so fest in sein Herz geschlossen wie die Mutter Maria und alle Heiligen. «Oder zumindest fast so», wie er manchmal mit einem Anflug von Schuldgefühl dachte, denn natürlich sollte ein Mann Gottes nicht einmal ein Kind so sehr lieben wie die Gottesmutter selbst. Aber wenn er auf dem Steinboden der Klosterkirche vor ihrem Bildnis kniete, wusste er, dass sie ihn verstehen und Fürbitte für ihn leisten werde, sobald seine Stunde gekommen wäre und seine Seele gewogen würde.

Natürlich hatte Pater Albertinus als Mönch und gottgeweihter Mann kein Recht, frei über sich selbst und seine Zeit zu verfügen. Sein Leben und seine Arbeitskraft, seine ganze Person gehörten allein Gott und dem Kloster. Ohne ausdrückliche Erlaubnis des Abtes durfte auch der gelehrte Klosterbibliothekar niemals Präzeptor oder Instruktor der von Bora-Kinder werden. Doch Gott sei Dank schätzte der Abt seinen Mitbruder genug, um ihm einen ungewöhnlichen Wunsch nicht einfach deshalb abzuschlagen, weil er ungewöhnlich war. Und da es reichlich gute Gründe gab, die Nachfahren des noblen Hans von Mergenthal unter die Fittiche der Kirche zu nehmen, erhielt Pater Albertinus die erbetene Gunst, sich von Stund an des Freitags nach dem Fischzug als Hauslehrer zu betätigen. Auch für Katharina von Bora.

Der Abt hatte sogar ausdrücklich befohlen, dass Katharina nicht abseits stehen dürfe. Schließlich, so meinte er, seien selbst Mädchen Gottes Geschöpfe. Wenn man sie nur früh genug an fromme Gedanken und Gebete heranführe, könne selbst die schwärzeste Erbsünde aus ihrer Seele weichen. Das habe er an seiner eigenen Schwester erfahren, die Äbtissin in einem Zisterzienserinnenkloster sei.

Pater Albertinus widersprach nicht.

Seitdem führte Pater Albertinus nicht nur die wilden von Bora-Brüder mehrfach den Berg zum Kloster Nienburg hinauf sowie zu allen Plätzen an Bode und Saale, die ihm wert und heilig waren, sondern auch die kleine Katharina. Während die Brüder auf diesen Wanderungen mit lautem «Hüa und Hott!» über Stock und Stein sprangen, sich mit ihren Holzschwertern ritterliche Kämpfe lieferten oder johlend über die Wiesenhänge kugelten, lief Katharina geziemenden Schrittes neben Pater Albertinus einher und lauschte den Geschichten und Berichten ihres neuen Lehrmeisters.

Einmal schauten sie einem Schwarm Tauben zu, der aus den kleinen Lichtgauben aufstieg, die, in einer Doppelreihe gegeneinander versetzt, in den lang gestreckten Ziegeldächern der Klosteranlage eingebaut worden waren, damit Licht und Luft auf die Dachböden gelangte. Etwas Licht war wichtig für die frommen Brüder, die dort Apfelscheiben und Birnenschnitze, Nüsse und Korn, Pilze und Kräuter sowie allerlei Heilpflanzen auf großen Sieben und Darren sowie in Säckchen und Körben oder an langen Leinen und Haken trockneten. Und der Luftzug war nötig, weil alles Dörrgut ohne die regelmäßige Zufuhr von Frischluft verschimmelt und verdorben wäre.

Katharina schirmte ihre Augen mit beiden Händen gegen das Sonnenlicht ab. «Tauben sind schön», stellte sie bewundernd fest. «Seht doch nur, Pater Albertinus, die weißen dort, wie die Sonne ihre Flügel leuchten lässt. Und die grauen mit dem blauen Halsband, sehen sie nicht aus, als trügen sie Samt und Seide?»

«Weißt du, dass es die Tauben waren, die einst von der Mutter Gottes geschickt wurden, damit hier unser Kloster entstehen konnte?», fragte Pater Albertinus und freute sich über ihr eifriges: «Erzählt, ach bitte!»

Lächelnd wies er auf einen Stein, der mit dicken Mooskissen gepolstert war und zum Rasten einlud. «Eines Tages, vor langer Zeit, reiste ein heiliger Bischof mit seinem krummen Bischofsstab in der Hand und der hohen Bischofsmitra auf dem Haupt über Land. Er wollte nach seinen Klöstern und Brüdern im Herrn sehen und die schwarzen Schafe unter ihnen von den weißen trennen.»

«Warum? Mochte er die schwarzen nicht?», unterbrach Katharina. «Ich finde sie schöner als die weißen.»

Pater Albertinus überhörte ihren Einwurf.

«Auf seinem Weg gelangte der Bischof genau hier zu unseren Füßen, mitten im wildesten Wald, auf einen kleinen Berg über einem schönen Fluss und auf eine Lichtung, auf der unzählige Tauben aller Arten und Farben versammelt waren. Sie gurrten und pickten und trippelten eifrig herum und pickten erneut. Neugierig trat der heilige Bischof Benno näher, denn er wollte wissen, was die Tauben am Bachufer zu scharren und zu picken hätten. Da sah er, dass sie aus tausend verschiedenen Samen und Körnlein den Namen ‹Cella nova Sancte Marie et Cypriani› in den Sand gelegt hatten.

Dieser Anblick berührte den frommen Bischof so tief im Herzen, dass er sofort eine Vision und fromme Erleuchtung hatte. Dabei erschaute er, dass die Mutter Gottes selbst in die Gestalt einer weißen Taube geschlüpft war und mit ihren Engeln, die ebenfalls Tauben waren, den Namen eines Klosters geschrieben hatte. Den Brüdern, die an der von ihr bezeichneten Stelle eine Klosterzelle errichten würden, sollte die Gnade verliehen werden, dass alle ihre Gebete von Gott erhört würden.

Schon bald, so prophezeite der heilige Bischof in seiner Vision, würden fromme Männer im schwarzen Habit an diesen wunderbaren Ort kommen und ein Kloster erbauen. Ihre Gebete würden viele Menschen selig sprechen und im Fegefeuer Brennende erlösen. Und tatsächlich, genau so geschah es. Die Benediktiner kamen. Unser Kloster wurde gebaut.»

Katharina hatte schweigend zugehört. Doch hinter ihrer Stirn arbeitete es, während sie mit der Fußspitze einen Stein aus dem Boden herauszulösen versuchte. Pater Albertinus störte sie nicht.

«Wenn die Tauben es können, kann ich es dann auch?»

«Was meinst du, Kind?» Pater Albertinus schaute Katharina eindringlich an und hob ihr Kinn mit dem Zeigefinger an, um sie dazu zu bewegen, seinen Blick zu erwidern.

«Heißt das vielleicht, du möchtest schreiben und lesen lernen, Katharina?»

Noch immer hob sie die Lider nicht, doch ihre Wangen röteten sich verräterisch.

«Weißt du denn auch, was du schreiben willst?»

Jetzt endlich sah sie auf. «Meinen Namen», antwortete sie, während über den roten Dächern des Klosters die Tauben kreisten, als hätten sie seit den Tagen des heiligen Bischofs nichts anderes getan. Und wenngleich dieses Kind nur ein Mädchen war, schien es Pater Albertinus, als habe er nie einen hoffnungsvolleren Schüler angenommen.

Hans von Bora sah Pater Albertinus des Freitags stets schon von weitem. Seine schwarze Gestalt auf dem kleinen Esel, der immer wieder störrisch stehen blieb und sich nicht davon abhalten ließ, jede am Wegrand gedeihende Distel zu fressen, war unverkennbar.

Sosehr der Herr auf Klietzen es zu schätzen wusste, dass dem Nienburger Abt das Wohlergehen der Burgherrin am Herzen lag, so froh war er im Innersten doch, dass niemand von der wöchentlichen Klostergabe wusste.

Auch wenn es seiner Frau nichts auszumachen schien, dass man sich über sie das Maul zerriss, Hans von Bora war nicht erpicht darauf. Im Gegensatz zu Anna wusste er nur zu genau, wie gern die Leute lästerten und begierig nach jeder Neuigkeit griffen, um sie unters Volk zu bringen. Und er kannte auch Beispiele genug, in denen daraus der schlimmste Schaden für Leib und Leben oder Haus und Hof der frömmsten Leute erwachsen war.

So wollte er gar nicht daran denken, was die Flüsterpost aus einem harmlosen Fisch machen würde, wüsste man, dass der im besten Mannesalter stehende Abt von Nienburg ausgerechnet der schönen Anna auf Klietzen allwöchentlich eine der kostbaren Bachforellen aus dem Klostergrund bringen ließ, für die ein Fischräuber seine rechte Hand gegeben hätte.

In einem Punkt hatte Anna aber wohl Recht. «Wahrscheinlich würde sie wirklich nicht einmal dann als Hexe verbrannt, wenn statt des Kindes demnächst leibhaftig eine Kröte unter ihrem Rock hervorkäme», dachte er. «Als Enkelin derer von Schönberg und Pflugk und Tochter eines Reichskanzlers wäre sie wohl wirklich gefeit.» Wer, wenn nicht sie, eine Hochedle vom Stammbaum frommer Ritter, die in ihren verschiedenen Zweigen zusammen mit ihren Landesherren nach Jerusalem reisten und dort als fromme Pilgerreisende zum Ritter vom Heiligen Grab geschlagen worden waren und in jeder Generation Mönche und Nonnen stellten, unter denen nicht wenige als Äbte und Äbtissinnen mächtige Klöster leiteten, sollte vor der Inquisition und dem Scheiterhaufen sicher sein?

Dass Pater Albertinus keineswegs in erster Linie wegen Anna und der Freitagsforelle oder wegen der geistlicher Unterweisung bedürftigen Söhne des Ritters nach Klietzen kam, erkannte Hans von Bora erst, als der Pater eines Tages quasi mit der Tür ins Haus fiel.

«Ist dir eigentlich schon aufgefallen, dass eine neue Katharina von Alexandrien unter deinem Dach heranwächst?», fragte er ihn, während sie bei einem Becher Rotwein vom Fass auf der Bank unter der großen Linde im Hof beisammen saßen.

«Eine was?», fragte Hans von Bora zurück.

«Schaust du dir deine Tochter nie an?», lachte Pater Albertinus.

«Sie ist ein Mädchen», brummte Hans von Bora. «Was soll Eure Frage, Pater? Soll ich den Röcken meiner Tochter nachstarren?»

Pater Albertinus ließ den Rotwein im Becher kreisen, ehe er sich der Diplomatie bediente, wie er die Überrumpelungstaktik nannte, mit der er Hans von Bora darüber aufklärte, dass seine Tochter um Nasenlängen klüger sei als seine Söhne, und den widerspenstig Protestierenden anschließend vor die Wahl stellte, von nun an entweder alle drei Kinder um Gottes Lohn zu unterrichten oder keines mehr.

Vermutlich hätte nicht einmal das ausgereicht, die väterliche Zustimmung für Katharinas Teilnahme an den Schreibübungen und Lateinstunden zu erlangen, die Pater Albertinus bisher nur ihren Brüdern erteilt hatte, hätte nicht Katharinas Mutter die Tradition fortgesetzt, dass dem Mann zwar das letzte Wort gebühre, aber das Sagen den Frauen.

Doch zunächst hatte sich Hans von Boras heißblütiges Temperament Luft gemacht. Er halte es grundsätzlich für unnötig, dass seiner Tochter Flausen in den Kopf gesetzt würden. «Dass meine Söhne Bildung lernen, Pater Albertinus, ich wäre ein schlechter Vater, wollte ich dagegen sein. Und wenn Ihr sie schon jetzt unterrichtet und vorbereitet auf den Tag, an dem sie als Klosterschüler zu Nienburg ihrem ritterlichen Stand entsprechend lernen werden, was nötig ist, damit sie in die Fußstapfen ihrer Väter treten können, so will ich Euch auf Knien dafür danken. Doch Katharina?» Ein kurzes Auflachen betonte die Absurdität allein des Gedankens. «Wenn sie schreiben und lesen will, so möge sie ihre Mutter fragen. Diese wird ihr beibringen, was für sie selbst immer ausreichend und gut war. Was der Mutter ihr Lebtag recht, wird wohl der Tochter billig sein.»

Pater Albertinus, der den Sturm vorhergesehen hatte, schlug Hans von Bora beruhigend auf die Schulter. «Brich nichts übers Knie, mein Sohn. Überschlafe es eine, zwei, meinetwegen auch drei Nächte. Geh mit deiner Frau zurate. Sie ist die Mutter deiner Kinder und sollte wohl ein Wort über ihre Erziehung mitzureden haben.»

Hans von Bora hatte noch in derselben Nacht mit Anna gesprochen. Doch wenn er erwartet hatte, sie werde gehorsam nachgeben, sah er sich getäuscht. Trotz ihres blassen, leidenden Zustands seit Beginn der fünften Schwangerschaft hatte sie sich sowohl ruhig und besonnen als auch mutig und unerschütterlich gegen ihn gestellt und Partei für ihre Tochter ergriffen.

«Du bist mein Gemahl und der Herr im Haus», sagte sie und nahm seine zornig geballte Faust an sich, um die Finger einen nach dem anderen glatt und gerade zu streichen, ehe sie ihre Wange daran legte. «Wir werden nach außen hin mit nur einer Stimme sprechen. Mit deiner Stimme. Doch hier drinnen, hier im Haus habe auch ich eine Stimme. Und ich bitte dich, höre sie an.»

Sie wartete einen Augenblick, ehe sie leise fortfuhr: «Meine Tochter, nein, unsere Tochter ist keine Seifensiederin oder Kräuterhutzel noch eine Bäuerin oder Magd. Unsere Tochter ist Spross vom Spross edelster Ritter und Damen, die am Tisch und im Rat regierender Fürsten und Könige sitzen oder das Reich Gottes in Klöstern herbeibeten und es sogar übers Meer bis nach Jerusalem tragen.»

«Was soll das, Frau?», murrte Hans von Bora.

Anna hob leicht die Stimme. «Warte, nur dies noch. Mich lehrte man, dass Gott das Weib aus der Rippe des Mannes schuf, damit sie von einem Fleisch und Geist seien und einander würdig in gleicher Art. Und er stellte das Weib an die Seite des Mannes, damit er ihr Herr und sie seine Gehilfin sei, ein jeder von ihnen an dem ihm vorbestimmten Ort. Katharinas Bestimmung durch Geburt und Gottes Willen ist es, zu den Edelsten des Landes zu gehören und eines Tages entweder eines edlen Mannes Weib und Gehilfin zu sein oder Gehilfin Gottes als unbefleckte Braut unseres allerhöchsten Herrn Jesus. Darum will ich, Hans, und das will ich von ganzem Herzen, dass sie eine angemessene Ausbildung bekommt, die ihrer und unseres Hauses würdig ist.»

«Wer sollte ihr diese würdiger erteilen können als du, ihre Mutter, aus dem wohl würdigsten Haus aller Häuser im Land, zunächst dem unserer regierenden Herrn?», rief Hans von Bora und sprang auf, um die Kemenate unruhigen Schrittes von der einen Seite zur anderen zu durchmessen.

Anna schwieg einen Moment. Das Knarren der Holzdielen erinnerte sie an eine Schifffahrt auf der Elbe, die sie als Kind mit ihren Eltern unternommen hatte. Wie kurze Zeit dies erst her war, und wie weit weg es doch schien! Auch Katharinas Leben würde mit dem Wind der Zeit wie ein Schiff unter vollen Segeln dahinfliegen. Und vielleicht würde sie, als ihre Mutter, schon sehr bald nicht mehr viel dazu beitragen können, dieses Schiff wohlbehalten in seinen ihm vorbestimmten Hafen zu steuern und anlegen zu lassen.

«Hans», sagte sie und hielt sein Hin und Her an, indem sie ihn zu sich heranzog und wartete, bis er mit einem tiefen Seufzen die Stirn an ihre Schulter lehnte und den Arm um sie legte. «Unterbrich mich jetzt nicht, auch wenn du nichts davon hören und wissen willst, was ich dir sage. Nimm es hin und bewege es in deinem Herzen, denn es ist mein einziger und letzter Wunsch und Wille, den du jetzt und nach meinem Ableben erfüllen sollst.»

Wie oft ihn bei dieser Rede auch das eine oder andere Wort wie ein

Stich zu durchbohren schien und auf die Füße reißen wollte, hielt sie ihn fest und ließ ihn weder zornig auffahren noch ungeduldig aufstehen. «Wenn du mich lieb hast, Hans, so gibst du unserer Tochter das, was unseres und darum auch ihres von Gott gewollten Standes ist.»

«Du weißt, dass ich dich liebe», fuhr Hans von Bora auf. «Brauchst du wirklich noch Beweise?»

Doch Anna ließ sich nicht darauf ein, mit ihm über Liebe zu reden. Seit Katharinas drittem Lebensjahr hatte sie Erkundungen eingezogen und Fäden gesponnen, um ihrer Tochter eine standesgemäße Erziehung zu ermöglichen. Und seit mindestens einem Jahr hatte sie auf eine Gelegenheit gehofft, ihren Gatten in ihre Vorstellungen über Katharinas Zukunft einzuweihen und sein Einverständnis zu gewinnen. Nichts würde sie jetzt davon abbringen.

«Und du weißt, dass ich dich liebe, Hans», sagte sie sanft. «Dennoch ist es mein Wunsch und Wille, dass Katharina nach meinem Tode oder zu meinen Lebzeiten mit ihrem sechsten Lebensjahr in das Augustinerinnenkloster St. Clemens zu Brehna gegeben wird. Dort soll sie nach den Regeln der frommen Nonnen leben, um zu verstehen, dass der wahre Dienst an Gott der Dienst am Nächsten ist. Zugleich soll sie dort sowohl nach der höfischen Sitte gebildet als auch dazu erzogen werden, einem großen Hause vorzustehen und allen Anforderungen zu genügen, die damit verbunden sind. Katharina ist klug, Hans. Vertrau mir, sie wird uns keine Schande machen.»

«Heißt das, du willst, sie soll Nonne werden?», stieß Hans von Bora heiser hervor und blickte Anna so eindringlich an, dass sie neben allem Ärger seine zärtliche Besorgnis und Liebe wie einen schützenden Mantel um sich zu fühlen meinte. «Willst du sie wirklich auf immer und ewig von deiner Seite lassen? Auf ihre töchterliche Liebe, Hilfe und Pflege verzichten? Soll sie die Tradition fortsetzen, dass mindestens eine Tochter unserer beider Häuser den Schleier nimmt und eine Braut Christi wird?»

Langsam und sehr bewusst schüttelte Anna den Kopf. «Nicht mein Wille soll geschehen, wenn sie Nonne werden sollte, sondern Gottes Wille, der sie dazu berufen wird oder nicht. Aber ich will, dass sie in der bestmöglichen Klosterschule zu dem herangebildet und erzogen wird, was Gott ihr vorbestimmt hat. Was immer dies sein mag.»

«Und warum ausgerechnet dort?», fragte Hans von Bora, der hoffte, ihre Entschlossenheit mit dieser Frage ins Wanken zu bringen.

Anna lächelte. «Brehna ist das Beste, was wir ihr bieten können. Und darum ist es mein Wille.»

«Aber woher weißt du das?», begehrte Hans von Bora auf. «Hat jemals eine der Unseren zu Brehna gelebt?»

Anna lächelte. «Ich habe neulich mit meinem Bruder Hans darüber gesprochen, der seine Tochter Catherina schon ins Kloster gegeben hat. Er wurde von Martin von der Lochau, dem Abt der Zisterzienser zu Altzella bei Deutschenbora, bei der Auswahl des Klosters beraten. Wie du weißt, ist Catherina bei den frommen Klosterjungfrauen in Freiberg und fühlt sich wohl dort.»

«Was hat das mit uns zu tun?», rief Hans von Bora. «Muss ich tun, was mein Bruder tut?»

Anna schüttelte beruhigend den Kopf. «Er ist auch mein Bruder. Und er hat mir nur einen Rat gegeben, um den ich ihn als den Älteren bat, der schon Erfahrung mit einer Tochter im Kloster hat. Er hat mir einen Gefallen erwiesen, keinen Befehl erteilt. Du darfst das nicht falsch verstehen, Hans. Ich bat ihn, mir zu helfen. Und er sagte mir, Anna von Lochau, die Schwester des Abtes zu Altzella, sei Äbtissin im Nonnenkloster der Kirche des heiligen Clemens in Brehna vom Orden des heiligen Augustinus. Sie ist dort aber nicht nur die Domina und Mutter ihrer frommen Jungfrauen, sondern auch Leiterin einer berühmten Schule. Und sie ist bereit, Katharina als Schülerin aufzunehmen. Ihr Bruder hat sich bereits für uns bei ihr verwandt. Sie würde es als Ehre empfinden, eine hochedle Jungfrau aus dem Hause von Bora und von Mergenthal zu erziehen.»

«Ja, für viel Geld und reiches Lehen», brauste Hans von Bora auf.

Doch Anna verneinte. «Sie nimmt sie gegen einen geringen Zins, würde sie auch ganz ohne Mitgift nehmen. Allein wegen der Ehre.»

«Ja, Ehre kann sie mit ihrem Kloster wahrlich gebrauchen», gab Hans von Bora grimmig zurück. «Du weißt wohl nicht, dass diesem Kloster seit jeher etwas Ruchloses anhaftet? Es heißt, der Propst des Mönchsklosters auf dem Lauterberg, dem Brehna unterstellt ist, habe die Gründung eines Nonnenstifts verweigert, weil ihm der Lebenswandel der Gräfin von Brehna missfiel, die das Kloster stiften wollte.»

«Aber das ist über zweihundert Jahre her», widersprach Anna. «Und ob es stimmt, ist ungewiss. Martin von der Lochau, der meinem Bruder frank und frei von dieser bösen Nachrede berichtete, meinte, sie sei einst aus Neid erfunden worden, weil die Mönche vom Lauterberg befürchteten, nicht mehr so viele Zuwendungen von den Adelshäusern der Umgebung zu erhalten, wenn auch ein Nonnenkloster gegründet werde.»

Hans von Bora seufzte. «Du hast dich gut vorbereitet und führst mich wie einen Tanzbären an der Nase herum.»

«Wie sollte ich mich nicht vorbereiten, wenn es um das Glück unserer Tochter geht?», rief Anna und zauste mit beiden Händen seine schwarzen Locken. «Würdest du mich denn als die Mutter deiner Kinder achten und lieben, wenn ich mich nicht vorbereitet hätte?»

Hans von Bora schlug mit halb gespieltem Ernst die flache Hand auf den Tisch. «Das Weib soll dem Manne untertan sein, nicht aber Pläne hinter seinem Rücken schmieden. Wie du dich verhältst, sieht es aus, als habe nicht ich die Hosen an, sondern du.»

«Wie sollte ich denn wohl deine Hosen tragen?», gab Anna zurück und wölbte so verschmitzt ihren schwangeren Leib, dass ihr zwischen Widerstand und Ärger schwankender Ehemann lachen musste, ob er wollte oder nicht. Und wie immer vertrieb das Lachen auch diesmal die heraufziehenden Gewitterwolken von seiner Stirn.

Dennoch griff er mit der Hand in den fast bodenlangen Zopf seiner Frau und drehte ihr Gesicht so nah zu sich herum und heran, dass ihre Augen miteinander zu einem einzigen Riesenauge verschmolzen. «Ich liebe dich, Anna», sagte er ernst. «Ich liebe dich mehr als alles auf der Welt und mehr als mein eigenes Leben. Meinen rechten Arm gäbe ich für dich und liefe barfuß als Büßer und Bettler für dich bis Santiago de Compostela. Aber ich kann nicht dulden, dass du für dich allein und ohne mich zu fragen Absprachen und Entscheidungen triffst. Du bist mein Weib, Anna. Und ich bin dein Mann, dein Herr und Gebieter. Ich bin es, der hier die Regeln bestimmt und die Geschicke meines Hauses lenkt und leitet. Du musst mir gehorchen, Anna, nicht umgekehrt.»

Beinahe hätte er sich mit seiner Ermahnung in Rage geredet, doch Annas aufsteigende Tränen stimmten ihn sogleich weich und mild.

«Trinkst du ein Glas Rotwein mit mir?», lud er sie versöhnlich ein und griff, ohne Antwort abzuwarten, in den geschnitzten Kasten nach den beiden Bechern aus böhmischem Glas, die sie zur Hochzeit geschenkt bekommen hatten.

Der Wein lief rot und schwer aus dem Krug in die wie aus gläsernen Schnüren aufgedrehten Kelche und am mundgerecht gewölbten Glasrand hinunter. «Rot wie Blut», dachte Anna unwillkürlich und schauderte. Doch als sie die Gläser mit leisem Klingen aneinander stießen, ließ sie sich nichts von ihren immer wieder durchbrechenden Ahnungen anmerken.

«Brehna also», griff Hans von Bora den Faden ihres Gespräches wieder auf und übernahm auf diese Weise die Führung der Debatte, die ihm zuvor entglitten schien. Nun, da er als Herr des Hauses den ersten Anstoß dazu gegeben hatte, mochte Anna mit ihren Argumenten ruhig fortfahren.

Einen kurzen Augenblick lang spürte sie eine Wand aus Trotz und Widerstand in sich. Musste sie sich von ihm abkanzeln lassen? Schweigen, reden, denken, was und wie er wollte? Warum musste jede Frau wie eine Marionette nach dem Willen ihres Mannes tanzen?

Als verstünde das Kind in ihrem Leib, was vor sich ging, und ergriffe Partei für die Mutter, begann es plötzlich mit Händen und Füßen gleichzeitig zu stoßen. Anna lächelte und setzte sich aufrechter, um dem Kind mehr Platz zu geben und ihren schmerzenden Rücken zu entlasten.

Der Wein hatte einen flaumigen Pelz über Zunge und Gaumen gelegt. Mit einem Räuspern klärte sie ihre Stimme. «Denk dir nur,

Hans, in Brehna gibt es eine ganz eigene Lehrmeisterin, eine echte cantrix et juvenum informatrix, also Sängerin und Unterweiserin der Jungfrauen. Alle weltlichen Jungfrauen, die sich in den Orden begeben, werden von ihr in der Grammatik der lateinischen Sprache und in den guten Sitten unterrichtet. Zugleich schärft sie ihnen die Ordensstatuten ein, denn diese taugen nicht nur für Klosterfrauen, und lehrt sie, fromme und gewöhnliche Gesänge deutlich und zierlich zu singen.»

«Ist das alles?» Hans von Bora schüttelte den Kopf. «Meinst du, ein bisschen Latein und nette Lieder reichen aus, damit aus Katharina eine Dame von Stand wird, wie du es dir wünschst?»

Anna spürte, wie die große Müdigkeit wieder nach ihr griff. Die mit Teppichen bespannten und mit arabesk verschlungenen Fresken verzierten Wände der Kemenate schwankten im unsteten Schein des Talglichtes auf dem Tisch.

«Lass gut sein, Hans», murmelte sie. «Ich vertraue darauf, was Martin von der Lochau mir versprach. Bei seiner Schwester Anna wird unsere Tochter es gut haben. Die Priorin wird selbst ein Auge auf sie haben, sich ihrer persönlich annehmen. Sie wird jede Förderung und Fürsorge erfahren. So Gott will, wird Katharina in Brehna glücklich sein und endlich all das lernen, was sie schon jetzt voll Ungeduld kaum erwarten kann.»

Hans von Bora schluckte.

Im Grunde war es gar keine so ungewöhnliche Entscheidung, ein kleines Mädchen zur Erziehung in fremde Hände abzugeben, gerade für hochadlige Familien. Jungen wurden mit sechs oder sieben an einen Adelshof gegeben, um dort das höfische Leben zu erlernen. Mädchen konnten sogar noch jünger außer Haus gehen.

Auch die Klostererziehung erfreute sich seit jeher größter Beliebtheit. Sie stellte nicht nur Erziehung und Ausbildung der künftigen Ehefrauen und Mütter sicher, sondern nicht zuletzt, dass die Jungfräulichkeit der Heranwachsenden weit besser bewacht und beschützt werden konnte als außerhalb fester Klostermauern. Schließlich war die Tugend der Tochter nicht nur ihr eigenes höchstes Gut, sondern bewahrte die Ehre ihres Hauses. Stellte sich in der Hochzeitsnacht heraus, dass die Braut nicht jungfräulich in die Ehe gegangen war, hatte der betrogene Bräutigam das Recht, sie unter Schimpf und Schande davonzujagen. Weh dann dem Haus, aus dem sie stammte! Als Hausvater musste man froh sein, wenn sich ein Kloster bereit fand, eine solche gefallene Tochter gegen eine hohe Mitgift als Nonne aufzunehmen, damit die Familie auf leidlich anständige Weise den Schandfleck für immer loswürde.

«Willst du mir dein Wort geben, dass du Katharina nach Brehna bringen wirst, Hans?», unterbrach Anna seine Grübelei. «Willst du mir diesen meinen Willen erfüllen, komme, was da wolle?»

Einen letzten, allerletzten Augenblick der Bedenkzeit zögerte Hans die Antwort noch hinaus. Doch obwohl ein solches Versprechen gegen seine feste Überzeugung verstieß, dass Katharina in der Obhut ihrer Mutter mehr lernen und besser erzogen werden würde als bei jedem anderen Menschen, war es ihm letztlich unvorstellbar, Annas Wunsch abzuschlagen. «Ich verspreche es», gelobte er also. «Gott ist mein Zeuge. Ich werde deinen Willen erfüllen. Katharina wird nach Brehna gehen. Sei es nach deinem Tode, den der Herr verhüten möge, oder nach ihrem sechsten Geburtstag.»

«Danke», flüsterte Anna und nahm sein Gesicht zärtlich in beide Hände. Wie tief sich die Sorgenfalten in letzter Zeit in seine Wangen gegraben hatten. Fort war der unbekümmerte Ausdruck, den sie so an ihm liebte. Und wenn sie genauer hinsah, entdeckte sie erste Silberfäden in seinen dicken Locken, die ihm bis über die Ohren reichten.

Hans von Bora erwiderte ihren Blick. Die Vorstellung, dass Anna ihm genommen werden könnte, ließ alles Blut auf einmal zu seinem Herzen strömen. «Verlör ich sie, was hätt ich dann? Wär kein Gesell für Weib und Mann, mir läge ja mein liebster Trost in Acht und Bann.» Das alte Lied fiel Hans von Bora ein, das Kaiser Heinrich einst über seine Liebste gesungen hatte. Wie Recht hatte dieser gehabt.

«Wenn du willst, soll also Pater Albertinus auch Katharina ein wenig auf ihren künftigen Unterricht als Klosterschülerin vorbereiten», murmelte er in dem Wunsch, Anna noch eine kleine Extrafreude in den Schoß zu legen, während er seinen Kopf darin vergrub und den Duft ihres Leibes einatmete, als gelte es sein Leben.

So innig Hans von Bora Anna liebte, so heftig stach es ihn wie ein Dorn im Auge, dass sie seinem Beispiel nicht folgen wollte, ihren hochedlen Namen aus dem Hause von Mergenthal abzulegen. Ja sie bestand darauf, diesen auch ihren gemeinsamen Kindern zu verleihen, und arbeitete immer wieder darauf hin, ihnen die hohe Ehre und Würde dieses Namens bewusst zu machen.

«Was ist schon ein Name wie von Mergenthal, dessen Tradition jetzt, im Jahr 1504, vor gerade einmal knapp vierzig Jahren mit einem Ritterschlag begann?», rief Hans von Bora an einem der vielen Freitage aus, die Pater Albertinus unter seinem Dach verbrachte, um Anna die Klostergabe einer Bachforelle zu bringen und die Kinder im Wort Gottes zu unterweisen.

Katharina, die sich einen leichten Schlaf angewöhnt hatte, seit ihre Brüder ihr mit Vorliebe kalte Blindschleichen, tote Mäuse oder mit einem Strohhalm aufgeblasene Frösche unter die Decke zu schieben versuchten, wurde von der lauten Stimme ihres Vaters wach. Auf Zehenspitzen, um Hans und Clemens nicht zu wecken, die ihren Strohsack miteinander auf der anderen Seite der Schlafkemenate teilten, huschte sie zu der Stelle im Zimmer, an der die Luftschächte der Heizung aufstiegen. Diese wurde vom Keller aus befeuert und wärmte die wichtigsten Familienräume. Wenn man das Ohr an das Gitter legte, konnte man jedes Wort verstehen, das unten in der Halle gesprochen wurde.

«Hans, versündige dich nicht!», hörte Katharina die Mutter bitten. «Es ist nicht nur mein Name, sondern auch der deines Vaters und unserer Brüder und Schwestern mit seinen beiden Frauen. Du sollst Vater und Mutter ehren, auf dass es dir wohlergehe auf Erden. Hast du das vergessen?»

Katharina presste das Ohr fester an das Heizungsgitter, aus dem wegen der Sommerzeit keine Wärme aufstieg.

«Vergessen?», rief der Vater in einem Ton, bei dem Katharina und ihre Brüder vorsichtshalber auch dann den Nacken einzuziehen pflegten, wenn sie nichts angestellt hatten. «Nichts habe ich vergessen. Schau sie dir an, Anna, die lange Reihe der Ritter aus dem Hause von Bora bis herunter zu unserem Hänschen. Die Ersten von uns weiß ich aus den Zeiten des heiligen Bischofs Benno von Meißen, der mit meinem Ahnherren, dem freien slawischen Ritter Bor, Land und Besitz über zehn Dörfer im Gau Nisani bei Dresden tauschte. Seit über dreihundert Jahren wirkten wir auf Zbore, wie sie Sitz und Haus damals nannten, bis mein Großvater auf Wendischbora an die von Maltitz verkaufte und unser schönes Bor Teutonicum zu Deutschenbora und Hirschfeld begründete. Ritter waren sie allesamt, Anna, freie gottesfürchtige Männer, Truchsesse, Kanzler und Ratgeber ihrer Landesherren. Und nicht erst mein Vater, dessen Zunamen du so stolz führst, diente seinen Landesherren auch in kirchlichen Dingen, sondern schon mein Großvater Hans, der seinen Landesherrn zum Kirchenkonzil von Konstanz begleitete, tief unten im Süden am Bodensee. Mit den vornehmsten Häusern des Landes sind wir verwandt und verschwägert. Und so, wie meine Vorfahren seit Jahrhunderten die tragenden Säulen des Reiches ihrer weltlichen Herren waren, so bildeten sie auch die Säulen des himmlischen Reiches auf Erden, indem aus jeder Generation wenigstens eine Nonne oder Äbtissin, ein Domdechant oder Abt hervorging. Soll mir das alles nicht ebenso wert oder wertvoller sein als der Name von Mergenthal, der nur eine einzige Wurzel hat, nämlich die meines Vaters?»

«Aber unser Bruder Hans, der mit Anna von Regensberg verheiratet ist und als Bürgermeister zu Freiberg sitzt, wird ihn nicht ablegen», wandte Anna ein. «Er lebt mit ihr und seinen drei Kindern auf Hirschfeld, dem Erbe unserer Mutter, die Hirschfeld und Deutschenbora als Leibgedinge aus den Händen deines Vaters in die Ehe mit meinem Vater einbrachte. Die Kinder von Hans und Anna von Regensberg werden auf den alten Erblanden des Hauses von Bora leben und dort das Haus derer von Mergenthal bauen. Willst du mit unseren Kindern nicht mehr dazugehören?»

Katharina hielt fast den Atem an, um sich in der plötzlich einsetzenden Stille nicht zu verraten. So recht verstand sie nicht, worum es in diesem Gespräch ging. Aber sie spürte die Spannung zwischen den Eltern, die sich auf sie übertrug, sodass sie am liebsten aufgesprungen wäre und laut geschrien hätte. Stattdessen presste sie eine Hand an den Mund, um nur ja keinen Laut hervordringen zu lassen.

«Willst du wirklich nicht mehr dazugehören?», fragte die Mutter den Vater erneut. Und diesmal antwortete er. «Nein, nein und abermals nein!» Es klang trotzig, fand Katharina. Er schlug mit der Faust auf den Tisch. «Magst du mit ihnen allen diesen Namen behalten, Anna. Ich selbst gebe ihn auf. Es ist mir wichtiger, unsere Ehe für jedermann als heilig auszuweisen, als sie durch diesen Namen in Verdacht und Verruf zu bringen.»

Das leise Schluchzen der Mutter war das Letzte, was Katharina erlauschte. Ihr Bruder Hans warf sich unruhig auf seinem Strohsack herum. Er schien zu träumen, denn er murmelte unverständliche Worte und stieß mit den Füßen um sich. Gleich würde Clemens davon erwachen. Und wenn er wach war, ging es los mit Necken und Kitzeln. Meistens stürmte Mezze dann bald aus ihrer Dienstbotenkammer unter dem Dach und drohte, einen Eimer kaltes Wasser über den Kindern auszuschütten, wenn jetzt nicht auf der Stelle Ruhe wäre.

Ehe es so weit käme, wollte Katharina auf ihrem Strohsack liegen, als sei sie niemals aufgestanden. Schnell flitzte sie unter ihre Wolldecke zurück, drehte sich wie schlafend auf die Seite und schloss die Augen. Sie schlug sie nicht einmal auf, als wenig später tatsächlich das Zanken der Brüder losging und der Vater mit seiner Rute in der Tür stand und die Buben tüchtig ausstäupte.

Gern hätte Katharina das Erlauschte mit der Mutter besprochen, doch sie wagte es nicht. «Was zwischen der Hausfrau und dem Hausherrn geredet wird, gehört nicht in Kinderohren und Kindermund», hatte Pater Albertinus sie und ihre Brüder gelehrt. «Lauschen ist eine Sünde. Wer lauscht, verstößt gegen Gottes Gebot. Und einem Lauscher glaubt man nicht. Also wendet euch ab, wenn ihr in Versuchung kommt, und tut Buße, wenn ihr gesündigt habt. Aber schweigt über das Erlauschte, denn es ist eine noch größere Sünde, Erlauschtes zu verraten, als das Lauschen selbst.»

Also schwieg Katharina und versuchte, nicht mehr an die Unterredung zwischen ihren Eltern zu denken. Dies erwies sich jedoch als schwierig, denn unbeabsichtigt wurde sie noch ein zweites Mal Zeugin eines Gespräches über dasselbe Thema. Es war im Stall. Katharina hatte das frisch geborene Hengstfohlen besuchen wollen, als sie bemerkte, dass der Vater schon mit Pater Albertinus da war.

«Ist es nicht ihre Pflicht, mehr mein Weib als die Tochter ihrer Mutter sein zu wollen?», fragte er diesen soeben, während er ihm ein großes M auf der Stirn des Fohlens zeigte. «Muss sie nicht meinen Willen achten und als den ihren annehmen, auch wenn es um diesen Namen geht?»

Pater Albertinus versuchte, Zeit zum Nachdenken zu gewinnen, indem er das Fohlen betastete, das auf noch wackligen Beinen neben der Stute stand und der fremden Hand neugierig entgegenschnupperte.

«Nach Annas Willen soll dieser Hengst eine neue Zucht begründen», rief der Vater. «Es ist das erste Fohlen der Stute, die ich ihr zur Hochzeit schenkte. Und nun, bloß wegen dieses großen M wie Mergenthal auf der Stirn, glaubt sie, es müsse der Ahnvater aller künftigen sächsischen Zelter werden.»

Die Stute schnaubte nervös. Sie liebte es nicht, wenn ihr Fohlen berührt wurde. Pater Albertinus ließ die Hand sinken und richtete sich auf. «Ich kann mir vorstellen, warum Anna so krampfhaft an allem festhält, was früher war», sagte er. «Als Gottesmann sieht man tiefer in die Herzen der Menschen als andere und versucht aus feinen Anzeichen zu lesen, was Worte nicht sagen.»

«Und welche sollen das sein?», fragte der Vater.

«Ihr ernster, oft wie unerreichbar in die Ferne gerichteter Blick, die Melancholie in ihren Mundwinkeln, wenn sie sich unbeobachtet wähnt, der feuchte Glanz in den Augen, sobald ein vertrauter Name fällt», zählte Pater Albertinus auf. «Das und noch mehr sind verräterische Zeichen.»

Der Vater legte wortlos die Stirn an den Hals der Stute und ließ es zu, dass sie an seinen kinnlangen Haaren zu zupfen versuchte.

«Lass ihr Zeit, Hans», murmelte Pater Albertinus. «Sie ist ein Kind der Elbe und hellen Sandsteingebirge mit lichten Laubwäldern und dem freien Blick vom elterlichen Schlossberg herunter, weit hin über Strom und Auen. Sie ist es gewohnt, dass der Wind ihr um die Nase bläst und die Schiffer ihr Grüße vom Wasser herauf schicken. Glaub mir, Hans, sie hat's nicht leicht hier bei uns in der Fremde.»

«Zeit, immer nur Zeit!» Der Vater schlug mit der geballten Faust in die eigene Handfläche. Der Knall erschreckte nicht nur Katharina an ihrem heimlichen Lauscherposten, sondern auch das Hengstfohlen. Mit einem Satz sprang es rückwärts und stieß gegen die Stute, die sofort mit gebleckten Gebiss nach der Schulter des Benediktiners schnappte, dessen schwarzes Flattergewand ihr ungewohnt war.

«Lass der Frau Zeit zu vergessen, lass den Bauern Zeit, Zins zu zahlen, lass dem Korn Zeit zu wachsen. Immer nur Zeit, Pater. Und die Zeiten sind schlecht, werden schlechter von Tag zu Tag. Erst die Hussitenkämpfe, in denen die Hälfte der Bevölkerung starb. Noch immer liegen mir Höfe und Vorwerke brach oder bringen zu wenig ein, weil die Leute fehlen. Dann Missernten und immer wieder die Pest. Meine Zeit ist hier, alter Freund. Nicht in den himmlischen Sphären, von denen Anna träumt, wenn sie sich von Mergenthal nennt.»

Pater Albertinus setzte sich auf einen Ballen Stroh, sodass Katharina nur mehr seinen kahlen Hinterkopf mit dem Kränzlein weißer Haare darum erblicken konnte. «Was ich dir zu sagen habe, wird dir keine Freude bereiten», hörte sie ihn sagen. «Ich sehe eine offene Wunde in deinem Herzen schwären, weil der Reichtum, den Anna um deinetwillen hinter sich gelassen hat, alles dir Mögliche weit übersteigt. Es ist nicht der Name von Mergenthal, der dich stört. Das, was sie mit diesem Namen verbindet, ist das Salz in deiner Wunde. Nur wenn auch sie darauf verzichten würde, wäre es ein Beweis für dich, dass sie dich annimmt, so wie du bist und wer du bist. Ist es nicht so, mein Sohn?»

Schon bei den ersten Worten des Paters hatte sich auch der Vater auf den Boden der Pferdebox gekauert. «Ihr seht wahrlich in der Menschen Herz.» Es klang seltsam brüchig und dumpf.

«Du als Mensch willst von deinem Weib geliebt sein, Hans von Bora», murmelte Pater Albertinus. «Geliebt sein um deiner selbst willen, nicht wegen deines Vaters Namen.» Groß, hager und schwarz richtete er sich in seinem langen Mönchshabit neben dem leuchtend weißen Fell der Schimmelstute auf. «Ich werde mit Anna reden. Ich gebe dir mein Wort als dein Beichtvater und Freund. Aber erst später, wenn das Kind geboren ist, Hans. Nicht jetzt, wo sie schon bald alle Kraft braucht, um die Schmerzen der Geburt zu ertragen und gesund aus dem Kindbett zu steigen.»

Katharina hatte sich schon hinter der angelehnten Stalltür klein und davon gemacht, als er aufgestanden war. Wie immer, wenn sich etwas schwer und unverständlich auf ihre Seele legte, war die dicke alte Linde neben dem Brunnen auf dem Burghof ihre Zufluchtsstätte. Hier oben zwischen den duftenden Blüten sah niemand, wenn sie weinte.

Pater Albertinus sprach an jenem Tag noch lange mit Hans von Bora. Es war ihm nicht nur als dessen Beichtvater wichtig, das Seelenheil seines Schützlings zu retten. Es ging ihm vielmehr darum, den Frieden und die Liebe zwischen den Eheleuten zu erhalten, den er mit allen seinen priesterlichen Mitteln als Sakrament zu schützen hatte. Natürlich wusste er, dass die Ehe zwar im Himmel geschlossen, doch auf Erden gelebt werden musste. So gut wie kein Vater fragte seine Tochter danach, ob sie den Mann, den er ihr bestimmte, auch von Herzen zu haben wünschte. Anna und Hans aber hatten einander nicht nur gehorsam zum Gemahl genommen, sondern sich gegenseitig auch erwählt. Für Pater Albertinus ein Grund, alles daranzusetzen, dass dies so bliebe.

Er musste ja zugeben, dass es auf den ersten Blick hoffärtig von Anna schien, auf ihrem vornehmen Zunamen zu bestehen. Aber war dieser in Wirklichkeit nicht alles, was ihr von der toten Mutter und dem einstigen Glanz ihres herrschaftlichen Lebens auf einem richtigen Schloss, hoch oben über der Elbe thronend, geblieben war?

Hans von Bora hatte Recht, sein Haus reichte weit in die Vergangenheit zurück und seine alte, aus der Zeit der Slawenkämpfe stammende Burg zu Klietzen war trutzig und fest. Mit ihren zugehörigen Ländereien und Bauern, die Pachtzins zu leisten hatten, mit ihren Wäldern und Handelsgeschäften ernährte sie ihre Besitzer. Im Grunde war alles, was man zum Leben brauchte, vorhanden, und sogar mehr als das. Selbst Freunde und Verwandte gab es die Fülle, mit denen das junge Paar Geselligkeit pflegte und wirtschaftliche Hilfen austauschte.

Doch verglichen mit Schloss Hirschstein an der Elbe, dessen aufstrebende Mauern wirkten, als sei der Bug der Arche Noah ausgerechnet hier auf einem Felsenriff am Elbufer gestrandet? Inmitten des Schlossbaus erhob sich sogar eine eigene Kapelle mit Turm und Haube. Jeder ehrliche Mensch musste gestehen, dass die feste Klietzen-Burg dagegen unscheinbar war, mitten im flachen Niemandsland gelegen, wo sich Hund und Katz gute Nacht sagten.

«Vielleicht ist der Abglanz des Namens von Mergenthal oftmals der einzige Trost für deine junge Frau. Vergiss nicht, ihre Mutter ist erst kurze Zeit tot. Und gerade in Zeiten, in denen sie selbst mit einem Kind niederkommen und nicht wissen, ob sie je wieder aufstehen, verlangen doch alle Frauen vor allem nach dem Trost und der Hilfe der eigenen Mutter.»

Was Pater Albertinus Hans von Bora nicht sagte, war, dass sich für Anna mit dem Namen von Bora wohl das Ende der Welt verband; mit dem Namen von Mergenthal hingegen die ganze Welt und das Abenteuer selbst.

Alle Welt kannte den «gründlichen und wahrhaftigen» Reisebericht des Hans von Mergenthal über seine beiden «löblichen und ritterlichen Reisen und Meerfahrten in das Heilige Land nach Jerusalem». Ein Exemplar davon war auch im Kloster Nienburg kopiert und mit herrlichen Abbildungen versehen worden. Die fertige Schrift hatte man alsdann zu einem feinen Büchlein in rotes Hirschleder gebunden und den Titel in Goldbuchstaben sowie eine Kamee mit dem Wappen des Verfassers darauf geprägt.

Pater Albertinus hatte den spannenden Bericht und die Namen aller Edlen und Grafen studiert, mit denen Hans von Mergenthal, zum ersten Mal noch als Edelknecht Hans von Bora und dann Jahre später als Reichsritter mit neuem Namen, «selbst persönlich mit und dabey gewesen».

Besonders berührt hatte ihn die Geschichte über den Tod eines dreijährigen Kindes, das am Gründonnerstag in Trient zu Tode gemartert worden war und dessen Mörder in den Tagen der Pilgerreise des Hans von Mergenthal verbrannt wurden. Nach der Lektüre hatte Pater Albertinus das Büchlein mit einem besonderen Schauer der Ehrfurcht in den Bibliothekskatalog aufgenommen. Schließlich erlebte es auch ein Mönch nicht alle Tage, dass er die Nachfahren eines zweifachen Jerusalempilgers persönlich kannte.

Das heimlich erlauschte Gespräch zwischen ihren Eltern und dem Vater mit Pater Albertinus quälte Katharina lange. Immer wieder grübelte sie darüber nach, warum der Vater gesagt hatte, seine Ehe mit der Mutter sei unheilig, weil die Mutter einen anderen Namen führen wolle als er. Es stimmte, auch zu ihr sagte die Mutter immer wieder, sie dürfe nie vergessen, dass ihr richtiger Name nicht nur Katharina von Bora heiße, sondern Katharina von Bora aus dem Hause von Mergenthal. «Durch diesen Namen sind wir in den Stand der Reichsritterschaft und ihrer Reichsedelfrauen erhoben. Auch du. Halte darauf, dass du deinem Stand Ehre machst.»

Und nun hatte der Vater gesagt, die Ehe der Eltern sei unheilig, weil die Mutter diesen Namen nicht ablegte. Angst legte sich über Katharina, als ziehe ein Gewitter auf. Eine unheilige Ehe war das Allerschlimmste auf der Welt, die schwerste Todsünde überhaupt.

Von Furcht gepeinigt, beschloss Katharina in dem einen Augenblick, niemals einen anderen Namen zu tragen als der Vater. Im nächsten Moment schämte sie sich bei dieser Absicht vor der Mutter, die den vom Kaiser verliehenen Namen hochhielt und aus Ehrfurcht vor ihren Vorfahren niemals ablegen würde. Welches war der rechte, der von Gott gesegnete Name für Katharina?

Eines Tages würde der Vater sie verheiraten. Was sollte sie dann antworten, wenn sie gefragt würde, aus welchem Haus sie stammte? Welchen Namen sollte sie nennen, ohne zu verraten, dass sie in Wirklichkeit das Kind einer unheiligen Ehe war? Welches Wappen durfte sie führen? Das ihres Vaters mit dem kämpfenden roten Löwen im weißen Feld und einem Pfauenfederbusch als Zeichen der Kirchengefolgschaftstreue über der Helmzier oder den neuen Wappenschild derer von Mergenthal mit goldenen Spangen und der weißen Banderole im blauen Feld? Oder etwa beide, wie ihre Mutter es gegen den Willen des Vaters tat?

Wenn es nur um die Strafe gegangen wäre, die Pater Albertinus nach der Beichte über sie verhängen würde, hätte Katharina nicht gezögert, ihm alles zu gestehen. Es hätte ihr nichts ausgemacht, für jeden Finger an beiden Händen einen Rosenkranz zu beten und ebenso viele Mahlzeiten lang auf Süßes zum Nachtisch zu verzichten. Schwerer wog, dass er dann wissen würde, dass sie gelauscht hatte. Er sollte so etwas nicht von ihr wissen, denn wenn er es wüsste, würde alles anders zwischen ihnen als zuvor. Mit ihrem Lauschen hätte sie ihm bewiesen, dass er alle Mühe vergeblich in sie gesetzt hatte. Ganz sicher würde er dann von ihr denken, dass ein Bastard aus einer unheiligen Ehe nun einmal ein Kind der Sünde bliebe. Womöglich würde er sie nicht einmal mehr für würdig befinden, sie weiterhin zu unterrichten. Allein diese Vorstellung schmerzte Katharina unerträglich.

Dennoch fragte sie ihn einmal, wie wichtig Namen seien. Unter seinen buschigen Brauen schaute er sie forschend an, bevor aus dem Hintergrund seiner Augen ein Lächeln aufstieg. «Namen sind sehr wichtig», antwortete er. «Bei deinem Namen, den du in der Taufe erhältst, wird Gott dich am Tag des Jüngsten Gerichts rufen und deine Seele wiegen, ob sie schwarz und schwer von Sünden oder weiß und leicht von Unschuld sei. Darum ist dein Name der Schlüssel zur ewigen Seligkeit. Doch warum willst du das wissen, meine Tochter?»

Es schoss wie ein Pfeil durch Katharinas Kopf, dass Gott sie ohne rechten Namen nicht rufen könne. Sie hörte Pater Albertinus reden, als stecke sie bis über die Ohren unter Wasser. Alles wurde kalt und seltsam leer in ihr.

Pater Albertinus rüttelte sie leicht an der Schulter. «Ich habe dich etwas gefragt. Antworte, Kind. Warum willst du das wissen?»

Die Berührung wirkte wie ihre eigene warme Hand an der zur Winterzeit mit Eisblumen überzogenen Fensterscheibe der Schlafkemenate. Sie schmolz einen Fleck ins Eis, durch den man in den Tag hinausschauen konnte. Katharinas inneres Eis schmolz auch und ihr war klar: Niemals durfte Pater Albertinus wissen, dass sie gelauscht hatte. Sie lächelte. «Nur so», gab sie zurück. «Ich wollte es nur so wissen.»

«Katharina!» Pater Albertinus schoss die Zornesröte in die Stirn. «Wie oft habe ich dir schon verboten, auf eine ernsthafte Frage mit einer dummen Bemerkung zu antworten?»

Schweigend zuckte sie mit den Schultern. Sie wusste es wirklich nicht.

«Wie oft?», wiederholte Pater Albertinus, während Katharinas Brüder, angelockt von seiner lauten Stimme, auf allen vieren um die Hausecke schlichen und, von ihrem Lehrer ungesehen, unter einen Holunderbusch krochen. Im Schutz der überhängenden Blätter hinter seinem Rücken schnitten sie ihrer Schwester feixend Grimassen.

Es fiel ihr schwer, sich nichts anmerken zu lassen. Pater Albertinus wartete immer noch auf ihre Antwort. Und er würde sie nicht gehen lassen, ehe sie ihm geantwortet hatte. Zögernd zeigte sie ihm also zuerst die gestreckten Finger einer Hand vor. «So oft?» Dann, mit einem schrägen Blick in das strenge Gesicht über ihr, nahm sie unentschlossen zwei Finger, nein, drei oder doch besser vier Finger der anderen Hand hinzu. «So oft?» Ihre Miene spiegelte dabei eine solche Unschuld wider, dass selbst der Erzengel Michael neben ihr wie ein armer Sünder gewirkt hätte.

Pater Albertinus schüttelte seufzend den Kopf. «Katharina, Katharina!» Obwohl er die Augenbrauen finster runzelte und den Mund so schmal wie eine Mondsichel schnitt, hörte Katharina genau, dass sein

Zorn verraucht war. Wie zufällig schob sie ihre rechte Hand auf den Rücken und zeigte ihren Brüdern die zwischen Zeige- und Mittelfinger eingeklemmte Daumenspitze.

Jedem mochte Katharina verbergen können, dass sie ein Problem hatte, Mezze nicht. «Was ist dir?», fragte sie und nahm Katharina die Holzscheite aus der Hand, mit denen sie soeben ihren üblichen kunstvollen Scheiterhaufen über der frisch entfachten Glut in der gemauerten Feuerstelle der Waschküche errichten wollte. «Schau mich mal an. Du hast ja ganz kleine Augen. Hast du geweint?»

Katharina schüttelte den Kopf.

«Nun komm schon! Mir kannst du es doch sagen.»

Wieder ein Kopfschütteln, diesmal weniger heftig.

Schweigend legte Mezze die Arme um den schmächtigen Kinderkörper und zog das Mädchen an sich. Ein paar lose aus den blonden Flechten sich kringelnde Haare kitzelten unter Mezzes Kinn, während sie immer wieder mit ihrer rauen Hand über den an ihre Brust geschmiegten Kopf streichelte. Sacht wiegte sie ihren Oberkörper hin und her, bis sie spürte, wie sich der schmale Rücken entspannte und Katharina ihre herabhängenden Arme um Mezzes Taille legte.

«Es ist», murmelte sie, stockte und setzte mit festerer Stimme neu an: «Es ist, weil ich etwas Schlimmes getan habe.»

«Und was?», fragte Mezze, ohne Katharina loszulassen.

«Ich hab gelauscht.»

«So?» Mezze drehte Katharinas Gesicht mit dem Zeigefinger zu sich. «Das passiert. Leute schwatzen, Leute lauschen.»

«Es ist nicht wegen der Sünde», flüsterte Katharina. «Es ist etwas mit meinen Eltern.»

Nun erschrak Mezze doch. «Sag es mir!», bat sie. «Ich bin schon so lange hier. Meinen rechten Arm würde ich für deine Eltern geben. Was ist es? Ist es wegen des neuen Kindes? Vielleicht kann ich helfen.»

Katharina zögerte. Doch die kleine Andeutung ihrer Sorgen hatte genügt, den Wunsch, darüber zu reden, übermächtig werden zu lassen. Plötzlich sprudelte alles heraus, was sie in jener Nacht im Haus und später im Pferdestall vernommen und nicht verstanden hatte.

Mezze hörte schweigend zu. Sie hatte Katharina von sich geschoben und sich mit dem Gesicht in Richtung Tür und Fenster der niedrigen Waschkate gesetzt. So würde sie von niemandem unliebsam überrascht werden, während die Haustochter ihr Geheimnis preisgab. Automatisch zogen Mezzes Hände Wäschestück um Wäschestück aus dem Korb mit farbiger Schmutzwäsche heraus, legten sie in die dafür vorbestimmte Lauge ein, streuten geschrotete Eichenrinde und Waschnüsse dazwischen und schichteten weitere Wäschestücke darüber.

Erst als Katharina schwieg, wandte Mezze sich ihr wieder zu. «Komm her, du kannst mir helfen. Siehst du die roten Beinlinge hier und die blauen? Sie haben schwarze Flecken vom Fett, mit dem die Radnaben an den Wagen geschmiert werden, damit die Räder leichter drehen und laufen. Dieses Fett ist zäh und dick. Wenn man es herauslösen will, muss man es mit einer Paste einstreichen, die ich in diesem Döschen hier habe.»

Katharina gehorchte. Die Paste entwickelte einen fremden, doch nicht unangenehmen Geruch und schäumte ein wenig. Mezze nickte. «Gut so, so ist es richtig. Zur Schlachtzeit zeige ich dir, wie man die Paste herstellt. Willst du?»

Eine überflüssige Frage, aber sie gab Mezze noch ein paar Augenblicke mehr Zeit, sich ihre Worte zu überlegen. «Deine Eltern leben nicht in Sünde, Kind», sagte sie schließlich und war froh, Katharina so dicht neben sich zu haben, dass ihre Arme sich berührten, während sie gemeinsam die Schmutzwäsche bearbeiteten. «Sie führen keine unheilige Ehe. Du hast es nur so verstanden.»

Katharina hielt einen Moment mit Reiben inne. «Woher willst du das wissen?»

«Ich erzähle es dir», sagte Mezze und sah die Bilder der Ereignisse vor sich, während sie das Kind in ihre Erinnerungen mitnahm.

Tiefes Mitgefühl hatte Mezze überkommen, als sie erfuhr, dass sich der Herzenswunsch ihrer früheren Herrin nicht erfüllt hatte, an der

Hochzeit ihrer Tochter Anna mit ihrem Stiefsohn Hans von Bora teilzunehmen und das Haus derer von Mergenthal unter einem neuen Dach vereint zu sehen. Erst 35-jährig, hatte der Tod sie aus dem elften Kindbett mitgenommen.

Doch wenigstens war es ihr vergönnt gewesen, die Verlobung des jungen Paares von ihrem Sterbebett aus zu segnen. Ein Trost für Anna, als sie nach Ablauf von sechs Trauermonaten am Arm ihres Vaters feierlich in die Schlosskapelle ihres Elternhauses zu Hirschstein an der Elbe einzog, um ihrem Verlobten vor Gott und den Menschen das Jawort zu geben.

«Als die frisch Vermählten auf Klietzen einzogen und deine Mutter mit Hans, deinem Bruder, schwanger ging, hätte nicht viel gefehlt», sagte Mezze, «dass sich ihre von Hirschstein mitgebrachten Leute mit denen hier in der Gegend wüst in die Haare geraten wären, weil der Name deiner Mutter ebenso ‹aus dem Hause von Mergenthal› lautete wie der deines Vaters. Ein paar hiesige dumme Esel schrien deshalb, der Herr zu Klietzen habe in Blutschande seine eigene Schwester geheiratet und auch gleich einen Bastard mit ihr gezeugt. Das wollten die Leute deiner Mutter nicht auf sich sitzen lassen. Und schon kam's zu Händeln.»

Katharina erschrak so heftig, dass ihr die Bürste aus der Hand fiel, mit der sie die schwarze Paste in die Beinlinge einarbeitete. Doch ehe sie einen Ton von sich geben konnte, blinzelte Mezze ihr schon beruhigend zu und fuhr mit einem Kopfschütteln fort: «Das war natürlich Unsinn. Dein Vater und deine Mutter haben nicht in Blutschande geheiratet. Aber wie das so ist, die Leute schwatzen, und einer sagt dem anderen etwas im Geheimen, und der Nächste schnappt's auf und sagt es falsch weiter. Am Ende ist es ein großes Geschrei und macht böses Blut um nichts.»

«Wieso denn?», bohrte Katharina. «Was sagten sie denn falsch?»

«Irgendeiner hatte aufgeschnappt, dass deine Mutter einen älteren Bruder hat, der Hans von Mergenthal heißt», erklärte Mezze und nickte, als Katharina eifrig ausrief: «Meinst du meinen Oheim Hans aus Freiberg, der jetzt zu Hirschfeld bei Deutschenbora wohnt?»

«Genau den meine ich.» Mezze wischte sich den Seifenschaum von den Armen und stemmte die Hände in den vom ständigen Bücken schmerzenden Rücken. «Und das hatte so ein Dummer nun aufgeschnappt, in den falschen Hals bekommen und die Lüge verbreitet, deine Mutter habe ihren eigenen Bruder geheiratet.»

Katharina lachte. «Die waren ja wirklich blöd.»

«Stimmt», schmunzelte Mezze, der bei Katharinas Lachen das Herz aufging. «Inzwischen wissen wohl auch die Dümmsten, dass dein Onkel Hans von Mergenthal ein anderer als dein Vater ist. Selbst bis hierher ist vorgedrungen, dass jener Ratsherr und Bürgermeister zu Freiberg ist. Aber es war dieses Gerücht aufgekommen, und dein Vater war rot vor Zorn, wie der Löwe in seinem Wappen. Ein Glück, dass Pater Albertinus da war. Ich glaube, dein Vater hätte sonst alle Leute in Halseisen legen lassen. Ein anderer als Pater Albertinus hätte ihn wohl kaum beruhigen können. Dieser aber versprach ihm, mit seinem Abt zu reden, der die Sache dann persönlich in die Hand nahm, ehe noch Schlimmeres geschah.»

«Was machte er denn?», fragte Katharina ungeduldig.

«Er verkündete einfach von der Kanzel herunter, dass trotz der gemeinsamen Herkunft des Brautpaares aus dem Hause von Mergenthal Gottes Segen auf der Ehe ruhe und niemand etwas gegen diese Verbindung einwenden dürfe, da zwischen den Stiefgeschwistern keine Blutsverwandtschaft bestehe und die Ehe folglich keine Blutschande sei.»

«Der gute Pater Albertinus!», rief Katharina, doch Mezze fuhr bereits fort: «Damit auch dem letzten Lästermaul das Wort im Halse stecken bliebe, tat dein Vater ein Übriges. Er legte den hochedlen Namen von Mergenthal, den der Kaiser seinem Vater und allen Nachkommen verliehen hatte, ab und nannte sich künftig wieder nur noch bei dem alten Namen des Hauses von Bora. Und das ist gut so, denn ein Mann muss die Ehre seines Hauses schützen, komme, was da wolle.»

Katharina hatte gelernt, dass Mädchen und Frauen die Augen niederschlagen, sich nicht freiheraus umsehen, die Arme beim Gehen mit kleinen, vornehmen Schritten ruhig halten, die Beine beim Sitzen nicht übereinander schlagen, die Hände in den Gewandfalten verbergen und schweigen müssen, zumindest aber nicht laut reden dürfen. In diesem Moment höchster Erleichterung war alles vergessen. Sie dachte nicht einmal mehr daran, dass ihre Finger von der Paste gegen die schwarzen Flecken in der Wäsche verfärbt und die Arme bis zu den Ellenbogen nass waren, als sie Mezze um den Hals fiel. «Danke, Mezze! Ich bin so froh, dass du es mir erklärt hast. Ganz, ganz vielmals danke!»

Mezze blinzelte. «He, he, nicht so stürmisch!», polterte sie, um die aufsteigenden Tränen der Rührung zu verdrängen. Doch noch abends auf ihrem einsamen Strohlager fühlte sie glücklich die warme, weiche Haut der zärtlichen Kinderarme um ihren Hals.

Pater Albertinus hatte Katharinas Sorgen kaum wahrgenommen. Es war ihm zwar aufgefallen, dass sie einige Wochen stiller wirkte als sonst, hatte dies aber seinem eigenen Einfluss zugeschrieben, der allmählich aus einem wilden Kind ein sittsames Edelfräulein machte, das sich benahm, wie es sich ziemte. So vermerkte er eher mit Bedauern, dass sie ihre Zurückgezogenheit wieder ablegte. Jedoch liebte er ihre Fragen und wissbegierigen Überlegungen, mit denen sie ihn immer wieder überraschte, viel zu sehr, als dass er ihre Erziehung zum vornehmen Schweigen konsequent betrieben hätte.

Einmal brachte er den Kindern ein Buch aus der Klosterbibliothek mit, worin die verschiedenen Klöster abgebildet waren, in denen nach den Regeln des heiligen Augustinus, des heiligen Benedikt, des heiligen Bernhard und anderen gelebt wurde. «Manche Orden kann man schon an den Gotteshäusern erkennen», erklärte er und zeigte ihnen, dass etwa ein Zisterzienserkloster auf hohe Kirchtürme verzichtete, weil das Gelübde der Armut den Mönchen alles Hochfahrende verbot.

Während Katharinas Brüder sich über die Monster und Gnome, Drachen und Teufel und andere Wesen der Unterwelt oder über die gegen den bösen Blick die Zunge herausstreckenden Riesenköpfe amüsierten, die zwischen Blättern und Wülsten aus den Kapitellen der Säulen in den Kirchenschiffen herausstierten, wollte sie wissen, ob es Gott denn wohlgefälliger sei, einen hohen Kirchturm zu haben als einen kurzen.

Pater Albertinus schmunzelte. «Jetzt sitzt du in der Zwickmühle», dachte er und wusste für einen Moment wirklich nicht, was er Katharina antworten sollte. Er selbst war der Meinung, dass ein spitzer Kirchturm keineswegs Hoffart verriete. Vielmehr dachte er, ein Glockenturm mit gen Himmel weisender Spitze deute auf das Wesentliche hin, dass nämlich der Mensch stets an den Himmel denken sollte. Aber war das auch Gottes Meinung?

«Was Gott will», sagte er rasch und hoffte, sie würde nicht erfassen, dass es nur die halbe Antwort war, «das teilt er den Seinen als Erleuchtung mit. Ich habe dir vor einiger Zeit von einer frommen Seherin erzählt, die Hildegard von Bingen heißt. Sie war eine der Unseren, eine Benediktinerin, und gründete ein Kloster, dessen Bauplatz auf einem hohen Berg mitten im Wald ihr zuvor durch eine Erleuchtung Gottes aufgezeigt wurde. An dieser Erleuchtung hielt die Seherin fest, wie schwer auch die Steine waren, die andere ihr in den Weg legten. So ist es auch mit denen, die ihre Gotteshäuser ohne Turm oder mit nur einem kurzen Turm errichten. Sie haben Gottes Willen erschaut und handeln danach.»

Katharina ging tatsächlich auf diesen neuen Gedanken ein. «Kann jeder Mensch eine solche Erleuchtung haben?»

Pater Albertinus war sprachlos. Dieses Kind stellte Fragen! Doch war es nicht so, dass tatsächlich jeder erleuchtet werden konnte, den Gott erleuchten wollte? «Ich glaube schon», antwortete er und hatte noch nicht ganz ausgesprochen, als er sich auch schon mit der nächsten Frage konfrontiert sah, ob eine Erleuchtung wie ein Traum sei und woran man sie von einem solchen unterscheiden könne.

«Ich weiß es nicht.» Dieser Satz kam Pater Albertinus selten über die Lippen. Doch es stimmte. Er hatte noch nie die Gnade einer Erleuchtung erfahren. Woher sollte er wissen, wie es war, erleuchtet zu werden?

«Na gut.» Katharina und sprang von dem Stein auf, auf dem sie mit ihren Brüdern und Pater Albertinus gesessen hatte, um das mitgebrachte Buch anzuschauen. «Ich werde es schon merken. Und wenn ich dann weiß, wie es ist, sage ich es Euch.» Fröhlich, als sei es für sie die selbstverständlichste Sache der Welt, dass Gott ihr eines Tages eine Erleuchtung schicken werde, hüpfte sie auf einem Bein davon und ließ ihre Arme dazu wie Windmühlenflügel drehen.

Der Sommer verging mit Lernen unter Gottes freiem Himmel, wie Pater Albertinus es nannte. Er ging mit den Kindern über Land, lehrte sie die Ackerfrüchte zu unterscheiden und unterwies sie darin, welche Frucht an welchem Platz am besten gedieh und wie der Erdboden zu bearbeiten sei, damit er eine gute Ernte gäbe.

«Wenn ihr erst einmal Latein lesen könnt, werde ich euch die Liste unseres Benediktiner-Abtes Ansegis von St. Wandrille zeigen, der in Frankreich, in der Normandie lebte», versprach er. «Ansegis schrieb diese Liste vor vielen hundert Jahren für den deutschen Kaiser Karl den Großen, der wissen wollte, wie er seine zahlreichen Herrenhöfe und Landgüter bewirtschaften sollte. Zur Erinnerung an den kaiserlichen Auftraggeber nennt man noch heute einen Garten, der mit den dreiundsiebzig nutzbaren Pflanzen und sechzehn Obstbäumen des Ansegis angelegt wird, einen Karlsgarten.»

«Mein Vater sagt, wer einem anderen nimmt, was dieser sich selbst erdacht hat, schmückt sich mit fremden Federn», wandte Katharina ein. «Sollte dieser Garten nicht lieber Ansegisgarten heißen?»

Pater Albertinus nickte. «Es stimmt, Ehre, wem Ehre gebührt. Doch liegt uns Benediktinern nichts an weltlichem Ruhm. Unser Streben ist nach Gottes Ehre ausgerichtet. Und so hat es wohl auch Ansegis gefreut, dass ausgerechnet der Kaiser seinen Namen für den wunderbaren Karlsgarten hergab, der fortan in allen Ländern der christlichen Welt unzählige Menschen ernähren und erfreuen sollte.»

«Wenn ich groß bin, will ich auch einen Karlsgarten anlegen», erklärte Katharina. «Und wenn ich daraus die köstlichen Birnen und Pomeranzen ernte, werde ich immer an Euch denken, lieber Pater.»

Pater Albertinus räusperte sich, um der Rührung Herr zu werden, die ihn bei Katharinas Worten überkam. «Sprecht mir doch einmal nach, wie das Buch heißt, worin ihr diese Liste findet. Hans, du als der Älteste bist zuerst an der Reihe. Spitz die Ohren, es heißt: Capitulare de villis vel curtis imperialibus.»

Bis zu dem Wort «imperialibus» klappte das Nachsprechen bei allen drei Kindern fast auf Anhieb, dann aber verdrehte sich ihre Zunge und brachte zum Lachen komische Laute hervor.

«Wir haben ja noch viel Zeit», meinte er schließlich und wischte sich mit einem Zipfel des Skapuliers die Lachtränen aus den Augenwinkeln. «Ich bringe euch einmal das schöne Buch unserer Benediktiner-Domina Hildegard von Bingen mit, worin sie die Heilpflanzen beschreibt. Die Namen in ihrem Buch sind leichter zu merken als die Lateinischen, denn sie sind auf Deutsch geschrieben. Am Beispiel dieses Buches wollen wir dann ein schönes Herbarium anlegen.»

«Was ist das?», fragte Clemens und sprach das neue Wort in einzelnen Silben nach.

«Ein Pflanzenbüchlein», erklärte Pater Albertinus. «Wir suchen nach den Pflanzen, die uns die Seherin von Bingen beschrieben hat, und bringen sie mit etwas Knochenleim auf Pergament. Zusätzlich suchen wir auch die Pflanzen, die mir aus anderen Büchern bekannt sind. Zu allen lehre ich euch die richtigen Namen nach dem deutschen Wort und der lateinischen Schrift. Am Ende habt ihr ein wunderbares Gartenbuch, wie unser Abt Walahfrid Strabo auf der Insel Reichenau es mit seinem Büchlein ‹Hortulus› nicht besser gekonnt hätte.»

«Wann fangen wir an?», rief Katharina, die an einer sonnigen Stelle neben dem Wiesenpfad einen Flecken roter Früchte entdeckt hatte und so viele davon wie möglich auf einen langen Halm fädelte, ehe ihre Brüder alle aufaßen.

«Jetzt», gab Pater Albertinus schmunzelnd zurück und bediente sich ebenfalls mit Vergnügen an den süßen Beeren. «Weißt du, was wir hier essen?»

«Mezze nennt sie Walderdbeeren», sagte Katharina. «Sie riechen nach Ambra und Rosen, findet Ihr nicht?»

«Richtig», pflichtete Pater Albertinus ihr bei. «Aus den im Frühling gebrochenen Blättern und dem im Herbst getrockneten Wurzelstock bereitet man einen Tee, der bei kranker Haut und Nierenleiden hilfreich wirkt.»

Hans und Clemens duckten sich tiefer über die Beeren und warfen sich heimliche, mit den Augen rollende Blicke zu, um einander zu zeigen, was sie von dieser Art Unterricht hielten. Wie auf ein stummes Kommando schoben sie sich bei der scheinbaren Suche nach weiteren reifen Beeren langsam hinter Pater Albertinus' Rücken und stoben im wilden Galopp über die Wiese davon.

«Mögt Ihr?», rief Katharina rasch und hielt ihm ihre Grashalmkette mit den aufgefädelten Erdbeeren entgegen, ehe er ihren Brüdern böse werden konnte. Aus der zuletzt aufgezogenen Beere sickerte ein roter Safttropfen über ihre Hand, der, schwer und kurz vor dem Herunterfallen, von einem schräg einfallenden Sonnenstrahl erfasst wurde. Einen kurzen Moment leuchtete er auf wie ein Karfunkelstein, ehe Katharina ihn in letzter Sekunde mit der Zunge erwischte. «Meine Mutter hat mir erzählt, warum die Walderdbeeren so heilsam sind.»

Pater Albertinus wandte ihr erwartungsvoll fragend das Gesicht zu, während er eine feucht glänzende Beere von dem freundlich dargebotenen Grashalm zog. «Als die Männer des Kaisers Herodes Gottes Sohn ans Kreuz schlugen, sprangen viele Blutstropfen aus seinen Wunden. Damit nicht einer davon verloren ginge, breitete eine kleine grüne Pflanze, die unten am Fuße des Kreuzes wuchs, ihre Blätter aus und fing jeden Tropfen auf. Diese verwandelten sich sogleich zu süßen roten Früchten. Darum wird jeder, der sie isst, an Leib und Seele gesund.»

«Dann lass uns rasch die restlichen Beeren an deiner Kette zu deiner Mutter nach Hause bringen», lächelte Pater Albertinus.

Von Brehna und dem unaufhaltsam näher rückenden Abschied von daheim wusste Katharina nichts, als Pater Albertinus ihren Brüdern und erstmals auch ihr eine Wachstafel in einem schmalen, mit einer

Holzplatte hinterlegten Rahmen in die Hände drückte. Dazu gehörte ein dünner spitzer Stift, den er Griffel nannte.

Am liebsten hätte Katharina ihre Wachstafel überallhin mitgenommen und den ganzen Tag damit verbracht, die Zeichen zu üben, die Pater Albertinus ihnen beigebracht hatte. Ganz fest nahm sie sich vor, bis zu ihrem sechsten Geburtstag ihren eigenen Namen schreiben zu können.

«Meinst du, ich schaffe es, Mutter?», fragte sie, wenn sie mit ihrer Tafel in der Frauenkemenate saß und Anna zusah, unter deren geschickten Händen ein Gobelinteppich entstand. Er zeigte die Geschichte des edlen Ritters Parzival, der auszog, den Heiligen Gral zu finden. Katharina liebte die Gralsgeschichte des Sängers Wolfram von Eschenbach, seit ihre Mutter ihr erstmals davon erzählt hatte. Sie war es auch, die so lange bettelte, bis Anna nachgab und versprach, einen Teppich mit den Bildern der Parzival-Sage zu sticken.

Anna entwarf den Teppich selbst, indem sie die Umrisse der einzelnen Stationen der Aventüre des in einem einsamen Wald aufgewachsenen Ritters mit Kohle auf Stramin zeichnete. Seitdem wuchs jeden Tag ein neues farbenprächtiges Stückchen der Geschichte aus den schwarzen Linien.

«Schau her, Katharina, hier ruht das weiße Einhorn auf einer Lichtung im Wald und hat sein wundersam gedrehtes Horn in den Schoß einer Jungfrau gebettet. Ich gebe ihr so langes goldenes Haar wie deines», sagte die Mutter. «Und damit es genauso schön glänzt, spinne ich mir einen Faden aus deinem eigenen Haar, unter den ich einen echten Goldfaden wirke. Willst du?»

Katharina hielt ganz still, als die Mutter ihr eine besonders dicke, lange Strähne aus dem Unterhaar am Hinterkopf schnitt und anschließend das Deckhaar über die geschorene Stelle kämmte. In den nächsten Tagen konnte Katharina sich kaum genug daran tun, die schönen Locken zu bestaunen, die sich unter Annas Nadelstichen über den weißen Nacken der Jungfrau mit dem Einhorn bis auf den grünen Waldboden ringelten.

«Sie sieht unserer Katharina ähnlich, findest du nicht?», fragte die

Mutter den Vater einmal, als er bei ihnen saß und an seiner Schwertscheide nestelte, deren Pechnaht sich gelöst hatte und mit einem neuen Beschlag verstärkt werden musste.

«So? Meinst du?», fragte der Vater zurück und warf Katharina einen scharfen Blick zu, den sie trotz ihres rasch über die Schreibtafel gesenkten Kopfes spürte. «Schönheit der Gestalt ist ein vergängliches Gut, Frau. Lehre deine Tochter nicht in den Spiegel zu äffen, sondern zu arbeiten und beten.»

«Ihr seid streng mit uns, liebster Herr», gab die Mutter zurück und legte die Handarbeit beiseite. «Komm, Katharina, wir wollen in der Küche nach dem Rechten sehen. Ich glaube, deinen Herrn Vater hungert und dürstet es schon.»

Auf der Treppe, hinunter zum Küchenhaus, drückte sie leise lachend Katharinas Hand. «Lass ihn nur brummen, den alten Zauselbär. Lieb hat er uns ja doch. Er tut nur so wild. Doch wenn du kommst und bringst ihm einen Humpen frisches Bier und sagst ihm, das Essen sei bald fertig, wird er gleich lachen und alles Brummen vergessen. Merk dir: Besser als ein Liebestrank macht die Männer liebeskrank ein gutes Stück vom Schwein, ein süßer Becher Wein, ein frisch gezapftes Bier und ein Schloss vor deiner Tür.»

Je weiter die Arbeit an Annas Teppich fortschritt, desto lieber saß Katharina bei ihr in der Frauenkemenate und schaute ihr zu. «Niemals», dachte sie bewundernd, «niemals könnte ich das.»

Früher hatte sie sich deshalb geschämt. Doch jetzt hatte sie ihre Tafel. Und was ihr mit der Nadel misslang, das brachte sie mit dem Griffel leicht zuwege: saubere Linien und feine Striche.

Die Mutter blickte von ihrer Stickarbeit auf und winkte ihr, näher zu kommen. Sie legte die Hand ihrer Tochter auf die Stelle unter ihrem Gewand, an der es in dem hohen Leib stieß und pochte. «Spürst du das neue Kind in meinem Bauch? Wie es anklopft und zu uns herauskommen will?»

«Wird es ein Schwesterchen, Mutter?» Katharina richtete den Blick ihrer blau, grün und gold gesprenkelten Augen von unten herauf in

Annas Gesicht. Und wie so oft schien es Anna, als sähe sie hinter dem klaren Spiegel der Kinderaugen ein Paar anderer Augen, die Augen ihrer eigenen Mutter.

«Gott segne dich, mein Kind! Und vergiss nie, dass du eine aus dem Hause derer von Mergenthal bist», hatte die Mutter geflüstert, als Anna an ihr Sterbebett gerufen worden war, um den mütterlichen Segen zu empfangen und sie ein letztes Mal zu küssen.

«Nein, Mutter, ich vergesse es nicht!», hatte sie schluchzend zu versprechen versucht und nur Gestammel hervorgebracht. Trotzdem hatte die Mutter es verstanden. Das leise Lächeln in ihren Augen bog den Mund, der so gern gescherzt und gelacht hatte, ein wenig nach oben.

Und so war sie gestorben, mit diesem Lächeln und der sacht von Annas Stirn herabgleitenden Hand, sodass alle, die Zeugen der Szene geworden waren, sich bekreuzigten, weil es Unglück und frühen Tod bedeutete, wenn die Leiche lächelte.

«Wen die Leiche anlächelt, den zieht sie bald zu sich nach», tuschelten die Mägde hinter vorgehaltener Hand und wagten kaum, die Tochter anzuschauen, aus Angst, der Todesengel schwebe bereits über ihr und werde schon gleich mit eisiger Hand nach ihr greifen.

Doch Anna starb nicht. Im Gegenteil, gemeinsam mit ihrer Schwester Barbara aus erster Ehe der Mutter musste sie als Älteste unter den unmündigen Geschwistern lebendiger sein denn je und den Frauen bei der Arbeit auf Schloss Hirschstein zur Hand gehen. Und zwischen allem hektischen Betrieb und Eifer, der rings um die eine totenstille Frau im Haus ausbrach, kauerten die kleinen Kinder verloren in den auf einmal viel zu kalten, großen Räumen und ließen sich nur trösten, wenn Anna bei ihnen saß, sie in den Armen wiegte und Mutters Lieder mit ihnen sang, dass es schien, als sei sie noch mitten unter ihnen.

Tagsüber hieß es damals für die junge Anna, all die Menschen aus den umliegenden Lehen und den Wohnsitzen der adligen Angehörigen aller verwandten und verschwägerten Häuser in Empfang zu nehmen. Sie kamen, um Abschied von ihrer guten Herrin und geliebten Gevatterin zu nehmen, an ihrer Bahre Kerzen anzuzünden, Blumen niederzulegen und zu beten. Alle mussten verköstigt und beherbergt werden. Ab Einbruch der Dunkelheit waren dann Nachtwachen neben der Toten zu halten, bis der Priester verkündete, dass ihre Seele gen Himmel gefahren und der Leib zur Beerdigung freigegeben sei.

Tagelang wehten die auf Halbmast geflaggten Wappenbanner der Trauerhäuser hoch über der Elbe. Farbenprächtig leuchteten die starken Farbfelder mit dem satten Gold der Zierraten im Frühlingslicht und verliehen dem zur Elbe hin wie ein mächtiger Schiffsbug ausgerichteten Schlossbau einen trügerischen Anschein von Freude.

Ein ständiges Kommen und Gehen von Reitern und Wagen ließ die Steine der Schlossauffahrt unter Hufen und Eisenbändern klingen. Selbst die Elbschiffer, die den trauernden Witwer Jan von Haugwitz als Hüter des Elbübergangs und der damit verbundenen Zollstelle bei Schloss Hirschstein kannten, erwiesen der Toten die letzte Ehre. Wenn sie, auf ihren Lastschuten stehend, Salut auf ihren Nebelhörnern bliesen, mischte sich das dumpfe Tuten als Basso continuo unter die schwermütigen Gesänge der Priester und Nonnen in der hauseigenen Schlosskapelle.

Mit ihren knapp fünfzehn Jahren hatte Anna als Einzige unter den unmündigen Geschwistern den schwarzen Leichenwagen der Mutter begleiten dürfen. Seite an Seite ritt sie neben ihrem Vater, Jan von Haugwitz, mit dem Zug der Trauergäste von Schloss Hirschstein an der Elbe aus. In Leipzig, in der Grablege derer von Haugwitz, sollte die Mutter ihre letzte Ruhe finden.

Wie sacht der Kutscher die schwarzen Pferde auch ziehen ließ, der Wagen rumpelte und holperte doch über die unebenen Straßen. Wo sie durch Dörfer kamen, ließen die Bewohner die Arbeit ruhen, blieben mit ehrerbietig gezogenen Kappen am Wegesrand stehen und bekreuzigten sich. Überall läuteten die Kirchenglocken das letzte Geleit.

Anna atmete auf, als Katharinas helle Kinderstimme den Schleier der Erinnerungen durchbrach. «Weißt du, Mama, dass dein Bauch schon beinahe so dick ist wie der Baum vom Gnadenbild der Mutter Gottes im Saalewald?», platzte sie heraus und vergaß wieder einmal, dass nur Bauerntölpel ihre Eltern mit Du ansprachen, wohlerzogene Kinder von Stand aber Vater und Mutter ehren und sie nicht wie Dienstboten anreden sollten.

Anna lachte auf, während ihre Tochter vergeblich die Arme reckte, um sie hinter dem Rücken der Mutter zu verschränken. «Meinst du, es wird ein Riesenkind herauskommen?», rief Katharina und rieb sich das Ohr, mit dem sie in den Bauch hineingelauscht hatte. «So eines wie das Riesenfräulein von der Riesenburg?»

Anna schüttelte verwundert den Kopf. «Wovon sprichst du?»

«Weißt du nicht, dass einst Riesen bei uns lebten, die mit Baumstämmen und Steinen von den Bergen herunter auf die Menschen im Tal warfen und die schönsten Jungfrauen raubten, um sie zur Frau zu nehmen?», flüsterte Katharina mit großen Augen und blickte sich scheu über die Schulter um, als fürchte sie, gleich werde eine Riesenhand durch das weit geöffnete Fenster der Kemenate greifen und nach ihr schnappen.

«Mezze, die Wäschefrau, hat es mir erzählt. Ihre Großmutter lebte noch zu der Zeit, als einst ein solcher Riese eine Tochter hatte. Sie wurde das Riesenfräulein genannt und liebte es, mit ihren großen Stiefeln über Land zu gehen. Oftmals nahm sie die schönsten Rehe und Hirsche im Wald zur Kurzweil auf ihre Riesenburg mit und einmal sogar einen Bauern mitsamt Pflug und Pferd. Als der Riesenvater ihr das verbot, war sie so erbost, dass sie jeden Tag Steine auf die Felder warf.»

«Wie ungezogen!», tadelte Anna, die sich von dem Eifer ihrer Tochter gern anstecken ließ.

«Ja! Und weil sie so böse war, fürchteten sich die Bauern, dass sie von den Steinen mitsamt ihren Pferden erschlagen würden, und wollten ihre Felder nicht mehr pflügen, sodass eine große Hungersnot drohte. Wie das die Ritter und Junker erfuhren, zogen sie mit ihren Mannen und Söldnern gegen die Riesenburg zu Felde und belagerten sie, bis alle Riesen tot waren. Eine Rippe des Riesenfräuleins aber hängten sie zum ewigen Gedenken unter das Tor der Kirche zu Nossen.»

Mit einem komischen Seufzer der Verzweiflung schloss Anna ihre Tochter in die Arme. «Es wird Zeit, dass andere Geschichten als die von Riesen und Gespenstern in deinem Kopf umgehen. Das, was du unter dem Kirchenportal zu Nossen gesehen hast, ist keine Rippe von einem Riesenfräulein, du Dummchen. Es ist vielmehr die Rippe von einem großen Fisch, der im wilden Meer lebt und Walfisch genannt wird.»

«Woher weißt du das, Mutter?», staunte Katharina ungläubig, denn Mezze hatte ihr die Geschichte von der Rippe des Riesenfräuleins anders erzählt.

«Ich weiß es, weil meine Mutter es mir erzählte. Sie aber wusste es von dem Mann, der die Rippe mitgebracht und dem Kloster Altzella gestiftet hat. Und das war deines Vaters Vater, dein Großvater mit Namen Hans von Mergenthal.» Anna streichelte gedankenverloren über Katharinas Haar. «Als er eines Tages auf seiner Pilgerreise über das wilde Meer zum Heiligen Grab unseres Herrn Jesus in Jerusalem fuhr, sah er wunderbare blaue Fische, die wie Vögel über das Wasser flogen. Bald darauf kam ein Sturm auf und tobte so wild, dass die Galeere, auf der die frommen Pilger fuhren, fast in Stücke brach. Nur mit Gottes Hilfe erreichten sie eine Bucht zwischen zwei Felsen. Dort gelang es ihnen, Anker zu werfen, bis das Schlimmste vorüber war. Dennoch fürchtete dein Großvater sich vor den großen Walen im tiefen Meer, von denen einst der weise Prophet Jonas drei Tage und drei Nächte verschlungen worden war. In seiner Not gelobte dein Großvater, Gott und der Kirche im Falle seiner glücklichen Rettung eine Rippe von einem Walfisch zu stiften. Tatsächlich legte sich bald darauf der Sturm. Dein Großvater kaufte zum Dank dafür einem Galeerenkapitän eine Rippe von einem Walfisch ab. Diese brachte er von seiner Pilgerreise in die Heimat zurück und stiftete sie dem Kloster Altzella, von wo sie dann über das Portal der Kirche zu Nossen kam.»

Staunend sah Katharina die Mutter an. «Mein Großvater?»

«Ja, dein Großvater», bestätigte Anna stolz und wusste einmal mehr, warum sie den Namen von Mergenthal niemals ablegen würde. «Auch du bist eine aus dem Hause von Mergenthal.»

«Aber warum hat der Abt die Rippe über das Kirchenportal gehängt?», fragte Katharina.

«Man kann sich etwas dabei denken, wenn man in eine Kirche geht und über sich die Rippe von einem Walfisch sieht. Weißt du vielleicht, was?», fragte die Mutter zurück.

«Dass das Kirchentor ein Walfischmaul ist und man jetzt genau wie Jonas in einem Walfischbauch verschwindet», rief Katharina und dachte daran, wie die Mutter einmal, als sie zur Winterzeit in der Kirche waren, geflüstert hatte, da drinnen sei es ja finster wie im Walfischbauch.

«Richtig.» Liebevoll blickte Anna sie an. «Und dabei soll man sich erinnern, dass unser Herr Jesus versprochen hat, er selbst werde als Gottes Sohn so sicher, wie einst der Prophet Jonas nach drei Tagen und Nächten lebendig aus der Finsternis des Walfischbauchs auferstanden ist, nach drei Tagen und Nächten lebendig aus der Finsternis des Todes wieder zum Licht und ewigen Leben auferstehen.»

«Das ist schön, Mama», flüsterte Katharina. «Weißt du was, ich bin froh, dass du kein Riesenkind kriegst. Es hätte ja gar nicht zu uns in die Kemenate gepasst.»

«Ein Riesenkind muss es wahrhaftig nicht werden», dachte Anna und schlug ein Kreuz über sich. «Wenn es denn nur ein gesundes Kind wird.»

Wie immer, wenn ihre Gedanken zur ihrer unaufhaltsam näher rückenden schweren Stunde vorauseilten, drängte sich das Bild des winzigen Kindchens vor ihr inneres Auge, das tot aus dem Leib ihrer im Kindbett verschiedenen Mutter zur Welt gekommen war und sie zusammen mit ihr für immer verlassen hatte. Der Doktor Medicus hatte gesagt, dass der Körper des toten Kindes das Blut der Mutter vergiftet hatte. Worauf der Priester verkündete, dass dies das Gift der

Erbsünde gewesen sei, weil ein Kind im Mutterleib noch keine Taufe empfangen könne und daher die Ausgeburt der Sünde sei.

Jan von Haugwitz, Annas Vater, hatte bei diesen Worten verzweifelt die Hände vor die Augen geschlagen und dem Priester einen Beutel mit zweihundert Rheinischen Gulden in die Hände geschoben. Für dieses Geld sollten die Lesungen der ewigen Seelenmessen für Mutter und Kind sichergestellt werden.

Maria von Mergenthal aber, Annas ein Jahr ältere Halbschwester aus der ersten Ehe der Mutter, war mit einem Aufschrei am Sterbebett auf die Knie gefallen. «Ich gehe ins Kloster!», hatte sie geschrien. «Gott zu Ehren und meiner Mutter zuliebe. Mein Leben soll Gebet und Arbeit sein, damit der Mutter und dem toten Kind die Sünden erlassen werden und sie nicht im Fegefeuer brennen müssen.»

«Amen, Amen, Amen!» Feierlich hatte der Priester die Litanei angestimmt und mit himmelwärts gerichtetem Blick die Hände zum Dankgebet zusammengelegt. «Gelobt sei Jesus Christus, der seiner jungfräulichen Braut, unserer Schwester, die Zunge geführt hat.»

Fast scheu hatte Jan von Haugwitz die Stieftochter vom staubigen Dielenboden aufgehoben. «Ist dies dein fester Wille?», fragte er leise.

«Ja, Herr Stiefvater.» Maria nickte und löste sich zugleich aus seinem Arm, um neben den Priester zu treten, an dessen Seite sie von nun an ihren Platz sah. «Ich nehme den Schleier der Jungfrauen und Bräute Christi. Es ist mein Wunsch und Wille, dies für meine Mutter zu tun. Gott wird mein Opfer annehmen und unsere Mutter und das tote Kind gnädig erlösen.»

«Gelobt sei Jesus Christus», rief der Priester.

«Und in Ewigkeit. Amen», kam die Antwort im Chor.

«So werden Mutter und Kind dank deiner Liebe in Gnade vereint vor Gottes Thron treten, Maria», sprach Jan von Haugwitz und verneigte sich vor seiner Stieftochter, wie er es nicht ehrfurchtsvoller vor seiner Kurfürstin getan hätte.

Doch ehe noch das Lächeln auf Marias blassem Gesicht verflog, schüttelte der Priester tadelnd den Kopf. «Zwei sündige Seelen zu retten, bedarf es wahrlich mehr als nur einer Klosterjungfrau im frommen Gebet.»

«Ach, Gott, dass ich den Schleier nicht nehmen kann!», brach Barbara, Annas zweite Halbschwester, in Tränen aus, die schon mit einem Sohn aus dem Hause von Mispelbach verheiratet war. «Doch was Gott zusammengefügt hat, das soll der Mensch nicht scheiden.»

Annas Gedanken flogen wie Vögel im Käfig. Eine allein für zwei Tote? Würde Gott sich erbarmen, wenn eine für zwei beten würde? Müsste sie selbst sich nicht ebenfalls hingeben? Aber war es wirklich das, was Gott von ihr wollte? Hatte er sie tatsächlich berufen, ihm zu folgen? Warum dachte sie dann nicht an die Hochzeit als Braut Christi, sondern an Hans von Bora und seinen Mund, der so ungewöhnlich fein und zart geschnitten war wie ein Frauenmund?

Noch ehe Anna sich endlich doch einen Ruck geben konnte, kam ihre jüngere Schwester Else ihr zuvor. Mit ihren dreizehn Jahren war sie fast so groß gewachsen wie Anna. Und sie hasste es, immer die Zweite zu sein.

«Ich», rief sie und warf Anna einen kurzen, triumphierenden Blick aus den Augenwinkeln zu, der zugleich Schadenfreude und Stolz ausdrückte und zu sagen schien: «Sieh her, ich bin die Auserwählte, nicht du.» Doch als sie den Kopf auf die gefalteten Hände niederbeugte und laut gelobte: «Auch ich will für meine Mutter und ihr totes Kind ins Kloster gehen», sah man nichts als Demut. Nur Anna wusste, dass Elses Stimme nicht vor Andacht zitterte.

«Halt!», wollte sie schreien. «Nehmt nicht sie, nehmt mich. Sie meint es ja nicht ehrlich. Sie ist nicht würdig, für unsere Mutter und das tote Kind zu beten.» Doch Jan von Haugwitz, der Else nicht daran gehindert hatte, sich Gott und der Kirche zu weihen, gebot Anna mit einer schroffen Handbewegung Einhalt. «Du nicht.»

Fest legte er seine Rechte über die gefalteten Hände der Verstorbenen und drückte Annas Rechte zusammen mit seiner Linken darüber. «Du, Anna, du bist ab sofort dem jungen Hans von Bora versprochen. Ich habe es deiner Mutter gelobt, als sie spürte, dass sie sterben müsste. Es war ihr letzter Wille. So verlobe ich dich ihm an, wie deine Mutter und ich es schon mit deinem Bräutigam besprochen haben. In einem halben Jahr, wenn die Trauerzeit vorbei ist, soll Hochzeit sein hier auf Hirschstein.»

Wie betäubt hörte Anna die Worte des Vaters und das «Amen!» des Priesters, der damit das Verlöbnis besiegelte. Dann fühlte sie, wie sie zusammen mit allen anderen aus der Tür geschoben wurde. «Geht», sagte der Vater, als habe ihn alle Kraft auf einmal verlassen, «ich will allein sein mit meinem lieben Weib.»

Als die Mutter starb, schrieb man das Jahr 1496. «Wie sehr hätte sie diesen Tag geliebt», dachte Anna damals bei ihrer Ankunft in Leipzig und richtete die rot geweinten Augen zum Himmel, der blau über der Stadt stand. Es schien, als habe er sich eigens für die Tote geschmückt.

Langsam hoben die getreuesten Lehnsmänner ihren Sarg aus dem Trauerwagen auf die Schultern. Annas Stiefsohn, Hans von Bora zu Klietzen, dessen Augenlider schwer von zurückgehaltenen Tränen wirkten, schritt an der linken vorderen Seite. «An der Herzseite», zuckte es Anna durch den Kopf. «Er hat sie lieb gehabt.»

Sie wusste, auch ihre Mutter hatte ihn ins Herz geschlossen.

Hans von Boras Augen hielten seine junge Verlobte fest. Zart und schmal stand sie da mit ihrem verweinten Gesicht. Am liebsten hätte er sie umarmt und gehalten und gewiegt wie ein kleines Kind. Seine Blicke streichelten und trösteten sie, während sie einen Schritt von dem Trauerwagen zurück trat, um den Trägern Platz zu machen. Anna wusste, was er sagen würde, wenn er etwas sagen dürfte. Sie kannte ihn ja, solange sie lebte.

Hans von Bora war beim Tod seines Vaters fast fünfzehn Jahre alt. Reif genug, um als Erbe auf dem väterlichen Besitz zu Klietzen zurückzubleiben, als seine Stiefmutter zum zweiten Mal heiratete und mit ihren unmündigen Kindern zu ihrem neuen Gemahl an die Elbe zog. Die Verbindung zwischen ihren Häusern aber riss nicht ab. Immer wieder besuchte der junge Herr auf Klietzen seine jüngeren Halbgeschwister auf Schloss Hirschstein an der Elbe und sah unterwegs nach den ehemaligen Besitzungen seines Vaters zu Deutschenbora und Hirschfeld, die als mütterliches Leibgedinge an Jan von Haugwitz gelangt waren und eines Tages dem jüngeren Bruder Hans von Mergenthal und dessen Kindern als Erbe zufallen würden.

Wann immer der junge Hans von Bora sich auf Schloss Hirschstein blicken ließ, widmete er sich auch der kleinen Anna von Haugwitz. Als sie laufen lernte, fing er sie auf, wenn sie fiel, und sang ihr tröstende Lieder, wenn sie sich wehgetan hatte. Später lehrte er sie reiten und trocknete ihre Tränen, wenn sie vom Pferd stürzte. Auch hatte er ihr die erste Rose geschenkt, als sie vierzehn wurde. Er war ihr Ritter, seit sie denken konnte. Und er war arm.

«Jedenfalls zu arm für dich», wie die Mutter meinte. «Er lebt zwar auf einer großen alten Burg und ist ein Ritter aus uraltem Geschlecht. Doch sein Vater hat alles Geld im Haus für seine Pilgerreisen verbraucht. Die Goldgulden, Florin und Dukaten wuchsen ihm nicht in den Taschen nach. Auf die zweite Reise hatte er überdies seinen Sohn Alexius, der damals noch ein Knabe war, sowie seinen Vetter Kaspar von Bora als Edelknecht mitgenommen, dem deshalb später ebenfalls der Name von Mergenthal verliehen wurde. Diese zweite Reise kostete meinen verstorbenen Gemahl also den dreifachen Reisepreis.»

«Wie viel war das?», hatte Anna gefragt.

«Niemand weiß es genau. Doch allein für die erste Pilgerfahrt mussten von den über hundert Pilgerbrüdern 23 000 Golddukaten aufgebracht werden. Von der Ausrüstung mit Waffen, Rüstungen, Pferden, Wagen, vornehmen Gewändern und Gastgeschenken, die jeder Einzelne zusätzlich benötigte, ganz zu schweigen. Glaub mir, die zweite Reise ins Gelobte Land verschlang kaum weniger.»

«Woher wisst Ihr das, Mutter?», wollte Anna zwischen Staunen und Zweifel wissen. «Ihr wart doch nicht dabei.»

Die Mutter lachte. «Aber mein verstorbener Gemahl, Gott schenke seiner Seele Frieden. Und er berichtete mir auf das Genaueste davon. Er war so stolz, zweimal ins Gelobte Land gereist zu sein. Bei der zweiten Pilgerfahrt, sagte er, habe Herzog Albrecht für die bloße Überfahrt mit Galeeren fünftausend Dukaten aus eigener Tasche bezahlt. Zusätzlich musste jeder Pilgerbruder für sich selbst und jeden seiner Männer vierunddreißig Dukaten aufbringen, die ihnen der betrügerische Galeerenkapitän abverlangte, als sie sich bereits an Bord befanden. Das waren für meinen Gemahl einhundertzwei Goldduktaten mehr, die er zuvor nicht einkalkuliert hatte. Derlei Summen galten gar nichts.»

«Woher hatte er denn so viel Geld?», rief Anna und dachte daran, wie sie im Haus die Groschen zählten.

«Er verkaufte und belieh seinen Besitz», antwortete die Mutter. «Bauern und Dörfer, Lehen, Vorwerke und Rittersitze, alles wurde zu Geld gemacht. Schließlich mussten für die lange Reise quer durch die halbe Welt riesige Vorräte in einem langen Tross mitgeführt werden. Allein für die Seereise wurden vor Ort weitere, ganz unvorstellbare Mengen Vorräte eingekauft. Immerhin sollten rund einhundert Pilger davon verköstigt werden. Da siehst du, warum unser guter Hans von Bora arm geerbt hat», schloss die Mutter und wiederholte: «Schlag ihn dir aus dem Kopf, mein Kind. Eine von Haugwitz aus dem Hause von Mergenthal kann jeden haben. Und du wirst den Edelsten und Besten bekommen. Dafür wird dein Vater schon Sorge tragen.»

Dann war doch alles ganz anders gekommen. Mit ihrem letzten Atemzug hatte die Mutter Annas Herzenswunsch erfüllt und den Widerstand besiegt, den der Vater gegen diese ungleiche Ehe aufgeboten hatte. Anna fühlte ihre Knie weich werden, als sie den Blick mehr spürte als sah, den Hans von Bora ihr von der Bahre ihrer Mutter aus zuwarf.

«Pfui, Anna, schäm dich, wie kannst du an ihn denken, wenn deine Mutter zu Grabe getragen wird!», schalt sie sich und war froh über den hohen schwarzen Mantelkragen, der ihr Gesicht verdeckte, sodass niemand die brennende Röte sehen konnte, die über ihre Wangen flog.

Doch da war die Bahre schon an den Spalier stehenden Trauergästen vorbei. Annas Vater führte den Zug der Trauernden hinter der Bahre an. Schwer stützte er sich auf ihren Arm. Als sein Blick einmal ihr Gesicht streifte, spürte sie, wie er zusammenzuckte, als habe ihn der Atem eines Geistes berührt. «Mein Gott, Anna, aus deinen Augen schaut mich deine Mutter an.»

«Und jetzt», dachte Anna, während sie Katharina umarmte, «jetzt schaut meine Mutter mich aus den Augen meines eigenen Kindes an. Aber nicht nur sie. Auch mein Vater schaut mich aus ihnen an. Die feinen, hochgewölbten Brauen über den großen Augen, der klare Schnitt ihrer Züge und die dicken blonden Locken meiner Mutter. Die Farbe der Augen und der stolze Ausdruck ihrer Gestalt von meinem Vater. Kluge Augen sind es. Augen, denen nichts verborgen bleibt. Markgrafen, Herzöge und Kurfürsten haben ihnen vertraut und sie zu Räten und Kanzlern ernannt.»

«Aber Mutter, du hörst mir ja gar nicht zu!», begehrte Katharina in diesem Moment auf und zog ihre Hände von dem schwangeren Leib weg. «Ich sagte, ich wünsche mir eine Schwester. Und sie soll Maria heißen.»

«Wenn du Gott recht schön bittest, wird es vielleicht so sein», murmelte Anna und fühlte sich zu schwach, um Katharinas Zorn zu tadeln. Mit einer Geste, als könne sie alle Erinnerungen und Ängste von ihrer Stirn wischen, lehnte sie sich in ihren Ohrensessel zurück. «Ich glaube aber, der Vater hätte lieber noch einen Sohn, der groß und stark wird und schon bald bei der Ernte helfen kann.»

«Das kann ich auch!» Trotzig stieß Katharina die Hände der Mutter zurück und stampfte mit dem Fuß auf, dass der helle Streusand aus den Ritzen zwischen den breiten Holzdielen staubte und die frischen Blütenköpfe aufflogen, welche Agnes, die Jungmagd, auf Geheiß der Hausherrin allmorgendlich darüber ausworfelte.

Die Mutter musste trotz aller trüben Gedanken lachen. «Käthchen, Käthchen, wildes Mädchen», mahnte sie und schüttelte die Kleine liebevoll durch. «Weißt du noch, was der gute Freund von Vaters Bruder Alexius einmal zu dir sagte, als du so hoffärtig warst und wie gerade jetzt mit den Füßen stießest, anstatt bei Tische fein still zu schweigen, wie es sich für ein braves Mädchen geziemt?»

Katharina schwieg. Mit zusammengepressten Lippen schaute sie unter sich. Sie erinnerte sich sehr wohl, denn Onkel Alexius gehörte nicht gerade zu ihren Lieblingsverwandten. In der Beichte hatte sie Pater Albertinus einmal gestanden, dass sie ihn abscheulich fand. Dafür musste sie drei Tage lang morgens, mittags und abends ein Stundenglas lang auf einem kantigen Holz knien und den Rosenkranz für Alexius beten. Trotzdem schien er ihr immer noch ein rechter Angeber und Besserwisser.

Mit Clemens, Katharinas jüngerem Bruder, der ein zartes Engelsgesicht hatte und auch wie ein Engel singen konnte, flötete er süßer als die Schalmeien. «Nomen est omen», protzte er dabei mit seinem Latein und behauptete, der Name Clemens sei ein Zeichen, dass ihr Bruder eines Tages ein berühmter Abt werde. Sogar mit Hans, Katharinas älterem Bruder, der sich am liebsten aus dem Staub machte, sobald er den gelehrten Onkel erblickte, konnte er leidlich freundlich sein. Was Katharina betraf, so beruhte ihre Abneigung auf Gegenseitigkeit.

Am scheußlichsten fand sie, dass Onkel Alexius ständig mit seiner Reise nach Jerusalem und damit prahlte, wie er als junger Bursche mit seinem Vater, dem Herzog Albrecht und vielen edlen Rittern übers Meer gefahren war. «Wie oft hat unser Vater damals bedauert, dass du, Hans, noch nicht alt genug für die Reise warst», sagte er fast jedes Mal, wenn er zu Besuch kam, zu Katharinas Vater. Und jedes Mal ließ er bei dieser Rede das Licht durch sein Glas mit dem roten Würzwein fallen, den ihm die Mutter stets angewärmt kredenzen musste.

Wenngleich Hans von Bora damals erst elf Jahre gezählt hatte, vergaß auch er dieses Erlebnis ebenso wenig wie die Angst seiner Mutter vor der Abreise des Vaters und ihren plötzlichen Tod zwei Wochen vor dem Aufbruch des Vaters. Im Gegensatz zu Alexius, der nicht genug davon bekam, mit seiner aufregenden Abenteuerreise zu prahlen, war für die auf Klietzen allein Daheimgebliebenen eine schwere Zeit angebrochen und Schmalhans täglich Küchenmeister.

Hans von Bora wusste nur zu genau, wie sein Vater über zwei Jahre hinweg alles verfügbare Geld zusammengekratzt, Lehen, Land und Güter verkauft und Geld von Schuldnern eingetrieben hatte, um es auf die Pilgerfahrt mitzunehmen. Vergeblich hatte die Mutter ihn immer wieder angefleht, zu Hause zu bleiben. «Geht nicht mit, lieber Gemahl. Ihr wart doch schon einmal in Jerusalem. Herzog Albrecht wird Euch verstehen. Ihr seid nicht mehr jung. Und ich bin wieder guter Hoffnung. Was soll nur aus unseren unmündigen Kindern werden ohne Euch?»

Ihre Angst war berechtigt. Nicht wenige Ritter hatten auf der ersten Pilgerfahrt des Vaters den Tod gefunden. Sie waren entweder durch Krankheiten, Unfälle oder feindliche Scharmützel dahingerafft worden. Der Vater hatte es ihnen immer wieder berichtet. Kein Wunder also, dass die Mutter und der junge Hans große Angst hatten, den Vater ziehen zu lassen.

Doch den Vater scherte es nicht. Er hatte nur Augen und Ohren für seine Pilgerreise und den doppelten Ablass aller Sünden, den er dafür erringen werde. Es schien ihm nicht einmal etwas auszumachen, dass seine Frau kurz vor seiner Abreise einen Blutsturz erlitt und starb. Angst und Aufregung, sagte der Arzt, seien zu viel für sie gewesen. Der nahende Abschied von ihrem geliebten Gemahl habe ihr das Herz gebrochen.

«Eure Mutter hat das Jammertal der Welt durchschritten. Mit meiner Pilgerfahrt erwirke ich Ablass für ihre Sünden und führe sie auf der Stelle in Gottes Paradies», versprach der Vater an ihrem Grab seinen Kindern. Worte, die Hans von Bora niemals im Leben vergessen würde. Danach hatte der Vater seine Sachen gepackt und war mit Alexius davongezogen, Jerusalem entgegen.

Alexius gab in diesem Moment völlig unerwartet einen so lauten Rülpser von sich, dass Katharina erschrocken aus ihren Gedanken auffuhr und zusammenzuckte. «Seht doch, das Fräulein Tugendsam!», lachte der Oheim. «Will bei den Männern sitzen und versteht nichts davon.»

«Katharina!» Ihre Mutter stand auf, um ins Haus zu gehen. «Komm mit, die Herren möchten gern unter sich sein.»

Doch Katharina folgte nicht, denn schon lehnte Alexius sich breit an den Lindenbaum zurück und rief mit seiner vom Wein trunkenen Stimme: «Hans, das eine sage ich dir: Hätte unser Vater geahnt, dass du, sein eigen Fleisch und Blut und auch sein Erbe, eines Tages so ehrvergessen wärest, den von ihm teuer errungenen, kostbaren, ja kaiserlichen Namen von Mergenthal abzulegen, hätte er ganz sicher niemals bedauert, dass er ohne dich Schwachkopf ins Heilige Land aufbrechen musste.»

Katharina, die nur mit den Großen beisammensitzen durfte, weil sie versprochen hatte, mucksmäuschenstill zu schweigen und lediglich zu sprechen, falls sie gefragt würde, fühlte den Stich, der ihren Vater bei diesen Worten durchzuckte. Noch ehe er eine Antwort parat hatte, schoss es laut aus ihr heraus: «Böses gegen den eigenen Bruder zu sagen ist Sünde.»

Sofort reckte Alexius den Zeigefinger in die Höhe und rief mit hochrotem Gesicht, dass Kinder und Weiber nicht würdig seien, in der Gegenwart von Männern ungefragt den Mund zu öffnen.

«Und warum wohl nicht?», muckte Katharina empört auf und sprang rasch zur Seite, als sie seine Hand auf sich zukommen sah.

«Weil das Weib die Nachkommin der Eva ist», schrie Onkel Alexius. «Weil durch sie die Sünde in die Welt kam.»

«Und Männer sind Nachkommen des Adam. Und Adam hat in den Apfel gebissen. Also ist die Sünde auch durch ihn gekommen», widersprach Katharina und flüchtete sich in die schützenden Arme des Vaters, der den Schlag seines Bruders Alexius mit einem lauten «Halt» abwehrte. «Sie hat nur die Wahrheit gesagt. Was wahr ist, darf man sagen!»

Seitdem schaute ihr Oheim Alexius Katharina an wie eine Laus, die man zwischen den Fingernägeln knackte und von sich schnippte.

An jenem Tag, auf den die Mutter mit ihrer Bemerkung über Katharinas unziemliches Füßestampfen anspielte, war Oheim Alexius nicht allein zu Gast auf Klietzen gewesen. Er hatte seinen besten Freund Martinus Luther aus Erfurt zu Gast mitgebracht.

Dieser war zwar viel jünger als Alexius, doch schon ein gelehrter Mann und studierte an der Universität zu Erfurt. Bald würde er ein Doktor und Magister der Schönen Künste sein, wie Katharinas Vater es genannt hatte. Danach wollte er auch noch ein Doktor der Rechte werden.

Katharina kannte bisher nur den Doktor Medicus, der mit seinen Kräutern, Tinkturen und Salben zu ihnen kam, wenn einer von ihnen auf Klietzen krank war. Einen Doktor der Schönen Künste hatte sie zuvor noch nie gesehen. Neugierig betrachtete sie den fremden jungen Mann, der so dicke schwarze Locken wie ihr Vater und eine schöne, dunkle Stimme hatte. Nach dem Mittagessen hatte er die Laute geschlagen und wunderbar dazu gesungen.

Als sie nun dem Rufen der Mutter wieder nicht gehorchte und ihr nicht ins Haus nachfolgte, sondern weiterhin unter dem Lindenbaum sitzen blieb, um zu lauschen, kniff dieser dumme Magister Irgendwas, dieser Martinus Luther, der in Wahrheit gar nicht nett, sondern genauso garstig wie ihr Oheim Alexius war, sie zur Strafe mit seinen flinken Fingern so heftig in die Wange, dass es schmerzte und ein roter Fleck zurückblieb. Als Katharina «Au, das dürft Ihr nicht!» schrie und mit den Füßen stampfte, hatte er die Hände über seiner Laute gefaltet, die Augen nach oben gerollt und genau das gesagt, woran die Mutter nun dachte.

«Krause Haare, krauser Sinn, sitzt der Teufel mittendrin!», sprach er. Die Mutter wiederholte den bösen Satz des Martinus Luther von damals und hob Katharinas Kinn mit dem Zeigefinger an, sodass sie ihr in die sich langsam mit Tränen füllenden Augen schauen konnte. «Du willst doch nicht, dass es stimmt, was er von dir sagte?»

Stumm schüttelte Katharina den Kopf und warf die Arme um den Hals der Mutter. Wie gut sie duftete! Nach warmer Haut und

Heublumen und ganz schwach nach Rosenöl, das sie im Sommer aus Körben voll Rosenblütenblättern und jungen Knospen herstellte. Wenn man mit den Lippen darüber fuhr, fühlte sich ihre Haut zart und sanft an, als wäre sie selbst ein Rosenblatt. Getröstet richtete Katharina sich auf.

«Ich hab gar keinen krausen Sinn», sagte sie und wischte sich die feuchten Wangen mit beiden Händen ab. Die Mutter lächelte unwillkürlich, weil die Finger schwarze Striemen hinterließen.

«Der Herr Vater muss nur einmal richtig herschauen, dann weiß er, dass er keine neuen Buben aus deinem Bauch braucht, weil nämlich Mädchen genauso gut sind», rief Katharina und stellte sich mit gewinkelten Armen in Positur, wie sie es ihren Brüdern abgeschaut hatte. «Schau doch, Mama, wie stark meine Arme sind. Da, greif doch mal! Sogar der Hans sagt, es wär schon ein rechtes Ei von einem Muskel, weil ich immer so hoch in den Kirschbaum klettere und die Kirschen ganz oben in der Spitze breche. Und morgen steig ich noch höher. Der Vater wird schon sehen, was er an mir hat.»

«Bist mein süßer Schatz», lachte Anna leise und steckte Katharinas blonde Zöpfe über den Ohren zu Schnecken auf. Ganz gleich, wie fest sie die Haarsträhnen fasste und flocht, es ringelten sich die Löckchen doch immer wieder nach allen Seiten daraus hervor. «Nun lauf und spring und gib den Fasanen am Löschteich Futter. Wenn Kindstaufe ist, sollen sie uns einen köstlichen Braten abgeben.»

Von einem Bein aufs andere hopsend, lief Katharina davon.

Da niemand es sah, gestattete Anna es sich, beide Fäuste in den Rücken zu stemmen, an dem das Gewicht des schweren Leibes schmerzhaft zog. Wieder kämpfte sie die kalte Angst nieder, die jedes Mal aufs Neue in ihr aufsteigen wollte, wenn sie an die baldige Niederkunft dachte.

Vier Kinder hatte sie schon zur Welt gebracht und dabei erst eine Totgeburt erlitten. Hans, der Stammhalter, war zuerst gekommen, danach Katharina, dahinter Clemens und zuletzt Hugold, den Gott zu sich nahm, noch ehe er richtig gelebt hatte.

Jedes Mal hatte es für Hans von Bora leicht ausgesehen, denn schließlich hatte sie immer überlebt und schon am Tage nach der Geburt das Kindbett verlassen. Dennoch waren es schwere Geburten gewesen, die einen hohen Blutzoll von ihr gefordert hatten.

«Du hast es trotzdem geschafft», sprach Anna sich selber Mut zu, während sie die Nadel einzufädeln versuchte, um ein wenig an ihrem Parzival-Gobelin weiterzusticken. «Deine Mutter hat viel mehr Kinder geboren. Drei im Hause derer von Mergenthal. Und sieben lebende im Hause derer von Haugwitz. Da wirst du es doch schaffen, fünf im Hause derer von Bora zu bekommen.»

Doch die Angst ließ sich nicht abschütteln. Diesmal, so schien es Anna, saß das Kind irgendwie falsch. Es hätte sich längst drehen müssen, sodass der Kopf zuerst geboren werden würde. Aber es lag so, dass die Füßchen zur Seite in den Mutterleib stießen. «Dreh dich, Kind!», flüsterte sie beschwörend und legte die Hände in die Seiten, wo rechts die kleinen Füße und links die winzigen Fäuste zu erfühlen waren. «Dreh dich im Namen Gottes und aller Heiligen.» Doch das Kind drehte sich nicht.

Die Wehmutter hatte gesagt, das Kind könne sich bis zuletzt noch drehen. Alle Kinder wüssten, wie sie auf die Welt kommen sollten. Aber Anna hatte es schon mit eigenen Augen gesehen, dass auch kleine Kälber so verkehrt herum im Leib der Kuh steckten wie ihr eigenes Kind im Mutterleib. Einmal war das Kälbchen gar nicht herausgekommen, sodass der Meier fest an dem einen Bein ziehen musste, um Kalb und Kuh zu helfen. Dennoch hatte die Geburt so lange gedauert, dass das Kalb am Ende tot im Stroh lag. Und die Kuh hatte den Gnadenstoß bekommen müssen, weil die Blutungen in ihrem aufgerissenen Leib nicht aufhörten.

Anna fühlte einen Schauer über ihre Haut laufen, dass sich alle Haare an den Armen und im Nacken aufrichteten. Pater Albertinus hatte neulich gesagt, dass Menschen zwar oftmals die reinsten Rindviecher sein könnten, aber eine Kuh und eine Frau denn doch nicht dasselbe seien. So ganz glaubte Anna ihm nicht. Kühe brachten ebenso lebendige Junge aus ihrem Bauch zur Welt wie Menschen.

Anna kannte viele Frauen, die im Kindbett gestorben waren. Blutjunge Frauen, kaum den Kinderschuhen entwachsen, Frauen, die schon mehrere Kinder geboren hatten, Edelfrauen, Bauersfrauen. Auch ihre eigene Mutter gehörte dazu.

Schon als Katharina geboren wurde, hatte die Wehmutter den frisch gebackenen Vater beiseite genommen. «Von nun an müsst Ihr ein anderes Leben führen, Hans von Bora», hatte sie geflüstert, aber Anna verstand es doch. «Sie ist fast zwei Köpfe kleiner als Ihr. Die Kinder schlagen Euch als ihrem Vater nach, sind groß und schwer. Sie zerreißen der Mutter den Leib, auch wenn es für Euch nicht den Anschein haben mag. Gebt Eurer Gemahlin Zeit, sich zu erholen. Ihr habt nun zwei gesunde Kinder, einen Stammhalter sogar. Enthaltet Euch. Euer Weib ist zu zart. Jedes Jahr ein Kind überlebt sie nicht.»

Doch Hans von Bora hatte nur den Kopf geschüttelt. «Versündigt Euch nicht, Frau Wehmutter. Von der Kanzel herunter wird es gelehrt: Und sie sollen sein ein Fleisch. Und das Weib soll seine Kinder unter Schmerzen gebären. Wollt Ihr gegen Gottes Wort reden? Wollt Ihr behaupten, ein Mann darf nicht ein Fleisch sein mit seinem Weib, das Gott selbst ihm zur Gefährtin und Mutter seiner Kinder gegeben hat? Macht Euch davon, ehe ich es mir anders überlege und den Kaplan rufe, dass er Euch den Teufel austreibe. Vergesst nicht, es wurde schon so mancher Hexe die Zunge herausgerissen oder ist in Flammen aufgegangen, die einen bösen Zauber über Mutter und Kind gesprochen hat.»

Die Wehmutter hatte sich eilends davongemacht. Mit Hans von Bora war schlecht Kirschen essen, wenn er gereizt wurde. Oft genug gellten vom Marterberg die Schreie derer herunter, die angeklagt waren, mit dem Teufel im Bunde zu stehen. Wenn sie leugneten, wurden ihnen die Knochen mit Eisenstangen oder auf dem Rad gebrochen.

Immer öfter loderten auch die Scheiterhaufen zum Himmel, auf denen die Hexenjäger der Inquisition meist Frauen verbrannten, die kräuterkundige Heilerinnen und Wehmütter waren. Unter der Folter gestanden fast alle, dass sie nachts auf dem Besenstiel durch die Lüfte geflogen seien, Milch zu Blut verzaubert hätten und Buhlerinnen des Teufels waren.

Die Wehmutter wusste, wovon sie sprach, als sie Hans von Bora wegen der Gesundheit seines Weibes warnte. Doch die Nächste auf dem Marterberg sein, das wollte sie nicht.

Manchmal, wenn sie jetzt, mit ihrem fünften Kind in Annas Leib, beieinander lagen und in der Stille ihrer Schlafkemenate weiter nichts waren als Mann und Frau, sprachen sie gern von früher. Sie flüsterten zwar, doch Katharina hatte ausgezeichnete Ohren. Und Geschichten hörte sie nun einmal für ihr Leben gern. Also lag sie mucksmäuschenstill auf ihrem Strohsack in der anderen Zimmerecke und hörte ihren Eltern zu. Dieses Lauschen war keine Sünde. Pater Albertinus hatte es gesagt. Wenn man nicht vermeiden könne, etwas zu hören, was für andere Ohren bestimmt war, so könne man nichts dafür und lade keine Schuld auf sich.

Hans von Bora lachte leise. «Weißt du noch, damals, nach Katharinas Geburt, als du auch so schwach warst wie jetzt? Wie ich lieber den Teufel litt, als mich dir zu nähern? Obwohl mich die sündigen Säfte des Leibes und alle Verlockungen des Teufels bedrängten.»

Im schwachen Dämmerlicht des Talglichts, das auf dem Nachtkasten brannte, leuchtete das Weiß ihrer Augäpfel wie Perlmutt, als die Mutter sich über den Vater beugte und ihr Haar wie ein goldener Strom über seine Brust fiel.

Katharina schloss schnell die Augen und legte sicherheitshalber die Hände mit fest zusammengepressten Fingern darüber.

«Ich war so wütend, dass unsere Tochter an deinen Busen durfte und ich nicht», flüsterte der Vater.

Die Mutter kicherte. «Und ich hab mich beim Stillen immer so gedreht, dass du mir ins Gewand schauen musstest.»

«Satan!», murmelte der Vater, doch so, dass Katharina wusste, er meinte es nicht so schlimm.

«Weißt du noch, wie der Doktor Medicus zu uns kam, als Katharina geboren wurde?», fragte Anna eines Abends, als die ersten Herbststürme zu wehen begannen und der Regen so laut an die schweren hölzernen Klappläden vor den Fenstern der Frauenkemenate schlug, dass es wie Steineprasseln klang. «Meinst du, du könntest ihn bitten, auch diesmal wieder zu uns zu kommen, bevor es bei mir so weit ist?»

Hans von Bora nickte. «Wann?», fragte er und versuchte, sie zuversichtlich und beruhigend anzuschauen, obwohl ihn die Angst jedes Mal packte, sobald er nur an den Tag dachte, an dem sie das neue Kind zur Welt bringen würde. «Diesmal ist Schluss», schwor er sich zum ungezählten Mal, während er sie anlächelte. «Dieses eine Kind noch und dann keines mehr, egal, was Pater Albertinus mir von ehelicher Pflicht erzählen will. Unser Herr Jesus hat kein einziges Kind gezeugt. Muss ich da eine ganze Heerschar hervorbringen?»

«Es wird wohl ein Novemberkind», antwortete Anna. «Die Wehmutter meint, zu Martini könnte es so weit sein.»

«Ein kleiner Martinus soll mir willkommen sein. Drei tapfere Recken, welcher Vater wollte da nicht stolz sein?»

Anna wiegte den Kopf hin und her. «Wenn es nach Katharina geht, wird es eine Schwester. Sie hat genug von wilden Buben.»

Hans von Bora lachte. «Wir werden sehen. Erst einmal bestelle ich den Doktor Medicus. Er wird sich freuen, wenn er zum Gänsebraten zu uns herauskommen darf.»

«Es ist schon eigenartig mit uns Weibern», meinte Anna. «Obwohl ich den Doktor dabeihaben will und dir danke, dass du ihn holen lässt, glaube ich, die Wehmutter weiß besser, was mir gut tut, als jeder Arzt. Sie ist eine Frau, hat eigene Kinder und hat sogar schon meinen Geschwistern auf die Welt geholfen. Der Medicus hingegen ist ein Mann. Kein Mann kann so genau wissen, was in einer Frau vorgeht, die ein Kind bekommt. Gott gebe, dass meine Mutter noch lebte. Sie fehlt mir oft. Aber nie wünsche ich mir so sehr, sie hielte meine Hand, als wenn ich mit einem Kind niederkomme.»

Hans von Bora schüttelte den Kopf. «Warte, wenn das Kind da ist, werde ich es sein, der deine Hand hält. Gleich morgen schicke ich einen Reiter aus, der den Arzt bestellen soll. Ich will, dass er mit dem ersten Novembertag bei uns ist.»

Anna nickte.

Sie erinnerte sich gut, wie ihr Vater ihr zum ersten Mal seinen eigenen Hofarzt von der Elbe her quer durchs Land hinauf nach Klietzen geschickt hatte. Wie sich herausstellte, hatte die Wehmutter heimlich Nachricht durch einen Fischer, den sie kannte, zu ihm gesandt. In Annas Gefolge von Schloss Hirschstein an der Elbe nach Klietzen gekommen, hatte sie schon deren jüngere Geschwister auf die Welt geholt und zuletzt ihre Mutter im Kindbett sterben sehen. Das sei bereits eine Anna von Haugwitz zu viel gewesen, meinte sie und trug dem Boten auf, der edle Herr möge seine Tochter retten, ehe sie das Schicksal der Mutter erleide. Kurz darauf war der Arzt auf Klietzen erschienen.

«Drei Monate lang», hatte er Hans von Bora nach Annas Untersuchung damals eindringlich ermahnt und so getan, als sei Anna, die im gleichen Zimmer, nur wenige Schritte entfernt, in ihrem Bett lag, gar nicht vorhanden. «Drei Monate lang sollt Ihr Eurem Weib nicht beiliegen. Es soll seine inneren Säfte reinigen und sich an Leib und Seele durch Beten und Ruhen stärken.»

«Auf den Knien rutschen und sich kasteien, meint Ihr das, Herr Medicus?», hatte Hans von Bora aufbrausend reagiert.

Der Arzt stützte den Kopf in die Hand. Er war seit drei Tagen unterwegs gewesen und am frühen Nachmittag auf Klietzen eingetroffen. Augen und Glieder schmerzten von den zurückliegenden Stunden und der anstrengenden Reise zu Pferd. Auf jedem Gehöft, in jedem Dorf, das er mit seinem Gehilfen passierte, hatten ihn Kranke um Hilfe angefleht. Jeden Tag hatte er Leidende behandelt, Kindern auf die Welt geholfen und die Qual von Sterbenden gelindert, denen kein Arzt mehr zu helfen vermochte.

«Ich weiß, dass Ihr nicht nur eine schnelle Klinge, sondern eine spitze Zunge führt, Herr Ritter.» Müde die Augen reibend, hatte er zu ihm aufgeblickt. «Doch nur, wer seiner Zunge Meister ist, wird am Ende der bleiben, der er ist. Deshalb lasst uns nicht wie die Kesselflicker markten, sondern wie Männer miteinander sprechen. Ich weiß nicht, ob und wann es mir möglich ist, noch einmal nach Eurem Weib zu schauen.»

«Und warum nicht?», wollte Hans von Bora fragen.

Doch der Arzt kam ihm mit einer kleinen, innehaltenden Geste zuvor. «Es wird auch nicht nötig sein, wenn Ihr befolgt, was ich sage. Also merkt es Euch.»

Hans von Bora nickte und vergewisserte sich aus den Augenwinkeln, dass Anna jedes Wort hörte. Mochte der Arzt getrost so tun, als sei sie ein unmündiges Ding und zu einfältig, seine Weisheiten zu verstehen. Hans wusste, dass Anna klug war. Am Ende würde sie von dem, was der Arzt gesprochen hatte, mehr wissen als ihr Mann. Und das war gut so.

«Eure Hausfrau ist blutarm und bleichsüchtig nach der Geburt Eures zweiten Kindes. Die inneren Säfte sind aus dem Gleichgewicht geraten. Um diese wieder ins Lot zu bringen, muss sie von heute an, drei Monate lang, jeden Abend ein Glas roten Würzwein mit einem rohen Ei und Honig aufgeschlagen zu sich nehmen und einmal am Tag ein faustgroßes Stück Fleisch verspeisen. Dieses mag zu einer nahrhaften Suppe gekocht und fein geschnetzelt werden, sodass es leicht zu essen und gut zu verdauen ist. Dem Suppenkraut möge getrockneter Wiesenbärlauch mit Petersilienwurzel beigemischt werden. Das beruhigt die Sinne und lässt die schlechten Säfte fließen.»

Als müsse er nachdenken, fuhr der Arzt mit dem Zeigefinger über die Holzmaserung des Eichentisches, an dem er dem Hausherrn gegenübersaß. Dabei löffelte er genüsslich die letzten Reste aus einer tiefen Schale mit Biersuppe, welche ihm die Küchenmagd mit einem Kanten frisch gebackenen Brotes aufgedeckt hatte.

«Die Suppe ist köstlich und wert, mit Andacht verspeist zu werden. Kommt, Herr Ritter, lasst die Magd mir noch einen Löffel auftragen. Und während ich esse, will ich Euch ein weiteres Rezept geben.»

Hans von Bora winkte der Magd. Niemand sollte hungrig sein Haus verlassen und behaupten dürfen, auf Klietzen sei der Hunger König. Trotzdem musste er im Stillen zugeben, dass er die Suppe ungern zum zweiten Mal ausschenken ließ. Katharina war am 29. Januar 1499 auf die Welt gekommen. Die Wochen von Annas Unreinheit waren seitdem vergangen, und noch immer strich der Wind so lausig übers Land, als wollte der Frühling ewig auf sich warten lassen. Wer wollte vorhersagen, wie lange noch? Auf jeden Fall so lange, dass die Wintervorräte im Haus mit Bedacht genutzt werden mussten. Die Suppe, die der Doktor verspeiste, war die Suppe zum Abendessen für alle im Hause. Sobald der Arzt seines Weges gezogen war, würden sie sich zu Tisch setzen und miteinander essen. Zwei Schalen Suppe waren für keinen von ihnen da.

«Also, gebt Acht.» Der Arzt blies über die heiße Suppe, ehe er sie schlürfend die Kehle hinunterrinnen ließ. «Für jeden Becher des heilenden Aufgusses wird ein Kinderlöffel getrockneter Brennnesseln von der ganzen Pflanze und ein großer Löffel mit getrockneten, fein gerebelten Blättern des großen Frauenmantels gemischt. Solltet Ihr nichts davon im Hause haben, habe ich Auftrag, Euch das Entsprechende aus meinem Reisesack zu hinterlassen.»

Ohne Antwort abzuwarten, fuhr der Arzt fort: «Aus der fertigen Mischung bereite man mit heißem, aber nicht sprudelnd kochendem Wasser einen Aufguss. Jeder Becher muss frisch aufgebrüht werden. Er soll nicht zu nah am Herdfeuer ziehen, bis alle Blätter aufgequollen sind. Dann ist der Aufguss durch ein feines Sieb abzuseihen, mit Honig zu verschneiden und in kleinen Schlucken zu trinken. Die noch heißen, aufgequollenen Blätter in ein sauberes Leinentuch geschlagen und auf den Leib gelegt, tun ein übriges Gutes.»

Mit einem schmatzenden Seufzer schob er die Essschüssel und den Löffel von sich. Er war satt. Und es hatte geschmeckt. Man sah es ihm an. «Nun, was ist, soll ich Euch das Nötige hier lassen? Oder habt Ihr im letzten Sommer Heilkräuter gesammelt und für die schwierigeren Tage des Lebens vorgesorgt?»

Aus einem Auge zu Hans von Bora aufblinzelnd, der nicht wusste, ob er lachen oder beleidigt reagieren sollte, zog er seinen Medizinbeutel zu sich heran und breitete mehrere säuberlich beschriftete Säckchen auf dem Tisch aus. «Brennnessel, Frauenmantel, Petersilienwurzeln in feinsten Scheibchen, Wildbärlauch. Da sind sie alle, in erster Güte. Eier, Honig, Violawurzeln, Rosinen, Nelken und Koriander für den Würzwein sowie den Wein selbst werdet Ihr haben, wie ich meine?»

Als sei dies doch nicht so ganz sicher, hob er die Stimme zum Schluss ein wenig an und stand erst zum Gehen auf, als er Annas Nicken für die Antwort nahm, die der Hausherr zuvor nicht gegeben hatte.

«Wollt Ihr mein Pferd vorführen und meinen Burschen aus dem Stroh aufjagen lassen?», bat er zuletzt und reichte Hans von Bora zum Abschied die Hand. «Es ist noch ein strammer Ritt bis Kloster Nienburg, wo ich zum Abend am Tisch des Abtes erwartet werde. Und bald schon wird es dunkel. Da wollen wir uns sputen, dass nicht am Ende die Wölfe ihren Hunger an uns laben.»

«Es möchte schade sein um die gute Suppe», meinte Hans von Bora so trocken, dass der Arzt herzhaft auflachte. «Recht habt Ihr, junger Freund. Ein frohes Lachen zur rechten Zeit hat noch keinen gereut.»

Kopfschüttelnd, die Arme in die Seiten gestützt, sah Hans von Bora ihm hinterher. Wer den Arzt und seinen Knecht vom Hof reiten sah, würde niemals annehmen, dass sie je auf einem Pferd gesessen hätten.

«Musstest du so garstig zu unserem guten Medicus sein?», fragte Anna damals. Sie war leise zu ihrem Gatten getreten und bettete ihren Kopf an seine Schulter. «Er hat mich schon als kleines Mädchen gekannt und behandelt, wenn ich krank war. Er ist mir von Herzen gut, auch wenn es so scheint, als würde er nur mit dir sprechen, wenn er doch mich meint.»

Unbehaglich hatte Hans von Bora mit den Schultern gerollt, sodass Anna von ihm abrücken musste. «Du kennst mich», stieß er heftig hervor und stapfte zur Tür, weil er ihr nicht in die Augen schauen konnte. «Du weißt, dass ich diese Almosen hasse.»

«Aber er ist mein Vater, Hans.» Anna ließ die Arme fallen, mit denen sie ihn so gern gehalten hätte. «Er sorgt sich um mich und um unser Kind. Er ist der Großvater.»

«Trotzdem ist es sein Geld und sein Arzt und seine Tochter und sein Enkelkind und seine Mitgift, die uns über den Winter hilft, weil dein Mann es nicht fertig bringt, Geld zu scheffeln, um dir zu bieten, was dir gebührt.» Hans von Bora stand mit dem Rücken zu Anna.

Erst als sie ihn von hinten mit den dünn gewordenen Armen umschlang und ihren Kopf zwischen seine Schulterblätter schmiegte, gab die trotzige Starre seines Rückens langsam nach. Mit einem Ruck wandte er sich zu ihr um, und sein Kuss war hungrig nach mehr als nur Liebe. Und Anna vergaß die drei Monate.

Neun Monate später war Clemens zur Welt gekommen. Danach der kleine tote Hugold. Nun war sie schon zum fünften Mal schwanger, und in wenigen Wochen würde das Kind kommen.

Einzig die Hoffnung, mit all dem Liegen und Ruhen und Sichschonen und -schützen eine weitere Fehlgeburt zu verhindern und ihrem fünften Kind gesund das Leben schenken zu können, verlieh Anna die Kraft durchzuhalten. All die müßige Zeit und das erzwungene Nichtstun schienen ihr mühsamer als selbst die härteste Arbeit.

Täglich betete sie mehrmals inständig zu ihrer Schutzpatronin, der heiligen Anna. Doch die Erinnerungsbilder an ihre Mutter ließen Anna nicht los. Selbst nachts konnte sie nicht mehr schlafen, sodass sie mehrmals von dem Strohsack aufstand, den sie mit ihrem Mann teilte, und wie ein Geist mit einem Talglicht in der Hand durchs Haus schlich, um nach den friedlich schlummernden Kindern zu sehen, eine Kelle Wasser zu trinken, das geheime Gemach aufzusuchen, vor dem Hausaltar zu beten, die für den neuen Morgen bewahrte Glut im Herd oder die Vorräte in der Kammer zu prüfen und doch keine Ruhe zu finden. Es wurde Zeit, dass dies endlich ein Ende nähme. Nur welches Ende würde das sein?

«Lieber Gott, wie viel Zeit bleibt mir noch?», brach es auf diesen einsamen Wanderungen nicht nur einmal aus Anna heraus. «Unser

Leben liegt in deiner Hand. Wenn du willst, so nimmst du oder gibst. Doch ich bitte dich, Vater im Himmel, lass diesen Kelch an uns vorübergehen, wenn es nicht ganz gegen deinen Ratschluss ist. Die Kinder sind noch so klein, die Arbeit im Haus nimmt kein Ende. Und, Gott, verzeih mir, wenn es hoffärtig klingt, aber ich lebe so gern.»

Die Herbststürme nahmen zu. Wenn Katharina später an ihren letzten Sommer daheim auf Klietzen dachte, kam es ihr vor, als seien der Sommer und der goldene Teil des Herbstes wie an einem Tag vergangen. Mit den fallenden Blättern zogen Regen und Nebel übers Land.

Ihre Brüder drückten sich die Nasen an den Fenstern platt, um durch die schmalen Schießscharten mit den tiefen Gewändelaibungen hinaus ins Freie zu starren und auf den Augenblick zu fiebern, sobald es zu regnen aufhörte. Erst dann durften sie hinaus ins Freie. Sofort stürzten sie dann zu ihren Spielen hinaus oder dem Vater nach. Dieser hatte allerlei aufregende Arbeiten in den Ställen zu verrichten, bei denen die beiden Wildfänge unbedingt dabei sein wollten. Oder, besser noch, er nutzte die kalten Tage dazu, seine Rüstung, den Helm und die Waffen genauestens zu inspizieren, instand zu setzen und zum Schutz gegen Feuchtigkeit und Rost in ölgetränktes Leinen zu verpacken. Mit etwas Glück gestattete er den Söhnen, sich in Kette und Harnisch zu kleiden oder das Langschwert umzugürten, dessen Blutrinne sie mit Ehrfurcht und Schaudern betrachteten, wenn der Vater die Klinge schliff.

Wie immer mündete der Herbst in die Schlachtzeit. Sie brach an, sobald die Ernte von den Feldern eingebracht und die kahlen Äcker für die Saat des kommenden Jahres vorbereitet waren. Und sie endete mit den anstrengenden Tagen des Haltbarmachens der großen Fleischmengen.

Für Katharina war das Schlachten trotz des damit verbundenen Festes und der allseits geliebten Metzelsuppe eine Qual. Sie liebte Tiere, ganz gleich, welche. Spannend wurde es für Katharina nur dann, wenn es ans Einpökeln, Zubereiten des Sauerfleisches, Räuchern und Wurstmachen ging. Tage gingen darüber hin, an denen es in allen Winkeln von Klietzen nach Kräutern, Gewürzen, Beizen und Holzfeuer duftete, dessen Zusammensetzung einen besonderen Rauch erzeugte, in dem alsbald köstlich duftende und noch besser schmeckende Speckseiten, Schinken und Würste hingen.

Katharinas Mutter tat sich schwer, stundenlang auf den Beinen zu sein, um alle Arbeiten zu überwachen. Der Doktor Medicus, den Hans von Bora, wie versprochen, in den ersten Novembertagen nach Klietzen geholt hatte, verbot ihr streng, bei den anfallenden Arbeiten selbst Hand anzulegen. Dennoch wollte und musste sie dabei sein, um die Köchin und die Mägde im Auge zu behalten, die richtige Auswahl und Bemessung der Zutaten zu überwachen und dergleichen mehr. So trat sie nur gelegentlich an die verschiedenen Arbeitsplätze, um etwa das Zerstoßen und Mahlen der Gewürze zu prüfen, das gar nicht sorgfältig genug von der Hand gehen konnte.

Die meiste Zeit musste Anna sich jedoch damit begnügen, dem eifrigen Treiben ihres Gesindes von einer Bank aus zuzusehen und ihre Wasser ziehenden Beine hochzulegen. In diesen Stunden war Katharina ihr eine unersetzliche Hilfe. Flink eilte sie immer wieder mit einem bestimmten Auftrag oder einer neuen Anweisung der Mutter zwischen den arbeitenden Frauen hin und her, berichtete ihr, was ihr aufgetragen worden war, oder trug Kostproben herbei.

An den Abenden rückten Herrschaft und Gesinde in der großen Halle des Herrenhauses zusammen. Natürlich bekam die Mutter mit ihrem Stickrahmen den besten Platz vor dem offenen Kamin. Die Frauen gruppierten sich mit Spinnrad und Rocken, Stricknadeln und Näharbeiten um sie herum, andere machten sich am Webrahmen zu schaffen oder wickelten Wollstränge von vollen Spindeln herunter. Den Knechten und Dienern kamen andere Aufgaben zu. Unweit des Kamins zogen immer zwei von ihnen abwechselnd mit dem Kienhobel lange Kienspäne aus einem frisch geschlagenen, stark harzenden Kiefern- oder Tannenstamm. Während einige Knechte mit dem Kehleisen an besonders fein geäderten Buchenholzscheiten hantierten, um Teller und Platten oder neue Löffel und Gabeln zu schnitzen, schälten andere mit viel Geduld und gutem Augenmaß einen Span nach dem anderen aus Pappel- oder Birkenholz heraus, bis ein derber holländischer Schuh daraus wurde. Arbeit gab es für alle genug.

Doch manchmal blieb Katharina vor dem Einschlafen ein wenig Zeit für ein Gespräch mit der Mutter. Diese Minuten waren ihr die liebsten. Gern berichtete sie dann von ihren Lernerfolgen bei Pater Albertinus, für die sie von ihrem Lehrer immer wieder gelobt wurde. Wenn sie einmal besonders feine Buchstaben auf ihre Wachstafel geschrieben hatte, erzählte er ihr zur Belohnung eine Geschichte.

Am besten gefielen ihr diejenigen, die etwas mit ihrer eigenen Familie zu schaffen hatten. Geschichten etwa, wie der Löwe ins Wappen ihrer Großmutter Anna aus dem Hause von Schönberg gelangte.

«Hast du gewusst, Mama», konnte sie dann abends ihre Mutter fragen, «warum der Löwe halb rot und halb grün ist?»

Selbst wenn die Mutter es gewusst hätte, wäre es ihr unmöglich gewesen, die Erwartung Katharinas zu zerstören, ihr neues, aufregendes Wissen auszubreiten. Also schüttelte sie den Kopf, und schon sprudelte es aus Katharina heraus: «Einst, vor vielen Jahren, nahm ein Ritter aus dem Hause von Schönberg an einem Kreuzzug teil, um das Heilige Land von den Ungläubigen zu befreien. An einem Fluss in Palästina, dessen sumpfige Ufer mit hohem Schilf bewachsen waren, machte das Heer Rast. Unser Vorfahr, der Herr Ritter, wurde ausgewählt, auf die Jagd zu gehen. Doch wie er gerade ein schönes Wild erlegen wollte, wurde er hinterrücks von einem Löwen angefallen. Andere Ritter wären vielleicht davongerannt, doch unser Vorfahr wehrte sich tapfer und verwundete den Löwen so schwer, dass dieser vor Schmerz laut brüllte und ins Schilf flüchtete. Unser Vorfahr jagte ihm mutig nach und versetzte ihm alsbald den Todesstoß, sodass das wilde Tier zur Hälfte im Schlamm auf dem Grund des Flusses versank.»

«Da war der Ritter gewiss enttäuscht», rief die Mutter. «Einen Löwen hätte er doch bestimmt sehr gern als Jagdtrophäe den Seinen gezeigt.»

«Das tat er ja auch!», rief Katharina. «Er ließ nicht nach, bis er den Löwen an Land gezogen hatte. Da sah er, dass die untere Hälfte des Tieres, die im Sumpf gesteckt hatte, über und über von grünen Wasserlinsen bedeckt, die obere Hälfte mit der dicken Mähne aber rot von Blut war. Zur Erinnerung an diesen Löwen und den siegreichen Kampf ließ der Ritter einen hochaufgerichteten, mit beiden Pranken kämpfenden Löwen mit grünem Unterleib und rotem Oberleib in seinen Wappenschild malen.»

«Woher weißt du das?», staunte die Mutter und lachte nur, als Katharina die Antwort gab. Kam nicht fast alles Wissen ihrer Tochter von Pater Albertinus?

«Weißt du denn auch, wie es den Menschen geht, die immer alle Geschichten glauben?», fragte sie neckend. «Du kannst es an den Leuten zu Siebenlehen erkennen, die einst ihre Stadt hoch oben auf einem Felsen errichtet haben und so reich waren, dass sie sich eines Tages sogar eine neue Kirche bauen wollten.»

Katharinas Augen glänzten über der hochgezogenen Bettdecke. Selbst ihre Brüder sperrten erwartungsvoll Mund und Ohren auf. Die Mutter schmunzelte.

«Die Nossener waren immer neidisch auf ihre reichen Nachbarn in Siebenlehen und hätten auch gern eine neue Kirche gehabt. Deshalb schauten sie wütend zu, wie die in Siebenlehen ackerten und rackerten und einen Stein auf den anderen legten und die Kirche immer schöner und der Kirchturm immer höher wurde. Und plötzlich hatten die von Nossen eine Idee.»

«Welche denn?», riefen Clemens und Hans dazwischen.

«Sie schickten einen ihrer Bürger, den niemand dort kannte, nach Siebenlehen. Wie er die blitzsauberen Häuser rings um den Marktplatz und den fast fertigen Kirchturm sah, sprang er laut schreiend von einem Bein aufs andere: ‹O weh, die Häuser in Siebenlehen wachsen ja in den Himmel. Wehe euch! Wenn der Kirchturm eine Spitze hat, dann reißt er den ganzen Himmel ein.› Wie die Leute in Siebenlehen das hörten, bekamen sie große Angst und riefen den Baumeister herbei und gaben ihm den Auftrag, den Kirchturm nur ja hübsch kurz zu bauen und höchstens eine ganz kleine Spitze darauf zu setzen. Der Baumeister versprach es, aber am Ende war die Kirchturmspitze doch so hoch und spitz, dass sie bis an den Himmel reichte.

‹Der Fremde hat gelogen!›, riefen da die Siebenlehener. ‹Der Kirchturm reißt ja gar nicht den Himmel ein.›

Doch der Fremde, der auf einmal, keiner wusste, woher, wieder nach Siebenlehen gekommen war, lachte sie aus und strich sich den Bart. ‹Noch mag ja alles gut gehen›, meinte er. ‹Aber wehe, wenn der Vollmond dick und rund vom Himmel hängt. Dann sticht eure Kirchturmspitze mitten in ihn hinein. Und schon stürzt der ganze Himmel über Siebenlehen zusammen.›»

Katharina kicherte: «So ein Dummerjan!»

«Selber Dummerjan!», riefen ihre Brüder. «Weiter, Mutter!»

«Wartet nur, wie es weiterging», lachte die Mutter. «Nun war nämlich guter Rat teuer. Also rannten sie zu ihrem Bürgermeister. Der wusste auch gleich Rat. Er bestellte einfach den Fremden wieder zu sich. Tatsächlich wusste dieser sogleich, was zu tun sei. ‹Liebe Leute, lasst das Klagen!›, rief er. ‹Zahlt mir eintausend Golddukaten, und ich will euch wohl aus der Not helfen.›

Inzwischen war die Angst der Siebenlehener so groß geworden, dass der Bürgermeister und seine Stadträte auf der Stelle die verlangten Golddukaten aus dem Stadtsäckel holten und sie dem Fremden gaben. Der bedankte sich mit einem vornehmen Kratzfuß und verkündete, die Sache sei doch ganz einfach. Man müsse nur an jeder Seite des Kirchturms eine lange Leiter anstellen. ‹Einmal im Monat›, sprach er, ‹ehe der Vollmond über Siebenlehen steht, ist es dann ein Leichtes für die vier mutigsten Siebenlehener, auf die Leiter zu steigen und das Kirchturmdach mit der Spitze herunterzuheben.› Auf diese Weise, meinte der kluge Fremde, könne der Mond nicht an der Spitze hängen bleiben und auch nicht zerstochen werden. Sobald der Mond abnehme, solle man das spitze Dach einfach ganz schnell wieder an seinen Platz setzen. Dann sei alles in bester Ordnung.»

Die Mutter sah ihre drei Rangen der Reihe nach ernsthaft an. «Ein wahrlich kluger Mann, dieser Fremde, nicht wahr? Kaum hatte er seinen weisen Rat ausgesprochen, da legten die Siebenlehener auch schon vier lange Leitern an die Kirchturmspitze. Und kaum zeigte sich der Vollmond am Himmel, kletterten vier junge waghalsige Burschen auf die Leitern und hoben das Dach an allen Seiten an. Doch kaum hatten sie das Dach ein wenig angehoben, stürzte es mitsamt der Spitze zu Boden und zerbrach. Und die vier jungen Burschen überlebten nur mit Mühe den Schreck.»

«Und der Kirchturm?», wollte Katharina wissen.

«Der Kirchturm in Siebenlehen blieb für immer kurz und wurde niemals mehr so richtig schön.»

«Aber in Nossen! Da haben wir die Kirche schon selbst gesehen», triumphierten Katharinas Brüder.

«Genau, ihr Schlaumeier», lachte die Mutter. «Was glaubt ihr wohl, woher das Geld dafür gekommen war?»

Hans und Clemens schauten sich an. «Aus Siebenlehen?»

«Richtig!» Die Mutter gab ihnen einen Kuss und schüttelte noch einmal die Bettdecke über ihnen auf. «Sie bauten sich mit den schönen Golddukaten von denen in Siebenlehen, die immer alles glauben, was man ihnen erzählt, eine neue Kirche.»

Jetzt lachte auch Katharina. Dennoch nahm sie sich vor, am nächsten Freitag Pater Albertinus zu fragen, ob der Turm der Stiftskirche zu Kloster Nienburg etwa auch nur so kurz sei, damit der Mond nicht daran hängen bleibe und der Himmel nicht einstürze.

Zu dieser Frage kam es jedoch nie, denn am nächsten Morgen schallte und hallte das ganze Haus von eilenden Schritten, klappernden Türen und lautem Rufen nach heißem Wasser und frischen Leintüchern.

In Windeseile scheuchte Annas Kammerfrau die Kinder aus der Schlafkemenate. Kaum dass sie ihnen Zeit ließ, wenigstens ihre Untergewänder zu ergreifen und während des Hinausstolperns über sich zu werfen, die ihnen die Mutter am Abend zuvor wie immer säuberlich über einen Kasten gehängt hatte. Dennoch starrten die Kinder bei jedem Schritt verstört auf das Strohlager der Eltern zurück, wo die Mutter stöhnend unter ihren Decken lag und ein rotes Rinnsal

Blut einen allmählich größer werdenden Fleck auf dem vor dem Bett liegenden Schaffell hinterließ.

«Was ist mit ihr?», fragten die Brüder ängstlich, während sie die Treppe hinunterschlichen.

«Ich glaube, das neue Kind will kommen», gab Katharina zurück.

«Geht und betet!», rief Mezze ihnen zu, die eine kleine hölzerne Wanne sowie zwei Eimer heißes Wasser aus dem Waschhaus geholt hatte und soeben an den Kindern vorbeischleppte.

Oben in der Schlafkemenate wuschen und bürsteten die Frauen den aus der Abstellkammer geholten und nun fertig aufgebauten Gebärstuhl rein. Der Geruch der kräftigen Seifenlauge mischte sich mit dem erfrischenden Duft von kostbarem Eukalyptusöl, das dicht neben Annas Kopf über einem kleinen Talglicht in etwas Wasser erhitzt wurde und stetig verdampfte.

Die Wehen hoben und senkten Annas Leib in zitternden Wellen. Um nicht zu schreien, biss sie in ein sauberes Leintuch, das ihre Kammerfrau zu einer Rolle gedreht hatte. Irgendwann in den frühen Morgenstunden war die Fruchtblase geplatzt. Nun färbten Blut und Wasser in einer großen Lache die Oberseite des Strohsacks, auf dem sie lag, und sickerten immer stärker auf den Fußboden durch.

Die Wehmutter musste Anna nicht berühren, um zu wissen, was los war. «Das Kind liegt immer noch quer im Schoß», murmelte sie.

«Komm her.» Ein kurzer Wink mit dem Kopf rief die schweigend zuschauende Gehilfin an ihre Seite. «Hier ist der Kopf des Kindes, Elsbeth. Du musst deine Hand darauf legen, damit du spürst, wie er sich anfühlt.» Die junge Frau nickte.

«Das hier, fühlst du es? Als ob du mit den Fingerspitzen über ein besonders schön und gleichmäßig gearbeitetes Waschbrett führest. Das ist das Rückgrat. Und das hier ist ein Arm, und hier unten, auf der anderen Leibeshälfte, fühlst du's, ein kleiner Fuß. Wenn er sich bewegt, kannst du die Fußsohle wie unter einer schweren, dicken Decke ertasten.»

Selbst der Doktor Medicus, der Anna bereits die Schläfen mit erfrischenden Tinkturen eingerieben hatte und soeben die Köchin unterwies, wie sie einen besänftigenden Aufguss aus Engelwurz herzustellen hatte, räusperte sich anerkennend. «Ihr versteht Euer Handwerk, Wehmutter. Nur drückt nicht so viel auf dem Leib herum. Ihr seht doch, dass bei jedem Druck Eurer Hand ein neuer Schwall Blut und Wasser abgeht. Sie wird ausbluten, wenn Ihr so weitermacht.»

Die Wehmutter schüttelte fast unwillig den Kopf. «Ja, das Blut sehe ich. Dennoch müssen wir die Lage des Kindes verändern, sonst kommt es nicht heraus. Wollt Ihr mir bei der Massage behilflich sein, Doktor?»

«Beginnt Ihr», nickte der Arzt, machte aber keine Anstalten, selbst ebenfalls Hand an Annas großen Leib zu legen. Stattdessen überließ er es den kundigen Fingern der Wehmutter, mit jeder fallenden Wehe den deutlich zu ertastenden Rücken des Kindes behutsam massierend in die richtige Geburtslage zu verschieben und auch das Köpfchen mit jeder steigenden Wehe durch sanften Druck des Handballens ein wenig mehr nach unten zu drängen.

Natürlich würde er der Hausherrin mit allen Mitteln seines Heilerberufes beistehen, doch was hieß das schon? Erst vor wenigen Wochen hatte er erfahren, dass wieder eine Edelfrau mitsamt ihrem Kind bei lebendigem Leib verbrannt worden war, weil sie zu einer Hexen-Wehmutter gegangen war und sie um ein Zaubermittel zur Bekämpfung der Wehenschmerzen gebeten hatte. Wer sich mit den Kräften der Natur auskannte, geriet schnell in den Verdacht, mit dem Teufel im Bunde zu stehen. Gerade in einem so frommen Hause wie dem von Mergenthal und von Bora. Loyalität und Heilerpflicht hin oder her, der war klug beraten, wer sich am Ende auf Gottes weisen Ratschluss und den Vortritt der Wehmutter auf den Scheiterhaufen verließ.

Dennoch sah der Arzt ebenso gespannt wie die umstehenden Frauen zu, wie sich die Lage des Kindes nach und nach unter den sanft schiebenden Händen der Wehmutter veränderte.

«Ganz richtig liegt es immer noch nicht», murmelte die Wehmutter nach einer Weile bedauernd und richtete sich ächzend auf. Sie war nicht mehr die Jüngste. An Tagen wie diesen spürte sie es doppelt und dreifach. «Aber ein wenig besser. Kommt, helft ihr auf. Wir wollen sie in den Gebärstuhl setzen. Es wird ihr darin wohler sein als auf dem flachen Strohsack. Und rückt auch gleich meinen Schemel heran, auf dem ich vor ihr Platz nehmen und den Fortgang der Geburt beobachten kann.»

Der Arzt reichte Anna eine Schöpfkelle des fertigen, mit Honig stark gesüßten Aufgusses der Engelwurz. «Trinkt», munterte er sie auf und wischte ihr gleichzeitig die feuchte Stirn ab. «Es wird Euch gut tun. Die Kraft der vierzehn Nothelfer und Schutzengel steckt darin.»

Die Engelwurz schien zu wirken. Erfrischt und gestärkt, ließ sich Anna zeigen, wie sie die Arme zu beiden Seiten auf die hohen Seitenlehnen des Gebärstuhls stützen und im größten Schmerz die beiden vorn auf den Lehnen angebrachten Griffe umklammern sollte. «Habt keine Angst. Angst ist der Feind aller Gebärenden. Vertraut auf Gottes Hilfe, die Ihr durch die Fürsprache der heiligen Anna erlangt, die alles Frauenleid versteht. Wenn Ihr das nächste Weh kommen spürt, richtet alle Gedanken darauf, Euer Kind hinauszugeleiten, und gebt dem Weh nach, wie Ihr Eurem Gemahl nachgebt. Versteht Ihr, was ich meine?»

Anna nickte. «Danke», murmelte sie, während sie die nächste Welle des Schmerzes anrollen fühlte und wie von selbst die Arme auf die Stuhllehnen stemmte, um dem Leib mehr Kraft zu geben, das Kind nach unten und hinauszuschieben.

«Atmet tiefer!», mahnte die Wehmutter. «Atmet ein, wenn ich Eure Hand drücke. Ich atme Euch vor, wie Ihr es mir nachmachen müsst. Einatmen, hört Ihr. Tief, bis in den Leib hinein. Bis die Luft Euer Kind erreicht. Und jetzt, ausatmen, lang, lasst den Atem lang aus Euch herausfahren. So, ja, gut gemacht. Entspannt Euch, lasst alles fahren, schöpft Kraft. Wartet, ich will einmal noch versuchen, das Kind etwas günstiger zu drehen. Lasst mich Euren Leib berühren. Es hilft, wenn ich Euch ein wenig massiere. Und atmen, tief atmen.»

Obwohl Anna bereits mehrere Kinder zur Welt gebracht hatte, taten ihr die freundlichen Anweisungen der Wehmutter gut. Ihr fast ununterbrochenes Reden bewirkte, dass Annas Augen sich fest auf ihre Helferin richteten und sich zwischen den beiden Frauen eine Aura ausbreitete, als seien sie völlig allein miteinander, eine in den Geist der anderen geschlüpft, gemeinsam leidend.

«Lasst die Amme rufen, die der Herr für das neue Kind ausgesucht hat», ordnete der Medicus halblaut an. «Ihr Anblick wird die Mutter ermutigen. Wo die Amme ist, wird auch ein Kind sein. Also eilt, bringt sie herein.»

Die Amme war jung, blond und drall. Sie hatte zu Hause seit ein paar Wochen einen prächtigen kleinen Buben und Brüste, an denen vier satt würden. Schüchtern trat sie hinter Mezze in die Schlafkemenate und wagte kaum, ihre nur mit einem verschwitzten, blutbefleckten und unziemlich über den Schenkeln aufgeräufelten Hemd bekleidete Herrin anzusehen. Doch Mezze schob sie unerbittlich näher. «Zeig dich der Herrin. Sie soll sehen, dass du da bist. Beuge dich zu ihr. Entbiete ihr einen Gruß.»

«Gott zum Gruß, edle Hausfrau!», brachte die Amme mit einem furchtsamen Seitenblick in das strenge Gesicht der Waschfrau hervor. «Ich bin gekommen, Euer Kind zu nähren.»

«Deinen Namen», zischte Mezze. «Sag ihr, wie du heißt.»

«Jutta», sagte die Amme.

Die Wehmutter wusste nicht, ob Anna die Amme überhaupt wahrgenommen hatte. «Danke», lächelte deshalb sie selbst der jungen Frau zu und schob sie freundlich, aber bestimmt ein wenig zurück. «Es ist gut. Du hast deine Sache gut gemacht. Setz dich dort hinten neben die Wiege. Und halte dich still. Ich brauche dich erst wieder, wenn das Kind da ist.»

Die Amme gehorchte wortlos. Am liebsten wäre sie wie ein Mäuschen in irgendeinem Loch verschwunden. Noch niemals hatte sie die Schlafkemenate der Herrschaft betreten. Verglichen mit der einfachen Strohschütte, auf denen sie daheim alle miteinander schliefen, war das breite Bettlager der Herrin trotz des blutigen Strohsackes darin wie eine Wiese mit einem wunderschönen blauen Himmel darüber. Gehört hatte sie schon davon, dass die vornehmen Leute ein Tuch über ihrem Bett aufspannten, damit in den Dachsparren versteckte Spinnen, Käfer und Wanzen den Schlafenden des Nachts nicht ins Gesicht fielen. Doch mit eigenen Augen gesehen hatte die Amme einen solchen Himmel noch nie.

Plötzlich gellte ein jäher Schrei durch die Kemenate.

Annas Körper bäumte sich auf. «Pressen, pressen!», rief die Wehmutter. «Das Köpfchen wird gleich kommen.» Doch Anna hörte nichts mehr. Sie hatte das Bewusstsein verloren.

«Schnell, der Medicus, wo ist der Doktor?», schrie die Wehmutter außer sich vor Angst. «Das Kind steckt fest. Sie kann das Kind nicht mehr austreiben.» Aufgeregt wedelte sie mit einer feucht durchtränkten Parfümkugel unter Annas Nase. Der intensive, fast stechende Geruch der in Alkohol aufgelösten Blütenessenzen half. Annas Augenlider flatterten und ein schwerer Atemzug hob ihre Brust. Doch als die nächste Wehe an dem Krampf abzulesen war, der den heftig wogenden Leib anspannte, rief nicht einmal der Schmerz genügend Kraft hervor, das Kind endgültig aus dem Geburtskanal zu pressen. «Ich sehe es schon ein wenig. Da ist es!», rief die Wehmutter und versuchte, mit der Hand in Annas Schoß vorzudringen, um das Kind zu greifen und sanft nach vorn zu ziehen. «Aber ich kann es nicht fassen.»

Der Arzt hatte sich ebenfalls zu Annas Schoß vorgebeugt, um einen Blick in die Dunkelheit zu werfen, aus der das Kind ans Licht kommen musste. «Doktor, Ihr müsst ihr etwas geben!», flüsterte die Wehmutter verzweifelt. «Ihr kennt das Mittel.»

«Weib, bist du von Sinnen?», raunte der Arzt zurück. «Meint Ihr etwa das schwarze Faulkorn, das Kinder vorzeitig aus dem Schoß treibt? Wer es anwendet, macht den Henker um einen Strick ärmer.»

«Oder Euch um einen gesunden Hals reicher», tuschelte die Wehmutter mit tief auf die Brust gesenktem Kinn zurück. «Meint Ihr, der Herr werde Euch lebendig ziehen lassen, wenn sein Weib Euch unter den Händen vergeht, weil Ihr keine Medizin herausrücken wollt?»

«Hexe!», zischte der Arzt und wandte sich ab. «Aber Recht hast du.» Widerwillig und wütend zugleich kramte er unter allerlei Phiolen, Krüglein, Tüten, Beuteln und Döschen einen winzigen schwarzen Kasten, der trotz seiner kleinen Maße mit einem abschließbaren Riegel versehen war, aus seinem schweinsledernen Medizinbeutel hervor.

«Köchin, Würzwein!», bellte er beinahe. Mit dem Rücken zu den schreckensbleichen Frauen, die das letzte Stündlein ihrer Hausherrin angebrochen sahen und nur darauf warteten, dass ihnen befohlen würde, den Priester mit der Letzten Ölung zu rufen, entnahm er dem geheimnisvollen Kästchen eine Messerspitze einer schwarzen, übel riechenden Paste, versperrte und verbarg es wieder und rührte das schwarze Zeug in den eilends überreichten Becher warmen Würzweins.

«Gebt ihr das!» Grimmig und nur halblaut murmelnd drückte er der Wehmutter den Becher in die Hand. «Sie soll es schnell trinken, damit sie den galligen Geschmack erst bemerkt, wenn der Wein schon im Magen ist. Haltet ihr den Kopf, damit sie nichts ausspuckt.»

Die Wehmutter wusste, warum er ihr den Becher gab und Anna den Trank nicht selbst verabreichte. Ging alles gut, würde es als sein Verdienst gelten. Ging es schief, würde es ihre Schuld sein. Dennoch zögerte sie keinen Augenblick. Sie hatte Anna schon als Kind gekannt und deren Mutter bis zuletzt bei jedem neuen Kind zur Seite gestanden. Lieber wollte sie brennen, als etwas unversucht zu lassen, Anna und das Kind zu retten. Entschlossen trat sie vor. «Mezze, du und Elsbeth, ihr hebt die Herrin ein wenig an. Haltet ihren Kopf. Ich muss ihr dieses Heilmittel einflößen. Es wird ihr gut tun.»

Elsbeth erbleichte. Der aus dem Würzwein aufsteigende Geruch verriet ihr, was der Medicus aus seinem Arzneisack genommen hatte. Wenn jemand auch nur den kleinsten Verdacht schöpfen würde, wäre es um sie beide geschehen. Im Ernstfall würde es nur mitgefangen, mitgehangen heißen. Dennoch trat auch sie nicht zurück, sondern legte mitfühlend den Arm unter Annas Schultern, um ihren Oberkörper aufzurichten.

Anna war zu schwach und benommen, um zügig trinken zu

können, doch die Wehmutter verstand es, ihr fast allen Würzwein in kleinen Schlucken einzugeben.

«Richtet das Wasser, wärmt die Leintücher. Wenn das Mittel mit Gottes Hilfe wirkt, wird alles sehr schnell gehen!», schrie der Medicus, der den Trinkerfolg genau beobachtet hatte, und klatschte scharf in die Hände, als verleihe er seinem Befehl durch Lärmen Nachdruck.

Und tatsächlich, kaum hatte er ausgesprochen, entrang sich ein zweiter lauter Schrei Annas Lippen. Ihr zuvor fast erloschener Atem brach plötzlich in raschen, hitzigen Stößen hervor. Die Hände krampften sich weiß um die Griffe des Gebärstuhls. Wie in Stein gehauen traten die Adern auf den Handrücken und die Sehnen an den Füßen hervor, die auf den Beinstützen des Gebärstuhls festgeknotet waren.

«Der Steiß, es kommt verkehrt herum, aber es kommt, endlich kommt es!», rief die Wehmutter und kniete vor Annas Schoß nieder, um mit sanften, zugleich vorsichtig und fest zugreifenden Händen das kleine Hinterteil des Kindes vollends herauszuziehen. Ohne den Arzt, der mit einem raschen Schnitt seines rasiermesserscharfen Skalpells den Mutterschoß weitete, wäre es ihr jedoch wohl trotz aller Anstrengung nicht gelungen.

Atemlos sahen die Frauen zu, wie der Unterleib mit den angewinkelten Beinchen, dann der Oberkörper und zuletzt, mit dem Gesicht nach unten, auch der Kopf geboren wurde.

Die in ihrer erleichterten Freude über die endlich doch noch gelungene Geburt und Annas Leben einander umarmenden, jubelnden Frauen nahmen kaum wahr, wie der Arzt rasch mit dem Finger etwas Schwarzes, Zähes aus dem kleinen Mund entfernte und dann die mit der Nachgeburt verbundene, blau pulsierende Nabelschnur mit einem einzigen Messerschnitt kurz über der Stelle, die die Wehmutter fest abgebunden hatte, durchtrennte.

«Ein Junge», flüsterte Mezze und dachte an Katharina, die sich so herzlich ein Schwesterchen gewünscht hatte. Andächtig sah sie zu, wie die Wehmutter das mit käsig weißem wie dunklem, grün durchzogenem Schleim bedeckte Kind ihrer Gehilfin reichte, die es zuerst in den Bottich mit heißem und sofort danach in kaltes Wasser tauchte, bis es einen dünnen, hoch zitternden Schrei ausstieß und den ersten eigenen Atemzug seines Lebens vollbrachte.

«Schickt nach dem Priester und dem Herrn des Hauses!», befahl der Medicus und fühlte Anna den unter seinen tastenden Fingern kaum spürbaren Puls. «Sagt ihnen, ein Sohn ist geboren.»

«Und wenn der Herr nach der Mutter fragt?»

«Sagt ihm, sie bedarf der Ruhe und Schonung.»

«Aber dass sie lebt?»

«Mit Gottes Gnade, ja. Geht jetzt, tut, was ich befohlen habe.» Der Arzt schob die persönliche Dienerin der Hausherrin zur Tür hinaus und wandte sich nach der Wehmutter um, die der pausbäckigen Amme das gebadete und in ein reines Leintuch eingeschlagene Kind zum ersten Mal in die Arme legte. Langes, wie frisch geöltes schwarzes Haar ringelte sich auf dem von der schweren Geburt schief gedrückten Köpfchen und die Augen öffneten sich kaum einen Spaltbreit zwischen den geschwollenen Lidern, aber der winzige Mund schnappte energisch zu und begann schmatzend zu saugen, bis die Milch zu beiden Seiten aus den Mundwinkeln lief.

Der Medicus rieb sich zufrieden die Hände. «Kommt, Alte, wascht Eure Herrin und kleidet sie neu. Oder soll ihr Gemahl Euch die Ohren abschneiden, wenn er sie», angewidert wies er auf Annas blutiges Untergewand, «in diesem Zustand vorfindet?»

Als Mezze den im Küchenhaus wie verängstigte Spatzen auf der Bank hockenden Kindern von der glücklichen Geburt eines Brüderchens berichtete, jubelten die Jungen auf. Katharina hingegen brach vor Enttäuschung fast in Tränen aus. «Immer nur Buben. Ich wollte so gern eine Schwester.»

«Komm, Clemens, gehen wir in den Stall. Weiber sind doch bloß rechte Sargnägel», verkündete Hans großspurig einen der Sprüche, die er bei den Knechten aufgeschnappt hatte.

Wäre es nicht unter ihrer Würde gewesen, hätte Katharina sich sofort auf ihn gestürzt. «Wartet nur ab, ihr bösen Buben!», rief sie ihnen stattdessen nach. «Unser neuer Bruder wird ein ganz Braver. Dann sollt ihr mal sehen, wie anders alles wird.» Wie anders es werden sollte, ließ Katharina sich in diesem Moment freilich nicht träumen.

Vielleicht sehnte niemand auf Klietzen den Tag, an dem Anna ihre schönen Augen aufschlagen und mit einem Lachen aus dem Bett aufspringen würde, so leidenschaftlich herbei wie Hans von Bora. Doch Beten und Hoffen halfen so wenig wie die Freitagsforellen, die Pater Albertinus in treuer Fürsorge aus den Mäanderschlingen der Bode schnappte, obwohl ihm dabei fast die Hände abstarben.

Anna erholte sich nicht. Ständig müde und schwach, bewältigte sie nur schleppenden Schrittes, mit beiden Händen an der Wand abgestützt, kaum die geringe Entfernung zum geheimen Gemach. Selbst ihre Kinder waren ihr zu viel, die einmal des Tages auf Zehenspitzen zu ihr in die Schlafkemenate schleichen und schweigend die Hände ihrer Mutter küssen durften.

«Fragt sie gar nicht nach uns? Sie stirbt doch nicht, Mezze, oder?», wisperte Katharina. «Sie kann doch nicht einfach sterben, oder?»

Mezze schwieg. Was sollte sie antworten? Wie tröstete man ein Kind, das Angst um die Mutter hatte? «Gott allein weiß es», sagte sie endlich und hielt den schmalen Rücken fest umarmt, bis das Schluchzen nachließ und Katharina sich mit einem heftigen «Und sie stirbt nicht!» von ihr löste. Mit beiden Händen die nassen Augen wischend, rannte sie davon.

Anna schien nichts von allem, was um sie herum geschah, wahrzunehmen. Selbst wenn ihr Gemahl einen Stuhl an ihr Bett rückte, ihre Hände streichelte oder sich neben sie legte und sie mit zärtlichster Liebe gesund zu küssen wünschte, regte sie sich kaum. Manchmal heftete sich ihr Blick sekundenlang in seine verzweifelt suchenden Augen. Dann schien es wie aus tiefsten Tiefen darin heraufzudämmern, doch ehe das Leben vollends aufgestiegen war, glitt der Kopf schon wieder zur Seite.

So lag sie tagein, tagaus, ruhte still und teilnahmslos in ihren Kissen, das Gesicht der mit klaren, runden Butzenscheiben verglasten Fensteröffnung und dem Himmel zugewandt, aus dessen neblig verhangener Wolkendecke immer öfter Schnee fiel. Bereits in den ersten Tagen nach der Niederkunft blieb Annas schönes Haar in Büscheln in der Haarbürste zurück, mit der die Kammerfrau es morgens strählte und anschließend zu Zöpfen flocht. Und ihre Haut schien täglich blasser und durchscheinender zu werden.

Obwohl sie sich so sehr eine Schwester gewünscht hatte, war Wolff, das neue Brüderchen, Katharinas ganze Liebe. Sie verbrachte jede freie Minute in seiner Nähe, trug ihn mit sich herum, sang ihm vor, tröstete ihn, lernte, ihn frisch zu windeln und zu wickeln.

Anders als viele andere Väter, hatte Hans von Bora darauf bestanden, dass Jutta, die Amme, für die von ihm zu bestimmende Dauer der Stillzeit nicht nur zu den Stillmahlzeiten seines kleinen Sohnes ins Haus gerufen wurde, sondern im Herrenhaus einzog. Er ließ ein eigenes Gemach, eher eine Kammer, für sie herrichten, das sie mit niemandem teilen musste.

Selbst Mezze kam über dem kleinen Wolff bei Katharina ins Hintertreffen und musste traurig zusehen, wie ihr Liebling quasi zum Schatten der Amme wurde.

Natürlich sah sie ein, dass der Hausherr keine andere Wahl gehabt hatte, als sein Söhnchen einer Amme anzuvertrauen. Die Mutter konnte sich seiner ja nicht annehmen. Und kleine Kinder gediehen nun einmal nicht ohne Muttermilch. Dennoch lag sie zum allerersten Mal im Leben nachts wach und weinte, weil sie kein Kind und keine Milch hatte, um Amme zu sein.

«Reiß dich zusammen, dumme Gans», schimpfte sie sich selbst, wenn sie vor Sehnsucht und Sorge um Katharina keine Ruhe fand und sich öfter als nötig irgendwo zu schaffen machte, wo sie sie vielleicht antreffen würde. Im Geflügelhag etwa oder im Stall bei den Hasen, mit denen sie gern schmuste. Selbst an den Brunnen lief Mezze mehrmals nur, weil sie beim Heraufziehen der Eimer unauffällig zur Frauenkemenate hinaufschauen konnte, hinter deren Fenster sie ihren Schützling wusste. Leider hatte sie selten Glück. Seit sie einen kleinen Bruder und eine kranke Mutter hatte, war Katharina die Große im Haus. Das bedeutete viele neue Pflichten.

Nur im Küchenhaus traf Mezze die Kinder öfter an. Die Jungen, weil sie sich zwischendurch einen Happen bei der Köchin erbettelten oder heimlich einen Apfel zu stibitzen versuchten. Katharina, weil sie fast nie mehr mit dem Vater und den anderen Hausbewohnern an der langen Tafel in der Halle speiste. Der Vater werde durch ihren Anblick traurig, wie sie meinte.

«Er hat sie angebrüllt, als sie mit dem Neugeborenen im Arm zu ihm kam, dass sie ihm aus den Augen gehen solle», flüsterte die Köchin Mezze zu. «Seitdem sitzt sie hier bei mir wie das leibhaftige Aschenputtel und traut sich nicht mehr in seine Nähe.»

«Dass der Herr sein Wickelkind nicht sehen will, kann man vielleicht begreifen, obwohl es nicht recht wäre», murmelte Mezze im zornigen Einvernehmen mit der Köchin. Beide vermochten es kaum zu ertragen, wie Katharina mit ihrem Schüsselchen Brei allein in der Küche saß und mehr an ihren Tränen als an der Mahlzeit schluckte.

«Es müsste ihm jemand ins Gewissen reden. Einer, auf den er hört», meinte die Köchin.

«Und wer? Wenn einer von uns etwas sagt, das ist doch wie dem Ochsen ins Horn gekniffen», gab Mezze zurück.

«Pater Albertinus wäre der Richtige. Schau doch nur, wie schmal und unglücklich das arme Kind aussieht. Das ist gar nicht mehr unsere Katharina, wie wir sie kennen», flüsterte die Köchin. «Aber wer wagt es und spricht den Pater darauf an? Ich nicht, ich habe Mann und Kind. Wenn er es in den falschen Hals bekommt und schwärzt mich bei unserem Herrn an und der lässt mich für meine Vorwitzigkeit in Eisen legen, verderben meine eigenen Leute. Ich sag nichts.»

«Also bleibt es an mir hängen», seufzte Mezze. «Sei's drum, eine Einschichtige wie ich hat nur die eigene Haut zu Markte zu tragen.»

Schon am nächsten Freitag fand sich eine Gelegenheit, Pater Albertinus auf seinem Esel abzupassen, ehe er Burg Klietzen erreichte. Mezze erwartete ihn an einem der zugefrorenen Gräben, die das Ackerland durchzogen und zu beiden Seiten von schmalen Streifen hoch aufgeschossener Erlen, Birken, Eschen, Pappeln und Weiden gesäumt wurden. Sie hatte ihre Rückenkraxe mitgebracht und sammelte Holzbruch, der sich nach dem Trocknen bestens als Anfeuerholz eignete.

«Gott zum Gruß», verbeugte sie sich, als der Pater sein Reittier neben ihr anhielt, um zu fragen, warum sie sich keinen Knecht zur Hilfe mitgenommen habe. «Der Hausherr weiß, dass ich gut auf mich aufpassen kann. Meine Kraxe ist sowieso fast voll. Ich habe nur noch auf Euch gewartet.»

«Auf mich?» Pater Albertinus deutete verwundert auf die eigene Brust. «Und was wolltest du von mir? Welcher Kummer drückt dich?»

«Verzeiht, hochwürdiger Herr», bat Mezze und rückte die schwere Holzlast auf ihren Schultern besser zurecht, während sie sich neben dem Esel in Bewegung setzte. «Ich weiß, es steht mir nicht zu, mit Euch über meinen Herrn zu sprechen. Wenn ich es dennoch wage, so glaubt mir bitte, dass es nur wegen Katharina geschieht, die mir lieb und teuer ist wie ein eigenes Kind, obwohl auch das vermessen von mir ist, es auszusprechen.»

«Ich weiß, auch sie spricht oft von dir, und immer mit großer Liebe», nickte Pater Albertinus. «Ich nehme alles, was du mir sagst, allein für mich an, wie in der Beichte gesprochen. Also hab keine Furcht, sprich freiheraus. Was gibt es?»

«Es ist nur, dass sie leidet», druckste Mezze. «Sie hat so ein weiches Herz. Und sie liebt ihren Vater. Darum versteht sie nicht, wie hart er gegen sie geworden ist und sie nicht mehr in seiner Nähe dulden will.»

«Wie? Sie nicht mehr in seiner Nähe dulden?», rief Pater Albertinus harsch. «Was redest du da, Weib?»

Mezze biss sich auf die Lippen.

«Hast du nicht verstanden? Was soll deine Rede?»

«Ich», stotterte sie, «ich habe nichts Unrechtes gesagt. Es stimmt, der Herr will Katharina nicht mehr sehen. Sie muss sogar allein in der Küche essen.»

«Wird das die Köchin bezeugen?»

«Ich weiß es nicht», gestand Mezze und fasste allen Mut zusammen, um den Pater geradeheraus anzuschauen. «Sie weiß es. Wir haben miteinander darüber geredet. Auch sie dauert das arme Kind. Aber sie fürchtet sich, hochwürdiger Herr. Ihr wisst, wie es ist. Wer wagt, gewinnt nicht immer.»

Pater Albertinus nickte. Es stimmte, Hans von Bora würde mit harter Hand durchgreifen, wüsste er von diesem Gespräch. Und er hatte Recht, Angelegenheiten der Herrschaft gehörten nicht in die Schlappmäuler des Gesindes. Dennoch musste es Ausnahmen geben.

«Sorge dich nicht länger, meine Tochter», sprach er deshalb und erteilte Mezze mit dem Kreuzzeichen seinen Segen. «Du hast aus wahrer christlicher Nächstenliebe gehandelt. Ich glaube dir und brauche das Zeugnis der Köchin nicht. Nun spute dich, dass du nach Hause und in Sicherheit kommst. Ich reite vor, denn ich werde erwartet.»

Mezze neigte den Kopf, um den Segen zu empfangen, doch demütig war ihr nicht zumute. Im Gegenteil, sie hatte das Gefühl, als singe und klinge es vor Stolz und Freude in ihren Ohren. Sie hatte es gewagt, Pater Albertinus um Hilfe zu bitten. Nun würde alles gut werden.

Der Benediktiner war seit Annas Dahinwelken der einzige Mensch, dessen Nähe und Ratschläge Hans von Bora ertrug. «Verliere nicht die Geduld, Hans», pflegte er den Niedergeschlagenen zu trösten und aufzumuntern. «Mit Gottes Hilfe wird sie wieder gesund. Unser Siechenmeister, der Doktor Medicus, wir alle helfen ihr nach besten Kräften. Warte, wenn das Frühjahr kommt und die Sonne mitbringt, wird auch Anna aus ihrem Winterschlaf erwachen und aufstehen.»

«Warten, immer nur warten!», begehrte Hans von Bora auf. «Was hat sie getan, dass Gott sie und uns mit ihr so strafen muss? Wer, wenn nicht sie, ist fromm und ohne Schuld? Warum, Pater? Warum muss sie so leiden?»

«Des Menschen Herz ist ein seltsames Ding», lächelte Pater Albertinus wehmütig. «Wenn wir glücklich sind, brauchen wir kein Warum. Doch wehe, wir leiden. Auf einmal wollen wir, dass Gott sich vor uns rechtfertige.»

Hans von Bora sprang auf. «In meinem Haus gibt's einen Vers, den wir auf unsere Grablegen meißeln lassen. Der heißt: ‹Wie selig leb ich! In Gottes Wort Hinsterben ein Ende hat. Mein Erlösung ist Christus Tod.› Mein Vater hat ihn mir einst erklärt, als meine Mutter starb. Er sagte, Leben auf Erden sei Sterben und Tod das wahre Leben. Darum müsse frohlocken, wer sein Liebstes zu Grabe trage. Aber ich frohlocke nicht.»

Pater Albertinus nickte. «Lass uns dennoch darüber nachdenken, was zu tun ist, damit dein Haus trotz deiner kranken Hausfrau gut bestellt wird, bis sie, so Gott will, wieder genesen ist.»

Als ersten Ratschlag empfahl er, für den kleinen Wolff nicht nur eine Amme, sondern eine eigene Kinderfrau auszuwählen. «Katharina ist zu jung. Sie kann ihren Bruder nicht versorgen, auch wenn sie ihr Bestes tut. Mit sechs Jahren sind kleine Mädchen nun mal keine Frauen und Mütter.»

Hans von Bora nickte. Er hatte kaum zugehört.

«Wie wäre es, wenn du Margaretha von Ende auswählen würdest?», fuhr Pater Albertinus ungerührt fort, als habe er die unausgesprochene Verdrossenheit nicht bemerkt, die Hans von Bora bei diesem Thema überfiel. «Du weißt schon, das junge Edelfräulein aus dem Kreis der Frauen, die deiner Gemahlin zur Seite stehen. Anna hat sie immer besonders lieb gehabt. Ich bin sicher, auch sie würde deiner Wahl zustimmen.»

Hans von Bora rief sich sichtlich mühsam zur Ordnung. Beide Hände an den Schläfen, dachte er nach. Vor drei Jahren hatte Heinrich von Ende seine Tochter, die zwölfjährige Margaretha, in Annas Obhut gegeben, damit sie zu Klietzen für eine standesgemäße Ehe erzogen werde. Da der Vater ihre Hand noch keinem ernst zu nehmenden Freier versprochen hatte, wäre Margaretha sicher gern einverstanden, einstweilen die Betreuung und Erziehung des kleinen Wolff zu übernehmen.

«Margaretha von Ende?», meinte er schließlich. «Warum eigentlich nicht? Sie ist im heiratsfähigen Alter. Und sie stammt aus dem hochedlen Geschlecht derer von Ende auf Montzig zu Mondiganz nahe Wolfen und Brehna. In mütterlicher Linie sind wir über das Haus derer von Schleinitz, von Kauffungen und vieler anderer bei Hof angesehener Edlen miteinander verwandt und verschwägert. Ihr habt Recht, Pater. Sie würde sich für die Erziehung meines jüngsten Sohnes eignen.»

Pater Albertinus nickte. «Klug gesprochen, Hans. Es ist zu seinem Besten. Eine Amme in allen Ehren, aber spätestens mit den ersten Zähnen hat sie ausgedient.» Mit dem Gesicht zum Fenster betrachtete er für einen Moment die schwache Wintersonne, deren Scheibe sich weiß hinter den ziehenden Wolken abzeichnete. Die nächsten Tage würden noch mehr Schnee bringen. Gut für eine kleine Reise mit dem Pferdeschlitten. Ernst wandte er sich um. «Doch da ist noch etwas.»

«Noch etwas?» Hans von Boras Stimme klang augenblicklich wachsam. Pater Albertinus unterdrückte ein Schmunzeln. Mochten die Recken auch kampfesmüde sein, was ein rechter Ritter war, dem genügte ein noch so leiser Unterton, schon war er auf der Hut. «Ja», sagte er. «Es geht um Katharina.»

Hans von Bora saß, die Hände zwischen den Knien, vornübergebeugt und lauschte der Stimme seines geistlichen Freundes und Beistands. Die Worte liefen gleichmäßig, bald kühl und ruhig, bald sprudelnd wie die Wasser der Saale. Dennoch hätte er am liebsten die Ohren davor verschlossen, denn alles, was Pater Albertinus sagte, lief darauf hinaus, Katharina unverzüglich nach Brehna zu verbringen.

Ihres Bleibens in seinem Hause dürfe nicht länger sein. Ohne die belehrenden Unterweisungen und Anleitungen ihrer hochedlen Mutter müsse sie trotz ihrer schönen Talente und guten Anlagen zum bloßen Bauerntrampel und zur tumben Landpomeranze verkümmern, die von der gewiss ehrenwerten, doch einfältigen Waschfrau bestenfalls das Wäschewaschen erlernen könne oder von der braven Köchin, wie ein Brei zubereitet werde.

«Halt, halt!», wollte Hans von Bora dazwischenrufen, doch Pater Albertinus hob abwehrend die Hand. «Vor allem solltest du daran denken, dass es der innigste Wunsch deiner Hausfrau ist, Katharina bei den Klosterjungfrauen in Brehna erziehen zu lassen. Du hast dein Wort gegeben. Jetzt ist es an der Zeit, es getreulich einzulösen.»

«Jetzt! Warum ausgerechnet jetzt?», begehrte Hans von Bora auf. «Meine Hausfrau ist krank. Wenn ich glauben muss, was der Medicus zu wissen meint, wird sie das Frühjahr nicht mehr erleben, weil sie irgendwann einfach einschlafen und ihr Engel sie still und leise mit sich nehmen wird. Ihr seid unbeweibt, Pater. Ihr habt nie geliebt. Was wisst Ihr davon, wie es ist, jeden Tag fürchten zu müssen, den liebsten Menschen zu verlieren und machtlos davorzustehen.»

Düster wie ein Wolkenschatten glitt der Anflug eines Lächelns über das Gesicht des Benediktiners. Hätte Hans von Bora nur einen Blick auf ihn geworfen, hätte er die Botschaft dieses Lächelns verstanden. Doch er sah nicht auf. Er starrte vielmehr auf seine Füße.

«Denkt Ihr allen Ernstes», fragte er endlich aufschauend, «ich werde mein Weib in diesem Zustand auch nur einen Tag allein lassen, weil ich mir mitten im Winter nichts Klügeres weiß, als meine Tochter ins Kloster zu bringen?»

Pater Albertinus schüttelte den Kopf. «Wenn du erlaubst, werde ich Katharina dorthin begleiten. Bleib du getrost bei deinem siechen Weib zu Haus. Es genügt, wenn du mir einen Brief für Anna von der Lochau, die Mutter Domina, mitgibst. Dein Weib hat alles Nötige mit ihr für Katharinas Aufnahme vorbereitet. Es bedarf nur mehr deiner Unterschrift, damit die gute Sache gilt.»

Hans von Bora zögerte immer noch. Er hatte die bitteren Tränen seiner Schwester Magdalena nie vergessen, die der Vater zwang, ins Kloster zu gehen, als er zum zweiten Mal geheiratet hatte und eine Hausfrau auf Klietzen das Regiment übernahm, die kaum älter war als die Tochter. Wenngleich er damals noch ein Knabe war, hatte er sich geschworen, seine eigenen Kinder niemals, es komme, was da wolle, hinter Klostermauern zu bringen. Nun war es doch so weit.

Pater Albertinus schien Gedanken lesen zu können. «Niemand sagt, dass es für immer ist, Hans. Es ist nur eine Schule. Sie soll lediglich all das lernen, was wichtig für sie ist. Nichts weiter. Und du hast es versprochen.»

«Also gut.» Hans von Bora atmete tief durch. «Niemand soll mir nachsagen können, Hans von Bora halte sein Wort nicht. Ich werde Katharina nach Brehna bringen. Wenn Ihr mitkommen wollt, Pater? Seid uns auf dem Schlitten willkommen.»

Es war am Tag nach Nikolaus. Als Katharina die Fensterläden der Kammer aufschlug, in der sie seit Wolffs Geburt mit ihren Brüdern schlief, um die kranke Mutter nicht zu stören, drang der typische, in der Nase ein stechendes Knistern erzeugende Geruch des Winters herein. Unberührt, als gäbe es weder Mensch noch Tier auf der Welt, lagen Hof und Hühnerhag und alles Land ringsum unter einer dicken weißen Neuschneedecke.

«Katharina!», schallte die Stimme des Vaters zu ihr herauf. «Katharina!» Es klang ungeduldig.

Eilig warf sie sich eine mit langen Fransen geschmückte Decke um die Schultern und sprang zur Tür hinaus. «Ja, Herr Vater! Wo seid Ihr? Ich komme schon!»

Er stand unten in der Kemenate. Stiefel trug er und eine dicke, mit Daunen wattierte Schecke zu einem dicht gefältelten Rock, unter dem die mit Knöpfen an der Bruche angenestelten Beinlinge hervorschauten. Die Mutter hatte auf beiden Ärmeln der Schecke das Wappen des Hauses von Bora eingestickt. Auf dem Kopf des Vaters saß ein schiefes Barett, dessen samtener Deckel mit feinen schwarzen Perlen bestickt war. Der Vater wollte ausgehen. So früh am Morgen?

«Zieh dich an, Tochter!», sagte er. «Und lass dir von Wolffs Kinderfrau und Mezze deinen Kasten für die Reise packen.»

«Für die Reise?» Katharinas Stimme wurde plötzlich klein wie ein Vögelchen im Hals. «Wohin reisen wir denn, Herr Vater?»

«Frag nicht, tu, was ich dir sage.»

War sie jemals so schnell die Treppe hinaufgerannt, seit die Mutter krank war? Wie viele Stufen waren es? «Eins, zwei, drei», zählte es in Katharinas Kopf und immer weiter, als sie an Margaretha von Endes Kemenate pochte.

Die junge Frau öffnete sofort. Sie schien bereits gewusst zu haben, dass sie Katharinas Kasten für die Reise packen sollte. Die Gewänder lagen schon fast alle säuberlich darin. Sogar das Grüne für den Sommer. «Aber wir haben doch Winter», wollte Katharina rufen, aber der Gedanke verflog, ehe sie ihn aussprechen konnte. Auch Mezze war nämlich da. Sie hatte ein verweintes Gesicht und biss sich mit den Zähnen auf die Unterlippe. Als sie Katharina im weißen Untergewand unter der viel zu großen Decke in der Tür stehen sah, quollen neue Tränen hervor.

«Komm herein, Käthe!», forderte Margaretha von Ende sie auf. «Du wirst heute einer großen Ehre teilhaftig. Du wirst zu den frommen Klosterjungfrauen in Brehna reisen.»

«Warum?», fragte Katharina, ohne nachzudenken.

«Du wirst dort zur Schule gehen und höfische Zucht und fromme Ordnung lernen», gab Marias Kinderfrau in der strengen Stimmlage zurück, die sie sich angewöhnt hatte, seit sie eine wichtige Dame im Hause von Bora geworden war. «Du hast großes Glück, Katharina. Eine solche Ehre wird nicht vielen zuteil.»

«Aber warum?», rief Katharina erneut und kniff sich heimlich in den Bauch, um aufzuwachen. Doch sie wachte nicht auf. Es war kein Traum.

«Fragen stehen dir nicht an, Katharina», mahnte Margaretha von Ende. «Geh mit Mezze in deine Kammer. Sie wird dir helfen, deine warmen Sachen anzulegen, damit du auf der Reise nicht frierst. Du solltest Gott und deinem Herrn Vater auf den Knien danken, dass er dich bei den frommen Klosterjungfrauen würdig erziehen und unterrichten lässt.»

«Ich will aber nicht weg!» Katharina schrie fast. Es war ihr egal, ob der Vater es hörte oder das ganze Haus. «Pater Albertinus lehrt mich doch schon alles. Willst du meine Tafel sehen, Margaretha? Soll ich dir zeigen, wie man meinen Namen schreibt? Oder deinen? Ich kann die Buchstaben schon.»

Schon wollte sie zurück in den Hausflur, doch Margarethas Hand war schneller. «Nichts da, hier geblieben! Es wird Zeit, dass dir jemand Gehorsam beibringt, kleines Fräulein. Dein Vater hat dir befohlen, dich für die Reise ankleiden zu lassen. Du hast zu gehorchen, nicht Widerworte zu geben.»

«Lasst sie! Bitte!», brach es aus Mezze heraus. «Sie ist doch noch ein Kind.» Mit einer schmeichelnden Geste zog sie Katharinas Arm aus der Hand des Edelfräuleins. «Ich werde sie jetzt ankleiden, wenn Ihr erlaubt. Wollt Ihr unterdessen nochmals nach den Leintüchern sehen, die der Herr dem Kloster versprochen hat?»

Margaretha von Ende nickte. «Also gut, zieh sie meinetwegen an. Und vergiss nicht, sie anschließend zu ihrer Mutter zu bringen, damit sie sich von ihr verabschieden kann. Wer weiß, wann es ein Wiedersehen gibt.»

In genau dieser Sekunde begann Katharina zu weinen. All die Angst um die Mutter, all das Fremde, Bedrückende im Haus, seit diese nicht mehr nach dem Rechten schauen konnte und der Vater so streng und hart geworden war, alles brach nun aus ihr heraus.

«Du wirst uns ja besuchen», redete Mezze auf sie ein, während sie Katharinas Gesicht und Hals mit einem Lappen abzuwaschen versuchte und reichlich Schachtelhalmpulver auf eine kleine Bürste strich, die zum Zähneputzen diente. «Oder wir besuchen dich. Es ist ja nur eine Schule, wohin sie dich schicken, auch wenn es ein Kloster ist. So Kleine wie dich nehmen sie ja gar nicht als Klosterjungfrau für den Schleier auf. Der Kurfürst hat es verboten. Ich weiß es genau, Liebes. Hab keine Angst, hörst du. Und vergiss niemals, wer du bist. Denk an deine Mutter – und an mich. Wir haben dich immer lieb. Egal, wo du bist.»

Katharina nickte. Mezzes Worte glitten an ihr vorbei, fielen irgendwo in ihre Seele. Erst viele Tage später erinnerte sie sich daran. Wie im Traum ließ sie sich ankleiden. Selbst der kurze Augenblick in der halbdunklen Schlafkemenate der Mutter ging irgendwie an ihr vorbei, als knie eine andere am Krankenbett als sie selbst und empfange den mütterlichen Segen, den die Mutter doch nur erteilen konnte, weil der Vater ihr die Hand führte und selbst mit ihrem Daumen ein Kreuz auf Katharinas Stirn zeichnete.

Gehorsam trat sie dann neben dem Vater auf die Freitreppe vor dem Eingangsportal hinaus, schüttelte dem zum Abschied zu beiden Seiten der Treppe Spalier stehenden Gesinde und allen Hausbewohnern die Hände, ertrug Umarmungen, Wangenküsse, Streicheln, Tätscheln.

Erst als ihre Brüder Hans und Clemens, wie immer im Doppelpack, noch einmal hinter der bereits anrollenden Kutsche herpreschten, zu beiden Seiten auf den Tritt sprangen und ihrer Schwester ein paar letzte feucht schmatzende Küsse aufdrücken mussten, während sie ihr gleichzeitig wie wahrhafte Mannen auf die Schultern schlugen, kam Katharina wieder zu sich. Doch da rollte der Wagen schon und ließ alles hinter sich, was sie liebte.

«Des Menschen Kopf ist das beste Buch der Welt»

(1504–1508)

«Sie wird wach! Sie wird wach!», rief eine helle Stimme. Jemand rannte und schlitterte mit kleinen, klappernden Schritten über den Steinboden davon. Eine Tür schwang knarrend auf, schlug laut ins Schloss. Dann Stille. Es war kühl. Ein seltsamer Geruch stieg Katharina in die Nase. Allmählich unterschied sie aus einem Mix unbekannter Kräuter die vertrauten Düfte von Kampfer, Kamille, Pfefferminz und Melisse, während sie die Augen aufzuschlagen versuchte. Doch die Lider flatterten nur. Sobald sie sich einen Spaltbreit öffneten, fielen sie sogleich wieder zu.

«Danke, Clara. Ich komme!», antwortete eine dunklere Stimme von irgendwo. Ein Huschen von Schritten und das Rascheln langer Gewänder drangen an Katharinas Ohr. Etwas Kühles, Zartes legte sich auf ihre Stirn. «Eine Hand», dachte Katharina. «Mutter!» Endlich ließen ihre Augen sich öffnen.

Das Gesicht, das sich über sie beugte, war wie ein heller Mond inmitten eines dunklen, mit roten Kreuzen bestickten Tuches. Es war nicht die Mutter. Katharina wollte schreien, aber ihr Hals war wie abgeschnürt und ihre Zunge fühlte sich dick und schwer an. Kein Wort, nur ein dumpfes, gurgelndes Geräusch drang aus ihrem Mund. Als die Hand der Fremden nach ihr griff, stürmten Erinnerungsfetzen auf sie ein: sie selbst, in Pferdedecken eingemummt, eingeklemmt zwischen Pater Albertinus und dem Vater, knirschende Schlittenkufen, Schneeflockenwände, aus denen Bäume wie Gespenster auftauchten, Peitschenknallen, Pferdeglockenklingeln, Tränen, Bitten, Fragen über Fragen und Antworten, die sie nicht verstand, Angst wie nie, rasende Fieberschmerzen im Kopf, zitternde Glieder, die sich trotz der dicken Decken nicht erwärmten, dann irgendwann ein aus dem Schneetreiben auftauchender Kirchturm, im

Winkel daneben ein Haus, so hoch, wie Katharina nie eines gesehen hatte, ein dunkles Tor in einer breiten Wand, Licht in einer näher kommenden Laterne, der Vater, der Katharina vom Schlitten hob, auf beide Wangen küsste und schweigend bei den Schlittenpferden zurückblieb, während Pater Albertinus ihren Arm mit schmerzhaftem Griff hielt, ihre sich gegen ihn stemmenden Füße, ihr Weinen und Betteln nicht zu bemerken schien, sie einer fremden Gestalt zuführte, die sie packte und mit sich zog, bis Katharinas Arm fast riss. Ein Schreien, ihr eigenes Schreien: «Nein! Nein! Ich will nicht! Vater, zu Hilfe! Vater, nehmt mich mit!», das Dröhnen des hinter ihr zuschlagenden Tores. Nichts mehr.

Die Erinnerungen lösten Panik in Katharina aus. Sie meinte zu toben, mit Armen und Beinen um sich zu schlagen, unerreichbar weit weg rennen zu wollen. Ihr Mund formte stumme Worte, und der Atem ging in kurzen, heftigen Stößen, als liefe sie um ihr Leben. Doch in Wahrheit regten sich nur ihre Zehen unter der zu allen Seiten des Strohsacks festgesteckten warmen Wolldecke, und ihre Hände zuckten kaum sichtbar über den breiten Umschlag des weißen Leinentuches, das die Decke überspannte.

«Sch! Sch!», flüsterte das fremde Gesicht, das sich unter dem dunklen Nonnenschleier über sie beugte. Zwei Hände hielten Katharinas Schultern fest. «Ruhig, hab keine Angst. Dir wird nichts Böses geschehen. Lieg still, Kind, du bist noch sehr schwach.»

Mit einem kühlen, feuchten Tuch benetzte die fremde Chorjungfrau die trockenen Lippen der Kranken und legte es ihr anschließend säuberlich gefaltet auf Stirn und Augen. Katharinas Herz raste, als müsse es zerspringen. Plötzlich fühlte sie sich seltsam leicht. Ein rot und blau wabernder Nebel breitete sich über ihr aus. Als er schwarz wurde, atmete sie seufzend aus.

Behutsam tastete die Fremde nach der Schlagader am Hals, um Katharinas Puls zu fühlen, und zählte die schwachen, unregelmäßigen Schläge mit Hilfe eines kleinen Stundenglases mit, das sie aus einer Seitentasche ihres Übergewandes gezogen hatte.

«Ist sie …?» Das schwarzhaarige Mädchen, das auf Zehenspitzen neben Hildegardis getreten war und sich an ihre Schulter schmiegte, wagte den Satz nicht zu beenden.

«Aber nein, Clara.» Die Ordensfrau lächelte beruhigend. «Sie schläft. Das tut ihr gut. Es ist ein heilsamer Schlaf. Wenn sie wieder wach wird, ist sie schon ein bisschen kräftiger und mit jedem neuen Schlaf ein wenig mehr. In einer Woche darf sie sicher schon das erste Mal aufstehen und mit dir in den Garten gehen.»

«So lange noch?» Clara schürzte enttäuscht den Mund. «Warum geht es nicht schneller? Man sieht doch gar nichts Krankes an ihr.»

«Viele Krankheiten zeigen sich nicht äußerlich.» Hildegardis stand auf. Sorgfältig strich sie die Falten ihrer schwarzen Soutane sowie das hemdähnliche weiße Überkleid glatt, prüfte den Sitz des weißen Gebändes, das Stirn und Wangen fest umschloss, und legte ihren schwarzen Schleier mit den rot gestickten Kreuzen über den Schultern zurecht. «Wenn ich es recht bedenke, sind die unsichtbaren Krankheiten oftmals die schlimmeren.»

«Ist das bei Katharina auch so?»

Hildegardis wiegte nachdenklich den Kopf. Sie war die Medica im Augustinerinnenkloster St. Clemens der Chorjungfrauen zu Brehna, auf deren Krankenstation Katharina seit ihrer Ankunft lag und nur mühsam von einem schweren Fieber genas. Es hatte sich aus einer Erkältung und einer starken Überreizung der Sinne entwickelt, aus der heraus Katharina beim ersten Betreten der Klosterklausur ohnmächtig wurde. In wenigen Tagen hatte das Fieber den ganzen Körper erfasst und geschwächt, sodass kaum noch jemand zu hoffen wagte, die Kunst der Siechenmeisterin werde ausreichen, das Kind zu heilen. Dennoch hatte Hildegardis nichts unversucht gelassen. Einander in der Krankenwache und der Fürbitte im Gebet ablösend, hatten sie selbst und die Krankenschwestern jede halbe Stunde die kühlenden Wickel der Kranken erneuert, ihr tropfenweise Flüssigkeit eingeflößt, sie frisch gebettet und gewendet, ihr mit Hilfe eines Röhrchens das vereiterte Nasensekret aus den Kopfhöhlen gesogen, die entzündeten Mandeln mit desinfizierenden und heilenden Präparaten eingepinselt sowie den zähen Schleim aus den Bronchien und Lungen geklopft, damit sie leichter atmen konnte. Zusätzlich hatten sie den Fußboden im Krankenzimmer täglich neu mit getrockneten Pfefferminzblättern und Kamilleblüten bestreut. In der Wärme, die aus der im Keller befeuerten Bodenheizung aufstieg, entfalteten sie ein wunderbar belebendes und heilendes Aroma. Und endlich war das Fieber gefallen. Doch die Ohnmacht blieb.

Weihnachten war darüber hingegangen und auch die Nachricht vom Tod der Mutter, die ein reitender Bote mit der Weisung zur sofortigen Heimkehr Katharinas aus Klietzen überbrachte. Anna von der Lochau, die Mutter Oberin, gab ihm einen Brief an Hans von Bora mit, dass seine Tochter zu krank sei, um an der Beisetzung ihrer Mutter teilnehmen zu können. Sobald sie genesen sei, werde man ihr die Nachricht von der Erlösung ihrer Mutter übermitteln. Der gestrenge Herr und Vater dürfe sicher sein, dass seine Tochter Trost und Frieden in Gott finden werde. Man wolle der lieben Verstorbenen zu Ehren eine Seelenmesse lesen und Katharina lehren, für das Seelenheil der Mutter zu beten.

Obwohl die Mutter Oberin die Seelenmesse mit den Worten einleitete, die Seele der Verstorbenen frohlocke im ewigen Leben über den Tod, empfand Hildegardis tiefes Mitleid für Katharina. «Alle Kinder weinen um ihre Mutter», dachte sie. «Sie verstehen das Mysterium des ewigen Lebens noch nicht und spüren nur, was ihnen genommen wurde. Darum hat Gottvater in seiner Güte ihr diese Krankheit geschickt und sie vor dem Schmerz bewahrt.»

In dankbarer Andacht hatte sie später vor dem Altarbild der heiligen Anna ein Öllämpchen angezündet, dem sie einige Tropfen eines besonders kostbaren Duftöls aus Näglein, Zimt und Anissternen beigab. Sie war sicher, die Fürsprache der Heiligen habe Katharina beschützt und werde sie zur gegebenen Zeit wieder gesund machen. Trotzdem hatte sich der von immer neuen kommenden und gehenden Fieberschüben begleitete Dämmerzustand der Kranken über Wochen hinweg nicht verbessert. Bis zu diesem Tag.

«Mutter Medica», drang plötzlich Claras Stimme in die Gedanken der Ordensfrau vor, «was ist mit Euch?»

«Verzeih, ich war in Gedanken. Deine Frage scheint leicht. Aber die Antwort ist schwer, weil du noch klein bist und sie dich etwas lehren soll, was Große kaum verstehen.»

Clara schwieg erwartungsvoll.

«Wie du weißt, befiehlt uns der Herr, unser Wort sei immer Ja Ja oder Nein Nein, weil wir fest und aufrecht zu unserem Willen und unserer Meinung stehen und nicht in unserem Bekenntnis schwanken sollen. Doch auf deine Frage gibt es kein einfaches Ja oder Nein, denn Gottvater hat alle Menschen zwar nach seinem Bild geformt, aber einen jeden doch ein wenig anders gemacht. Daher kann das, was für den einen Menschen eine schwere Prüfung ist, für einen anderen leicht sein. Für uns Heilkundige heißt das, wir müssen den ganzen Menschen erfassen, um einen Teil zu heilen. Dies leiten wir aus der Erfahrung ab, dass Gottes Prüfungen innere Regeln haben, die wir Menschen allerdings erst nach und nach verstehen. Eine dieser inneren Regeln ist, dass nach außen unsichtbare Krankheiten ihren Sitz oftmals in der Seele haben, die schwerer zu heilen ist als der Leib.»

«Warum?», fragte Clara.

«Weil die Seele des Menschen ein kleines Stückchen des heiligen Geistes unseres Herrn und Schöpfers ist», antwortete Hildegardis. Ihre dunklen Augen ruhten nachdenklich auf Katharina, obwohl sie Clara über den Scheitel strich. «Ich habe dir Katharinas Krankheit schon früher einmal erklärt, erinnerst du dich noch? Als unsere Schwester gerade erst zu uns gekommen war und von einem so schweren Fieber erfasst wurde, dass wir alle fürchteten, Gottvater werde sie uns gleich wieder nehmen. Weißt du noch, wie ich das Fieber genannt habe?»

Clara nickte. «Ein Sinnenfieber.»

«Ja, es kann durch eine böse Erkältung entstehen oder auch durch einen großen Schmerz oder Sorgen. Weißt du noch, welches Heilmittel angewandt werden muss?»

Clara ging der Medica zwar täglich bei der Krankenarbeit zur Hand und erwies sich dabei als recht anstellig und geschickt, doch die Namen der Heilpflanzen und deren Wirkungsweise waren noch ein Buch mit sieben Siegeln für sie. «Ich glaube, man gibt Tee von wilden Malven und legt Breiumschläge aus Wurzeln auf die Brust und alle Gliedmaßen.»

«Glauben sollst du an Gottvater und alle Heiligen», tadelte Hildegardis freundlich, doch bestimmt. «Wer Kranke heilen will, muss wissen, welches Mittel hilft. Also, welche Wurzeln nimmt man gegen ein Sinnenfieber?»

Clara ließ den Kopf hängen. Sie erinnerte sich genau, dass sie gemeinsam mit der Medica auf den obersten Trockenboden des Klosters gestiegen war, um ein Beutelchen mit zerriebenem Wurzelpulver aus einem hölzernen Kasten zu holen. In zwei Lagen dicht nebeneinander standen mit Schnur umwickelte Leinensäcke darin. Jeder dieser Säcke war voll mit unterschiedlich großen Beuteln, in denen wiederum allerlei größere und kleinere Beutelchen steckten. Jedes wohlgefüllt mit so verschiedenartigen Heilmitteln, dass Clara sie nicht zu zählen vermochte. Die Medica aber kannte sie alle.

Zusätzlich zu dem Wurzelpulver der Pflanze, an deren Namen Clara sich nicht mehr erinnerte, hatten sie auch ein Krautbüschel davon mitgenommen. Es hing zusammen mit vielen anderen Arten kopfunter zwischen den verschiedensten Sträußen, Garben, Zöpfen und Zweigen an einer quer über den Boden gespannten Leine. Auf diese Weise trockneten die Pflanzen am besten und waren zudem vor den Mäusen sicher.

Wenn Clara die Augen schloss, sah sie dieses bestimmte Pflanzenbüschel mit den rauen, kantigen Stängeln voll lang herablaufender, spitzer Blätter, auf denen feine Haare wuchsen, wieder vor sich. Sie wusste sogar, dass die Pflanze unscheinbare rosa, lila und ein wenig gelb gefärbte Blütentrauben hatte. Doch wie lautete ihr Name?

Um sich besser konzentrieren zu können, kniff Clara mit Daumen und Zeigefinger den feinen Nasensteg zwischen den Augen fest zusammen. Aber es half nichts. «Ich weiß es nicht mehr», musste sie gestehen. «Ich weiß nur noch, wo die Pflanze auf dem Trockenboden zu finden ist.»

Wider Erwarten wurde die Medica nicht ärgerlich, sondern lachte auf. «Immerhin etwas. Wenngleich es besser wäre, du wüsstest, wo du die frische Pflanze suchen müsstest, nämlich überall da, wo es feuchte, sumpfige Wiesen und Wassergräben gibt.»

Clara nickte beschämt. Doch die heilkundige Ordensfrau hatte auch einen Rat. «Als ich so jung war wie du, konnte ich mir die vielen Namen ebenso schlecht merken. Deshalb baute mir meine Lehrerin, die gute Medica aus dem Siechenhospital, Gott hab sie selig, eine Eselsbrücke. Und jetzt baue ich sie dir. Du kannst dir den Namen ganz leicht einprägen, wenn du daran denkst, dass du beim Suchen schmutzige Beine bekommst. Die Pflanze heißt nämlich Beinwell oder auch Schwarzwurz, denn sie hat eine Wurzel, die ganz wie deine eigenen Beine aussieht, wenn du fertig bist mit Suchen, außen schwarz und innen weiß.»

Hildegardis' verschmitztes Lächeln vertrieb Claras Verlegenheit. «Komm», wurde die Augustinerin wieder ernst. «Setz dich noch eine Weile an Katharinas Bett und pass auf sie auf. Wenn sie abermals erwacht, rufst du mich.»

Clara nickte.

Es war jedoch Nacht und Clara längst im Bett, als Katharina erwachte. Stille lag über dem Raum. Durch ein halbhohes Bogenfenster unweit von Katharinas Pritsche schien der Mond. Trotz der bodenlangen Vorhänge aus grob gewebtem Leinen, die das bleiche Licht der vollen Mondscheibe filterten, ergoss sich der Schein wie ein silberner Fluss über das Fußende von Katharinas Decke. Auf einem Tischchen neben der Pritsche flackerte in Kopfhöhe eine tief heruntergebrannte Talgkerze in einem von Glas ummantelten Kerzenhalter. So war es hell genug zu erkennen, dass Katharina in einer Kammer lag, in der kaum mehr als die Lagerstatt Platz hatte.

Obwohl Hanfknäuel und unbrauchbare Fetzen Schaffells in die undichten Ritzen zwischen Mauerwerk und Fensterrahmen gestopft waren, blies der Winterwind kalt hindurch. Wehte er stärker, bauschten sich die Vorhänge auf und schabten mit leisem Rauschen über den mit Sandsteinplatten ausgelegten Boden des Krankenzimmers. Gleichzeitig brachte er das Licht der Talgkerze zum Flackern.

Katharina versuchte, die Bettdecke höher über sich zu ziehen, als eine Hand aus der Dunkelheit nach dem Talglicht griff und es so hielt, dass sie eine Gestalt in einem Lehnstuhl erkennen konnte, der neben dem Fenster stand. «Gott zum Gruß, liebes Kind», sprach eine sanfte Stimme. «Willkommen in Brehna. Fürchte dich nicht, denn der Herr und unsere Liebe sind mit dir.»

«Brehna?» Obwohl sie diesen Namen nur einmal vernommen hatte, erinnerte Katharina sich sofort daran. Pater Albertinus hatte ihn ihr genannt. Unterwegs im Schlitten. «Du wirst dort zur Schule gehen», hatte er gesagt. «Du wirst dort alles lernen, was ich dir nicht beibringen kann. Du wirst Bücher lesen und studieren und weise werden wie die heilige Katharina von Alexandrien.»

«Ich will aber nicht nach Brehna!», hatte Katharina geschrien. «Ich will nichts lernen. Ich will keine Bücher. Ich will keine Katharina von Alexandrien werden. Ich will zu meiner Mutter.»

«Still!» Das Machtwort des Vaters fiel wie ein Schwert. In der nachfolgenden Stille glaubte Katharina das Rieseln der Schneeflocken zu hören.

Die Gestalt aus dem Lehnstuhl kam mit dem erhobenen Licht auf sie zu. In seinem Schein erkannte Katharina das Gesicht wieder, das sich schon einmal über sie gebeugt hatte. Es sah müde und erschöpft aus. Zwischen Mund und Nase liefen feine Kerben und unter den Augen standen dunkle Ringe. Aber es lächelte.

«Ich bin Mutter Hildegardis, die Medica», stellte die Fremde sich vor und setzte eine kleine Schnabeltasse an Katharinas Mund. «Du bist krank und bedarfst der Ruhe. Aber mit Gottes Hilfe wirst du bald wieder gesund sein, wenn du brav deine Medizin nimmst. Also trink ein wenig, mein Kind. Und schlaf dich gesund. Morgen wirst du dich besser fühlen. Dann erzähle ich dir genauer, wo du bist.»

Katharina wollte widersprechen. Sie wollte nichts von Brehna sehen und auch nicht aus dieser Tasse trinken. Doch schon sickerten die ersten Tropfen auf ihre Zunge. Sie schmeckten köstlich frisch und honigsüß und entwickelten einen Duft im Mund, als liege man an einem warmen Sonnentag auf einer blühenden Wiese. Wie von selbst begann Katharina zu trinken. Kurz darauf schlief sie ein.

Hildegardis hatte nicht zu viel versprochen. Als Katharina wieder wach wurde, verspürte sie Hunger. Vielleicht hatte der Geruch von warmer Milch und Hafergrütze sie geweckt, der mitsamt der warmen Luft aus dem Schacht der Heizung aufstieg.

Mit einem Schwung wollte Katharina die Bettdecke zurückschlagen und die Beine aus dem Bett strecken. Doch die gewohnte Bewegung erwies sich als unerwartet schwierig. Allein das Aufklappen eines Teils der Decke kostete so viel Kraft, dass Katharinas Arm immer wieder erlahmte. Als sie es endlich schaffte, die Beine von der Decke zu befreien, gelang es ihr trotz aller Anstrengung nicht, sie mehr als eine knappe Handbreit zu bewegen.

«Soll ich dir helfen?»

Überrascht aufschauend, erfasste Katharinas Blick ein schwarzhaariges Mädchen auf der Türschwelle, etwa so alt wie sie selbst und auch ungefähr gleich groß. Es trug ein Tablett mit einem Holzlöffel und einer kleinen Tonschale, aus der warmer, köstlich riechender Dampf aufstieg. «Ich heiße Clara», stellte sich das Mädchen vor. «Ich helfe der Medica und bringe dir Frühstück. Sie schickt dir warmen Grießbrei mit Honig und Sahneschaum und einem Stückchen extra guter Butter. Sogar Rosinen sind darin und Zimmet obendrauf. Nur für dich. Weil du krank bist. Es soll dich stärken. Willst du?»

Die Frage hörte sich an, als würden Hans und Clemens sagen: «Wenn du nicht willst, essen wir es.» Mit einem Aufschluchzen warf Katharina sich herum und grub den Kopf ins Kissen.

Erschrocken sah Clara sich nach einer Möglichkeit um, das Tablett abzusetzen. Da es jedoch nichts in der Krankenstube gab und das Tischchen neben der Pritsche mit allerlei Gerätschaften der Medica belegt war, stellte sie es rasch auf den Fußboden und eilte zu Katharina. «Wein doch nicht», flüsterte sie tröstend, während sie sich zu ihr auf den Strohsack kauerte und beide Arme sie schlang. «Es wird alles gut. Wir haben alle zuerst geweint, als wir hierher kamen. Aber du wirst sehen, es ist ganz schön. Wir sind viele Mädchen hier, und die Chorjungfrauen sind gut mit uns. Du musst dich nicht fürchten. Wenn du erst ganz gesund bist, kommst du zu uns in die Schlafkemenate. Dort sind wir alle zusammen und haben es schön.»

Allmählich versiegten Katharinas Tränen. Mit einem letzten Schluchzen wandte sie sich dem fremden Mädchen zu. «Wirklich?»

Clara kicherte. «Du krächzt wie ein Rabe. Aber die Medica sagt, dass du deine richtige Stimme bald wiederbekommst.»

Katharina verzog das Gesicht. «Welche Mädchen gibt es hier denn?»

«Die meisten von uns stammen aus edlen und hochedlen Häusern von Rittern und Fürsten ab. Manche kommen aus einem vornehmen Bürgergeschlecht in der Stadt. So auch ich. Mein Vater ist der Amtmann Doktor Johannes Preußer aus Leipzig.»

«Und warum bist du hier?»

Clara zögerte. «Weil», antwortete sie schließlich und senkte die Augenlider, sodass Katharina die darunter aufsteigenden Tränen nicht sehen konnte. «Weil meine Eltern beide tot sind. Die Pest hat sie geholt. Nur ich bin übrig geblieben. Da haben mein Oheim und seine Frau mich hierher gegeben, damit ich bei den frommen Chorjungfrauen erzogen werde.»

Katharina war zu schwach, um Clara zu umarmen. Sie konnte nur ihre Hand ergreifen und mit beiden Händen festhalten. Sie hätte gern etwas Schönes, besonders Liebes zu ihr gesagt. Aber irgendwie war ihr Kopf ganz leer.

Clara schnupfte kurz auf und wischte sich die in einem Augenwinkel sichtbare Träne mit dem Handrücken ab. «Du musst nicht traurig werden», meinte sie. «Es tut mir ja fast nicht mehr weh. Nur noch ganz selten. Es ist schon lange her. Und die Medica hat mir gesagt, dass Gottvater meine Mutter und meinen Vater zu sich genommen hat. Jetzt sind sie im Paradies und leben alle Tage seliger als hier. Das ist doch schön, findest du nicht auch?»

Katharina versuchte zu nicken.

«Bestimmt sehen sie dort oben auch deine Mutter, die so gut und fromm war, dass sie gewiss schon ein Engel geworden ist», rief Clara eifrig, um ihrer neuen Freundin das selige Leben ihrer Eltern in den leuchtendsten Farben zu schildern.

Doch Katharina fühlte sich jählings wie von einem Sturm erfasst und um und um gewirbelt. «Meine Mutter?», flüsterte sie entsetzt. «Wieso meine Mutter? Meine Mutter ist doch zu Hause. Sie ist daheim bei meinen Brüdern. Wir haben ein neues Brüderchen, es heißt Wolff. Es ist ganz süß und lieb. Meine Mutter ist bei ihm. Sie …»

Clara schwieg erschrocken. Mit keinem Gedanken hatte sie daran gedacht, dass Katharina noch gar nichts vom Tod ihrer Mutter wissen konnte. Die anderen Mädchen und die frommen Chorjungfrauen hatten so oft für deren Seelenheil gebetet, dass es Clara ganz selbstverständlich erschienen war, über das selige Sterben der Toten zu reden.

Katharina starrte Clara an und doch durch sie hindurch. Keine von ihnen beiden bemerkte, wie die Tür aufschwang und Hildegardis hereintrat. Sie hatte einen Teil des Gespräches mit angehört und erfasste die Situation auf einen Blick. «Du hättest es vielleicht besser von mir erfahren sollen, Kind», sprach sie leise und zog sich den Lehnsessel heran, der noch von der letzten Nachtwache im Krankenzimmer stand. «Doch nun ist es gesagt. Auch wenn es vorwitzig und unbedacht zur Sprache gekommen ist. Aber es ist wahr. Und wir wollen nicht lügen. Gottvater hat deine Mutter zu sich geholt. Die Engel des Herrn haben sie gerufen, als sie schlief, und ihre Seele in die ewige Seligkeit geleitet.»

«Aber warum?», krächzte Katharina weinend auf. «Ach, hätte sie mich doch mitgenommen!»

Sanft legte die Medica ihre Hand auf Katharinas Stirn, um zu fühlen, ob Trauer und Schmerz das Fieber erneut ausbrechen ließen. «Clara, schnell, hol mir die Phiole mit dem Nelkenwurzwasser dort hinten von dem kleinen Wandbord neben dem Fenster. Es ist eine besondere Rezeptur meiner heiligen Namensgevatterin von Bingen. Und bring mir auch den Löffel mit, den ich auf dem Tisch abgelegt habe. Zehn Tropfen Nelkenwurzwasser auf einen Becher reines Wasser getrunken, geben Kraft und frischen Mut. Beides kann unsere Kranke jetzt brauchen.»

Ihr schwarzwollenes Untergewand kratzte an Katharinas Arm, als sie sich vorbeugte, um ihr unter die Schultern zu greifen und sie zu sich hochzuziehen. «Komm, nimm den Becher, Kind. Ich helfe dir, ihn zu halten. Trinke. Kleine Schlückchen, einen nach dem anderen.» Ihre Stimme besänftigte Katharinas Schluchzen. Schwer sank ihr Kopf an die schwesterliche Schulter. Aber sie leerte den Becher bis auf den Grund.

Clara verbrachte jeden freien Augenblick an Katharinas Bett. Auch andere Mädchen, die im Kloster lebten und erzogen wurden, schauten immer öfter neugierig zur Tür herein, durften allerdings nicht eintreten. Die Medica erlaubte es ihnen nicht.

Doch endlich war es so weit. Hildegardis gab den Tag bekannt, an dem Katharina zum ersten Mal aufstehen dürfe.

Eifrig und ungeduldig zugleich übte Katharina von nun an täglich mehrfach unter Hildegardis' Anleitung, sich auf dem Strohsack aufzusetzen. Als das dabei einsetzende Schwindelgefühl nachließ, erhielt sie Erlaubnis, die Beine über die Kante der Krankenpritsche herunterhängen zu lassen und schwingend ein wenig auf und ab zu bewegen. Dazu durfte sie die Arme wie Windmühlenflügel in den Schultern kreisen lassen oder mit den Fingerspitzen hinunterlangen, bis sie ihre Zehenspitzen erfassen und fest daran ziehen konnte. Allmählich ließen die stechenden Schmerzen nach, die ihr anfangs dabei durch und durch gegangen waren.

Trotz dieser Übungen, die den Tag verkürzten, schien die Wartezeit sich desto länger hinzuziehen, je näher der vorbestimmte Tag rückte. Katharina konnte es kaum noch erwarten, mit Clara in den Klostergarten hinauszulaufen und die ersten Frühlingsblumen zu bewundern, die an sonnigen Plätzchen durchbrachen.

Natürlich blieb es der Medica nicht verborgen, wie schwer es Katharina fiel, sich in Geduld zu fassen und Gehorsam zu üben. Da sie inzwischen auch erkannt hatte, dass ihre Patientin am leichtesten zu lenken war, wenn ihr Verstand überzeugt wurde, beließ sie es nicht bei bloßen Verboten und Anweisungen, sondern erklärte ihr deren Grund. «Das Herz ist nicht nur der Sitz der Seele, sondern auch ein starker Muskel. Es pumpt alles Blut im Körper immer wieder von den Zehenspitzen bis in den Kopf und zurück. Da du so lange liegen musstest, ist das Herz schwach und träge geworden. Jetzt braucht es etwas Zeit, sich wieder an die Arbeit zu gewöhnen. Wenn du zu schnell zu viel von ihm verlangst, macht es einfach nicht mehr mit.»

Katharina lauschte aufmerksam. Es fiel ihr leicht, das zu verstehen. Dennoch begehrte sie auf: «Aber ich will, dass es mitmacht, was ich will!», und schloss unwillkürlich die Hände zu Fäusten. «Daheim auf Klietzen hatte ich einen Lehrer. Pater Albertinus, ein Chorherr, der nach den Regeln des heiligen Benedikt lebt. Er ist sehr klug und sagte mir, dass der Wille des Menschen Berge versetzen kann. Warum kann ich dann nicht einmal machen, dass mein Herz tut, was ich will?»

Hildegardis lächelte in sich hinein, obwohl sie äußerlich keine Miene verzog. «Hat Pater Albertinus dir nicht auch gesagt, dass der Wille des Menschen immer wieder vom Teufel verführt wird? Und dass der Mensch allein unserem Herrn und Schöpfer folgen muss, der Leib und Seele gemacht hat?»

Katharina hielt den über den Pritschenrand baumelnden Fuß still, der so gern trotzig aufgestampft hätte, und blickte unter sich. «Käthchen, Käthchen, wildes Mädchen», hörte sie im Geist die Stimme ihrer Mutter flüstern. Solche Erinnerungen trugen dazu bei, dass sie die Weisungen mit neuer Demut annahm und ihre Ungeduld im Zaum hielt, bis ihr erlaubt wurde, die ersten Schritte zu wagen.

Leider fiel dieser heiß ersehnte Tag ausgerechnet auf einen launischen Märztag. Schon kurz nach Mitternacht begann der Regen niederzutrommeln, und ein eisiger Wind peitschte in Böen über das flache Land. Wütend zerrte er an den hölzernen Klappläden, die die in Blei gefassten Butzenscheiben der Fenster des Klosters schützten, und pfiff durch sämtliche Ritzen. Ein knorriger Birnbaum neben dem Fenster des Krankenzimmers ächzte im Sturm und schlug mit seinen Zweigen den Takt zu dieser schaurigen Musik gegen die Hauswand und den Fensterladen.

Als Katharina erwachte, wusste sie im ersten Moment wieder einmal nicht mehr, wo sie war. In Panik fuhr sie auf ihrem Strohsack auf und starrte mit weit aufgerissenen Augen um sich. Gott sei Dank hatte der Wind das Talglicht noch nicht ausgeblasen, das neben dem Kopfende ihrer Pritsche flackerte. Wie schwach es auch leuchtete, es half ihr, sich wieder zurechtzufinden und zu begreifen, dass draußen nur ein Unwetter niederging.

Aufatmend schob sie einen Arm unter den Kopf und probierte mit der freien Hand, Schattenfiguren über die Wand tanzen zu lassen. Eine Faust mit eingeknicktem Daumen und zwei krumm gestreckten Fingern ließ ein Häschen hoppeln. Wackelte sie ein wenig mit dem Daumen, sah es aus, als mümmele der Hase vor sich hin. Ein großes Wolfsmaul schien sich zu öffnen, streckte sie den Daumen und zwei Finger steif aus und ließ darüber die spitz geknickten kleineren Finger aufstehen. Nahm sie gar beide Hände zu Hilfe, sprang der Hase vor dem Wolf davon.

Mitten hinein in Katharinas Spiel läutete die Klosterglocke zur Vigil, dem ersten Stundengebet eines jeden neuen Tages.

«So spät noch wach, wenn das die Mutter wüsste!», dachte Katharina erschrocken und blies rasch das Talglicht neben dem Bett aus. Schon lange hatte Katharina sich angewöhnt, stumme Zwiesprache mit ihrer Mutter zu halten. «Solange wir unsere Toten lieben, an sie denken und in Ehren halten, ist ihr Engel in unserer Nähe.» Diesen Satz hatte Pater Albertinus einmal gesagt. Damals hatte sie ihn in sich aufgenommen und irgendwie schön gefunden. Jetzt verstand sie ihn, denn wenn sie in Gedanken mit ihrer Mutter sprach, kam es ihr oftmals vor, als antworte sie. «Sonst war ich ja auch immer brav und hab geschlafen, Mama», flüsterte sie. «Ich bin nur so aufgeregt, weil ich endlich aufstehen darf. Ich konnte nicht schlafen. Es ging nicht. Wirklich. Das musst du verstehen. Bitte.» Ein Windstoß ließ einen Zweig gegen das Fenster pochen. Getröstet schloss Katharina die Augen.

Draußen vor der Tür hasteten Schritte vorbei. Die Krankenschwestern verließen das Spital, um rechtzeitig zur Vigil zu kommen. Aber niemand sprach ein Wort. Katharina stellte es sich grausam vor, mitten in der Nacht aus dem Bett springen zu müssen und noch nicht einmal miteinander reden zu dürfen.

«Gott sei Dank», dachte sie unter ihrer warmen Decke, «dass nur die Erwachsenen zu den Vigilien aufstehen müssen.» Aus Claras Erzählungen wusste sie, dass die Klosterschülerinnen in ihrer Schlafkemenate bleiben und bis Laudes, dem zweiten Stundengebet nach der Vigil, ruhen durften, welches erst bei Sonnenaufgang stattfand.

«Im Sommer ist es schrecklich», hatte Clara gestöhnt. «Die Mutter Messnerin rechnet stets aufs Neue nach dem Mondlauf aus, wann es zur Laudes läuten muss. Ich bin immer froh, wenn sie sagt, dass die Tage kürzer werden, denn dann geht die Sonne später auf und wir dürfen länger schlafen. Im Winter, wenn es lange dunkel bleibt, ist es am besten. Da bin ich beim Aufstehen wenigstens richtig wach. Im Sommer bin ich des Morgens so müde, dass mir der Schuster im Laufen die Schuhe besohlen könnte.» Eine Vorstellung, die Katharina hell auflachen ließ.

«Daheim auf Klietzen», sagte sie, «sind wir aufgestanden, wenn der Hahn krähte. Im Sommer wie im Winter. Und nachts schliefen alle. So einfach war das.» Doch das Erinnern tat weh. Sobald ihre Gedanken nur einmal kurz nach Hause schweiften, schienen Steine auf ihr Herz zu fallen. Alle Fröhlichkeit wurde darunter erdrückt.

Diese Erfahrung hatte auch Clara gemacht. «Denk nicht daran», riet sie. «Immer, wenn du wieder daran denken willst, tust du schnell etwas anderes. Zählen, zum Beispiel. Ich zähle dann rasch im Kopf oder rechne so viele Zahlen zusammen, wie mir nur immer einfallen.»

Katharina konnte kaum glauben, dass Clara Recht hätte, aber sie versuchte, den guten Rat zu befolgen. Tagsüber gelang es ihr, sie im Zaum zu halten, doch morgens verriet das nasse Kopfkissen die Spuren ihrer Gedanken.

Draußen vor der Krankenzimmertür verstummte das Huschen und Trippeln. Obwohl Katharina noch nie dabei gewesen war, wusste sie von Clara, dass die Chorjungfrauen aus dem Siechenspital und der Schlafkemenate ins Refektorium, wo alle gemeinsam speisten, und von dort aus durch einen schönen, überwölbten Gang in ihre Kirche eilten.

«Heute sind sie bestimmt von Herzen froh, dass es diesen Gang gibt», dachte Katharina und lauschte noch ein wenig den prasselnden Tropfen. Erst die Kirchenglocken zur Laudes, dem Morgenlobgottesdienst, weckten sie.

Aufrecht auf ihrem Strohsack sitzend, erwartete Katharina die Mutter Medica, die nach der Laudes sogleich ins Krankenzimmer treten würde. Sie freute sich auf ihr überraschtes Gesicht, denn sie würde ganz gewiss staunen, ihre Patientin wach zu finden. Normalerweise musste sie Katharina zu dieser Zeit aus dem Tiefschlaf rütteln.

Seit diese so weit wiederhergestellt, dass sie geistig in der Lage war zu beten, achtete die Medica streng auf das Einhalten der Gebetszeiten.

«Solange du siech warst und deiner Sinne nicht mächtig, hattest du Dispens», erklärte sie ihr eines Tages vor der klösterlichen Sext, nach der alle Konventsmitglieder und Schülerinnen zum Mittagessen gingen und anschließend eine Stunde Mittagsruhe zu halten hatten. «Doch jetzt, da du gekräftigt bist, ist das Opus Dei auch deine heiligste und edelste Pflicht. Zwar bist du noch nicht eingeführt und wirst erst später lernen, wie du alles richtig machen musst. Aber trotz deiner Infirmarien darfst du diese Dienste nun nicht mehr länger versäumen.»

Katharina blickte verlegen auf die gefalteten Hände der Ordensfrau. Sie hatte nicht die geringste Ahnung, was das alles bedeutete.

Die Medica zog die Augenbrauen hoch. «Nun?», fragte sie und lächelte kaum merklich, doch so wissend, als sei ihr soeben eines Rätsels Lösung klar geworden, wolle diese aber dennoch von Katharina erfahren. «Hast du mir etwas zu sagen, Kind?»

Katharina biss sich auf die Zunge. Sie hasste es, ihre Unwissenheit zu zeigen.

«Hier bei uns brauchst du dich nicht zu genieren», ermutigte die

Medica das mit sich ringende Mädchen, in dessen Seele sie wie in einem offenen Buch zu lesen meinte.

Sie erinnerte sich sehr gut an ihre eigene Kindheit. Als ihre Eltern sie ins Kloster gebracht und für den heiligen Stand der Chorjungfrauen vorbestimmt hatten, war sie erst vier und somit zwei Jahre jünger gewesen als Katharina. Sie hatte absolut nichts von dem, was ihr widerfuhr, begriffen und monatelang nicht nur heimlich nach ihrer Mutter geweint, sondern auch inbrünstig darum gebetet, nach Hause zurückzudürfen. Erst viel später erkannte sie, dass man sie nicht verstoßen, sondern nach bestem Wissen und Gewissen gut für sie gesorgt hatte. In ihrem Elternhaus waren sie drei Töchter und sechs Söhne gewesen. Sollten die Söhne eines Tages ein Erbe antreten, das diesen Namen verdiente und ihrem ritterlichen Stand angemessen war, konnten die drei Schwestern auf keine stattliche Mitgift zählen. Folglich war das Kloster die Lösung.

Liebevoll legte sie ihre Hand über Katharinas Finger. «Wenn du mir etwas sagen möchtest, sag es mir. Vertrau mir.»

Katharina nickte. Sie wollte ihr ja vertrauen. Nur traute sie sich auch? Dispens, Opus Dei, Infirmarien – durfte sie verraten, dass sie nicht verstand, was das alles zu bedeuten hatte? Was würde mit ihr geschehen, wenn sie es zugäbe?

Mezze hatte einmal erzählt, dass Chorjungfrauen zur Strafe lebendig eingemauert würden, wenn sie etwas falsch gemacht hätten. Nur ein schmales Loch ließe man in der Mauer, durch das man ihnen bis zu ihrem Tode Nahrung reichen könne. Die Angst schnürte Katharina den Hals zu.

«Du bist ein Kind der Welt.» Wie so oft, vernahm sie auch jetzt die Stimme Pater Albertinus' in ihren Gedanken wieder. Auf manche Sätze von ihm hatte sie damals in den Wiesen am Bodeufer kaum geachtet. Dennoch waren sie in ihren Geist gesickert und quollen jetzt hervor wie ein unterirdischer Wasserlauf, der plötzlich zutage tritt. Es stimmte, mit allem, was draußen in der Welt zu Klietzen geschah und gesprochen wurde, kannte sie sich aus. Es hatte ihr Spaß gemacht, dort zu sein. Aber hier? Zu Brehna kam sie sich wie ein aus dem Nest gefallener Vogel vor, der die Katze kommen sah.

Clara hatte ihr schon einige der Begriffe genannt, die man hinter Klostermauern wissen musste. Dormitorium oder Dorment für Schlafkemenate. Oder Refektorium für den Saal, in dem alle gemeinsam speisten. Man konnte auch Remter dazu sagen oder Reventer. Auch dass die Wärmestube mit einem offenen Kamin versehen war und Calefactorium hieß, hatte sie bereits gelernt.

Alle diese fremden Wörter und Laute erinnerten Katharina an ihre ersten lateinischen Sprachübungen mit Pater Albertinus, als er ihren Brüdern und ihr selbst den Namen des Pflanzenbuches beibrachte, aus dem sie eines Tages lernen sollten, ihren eigenen Garten anzulegen und zu bebauen. Mit ihm hatte das Lernen Spaß gemacht.

Mit jedem Tag, den sie länger in Brehna verbrachte, rückte die alte vertraute Welt weiter fort. Die Bilder im Kopf verblassten. Natürlich wusste sie, wie Burg Klietzen aussah und dass ihre Mutter wunderschönes Haar hatte. Doch wenn sie die Augen schloss, konnte sie sich die Gesichter ihrer Lieben nur noch ungenau vorstellen.

Verzweiflung, Angst und Schmerz setzten Kräfte und Gedanken in Katharina frei, die weit über ihr Alter hinausgingen und einen Entschluss fürs Leben in ihr reifen ließen. «Mutter», dachte sie, während sie unbewusst die Hand der Medica stellvertretend für die der Mutter auf ihrem Arm empfand und die davon ausgehende Ruhe in sich aufnahm, «Mutter, sie haben mir alles genommen, was mein war, sogar meinen Leib, den sie hier einsperren und einmauern können, wenn sie wollen. Nur eines habe ich noch, den Geist, den Gott mir mit seinem heiligen Atem eingab. Hilf mir, dass mein Geist ein Ziel hat, damit alles, was ich im Kopf erfasse und mir zu eigen mache, mein ist für immer.»

Ein Lächeln breitete sich in ihr aus, als sie erkannte, was sie wollte. Sie wollte alles lernen, was neu für sie war. Am Ende wollte sie weise wie Katharina von Alexandrien, ihre Namenspatronin, werden. Und darum würde sie niemandem anvertrauen, dass es ihr vorkam, als habe sie früher, als sie nur deutsch redete, die Sprache der fröhlich

Lebenden gesprochen und solle nun mit Latein die Sprache Gottes und der Engel übernehmen, als wäre sie schon tot.

Die Medica seufzte. «Da du nicht reden kannst oder willst, möchtest du vielleicht, dass ich dir sage, was du mir verschweigst?»

Zwischen Zweifel und Verwunderung blickte Katharina zu ihr auf. «Wisst Ihr das denn?»

«Ich zeige es dir, indem ich das, was ich dir zuvor sagte, mit anderen Worten wiederhole.» Hildegardis reichte ihr einen Becher mit frischem Nelkenwurzwasser, das Katharina täglich dreimal zu sich nehmen musste. «Ich ließ dich wissen, dass du während der Zeit deiner Krankheit von der Pflicht befreit warst, den Gottesdienst mit uns zu feiern, wie er bei uns üblich ist, nämlich zu sieben verschiedenen Tages- und Nachtzeiten. Diese Befreiung nannte ich Dispens. Jetzt aber, da deine Gebrechlichkeiten, deine Infirmarien, frischer Kraft weichen und du zu neuer Gesundheit genesen bist, sollst auch du an unser aller Gottesdienst, dem Opus Dei, teilnehmen. Verstehst du jetzt, was ich meine?»

Katharina nickte. Zögernd und mit spürbar großer Überwindung rang sie sich ein Lächeln ab. Es geriet schief und bezog die Augen nicht ein, in denen es verdächtig glänzte. «Ich kann kein Latein.»

«Noch nicht. Aber schon bald. Wenn du dich bemühst und Lerneifer zeigst, wirst du lachen, wie einfach es ist.» Hildegardis stand auf. «Komm, stütze dich auf mich. Siehst du, endlich darfst du stehen und gehen und spürst, wie wacklig deine Knie noch sind. Halt dich nur gut fest an mir. Ich helfe dir, dich zu waschen und anzukleiden. Wenn du fertig bist, sollst du mit mir ins Refektorium kommen und mit uns essen. Zur Feier des Tages, dass du wieder genesen bist, hat die Schwester Küchenmeisterin süßen Brei für alle gestiftet. Und keine darf mit dem Essen beginnen, ehe nicht auch du bei uns an der langen Tafel Platz genommen hast.»

Während Katharina auf einem niedrigen Schemel ohne Rückenlehne und Armstützen Platz nahm, läutete die Medica nach einer der Laienschwestern, die an ihrem braunen Ärmelkleid zu erkennen waren. Wenig später erschien diese mit einem Krug voll kalten Wassers und einer irdenen Schüssel. Schweigend setzte sie beides auf einem Holzbord ab, das auf der gesamten Breite des tief in die Mauer eingeschnittenen Fenstersimses aufgelegt war und zusätzlich auf zwei Tischfüßen eine gute Handbreit ins Zimmer hinein überstand. Daneben, auf halber Fensterhöhe, befand sich ein Brett mit mehreren Zapfen. An einen dieser Zapfen hängte sie ein frisches Leinentuch und legte einen grob gewirkten Lappen sowie ein von Sand durchsetztes, talgig riechendes Stück Seife neben die Schüssel. Zuletzt stellte sie einen hohen Becher mit einer langstieligen Wurzelbürste und ein hölzernes Streudöschen dazu. Es enthielt eine Mischung aus grobem Salz und Schachtelhalmpulver. Katharina kannte es schon. Auf den Bürstenkopf gestreut, musste man damit Zähne und Zunge putzen und mit klarem Wasser nachspülen, bis der Mund rein war.

Katharina hatte nichts dagegen, dass die Ordensfrau ihr bei der Morgentoilette behilflich war. Sie war daran gewöhnt, bedient zu werden. Nur Bauerndirnen und anderes gemeines Volk wuschen und kleideten sich selbst. Edlen Mädchen und Frauen dienten Zofen und Mägde, die ihnen zur Hand gingen. Auf Klietzen waren dazu die persönlichen Damen ihrer Mutter bestimmt. Mit spätestens neun Jahren hätte auch Katharina eine eigene Kammerfrau bekommen.

So war sie überrascht zu hören, dass sie sich künftig selbst um ihre Kleidung und Körperpflege kümmern müsse. «Heute zeige ich dir, wie wir zu Brehna es mit der Reinlichkeit halten und wie du dein Gewand richtig anlegen sollst», sagte Hildegardis, während sie Katharina in ein langes Untergewand half, das sie in ihrem Kleiderkasten von Klietzen mitgebracht hatte. «Die Mutter Kleiderverwalterin hat mir alles, was du brauchst, aus der klösterlichen Gewandungskammer herausgesucht. Alle unsere Schülerinnen sind gleich gewandet wie wir Chorjungfrauen. Da ihr noch Kinder seid und keine Bräute Christi, tragt ihr das Haar offen und einen weißen Schapel. Wie für jede von uns hält die Mutter Kleiderverwalterin auch für dich ein zweites Habit bereit, welches du anziehen wirst, wenn dieses hier gewaschen werden muss. Nach der Regel des heiligen Augustinus ist es Sünde, ein Gewand aus Eitelkeit zu waschen. Deshalb prüft die Mutter Kleiderverwalterin, ob ein Gewand gewaschen oder nur ausgestaubt werden muss. Ist es schmutzig, wird es des Montags gewaschen. Deshalb sammeln die Waschfrauen das schmutzige Habit am Samstag vor dem Schlafengehen ein. Gleichzeitig lässt die Mutter Kleiderverwalterin das frische oder gebürstete Gewand auslegen, damit wir am Tag des Herrn reinlich aussehen.»

«Warum wascht ihr nicht schon am Freitag?», wollte Katharina fragen. «Müsst ihr keine Waschlauge machen und kein Feuerholz hacken?» Doch eine Handbewegung der Medica hieß sie schweigen.

«Mehr Gewänder als diese beiden brauchst du und hast du nicht. Also gehe sorgsam damit um. Schon ab morgen wirst du dich selbst säubern und gewanden. Also gib jetzt genau Obacht, wie es richtig ist, damit du es morgen kannst.»

«Warum wohl sollte ich das tun?», begehrte Katharina auf und schob trotzig die Unterlippe vor. «Warum verlangt Ihr das von mir? Habt Ihr vergessen, wes Stands ich bin und aus wessen Hause ich komme?»

«Du bist, die du bist», schüttelte Hildegardis mit einem strengen Hochziehen der Augenbrauen den Kopf. «Wir vergessen es nicht, denn der Herr vergisst es auch nicht. Aber Hoffart und Eitelkeit haben keinen Platz im Hause des Herrn. Wir leben in Demut und Armut. Unser Ziel ist das Dienen. Wir wollen nicht bedient werden oder uns bedienen lassen. Nur die ganz Kleinen und Siechen haben Dispens, bis auch sie den Dienst des Dienens ausüben können und nicht mehr bedient werden müssen.»

Katharina vergaß die heftigen Worte, die ihr auf der Zunge lagen. Das wohlbekannte Gefühl des Untergewandes aus dem daheim gewebten, auf der eigenen Wiese vor den Toren Klietzens fast weiß gebleichten Nesselstoffes jagte einen schmerzlichen Schauer des Erinnerns über ihre Haut. Und der feine Duft nach Seifenkraut und Lavendel, der aus den eng gerafften Falten um Hals und Armbündchen aufstieg, ließ ihre Augen brennen. Nur jetzt nicht heulen! Hastig begann sie im Kopf zu zählen. «Zahlen denken. Schreib sie mit deinen Gedanken in die Luft, als hieltest du einen Griffel», hatte Clara geraten.

«Kurzer Strich nach oben schräg, langes Bein ist gut zu Weg, eine Eins», dachte Katharina. «Kleiner Kopf und schlanker Hals, wie die Ente auf der Balz, eine Zwei.» Dennoch schob sich Mezzes Gesicht vor ihr inneres Auge. «Eine Drei als halbe Acht, mit zwei Bogen schnell gemacht. Eine Gabel ist die Vier, bringt den Bauch der Fünf hervür.» Endlich half es, das Brennen in den Augen ließ nach.

«Träum nicht, Kind», mahnte Hildegardis, während Katharina den lang vermissten Duft von Klietzen inhalierte und den Kopf durch den etwas zu eng verschnürten Halsausschnitt ihres Untergewandes zwängte. «Hier, streck die Arme aus!» Damit hielt sie ihr einen passenden Ärmelrock aus schwarzer Wolle, wie sie selbst einen trug, zum Hineinschlüpfen bereit.

«Warum muss ich das anziehen?», wehrte Katharina ab, denn sie sah dem derben Wollstoff an, dass er durch das Unterkleid hindurch auf der Haut kratzen würde. «Warum darf ich nicht meine eigenen Gewänder tragen? Sie sind alle in meinem Kleiderkasten eingepackt, den ich mitgebracht habe.»

«Warum, warum, dein zweites Wort. Hat man dir schon einmal gesagt, dass du vorwitzig bist?», gab Hildegardis streng zurück. «Merke dir, hier zu Brehna, hinter diesen Mauern, gilt aller weltlicher Tand gar nichts. Hier bedarfst du deiner weltlichen Gewänder nicht. Hier kleiden wir alle uns gleich. Zum Zeichen dessen, dass wir vor Gottes Angesicht alle gleich sind.»

Katharina wagte kein weiteres Widerwort. Wenig später stand sie fertig gewandet in ihrem schwarzen Habit und ließ sich gefallen, dass die Medica ein letztes Mal das ärmellose weiße Übergewand auf den Schultern zurechtzupfte. Wie vorhergesehen, kratzte der Wollstoff bei jeder Regung.

Hildegardis sah ihr an, was sie dachte. «Sei nicht so zimperlich», spöttelte sie gutmütig. «Auch du wirst dich daran gewöhnen. Denk dir, um wie viel mehr unser Herr Jesus Christus am Kreuz gelitten hat als du und hat das Leid doch freudig auf sich genommen. Also eifere ihm nach, wenn es dich ein bisschen zwickt und zwackt.» Katharina schwieg.

«Du musst noch die Schuhe anziehen. Da du noch nicht völlig gesund bist, hast du die besondere Vergünstigung der Mutter Oberin, warme Lederbundschuhe zu tragen. Schau her, die Mutter Kleiderverwalterin hat es gut mit dir gemeint. Sie hat mir Schuhe für dich mitgegeben, die ganz aus Lammfell geschnitten und gebunden sind, sodass das warme Fell innen liegt. Du wirst darin wie im Paradies einherschreiten.»

Hildegardis hatte nicht zu viel versprochen. Die Schuhe schmiegten sich dem Fuß an wie eine zweite Haut. «Nur schade, dass ich in diesen dummen Kratzstrümpfen gar nicht merke, wie weich sie sind», dachte Katharina und nahm sich vor, die wunderbaren Schuhe heimlich auch im Bett zu tragen. Wie kuschelig dann erst das schöne warme Fell an ihren bloßen Füßen wäre!

Hildegardis schien einen Moment auf irgendeine Bemerkung Katharinas gewartet zu haben. Als diese schwieg, nahm sie ihre Hand und legte auch noch einen Arm um sie, um sie auf dem Weg ins Refektorium besser stützen zu können. «Nun komm. Sonst wird der leckere Feiertagsbrei am Ende doch noch kalt, den die Schwester Küchenmeisterin dir zu Ehren zubereitet hat. Heute haben wir wahrlich ungebührlich lange mit Waschen und Anziehen zugebracht. Das darf dir künftig nicht mehr passieren. Denke daran und spute dich, sodass du stets rechtzeitig zum Opus Dei fertig bist.»

Die Frage lag Katharina bereits auf der Zunge, woher sie denn wissen solle, wie lange sie brauche, um rechtzeitig fertig zu sein, als Hildegardis in eine Tasche ihres Ärmelrocks griff und ein Stundenglas hervorzog, wie Clara es bei sich zu tragen pflegte. «Es wird dir helfen», meinte sie, als könne sie wirklich Gedanken lesen.

Die Freude über das Stundenglas stand Katharina ins Gesicht geschrieben. «Danke! Vielmals danke!» Wie schön das feine Holz gemasert war, das die beiden eng verschnürten Glaskolben umschloss.

Heller, quarzig glitzernder Sand rieselte wie an einer Schnur aus dem oberen Behältnis in das untere.

«Clara wird dir verraten, wie oft du es drehen musst, bis die rechte Zeit gekommen ist», lächelte die Medica. «Sie ist bestimmt worden, dir alles hier im Kloster zu zeigen, was du sehen und wissen musst.»

«Von wem?»

«Wirst du einmal etwas annehmen, ohne Fragen zu stellen?» Die Medica zog eine Augenbraue hoch. «Ich will es dir sagen. Die Mutter Oberin hat es bestimmt. Und ehe du nun fragst, warum, verrate ich dir, dass ich sie darum gebeten habe.»

Wenngleich sie zu gern gewusst hätte, warum die Medica darum gebeten hatte, überwand Katharina sich, etwas anderes, fast ebenso Wichtiges zu fragen. «Ist es schlimm, wenn man zu spät kommt?» Ihre in die Frage verpackten Befürchtungen waren nicht zu überhören.

«Ja, aber nicht heute.» Hildegardis schüttelte beruhigend den Kopf. «Erst wenn du vollends genesen bist, wirst auch du für Fehler bestraft werden. Heute hast du noch immer Dispens. Sie werden Nachsicht mit dir üben und dir verzeihen, wenn du dich entschuldigst und die Mutter Oberin darum bittest. Knie vor ihr nieder und bitte sie.»

«Tut Ihr es auch?» Die großen blaugrünen Augen, die so seltsam wissend aus dem zarten Kindergesicht schauten, saugten sich förmlich in den Blick der Augustinerin.

«Wir alle knien vor ihr.» Hildegardis reichte Katharina die Hand. «Es ist dein großer Tag. Heute wirst du alle kennen lernen. Auch die Mutter Oberin. Am Abend wirst du zum ersten Mal die Komplet mit uns feiern. Verdirb es dir nicht durch unnötige Aufmüpfigkeit. Es wäre schade. Für dich und für uns.»

Die Tür des Krankenzimmers knarrte leise, als die Medica den Riegel aufzog. «Endlich!», dachte Katharina. Die Zeit des Wartens war vorbei.

Anders als Katharina angenommen hatte, befand sich ihr Krankenzimmer nicht unmittelbar neben der Schlafkemenate der Chorjungfrauen, von der Clara gesprochen hatte. Vielmehr öffnete sich die Tür am Ende eines langen abgewinkelten Ganges, dessen roten Steinfliesen man ansah, dass sie oftmals mit der harten Wurzelbürste geschrubbt wurden. Zu allen Seiten befanden sich weitere Zimmer, deren steinerner Türsturz jeweils mit einem fein herausgearbeiteten Kreuzrelief geschmückt war.

«Wir sind hier in unserem Siechenhospital, das wir auch Infirmaria nennen», erklärte die Medica. «Die breite Tür gleich hier gegenüber führt in unseren Behandlungsraum. Dort nehmen wir Wundversorgungen, den Aderlass und Operationen vor. Direkt neben deinem Krankenzimmer ist unsere Apotheke. Die Tür daneben gehört zu einem weiteren Krankenzimmer mit nur einer Pritsche und dient ebenfalls Patienten, die man isoliert halten muss, weil sie ansteckende Krankheiten haben oder besonderer Ruhe bedürfen. Auf der anderen Flurseite gelangt man in einen großen Gemeinschaftsraum für alle anderen Kranken. Wenn du vollends genesen bist, wirst du mir hier gemeinsam mit Clara zur Hand gehen.»

Durch die Spitalpforte, in deren Holz ein kleines Gitterfenster eingelassen war, damit man sofort erkennen konnte, wer Einlass begehrte, schritten sie hinaus auf einen mit unregelmäßigen Porphyrplatten ausgelegten Gartenweg. Wenig später gelangten sie zwischen Blumenrabatten, in denen die ersten Frühlingsblüher zaghaft austrieben, und vorbei an einer schönen Brunnenkapelle durch eine Bogenpforte in einen langen, überwölbten Gang.

Hildegardis wies mit der Hand rundum. «Das ist unser Klostergang, der alle festen Häuser miteinander verbindet und direkt zu unserer Kirche führt.»

Der Gang war etwa so breit, dass drei Menschen bequem nebeneinander herschreiten konnten. Über dem Kopf wurde er von vielen kleinen Klostergewölben überfangen, deren Kappen durch erhabene, blau und golden bemalte Grate voneinander getrennt wurden. Jedes dieser Gewölbe sah aus wie ein Baldachin, der in seinen vier Kappen abwechselnd mit goldenen Sternen und einer Strahlensonne auf blauem Grund bemalt war. In der Mitte, wo sich die Grate überschnitten, saß eine rote Kreuzblume mit dem goldenen Auge Gottes in der Mitte. Katharina war zumute, als schreite sie in diesem Gang direkt in den Himmel.

An der Innenseite erstreckte sich festes Bruchsteinmauerwerk, vor dessen buckligen Steinen lange Steinbänke zum Verweilen einluden. «Hier sitzen wir bei schönem Wetter oftmals zur allgemeinen Rekreation, wenn wir uns ein wenig ausruhen. Und wenngleich es noch kein vollständiger Kreuzgang ist, halten wir doch unseren Kreuzgang darin ab», erklärte Hildegardis.

Katharina war froh, nicht fragen zu müssen, was denn ein Kreuzgang sei. Fast liebevoll strich Hildegardis im Vorbeigehen mit den Fingerspitzen über die glatten Steinsitze neben sich. «Heute kannst du es dir kaum vorstellen, aber wenn die Sonne scheint und die Rosen und der Lavendel dort draußen in unserem Gärtchen duften, ahnst du, wie es im Paradies einst sein wird. Es kann wahrlich kein lieberes Plätzchen auf Erden geben.»

Katharina dachte an Klietzen, an den Blick vom Altan hinunter übers weite Land, wenn der Raps wie ein gelbes Meer über die Hügel strömte und die Luft vom Bienensummen klang, oder der Wind ins Korn fuhr, dass die goldenen Halme mit den roten Klatschmohnblüten und dem Blau der Kornblumen und Raden herrlicher als die Farben der kostbarsten Wandteppiche miteinander wetteiferten. Wenn die Chorjungfrauen schon ihr geringes Hochbeet mit ein paar Rosenstöcken und Lavendelbüschen als Paradiesgärtlein empfanden, was mochten sie dann wohl erst zu Mutters Blumengarten gesagt haben? Ob sie Tulpen, Kaiserkronen und Türkenbund überhaupt kannten?

Trotz der Regenböen, die seit der vergangenen Nacht über die kurz geschnittenen Rosenstöcke fegten, die vor den Fenstern des Klosterganges in ihrem säuberlich mit Steinen eingefassten Hochbeet auf wärmere Tage warteten, zog plötzlich ein süßer Duft nach Zimt und Honig herauf und führte der Nase nach zur Eingangspforte des Remters. Als Hildegardis und Katharina eintraten, stimmte eine kleine rundliche Chorjungfrau, die neben Clara an der Stirnseite eines Tisches voller Mädchen saß, ein Danklied an, in das alle, auch Hildegardis, einfielen.

Obwohl auch auf Klietzen Feste mit zahlreichen Gästen gefeiert und gemeinsam an der langen Tafel in der großen Halle gespeist wurde, hatte Katharina noch nie so viele Mädchen und Frauen miteinander bei Tisch sitzen sehen. Schwarz und weiß reihten sie sich Schulter an Schulter auf langen Bänken ohne Lehnen um einen u-förmigen Tisch auf. Jede Einzelne hielt den von einem weißen Gebände umschlossenen Kopf über die auf dem Tisch gefalteten Hände gebeugt, während sie sangen. Unter dem dunklen, mit roten Kreuzen bestickten Tuch, das zu beiden Seiten des Gesichts und tief über den Rücken hing, war niemand zu erkennen. Einzig die unter ihrem weißen Schapel in allen Schattierungen von blond bis schwarz schimmernden Mädchenköpfe vor einem zweiten Tisch im Inneren des großen Tisches hoben sich vom schwarzweißen Einerlei ab.

Als Katharina eintrat, bewegte sich einer der schwarzhaarigen Köpfe kurz. Ein Blick flog so schnell zu ihr hin, dass sie nur das Weiße im Augenwinkel aufblitzen sah: Clara. Katharina hätte sie gern für diesen kleinen Extragruß umarmt.

Wie Hildegardis es angekündigt hatte, waren alle Chorjungfrauen und Schülerinnen im Refektorium versammelt, um nach der Laudes, dem Morgengebet, eine erste bescheidene Mahlzeit zu sich zu nehmen. Katharina wusste, dass dieses Frühstück normalerweise aus einer kleinen Schale in Wasser aufgequollener oder in Magermilch aufgekochter Hafergrütze und einem Glas Dünnbier bestand. An diesem Morgen trugen die Laienschwestern als Willkommensgruß für die neue Schülerin jedoch süßen Grießbrei auf, eine seltene Köstlichkeit. Ganz sicher lief allen Anwesenden das Wasser im Mund zusammen. Doch obwohl ihnen das Warten schwer fallen musste und Katharina sich verspätet hatte, versuchte niemand zu kosten oder nahm auch nur einen Schluck aus dem Becher. Erst auf ein Zeichen der Äbtissin hin würden sie zugreifen.

Anna von der Lochau war leicht an ihrem Platz in der Mitte des

Kopfendes der großen Tafel zu erkennen. Obwohl sie saß, sah man an ihrem langen Oberkörper, dass sie hoch gewachsen und sehr dünn war. Das Gesicht im Rahmen des weißen Gebändes wirkte so bleich wie der Stoff. Neben ihr saßen rechts und links jeweils sieben schon ältere Chorjungfrauen. Ein wenig erinnerte dieser Anblick an ein Altarbild aus der Klosterkirche zu Nienburg, auf welchem Gottes Sohn das Letzte Abendmahl mit seinen Jüngern teilte.

«Komm her.» Die Äbtissin winkte Katharina zu sich, die sichtlich verlegen an der Hand der Medica auf der Türschwelle des Remters stehen blieb und dem Lobgesang lauschte, dessen lateinische Worte sie nicht verstand. «Tritt näher!»

Natürlich war der rasche Blickwechsel zwischen den Mädchen der Aufmerksamkeit der Äbtissin nicht entgangen. Eigentlich hätte sie Clara rügen müssen. Die Schülerinnen hatten Disziplin zu üben. Schließlich schickte es sich nicht für eine Frau, den Blick zu heben und sich dreist umzuschauen. Nicht einmal, wenn es so kurz war. Doch Anna von der Lochau unterließ es. «Kinder», dachte sie nachsichtig. «Wenn ihr nicht werdet wie die Kinder.» Sie liebte dieses Wort ihres göttlichen Bräutigams und Gemahls.

Sie musste zugeben, sie war neugierig auf die Enkelin des Kanzlers und Fürstenberaters Hans von Mergenthal, dessen Schriften über seine zweifache Pilgerreise nach Jerusalem sie kannte. Normalerweise hätte Pater Albertinus das Kind persönlich in ihr Haus gebracht und vorgestellt. So war es noch mit der Mutter, Gott hab sie selig, und Martin, Anna von der Lochaus Bruder aus Kloster Altzella, ausgemacht und abgesprochen. Bedauerlicherweise hatte ihnen Katharinas Erkrankung einen Strich durch die Rechnung gemacht.

Selbstverständlich hatten Katharinas Vater und Pater Albertinus an jenem Abend nicht auf den Schlittenkufen kehrtgemacht, sondern im Gästehaus des Klosters übernachtet. Eine sofortige Rückkehr nach Klietzen war nicht nur wegen der hochgradigen Besorgnis der beiden Männer um das Wohl des Kindes, sondern auch angesichts des frostkalten Winterwetters undenkbar. Eine willkommene Gelegenheit für die Äbtissin, bei einem gemeinsamen Abendimbiss Näheres über ihre neue Schülerin zu erfahren.

Ebenso wie ihr eigenes Haus erhob sich das ihm unmittelbar benachbarte Gästehaus zwar innerhalb der Klostermauern, jedoch so weit von der inneren Klausur der Konventsgebäude entfernt, dass weltlicher Besuch den Frieden der Chorjungfrauen nicht störte. Und da Laienschwestern für den Küchendienst und die Bedienung der Gäste zuständig waren, ergab sich auch nicht die geringste Schwierigkeit, Fremde zu bewirten und sie in die eigens für derartige Gelegenheiten eingerichteten Räume des Äbtissinnenhauses einzuladen.

Wenn sie ehrlich war, hatten die fast schwärmerischen Berichte des Benediktiners über Katharinas leichte Auffassungsgabe, ihren Lerneifer, ihr gutes Herz und ihre schönen Geistesgaben bei Anna von der Lochau eher einen etwas skeptischen Nachhall hinterlassen. Auch das wortkarge Brüten des Vaters, der den köstlich zubereiteten Speisen aus der Klosterküche so wenig zusprach wie dem grünen Veltliner, den die Cellerarin aus dem Weinkeller für besondere Anlässe heraufgeholt hatte, trugen an jenem Abend nicht zum Besseren bei.

«Wie schätzt du sie ein, Hildegardis?», hatte sie die Medica erst gestern noch gefragt. «Welche Aufgaben sollen wir ihr zuweisen, nun, da sie mit Gottes Hilfe und deiner Medizinkunst endlich genesen ist?» Es hatte sie erstaunt, wie überzeugt und direkt die erfahrene Menschenkennerin darum gebeten hatte, das Kind der kleinen Clara Preußer zuzugesellen und als zweite Helferin im Siechenhospital einzusetzen. «Sie ist eigenwillig, klug und reif für ihr Alter. Ein ungeschliffener Diamant. Wenn wir sie geschickt führen, wird sie dem Herrn und unserem Kloster zur Zierde gereichen.» Es schien sich in der Tat um ein ungewöhnliches Mädchen zu handeln.

Die Äbtissin zeichnete lächelnd das Kreuz über sie, als Katharina mit einem Kniefall um Verzeihung für ihre Verspätung bat, und hob sie freundlich auf. «Es sei dir vergeben. Du heißt Käthe, Kind, nicht wahr? Wirst du bei diesem Namen auch gerufen?»

Katharina zögerte kaum merklich. «Die Mutter nannte mich Käthe.»

«Die Mutter?» Anna von der Lochau lauschte der dunklen Kinderstimme nach, in der ein besonderer Schmelz und Wohlklang mitschwang, an dem die Cantrix ohne Zweifel ihre Freude im Chor haben würde. «So wollen wir dich ebenfalls so nennen. Du sollst bei uns zu Hause sein. Und ich will von nun an auch deine Mutter sein, die du ‹Mutter Oberin› ansprechen sollst. Verstehst du das?»

«Ja, Mutter Oberin.» Katharina blickte nicht auf. Fenster seien die Augen der Seele, hatte Pater Albertinus gesagt. Da die Seele wahrhaftig sei und nicht lügen könne, schaue aus den Augen das wahre Gefühl heraus, sodass man einen Lügner an seinem Blick erkenne. Zwar hatte sie nicht gelogen, denn selbstverständlich hatte sie verstanden, was die Priorin meinte. Schließlich war sie nicht dumm. Aber sie fand, es ginge diese Frau nichts an, dass die Mutter niemals eine andere sein würde als ihre eigene.

«In der Tat, sie ist eigenwillig», dachte die Äbtissin, deren Menschenkenntnis das innere Widerstreben ihrer neuen Schülerin trotz der scheinbar demütig niedergeschlagenen Lider nicht verborgen geblieben war, und entließ sie auf den freien Platz neben Clara an der inneren Tafel. «Doch die Eigenwilligen sind die Schlechtesten nicht. Deus vult. Gottes Wille geschehe. Wir werden sehen.»

Der Ausflug in den Remter hatte Katharina angestrengt. Es schien ewig her zu sein, dass sie auf Klietzen in Bäume geklettert, mit ihren Brüdern um die Wette gerannt oder ohne Sattel über die Weidekoppeln geritten war, wenn es niemand sah. Fort waren die harten Muskeln an den Armen, die sogar ihrem Bruder Hans Anerkennung abgenötigt hatten. Und in den Waden schien nur mehr Pudding zu stecken. Wenngleich sie Clara und den anderen Mädchen ein wenig neidisch nachsah, als diese zwei zu zweien hinter der Cantrix zur Schule gingen, war Katharina froh, sich nochmals zu Bett legen zu dürfen.

Am liebsten hätte sie auch das ungewohnte Klosterhabit abgeworfen, das mit zunehmender Körperwärme wie frische Sengnesseln auf der Haut stach und scheuerte, doch die Medica gebot Einhalt. «Du tust gut daran, dich beizeiten darin zu üben, deine Gewänder anzubehalten. Wenn die Glocken zum Opus Dei läuten, musst auch du rasch aufstehen und unverzüglich in die Kirche eilen. Da bleibt keine Zeit, sich erst noch anzukleiden.»

«Heißt das, ich darf mich nie mehr wieder ausziehen?», rief Katharina entsetzt. «Sollen diese Sachen vielleicht an mir anwachsen?»

Die Medica seufzte. «Ich hatte dir bereits erklärt, dass wir nur dann die Kleidung wechseln, wenn die Schwester Kleiderverwalterin sie für schmutzig befindet. Eitelkeit und Gefallsucht sind vom Bösen. Wozu willst du deinen Verstand benutzen, Käthe? Zum Wissen oder zum Vergessen?»

Sie rannte. Stufen über Stufen, knirschende Stufen, wegbrechende Stufen, endlose Stufen zwischen schwarzen, Luft abschnürenden, enger rückenden, sie zerquetschenden Wänden. Etwas keuchte, hechelte, huschte. Wölfe. So schnell sie rannte, sie rannten schneller. So laut sie schrie, sie heulten lauter. Die Arme über die Ohren schlagen, nichts hören, nichts sehen, raus aus der Enge, rennen, nur rennen, höher, schneller. Sie schrie. Und der Schrei weckte sie auf. Sie saß auf ihrer Pritsche. Schweißnass, das schwarze Gewand um sich gezwirbelt, atemlos vor Angst, und der Wind blies in die Vorhänge vor dem Fenster.

Mit einem Schluchzen der Erleichterung ließ Katharina sich auf den Strohsack zurückfallen. Keine Wölfe, keine Stufen, keine näher rückenden Wände, kein Heulen. Draußen läutete die Glocke. Sie hatte geträumt.

«Komm!» Die Medica eilte herein. «Steh auf, Kind. Es läutet zur Komplet.» Zur Komplet? Sie hatte den ganzen Tag verschlafen? Das Mittagessen, den Abendimbiss, alles? Widerstandslos ließ Katharina sich mitziehen und in die Reihe der Chorjungfrauen, Mädchen und Laienschwestern eingliedern, die sich zwei zu zweien nebeneinander in den Klostergang einfädelten, um in tiefer, schweigender Andacht hinter der Äbtissin, die mit dem Kreuz in beiden Händen vorausschritt, in die Kirche einzuziehen. Nur das eintönige Rauschen des

Regens mischte sich in das rhythmische Klappern der Nägel unter den Holzschuhen der Laienschwestern und die schlurfenden Schritte der Chorjungfrauen.

Vom Spitalhaus aus, dessen Fassade etwa auf gleicher Höhe mit dem Remter zur Rückseite des Dormitoriums ausgerichtet war, hatte Katharina den wuchtigen Kirchturm schon gesehen, aus dessen Schalllöchern die Glocke zur Komplet rief. Er erhob sich jenseits der Klostermauern und musste sehr alt sein, denn die Fenster in den schweren Bruchsteinmauern glichen eher Schießscharten und Pechrinnen an einer Trutzburg als den zum Himmel aufstrebenden Fenstern einer Kirche. In seiner Verlängerung erstreckte sich die Kirche mit ihrem Chor.

Als der Zug das Ende des Klosterganges erreichte, sah sie, dass die Kirche der Augustiner-Chorjungfrauen eine Kirche in der Kirche war, im Grunde nur eine Kapelle, die als Empore in eine bereits bestehende Pfarrkirche eingefügt und über einer zur ebenen Erde errichteten Grablege erbaut worden war. Darin ruhten, wie Katharina von Clara wusste, die verstorbenen Äbtissinnen sowie Hedwig von Brehna, die Stifterin des Konvents, und ihre Söhne. Die Klostermauer vor dem Chor bezeichnete also tatsächlich genau die Mitte, auf deren Fluchtlinie sich die Trennwand im Kircheninnern zwischen Pfarrkirche und Nonnenkirche erhob.

Wie allen anderen Mädchen auch, war Katharina von der Cantrix ein Platz zwischen zwei Laienschwestern zugewiesen worden, die sich demütig im hinteren Teil der Bankreihen zu beiden Seiten eines säulengetragenen Mittelgangs niederließen. Dennoch gelang es ihr trotz der Aufpasserinnen kaum, den Kopf unter dem rot bestickten Käppchen tief genug auf die gefalteten Hände gesenkt zu halten, weil es so viel zu schauen gab.

Beim Einschreiten in den Frauenchor hatte sie schon bemerkt, dass die Kirche nicht wie der Klostergang überwölbt, sondern mit einer flachen Kassettendecke geschlossen war.

An der inneren Seite des Chores, die als Trennwand zwischen der alten Pfarrkirche und der neuen Augustinerinnenkirche fungierte, befand sich eine Fachwerkkonstruktion, deren Wand mit farbigen Holzkassetten und auf Holz gemalten Ölbildern besetzt war. In den beiden mittleren Reihen der Wandfelder waren fein durchbrochene Holzgitter zu erkennen, wie Katharina sie aus dem Innern eines Beichtstuhles kannte.

Inzwischen rückten die Chorjungfrauen vor den Laienschwestern und den Schülerinnen in ihre Bänke ein. Auch ihnen wies die Cantrix den richtigen Platz zu, sodass die Ältesten besonders geehrt wurden und am weitesten nach vorn rückten. Die Medica und mit ihr die anderen engsten Vertrauten der Mutter Oberin, die auch im Remter zu ihrer Rechten und Linken gesessen hatten, nahmen vor allen anderen in einem eigens für sie gefertigten Chorgestühl Platz. Der feste Holzverbund stand mit seiner hohen Rückenlehne an der langen Außenwand des Chores, in die zwei Fenster mit breiten Laibungen eingelassen waren. Trotz des fortgeschrittenen Abends fiel genügend Helligkeit durch die klaren Scheiben herein und kreuzte sich mit den breiten Lichtbahnen aus zwei weiteren Fenstern in der Schmalwand des Chores. Im schon leicht rötlichen Abendlicht schienen sich die ringsum an die Wand gemalten lebensgroßen Bilder zu beleben. Barfüßig, mit ihren Schuhen in der Hand und dem Nonnenschleier über sich, gesellte sich die edle Gräfin Hedwig von Brehna zu ihren verstorbenen Äbtissinnen, als wollten sie sich gemeinsam unter ihre lebenden Schwestern mischen. Obwohl die gemalten Augen der Toten auf unheimliche Weise jeder Bewegung der Lebenden zu folgen schienen, überwand Katharina ihre Beklemmung schnell.

Neugierig ließ sie ihren Blick über einen in die Chorwand eingelassenen Tabernakelschrein schweifen, hinter dessen schwarzeisernen Haspen und Gittertür ein goldener Hostienkelch neben einem silbernen Weinbecher schimmerte. Ein üppiger Strauß weißer Marienlilien quoll dicht daneben über den Hals einer Amphore heraus. Erst als Katharina einfiel, dass es im Frühling gar keine echten Marienlilien gab, erkannte sie, dass es sich um Seidenblumen handelte.

Doch in diesem Moment blieben ihre Augen wie gebannt an einem Altartisch zwischen den beiden Chorfenstern hängen, auf dessen Mensa eine geschwungene Predella mit dem hölzernen Schrein eines Flügelaltars stand. Die beiden Klappläden waren geöffnet und gaben den Blick auf sieben geschnitzte Halbfiguren frei, die so reich mit Gold bemalt waren, dass es Katharina fast blendete.

In der Mitte des Triptychons stand die Mutter der Gottesmutter, die heilige Anna mit ihrer Tochter Maria und ihrem Enkelkind Jesus. Links und rechts von ihr befanden sich der heilige Jakobus der Ältere als Patron der Pfarrkirche und der heilige Augustinus, der geistige Vater des Augustinerinnenordens.

Zur Erinnerung daran, dass sogar er in seiner Jugend vom Teufel verführt worden war, standen neben ihm zwei Drachentöter, nämlich der heilige Georg und der heilige Philippus.

Auf dem linken Altarflügel waren der heilige Johannes und Maria Magdalena zu sehen. Die langen goldenen Haarsträhnen, mit denen sie dem Herrn die Füße abgetrocknet hatte, fielen zu beiden Seiten ihres Gesichts über Schultern und Brust. Sie war wunderschön. «Doch nicht halb so schön wie meine Mutter», dachte Katharina.

Glücklicherweise konnten die Nonnen keine Gedanken lesen. Sie sahen nur die Tränen, die der neuen Klosterschülerin plötzlich über die Wangen sprangen, und stimmten besonders gerührt mit ein, als die Cantrix den Anfangston des Abendgebetes summte und alle wie aus einem Mund das Stundengebet der Komplet zu singen begannen: «Domine labia mea aperties …»

In den nächsten Tagen schwirrte Katharina der Kopf von all den neu auf sie einstürmenden Eindrücken. Wenngleich sie immer noch mehrere Stunden des Tages allein in ihrem Krankenzimmer ruhen musste, durfte sie in der übrigen Zeit zusehends länger mit Clara zusammen sein und das Kloster erkunden. Vieles, was sie entdeckte, wollte sie ihrem Vater beschreiben.

«Hätte ich jetzt eine Wachstafel zur Hand, würde ich all das zeichnen, damit er es auch sehen könnte. Ich glaube, es würde ihm gefallen, manches davon auch zu Klietzen zu haben.»

«Wozu brauchst du eine Wachstafel, wenn du einen Kopf hast?», grinste Clara. «Des Menschen Kopf ist das beste und haltbarste Buch der Welt, wenn auf den Seiten auch allzu oft Tabula rasa herrscht.»

«Tabula rasa?»

«Ja, das ist lateinisch und heißt leere Tafel.»

«Woher hast du den Spruch denn?», kicherte nun auch Katharina. «Ich glaube, der würde sogar Pater Albertinus Spaß machen.»

«Von der Mutter Medica», gestand Clara. «Ich hab gehört, wie sie das zu unserem Bischof sagte, der wieder einmal verlangte, dass die Chorjungfrauen mehr beten und arbeiten und weniger lesen und schreiben sollten.»

Noch immer leise lachend huschten die Mädchen auf die zweite Ebene des Dachstuhls hinunter. Hier schliefen die Konversen, die erst als erwachsene Frauen ins Kloster eingetreten waren.

Im untersten und größten Dachgeschoss zeigte Clara mit einer theatralischen Gebärde um sich. «Hier siehst du das allgemeine Schlafgemach der Klosterschülerinnen zu Brehna. Und hier», tippte sie auf eine Pritsche vor sich, «an diesem Platz schnarcht Clara Preußer, Amtmannstochter zu Leipzig aus der Preußergasse, Gehilfin der Mutter Medica und Freundin der ehrwürdigen, hochlöblichen Jungfrau Katharina von Bora aus dem Hause von Mergenthal auf Klietzen.» Verschmitzt mit dem Zeigefinger winkend, bis Katharina das Ohr zu ihr niederbeugte, flüsterte sie reimend hinein: «Und küsst du mich, so küss ich dich, auf dass wir Schwestern bleiben ewiglich.»

Katharina richtete sich lachend auf. «Und da sagst du mir, ich müsse das Schweigen lernen.» Aber sie küsste Clara doch. «Von Schwester zu Schwester. Auf ewig die Deine», gelobten sie einander mit den Worten des alten Vasallenspruches Treue, mit dem ein Lehnsherr einen Ritter zum Dienstmann annahm und umgekehrt. Höfisch mit einer Hand in das kratzende Wollhabit greifend, sodass der Stoff wie das festlichste Gewand einer Edelfrau über den im schwarzen Wollbeinling steckenden Fuß zurückglitt, grüßten sie einander mit einem tiefen Knicks. Dann durchschritten sie mit Claras Fingern über Katharinas Handrücken im feierlichen Hüpftanzschritt das Schlafgemach, das sich quer über den klösterlichen Dachstuhl erstreckte.

«Wehe, wenn uns die Mutter Oberin sähe!», flüsterte Clara zuletzt, worauf sie sich in die Arme fielen und erst versuchten, mit Lachen aufzuhören, als Katharina einen laut glucksenden Schluckauf bekam.

Im Stockwerk unter dem Schlafsaal der Mädchen begann das sich über zwei Etagen erstreckende Dormitorium der Chorjungfrauen. Früher einmal, meinte Clara, hätten auch die Chorjungfrauen nur einen gemeinsamen Schlafraum gehabt. Dann aber sei dem Abt vom Petersberg zu Ohren gekommen, dass das nächtliche Schweigegebot nicht eingehalten und Unzucht unter den frommen Schwestern getrieben worden sei.

«Danach befahl der Abt der Mutter Oberin, ein neues Dormitorium zu errichten und darin Einzelzellen zu bauen», fuhr Clara fort. «Für jede Chorjungfrau eine. Zuerst wollte die Mutter Oberin nicht. Aber sie musste gehorchen, weil der Abt sie beim Bischof angeschwärzt hatte. Also baute sie den neuen Dorment, und seitdem ist es mit den Zellen so.»

Zu beiden Seiten des Treppenhauses reihte sich auf den beiden oberen Stockwerken rechts und links eines langen Flures Zelle an Zelle. Bei einem kurzen Blick hinter eine der Türen sah Katharina, dass der schmale Raum fast ebenso aussah wie das Krankenzimmer, in dem sie selbst noch immer untergebracht war. Im Unterschied zu ihrer eigenen Pritsche, deren elastischer Unterboden aus verflochtenen Webgurten bestand, war diejenige der Chorjungfrau allerdings mit einem harten Brett ausgestattet. Auch der Strohsack schien weit unbequemer und nur mit piksendem Stroh gefüllt zu sein, während Katharina auf duftend weichem Heu schlief. Am schlimmsten erschien ihr allerdings die grobe Wolldecke, die als Zudecke diente.

«Die kratzt doch bestimmt ganz fürchterlich», flüsterte sie Clara ins Ohr. «Haben wir auch solche ekligen Dinger?»

Clara kicherte schon wieder. «Na und, was ist denn dabei? Wir ziehen uns nachts doch sowieso nicht ganz aus. Da merkst du es ja nicht.»

«Nicht ganz ausziehen?» Katharina erinnerte sich zwar, dass die Mutter Medica davon gesprochen hatte, dass man sich bei Tage angezogen zur Ruhe lege, aber auch nachts? Sie traute ihren Ohren nicht.

«Nackt ist unkeusch», sagte Clara. «Man zeigt sich nicht nackt und berührt sich nicht nackt. Wenn du dich dennoch nackt berührst, ist es Sünde.»

«Und wird bestraft», konnte Katharina sich denken. «Und wie soll ich mich dann waschen, wenn ich mich nicht berühren darf?»

«Einmal an jedem Samstag wäscht die Mutter Oberin zusammen mit der Mutter Küchenmeisterin allen Chorjungfrauen die Hände und Füße vor dem Abendessen», antwortete Clara. «Dann wäscht uns die Mutter Medica auch. Außerdem waschen wir uns alle nach der Laudes das Gesicht.»

Katharina glaubte es nicht. «Das ist alles? Habt ihr denn keine Badestube?»

«Doch, doch, die gibt es auch», grinste Clara, die sich noch gut an den Tag erinnerte, an dem sie selbst zum ersten Mal durch das Kloster geführt worden war und fast ebenso gefragt hatte. «Ich zeige sie dir nachher. Aber darin sitzen wir nur, wenn die Mutter Oberin oder die Mutter Medica es zu unserer Gesundheit befehlen. Und auch dort ziehen wir uns nicht nackt aus, sondern sitzen im Untergewand darin.»

«Und darüber zieht man dann das schwarze Kratzgewand wieder an? Obwohl alles verschwitzt ist und», Katharina hielt sich die Nase zu, «nach sämtlichen Wohlgerüchen Arabiens duftet?»

Clara konnte sich das laute Lachen nicht mehr länger verkneifen. «Natürlich nicht. Danach bekommen wir reine Gewänder. Du bist wirklich zu komisch. Pass nur auf, dass du deinen Mund hältst, wenn die Chorjungfrauen in der Nähe sind, sonst landest du in der Dunkelzelle, um das Schweigen zu üben.»

Katharina seufzte. Schweigen, immer nur schweigen. Wozu hatte

Gott ihr denn die Sprache gegeben, wenn sie doch nur schweigen sollte? Die Mutter hatte zwar gescholten, es sei Gotteslästerung, so zu denken. Trotzdem kam es Katharina immer wieder in den Sinn, dass Gott die Menschen stumm geschaffen hätte, wenn er wollen würde, dass sie ihre Zunge nicht benutzten.

«Jetzt zeige ich dir noch die übrigen Häuser», sagte Clara schon im Weitergehen. «Das Haus der Mutter Oberin zuerst.»

«Und wann kommt endlich die Schule?»

«Zuletzt.»

Das Küchenhaus, in dem es wenig anders aussah als daheim auf Klietzen, und das Waschhaus, in dem die Konversen gerade mit beiden Armen in der Waschlauge steckten, gefielen Katharina besser als alle anderen Häuser des Konvents zusammen. Noch herrlicher empfand sie die Stallungen, in denen die Schweine sich ebenso auf das nahende Frühjahr zu freuen schienen wie Kühe, Pferde, Gänse und Hühner. Von den Kaninchenställen konnte Clara die Freundin beinahe nicht mehr wegziehen. Und als sie bei den Ziegen vorbeikamen, deren stechenden Geruch sie bloß wegen des leckeren Ziegenkäses ertrug, staunte sie nur noch über Katharinas Bedürfnis, ihnen das Fell zu streicheln und ausgiebig zwischen den Hörnerstummeln zu kraulen.

«Lass uns endlich gehen, Katharina», seufzte sie. «Mir tun die Füße weh. Bist du denn gar nicht müde?»

«Ein bisschen schon», gab diese zurück, «ich war schon ewig in keinem Stall mehr. Bei uns auf Klietzen hatten wir Gänse, die waren klüger als der Wachhund. Wenn jemand kam, schnatterten und flatterten sie so laut, dass man schon lange vorher wusste, ein Fremder käme, noch ehe der Hofhund anschlug.»

«Tatatata, der Kapitelsaal!» Clara blieb vor dem Dormitorium stehen und deutete auf ein eingeschossiges Haus, das an der westlichen Giebelseite angebaut war. Ähnlich wie längs des Säulengangs zur Nonnenkirche hin, durchbrach eine Reihe gekuppelter Fenster mit gedrehten Säulen die gesamte Fassade, deren festes Dach bis unter das oberste Stockwerk des Mutterbaus reichte. Wenn man die Hände an die Butzenscheiben presste, konnte man im Innern undeutlich verschwommene Konturen erkennen.

«Es stehen lange Sitzbänke entlang der Wände», erzählte Clara. «Jeden Tag sagt die Mutter Messnerin den Chorjungfrauen, an welchem Platz sie sitzen dürfen. So können sich keine Favores einschleichen.»

«Favores?», fragte Katharina.

«Vorlieben», übersetzte Clara. «Beste Freundinnen und so.»

«Darf man etwa keine beste Freundin haben? Findest du das gut?»

«Der heilige Augustinus will es. Im ersten Kapitel der Regel heißt es, wir sollen einmütig zusammen wohnen und alle wie ein Herz und eine Seele sein, damit wir gegenseitig den Herrn in uns ehren. Das heißt, wir sollen untereinander keine Favores haben.»

«Aber findest du es gut?»

Clara schaute sich vorsichtig nach allen Seiten um. Auf sämtlichen Beeten des Klostergartens, der sich hinter dem Dormitorium erstreckte, wurde gearbeitet. Niemand schien auf die beiden Mädchen zu achten.

Trotzdem flüsterte Clara nur und achtete dabei darauf, den Mund hinter ihrem weiten Ärmel zu verstecken: «Ich bin hier, aber bleibe nicht hier. Ich werde keine Chorjungfrau, denn ich bin schon einem Mann versprochen. Also muss ich es nicht gut finden.»

Katharina schwieg, aber hinter ihrer Stirn arbeitete es. Wie gern hätte sie jetzt Pater Albertinus gefragt, warum die Regeln der Heiligen, die in einem Kloster galten, draußen in der Welt nicht befolgt werden mussten. Wenn die Heiligen sagten, man dürfe keine Favores haben, verkündeten sie dann nicht Gottes Willen? Wenn sie ihn aber verkündeten, mussten die Regeln dann nicht für alle gelten?

Wie so oft, wenn sie nur mit sich selbst diskutieren konnte, gingen ihr die Gedanken wie Pferde durch. «Woher weiß man eigentlich, dass es Gottes Wille ist, dass Menschen in einem Kloster leben?»

Clara erschrak so heftig, dass sie am ganzen Leibe wie unter einem Schlag zusammenzuckte. «Bist du verrückt im Kopf? Willst du, dass sie dir den Teufel austreiben, wenn du so etwas sagst?»

«Woher sollen sie wissen, dass ich es gesagt habe?»

«Weil es eine Sünde ist, es auszusprechen, und auch eine Sünde, es anzuhören. Und weil wir alle jede Sünde bekennen müssen.»

«Und? Wirst du es bekennen?» Katharina schaute ihre neue Schwester durchdringend an.

Clara zögerte. «Die Regel des heiligen Augustinus sagt, man lädt Schuld auf sich, wenn man über die Sünde eines anderen schweigt, weil man ihn auf den guten Weg zurückführen könnte, wenn man ihn verraten würde.» Sie erwiderte Katharinas Blick. «Aber ich verrate dich nicht. Sie würden dich bestrafen. Vielleicht würden sie dich wieder wegschicken. Das will ich nicht. Versprich mir, dass du so etwas nie wieder sagst. Wenn du es versprichst, schweige ich.»

«Ich verspreche es. Von Schwester zu Schwester.»

Schweigend, den Kopf gesenkt, ohne sich zu berühren und einander doch ganz nah, setzten sie ihren Weg fort.

Wer in den Kapitelsaal hineinwollte, musste zuerst durch das Dormitorium gehen. Von dort aus gelangte man an eine Zwischentür, deren Schlüssel die Mutter Oberin verwahrte. Nur die Mutter Beschließerin durfte ihn von der ehrwürdigen Mutter in Empfang nehmen, um den Saal zu den allgemeinen Versammlungen, den Congregationes, zu öffnen oder das streng beaufsichtigte Putzgeschwader der Laienschwestern hineinzulassen.

«Wir Kinder dürfen nicht hinein», sagte Clara. «Hier treffen sich nur die Erwachsenen. Die Wichtigsten unter ihnen sind die Mutter Oberin, die Priorin und die Subpriorin, die die Mutter Oberin vertreten, wenn es sein muss. Außerdem die Cantrix, die die Aufgabe der Vorsängerin hat und auch unsere Gesangslehrerin ist. Alles in allem sind es vierzehn Chorjungfrauen und die Mutter Oberin.

Wie die vierzehn Nothelfer», fuhr Clara fort. «Deshalb sitzen sie auch immer zur Rechten und zur Linken der Mutter Oberin. Die Medica hat mir gesagt, dass es Klöster gibt, in denen nicht so viele Ämter verteilt werden. Aber hier bei uns hat die Mutter Oberin es so eingerichtet. Dafür ist sie schon vom Pater Immediatus getadelt worden, weil er meint, sie würde ihre Töchter nicht hart genug arbeiten lassen und sie der Sünde des Müßiggangs ausliefern.»

Katharina verstand zwar das Wort «Pater» für Vater, das einen Mönch bezeichnete. Was es mit «Immediatus» auf sich hatte, wusste sie nicht. «Die Mutter Medica sagt, das ist der, der immer alles besser weiß», feixte Clara mit ansteckendem Grinsen. «Ein Mann natürlich, und zwar der Abt vom Petersberg. Er steht über der Mutter Oberin, weil sie nur eine Frau ist und jede Frau einen Mann über sich braucht, der sie belehrt und bestraft und ihr befiehlt. Zum Glück kommt er nur einmal im Jahr, um uns zu kontrollieren.»

«Darf man im Kapitelsaal sagen, was man denkt?», fragte Katharina.

Clara zuckte mit den Schultern. «Ich weiß es nicht. Kinder dürfen ja nicht rein. Doch von Schwester zu Schwester verrate ich dir, was mir die Medica auf ein kleines Stück Pergament geschrieben hat, damit ich es immer wieder lesen kann. Es ist ein Lehrspruch und heißt: Man muss nicht alles sagen, was man denkt, und darf nicht alles fragen, was man nicht weiß, denn der Dumme verrät sich mehr in seinen Fragen, als der Kluge in seinen Antworten.»

Allmählich hatte Katharina genug von all den Erklärungen. Sie hatte verstanden, dass man zu Brehna nichts tun durfte, was nicht zuvor von der Mutter Oberin bestimmt und befohlen wurde. Also musste man sowieso alles hinnehmen, wie es kam. Nicht einmal selbst zu denken war erlaubt, denn wie es hieß, lauere in den eigenen Gedanken der Teufel. Folglich genügte es, das wichtigste Klostergeheimnis, den Ablauf der Werke des Opus Dei, zu kennen, der die vierundzwanzig Stunden eines Tages und einer Nacht alle drei Stunden in zusammen acht Stücke schnitt, und zu wissen, wo man beten, essen, arbeiten und schlafen sollte. Wenn sie erst besser lesen könnte, würde auch sie das Brevier, wie man das Stundenbuch nannte, in dem alle Gebete standen, aus der Klosterbücherei ausleihen dürfen. Wenn es doch nur endlich so weit wäre, dass sie in die Schule dürfte!

«Jetzt hör aber auf damit», fiel sie Clara ungeduldig ins Wort, die ihr noch etwas über den Kapitelsaal beibringen wollte. «Wozu soll ich wissen, dass dort allmorgendlich und einmal des Samstags die Congregatio stattfindet?» Jede einzelne lateinische Silbe war der skandierte Widerwillen. «Was habe ich davon, wenn ich nicht dabei sein darf?»

«Pfui über dich, dass du so sehr an dich selber denkst!», tadelte Clara. «Aber wenn du es schon tust, solltest du wissen, dass du bestraft wirst, wenn du zu spät in die Kirche kommst oder gegen eine der anderen Regeln des heiligen Augustinus verstößt. Und du solltest auch wissen, dass die Mutter Oberin die Erwachsenen im Kapitelsaal bestraft, wir Mädchen aber nicht straffrei bleiben, weil wir nicht hineindürfen. Uns erwartet die Strafe im Calefactorium.»

«Sünde, Strafen, Schweigen», dachte Katharina verzweifelt und spürte ein heftiges Verlangen, mit den Fäusten auf irgendetwas einzuschlagen. Stattdessen bückte sie sich nach einem Gänseblümchen zwischen zwei Steinen und drückte das kühle Polster zwischen den rosa gesäumten Blütensternen an den Mund. «Ist das alles, was im Kapitelsaal passiert?» Das zarte Gefühl half. Sie sprach sehr leise.

Auch Clara brach sich ein Gänseblümchen. «Meine Mutter nannte sie Tausendschönchen, weil sie so schön sind und zu Tausenden auf den Wiesen wachsen. Hier, nimm!» Sie reichte die Blüte weiter. «Damit die eine nicht so allein bei dir ist.»

Verwundert sah sie zu, wie Katharina die Webfäden ihres weißen Übergewandes ein wenig spreizte und die dünnen Blütenstängel durch eine Schlaufe zu ziehen versuchte. Erst als eine der beiden Blüten bereits an der Brust steckte, begriff Clara, was die Freundin vorhatte. «Lass das!», zischte sie, «das darf man nicht!», und riss das Gänseblümchen hastig wieder heraus. Als ob es sie ekle, warf sie es zu Boden, trat es breit und zerrieb es obendrein unter der Ferse, bis nichts blieb als ein grünlich weißer Streifen auf dem Stein.

«Aber es war doch nur eine Blume», stotterte Katharina. «Warum machst du das?»

«Es ist eitel, sich zu schmücken. Und Eitelkeit ist eine Sünde!»

«Gott der Herr hat die Erde mit Blumen aller Arten geschmückt», wollte Katharina protestieren und erzählen, dass selbst Pater Albertinus sich manchmal gern ein Vergissmeinnicht oder eine Sumpfdotterblume ans Skapulier gesteckt hatte, obwohl er ein geweihter Mann war. Doch Clara war schneller. «Im Kapitelsaal werden auch Zusammenkünfte abgehalten, wenn wichtige Entscheidungen zu treffen sind», sprach sie laut und winkte einer der Laienschwestern betont fröhlich zu, die mit einem Grabscheit Kuhblumenwurzeln aus der Erde stach und immer wieder neugierig zu den Mädchen herübersah. Gleichzeitig schubste sie die Freundin mit einem leichten Knuff von der Stelle weg, an der das Büschel Gänseblümchen wuchs. Katharina verstand. «Danke!», flüsterte sie und fragte ebenso laut, dass die Kuhblumenstecherin es hören konnte: «Welche Entscheidungen sind das denn?»

Die Laienschwester wandte sich beruhigt ab. Der Korb neben ihr war erst zur Hälfte mit den kostbaren weißen Wurzeln und frischen grünen Zackenblättern gefüllt. Die Medica liebte das herrliche, golden blühende Wundkraut und legte größten Wert auf sorgfältige Ernte. Die Laienschwester achtete darauf, keine blühende Pflanze zu stechen. War die Wurzelkraft erst einmal in die großen gelben Blüten geflossen, schwanden die von der Medica benötigten Wirkstoffe.

Gesittet, wie es sich für zwei Klosterschülerinnen geziemte, wandelten die beiden Mädchen an ihr vorbei, wobei Clara sicherheitshalber nochmals sehr laut sprach: «Im Kapitelsaal wählt man die Mutter Oberin. Das haben wir in der Schule gelernt.»

«Die Schule!» Ein aufregenderes Zauberwort gab es für Katharina nicht. Alle Vorsicht fahren lassend, hatte sie nur einen Wunsch: «Zeigst du sie mir jetzt endlich?»

Clara zupfte an Katharinas Blondzopf, der über den Rücken bis zum Po herunterbaumelte und sorgsam mit einem weißen Leinenstreifen durchflochten und umwickelt war. «Du bist ein rechtes Fräulein Ungeduld, weißt du das? Nein, ich zeige sie dir jetzt nicht. Die Cantrix, unsere Lehrerin, hat es verboten. Sie will dir alles selber zeigen, wenn du morgen kommst.»

«Morgen?» Katharina schrie auf und hatte von einem Augenblick zum anderen alle Grübeleien vergessen. «Wirklich morgen schon? Stimmt das?»

«Ja, es stimmt», mischte sich in diesem Moment eine kräftige Stimme von der Hausecke her in das Gespräch der Mädchen ein, und schon stand die rundliche Mutter Cantrix vor ihnen. Nur wenig größer gewachsen als sie selbst, kam sie Katharina gar nicht wie eine Lehrerin vor.

Clara beeilte sich, sogleich einen tiefen Knicks zu machen und einen Kuss auf den Handrücken der Mutter Cantrix zu hauchen. Möglichst unauffällig zog sie dabei an Katharinas Gewandärmel, um sie darauf aufmerksam zu machen, dass auch sie sich in gleicher Weise verhalten solle. Doch ihre neue Schwester schien das Zeichen nicht zu verstehen. Sie starrte die Mutter Cantrix nur völlig entgeistert an.

Katharina hatte Pater Albertinus niemals die Hand geküsst. Er hatte es auch nicht erwartet, geschweige denn verlangt. Im Gegenteil. Und jetzt sollte sie die Hand der Mutter Cantrix küssen?

Die Cantrix wandte sich so schroff von den Mädchen ab, dass sie fast das Gleichgewicht verlor. «Das nächste Mal wirst auch du mich angemessen begrüßen, Käthe.» Ihre Stimme klang weder ärgerlich noch drohend, sondern voll und schön, als singe sie. Dennoch zog eine unheilvolle Ahnung Katharinas Brust zusammen, als sie den auf ihr ruhenden Augen der Lehrerin begegnete. Es lag ein Glanz darin wie von Eiszapfen im Sonnenlicht.

«Geht!» Ein Wink mit der Hand. Die Mädchen waren entlassen. Gehorsam eilten sie zusammen über den sauber geharkten Kiesweg davon, der den Kapitelsaal umzog. Katharina war es, als spüre sie die Blicke der Mutter Cantrix wie einen Feuerbrand in ihrem Rücken.

Dieselbe Angst, die sie im Schlitten zwischen dem Vater und Pater Albertinus geschüttelt hatte, als sie durch den verschneiten Wald nach Brehna fuhren, kroch plötzlich zwischen ihren Schulterblättern hoch. «Fort, nur fort hier!», war alles, was sie denken konnte, während ihre Füße von selbst immer schneller liefen, hinaus in den Klostergarten, über die frisch entsteinten Beetfurchen und auf das von Obstbäumen umgebene Hospital zu.

Kurz vor der Spitalpforte holte Clara Katharina ein. «Was machst du denn? Weshalb rennst du weg? Spinnst du?», schrie sie atemlos und zerrte an Katharinas Gewand, damit diese endlich stehen bliebe. «Willst du vielleicht, dass ich bestraft werde, weil ich nicht auf dich aufgepasst habe und du mir fortgelaufen bist?»

Die Worte dröhnten in Katharinas Kopf. Es fiel ihr schwer, den Sinn zu verstehen. Gleichwohl erfasste etwas in ihr, dass Clara trotz der Lautstärke weniger zornig als voller Angst war.

Mit zitternden Knien hielt sie inne. Beide Hände auf die Oberschenkel gestützt, blieb sie keuchend stehen. Erst jetzt bemerkte sie den süßlichen Geschmack auf ihrer Zunge und zwei Tropfen, die rot und schwer auf ihr weißes Übergewand perlten. «Nasenbluten», dachte sie, «ich habe Nasenbluten.» Doch der Kopf gehorchte dem Befehl nicht, sich in den Nacken zu legen.

«Mutter Medica!», hörte sie Clara schreien und wollte ihr sagen, es sei schon alles gut, sie brauche keine Hilfe. Da griffen ihr bereits zwei kräftige Arme von hinten unter die Achseln und hielten sie fest. «Was ist geschehen?» Die Stimme der Medica verriet, wie besorgt sie war. «Wer hat dich erschreckt? Hörst du vielleicht wieder Stimmen, Kind?»

«Ja», murmelte Katharina erstickt in das Leintuch, welches Hildegardis aus den Weiten ihres Ärmels gezaubert und ihr an die Nase gedrückt hatte, «die Eure.»

«Wenn es weiter nichts ist.» Erleichtert lachte die Medica auf. «Dann werden wir der Sache sicher rasch auf den Grund gehen. Kannst du laufen, oder muss ich dich tragen lassen?»

Katharina schüttelte schweigend den Kopf. Rechts Claras Hand, links den Arm der Medica als Stütze neben sich, ging sie mit ihnen in Richtung Brunnenkapelle zurück. Wenig später saß sie mit einem kühlenden nassen Lappen im Nacken auf der Bank und merkte, wie ihr Herzschlag ruhig wurde und das Nasenbluten zum Stocken kam.

«Ich glaube, es war, weil sie auf einmal Angst vor der Cantrix hatte», meinte Clara halblaut. «Sie wusste noch nicht, wie sie ihr den richtigen Gruß entbieten sollte.»

«Und?» Hildegardis sah die Mädchen prüfend an. «Hat sie mit Käthe gescholten?»

«Nein, nicht wirklich. Sie streckte ihr nur die Hand hin, zum Kuss, Ihr wisst schon.» Clara zögerte. «Aber Katharina küsste sie nicht. Sie stand nur da und schaute. Und dann hat sie sie ermahnt. Das war alles.»

Hildegardis nickte. Sie kannte die Cantrix. Diese war herzensgut, aber empfindlich, wenn sie den Eindruck gewann, man respektiere sie nicht. «Ich rede mit ihr», versprach sie. «Sie wird es verstehen, wenn du sie um Verzeihung bittest, Käthe. Sie weiß, dass du noch fremd bei uns bist.»

«Sie will mich nicht», murmelte Katharina. «Ich weiß, dass sie mich nicht will.»

«Wir alle wollen dich, Kind», widersprach Hildegardis. «Ehe ein neues Mädchen in unseren Konvent aufgenommen wird, beraten wir miteinander darüber in unserem Kapitelsaal. Jede von uns darf etwas dafür oder dagegen vorbringen. Nur wenn nichts Schwerwiegendes eingewandt wird, kann eine Aufnahme erfolgen. Das war auch in deinem Fall so.»

«Die Mutter Cantrix hatte gewiss etwas dagegen.»

Hildegardis schwieg. Die Erfahrung sagte ihr, dass nichts Katharina überzeugen würde. Die kleine von Bora hatte ihren eigenen Kopf. In ihren Adern rollte das Blut von Rittern, die seit Generationen Kämpfer gewesen waren. Was sie sich einmal in den Kopf gesetzt hatten, fochten sie durch, und sei es bis zum bitteren Ende. Aber Katharina bedurfte noch der Führung. «Wir werden auf jeden Fall mit ihr sprechen», ordnete Hildegardis deshalb unmissverständlich an. «Du wirst dich bei ihr entschuldigen. Und keine Widerworte mehr.»

Die Schule, von der Katharina so lange geträumt hatte, bestand aus einem einzigen Klassenzimmer, das sich im Erdgeschoss des Dormitoriums zwischen Klosterbibliothek und Calefactorium, den beiden einzigen beheizbaren Räumen des Hauses, befand. Zwei vorhanglose Fenster ließen genügend Tageslicht herein, um die in vier Gruppen aufgeteilte Doppelreihe der Schreibpulte zu beleuchten, hinter denen jeweils ein niedriger Sitz stand. Dennoch ging eine kühle, unangenehm klamme Feuchtigkeit von den Wänden aus. Das aus zwei mit Schutt gefüllten Bruchsteinlagen bestehende Mauerwerk speicherte die Winterkälte und Nässe des verregneten Frühjahrs.

Von der Wand, die sich den Augen der Schülerinnen darbot, wenn sie den Lehren der Cantrix oder der Schreibmeisterin folgten, blickte eine überlebensgroße Frauengestalt auf sie nieder. Sie stellte die heilige Hedwig dar, die Namenspatronin der Gräfin Hedwig von Brehna, und erinnerte Katharina spontan an das Gemälde der Heiligen neben dem Ölbild der heiligen Anna in der Nonnenkirche.

Hier wie dort trug die Heilige, die eine herzogliche Gemahlin von außerordentlicher Schönheit gewesen war, ein vornehmes Stufenkleid aus blauem Samt und goldenem Brokat, dessen tief dekolletiertes Mieder sich eng an den Busen schmiegte. Blonde Locken umringten wie eine natürliche Gloriole das Gesicht. Und obwohl sie züchtig die Lider niederschlug, leuchteten ihre Augen veilchenblau. Wie zu Lebzeiten trug sie in ihrem linken Arm eine kleine Marienstatue und einen goldenen Rosenkranz in ihrer Rechten. Lächelnd blickte sie auf ein Kirchenmodell zu ihren Füßen nieder, das fast unter ihrem fürstlich roten Hermelinmantel verschwand – ein Hinweis darauf, dass sie ebenfalls ein Frauenkloster mit einer Klosterschule gegründet und lebenslang unter ihren Schutz gestellt hatte.

Die Schuhe der Heiligen, die an einem langen Band über den mit Blüten und Rüschenfestons verzierten Rocksaum herunterbaumelten, fand Katharina witzig. Als Pater Albertinus ihr im Schlitten von der frommen Stifterin zu erzählen versuchte, hatte sie kaum zugehört. Sie wollte einfach nichts, gar nichts von diesem Kloster wissen. Sie hatte sich sogar die Hände in den Pelzhandschuhen über die Ohren geschlagen. Dennoch fiel es ihr jetzt wieder ein, dass er gesagt hatte, die heilige Hedwig habe Gott große Opfer gebracht. So sei sie im

Sommer wie im Winter stets barfuß gelaufen, wenn es die Schicklichkeit erlaubte, und habe die Schuhe dann mit einem langen Band an ihren Gürtel gehängt.

Bestrebt, den Unterricht nicht zu stören durch das in ihr aufsteigende Kichern, das sie überkam, als sie sich die abends gewiss wenig vornehm anzusehenden Füße der hochedlen Dame vorstellte, senkte Katharina den Blick. Die Lehrerin schien nichts zu merken. Sie lauschte dem monotonen Sprechgesang einer der vier Mädchengruppen, der auch Clara zugeteilt war, und dirigierte jede Silbe im Takt. «Laudo, laudas, laudat, laudamus, laudatis, laudant, lauda, laudate. Ich lobe, du lobst, er lobt, wir loben, ihr lobt, sie loben, lobe, lobet.» Ohne sich auch nur einmal im Schlag zu irren, ließ sie gleichzeitig den Blick über die anderen Schülerinnen schweifen, die während des Sprechchores stumm an ihren Aufgaben verweilten.

Katharina spähte zur Seite. In der Gruppe hinter Clara saßen die fortgeschritteneren Schülerinnen mit einem Notensatz aus dem Stundenbrevier vor sich. Diesen sollten sie auswendig lernen. Am Nachmittag wollte die Cantrix sie abfragen. Sie hielten die Köpfe gesenkt und schienen sich eifrig die Wörter und deren Silbenverteilung auf die verschiedenen Notenwerte einzuprägen. Jetzt, da Katharina genauer hinsah, bemerkte sie jedoch, dass sie sich in der stummen Zeichensprache unterhielten, die auch im Remter die Runde machte, wenn während des Essens kein Wort gewechselt werden durfte. Statt andächtig dem erbaulichen Vortrag der Mutter Lektorin zu lauschen, die am Redepult stand und Psalmen vortrug, teilten sich die Speisenden mit Grimassen und Fingerzeichen oft ganze Geschichten mit.

So schnell, dass Katharinas Augen der Bewegung kaum zu folgen vermochten, und ohne auch nur einmal das Dirigieren ihrer linken Hand zu unterbrechen, fuhr plötzlich die Rechte der Cantrix mit einer Rute aus den schwarzen Gewandfalten und ließ einen sengenden Schlag auf die beiden Schwatzliesen zischen. Mit einem Schmerzensschrei zuckten die Mädchen zusammen. Während die Braunhaarige sich sofort so tief über das Pergament beugte, dass ihre Nase beinahe darauf stieß, griff die etwas Hellere sich unwillkürlich mit einer Hand in den schmerzenden Nacken. «Zack!», biss die Gerte nochmals zu.

«Uta, narra mihi fabulam!», rief die Cantrix streng und trieb mit einem Händeklatschen zur Eile an.

Sofort sprang das zum zweiten Mal geschlagene Mädchen auf und haspelte den Anfang einer Geschichte herunter, die von einem Wolf und einem Schaf handelte, welche zum Fluss eilten, um sich am Wasser zu erquicken: «Ad fluvium lupus et agnus properavernunt, ut aqua se recrearent.»

Mit einer wedelnden Handbewegung bedeutete ihr die Lehrerin, es sei genug, und wandte sich unvermittelt Katharina zu. «Dona mihi tabulam tuam.» Die begleitende Geste zeigte, dass sie die Wachstafel zu sehen wünschte.

Katharina spürte, wie ihre Wangen rot anliefen und plötzlich ihr ganzes Gesicht glühte. Vor lauter heimlichem Zuhören und Hinschauen hatte sie es nicht geschafft, die durch ihr Kichern verunglückten Kringel aus dem weichen Wachs zu drücken, sodass ihre Übungszeilen aussahen, als hätte sie nie zuvor den Griffel geführt.

«Ist das die Kunst, die dich dein Benediktiner-Chorherr gelehrt hat?» Die Cantrix sah zwischen ihrer neuen Schülerin und der Schreibtafel hin und her, sodass Katharina nicht wusste, wem von beidem die zornige Verachtung galt, die sie in den heruntergezogenen Mundwinkeln der Lehrerin wahrnahm. Liederlich zu schreiben war wahrhaftig keine Kunst. Das wusste Katharina selbst und schämte sich. Aber was sollte sie wohl auf eine solche Frage erwidern?

«Antworte!», forderte die Cantrix scharf und hielt die Wachstafel hoch, sodass alle anderen Schülerinnen die Schande deutlich erkennen konnten. «Seht, welche neuen Zeichen eure Schwester von den Benediktinern mitgebracht hat.»

Pflichtschuldiges Gelächter kam auf. Die beiden Mädchen, die zuvor den Rutenstreich empfangen hatte, lachten am lautesten. Nur Clara verzog hinter dem Rücken der Cantrix verschwörerisch blinzelnd das Gesicht und bildete mit den Fingern Zeichen. Zwei Daumen und Zeigefinger im Winkel verbunden ergaben den Buchstaben S.

Die Zeigefinger wie Schaft und Balken aufeinander bildeten ein T. Dann folgte ein E. «Steh», buchstabierte Katharina stumm. «Steh auf!» Und das war wohl ein Handkuss, den Clara andeutete?

Langsam richtete Katharina sich auf. Sie hatte die gestrige Lektion vor dem Kapitelsaal nicht vergessen. Die Röte auf ihren Wangen vertiefte sich, doch sie bemühte sich, das Gefühl aus Verlegenheit und heiß auflodерndem Zorn unter Kontrolle zu halten. «Verzeiht, Ehrwürdige», stieß sie mühsam hervor. Dabei beugte sie Kopf und Knie und versuchte, nach der Hand der Cantrix zu greifen, um sie zu küssen.

Doch anders als am Vortag duldete diese keinen Kuss. «Mich wirst du nicht täuschen, du eingebildete Göre», fuhr es ihr durch den Sinn, während sie ihre Hand unter das weiße Übergewand schob, ehe das Mädchen sie fassen konnte. Sie verstand nicht, welchen Narren die Medica an diesem aufsässigen Geschöpf gefressen hatte. «Mich becirct sie jedenfalls nicht. Mag sie nur immer die Augen niederschlagen, ich durchschaue sie doch. Hochnäsig ist sie, jawohl. Meint, weil sie eine aus dem Hause von Mergenthal ist, steht sie höher als unsereins.»

Sie trat so nah an Katharina heran, dass ihr nach Knoblauch und Zwiebeln riechender Atem dem fast gleich groß gewachsenen Mädchen ins Gesicht strich. «Ich habe dir dein ungebührliches Betragen von gestern vergeben, weil meine Schwester ein gutes Wort für dich einlegte», sprach sie so leise, dass nicht einmal die daneben Sitzenden etwas verstehen konnten. «Du warst krank und unwissend. Also sei dein Fehler von gestern dir vergeben, nicht aber vergessen. Heute weißt du, was du gestern nicht wusstest, und fehlst doch schon wieder. Was soll ich davon halten?»

«Nichts», schluckte Katharina, um den aufsteigenden Zorn zu unterdrücken. «Ich habe noch niemals Noten geschrieben. Es tut mir Leid.»

«So, so, noch niemals Noten geschrieben.» Die Cantrix erhob die Stimme so unvermittelt und laut, dass alle Schülerinnen vor Schreck die Köpfe einzogen und so taten, als hätten sie niemals neugierig gegafft und gelauscht. «Einmal noch ergeht Gnade vor Recht. Aber glaube nicht, dass für dich Sonderregeln gelten.» Mit geübter Bewegung löschte sie die missratenen Krakel auf der Wachstafel aus und legte diese auf das Lesepult zurück. «Wiederhole die dir aufgetragene Übung zehn Mal, ehe du das Klassenzimmer verlässt. Und zwar in sauberster Handschrift, ohne Fehler.»

Ehe die Lehrerin sich der Klasse wieder zuwenden konnte, bemerkte Katharina, wie Clara sich abermals blitzschnell zu ihr umdrehte und ihr grinsend zublinzelte. Und sie wusste auch, dass sie sich freuen sollte, eine Freundin in Brehna zu haben. Trotzdem lag die Freude wie in einem Brunnenschacht. Nur wenn sie tief in sich hineinblickte, schimmerte sie von ganz weit innen herauf. Winzig wie ein Stern.

Von nun an schien die Zeit in Brehna auch für Katharina anders zu gehen als auf Klietzen. Während dort jeder Abend einen neuen aufregenden Morgen versprach, lief hier ein jeder Tag im Gleichmaß der acht Stundengebete und der dazwischenliegenden, mit Arbeit, etwas Schlaf und Nahrungsaufnahme erfüllten Werkstunden dem anderen nach. «Ora et labora», Gebet und Arbeit, das Opus Dei im Kreislauf der Ewigkeit.

Nicht einmal die Menschen veränderten sich. Für die Verstorbenen rückten neue nach, die von denen, die vor ihnen da waren, seltsam spurlos aufgenommen wurden, als sei ein Tautropfen in heißen Sand gefallen. Tagein, tagaus blieben sie in die immer gleich aussehenden Gewänder gehüllt, jeder Gedanke in der unaufhörlichen Lobpreisung Gottes mit den vorgeschriebenen Worten des Breviers gefesselt und gebunden, jedes weltliche Wort außerhalb des Unvermeidlichen im Schweigen erstickt, jede Berührung im Verdacht des Unkeuschen, Unreinen, vom Satan Verführten gebannt, alles Eigene in Gehorsam und Demut hingegeben. Der vergangene Tag war wie der nächste und der übernächste und der danach kommende und wie jeder weitere sein würde.

Fast unbemerkt war Katharina Teil dieses Gleichmaßes der Weltabgeschiedenheit geworden. Dank täglicher Lehrstunden in der Schule hatte sie ihr von Pater Albertinus erworbenes Wissen vertieft. Sie konnte nun vollends lesen, schreiben und rechnen, und obwohl die Cantrix wohl niemals mit ihr zufrieden sein würde, hatte sie bei der Schreibmeisterin doch einen Stein im Brett und verstand sogar den lateinischen Konjunktiv bereits leidlich richtig anzuwenden.

In den vorgeschriebenen Ruhezeiten war es mittlerweile auch ihre Pflicht, sich Lektüren aus der Klosterbücherei auszuleihen. Wie alle anderen des Lesens Mächtigen trug sie Psalmen, Bibelverse oder Abschnitte der Regeln des heiligen Augustinus im Remter vor, während die Konventsmitglieder ihre Mahlzeiten zu sich nahmen. Und natürlich übte sie sich auch in der feinen Nadelkunst. Gott sei Dank war es den Chorjungfrauen vorbehalten, Altartücher und Gewänder zu verzieren. Doch wenn der Herr kein Wunder an ihr tun würde, war abzusehen, wann auch Katharina über das Alter hinausgewachsen sein würde, in dem man Säume mit schwarzem Faden in schwarze Wollgewänder heftete.

Die anfangs beklemmenden, Herzklopfen verursachenden Einzüge der totenstillen Konventsmitglieder in die Nonnenkirche waren ihr ebenso vertraut wie die Worte der rituellen Gebete. Hatte sie früher den mit goldenen Sternen und Sonnen bedeckten Himmel des Klostergangs noch genossen, die Bilder der Heiligen und Äbtissinnen im Kircheninnern bewusst wahrgenommen und beim Anblick der schönen Maria Magdalena aus dem Flügelaltar in aller Heimlichkeit stets der Mutter gedacht, so gehörten die gemalten und geschnitzten Gestalten nun dazu wie der Becher Dünnbier am Morgen. Allein der Wandel der Jahreszeiten zeigte an, dass auch Brehna Teil der Welt und trotz aller frommen Gebete und Gott wohlgefälligen Werke noch immer nicht ins Paradies der Ewigkeit entrückt war. Und hätten nicht alle Jahre wieder die Säue geferkelt, die Kühe gekalbt und die Kater ihre jammervollen Charivari-Arien der Liebe gesungen, ehe sie Kätzchen zeugten, die mit ihrer tapsigen Süße selbst der säuerlichen Miene der Cantrix so etwas wie ein Strahlen entlockten, hätte Katharina vielleicht vergessen, dass Pater Albertinus einmal gesagt hatte, Gottvater habe die Welt und die Menschen so sehr geliebt, dass er seinen einzigen Sohn für sie hingab, um sie aus der Erbsünde zu retten.

Auch die Medica trug ihren Teil dazu bei, Katharinas Glauben an die Liebe Gottes zu erhalten. Mit Erlaubnis der Medica hatte sie sich nämlich zu Beginn ihrer Klosterzeit ein neues Herbarium angelegt, das sie ständig erweiterte und mit Kommentaren über die erprobte Wirkungsweise der einzelnen Heilpflanzen versah.

«Wenn du so weitermachst, wirst du eine gute Heilerin.» Die freundliche Anerkennung ihres verehrten Vorbilds spornte das Mädchen an, auch wenn sie sich in den Gewissenserforschungen der Komplet immer wieder fragen musste, ob es eitel sei, nicht nur ein schönes, sondern ein einzigartiges Herbarium anlegen zu wollen. Dennoch hatte Katharina es schließlich vorgezogen, es niemandem zu beichten als nur Gott, mit dem sie oftmals stumme Zwiesprache hielt, wenn sie draußen in den Wiesen kauerte und die Schönheit der Schöpfung bestaunte. Wie nur hatte der Herr es vermocht, all die verschiedenen, jede auf ihre eigene Weise wundersamen Blüten und Blätter, Knospen, Formen und Farben zu schaffen? Und warum, wenn nicht aus herzlicher Liebe zu Menschen und Tieren, hatte er jeder Pflanze heilende Kräfte und Wirkstoffe verliehen, die es nur zu entdecken galt, um sie nutzen zu können? Gegen jede Krankheit, die durch Gottes strafenden Zorn über die Menschen kam, war auch ein Kraut seiner Liebe gewachsen.

Pater Albertinus hatte gesagt, es sei Gottes Wille, dass der Mensch sich die Erde untertan mache. Das stimmte. So hatte Katharina es inzwischen schon selbst in den heiligen Schriften der Klosterbücherei gelesen. Also war es keine Sünde, wenn sie, Katharina, sich die Pflanzen untertan machen wollte, um zu erfahren, welche Wirkstoffe und Heilkräfte sie in sich bargen.

«Lass sie mich alle entdecken, Herr», wünschte Katharina oft, wenn sie ihren Henkelkorb mit oberirdischen und unterirdischen Pflanzenteilen, voll erblühten und noch knospenden Blüten, Rinden und Flechten, Moosen und Samen füllte und sorgfältig Lagen weichen Leinens zwischen sie legte, um die feinen Blattadern zu schonen und die aufsteigenden ätherischen Düfte zu bewahren. Später saß sie dann in der Bibliothek, um ihre Funde mit Abbildungen zu vergleichen, die häufig in Büchern der heilkundigen alten Griechen und Römer zu finden waren. Wenn im Frühjahr und Herbst die Dämmerung zeitig hereinbrach, gesellte sich die Medica nicht selten mit einem Talglicht dazu. So schritt das Herbarium Seite um Seite voran und Katharinas Wissen auch.

Wenngleich Katharina nie vergaß, die Mutter Medica in ihre innigsten Dankgebete und Fürbitten einzuschließen, wusste sie doch nicht, wie viel sie ihr in Wahrheit verdankte. Als Kind war ihr der Zutritt in den Kapitelsaal verwehrt. So hörte sie nicht, wie vehement die Cantrix vor der Versammlung der Konventsmitglieder Anklage gegen die «Pflanzenbesessenheit der kleinen von Bora» erhob. «Alles, was über ein gutes Maß hinausgeht, ist vom Bösen. Und das Maß dieser Hinwendung ist weit über ein gutes Maß hinaus. Mit diesem Übermaß weilt der Böse unter uns. Es muss ein Ende damit haben.»

«Halt!» Die Medica erhob ganz gegen ihre Gewohnheit die Stimme und zeigte offen ihre Empörung. «Du versündigst dich gegen das Kind, Schwester. Deine Behauptungen entsprechen nicht der Wahrheit.»

«Doch!» Die Cantrix richtete ihre kurze Gestalt auf, als wolle sie Goliath Paroli bieten. «Immer muss sie sich etwas Besseres wähnen. Immer will sie die Besondere sein. Und du, Hildegardis, du leistest dieser Sünde auch noch Vorschub, obwohl du sie hindern solltest.»

«Mäßigt euch, meine Töchter, und tretet vor zu mir, um eure Sache mit Anstand und Würde vorzubringen», mischte sich Anna von der Lochau, die Äbtissin, in den immer heftiger gewordenen Disput ein. «Du», wandte sie sich an die Medica, «hast das erste Wort, da du soeben beschuldigt wurdest.»

Hildegardis dankte. «Katharina von Bora ist keine Aufschneiderin. Sie drängt sich auch nicht aus Eitelkeit in den Vordergrund. Ich erlebe sie täglich bei meinen Siechen im Hospital. Sie ist begnadet, Mutter Oberin.»

«Pah, begnadet!», brauste die Cantrix auf. «Eingebildet ist sie, hochnäsig und arrogant. Ihr seht doch alle, wie sie den Kopf trägt und wie sie auftritt, wie sie den Blick nicht niederschlägt, wenn sie etwas gefragt wird.»

Die Äbtissin hob Schweigen gebietend die Hand. «Du brauchst harsche Worte gegen ein Kind, meine Tochter. Du solltest dein Gewissen erforschen, ob du nicht über das Ziel hinausschießt, und wenn ja, warum das so ist. Es ist deines Amtes, die dir von Gott und uns anvertrauten Kinder zu fördern und zu fordern. Bedenke, sie sind das Weizenkorn, aus dem die Saat der Zukunft aufgehen wird. Missachtest du das Korn, ist auch die Ernte verloren. So zertritt nicht, sondern schätze, was dir gegeben ist, auf dass es unter deiner Obhut zu unseres Herrn Ehre und Freude glücklich gedeihe und wachse.»

Ohne der Cantrix Gelegenheit zu einem Einwand zu geben, richtete sie den Blick auf die Medica. «Du hingegen sprichst von Gottes Gnade, meine Tochter. Das ist ein hohes Gut. Und wem es verliehen, der muss es in Dankbarkeit achten und würdigen, sich aber nicht besser wähnen als andere. Woraus schließt du die Begnadung der kleinen von Bora?»

«Andere Kinder in ihrem Alter scheuen die Pflicht. Sie spielen lieber und schwatzen, tollen herum und trampeln alles nieder, was unter ihren Füßen wächst und kriecht. Nicht aus Bosheit und innerer Verderbtheit, sondern aus Achtlosigkeit und im Eifer ihres noch unfertigen Wesens. Nicht so Käthe. Die Liebe zu Pflanzen und Tieren sowie eine glückliche Hand im Umgang mit ihnen ist ihr in reichem Maße von Gott gegeben. Unermüdlich ist sie bestrebt, dieser Gabe gerecht zu werden und den Willen unseres Herrn zu erfüllen, indem sie sucht und sammelt, lernt und katalogisiert und schon heute ein so großes Wissen über die heilende Kraft der Pflanzen hat, dass ich mich nicht scheue, sie um ihren Rat zu fragen, wenn ich ein Heilmittel bereiten muss, dessen mir bekannte Wirkung noch stärker und besser sein dürfte.»

Die Mutter Oberin stützte nachdenklich das Kinn in die Hand. «Ob dieses Interesse als Gnade Gottes zu betrachten ist, wird sich in der Zukunft erweisen, wenn das Kind älter und reifer ist», meinte sie schließlich. «Eine schöne Gabe ist es aber allemal, dass sie sich so außerordentlich wissbegierig zeigt und aus eigenem Antrieb ein vortreffliches Herbarium erstellen will. In diesem Bestreben vermag ich nicht die Handschrift des Bösen zu erkennen. Daher soll ihr die Hingabe an das Studium der Pflanzen auch weiterhin vergönnt sein.

Aber», fuhr sie nach einem eindringlichen Blick in die Augen der beiden vor ihr stehenden Chorjungfrauen fort, «und das ist ein großes Aber. Ich auferlege euch, die schönen Anlagen des Kindes künftig gemeinsam zu bilden. Das heißt, du, Tochter Cantrix, wirst dafür Sorge tragen, dass Käthe von Bora im Chor lernt, was es heißt, sich im Sinne eines schönen Ganzen unterordnen und anpassen zu müssen. Du, Tochter Medica, wirst sie in solcher Demut unterstützen und sie lehren, bei ihren Studien das rechte Maß zu wahren und zu erkennen, dass die wahre Kraft in der Ruhe eines stetigen Aufwärtsschrittes liegt, nicht im wild begierigen Gipfelstürmen. Von Zeit zu Zeit sollt ihr beide mir Rechenschaft eurer Mühen ablegen, indem Käthe uns allen einen Vortrag halten wird. Sei es in Musik und Gesang, wie es einer edlen jungen Dame ihrer Herkunft angemessen ist, sei es aus ihrem Herbarium oder einer anderen Angelegenheit, die einer künftigen Siechenmeisterin gut ansteht.»

Ein kurzes Neigen des Kopfes, dann rückten die anderen Chorjungfrauen nach, die mit ihrem Anliegen noch nicht zu Wort gekommen waren.

Katharina merkte von den ihr unbekannten Anweisungen der Mutter Oberin wenig. Von Anfang an hatte die Cantrix sie strenger herangenommen als die anderen Mädchen in der Klasse. Wenngleich sie sich mit Clara einig war, dass diese Behandlung ungerecht und wenig chorjungfräulich sei, bemühte sie sich, den so leicht aufschießenden Zorn der Lehrerin nicht herauszufordern. Da es ihr leicht fiel, sich Melodien und Texte zu merken, machte es ihr nichts aus, Extraaufgaben auszuführen. Und wenn es ihr befohlen wurde, genierte sie sich auch nicht, ihre kräftige, dunkle Stimme a capella zu erheben und ganz allein in der Kirche vorzusingen. Schon dahcim auf Klietzen hatte Hausmusik ganz selbstverständlich zu ihrem Leben dazugehört. Manchmal kam es sogar vor, dass die Cantrix sich nach einem solchen Vortrag ein Lob abrang.

Noch weniger hatte Katharina ein Problem damit, der Mutter Oberin persönlich oder allen im Remter Anwesenden die eine oder andere Seite ihres Herbariums zu zeigen, die nach Meinung der Medica besonders gut gelungen war. Als sie mit Hilfe der Schreibmeisterin lernte, die gepressten Pflanzenteile wirklichkeitsgetreu auf Pergament abzuzeichnen und mit milden Farben auszulavieren, zeigte sie auch diese Arbeiten gern vor und erzählte, was sie über Standort, Blühzeiten, Wirkungsweise, Zubereitung und Anwendungsgebiete wusste. Ins Licht gehalten, wirkte manches Abbild wie ein soeben erst frisch aus der Wiese gebrochenes Kraut in vollem Saft und Blüte.

«Fühlst du dich wohl bei uns, mein Kind?», fragte die Mutter Oberin manchmal, wenn Katharina allein zu ihr gerufen wurde, um von ihren Arbeitsfortschritten zu berichten. In der ersten Zeit war es nicht selten vorgekommen, dass Katharina in Tränen ausgebrochen war und gebeten hatte, nach Hause zurückkehren zu dürfen. Doch allmählich wich das Heimweh. Wie Clara es vorausgesagt hatte, verwandelten sich die Erinnerungen an Klietzen und das Leben dort, als seien sie allmählich verblassende Bildtafeln in einem Buch, aus dem nach und nach eine Tafel um die andere herausfiel und verloren ging. Wenn die Mutter Oberin nun fragte, kam Katharinas «Ja!» aus freudigem Herzen. Es stimmte, sie war gern in Brehna.

Wie sehr es mit Clara zusammenhing, dass sie gern in Brehna lebte, wurde Katharina erst klar, als sich der Herbst des Jahres 1508 seinem Ende zuneigte und ihr Leben wie mit einem Paukenschlag aus dem Dornröschenschlaf geweckt wurde. Clara sollte Brehna verlassen.

Zwei Jahre älter als Katharina, hatte sie zwei Tage vor Christkönig ihre Mensis bekommen. Dies war nicht nur deshalb ein magisches Datum, weil es die Kindheit beendete und im Leben einer Jungfrau Mannbarkeit bedeutete. Für Clara war es zudem das von ihrem verstorbenen Vater festgelegte und unabänderlich vorbestimmte Datum, an dem sie Brehna verlassen und als Haustochter in das Haus ihres zukünftigen Gemahls einziehen sollte.

«Du darfst mich nicht verlassen», schluchzte Katharina, als sie nach der Komplet, an deren Ende die Mutter Oberin Claras Abreise bekannt gegeben hatte, endlich die Möglichkeit hatten, im Schutz der dunklen Schlafkemenate miteinander zu sprechen. «Ich will es ja auch gar nicht», flüsterte Clara unter Tränen zurück. «Aber müssen muss ich es deswegen doch.»

Trostlos hielten sie einander auf Katharinas Strohsack umschlungen und weinten sich an der Schulter der anderen aus. Es war ihnen so egal wie nie zuvor, ob sie gemeinsam in Katharinas Bett erwischt und bestraft würden. Nichts, was man ihnen als Strafe antun würde, könnte ja schlimmer sein als das, was ihnen durch diese Trennung bereits angetan worden war. Doch an diesem Abend schienen Augen und Ohren der Wächterin mit Blindheit und Taubheit zugleich geschlagen.

«Und wenn wir weglaufen?», raunte Clara plötzlich.

Katharina hielt den Atem an. «Hast du weglaufen gesagt?» Ihre Stimme war nur ein Hauch, direkt in Claras Ohr.

Im Kloster hatten sie erst vor kurzer Zeit erlebt, was mit Mädchen geschah, die weggelaufen waren. Theresa, eine der Novizinnen, hatte es versucht. Zusammen mit Bernhardus, einem der Klosterknaben der Mutter Oberin. Ein Knabe war er wohl nicht mehr gewesen, denn Theresa war schwanger mit seinem Kind, als sie das Pärchen erwischten. Er wurde vor dem Kirchengericht als Tempelräuber zu schwerer Folter und dem Tode durch Vierteilen verurteilt. Als Theresa der Hinrichtung ihres Geliebten beiwohnen musste, erlitt sie eine Frühgeburt und verblutete daran.

«Ja, weglaufen», wiederholte Clara wispernd.

«Und wohin?»

«Egal. Nur weg.»

Katharina konnte sich vorstellen, warum Clara nicht heiraten wollte. Der ihr bestimmte Mann war schon alt. Sechsundzwanzig

Jahre. Ein Greis. Bestimmt hatte er einen dicken Bauch und eine Glatze, oder er trank jeden Tag ein halbes Fass Wein und aß einen Berg Zwiebeln gegen die Gicht. Und seine Mutter, in deren Haushalt sie bis zu ihrer baldigen Hochzeit leben sollte, war noch viel älter. Bestimmt würde sie ihr jeden Tag die Füße waschen und das Haar nach Läusen absuchen müssen.

«Aber wie kommen wir hier raus?», murmelte Katharina, während sich vor ihren inneren Augen der Grundriss der Klosteranlage abzeichnete, die wie eine doppelte Bastion mit den zwei dicken Mauern der äußeren und inneren Klausur gesichert war.

«Zusammen geht es nicht», tuschelte Clara. «Du musst warten, bis der Dienstmann meines Verlobten kommt, der mich mit der Kutsche abholen soll. Wenn alle sich noch einmal von mir verabschieden, kletterst du einfach in die Kleiderkiste, die hinten an der Kutsche befestigt ist.»

«Das merken sie doch.» Katharina schüttelte den Kopf.

«Nein, du wirst schon sehen. Ich mache irgendetwas, dass alle zu mir hinschauen müssen. Bleib du nur schön ganz hinten. Tu so, als ob du betest. Dann achtet keiner auf dich.»

«Und dann?»

«Du bringst etwas von dem Mittel mit, das die Mutter Medica den Verwundeten gibt, damit sie vor einer Operation in einen tiefen Schlaf fallen.»

Die Mutter Medica bestehlen? Katharina erschrak. «Warum denn?»

«Damit wir den Dienstmann betäuben und selbst mit der Kutsche wegfahren können», stieß Clara gedämpft hervor. «Oder denkst du, er würde mich einfach so verschwinden lassen, wenn ich ihm sagte, dass ich seinen Herrn nicht zum Mann nehmen will? Willst du?», fragte Clara kaum hörbar.

Katharina nickte. Irgendwie würde sie eine Gelegenheit finden, an eines der betäubenden Mittel heranzukommen. «Wo ein Wille ist, ist auch ein Weg.» Pater Albertinus' Wahlspruch fiel ihr ein. «Gut», murmelte sie und küsste Clara auf die Stirn. «Versuchen wir es!»

«Mit Gottes Hilfe. Von Schwester zu Schwester!» Leise, damit nur ja kein unverhofftes Geräusch den Tiefschlaf der zwar nahe den beiden Pritschen, doch auf ihrem Podest völlig in sich zusammengesunkenen Wächterin weckte, wand Clara sich von Katharinas Strohsack hinunter und huschte auf bloßen Sohlen zu ihrer eigenen Pritsche zurück.

Als Katharina am nächsten Morgen die Augen öffnete, saßen zwei Laienschwestern zu beiden Seiten ihrer Pritsche. Keines Wortes mächtig, ließ sie sich den derben Griff gefallen, mit dem sie sofort nach dem Aufwachen von ihrem Strohsack gezerrt und die Treppe des Dormitoriums hinunter ins Calefactorium gestoßen wurde.

Mit einer keinen Widerstand duldenden Geste bedeutete ihr eine der Laienschwestern, auf einem Kantholz niederzuknien. Die andere reichte ihr mit einer auffordernden Kopfbewegung einen Rosenkranz.

An beten war dennoch nicht zu denken. Clara, ihr heimliches Gespräch, die Schwester Aufpasserin, die so auffällig fest geschlafen hatte, obwohl sie normalerweise jeden Strohhalm hörte – eine Falle. Die Gewissheit brannte sich in sie ein, dass etwas Schlimmes passiert sein musste.

«Clara!» Mit einem gellenden Schrei sprang sie auf.

Obwohl sie sich wie eine Katze wehrte, hatten die beiden Konversen leichtes Spiel mit ihr. Eine von ihnen stieß gurgelnde Laute aus, während sie die Arme des Mädchens hinter den Rücken drehte. Die andere griff mit grober Hand an Katharinas Kinn und zwang ihr Gesicht herum. Doch diese wollte sie nicht angucken. Trotz des Gefühls, gleich müssten ihre Arme aus den Gelenken springen, versuchte sie, mit den Füßen die Schienbeine der vor ihr Stehenden zu erwischen. Einer der Tritte saß. Mit einem heiseren Kehllaut riss die Getroffene den Kopf des Mädchens so derb am langen Zopf zurück, dass Katharina aufschrie. Ob sie wollte oder nicht, jetzt musste sie die Konverse anschauen.

Statt der erwarteten Häme zeigte das Gesicht der mit einem ärmellosen braunen Kittel bekleideten Frau jedoch tiefes Mitleid. Plötzlich erkannte Katharina sie auch. Es war eine der beiden Frauen, denen der Abt vom Petersberg die Zunge herausreißen ließ, weil sie geschworen hatten, keinen Kohlkopf aus dem Klostergarten gestohlen zu haben, obwohl im Kochtopf der Mutter der Beschuldigten Kohlreste gefunden wurden. Die Mutter Medica und Katharina hatten ihre Wunden behandelt und das Wunder vollbracht, sie beide zu heilen.

Mit einem Zeichen bedeutete ihr die Frau, auch ihre Schwester werde Katharina loslassen, wenn sie verspreche, sich nicht mehr zu wehren. Ein Nicken, schon gab ihr die hinter ihr Stehende die Arme tatsächlich frei.

«Sie haben Clara weggebracht», gab die Stumme zu verstehen. «Sie haben sie mit einem Sack über dem Kopf in die Klosterkutsche gesteckt. Sie soll zu ihrem Mann gebracht werden und heiraten.»

Entsetzt schlug Katharina die Hände vor das Gesicht, doch die Stumme zog sie wieder herunter. «Was habt ihr angestellt?», fragte sie, indem sie in lebhaftester Weise das Gesicht verzog und ihren Körper sprechen ließ.

«Wir wollten weg», gestand Katharina. «Sie hatte Angst vor ihrem Mann. Der ist alt und fett. Wir wollten uns nicht trennen.»

Der Augenausdruck der Frauen wurde noch weicher. Sie verstanden nur zu gut, dass man Angst davor haben konnte, an einen wildfremden Mann verheiratet zu werden. Wenn man sie selbst voneinander trennen wollte, würden auch sie sich zu wehren versuchen.

«Sie ist meine Schwester», bedeutete Katharina, indem sie eine Hand auf die Stelle legte, unter der ihr Herz wie rasend hämmerte. «Ich wollte sie nicht verlieren.»

Die Konversen nickten.

«Was werden sie mit mir machen?»

Der Ausdruck der Frauen veränderte sich. Sie teilten ihr kein Zeichen mit, doch der unvermittelte Ernst ihrer Mienen war Antwort genug.

«Werden sie mich töten?» Katharina wunderte sich, wie piepsig ihre Stimme klang, obwohl sie doch ganz fest hatte reden wollen.

Kopfschütteln. «Die Dunkelzelle vielleicht», meinte die eine der beiden Frauen. «Kopf rasieren oder auspeitschen», bedeutete die andere.

Unwillkürlich sträubten sich Katharinas Haare. Zu Hause auf Klietzen hatte der Vater einmal einen der Bauern auspeitschen lassen, der seinen Frondienst nicht ableisten wollte. Sie hatten ihn mitten im Hof an einen Pfahl gebunden, an dem der Vater sonst die wilden Hengste laufen ließ, um sie müde zu machen. Als die Strafe vollzogen war, sah der Rücken des Mannes aus, als wären Streifen herausgeschnitten worden.

Die Frau, die ihr zuerst Zeichen gemacht hatte, streichelte Katharinas Wange. «So schlimm wird es schon nicht werden», drückte ihre Mimik aus. «Meine Schwester übertreibt.»

Auch die andere versuchte, beruhigend dreinzuschauen, obwohl Katharina im Hintergrund ihres Blickes die Sorge wahrnahm. «Sie sind im Kapitelsaal. Sie beraten.»

«Gottes Dank und der meine sind dir gewiss, meine Tochter!» Die Mutter Oberin lobte die Aufpasserin bei ihrem allmorgendlichen Treffen im Kapitelsaal vor allen anderen Konventsmitgliedern für die List, sich schlafend gestellt und das nächtliche Zwiegespräch der Mädchen nicht gestört, sondern belauscht zu haben. «Ein zweites Desaster wie das unserer armen, zur Sünde verführten Theresa hätte uns größten Schaden zugefügt. Schon jetzt kommen dem Pater Immediatus immer wieder auf mir unerklärliche Weise Interna zu Ohren, die ihn dazu bewegen, mir in mein Amt als euer aller Mutter hineinzureden und Entscheidungen zu unterlaufen, die ich für notwendig erachte.»

Nachdenklich und düster zugleich glitt ihr Blick zur Cantrix hinüber, die unverhüllt triumphierend zurücksah. Die Äbtissin wusste, dass sie in ihr die Verräterin vor sich hatte. Nur der letzte Beweis fehlte ihr noch. Sie würde ihr ohne die geringsten Gewissensbisse ein Thronsesselbein nach dem anderen absägen, um selbst Äbtissin zu Brehna zu werden.

Die Medica stand wie ein bleiches Marmorbild der Mutter Dolorosa daneben und rang im Schutz ihres Übergewandes die Hände. «Meine arme Tochter», dachte die Mutter Oberin mitleidig. «Du hast dein Herz zu sehr an Vergängliches gehängt. Nun kommt auch für dich die Stunde der Schmerzen.» Sie hätte sie gern geschont, doch alles Mitleiden half nichts. Als Äbtissin war sie nicht nur eine der ihren, sondern die Mutter aller und musste ihres Amtes walten. Sie wandte sich dem Plenum der Konventsmitglieder zu.

«Wie uns die Mutter Aufpasserin berichtete, hat sich unsere Schülerin Katharina von Bora an der geplanten Flucht ihrer Gevatterin Clara Preußer mitschuldig gemacht. Gemeinsam wollten sie einen unschuldigen Menschen mit Hilfe eines Betäubungsmittels überwältigen, das Katharina von Bora zuvor aus dem Arzneimittelschränkchen der Mutter Medica entwenden wollte.»

«Hört! Hört!», warf die Cantrix mit ihrer Stentorstimme ein, während sich unter den anderen Chorjungfrauen ein leises Murmeln staunender Entrüstung erhob und die Medica sich noch tiefer entfärbte.

Die Mutter Oberin ignorierte den Einwurf, um den unübersehbaren Kummer der Medica nicht auch noch durch einen Disput zu mehren.

«Aus diesem Grund ist es uns unmöglich geworden, unserer Schülerin Katharina von Bora weiterhin den Schutz unseres Klosters zu gewähren. Raub und Überfall sind die Werke der Raubritter und Wegelagerer, nicht aber der Gott geweihten Jungfrauen unseres Konvents. Die Mutter Schreibmeisterin erhält daher die Weisung, augenblicklich dafür Sorge zu tragen, den Namen der Schülerin aus unseren Listen zu löschen. Die Mutter Kleiderverwalterin wird das Kind reisefertig ausstatten. Die Mutter Pförtnerin wird den Bruder Pförtner damit beauftragen, zwei unserer Familialen als Reisebegleiter des Kindes zu berufen und die Pferde zu satteln. Da Katharina von Bora eine gewandte Reiterin ist, bedarf sie keiner Reisekutsche, um in ihres Vaters Haus zurückzukehren.»

Noch einmal hob sie beide Hände, um Ruhe in die nun fast schon lautstark durcheinander redenden Frauen zu bringen. «Ferner ordne ich hiermit an, dass die Medica die Zeit bis zur Abreise des ihr allzu lieb gewordenen Kindes im Gebet in der Kirche verbringen wird.»

Der flehende Augenausdruck der Medica bat wortlos um Gnade. Doch gerade diesen Wunsch konnte die Mutter Oberin nicht erfüllen. «Es ist ihr nicht gestattet, noch einmal mit Katharina von Bora zu sprechen. Der ungute Geist des Kindes, den unsere Mutter Cantrix bereits mehrfach, doch bisher leider vergeblich beklagte, hat sich in dieser unverzeihlichen Tat verraten. Er darf keine Gelegenheit erhalten, sich nochmals der Seele unserer Tochter Medica zu bemächtigen.»

«Amen! Amen! Amen!», riefen die Konventsmitglieder und bekreuzigten sich, ehe sie in hastigem Durcheinander die Cantrix umringten und mit ihr hinauseilten, um die große Neuigkeit trotz des Schweigegebots miteinander zu besprechen.

Hinter ihnen, den Arm um ihre stumm weinende Tochter geschlungen, geleitete die Mutter Oberin die Medica hinaus.

«Eine Wand aus Fremdheit»

(1508–1509)

In einer Ecke zwischen Fensterlaibung und Glas lauerte eine Spinne in ihrem Netz. Wie ein mit schwarzer Tinte gefüllter Sack hing der hintere Teil ihres Leibes an einer spindeldürren Taille, die den gleichfalls schwarzen Oberkörper zu blitzschnellen Bewegungen in alle Himmelsrichtungen befähigte. Als eile ein Wasserläufer über eine spiegelblanke Pfütze, glitt sie mit geschickten Krabbelbeinen über die säuberlich gezogenen Reihen ihres fast unsichtbaren Kunstwerks.

Urplötzlich jagte sie im fast fliegenden Fall kopfunter zur Mitte. Ein dicker Käfer brummte in den Maschen des Netzes. Heftig ruderte er mit allen Füßen gleichzeitig aus dem klebrigen Gespinst seiner jählings verlorenen Freiheit entgegen, die Kopffühler starr vor Schreck, die schweren Flügel schon wie mit Gummiarabikum übersponnen. Da war sie über ihm, die Schwarze, ihn wie in heißer Liebe innig umschlingend, geschickt seinen Käferbeinen ausweichend, sich wie ein böser Plumpsack an den steifen Rücken ihres Opfers heftend, es um und um in ihren feuchtfrischen Spinnfaden windend. Mit nur einem einzigen Bein in den Fäden haftend, die den Käfer in ein reglos verschnürtes Fresspaket verwandelt hatten, zog sie ihn hinter sich her.

Katharina fühlte sich selbst zum Käfer werden. Qual seiner Qual durchzog ihre Arme und Beine, Angst seiner Angst ihren Sinn, der zugleich «Steh auf und hilf!» und «Gottes Vorsehung ist unantastbar!» in ihr rief und im Widerstreit des halbierten Denkens und Wollens gar nichts über ihre Glieder vermochte, als nur in Starre zu liegen.

Beinahe im Fensterwinkel des Spinnenrefektoriums angekommen, ließ ein kurzer, heftiger Windstoß, der durch den zugigen Rahmen hereinstrich, die Spinne trudeln. Wie ein Stein stürzte der Käfer ab, vergeblich mit den einzigen noch fessellosen Körperteilen, seinen

Kopffühlern, wirbelnd, um den Fall zu bremsen. Nur ein winziges Stückchen vom Glück entfernt, tangierte einer der Fühler das zerrissene Netz. Wie mit Widerhaken hinein verquickt, hielt es den Käfer unwiderruflich auf.

Eine Träne trat über Katharinas linken Augenrand. Sie zog eine dünne, kühl auf der Haut spürbare Spur bis in den Mundwinkel und versickerte über Kinn und Hals im hochgeschlossenen Kragen des Untergewands. Mit einem trockenen Schluchzen warf sie sich auf dem Strohsack herum, dass die Fessel an ihrem Handgelenk klirrte.

Der Vater hatte sie ihr angelegt, als er von der Jagd nach Hause kam und seine Tochter in der Halle vorfand, wo seine neue Gemahlin Margaretha von Ende die Missratene stehend auf ihn warten ließ. «Eine Diebin ist sie!», schrie sie ihm schon entgegen, ehe Katharina auch nur einen Gruß entbieten konnte. «Schande hat sie über Euch und die Unseren gebracht! Lest nur, viellieber Herr und Gemahl, was die Mutter Oberin zu Brehna Euch schreibt!» Dabei wedelte sie mit einem Brief, den Katharinas berittene Begleiter ihr ausgehändigt hatten, ehe sie im raschen Galopp ihres Weges zogen. Sie hatten nicht einmal die Einladung auf einen Imbiss angenommen, wollten lieber in der Sicherheit der eigenen vier Wände zurück sein, ehe es vollends dunkelte.

«Wie, was, Diebin?», fragte der Vater mit dem altbekannten grollenden Unterton und verhielt den Schritt, mit dem er in erster freudiger Überraschung auf die Tochter zugeeilt war. «Was redest du, Weib?» Misstrauisch griff er nach dem mit dem erbrochenen Klostersiegel versehenen Pergament.

«Vater, vergebt mir!», schrie Katharina in tiefster Angst auf, als sie den sich lesend wandelnden Gesichtsausdruck der hager gewordenen Züge unter dem fast weißen Haar deutete. «Ich wusste nicht, was ich tat.»

Der Knall der Reitpeitsche gegen die hohen Stiefel des Vaters schnitt ihr Schluchzen ab. «Schweig!», fuhr er sie an und wich vor ihren flehend ausgestreckten Armen zurück, als sei sie aussätzig. «Ich weiß genug.» Mit einer herrischen Gebärde schrie er nach Godewin, dem Pferdeknecht, den Katharina schon so lange kannte, wie sie lebte. «Binde sie! Wie es einer Diebin gebührt. Und schaff sie mir aus den Augen.»

«Ach, bitte, Godewin, tu's nicht!» Katharinas flehentlicher Aufschrei ließ den Knecht mitleidig zögern. Doch ein Schlag mit der Peitsche half nach.

Seitdem lag sie auf dieser Strohschütte, die schmale Fensteröffnung einer der tief eingeschnittenen Schießscharten über sich, die den Burgfried umliefen, und lauschte auf die Stille, die von ihrer inneren Uhr von Vigil bis Komplet in Scheiben geschnitten wurde, obwohl weder der vertraute Glockenklang noch das Huschen vieler Füße Beginn und Ende der Horen anzeigten.

Katharina wusste nicht, wie viele Tage und Nächte verstrichen waren, als sich der Riegel der Zellentür mit einem anderen Geräusch öffnete als zur Mittagsstunde, wenn sie kaum einen Spaltbreit aufgeschoben wurde und eine unbekannte Hand einen Kanten Brot mit einem Krug schalen Dünnbiers hereinstellte.

Am ersten Tag hatte sie trotzig festzubleiben versucht. Doch als die Wände immer näher zu rücken schienen und die Dunkelheit unheimlich drohte, hatte sie dennoch geweint. Nicht nur das, sie hatte gegen die Eichenbohlen der Tür geschlagen, sich die Fingernägel daran abgefetzt und so fest sie konnte mit den Füßen dagegen getreten. Immer wieder. Und sie hatte geschrien. So laut und lang, bis nur noch ein heiseres Schnarren aus ihrem Mund kam.

Inzwischen hatte sie längst aufgegeben, bei einem Geräusch an der Tür hoffnungsvoll aufzuschauen, um Vergebung zu bitten oder gar zu schwören, nie, niemals wieder etwas Böses tun zu wollen, wenn der Herr Vater ihr nur dieses eine einzige Mal verzeihen werde. So wie sie, das wusste sie, so fühlte sich auch der Käfer im Netz der Spinne. Lebendig eingesponnen wie in einen Kokon aus Stein.

Pater Albertinus musste sich schwer gegen das Türblatt lehnen, um die über den Steinboden schabenden Eichenbretter aufdrücken zu können. Es mochte noch keine drei Stunden her sein, dass ihn ein halbwüchsiger Hirtenknabe zu sprechen gewünscht hatte, der zur warmen Jahreszeit die Kühe auf dem Klosteranger weidete, den Rest des Jahres aber der alten Mezze zur Hand ging, um ihr die schweren Wassereimer vom Brunnen ins Waschhaus zu tragen.

Der Hausherr sei auf der Jagd, brachte er hastig hervor. Deshalb habe er es gewagt, der alten Mezze einen Dienst zu erweisen und Pater Albertinus die Nachricht von ihr zu überbringen, dass der gestrenge Herr Hans von Bora seine Tochter im Kerker zu Klietzen verschmachten lassen wolle.

Aufs erste Wort hatte Pater Albertinus dem Jungen nicht geglaubt. Hans von Boras Tochter saß schließlich gut und sicher zu Brehna. Doch der Hirtenknabe hatte immer wieder bei Gott, der Mutter Maria, Jesus Christus und allen Heiligen beteuert, die Wahrheit zu sagen. Am Ende hatte Pater Albertinus seinen Esel aus dem Stall gezerrt und war im schärfsten Galopp, den er seinem Grautier je abverlangt hatte, nach Klietzen geritten.

Hans von Bora weilte tatsächlich auf der Jagd. Doch Margaretha von Ende war zu Hause und zögerte nicht, dem Pater voller Empörung von den Schandtaten der nichtswürdigen Tochter ihres Gemahls zu berichten. «Denkt Euch, zur Tempelräuberin ist sie geworden. Der Fluch des Bösen liegt auf ihr. Welche Schande für unser Haus!»

«Wo ist sie?», war alles, was Pater Albertinus hervorzustoßen vermochte.

Nun war er da, fand sie auf einer Strohschütte kauernd, beide Arme um die Knie geschlungen, den Kopf darauf begraben, während sie sich unter leisem Summen immer wieder derselben drei Töne trostlos hin und her, vor und zurück wiegte.

Er musste sie mehrmals anrufen, ehe sie wie aus einem abgründigen Traum erwachte und ihn lange schweigend ansah, als erkenne sie ihn nicht. «Katharina!», sprach er sie nochmals mit aller Liebe, die er für sie hegte, an und vermochte nicht, den Jammer in seiner Stimme zu unterdrücken, der ihn bei ihrem Anblick in diesem schmutzigen, übel riechenden Loch überkam. Was immer sie angestellt hatte, nichts rechtfertigte eine solche Strafe. Vielleicht war er wirklich ein alter sentimentaler Narr, aber so konnte der Herr es nicht gemeint haben, als er Adam und Eva Kinder zeugen und in die Welt setzen hieß.

«Pater Albertinus? Seid Ihr es wirklich?» Zaghaft, als fürchte sie, seine Gestalt werde sich bei einer Berührung auf der Stelle in Luft auflösen, streckte sie die Hand nach ihm aus, die er sogleich tröstend mit beiden Händen ergriff. Schon saß er neben ihr.

«Ja, ich bin es.»

Ernst erwiderte sie seinen gütigen Blick, ehe sie jäh erschrocken einen Kuss auf seine Hand zu drücken versuchte. «Ich», stammelte sie voller Angst, «verzeiht, ehrwürdiger Vater, ich wollte nicht hochmütig erscheinen. Ich habe nur vergessen, bitte …»

Wortlos verstehend nahm er sie in die Arme, drückte ihr viel zu schmal gewordenes Gesicht mit den übergroßen Augen an seine Brust und schämte sich der Tränen nicht, während er mit derselben weiten Bewegung wie früher das Kreuzzeichen über sie schlug.

Wenngleich Hans von Boras Gesicht vor Ärger über die Eigenmächtigkeit seines Beichtvaters und Freundes rot anlief, nahm er es doch widerspruchslos hin, dass Pater Albertinus Katharina nicht nur im Kerker besucht hatte, sondern sie auch gleich mit sich ins Leben zurückbrachte.

Die Worte des Benediktiners zeigten die gewünschte Wirkung. «Sie hat einen Fehler begangen. Aber sie ist noch ein Kind und fehlte aus Unwissenheit und Liebe. Wer aber viel geliebt hat, dem wird viel vergeben werden, sprach der Herr, unser Gott. Und wer unter euch ohne Fehler ist, der werfe den ersten Stein auf sie.» Hans von Bora reichte seiner Tochter die Wange zum Versöhnungskuss und küsste sie sogar selbst auf die Stirn. Seine Gemahlin Margaretha von Ende rang sich nach einigem Zaudern ein verzeihendes Lächeln ab und ließ Mezze auftragen, einen Kessel Wasser über der Feuerstelle im Waschhaus zu erhitzen, damit ein Bad für die Stieftochter angerichtet werden könne.

Zuletzt schoben sich auch ihre Brüder Hans und Clemens mit Wolff und Maria, ihrer kleinen Stiefschwester, heran. Schüchtern kneteten die beiden Jüngsten die Falten ihres Rockes und bestaunten die unbekannte Schwester abwartend, mit dem Finger im Mund. Verlegen reichten sie einander die Hand.

«Willkommen auf Klietzen.» Die großen Brüder sprachen wie aus einem Mund.

«Als ob wir Fremde wären», dachte Katharina.

Hans war schon fast ein Mann geworden. Er stand noch ein wenig schlaksig mit zu langen Armen und Beinen herum, doch seine knochigen Schultern verrieten, dass er einmal breit und stark aussehen würde. Seine wilden schwarzen Locken, unter denen die Augen funkelten, passten dazu. Clemens mit seinem feinen blonden Glatthaar, das sich in einem säuberlichen Pagenschnitt wie eine Kappe um Stirn und Wangen legte, wirkte fast zart neben ihm, obwohl er höher aufgeschossen war als der Bruder. Einzig der ebenfalls schwarzhaarige Wolff erschien äußerlich ganz vertraut, obwohl sie ihn doch nur als Wickelkind gesehen hatte. Vielleicht, weil er jetzt nicht viel jünger war als seine großen Brüder am Tage des Abschieds nach Brehna.

Gern hätte sie ihre Brüder geherzt und geküsst und auch die niedliche Stiefschwester in die Arme geschlossen. Doch obwohl sie einander immer wieder anschauten, wenn sie sich unbeobachtet wähnten, und rasch die Augen abwandten oder senkten, sobald ihre Blicke sich ungewollt kreuzten, stand eine Wand aus Fremdheit zwischen ihnen. Und keinem von ihnen fiel etwas zu reden ein, um sie einzureißen.

Vielmehr atmeten alle auf, als Katharinas Badewasser fertig und Rosemuthe, die noch immer für die Kleiderkästen im Haus zuständig war, mit einem frischen Untergewand über dem Arm in die Halle trat und die Hausfrau mit einem Knicks darum bat, die Stieftochter ins Badehaus mitnehmen zu dürfen.

Draußen auf dem Hof sah es aus, als hätte es Brehna nie gegeben. Wie damals, als Katharina Klietzen verließ, bedeckte der erste Schnee das Land. Zwischen Grau, Gelb und Rot changierend, hob sich der feste Bruchsteinturm der Burg aus dem Weiß. Raben flogen krächzend um seine Kappe.

Wie früher stieg eine dünne Rauchsäule aus dem Schornstein des Waschhauses auf. Sie roch nach frisch entfachtem Holzfeuer. Obwohl noch zu weit weg, um es wirklich hören zu können, glaubte Katharina das Knistern und Knacken zu vernehmen, mit dem sich Holzfaserstränge und Astknorren aus dem Scheit lösten und sich aufbiegend verbrannten. Der Gedanke an Mezze zog wie mit Stricken an ihr. Wenn möglich, wäre sie über den Hof zu ihr gerannt. Doch Rosemuthe trippelte von Trittstein zu Trittstein, den Rock mit den Zähnen anhebend, weil sie die Hände mit Gewandstücken voll hatte, über den verschneiten Hof. Schweigend den Kopf gesenkt, beide Hände unter dem um sich geschlagenen Manteltuch verborgen, schlich Katharina ihr nach.

Erst im Schutz des Waschhauses, das Katharina so viel winziger vorkam, als sie es in Erinnerung hatte, ließ Rosemuthe ihre Strenge fahren und schlang als Dritte im Bunde die Arme um Mezze und Katharina, die sich vor dem dampfende Badezuber wie Mutter und Tochter umarmten und drückten. «Dass ich dich noch einmal sehen darf, Kind!», flüsterte Mezze ein ums andere Mal unter Freudentränen und konnte nicht aufhören, die an ihre Brust Geschmiegte zu streicheln.

«Genug geschmust!», rief Rosemuthe endlich. «Fühlt nur, das Wasser wird schon kalt. Und drinnen im Haus warten sie. Wenn Blitze niedergehen, ist es nicht gut, den Kopf zu heben, Katharina. Also komm, spute dich und steig in den Zuber. Wir wollen deine Zofen sein und dich schrubben, bis der Klostermief und der Kerkergestank dahin fahren, wohin sie gehören.»

«In den Zuber? Ich?» Mit einem kleinen Schrei fuhr das Mädchen auf. «Aber das geht nicht.»

«Sieh doch nur das Fräulein Wasserscheu», lachte Rosemuthe und trat spielerisch einen Schritt vor, um Katharinas Untergewand zu fassen und es ihr über den Kopf zu ziehen.

«Nein, nicht, was tust du? Lass das!» Katharina drehte und wand sich wie ein Aal, während sie den Rock zwischen die Beine klemmte und beide Arme über der Brust verschränkte.

«Mezze, ich glaub gar, sie meint das wirklich, sie spricht im Ernst.» Rosemuthe drehte sich ratlos nach der alten Waschfrau um, die sich in einer Ecke des Waschhauses zu schaffen machte. Etwas knirschte leise. Katharina erkannte es sofort. Mezze zog den Stein aus dem Mauerwerk, der mitsamt dem Fugenmörtel lose geworden war. Hinter ihm befand sich ein mehr als faustgroßes Loch, das perfekte Geheimversteck, auch wenn es in Ermangelung von Mezzes Reichtümern meist leer gewesen war.

Langsam wandte die Waschfrau sich um.

«Hier», sagte sie und versuchte, den gichtschiefen Rücken zu strecken, um die Kostbarkeit in ihren Händen auf Katharinas Augenhöhe anzuheben. «Es wird dir das Bad lieb machen. Schau her, Kind. Rosenöl von deiner Mutter. Die letzte Phiole. Nur für dich.» Lächelnd brach sie das grünlich schimmernde, mit Siegelwachs verschlossene Fläschchen auf, zog den geschliffenen Glasstöpsel heraus und ließ den sich milchig verteilenden Inhalt ins Wasser rinnen. Der augenblicklich aufsteigende Duft beschwor die Verstorbene fast stofflich herauf.

Es war plötzlich egal, ob Nacktheit sündhaft und Berührungen unkeusch waren oder das Waschen mit der bloßen Hand den Teufel heraufbeschwor und erblindete, wer die Blöße eines Christenmenschen mit unverhüllten Augen ansah. Hätte es auch ihre ewige Seligkeit gekostet, Katharina wäre doch ins Wasser gestiegen, hinein in diesen so lange vermissten Duft der Mutter, der sie mit unzähligen winzigen Bläschen umhüllte, die prickelnd wie unsichtbare Streichelhände an ihr emporstiegen, bis sie spürte, wie etwas in ihr zerbrach und sie lachte. Ein warmes, voll tönendes Lachen. Das erste seit ihrer Heimkehr.

Ohne die Mutter war Klietzen leer. Dasselbe Haus, derselbe Hof, der alte Blick übers weite Land, die gleichen Menschen, und doch schien es Katharina, als fehle, was aus diesem Haus ihr Zuhause gemacht hatte.

«Es ist das Haus, das sich ohne deine Mutter verändert hat», meinte Pater Albertinus, dem sie sich anvertraute, «aber vor allem bist es du selbst, die sich verändert hat. Als du fortgingst, warst du ein Kind der Welt, jetzt bist du ein Kind des Himmels. Deines Vaters Haus ist nicht mehr länger das Haus deines Vaters auf Erden, sondern das deines Vaters im Himmel. Dein Körper weilt zu Klietzen, aber dein Geist wohnt im Paradies. Du bist zerrissen an Leib und Seele, meine Tochter. Darum leidest du an dir selbst.»

Katharina blickte schweigend auf ihre gefalteten Hände. Es stimmte, Brehna fehlte ihr. Wie verzweifelt hatte sie sich zuerst nach Klietzen gesehnt. Und nun? Sehnte sie sich ebenso verzweifelt nach Brehna zurück.

In Brehna, in der Schule, hing jetzt der Clausenbaum in der Ecke neben der Tür. Einen Tag vor dem Fest des heiligen Nikolaus richteten ihn die Mutter Schreibmeisterin und die Mutter Küchenmeisterin her, indem sie Äpfel, Nüsse und Buchsbaumzweige mit langen Holzstäben zu einer Baumpyramide aus drei Stufen zusammensteckten.

In den beiden letzten Jahren hatte die Mutter Oberin ihren frommen Töchtern sogar erlaubt, einen Weihnachtsbaum in den Kreuzwinkel des Remters zu stellen und mit roten Äpfeln, Birnen, Nüssen, braunen Lebkuchen, weißen Anisoblaten, farbigen Zuckerkringeln, Flittergold, Strohsternen und Heilig-Geist-Tauben aus weißem Wollfilz zu schmücken, obwohl der Abt vom Petersberg gegen diesen neumodischen Zuckerbäckerschnickschnack wetterte.

Am Neujahrstag standen alle Konventsmitglieder noch einmal singend und betend um den Baum herum. Sobald die Mutter Oberin ihren Segen gesprochen und den Herrn für das neue Jahr um eine ebenso reiche Ernte auf Feld und Flur gebeten hatte, wie die Kinder sie jetzt aus dem Baum schütteln würden, durften die Mädchen an den Tannenzweigen rütteln, bis sämtliche kleinen Leckerbissen heruntergepurzelt und gemeinschaftlich vernascht waren.

Katharinas Kopf sank immer tiefer auf die Brust, während sie daran dachte, dass es nur noch wenige Tage bis zum Heiligen Abend und der großen Nacht der Nächte war. In Brehna trugen die Chorherren am Heiligen Abend unter den Blicken der hinter ihren Gittern in der

Nonnenkirche zuschauenden und lauschenden Chorjungfrauen in einer feierlichen Prozession den allergrößten, den Schweif tragenden Stern von Bethlehem in die Kirche. Dort hängten sie ihn über dem Altarbild auf und vollbrachten das Wunder der Lichtwerdung mit Hilfe kleiner Talgkerzen, die hinter dem goldenen Schweif in Haltern versteckt waren. Dazu sangen die Chorjungfrauen aus dem Nonnenchor auf die andächtige Gemeinde herunter, als ertönten die Stimmen der Engel direkt aus dem Himmel auf die große Krippe nieder.

Pater Albertinus hatte Katharinas innere Einkehr nicht gestört. Als erfahrener Seelenhirte bedurfte es keiner großen Worte für ihn, um zu spüren, was in ihr vorging. Erst als sie aufblickte, sprach er von Nimbschen.

«Erinnerst du dich an den Namen deiner Tante Magdalena von Bora, deines Vaters Schwester?»

«Wenn das Licht hineinfällt, hat Pater Albertinus fast dieselben Augen wie Clara», dachte Katharina. «Genauso braun wie das Braun an dem weichen, samtigen Teil eines Maikäferbauchs. Nicht richtig braun und nicht richtig schwarz, aber richtig schön.» Sie lächelte. «Habt Ihr mich etwas gefragt?»

Unwillkürlich wich Pater Albertinus der Intensität ihres Blickes aus. «Sie ist ein Kind, wenn auch ein Mädchen, aber ein Kind», beruhigte er sich ganz bewusst, aber sein Innerstes ließ sich nicht betrügen. Er war dem Blick der Frau in ihr begegnet. Zum ersten Mal. Und anders als bei den Frauen, denen er sonst begegnete, hatte sie ihn berührt. «Das Weib ist die Verlockung des Teufels», wie oft hatte er diesen Satz gehört und doch nie gefürchtet, seit ihm die Pest Frau und Kinder geraubt und er sein Leben in Gottes Hand gelegt hatte. Dennoch, wenn sie auf Klietzen bliebe, würde er Katharina schon bald nicht mehr unterrichten dürfen. Der Schmerz erstaunte ihn selbst.

«Ja», antwortete er rau und griff nach dem Rosenkranz an der Hüfte, dessen vertraute Holzperlen ihm augenblicklich das Gefühl zurückgaben, festen Boden unter den Füßen zu haben. «Ich fragte dich nach deiner Tante Magdalena, Kind.»

«Meint Ihr Vaters Schwester, die Chorjungfrau geworden ist?» Aufmerksam setzte Katharina sich aufrechter hin. «Mutter Hildegardis, die Siechenmeisterin zu Brehna, deren Schülerin ich war, hat mir einmal einen Gruß von ihr gebracht. Ein Kaufmann aus Köthen hat ihn ausgerichtet. Er besuchte seinen Sohn, der bei uns im Hospital lag, weil er von einem Hund gebissen worden war.»

«Dann weißt du also, dass deine Tante Siechenmeisterin zu Nimbschen ist?» Pater Albertinus verdrängte die Gedanken an Katharinas beunruhigenden Blick. Das Gespräch führte schneller zum Ziel, als er zu hoffen gewagt hatte. «Und weißt auch, dass im Kloster Marienthron Zisterzienserinnen sind, die Chorjungfrauen des Reformordens der Benediktiner, dem auch ich angehöre?»

So genau wusste Katharina es nicht. In Brehna hatten sie viel Mühe darauf verwandt, die Ordensregeln des heiligen Augustinus auswendig zu lernen und richtig anzuwenden. Über andere Orden hatten sie nicht gesprochen.

«Zisterzienser sind überall dort auf der Welt, wo neue Stätten der Kultur, Wissenschaft, Lehre und erfolgreichen Landwirtschaft entstehen sollen», erklärte Pater Albertinus mit der ansteckenden Begeisterung eines aus Überzeugung Sprechenden. «Unser Erfolg geht auf die Ordensregeln des heiligen Benedikt von Nursia zurück, dessen Charta caritatis vor über vierhundert Jahren in einem französischen Kloster zu Burgund mit dem Namen Cîteaux neu eingeführt wurde.»

Mit Hilfe eines angebrannten Stöckchens, das er rasch aus dem in der großen Klietzener Halle brennenden Kaminfeuer gezogen hatte, schrieb er den Namen des Klosters in rußigen Linien auf den Steinfußboden. «Dieses Dächlein auf dem ‹î› zeigt, dass früher ein ‹s› nach dem ‹i› kam. Der alte Name war nämlich Cistercium, davon kommt auch unser Wort ‹Zisterne›, und daraus wurden dann die Zisterzienser.»

Katharina lachte auf. Sie liebte diese Wortspiele. Niemand vermochte sie besser zu erklären als Pater Albertinus. «Zum Zeichen dessen, dass ihr höchstes Ziel die vollkommene Reinheit ist», fuhr dieser fort, «tragen sie ein weißes Untergewand und einen weißen Mantel, die Flocke. Damit man aber auch sieht, dass sie nicht davor zurückschrecken, tüchtig zuzupacken, werfen sie zum Schutz vor Schmutz ein schwarzes Skapulier über das Untergewand und legen bei der Arbeit die weiße Flocke ab.»

«Genau wie Ihr», rief Katharina.

«Richtig. Das schwarze Skapulier ist ein Hinweis darauf, dass die Zisterzienser aus dem Orden der Benediktiner hervorgingen. Zugleich aber besagt unsere Kapuze, die wir über den Kopf werfen können, dass es nicht darauf ankommt, den Menschen in uns zu erkennen, sondern allein unsere Werke.»

«Haben die Zisterzienser denn auch Schulen?»

Auf diese Frage hatte Pater Albertinus gehofft. «Aber sicher. Sie haben sogar großartige Schulen. Und weil alle Zisterzienser vollkommen gleich sein sollen, sind alle ihre Klöster und Klosterschulen mit den genau gleichen Büchern und Materialien ausgestattet sowie zur Verbreitung vollkommen identischer Lehren verpflichtet. Dazu gehört auch die Pflege großartiger Klosterbibliotheken und das Singen gleicher Gesänge.»

«Und was ist mit Herbarien?» Katharina hielt die Augen gesenkt, um nicht zu verraten, wie wichtig ihr diese Frage war.

«Als könntest du dich vor mir verbergen», dachte Pater Albertinus und zwang sich, nicht den Arm um sie zu legen. Hastig beschäftigte er seine Hände, indem er die Perlen und Stationen des Rosenkranzes durch die Finger laufen ließ. «Zisterzienser sind ebenso berühmt für ihre Kräuterkunde und Heilkunst wie die Benediktiner. Auch zu Nimbschen gibt es ein Siechenhospital.»

«Die Mutter Medica hat mich oftmals gelobt, dass ich anstellig sei. Auch meiner Tante, der Siechenmeisterin, könnte ich wohl recht gut zur Hand gehen, wäre ich dort.»

«Willst du das? Ihr dort zur Hand gehen?», fragte Pater Albertinus.

«Darf ich das denn?» Katharinas Stimme verlor allen Glanz, den sie soeben noch ausgestrahlt hatte. «Ihr wisst doch, was zu Brehna geschehen ist.»

Etwas wie Bedauern focht ihn an, als er sich vorstellte, dass er sie zu Nimbschen noch weit strengeren Regeln und strengerem Schweigen ausliefern werde, doch auch diesmal half der Griff zum Rosenkranz, an dessen Macht die falschen Einflüsterungen des Satans scheitern mussten.

«Geschehen?» Jetzt legte der Benediktiner seiner kleinen Schutzbefohlenen doch den Arm um die Schultern. «Nichts ist geschehen, Kind. Es war ja nur ein Wollen. Nur eine Versuchung des Bösen. Es ist eine lässliche Sünde, Böses tun zu wollen, wenn man es gar nicht tut. Du hast mir deine Sünde in der Ohrenbeichte gestanden. Du hast bereut und Gott um Vergebung angefleht. Kraft meines Amtes habe ich dir im Namen Gottes verziehen. Deine Seele ist rein, meine Tochter. Und wenn du willst, stehen dir alle Wege offen. Auch der nach Marienthron.»

Katharina lehnte sich an Pater Albertinus' Schulter, als sei sie von einem langen Weg ermüdet und endlich angekommen. «Es ist, wie Ihr vorhin sagtet, alles hier ist mir fremd geworden. Meine Stiefmutter hat eine eigene Tochter. Mein Vater bedarf meiner nicht. Meine Brüder kennen mich nicht mehr. Wie gern will ich das kalte Haus meines Vaters auf Erden verlassen und in das warme Haus meines himmlischen Vaters einziehen.»

Hans von Bora und seiner Gemahlin Margaretha von Ende fiel ein Stein von der Seele, als Pater Albertinus ihnen von seiner erfolgreichen Unterredung mit Katharina berichtete. Schon kurz nach ihrer unverhofften Rückkehr aus Brehna hatten sie sich zu dritt darüber Gedanken gemacht, dass es das Beste für sie wäre, den Schleier der Zisterzienserinnen zu nehmen.

«Sie ist gebildet. Sie weiß, was sie will. Sie ist unerschrocken, wenn es sein muss. Und sie kann Niederlagen einstecken», argumentierte Hans von Bora nicht ohne Stolz. «Ihre Mutter, Gott hab sie selig, hatte Recht. Katharina ist zu Höherem bestellt. Ist es nicht wie ein Fingerzeig Gottes, dass sie ausgerechnet zu dem Zeitpunkt von Brehna fort muss, zu dem bei den Zisterzienserinnen zu Nimbschen unsere Gevatterin Margarethe von Haubitz zur neuen Äbtissin gewählt wurde? Wie keine Zweite wäre Katharina prädestiniert, eines Tages die Reihe der Äbtissinnen aus unserem Hause fortzusetzen. Katherina von Schönberg, die soeben verstorben ist, Margarethe von Haubitz, die bereits zur neuen Äbtissin gewählt wurde, Katharina von Bora als dereinst ihre Nachfolgerin – das wäre es doch. Warum auch nicht? Schließlich gab es schon früher Äbtissinnen mit dem Namen von Bora. Ich denke nur an Beatrix von Bora zu Riesa.»

«Vergiss nicht, dass Johann III. von Schönberg aus dem Elternhaus deiner verstorbenen Anna Coadjutor im Bischofssitz zu Naumburg ist», meinte der Benediktiner. «Das Kloster Pforta, das zum Mutterkonvent der Nimbschener Chorjungfrauen bestimmt wurde, untersteht Naumburg. Schon allein wegen dieser engen Verwandtschaft würde der Abt zu Pforta Katharinas Aufnahme ins Kloster Marienthron nicht verweigern.»

Zwar hatte der Tod ihm Anna entrissen und eine andere Frau ihren Platz eingenommen, doch war sie ihm unvergesslich. Schon allein darum wünschte er den Tag herbei, an dem Katharina versorgt und wieder fort wäre. Ihre Ähnlichkeit mit Anna riss alte Wunden und Sehnsüchte in ihm auf, die seiner neuen Ehe schlecht bekamen. Dennoch hätte es ihm Leid getan, sie angesichts dessen, dass er keines der für ihre Brüder bestimmten Güter als Mitgift für sie erübrigen konnte, ins Kloster zwingen zu müssen.

Auch Margaretha war froh, erhobenen Kopfes dafür einstehen zu können, dass nicht sie als böse Stiefmutter dafür gesorgt hatte, die unwillkommene Haustochter ins Kloster abzuschieben; noch dazu in einen Orden, der für seine eiserne Strenge und vollkommene Gehorsamspflicht bekannt war. Es ersparte allen auf Klietzen viel Ungemach, dass Katharina ins Kloster zurückwollte.

Schon vor Tagen hatte Hans von Bora einen reitenden Boten mit einem Sendbrief an Margarethe von Haubitz nach Nimbschen ausgesandt. In ihrer Funktion als Äbtissin hatte sie über eine Aufnahme Katharinas in den Konvent zu befinden und alle damit verbundenen Formalien abzuwickeln.

«Der gestrengen und edlen Frau Margarethe von Haubitz, Mutter und Domina auf Marienthron zu Nimbschen, unserer besonders günstigen und liebwerten Gevatterin, Gnad und Fried in Christo.» Unter beifälligem Nicken seiner Gemahlin hatte Hans von Bora seinem Beichtvater, der das Schreiben in bester Mönchsschrift abfasste, die richtige Anrede in die Feder diktiert. Immerhin galt der Sendbrief keiner Fremden. Vielmehr waren die von Haubitz in mehrfacher Weise eng mit ihnen verwandt und verschwägert.

Am Ende blieb der schriftlichen Werbung um den himmlischen Gemahl nur mehr der Brautpreis beizufügen, der zwischen dem leiblichen Vater der künftigen Braut und der Äbtissin als Stellvertreterin der Gottesmutter auf Erden auszuhandeln blieb.

«Die Ernten fielen mager aus in den letzten Jahren», murmelte Hans von Bora und kämpfte gegen die Peinlichkeit an, die ihn jedes Mal aufs Neue überfiel, wenn es um Bares ging. «Das Land ist gut, doch die Hände fehlen, es zu bestellen. Noch immer haben sich unsere Leute nicht von den Hussitenkriegen erholt, die jeden zweiten Kopf gekostet haben. Dazu die Pest und die Hungersnot, die leeren Äckern folgt, und der Zins, den meine Lehen dennoch erwirtschaften müssen. Ihr wisst ja selbst, Pater, es sind schwere Zeiten.»

«Die Lehre des heiligen Benedikt von Nursia schreibt uns Brüdern und Schwestern im Herrn Armut vor», hielt Pater Albertinus dagegen. «Ganz besonders in unserem Reformorden der Zisterzienser. Anders als bei den Augustinerinnen zu Brehna, deren Bursaria das Gewicht einer Novizin in Golddukaten des Vaters aufwiegen lässt, bietet man bei uns die eigene Seele dar. Und die wird, wie du weißt, mein Sohn, erst am Tage des Jüngsten Gerichts in Manna oder Pech und Schwefel aufgewogen. Also scheue dich nicht zu schreiben, dass die Seele deiner jungfräulich unschuldigen Tochter das wahre Gold ihrer Mitgift ist.»

«Dennoch quält es mich, sie wie einen Lumpenhund ziehen zu lassen, als wären ihre Vorväter nicht Kanzler am Fürstenhof gewesen», schrie Hans von Bora fast auf und wehrte die nach seinem Arm greifende Hand seiner Gemahlin ab. «Schreibt, Pater, schreibt, dass ich ihr dreißig Groschen mitgebe. Dreißig Groschen wie dreißig Silberlinge, mit denen Pontius Pilatus einst unseren Herrn Jesus Christus aufwog. Mehr hab ich nicht, Gott ist mein Zeuge. Jeder Groschen davon ist im Schweiße meines Angesichts verdient und vom Munde abgespart. Notgroschen sind es, Pater, die das Glück nach Nimbschen bringen, denn Katharina war das Glück meiner Anna, Gott hab sie selig.»

Pater Albertinus nickte. Sorgfältig die Feder nachschabend, damit sie keinen Klecks auf das bereits mehrmals mit dem Ziehmesser abgeschliffene Pergament setzte, schrieb er:

«Um den Preis, der einst für unseren Herrn Jesus Christus bezahlt wurde, bittet Endes Unterzeichneter um allergnädigste Aufnahme der reinen Jungfrau und hochedlen Haustochter Katharina von Bora aus dem Hause von Mergenthal im Konvent der klugen und reinen Jungfrauen und ihrer ehrwürdigsten Mutter zu Nimbschen, auf dass auch sie eine wahre Dienerin ihres Vaters im Himmel und eine würdige Braut seines von den Toten auferstandenen, zur Rechten des Vaters sitzenden Sohnes Jesus Christus werde und gehorsam im Heiligen Geiste immerdar lebe bis an ihr seliges Ende.

Möget mir durch meine Boten gefällige Nachricht entsenden, hochedle und fromme Gevatterin, auf die ich in Zuversicht und rechtem Glauben harre als Euer gestrenger und fester Gevatter und getreuer Freund Herr Hans von Bora, zu Klietzen wohnhaftig, der, wüsste er Euer Liebwerten zu dienen, täte es gerne.

Am Tage der Unbefleckten Empfängnis Mariä, Anno Domini 1508.»

«Früher war es einfach», dachte Hans von Bora oft, während er mit wachsender Ungeduld auf die Rückkehr seiner Männer wartete. «Wer von Gott mit zahlreichen Kindern gesegnet worden war, hielt es gern mit dem alten Spruch, dass man dem Schöpfer einen Teil der Ernte opfern müsse, um der Dankesschuld zu genügen. Also gab man die Kinder, die nicht gebraucht wurden, das Haus ihres Vaters auf Erden hoch zu halten, in das Haus ihres Vaters im Himmel, damit sie dieses bauen halfen. Und je jünger sie waren, umso gewisser waren sie rein und keusch und dem Herrn eine Freude.»

Er wandte sich Pater Albertinus zu, der mit der Nachricht nach Klietzen gekommen war, der Landesherr habe bereits sein Einverständnis zur Aufnahme Katharinas in Nimbschen erteilt und auch der Propst, Balthasar von der Pforte, sehe der neuen Braut Christi freudig entgegen.

In der warmen Jahreszeit bewältigte ein gutes Pferd ohne allzu schwere Last problemlos eine Tagesstrecke von sechs bis sieben Meilen. Im Winter, wenn es bei kürzerem Tageslicht durch verschneiten Wald und über windverwehte Fluren ging, verlangsamte sich das Tempo beträchtlich. Als die Zusage aus Nimbschen eintraf, rechnete Hans von Bora deshalb mit einer Reisezeit von drei Tagen für die Wegstrecke von gut siebzehn Meilen von Klietzen über Brandis nach Nimbschen bei Grimma. Dem großen Schlitten würden ein schwer beladener Lastkarren mit Proviant, Gepäck und Waffen für Hans von Bora, Katharina nebst Zofe, einem Kutscher und fünf berittene Knechte und zehn Pferde folgen.

Gott sei Dank schneite es am Morgen ihres Aufbruchs nur vereinzelt, sodass ein leichtes Durchkommen war. Dennoch atmeten alle auf, als die beiden ersten Übernachtungsstationen hinter ihnen lagen und der Sattelhof zu Brandis auftauchte. Jonas, der Verwalter, und seine Hausfrau Christina erwarteten sie mit einem Willkommenstrunk auf der Haustreppe. Das fröstelnde Gesinde stand zu beiden Seiten grüßend Spalier.

Trotz des herrlichen Gefühls, wieder in einem weichen, hoch aufgebauschten und herrlich warmen Daunenfederbett schlafen zu können, statt sich auf dem Schlitten den eisigen Winterwind um die Ohren fegen zu lassen, war Katharina am nächsten Morgen mit den Hühnern auf den Beinen. Ungeduldig sah sie zu, wie Christina, die Verwaltersfrau, und ihre Mägde die besten Leckerbissen aus der Vorratskammer als Mitbringsel für Margarethe von Haubitz in einem Korb verstauten.

Plötzlich ließ sie ein gewaltiger Lärm aus der Eingangshalle zusammenfahren. Aufgeregt durcheinander brüllende Männer, nervös kläffende Hunde, polternde Schritte, Schwerterklirren, alles vermischte sich. Einen Augenblick später wurde die Tür aufgerissen und Katharinas Vater stürmte herein. «Nehmt meiner Tochter die Pelze wieder ab», befahl er barsch und winkte die Frauen hinaus. «Unsere Reise wird verschoben. Wichtigeres ist zu tun.»

«Aber Herr Vater!», wagte Katharina zu protestieren, doch ein funkelnder Blick hieß sie schweigen. Im Hinausgehen bemerkte sie, in welch fliegender Eile der Knappe die kurz zuvor erst mühsam geschlossenen Schnallen und Scharniere der brünierten Plattenteile der Prunkrüstung des Vaters zu lösen begann, deren Eisen seinen Herrn vom Hals bis zu den Zehen umschloss. Wie sie wusste, hatte er sie mitsamt den gestiefelten und gespornten Plattenfüßen und trotz des unbequem spitzen Kugelbauchs zu Ehren der Äbtissin tragen wollen.

Hastig zogen die Frauen das widerstrebende Mädchen mit sich ins Küchenhaus hinaus. Wenn die Männer so außer sich gerieten, war es klüger, ihnen stillschweigend aus dem Weg zu gehen. «Das lernst du auch noch, Kind», lachte Christina und schob einen Schemel an eines der hohen Fenster des Küchenhauses, damit die Haustochter hinaussehen konnte.

«Wohin reiten sie?» Katharina wandte den Kopf zu Christina hoch, die nicht minder neugierig als sie selbst im Schutz der Fensterlaibung stand.

«Wohin werden sie schon reiten?» Mit einem Schulterzucken wandte diese sich ab und griff nach dem Mehlsieb, um eine größere Portion Mehl als geplant auf das Backbrett zu sieben, in dessen Mulde bereits der mit Hefe angesetzte Vorteig zu den Knödeln aufging, die es zum Mittagessen geben sollte. «Hast du die Hunde gesehen, die sie mitführen? Es sind nicht nur die Jagdhunde, auch die Bluthunde sind dabei. Sie spüren einen auf, will ich meinen.»

«Wen denn?» Katharina rieb das Guckloch breiter und runder, das sie in die mit Eisblumen übersäte Fensterscheibe gehaucht hatte. «Und warum machen sie das?»

Christina seufzte. «Fragst du immer so viel? Da wird es dir bei den frommen Jungfrauen in ihrem Schweigekloster aber schlecht ergehen.»

Katharina senkte beschämt den Kopf. «Deine Hauptsünde ist deine vorlaute Zunge.» Wie oft hatte die Mutter Cantrix zu Brehna diesen Satz zu ihr gesagt! «Deine Zunge entspringt mitten aus deiner zuchtlosen Seele, die vor Verderbtheit so schwarz ist wie ein Hellenhund.»

Der Hausfrau des Verwalters tat es Leid, mit anzusehen, wie beschämt und zerknirscht die Haustochter ihres Herrn sich stumm in den Winkel unter den immergrünen Haussegen setzte. «Ich hab's ja nicht so gemeint», entschuldigte sie sich und hob das schmale Gesicht unter der dicken rotblonden Zopfkrone an. «Es ist schon recht, dass Kinder fragen. Wer nicht fragt, kriegt keine Antworten. Und wer keine Antworten kriegt, bleibt dumm. Also frag.»

Aber Katharina schüttelte nur den Kopf. Sie wollte nichts mehr fragen.

Nachdenklich blickte Christina auf sie nieder. «Wahrscheinlich wollen sie den Wilddieb fangen. Er hat schon den zweiten Hirsch an der Futterstelle im Wald geschossen. Vielleicht war er wieder da. Wenn sie die Hunde mitnehmen, sind sie ihm wohl auf der Spur.»

Als Katharina auch weiterhin schwieg, wandte sie sich ab. «Wollen doch mal sehen, ob ich dich nicht wieder auftauen kann», dachte sie.

Mit flinken Fingern griff sie in die Backmulde, zupfte etwas Kleines, Längliches aus dem bereits hoch aufgegangenen Hefeteig und warf es in einen Topf mit siedendem Schmalz, der über der offenen Feuerstelle an einem Haken hing. Sogleich sprudelte das Fett darin auf, das hell gebräunte Teigstück schwamm obenauf und konnte mit einer Lochkelle herausgefischt werden.

Christina hielt Katharina die Lochkelle unter die Nase. Dem verlockenden Duft und Anblick des köstlich gebackenen Schmalzmäuschens konnte diese nicht widerstehen.

«So gefällst du mir wieder!», lachte Christina auf. «Wenn du willst, kannst du mir helfen, die Knödel zu drehen. Mach sie schön rund und gleich und dann leg sie hier auf das Leintuch zum nochmaligen Aufgehen. Wenn die Herren nachher kommen, sehen sie aus wie die Wildschweine und sind hungrig wie die Bären. Und wenn man sie aufs Essen warten lässt, brüllen sie wie die Löwen. Also wollen wir sie lieber füttern, dass sie fett werden wie die Stopfgänse.»

«Eine feine Menagerie habt Ihr da, Frau Christina», kicherte Katharina.

Das aus der geöffneten Dunstklappe des Küchenhauses dringende Lachen der Frauen schlug dem Mann, den der Verwalter im Galopp an den gefesselten Armen hinter sich auf den Hof zog, wie Hohn entgegen. Einer der Jagdhelfer, der an der Futterstelle im Wald Wache stand, hatte ihn beobachtet, wie er mit einem frisch erlegten Hirsch über den Schultern durch den Schnee zu flüchten versuchte, und auf dem Sattelhof Alarm geschlagen. Diesmal hatten sie den Kerl erwischt. Triumphierend blies der Jagdhelfer hinter ihm «Die Sau ist tot!» ins Horn.

Wahrscheinlich wäre dem Wilddieb die Flucht trotz der schweren Last auf dem Nacken geglückt, wie schon zweimal zuvor, hätte er die Fußangel rechtzeitig gesehen, die sich urplötzlich um sein Bein legte und ihn an einem festen Seil in die Höhe schnellen ließ. Selbst dann hätte er sich wohl noch befreien können, wäre ihm der Hirschfänger nicht aus der Gürtelscheide und unerreichbar in den Schnee gefallen. So hing er in luftiger Höhe und versuchte, mit klammen Fingern an den von Eis überfrorenen Knoten des Kälberstricks zu zerren, der ihn hielt, als die Hunde unter ihm anschlugen.

Doch wie er sich krümmte und wand, der eisverkrustete Strick entglitt ihm immer wieder. Unter ihm blafften die Hunde wie toll. Wo die Hunde waren, waren die Herren nicht weit. Wenn sie ihn hier erwischten, dann gnade ihm Gott. Wilderei war ein Kapitalverbrechen, und er hatte sich dreimal am Hochwild vergangen, das allein den hohen Herrschaften vom Adel vorbehalten war. Was würden sie mit ihm machen? Ihm die Hände abschlagen und die Fußsehnen durchtrennen, ihn blenden und auspeitschen oder alles zusammen. «Gnade!», schrie er. «Gnade!», als er den ersten Reiter durchs Unterholz preschen sah.

Der Verwalter fackelte nicht lange. Ein Hieb mit dem Schwert, und der Gefangene brach schneller vom Baum als ein reifer Apfel. Vom Sturz benommen und aus einer Platzwunde blutend, die ihm ein irgendwo unter dem Schnee verborgener Stein geschlagen hatte, ließ er sich fast wehrlos das Wams von den Schultern reißen, Handfesseln anlegen und hinter den stampfenden Hufen des kräftigen Zelters herzerren. Rennend, springend und strauchelnd mühte er sich, mit dem vorgelegten Pferdetempo Schritt zu halten. Irgendwann setzten die Hufe vor ihm locker über eine Baumwurzel.

In panischem Entsetzen versuchte er, Hals und Gesicht vor den harsch gefrorenen, unter den Hufen messerscharf aufspringenden Eisbrettern und den darin steckenden Ästen und Steinen zu schützen, die ihm entgegenrasten. Doch hinter dem Pferd schlingernd, war er unfähig auszuweichen. Schon nach den ersten Metern fetzte es sein mürbes Untergewand von Brust und Armen und die Haut gleich dazu. Als ihm ein Ast ins Auge fuhr, schrie er auf und schrie noch, als die Hunde, die seiner Blutspur folgten, im Burghof über ihn herfielen.

Katharina stand wie angewurzelt auf dem Küchenschemel und starrte zum Fenster auf den Hof hinaus. «Was machen sie mit ihm? Warum hilft ihm mein Vater nicht?» Das wie irre heulende Jaulen der Hunde über dem nicht abebbenden Kreischen eines in Todesangst gequälten Menschen erzeugten ein Gefühl in ihr, als müsse die Erde sich auftun und sie verschlingen.

«Geh weg da! Schau nicht mehr hin!» Warme Arme umschlangen sie, drückten ihren Kopf an eine weiche Brust, unter der ein Herz klopfte, hielten sie fest und ließen nicht los. Dennoch gellte das Schreien in sie hinein und durch sie hindurch, dass sie die Stille kaum fasste, die urplötzlich einsetzte, als sei ein Albtraum vorbei.

«Ist er …?» Katharina wagte nicht, sich aus der Umarmung zu lösen. Das Kopfschütteln Christinas spürte sie nur, weil der Körper die Schüttelbewegung weiterleitete.

Christina schwieg. Vorsichtig löste sie sich aus der Umklammerung des Kindes. Sie kannte die Männer. Wenn es um ihre Jagd ging, gab es kein Halten. Und als sie Rauch über dem Dach aufwirbeln sah, wusste sie auch, was dort geschah, noch ehe der typische Geruch aus Feuer, schmelzendem Eisen, Löschwasser, Rauch und verbranntem Fleisch aus der Schmiede drang und sich mit dem klingenden Pinkepank von Hammerschlägen auf erkaltendem Eisen vermischte. Wie erwartet, brach in dessen Hall hinein das verstummte Kreischen mit neuem Wahnsinn abermals auf und schrillte in höchster Agonie über den Hof.

Christina versuchte, Katharina zu halten. Sie fand, ein Kind sollte dergleichen nicht sehen, auch wenn die Obrigkeit es befürwortete, dass Kinder auf dem Marterberg und vor dem Halsgericht dabei waren. Doch mit einem Mal versteifte sich der schmale Rücken in ihren Armen, und Katharina ging zum Fenster zurück. «Lass mich!», sagte sie, als Christina ihren Rock festhielt. «Ich will meinen Vater zu Hilfe rufen!»

Kalkweiß im Gesicht, stieß sie den Fensterflügel weit auf und beugte sich hinaus, sodass Christina im ersten Schreck glaubte, sie stürze. Sie blieb jedoch wie schwebend über das Fensterbrett gebeugt stehen. Mit einem zum Flüstern gewordenen Schrei starrte sie auf den geschundenen Menschen nieder, dessen Körper mit ausgebreiteten Armen auf den gewilderten Hirsch geschmiedet war und soeben im Schlepp zweier Pferde vom Hof in Richtung Wald geschleift wurde.

«So lasse ich jeden den Wölfen zum Fraße vorwerfen, der es wagt, in meinem Wald zu freveln und unerlaubt mein Wild zu jagen», donnerte Hans von Boras Stimme in die Runde, ehe sein Blick auf seiner totenblassen Tochter im Fensterrahmen hängen blieb und, wie es Christina schien, schwankend wurde.

«Was steht ihr noch herum?», hörte sie ihn gleich darauf in der

Halle rufen. «Macht euch bereit, sattelt auf. In ein paar Stunden erreichen wir Nimbschen.»

Pater Albertinus hatte Recht. Dies war ihr Vater nicht mehr. Und sie war kein Kind mehr dieser Welt. Ohne darauf zu warten, dass Christina ihr helfen werde, griff Katharina nach ihren Pelzen. «Lebt wohl, Frau Christina. Ich kehre heim in meines rechten Vaters Haus. Gott gebe, ich wäre schon da.»

«Herr, gib mir ein Zeichen, dass ich wirklich berufen bin»

(1509–1523)

Nach Marienthron zu kommen war wie Heimkommen. Margarethe von Haubitz, die frisch gewählte Äbtissin, nahm Katharina nicht nur als Mutter Oberin in der ihr eigenen freundlich-resoluten Art als künftige Tochter im Herrn auf, sondern wie eine wahre Mutter ihr geliebtes Kind. Zwar durfte sie sich öffentlich nicht anmerken lassen, ihre junge Verwandte in besonders inniger Weise zu lieben, doch Katharina vergaß die Worte nie, die sie mit ihr in der Abgeschiedenheit ihres eigenen Hauses gewechselt hatte, als sie zum ersten Mal miteinander allein waren.

«Auch wenn wir alle hier unsere irdischen Bindungen zurücklassen, nehme ich dich auf als Blut von meinem Blut und empfehle dich deiner Muhme, deines Vaters leiblicher Schwester Magdalena, zur Erziehung an. Sie versieht seit sieben Jahren das Amt der Siechenmeisterin und wird dich in allem unterweisen. Wie einst die Jungfrau Maria die königlichste Rose vom Stamme Jesse war, so stammen auch wir Chorjungfrauen zu Nimbschen alle aus der Wurzel der edelsten Häuser Sachsens. Du bist also unter deinesgleichen, mein Kind. Und so Gott will, werden deine Muhme Lene und ich als deine Gevatterin eine würdige Braut unseres himmlischen Bräutigams aus dir machen.»

Wenig später ließ sie Magdalena von Bora zu sich rufen. Obwohl sie einander nie zuvor gesehen hatten, stellte Katharina auf den ersten Blick fest, dass dies ihres Vaters Schwester war. Beide hatten nicht nur die hoch gewachsene Statur ihres Vaters geerbt, den Katharina von Abbildungen aus der Ahnengalerie in der großen Halle zu Klietzen kannte. Auch die am Kinn spitz zulaufende Gesichtsform der Ordensfrau mit den tief unter scharf gezeichneten Brauen liegenden Augen erinnerte an ihn. Sogar ihre langen Nasen waren gleich. «Wenn sie kein Nonnengebände trüge, hätte sie bestimmt sogar die gleichen dicken Locken wie mein Herr Vater», fuhr es Katharina durch den Sinn, während sie das Knie zu einem tiefen Knicks beugte und nach der Hand der Zisterzienserin griff, um sie zu küssen.

Ehe ihre Lippen die Haut berühren konnten, fühlte Katharina sich jedoch emporgezogen, und eine fröhliche Stimme, in der ein Lächeln mitschwang, das zu hören war, ohne dass man es sah, rief: «Einen Kuss hätte ich schon gern, mein Kind, aber knien sollst du nicht vor mir.» Gleich darauf spürte sie feste Arme um sich und kühle Lippen auf Wangen und Stirn. «Willkommen, Katharina, meine liebe Nichte. Es ist schön, dich zu sehen.»

«Zählen», dachte diese, «zählen», und atmete mit Claras hilfreichem Ratschlag gegen die aufquellenden Tränen an, die ihr bei dieser Begrüßung eine schmerzhaft aufwallende Sehnsucht nach der Mutter in die Augen zu treiben drohte. Erst als sie sicher war, ruhig aufblicken zu können, stellte sie sich rasch auf die Zehenspitzen und küsste ihre Muhme, deren Arme noch immer liebevoll um sie geschlungen waren, zurück.

«Und ich? Was ist mit mir?» Margarethe von Haubitz trat mit raschelndem Schritt näher. «Kriege ich keinen Willkommenskuss?» Katharina ließ sich nicht zweimal fragen.

Lange hielten die drei einander an den Händen, bis die Mutter Oberin, ihre Tochter Magdalena links und ihr Gevatterkind rechts im Arm, mit ihnen vor das Bildnis der Immaculata trat, das auf ihrem persönlichen Hausaltar stand, und mit ihnen ein Dankgebet für Katharinas glückliche Ankunft anstimmte.

«Jetzt seht ihr aus wie eine richtige Schutzmantelmadonna, Mutter Oberin.» Katharinas Bemerkung war wieder einmal schneller ausgesprochen als bedacht. Doch statt des sogleich erschrocken erwarteten Tadels brachen die beiden Frauen in helles Gelächter aus, und Margarethe von Haubitz schenkte ihr einen zweiten Kuss. «Eine Vorwitzige bist du, aber eine liebe.» Und damit war es gut.

Mit zehn Jahren war Katharina das zweiundvierzigste und zugleich jüngste Mitglied ihrer neuen Klosterfamilie. In der Hierarchieordnung rangierte sie als Postulatin. Als eine solche Nonnenanwärterin stand sie unter den Novizinnen und über den Konversen, welche auch hier als Laienschwestern für die groben Arbeiten zuständig waren.

Vielleicht waren es die Tage auf Klietzen, in denen sie sich verstoßen und verloren wie nie gefühlt hatte, jedenfalls wähnte Katharina sich zu Nimbschen unendlich geborgen. Die Chorjungfrauen nahmen sich ihrer als Nesthäkchen herzlich an. In der Stunde der allgemeinen Rekreation, wenn nach der Vesper und dem in strengstem Schweigen verbrachten Abendessen endlich ein wenig geplaudert werden durfte, trieben sie allerlei fröhliche Kurzweil mit ihr. Margarethe von Haubitz hatte es ausdrücklich erlaubt und deshalb sogar Balthasar von der Pforte, dem mächtigen Abt des ihr vorgesetzten Klosters Pforta, Paroli geboten, der bei jedem Lachen aus der Nonnenklausur nach mehr Zucht und Ordnung verlangte. «Wer fröhlich betet und arbeitet, darf auch fröhlich rasten, denn wer ohne Frohsinn ist, der ist vom Bösen.»

Da die Siechenmeisterin täglich nach der Terz ins weit unten an der Mulde gelegene Siechenhaus zu gehen pflegte und erst kurz vor der Vesper in die Klausur zurückkehrte, Katharina zur Eingewöhnungszeit aber der Mutter Küchenmeisterin helfen sollte, sah sie ihre Muhme nur in den Stunden zwischen Laudes und Terz sowie von der Vesper bis zur Komplet. Die kurze Zeit reichte dennoch aus, dass sie einander schnell lieb gewannen. Mit der Vorfreude auf einen Blick von ihr begann Katharinas Tag. Und er endete mit ihrer liebevollen Umarmung nach der Komplet, wenn sie in die Gemeinschaftszelle, die sie mit den Novizinnen teilte, schlafen ging.

In dieser Stimmung des Aufgenommen- und Angenommenseins ging ihr plötzlich der Sinn des Stundengebets, das zu Brehna vor allem Auswendiglernen bedeutet hatte, als ein Gefühl auf. Überall auf der Welt sprachen und sangen fromme Chorjungfrauen und Chorherren dieselben Hymnen, dieselben Hochgesänge wie das Benedictus und das Magnificat, dieselben Fürbitten, Bekenntnisse und das immer gleiche Nunc dimittis. Wie ein endloser Strom aus Glauben, Lob und Liebe flossen sie zwischen Himmel und Erde hin und her. Und sie, Katharina, sang und betete mitten darin. Dieses Gefühl bewirkte, dass sie zum ersten Mal mit Begeisterung Latein lernte. Sie wollte das Brevier, in dem alle Stundengebete aufgeschrieben waren, nicht nur nach den Buchstaben richtig lesen und nach den eingeübten Melodien singen, sondern verstehen können.

Anders als bei ihrer Ankunft zu Brehna, war ihr das durch die tägliche Arbeit und die acht Stundengebete geregelte Leben zu Nimbschen vollkommen vertraut. Es gab ihr das beruhigende Gefühl zurück, dazuzugehören und zu wissen, was sie tun musste. In der Zeit auf Klietzen hatte sie oft zu spüren bekommen, überflüssig zu sein, nichts zu können, ja zu stören. Ihre leise Stimme, ihre gefalteten Hände, ihr fast lautloser Schritt, ihre Verlegenheit in den ungewohnten weltlichen Gewändern, die entliehen werden mussten, weil sie keine eigenen passenden mehr besaß – alles war dort irgendwie falsch gewesen. Hier war es richtig. Und wenn der Wollstoff ihres grob gewebten braunen Ärmelgewands auch tausendfach durch das Untergewand kratzte, so war es doch eines, in dem sie sich zu bewegen wusste und sich wohl fühlte. Alles zusammen schenkte ihr ein Gefühl der Sicherheit, das sie lange Zeit freudig in den Schlaf sinken und froh wieder aufstehen ließ. Würde der Herr ein Übriges tun und ihre Gebete um eine liebe Freundin wie Clara erhören, dann wollte sie nirgendwo lieber als zu Nimbschen sein.

Muhme Lene, wie sie die Mutter Siechenmeisterin immer dann nennen durfte, wenn sie allein und ohne Zuhörerinnen zusammen waren, ähnelte dem Vater auch in der Mimik. Manchmal, wenn sie Katharina von der Seite her ansah, hatte sie genau denselben Gesichtsausdruck wie er. Trotzdem war sie ganz anders. «Niemals ließe sie zu, dass einem Menschen ein Leid angetan würde», glaubte Katharina. Die Gute brachte es ja nicht einmal über sich, eine Spinne zwischen den Fingern zu zerquetschen, sondern fing sie und ließ sie draußen wieder frei. «Auch Spinnen sind sehr nützliche Gottesgeschöpfe.» Das war ihre Devise. Und spätestens als die ersten Mückenschwärme aus den feuchten Wiesen und Waldtümpeln rings um Kloster Marienthron aufstiegen, lernte Katharina, ebenso zu denken.

Ähnlich wie zu Klietzen und Brehna hing der Himmel oftmals tief über dem Talboden, durch den sich das bei starkem Regen meist braune Wasser der Mulde in weiten Bögen schlängelte. Wie an der Bode hatte der Fluss in uralten Zeiten felsige Klippen aus Porphyr am Ufer stehen lassen. Manchmal zog das Tuten und Blasen einer Jagdgesellschaft von diesen Rabenstein und Königsnase genannten Höhen über den Fluss. Erklang der Weidmannsdank, erhielten die frommen Frauen nicht selten ein schönes Stück Wildbret als Gottesgabe an der Windentür des Klosters. Für den Mittagstisch der Schwachen und Siechen, denen allein die Klosterregeln gestattete, vom Fleisch vierfüßiger Tiere zu essen, war dann gesorgt, und alle schlossen den edlen Spender in ihr Dankgebet mit ein. Katharina grauste es dennoch beim Hörnerklang. Sooft sie ihn vernahm, trat das Bild des geschundenen Wilddiebs zu Brandis vor ihre Augen, für dessen arme Seele sie allabendlich ebenso betete wie dafür, dass Gott ihr doch bald eine liebe Freundin nach Marienthron schicken möge.

Lieber als zu den beiden Bergen ließ sie den Blick über die fruchtbaren Ebenen auf der östlichen Flussseite schweifen. Auf dem ertragreichen schwarzen Schwemmlehm und Löss gediehen kostbares Korn und Rüben. Die westliche Seite der sanft ansteigenden Flussterrasse, in deren Niederung sich das Kloster mit seinen Mauern gegen die Welt abgrenzte, musste sich mit eher sandigen Böden begnügen. Diese eigneten sich jedoch bestens zum Obst- und Hopfenanbau sowie zur Viehzucht. Auch die Bauern mussten zugeben, dass die Ernte besser ausfiel, seit sie von den Nonnen die Dreifelderwirtschaft mit der Brache übernommen und gelernt hatten, dass Pferde den Ackerpflug ebenso gut, ja weit besser im Kummet zu ziehen verstanden als Ochsen.

«Nomen est omen, nicht wahr? Wie der Name unseres Hauses sagt, soll unser Kloster wie der prächtigste Thron der Königin des Himmels und der Erde sein, der unsere Kirche und Kloster geweiht sind», erklärte Muhme Lene, als sie Katharina auf einen kurzen Rundgang durch den Komplex der Nonnenklausur führte.

Zur besseren Orientierung hießen die vier Züge des Kreuzgangs Kirchgasse, Dormentgasse, Remtergasse und Konversengasse. Entsprechend diesen Bezeichnungen grenzten die Gebäude an die jeweilige Gasse an.

Die Halbweltlichkeit der Konversen machte es für die streng weltabgeschieden leben wollenden Zisterzienserinnen erforderlich, ihre Zisterze selbst gegenüber ihren Laienschwestern besonders abzugrenzen. Deshalb hatten diese ihren eigenen Remter und Kapitelsaal wie auch einen separaten Kücheneingang und erreichten diese von der Konversengasse aus. Das Untergeschoss des Dorments nahmen der Kapitelsaal, die Armarium genannte Bibliothek und das Studierzimmer der Klosterschülerinnen ein. Als letzter Raum folgte das Auditorium.

Die Kirchgasse verlief entlang des Kirchenschiffs. Wenngleich von dort aus eine Nonnenpforte ins Kircheninnere führte, hatten die Zisterzienserinnen zu Nimbschen genau wie die Augustinerinnen zu Brehna ihre eigene Jungfrauenkirche und nahmen hinter den feinen Sichtschutzgittern ihrer Nonnenempore an der Messe teil, die der Pfarrer unten im allen Gläubigen zugänglichen Kirchenschiff vor dem der Jungfrau Maria geweihten Hauptaltar zelebrierte.

Draußen vor der Pfortengasse, die von der äußeren zur inneren Klausur führte, wies die Siechenmeisterin mit gestrecktem Zeigefinger rundum. «Hier siehst du die Propstei, Katharina. Unser Propst wohnt dort, der die weltlichen Dinge des Klosters regelt. Wenn du ihm begegnest, musst du ihn mit ‹Euer Ehren› ansprechen. Auch der Vogt mit seinem Scriptor, der die Schreibarbeiten erledigt, arbeiten dort. Die Schmiede, das Schlachthaus, unser Brauhaus und die Mühle dort unten erkennst du selbst. Die Ställe und Gärten sowieso.»

«Schade, dass ich das Siechenhospital nicht sehen kann», bedauerte Katharina.

«Ich zeige es dir ein andermal, wenn du dich bei uns eingelebt hast. Du wirst mir noch früh genug dort zur Hand gehen, Kind.» Die Muhme schmunzelte. Es freute sie, die kleine Nichte so eifrig zu sehen. «Jetzt schau dir erst einmal das Pfarrhaus an. Dort leben die beiden Patres aus dem Kloster Pforta, die in unserer Kirche die Messe halten. Wie du weißt, müssen auch wir Nonnen in der Kirche schweigen und dürfen keinen Dienst am Tisch des Herrn leisten. Außerdem sind sie unsere Beichtväter.»

«Ist es im Paradies denn ganz wie auf Erden?», wunderte sich Katharina. «Muss das Weib nicht erst schweigen, seit Gottvater uns aus dem Paradies verstieß? Durfte es auch vorher nicht reden, als es ohne Schuld war? Und warum, wenn doch Marienthron ein Stück aus dem Paradiese ist und Gottvater selbst alle Frauen, die darin leben, zu sich berufen hat, warum muss das Weib dann auch hier schweigen?»

Muhme Lene warf ihrer Nichte einen prüfenden Blick zu. «Du führst lästerliche Reden», meinte sie und senkte die Stimme, als könne sie jemand belauschen. «Stimmt es etwa, was wir aus Brehna über dich läuten hörten? Dass du dich nicht in Gottes Ordnungen fügen willst, sondern die Nase sündhaft hoch im Wind trägst und glaubst, mit dem Wasser der Weisheit getauft zu sein?»

Katharina erschrak. «Wer sagt das?»

Muhme Lene antwortete nicht, begann aber leise zu summen, während sie sich niederbeugte, als wolle sie einen Stein aus ihrem Schuh entfernen. Katharina verstand. «Ach so, ein Vöglein mit einem rot bestickten Käpplein hat es bis hierher in die Waldeinsamkeit gesungen.» Kräftig zog sie die Muhme am Gewandärmel zu sich herum. «Glaubst du immer, was die Spatzen von den Dächern pfeifen?»

«Nein, oder doch nicht sofort», gab diese zurück. «Wir alle haben unsere Zweifel und Anfechtungen, Kind. Doch wenn du es ernst meinst mit deinem künftigen himmlischen Bräutigam, merke dir: Die höchste Brautgabe ist nicht, was wir haben, sondern das, was wir sind. Im Verzicht auf unser sündiges Menschsein geben wir uns um des Himmelreiches willen hin.»

«Und wie soll das gehen, auf das Menschsein verzichten? Auch Ihr seid doch ein Mensch, obwohl Ihr schon so lange eine Braut Christi seid.» Katharinas Skepsis war unüberhörbar.

Die Siechenmeisterin schob die Hände in die weiten Ärmel ihres weißen Ordensgewandes. «Ein Wollen ist nicht immer ein Können. Unser Wollen ist ein Streben, Katharina, und nur ganz selten ein rechtes Vermögen. Durch unseren Verzicht auf weltliche Güter wollen wir uns ganz der Gnade des Herrn anheimgeben. Im Gehorsam schenken wir ihm unsere Freiheit. Und durch das Gelübde der Keuschheit unsere ganze Fähigkeit zu Liebe und Hingabe. Damit geben wir die mächtigsten Kräfte und Sehnsüchte unseres menschlichen Wesens dahin. Doch gerade weil sie so mächtig sind, bedient sich der ewige Widersacher ihrer, um uns in Versuchung zu führen, sodass die alte Eva in uns nur allzu oft wider den Stachel löckt.»

«Aber sind diese Kräfte und Sehnsüchte dem Menschen nicht von Gott gegeben?», fragte Katharina, die sich noch gut an ihre Diskussionen mit Pater Albertinus erinnerte, der ihr einst erklärt hatte, wie Gott die Erde für den Menschen und den Menschen mit einem freien Willen schuf und ihm das Gesetz von der verbotenen Frucht gab, damit er diesen freien Willen zum Guten verwende.

Die Muhme seufzte. «Das ist die alte Eva in dir, die macht, dass du fragst und fragst und meine Antworten in dich fallen wie in einen Eimer mit Loch. Bete, dass Gott dir die Kraft geben möge, dieses Loch alsbald mit Demut zu stopfen, sonst werden andere als ich dem Vogelgesang aus Brehna wohl bald glauben.»

Katharina senkte den Blick.

Pater Albertinus hatte nicht zu viel versprochen, auch zu Nimbschen gab es eine Klosterschule. Gemeinsam mit den Novizinnen erhielt Katharina Unterricht in Latein und Deutsch, Buchführung und Pflanzen- und Heilkunde. Die praktische Anwendung dieses Wissens erfolgte durch das Kopieren und Kommentieren alter Schriften. Vorrangig standen freilich liturgische Texte und Gesänge und das Erlernen der Zisterzienserordensregeln auf dem Stundenplan.

Zu Katharinas größtem Leidwesen wurden die der Kirche bestimmten Mädchen nicht zusammen mit den weltlichen Klosterschülerinnen unterwiesen. Nach Auffassung des Abtes verleitete ein solches Beisammensein die künftigen Bräute Christi zu irdischen Genüssen. Aus diesem Grund passten die Cantrix und die Schreibmeisterin während des Unterrichts auch besonders gut auf und wechselten ständig zwischen den Donatae, den Gottesgaben, wie sie die in der Klosterbibliothek lernenden Nonnenanwärterinnen nannten, und den weltlichen Schülerinnen in ihrem Studierzimmer hin und her.

Oft, wenn sie lateinische Vokabeln deklinierte und konjugierte, wanderten Katharinas Gedanken zu Clara. Wie es der Freundin wohl gehen mochte? Ob sie sich gut im Haus ihres zukünftigen Gemahls eingelebt hatte? Womöglich war sie gar schon verheiratet.

«Wie leicht wäre es, ihr zu schreiben», dachte sie und ertappte sich dabei, wie sie Pläne schmiedete, ihren Sendbrief heimlich einem der Klosterknaben, die im Äbtissinnenhaus dienten und häufig Besorgungen im nahen Grimma zu erledigen hatten, zuzustecken. Sie könnte ihnen einen Splitter von einem Hühnerknöchelchen dafür geben und behaupten, es sei ein Stückchen Reliquie. Die Klosterkirche enthielt ja zwölf reich geschmückte Altäre, in deren Schreinen dreihundertsiebenundsechzig Reliquien aufbewahrt wurden.

«Was sinnst du, Kind?», fragte die Schreibmeisterin in diesem Moment und warf einen Blick auf das leere Blatt, in dessen Mitte noch nichts von der Goldrute zu sehen war, die sie Katharina zu kopieren aufgetragen hatte.

«Ich?» Katharina fuhr erschrocken zusammen. «Ich, ach nichts.»

«Nichts?» Die Schreibmeisterin setzte ein strenges Gesicht auf. «Heißt das, du dachtest unkeusch?»

Die Novizinnen spitzten die Ohren. Unkeusche Gedanken waren eine schwere Sünde. Katharina, die ihnen ansah, worauf sie warteten, straffte die Schultern. «Ich sann, wo ich wohl genug Goldruten finden könne, um der Jungfrau Maria auf dem Hauptaltar einen Schapel zu winden», erklärte sie mit niedergeschlagenen Augen. «Doch welchen Platz ich in unserem Garten auch in Gedanken besuchte, fand ich sie nicht. Da dachte ich, dass ich die Mutter Siechenmeisterin bitten müsse, recht viele davon anzupflanzen.»

«Das ist eine löbliche Idee», meinte die Schreibmeisterin. «Doch zuvor sollst du deine Aufgabe erfüllen. Und damit deine Gedanken künftig nicht im Garten lustwandeln, wenn sie deine Hand zu Gott wohlgefälligen Werken führen sollen, wirst du dich bemühen, zwei sorgfältige Kopien statt einer anzufertigen, ehe du den Raum verlässt.»

«Ja, Mutter Schreibmeisterin», nickte Katharina, während die Novizinnen kaum ihre Enttäuschung zu verbergen vermochten.

Die Schreibmeisterin schritt weiter von Tisch zu Tisch, lobte hier, ließ dort eine Textstelle aufsagen, tadelte und half, Fehler zu korrigieren. Doch als alle, auch Katharina, nach dem Unterricht mit mühsam verhaltener Ungeduld so rasch wie irgend statthaft aus der Bibliothek eilen wollten, hielt sie das Mädchen am Arm zurück. «So», sprach sie freundlich, «und nun sage mir, warum du gelogen hast.»

Katharina fühlte, wie die Schamröte aus ihrer Seele aufstieg. Verlegen blickte sie unter sich. Was sollte sie antworten? «Gedanken sind keine Taten und daher lässliche Sünden», hatte Pater Albertinus sie gelehrt. «Erst die böse Tat macht uns zum großen Sünder.» Aber musste der Gedanke, ein Hühnerknöchelchen als Reliquie verschenken zu wollen, nicht doch Sünde sein?

«Ich erlaube dir, mir deine Lüge in der Ohrenbeichte anzuvertrauen», baute die Schreibmeisterin ihr eine Brücke. «So werde es nur ich erfahren und nicht der ganze Konvent.»

«Auch die Mutter Oberin nicht und nicht die Mutter Siechenmeisterin?» Katharina faltete die Hände so fest, dass die Knöchel weiß hervortraten, während sie endlich aufschaute.

«Nein.» Die Schreibmeisterin schüttelte den Kopf. «Was mir in der Ohrenbeichte mitgeteilt wurde, ist nur Gott und mir anvertraut. Doch nun sprich. Es wird gleich zur Sext läuten. Und wir dürfen nicht zu spät kommen.»

Den Kopf zur Seite gewandt und den Mund hinter einem Tüchlein verhüllt, nahm die Schreibmeisterin Katharinas Beichte entgegen. Streng auferlegte sie ihr als Strafe, hundertmal die Gebote des Herrn abzuschreiben und der Jungfrau Maria ihre Liebe zu Clara zu schenken. «Schlage dir an die Brust, mein Kind, und bereue, dass du gelogen hast, weil du dein Herz noch immer an die Dinge der Welt hängst. Bitte die Heilige Jungfrau um ihre Fürsprache. Ich bin sicher, mit ihrer Hilfe ist dir von Gott vergeben, wie auch ich dir vergebe, dass du mich angelogen hast.»

Rasch stand sie auf und zog Katharina an der Hand hinter sich her, der Kirche entgegen, aus der die Glocke zum Gebet rief. «Ich tröste, was lebt», sah sie in Gedanken die Inschrift auf dem breiten Rand des schwingenden Erzes vor sich. «Ich beweine, was gestorben. Ich vertreibe, was schädlich.»

«Ein herrlicher Spruch», dachte sie, während sie sich mit ihrem Schützling in die schweigende Reihe der Chorjungfrauen eingliederte, die in einem langen Zug den Kreuzgang entlang und hinauf in den Nonnenchor schritten. «Wie wollte ich den Glockenstrang ziehen, wüsste ich, der Glockenklang hielte Wort.»

Neben dem Unterricht waren die Novizinnen und Katharina als Postulatin genau wie die Chorjungfrauen in den täglichen Kreislauf der Gebete und Arbeiten eingebunden. Schließlich sollten sie die nötigen landwirtschaftlichen und hauswirtschaftlichen Grundkenntnisse rund um Viehzucht, Ackerbau und die Versorgung eines Vielpersonenhaushalts erwerben, um die Charta caritatis erfüllen und wüstes Land in Paradiesgärten verwandeln zu können.

Dennoch zeigte sich schnell, dass Katharinas Wissen über Heilpflanzen und ihre Geschicklichkeit, naturechte Abbildungen davon zeichnen und ausmalen zu können, deutlich besser waren als die Kenntnisse der anderen Novizinnen. Wenngleich sie ihr wunderbares Herbarium in Brehna hatte zurücklassen müssen, vertraute ihr die Mutter Schreibmeisterin gern die Aufgabe an, entsprechende Werke zu kopieren, mit ergänzenden Kommentaren zu versehen oder die bereits verblassten Farben zu erneuern.

Sorgfältig um eine zierliche Handschrift bemüht, die jeden Buchstaben der traditionellen Mönchsschrift gleichmäßig ausführte, ohne dass die Feder einen Klecks auf dem Pergament hinterließ oder ein Buchstabe über die Linie hinausführte, erntete Katharina viel Lob. Trotz des beachtlichen Fortschritts der Buchdruckerkunst waren von Hand gefertigte Kopien der aufwändig kolorierten Klosterbücher immer noch begehrt und brachten ein schönes Stück Geld in die Kasse.

Ungeachtet ihrer Freude am Lernen und Arbeiten mit Büchern merkte Katharina jedoch mehr und mehr, dass gesammeltes Wissen ohne praktische Anwendung wie ein schönes, doch leeres Gefäß für sie war. Dankbar und glücklich zugleich küsste sie daher der Mutter Oberin die Hand, als diese ihr in der morgendlichen Versammlung im Kapitelsaal vor aller Ohren die Erlaubnis erteilte, von nun an nicht nur der Mutter Küchenmeisterin in der Küche und im Hausgarten, sondern auch der Mutter Siechenmeisterin bei der Versorgung der Kranken zur Hand zu gehen.

Trotz der strengen Klausur, die den geweihten Chorjungfrauen den Kontakt zur Außenwelt verbot, galt für die Siechenmeisterin eine Ausnahmeregelung. Mit Erlaubnis der Äbtissin und des vorgesetzten Abtes vom Kloster Pforta durfte sie einmal im Monat Besuche auf dem Spezereienmarkt und in der Stadtapotheke machen, um klösterliche Heilkräuter und Tinkturen zu verkaufen oder mit anderen Doctores Medici über neue Wundarztmethoden zu diskutieren und mit Händlern zu feilschen, die kostbare heilende Ingredienzien aus Italien, Frankreich, den Niederlanden oder Russland und von noch weiter her feilboten. Manchmal übernachtete sie aus diesem Grund sogar in der Klausur des alten Klosters.

«Nehmen wir diese Pferde?», rief Katharina an ihrem ersten Reisetag aufgeregt und zeigte auf vier herrliche Rösser im Stall.

«Nein.» Die Muhme wehrte ab. «Die Pferde nimmt unsere Äbtissin, wenn sie zur Besorgung unserer Rentengeschäfte und zum Einkaufen nach Torgau kutschiert wird.»

«Bringt sie uns dann etwas Schönes mit?», rief Katharina.

Die Muhme hob den Finger. «Etwas Schönes? Weißt du nicht, dass alle Eitelkeit von uns abfallen soll?»

«Doch, schon.» Katharina presste die Lippen zusammen.

«Nein, sie bringt alles mit, was unsere Klosterwirtschaft nicht hergibt. Seefische zum Beispiel oder das starke Bier aus Torgau, das über alle Grenzen hinaus berühmt für seine kräftigende Wirkung ist und oftmals auch meinen Siechen zugute kommt. Oder neue Gerätschaften für die Klosterküche, den Garten oder unsere verschiedenen Gutsbetriebe. Auch Kleiderstoffe für unsere Untergewänder und Flocken oder Altartücher und Alben, die von uns bestickt werden.»

Diese Erklärungen leuchteten Katharina ein.

«Für uns genügen der Karren und ein Maultier.» Die Siechenmeisterin deutete auf einen kurzen Leiterwagen mit zwei Holzbrettern als Sitz und einer einfachen Gabeldeichsel für ein Zugtier. Wie man ein Pferd anspannt, wusste Katharina von Klietzen. Also half sie mit, das gutmütig schnaubende Maultier anzuschirren, und konnte es kaum erwarten, bis die Muhme endlich ihren Korb gepackt hatte und der Pater kam, der sie nach Grimma geleiten und beaufsichtigen sollte.

Ursprünglich als Seelenstiftung für die verstorbene Gemahlin des Wettiner Markgrafen Heinrich der Erlauchte gegründet, war der Konvent Marienthron erstmals von Torgau nach Grimma umgezogen. Doch auch dort hielt es die Chorjungfrauen kaum ein Menschenleben lang. Mit umfangreichem Grundbesitz an Elbe und Mulde ausgestattet, wählten sie als endgültigen Standort die Muldeniederung zu Nimbschen aus und errichteten ein neues Kloster. Das verlassene Gebäude in Grimma sowie die zugehörige Kapelle nutzten sie seither nur mehr zu Reisezwecken oder zur Einquartierung klösterlicher Gäste.

«Das ist nun schon über zweihundert Jahre her», berichtete die Siechenmeisterin. «Und das sieht man Marienthron auch an. Es wird höchste Zeit, die Zellen im Dorment zu renovieren, neue Fenster zu brechen sowie Kapitelsaal und Remter zu verschönern. Eigentlich liegt es schon überall an unseren Häusern im Argen. Selbst der Kreuzgang und die Konversenräume lassen zu wünschen übrig.»

Endlich war es so weit. Die Körbe der Siechenmeisterin standen auf der Ladefläche. Der Pater nahm auf der vorderen Sitzbank Platz.

Die Siechenmeisterin und Katharina teilten sich die Bank hinter ihm. Zuletzt stieg der Klosterknecht auf den Bock, schnalzte mit der Zunge, ließ die Peitschenschnur über die Ohren des Mulis knallen, und der Karren setzte sich in Gang. Erst als sich die Räder holpernd immer weiter drehten, merkte Katharina, wie sehr sie den ungehindert wehenden Wind und den freien Blick übers weite Land liebte. Hinter den hohen Klostermauern, über die hinweg man nur in ein paar Baumkronen und den Himmel schauen konnte, hatte sie es ganz vergessen.

Zwar hatte der Pater die Siechenmeisterin und besonders die Postulatin, wie er Katharina nannte, streng angewiesen, während der halben Meile Fahrt bis Grimma die Augen geschlossen zu halten und unablässig zu beten, doch konnte sie der Versuchung nicht widerstehen, immer wieder einmal ein wenig unter den unmerklich, kaum einen Spaltbreit gehobenen Lidern hervorzulugen.

«Schön sieht es aus», dachte es in ihr, obwohl sie zu beten und an nichts sonst zu denken versuchte. «All diese Farben! Und wie es duftet! Nach Wiesenblumen und Fröschen.» Die Mutter hatte immer gelacht, wenn Katharina nach einem Regenguss behauptete, es rieche nach Fröschen und Salamandern. Aber es stimmte. Man musste nur einmal im Wald die Nase in ein nasses Moospolster stecken, unter dem sich junge Salamander und Frösche verbargen, um ihren Geruch nie mehr zu vergessen.

Marienthron lag nur ein paar Stunden Wegs entfernt von Lippendorf, das inzwischen Katharinas Stiefmutter zum Leibgedinge gehörte. Ganz ähnlich wie dort wölbte sich das fast ebene Land unter einem Schachbrettmuster aus Äckern, Wiesen, dichten Laubwäldern und feuchten Auen. Erlen, Weiden und Pappeln säumten die langen Entwässerungsgräben, die wie zu Klietzen das Land durchzogen. Maulwurfshügel saßen wie große Pocken im Grün. Und zwischen den ausgefahrenen Wagenrinnen des Weges war das Gras weiß von Margeriten. Katharina hätte jauchzend vom Karren springen und Arme voll Blüten brechen mögen. Gerade noch rechtzeitig belehrte sie ein kurzer Seitenblick in das sich soeben wieder einmal prüfend umwendende Gesicht des ausgezehrt wirkenden Paters eines Besseren.

Erschrocken vor sich selbst, kniff sie fester als zuvor die Lider zusammen. Solche sündigen Wünsche musste einmal mehr die alte böse Eva in ihr ausgesandt haben, dachte sie. Besser, sie spräche die Worte ihres Gebetes in Gedanken laut mit. Tatsächlich ging es nun ein Stück Weges gut. Doch als Katharina beim nächsten Stoß eines Karrenrades Halt suchend nach dem Pritschenbrett griff und unwillkürlich die Augen aufriss, ruhte der Blick ihrer Muhme auf ihr, die ihr mit sprechender Miene bedeutete, wie sehr auch sie die Fahrt genoss.

Den Pater als Tugendwächter neben sich, zogen sie über den Markt. Während die Siechenmeisterin beide Hände in den weiten Ärmeln ihres weißen Gewandes verbarg, wie es sich für eine Chorjungfrau gehörte, trug Katharina an jedem Arm einen Henkelkorb mit frischen Kräutern, Salbentiegeln, Ölfläschchen, Leinenbinden und anderen medizinischen Hilfsmitteln aus der Herstellung der Klosterapotheke. Es fiel ihr schwer, die Augen auf die eigenen Füße abzusenken und keinen Blick an die vielfältigen Auslagen der Händler zu verschwenden, die mit ihren Buden und Ständen, dicht an dicht, den Platz vor dem herrschaftlichen Rathaus füllten.

Da die Stadt Grimma über keinen Landbesitz verfügte, beruhte der Reichtum der Bürger nicht auf Landwirtschaft, sondern auf dem goldenen Boden des Handwerks. Die Bäcker, Fleischer, Tuchmacher, Schuhmacher und Töpfer gründeten Zünfte und Innungen. Die einflussreichste unter ihnen war die Tuchmacherinnung, die mit dem Handwerk der Wollspinnerei, Färberei, Schneiderei und Walkmüllerei in enger Beziehung stand. Kaum weniger stark zeigte sich die Innung der Töpfer, welche wiederum mit den Ofenbauern verbunden war, die mit ihren Ofenkachelmatrizen für den gewünschten Anblick der gemauerten Kachelöfen sorgten.

Wie Katharina wusste, ging es ihrer Muhme Lene an diesem Morgen jedoch nicht um Stoffe oder Töpferwaren, sondern um den Erwerb von Klistierspritzen aus Zinn, die sie im Siechenhaus benötigte. Das Geld dafür erhoffte sie sich aus dem Verkauf ihrer langen Leinenbinden aus Hanfgarn besonderer Dichte sowie dem Absatz ihrer wertvollen Heilkräuter, Tinkturen, Öle und Salben, die sie aus geklärtem Bienenwachs und feinsten, mit Wirkstoffen verschiedenster Heilpflanzen verschnittenen Ölen in ihrer Apotheke herstellte. Wenngleich der Apotheker zu Grimma die Kunst des Salbenmachens selbst beherrschte, war er gern bereit, die Waren der Klosterfrau in sein Sortiment aufzunehmen. Sofern der Preis stimmte. Also hieß es handeln und schachern, dass sich dem Pater allein vom Zuhören das Haarkränzlein um die Tonsur aufstellte. Am Ende aber waren Katharinas Körbe erheblich leichter und die Burse der Siechenmeisterin schwerer. Der Rest der mitgebrachten Waren fand bei den Händlern auf dem Markt bereitwillige Abnehmer.

Die erstandenen Klistierspritzen im Korb und eine neuartige Pferdesalbe noch dazu, über die sich der Meister Pferdewirt freuen würde, wenn er die ermüdeten Muskeln der schweren Zugtiere damit einreiben und wieder geschmeidig machen konnte, kehrte die fromme Schar zu einem Dankgebet in der Frauenkirche ein, in der die Zisterzienserinnen vor ihrem Umzug nach Nimbschen an der Messe teilgenommen hatten.

Die heimlich gesammelten Eindrücke des bunten Markttreibens wirkten so lebhaft in Katharina nach, dass sie auf dem Rückweg keine Mühe hatte, mit geschlossenen Augen in Erinnerungen zu schwelgen, anstatt verbotene Blicke übers Land zu schicken. Bei ihrer Heimkehr in die innere Klausur bemerkte sie nicht einmal, dass Gott ihren heimlichsten Wunsch erfüllt hatte und ein neues Mädchen als Postulatin eingetroffen war, Ave von Schönfeld, die Freundin, nach der sie sich sehnte, seit die Tore von Marienthron sich hinter ihr geschlossen hatten.

Wie schon zu Brehna lief das Klosterleben in Marienthron dahin wie die Wasser der Mulde. Den Kreislauf der Jahre markierten die angesichts des reichen Reliquienschatzes im Klosterbesitz besonders zahlreichen Kirchenfeste zu den großen kirchlichen Feiertagen, den Feiertagen der Heiligen und des eigenen Kirchweihtages. Doch hätte nicht jeden Morgen die Mutter Messnerin das gültige Datum verkündet, hätte die Zeit, die draußen vor den Toren der Klausur so wichtig war, dass ein Uhrmacher zu Nürnberg unlängst sogar eine Taschenuhr erfunden hatte, um stets einen Zeitmesser blickbereit bei sich zu führen, zu Nimbschen überhaupt keinen Einzug gehalten.

Dass die Zeit trotz ihrer klösterlichen Zeitlosigkeit auf dem Weg der Ewigkeit fortschritt, spürten Katharina und Ave, der ihre jüngere Schwester Margaretha schon bald nachgefolgt war, am Wandel ihres Körpers, der zur Frau heranreifte und mit seinem kindlichen Aussehen auch seine kindlichen Bedürfnisse abstreifte. Insbesondere das Einsetzen der Mensis bedeutete eine Zäsur, die mit dem Beginn des Noviziats zusammenfiel und Fragen nach der Art der nahenden Hochzeit mit dem himmlischen Bräutigam aufwarfen, die die Mädchen nicht zu stellen wagten.

Gott sei Dank gab es Schriften frömmster Chorjungfrauen, die ihre innigsten Gefühle und das minnigliche Glück der Liebe beschrieben hatten. Mechthild von Magdeburg war eine von ihnen, die im gottgesegneten Alter im Zisterzienserinnenkloster Helfta bei Eisleben starb. In ihrem zwölften Lebensjahr, so bekannte sie in einem ihrer Werke, sei sie in einem überaus seligen Fließen vom Heiligen Geist gegrüßt worden und müsse ihren himmlischen Bräutigam seitdem mit allen ihren Gliedern minnen und von Minne überfließen. Nichts anderes könne sie beginnen, als sich immerdar zu wünschen, ihr liebster Jesus Christ werde ihr abermals den süßen Regen seiner Menschheit senden, auf dass auch sie als seine Braut unbefleckt in ihn fließen könne.

In der Stunde zwischen Sext und Non, in der sie in der Kirchengasse des Kreuzganges der Ruhe und Selbstbesinnung bei einem Buch pflegen sollten, las Katharina Ave aus Mechthilds Schriften vor: «Eia, Herr! Liebe mich innig, und liebe mich häufig und lang! Denn je öfter du mich liebst, desto reiner werde ich.»

Ave seufzte. «Ob auch wir dereinst als geweihte Jungfrauen so rein werden durch die Minne unseres Bräutigams?»

«Nach seiner Braut Mechthild trug der Herr wohl großes Verlangen», meinte Katharina. «Er sei allzeit liebeskrank nach ihr gewesen, schreibt sie. Er müsse deshalb unendliches Weh an seinem heiligen Leib verspüren, denn alles, was sie selbst als Mensch empfinde, sei ja gering im Vergleich zu den göttlichen Gefühlen des Herrn. Wenn sie wie das Licht scheine, müsse er wie die Sonne gluten, und wenn ihre Minne in ihn fließe, müsse die seine in sie fluten.»

«Ist das nicht schön?», murmelte Ave und lehnte sich mit verklärtem Blick an die sonnenwarme Lichtöffnung des Kreuzgangs.

«Deshalb habe er sie gebeten, in heiliger Brautschaft mit ihr zu leben», fuhr Katharina fort. «Und er sprach zu ihr: Gönne es mir, dass ich die Glut meiner Gottheit, das Verlangen meiner Menschheit und die Lust des Heiligen Geistes an dir kühle.»

Nachdenklich ließ sie die Schrift aus dem dreizehnten Jahrhundert sinken und sah Ave an. «Weißt du auch, dass meine Namenspatronin, die heilige Katharina von Siena, oft stundenlang wie tot vor Liebe war und die Nadelprobe nicht spürte, weil das Gefühl der Liebe sie an allen Gliedern band?»

Ave schüttelte andächtig den Kopf. «Ich möchte auch einmal so geliebt werden. Deshalb kann ich es kaum erwarten, endlich eine wahre Braut Christi zu werden.»

«Sei nicht so ungeduldig», murmelte Katharina.

«Bist du denn nie ungeduldig?» Ave richtete sich auf. «Willst du nie wissen, wie es ist, von deinem himmlischen Gemahl geliebt zu werden?»

Katharina zögerte. «Wissen will ich es, doch. Aber schon zu Brehna hab ich mich gefragt, warum Gottes Sohn so viele Jungfrauen minniglich in unbefleckter Liebe zu seiner Braut nehmen soll, wenn Gottvater doch befiehlt, dass ein Mann nur einem Weibe anhangen darf und ein Weib nur einem Manne.»

Ave duckte sich in den Schatten des mit einer Kreuzblume verzierten Lichtbogens zurück, dessen roter Sandstein die Sonne speicherte und angenehm durch den Gewandstoff abgab. «Gott hat uns erwählt», sagte sie schlicht. «Wir sind berufen. Es ist an uns zu gehorchen. Ohne Fragen.»

«Hat Gott uns denn wirklich erwählt und berufen? Was wäre,

hätte mein Vater mich nicht nach Brehna gebracht und später nach Nimbschen, sondern mir einen Edlen zum Mann gegeben?» Katharina hielt einen Moment inne, um die Mutter Priorin ehrerbietig zu grüßen, die soeben mit einer Lektüre aus dem Armarium trat und sich nach kurzem Zögern doch nicht zu den Novizinnen, sondern zur Mutter Schreibmeisterin setzte. «Glaubst du, ich wäre dann vor meinem Mann ins Kloster geflüchtet? Ich glaube es nicht.»

«Katharina!» Die Stimme der Mutter Küchenmeisterin drang mit halblautem Ruf zu den Mädchen herüber. Gehorsam stand Katharina auf, um rasch durch die Konversengasse in die Küche zu schreiten. Sie war froh, Arbeit für ihre Hände zu bekommen, denen es so viel leichter fiel, nach Gottes Wort zu handeln, als ihrem Geist.

Als Postulatin war Katharina den Chorjungfrauen und Schwestern in fast jedem Bereich der klösterlichen Arbeiten helfend zur Hand gegangen. Anders als Ave, die am liebsten mit feinen kleinen Arbeiten beschäftigt war und stundenlang niedliche Portionen unterschiedlichster Pülverchen und Wässerchen und allerfeinst gerebelter Kräutlein in der Klosterapotheke abmessen mochte, packte Katharina gern tüchtig zu. Ihre Begeisterung für Heilpflanzen hatte sich allmählich auf Nutzpflanzen und schließlich auf alles ausgeweitet, was mit Landwirtschaft, Küche und einer großen Haushaltung zu tun hatte. Als Novizin übernahm daher Ave Katharinas Aufgabe bei der Siechenmeisterin, Katharina hingegen wurde zur persönlichen Assistentin der Mutter Oberin bestimmt. Ihr oblag es von nun an, die Arbeit der Konversen in den einzelnen klösterlichen Betrieben zu überprüfen, der Mutter Oberin darüber Bericht zu erstatten und ihr sowohl Erfolge als auch etwaige Bedürfnisse der einzelnen Klosterbetriebe mitzuteilen sowie die Rechnungsbücher der Äbtissin zu führen, die der Vaterabt von Pforta kontrollieren musste. Außerdem hatte sie die Pflicht, im Hintergrund anwesend zu sein, wenn die Äbtissin Gäste in ihrem Hause empfing.

«Du hast das Zeug zu einer guten Hausfrau», lobte Margarethe von Haubitz ihre junge Gevatterin. «Darin sind wir uns ähnlich, mein Kind. Auch ich wirtschafte und haushalte und mehre gern, was meines klösterlichen Hauses ist. Gleiches erwarte ich von euch, meinen Töchtern im Herrn. Wie es die Werkzeuge der geistlichen Kunst uns heißen, lasst uns den Leib in Zucht nehmen, das Fasten lieben, nicht gefräßig, nicht schlafsüchtig, nicht faul sein und nicht murren, sondern tun, was uns gesagt wird.»

Tun, was uns gesagt wird. Katharina seufzte innerlich tief auf. Nicht einmal das zum Schweigen ermahnende einundfünfzigste der vierundsiebzig Werkzeuge der geistlichen Kunst des heiligen Benedikt von Nursia, dem geistigen Vater aller Zisterziensermönche und -chorjungfrauen, fiel ihr so schwer wie das sechzigste und einundsechzigste: «Den Eigenwillen hassen. Den Anweisungen des Abtes und der Äbtissin in allem gehorchen, auch wenn diese selbst, was ferne sei, anders handeln; man denke an die Weisung des Herrn: ‹Was sie sagen, das tut; was sie aber tun, das tut nicht.›»

Abwechselnd, indem jede von ihnen einen Satz auswendig aufsagte und sie in einem zweiten und jedem weiteren Durchgang die Reihenfolge des Beginnens wechselten, lernten Katharina und Ave immer wieder die Ordensregel auswendig. Aus dreiundsiebzig Kapiteln bestehend, die in jeweils viele Einzelanweisungen unterteilt waren, war es fast unmöglich, sich jedes Wort zu merken. Dennoch wurde vorausgesetzt, dass eine Novizin bei ihrer Aufnahme in den geweihten Stand der Braut Christi imstande wäre, auf Befragen die richtigen Antworten geben zu können. Katharina begann: «Über den Gehorsam sagt die Regel, der erste Schritt zur Demut ist Gehorsam ohne Zögern.»

«Er ist die Haltung derer, denen die Liebe zu Christus über alles geht.»

«Wegen des heiligen Dienstes, den sie gelobt haben, oder aus Furcht vor der Hölle und wegen der Herrlichkeit des ewigen Lebens darf es für sie nach einem Befehl des Oberen kein Zögern geben, sondern sie erfüllen den Auftrag sofort, als käme er von Gott.»

«Daher verlassen Nonnen sofort, was ihnen gerade wichtig ist, und geben den Eigenwillen auf.»

«Das hört sich so einfach an!», rief Katharina. «Aber es ist so schwer. Wie soll ich gehorchen, sodass mein Gehorsam nicht zaghaft, nicht saumselig, nicht lustlos oder gar mit Murren und Widerrede ausgeführt wird, wenn ich weiß, es ist ein falscher Befehl?»

«Du sollst aber nicht wissen», meinte Ave. «Du sollst mit der Schnelligkeit, die aus Gottesfurcht kommt, gehorchen.»

«Das ist es ja gerade.» Katharina schob die Hände unter die schwarze Skapulierschürze, die sie über dem braunen Novizinnengewand trug. «Sie sagen uns, Gott ist die reine Liebe. Und doch soll ich mich vor seiner Liebe fürchten.»

«Weil es die Liebe eines Vaters ist, der deinen Ungehorsam aus Liebe strafen muss, um dich zu bessern», erwiderte Ave. «Wenn mein Vater mich strafte, weil ich ungehorsam war, versäumte er nie, mir danach zu sagen, wie sehr ich ihn leidend gemacht habe, dass er mich strafen musste. Sein Schmerz sei größer gewesen als meiner, denn ihm habe jeder Hieb mit der Rute in der Seele wehgetan, mir aber nur auf dem Rücken.»

«Wie ich mich auch bemühe, wie heiß ich bete, wie stark ich mein schwaches Fleisch mit der Rute züchtige und die Fürbitte Unserer Lieben Frau erflehe, es will mir nicht gelingen, meinen Eigenwillen abzulegen und zu gehorchen, ohne den Befehl wenigstens in meinem Kopf zu prüfen. Und oftmals kann ich nur unter geheimem Murren gehorchen, sodass mein Dienst vor Gott nichtswürdig ist. Auch geht mir die Regel von der Demut nicht aus dem Sinn», murmelte Katharina, «worin es heißt, eine wahre Nonne liebt den eigenen Willen nicht und hat keine Freude daran, ihr Begehren zu erfüllen. Ich aber habe Freude daran. Und wenn etwa ein Kälbchen geboren wird, dem die Mutter Siechenmeisterin und ich auf die Welt geholfen haben, weil es sonst abgestorben wäre, ertappe ich mich, dass ich darin mein Verdienst sehe und nicht allein das Gottes. Ave, ich kann einfach nicht an meine Brust schlagen und von mir sagen, ich sei ein Wurm und kein Mensch, sondern der Leute Spott und von aller Welt verachtet. Ich habe meinen hochedlen Namen von Mergenthal abgeworfen. Aber ich bin Katharina von Bora geblieben. Bei diesem

Namen wird Gott mich eines Tages rufen. Wie soll ich also denken, ich sei ein Wurm?»

Ave wusste keine Antwort. Katharina hatte auch keine erwartet. «Und wenn ich den ganzen Tag gebeugt, mit schiefen Schultern gehen und immer nur zu Boden sehen muss, sodass ich den Himmel nicht mehr anschauen und die Sonne nicht mehr auf meinem Gesicht fühlen darf – Ave, das ertrage ich nicht.»

Nun erstarrte die Freundin vor Schreck. «Heißt das, du willst das Kloster verlassen? Keine Braut Christi werden? Mich hier allein lassen?»

Katharina hätte ihr gern die Arme um die Schultern gelegt, aber es war nur den kleinen weltlichen Mädchen erlaubt, sich gegenseitig mit den Händen zu berühren. «Ich glaube, das wäre das Beste für mich. Aber keine Angst, ich verlasse dich nicht», versprach sie. «Wohin sollte ich denn gehen? Etwa zu meinem Vater zurück, der mich schon zweimal ins Kloster schickte? Er kann mich gewiss auch jetzt nicht behalten.»

«Genau wie bei mir», flüsterte Ave. «Du siehst ja, auch meine Schwester ist hier.»

Schweigend saßen sie nebeneinander, das geöffnete Regelbuch zwischen sich auf den Knien, die Köpfe darüber gebeugt. «Wie zwei Elstern», dachte Katharina. «Weißer Bauch und schwarzer Rücken. Nur dass Elstern fliegen, wohin sie wollen.»

Drei Tage vor der heiligen Profess der Novizinnen reiste Balthasar von der Pforte, der Vaterabt aus dem Kloster Pforta bei Naumburg, mit seinem Gefolge an und nahm Quartier in Marienthron. Da es der Äbtissin als Frau nicht gestattet war, die Weihen ihrer neuen Chorjungfrauen vorzunehmen, bedurfte sie dazu seines Einverständnisses und Segens in der Weihmesse.

Eine ganze Woche lang hatte Margarethe von Haubitz das Kloster auf Hochglanz polieren, die Kirchenfenster und Altäre spiegelblank putzen, die kostbarsten Altartücher und Monstranzen aus dem Klosterschatz auflegen und sämtliche Reliquien in ihren Schaukästen überprüfen und sorgfältig reinigen lassen. Außer der Siechenmeisterin, die in ihrem Hospital nach dem Rechten zu sehen hatte, waren alle Chorjungfrauen vollauf mit dieser Arbeit beschäftigt.

Wie jede gute Hausfrau legte auch Margarethe von Haubitz allergrößten Wert darauf, ihrem hohen Gast bei seiner Klostervisitation ein perfekt geführtes Haus vorzuweisen.

«Lege die Bücher zurecht», wies sie Katharina an. «Überprüfe noch einmal, ob du alle Rechnungen säuberlich geführt hast. Merze Fehler aus, falls sie sich eingeschlichen haben, aber schabe das Pergament behutsam, damit es keine Löcher bekommt. Unser Vaterabt ist streng. Und ich will keinen Anlass geben, dass er unserer Wirtschaft misstrauen müsste.»

Die für alle Geldmittel des Klosters zuständige Bursaria zählte die in der Geldlade unter dem Hochaltar der Jungfrau Maria verborgenen Barmittel und teilte die Geldmünzen ein letztes Mal sorgfältig in einzelne Beutel. Die Messnerin verglich die Liste der heiligen Gerätschaften im Vergleich zum vorhandenen Bestand. Die Reliquienmeisterin sah letztmals die Reliquienschreine durch, damit nur ja kein Stückchen Splitter vom Kreuz Christi fehle und auch der Strohhalm aus der Krippe des Jesuskindes wohlbehalten an seinem vorbestimmten Platz auffindbar sei. Die Schreibmeisterin legte die Ablassbriefe für vierzig Tage Ablass vom Fegefeuer zurecht, die die Gläubigen kaufen konnten, wenn sie zur Messe kamen, die der Abt am Tag der Profess in der Klosterkirche halten würde. Die Kleiderverwalterin sah mit ihren Schwestern die Gewänder durch. Vor allem die weißen Gebände mussten ohne Fehl und Tadel sein und durften nicht etwa graue Ränder von Schweiß und Schmutz zeigen. Und auch alle anderen hatten alle Hände voll damit zu tun, Haus und Hof nach besten Kräften zu bestellen.

Das größte Misstrauen des Vaterabtes galt freilich den Zellen der Chorjungfrauen, in denen seine mitgebrachten Patres nach möglicherweise verbotenen Besitztümern fahndeten. Trotz des strengen Gebots, keine Geschenke ohne Wissen und Erlaubnis der Mutter Oberin anzunehmen und für sich zu behalten, kam dies immer wieder vor. So hatten die Inspektoren bei einer der letzten Visitationen doch tatsächlich unter großem Skandal einen dieser französischen Godemiché in der Füllung eines Strohsacks entdeckt. Ein Gerät, das nach dem lateinischen «gaude mihi» auch Freudenbringer genannt wurde.

Es half wenig, dass der Vaterabt das teuflische Unding sofort unter frommen Gebeten verbrennen ließ und sich die Sünderin den ganzen Tag ohne ein Wort vor dem Portal der Nonnenkirche zu Boden warf, sodass alle, die hinein- oder herauswollten, auf ihren Leib treten mussten. Sie musste auf Geheiß des Vaterabts doch zu fünfzig Rutenschlägen und sieben Jahren Buße verurteilt werden, in denen sie weder an den Stundengebeten in der Kirche noch an den gemeinsamen Mahlzeiten im Remter teilnehmen und niemand auch nur ein Wort mit ihr sprechen durfte. Selbst die Mutter Oberin musste sich zur Strafe dafür, dass sie ihre Töchter nicht streng genug zur Tugend angehalten und nicht besser kontrolliert hatte, vor dem Altar und zu Füßen ihres Abtes niederwerfen und durfte sich erst wieder mit seinem «Genug!» erheben, als er die Bußmesse beendet hatte.

Seit jenem Visitationstag geriet jede neue Zelleninspektion zu einem wahren Angsttag, sodass die Äbtissin selbst eine jede Zelle visitierte und darauf bestand, dass alle Strohsäcke kurz vor dem Erscheinen des Vaterabtes in ihrem Beisein ausgeleert und frisch gefüllt werden mussten.

Am Vorabend der Profess war für die Novizinnen der klösterliche Alltag beendet. In einer feierlichen Handlung wurden ihnen ein letztes Mal alle Regeln des heiligen Benedikt von Nursia vorgelesen und eine Eignungsprüfung abgenommen. Als Vorleserinnen, die einander kapitelweise ablösten, wählte die Mutter Cantrix diejenigen mit der schönsten und eindringlichsten Stimme aus, denen Gott die Gabe verliehen hatte, Zuhörer in den Bann zu schlagen.

«Seht das Gesetz, unter dem ihr dienen wollt», sprach die Mutter Oberin die Novizinnen an, ehe sie der Lektorin das Zeichen zum Beginn gab. «Wenn ihr es beachten könnt, tretet ein. Wenn ihr es aber nicht könnt, geht in Freiheit fort. Doch müsst ihr wissen, dass ihr nach dem Gesetz der Regel vom Tage eures Eintritts an weder das Kloster verlassen noch das Joch der Regel von eurem Nacken abschütteln dürft.»

«Ja, ehrwürdige Mutter, wir wissen es. Und wir erbitten den Eintritt», antworteten die Novizinnen im Chor.

Jetzt erst begann die erste Lektorin ihren Vortrag, den die Konventsmitglieder sitzend, die Novizinnen aber kniend und unter vollkommenster Stille anhörten. Nach einer abschließenden Minute des Schweigens winkte die Mutter Oberin die Mädchen mit den Worten zu sich: «Nun lasst uns ihre Geister prüfen, ob sie aus Gott sind.»

Demütig warfen die Novizinnen sich reihum vor allen Anwesenden zu Boden und standen erst wieder auf, sobald die Mutter Oberin sie mit ihrem Stab an der Schulter berührte und freundlich «Genug!» sprach, wie es die Regel vorschrieb. Danach knieten sie vor ihr nieder und warteten demütig auf die Fragen.

Die Tage harter Arbeit und das vor der Profess einzuhaltende Fasten, das mit Erlaubnis der Mutter Oberin unter freiwilligem Verzicht auf einen Teil der täglichen Speisen und Getränke sowie mit lang anhaltenden Gebeten unter bitteren Tränen der Reue verbunden war, versetzten Katharina in einen seltsam schwebenden Zustand. Die Fragen der Mutter Oberin, die aus jedem Kapitel der Ordensregel verschiedene Werkzeuge der geistlichen Kunst auswählte, schienen nicht wie aus ihrem Mund zu kommen, sondern von einer weit entfernten Stimme gesprochen zu werden. Und als sie selbst darauf im rechten Wortlaut und ohne Stocken fehlerfrei antwortete, war es ihr, als klänge jedes Wort voller und klarer, als sie je zuvor zu sprechen vermochte hatte, und in ihrem Kopf dachte es, so müsse es sein, als ein tönendes Erz das Wort Gottes in die Welt hinauszutragen.

«Habt ihr, wie es unsere Regel verlangt, mit eigener Hand eine Urkunde über euer Versprechen der Beständigkeit, des klösterlichen Lebenswandels und des Gehorsams auf die Namen unserer Heiligen, deren Reliquien bei uns sind, auf den Namen unseres Vaterabtes, Balthasar von der Pforte, und auf den Namen Margarethe von

Haubitz, als unsere mit Gottes Hilfe gewählte und geweihte Äbtissin, geschrieben? Und wollt ihr diese Urkunde mit eurer eigenen Unterschrift bei der heiligen Profess zum Zeichen eures ewigen Bundes auf den Altar legen?»

Die Novizinnen antworten abermals im Chor: «Ja, das haben und das wollen wir.»

Die Mutter Siechenmeisterin, die Katharina als erfahrene Seelenfischerin durch das einjährige Noviziat begleitet hatte, trat mit den Seniorinnen, die sich Aves und der anderen Novizinnen angenommen hatten, aus den Reihen der andächtig lauschenden Chorjungfrauen heraus und überbrachten die auf feinem Pergament und ohne den kleinsten Fehler säuberlich verfassten Urkunden.

«So geht denn dahin, auf dass euer Leib ebenso rein werde wie euer Geist und Gott der Herr euch morgen in den Bund der Chorjungfrauen und Bräute seines Sohnes Jesus Christus zu Marienthron aufnehme.» Mit diesen Worten gab die Äbtissin den Novizinnen das Zeichen zum Aufstehen, damit sie sich ins Badehaus entfernen durften, während die Konventsmitglieder innere Einkehr hielten und auch sich selbst prüften, wie es mit ihrer eigenen Einhaltung der Ordensregeln stünde.

«Die letzte Nacht als mein eigener Mensch», dachte Katharina, während sie nach der Komplet noch einmal allein mit ausgebreiteten Armen vor dem Nonnenaltar lag, um die Erde unter sich zu spüren, von der sie genommen war, die sie trug und zu der sie eines Tages wieder werden würde, um den Kreislauf des Lebens zu beschließen. «Gib mir ein Zeichen, heilige Mutter Maria, dass ich angenommen bin vor dem Angesicht deines Sohnes. Lass die Steine unter meiner rechten Hand beben. Lass ein Licht von deinen Augen auf mich fallen. Lächle ein einziges Mal, allein für mich. Richte ein Haar an meinem Arm auf. Sprich ein winziges Wort, einen Buchstaben nur, in meiner Seele. Sende mir einen Schmerz. Nur gib mir ein Zeichen, bitte, dass ich wirklich berufen bin.»

Doch die Erde erbebte nicht. Nichts geschah. Nur der flackernde

Schein des ewigen Lichts aus dem Öllämpchen unter dem Marienbild des Nonnenaltars warf zuckende Schatten über den mit Gold gesäumten blauen Mantel der Madonna und ihr immer gleichbleibend milde lächelndes Gesicht.

Endlich stand Katharina auf. Sie fühlte sich plötzlich unendlich müde. Ihre innere Uhr sagte ihr, dass die Chorjungfrauen gleich zur Prim kommen würden. Rechtzeitig vorher wollte sie den ihr vorbestimmten Platz neben ihrer Muhme Lene einnehmen, in deren Arm sie sich am liebsten wie ein kleines Kind geflüchtet und ausgeweint hätte.

Die Muhme schien zu ahnen, was in ihr vorging. «Sei nicht verzagt», bedeutete sie ihr in der stillen Zeichensprache, mit der sie sich während der Schweigezeiten mitteilten. «Wir alle hatten ähnliche Gefühle wie du. Du wirst sehen, alles wird gut.»

War das das Zeichen, auf das sie gehofft hatte? Hatte die Mutter Gottes der Muhme Lene diesen Trost eingegeben? Katharina wusste es nicht. Aber es war schön, es zu glauben.

Am 18. Oktober anno 1515, am Tag des heiligen Lukas Evangelista, Montag nach Francisci Confessionaris, zogen die Novizinnen zwischen dem Vaterabt mit seinen Patres und den Chorjungfrauen in einer feierlichen Kreuzprozession durch den Kreuzgang von Marienthron zur heiligen Profess in die Klosterkirche ein. Da die Konversen mit Erlaubnis der Oberen bei der feierlichen Zeremonie anwesend waren und andächtig von ihren Bänken vor dem Fronleichnamsaltar aus zuschauten, wurden die Neuaufnahmen stets vor dem Hochaltar anstatt im kleinen Nonnenchor zelebriert.

Einzelne Eindrücke dieses Einzugs prägten sich Katharina unauslöschlich ein. Das schräg durch die hohen Kirchenfenster einfallende Licht etwa, das sich in den vergoldeten Spitzen der Gloriole über dem Marienaltar fing und sie zum Funkeln brachte, als seien Gottes Engel persönlich am Werk. Der Staub, der vom Boden in das Strahlen hinein aufstieg und schwebend darin spielte. Über die weiß geschlämmten Wände blitzende Farbreflexe von den Edelsteinen auf den Mitren des Vaterabtes und der Mutter Oberin. Das unablässig auf- und abschwellende Singen der Frauen, in deren Sopran sich ungewohnt der Bass der Männer mischte, deren schwarze Skapuliere vor Katharinas niedergeschlagenen Augen im Ausschreiten um die weiße Kutte schwangen und bei jedem Schritt die schwärzlich verhornten Fersen der in Riemensandalen steckenden bloßen Füße der Mönche freigaben. Das im Licht für einen Augenblick lang wie lebendig an die Brust seiner heiligen Mutter greifende Jesuskind. Und Katharinas Gedanke, der aus der Mitte ihres Leibes aufzuschießen schien: «Niemals werde ich ein Kind haben.»

Der Vaterabt predigte von Lukas, dem Evangelisten, der einst als Arzt durch das Heilige Land zog und kurz nach der Kreuzigung Jesu Christi in das Haus des Apostels Johannes und der Mutter Gottes kam. «Trotz ihrer unendlichen Trauer war sie von einem strahlenden Licht erfüllt und berichtete wieder und wieder von der wunderbaren Stunde, als der Engel des Herrn zu ihr trat und sprach: ‹Gegrüßet seist du, Maria, voll der Gnade! Der Herr ist mit dir. Du bist gebenedeit unter den Weibern› und ihr, als der reinsten Magd aus edelstem Stamme, die Geburt ihres Sohnes Jesus verkündete, obwohl sie von keinem Manne wusste.»

Bei diesen Worten sah Katharina die Jungfrau vor sich, die gerade so alt war wie sie selbst heute, als Gott sie zu seiner reinen Gemahlin erwählte und Kraft seines Heiligen Geistes seinen Sohn in ihren unbefleckten Leib legte, damit er als Mensch geboren und als Mensch sterben werde, um der Sündenerrettung der Menschen willen. Von der Sonne umglänzt, Mond und Sterne zu ihren Füßen, sah sie die Königin des Himmels und der Erde mit ihrem heiligen Kind arm, aber selig ganz Gottes Willen anheim gegeben. Und als der Vaterabt fragte: «Willst du, Katharina von Bora, deinen dir von Gott gegebenen Herrn und Gemahl Jesus Christus mit Herz und Hand annehmen, ihn beständig lieben, in vollkommenem Gehorsam ihm dienen und den klösterlichen Regeln deines Mutterkonvents folgen?», antwortete sie: «Ja, ich will.»

«So trete nun vor, wer etwas gegen diese Ehe einzuwenden hat, und rede jetzt oder schweige für immer!», rief der Vaterabt mit lauter Stimme in die Runde der Chorjungfrauen und seiner Patres.

Als niemand die Stimme erhob, wandte er sich Katharina abermals zu und sprach: «So lege nun deine Urkunde mit deinem eigenen Namen und der Unterschrift auf den Altar deines Herrn und Gottes zum Zeichen deiner Treue und gehorsamen Liebe, bis dass der Tod euch scheide.»

Katharina zitterten die Knie, als sie gehorchte und sich mit den Worten des alten Rituals: «Nimm mich auf, Herr, nach deinem Wort, und ich werde leben. Lass mich in meiner Hoffnung nicht scheitern» wieder in die Reihe der Novizinnen kniete.

Während eine Novizin nach der anderen ebenso angesprochen wurde, die gleiche Antwort gab und ebenfalls ihre Urkunde am Altar niederlegte, wiederholten die Chorjungfrauen diese Antworten stets dreimal mit einem «Ehre sei dem Vater!», bis ihre Stimmen wie ein unendlicher Chor ineinander übergingen.

Katharina wusste, was nun folgen würde, doch als sie die Messerschnitte durch ihre langen blonden Zöpfe knirschen hörte, das Haar zu beiden Seiten fallen sah und wenig später das kalte Eisen an der Kopfhaut spürte, das die verbliebenen Haarreste kurz wie ein Mausefell schor, wurde ihr fast schlecht. Es half ihr, die Fassung zu wahren, dass sie sich sofort vor dem Vaterabt und seinen Patres sowie vor jeder einzelnen Chorjungfrau zu Füßen werfen musste mit der Bitte: «Bete für mich!»

Als der Vaterabt ihr zum Zeichen dessen, dass sie sich erheben sollte, mit seinem Abtstab auf die Schulter schlug und ihr anstelle des Friedenskusses ein Täfelchen, das Pazifikale, verlieh, wurde ihr bewusst: «Nun bist du aufgenommen.»

Unter feierlichen Gesängen zogen sanfte Hände ihr das Novizinnengewand aus, bis sie mit über die Brust geschlagenen Armen nur mehr im Untergewand dastand. Andere kleideten sie in die mit Weihwasser und Weihrauch gesegneten Nonnengewänder und legten ihr den schwarzen Gürtel um die schmale Taille. Wieder andere schlangen ihr das weiße Gebände um den kahlen Kopf. Es schnürte

Gesicht und Hals ungewohnt ein und dämpfte alle Geräusche. Darüber breiteten sie das schwarze Velum aus, das man auch Schleier nennen durfte, und steckten es am Gebände fest. Zuletzt legten sie den schlichten Holzreifen, den Katharina bisher als Jungfrauenschapel getragen hatte, auf den Altarstufen nieder und drapierten einen weißen Rosenkranz als Zeichen ihrer Verbundenheit mit der Jungfrau Maria über die Stirn.

Der Vaterabt und seine Patres hatten in der Zwischenzeit mit dem Rücken zu den Frauen gebetet, wobei sie wieder und wieder den Weihrauchkessel schwenkten und kniefällig die Altarmensa küssten. Auf ein Glockenzeichen wandten sie sich den endlich zur klösterlichen Braut gewandeten Jungfrauen wieder zu.

Katharina stand als Erste in der Reihe, als der Vaterabt einen goldenen Ring mit den Insignien der Kreuzigung und einem Tropfen von wunderfein glühendem böhmischem Granat, dessen Farbe das für die Sünde der Welt vergossene Blut Christi symbolisierte, aus der Hand der Mutter Oberin entgegennahm. Der Reifen schloss sich fest um ihren Ringfinger, als der Vaterabt sprach: «Mit diesem Ring vermähle ich dich, Katharina von Bora, deinem himmlischen Bräutigam Jesus Christus, auf dass du seinen Willen in ewigem Gehorsam erfüllest und dir künftig nichts wichtiger sei als dein Herr.»

Gleich darauf empfing er ein Kreuz mit dem in Holz geschnittenen Kruzifix aus der Hand eines seiner Patres, segnete Katharina damit und drückte es mit den Worten «So lege ich dich, Katharina von Bora, kraft meines Amtes als dein geistiger Vater und im Namen deiner geistigen Mutter Oberin, in das Brautbett deines himmlischen Bräutigams» in ihren linken, als dem Herzen nächsten Arm.

«Halleluja! Halleluja!», jubelten die Chorjungfrauen. Mit schwankender Stimme fiel die junge Nonne Katharina ein.

Die Brautnacht mit ihrem himmlischen Bräutigam hatte Katharina sich immer als etwas Besonderes ausgemalt. Daher wunderte es sie gar nicht, ihre Zelle festlich mit Kerzen und roten Rosenblütenblättern geschmückt vorzufinden. Die Schlafpritsche war mit einem neuen

Strohsack, einem frischen Kopfpolster und einer sauberen Wolldecke überzogen. Zu beiden Seiten des Fußendes standen hohe Talglichter, welche die ganze Nacht brennen würden und sich im Glanz der Fensterscheibe spiegelten.

Wie die Ordensregel befahl, legte Katharina sich voll gewandet und umgürtet auf dem Strohsack zur Ruhe. In ihrer Phantasie sah Jesus Christus wie ein braun gelockter Jüngling in einem langen weißen Priestergewand aus, der sich ihr in dieser Nacht als Gemahl zu erkennen geben würde. Das Kreuz im Arm, den hölzernen Bräutigam an die Wange geschmiegt, schlief sie erwartungsvoll ein. Und wachte beim ersten Läuten zur Vigil auf wie immer. Ihr Gemahl war nicht gekommen, noch kam er in den folgenden Nächten. Sie war nicht würdig, dass er einging unter ihr Dach.

Vom ersten Tag ihrer Brautschaft an erwies es sich als schwieriger, eine Braut Christi zu sein, als Katharina es je geglaubt hätte. Zwar hatte sie keine Probleme mit dem gestiegenen Maß der ihr auferlegten Aufgaben. Selbst der tägliche Küchendienst mit Bergen von Schmutzgeschirr und die Waschungen, die sie an Händen und Füßen ihrer Chorschwestern vorzunehmen hatte, machten ihr nichts aus. Und den Kreislauf der Stundengebete mit all ihren feierlichen Zeremonien, Worttexten und Gesängen kannte sie sowieso. Sie musste sich nicht einmal an weniger Schlaf gewöhnen, denn als Novizinnen hatten sie die Vigil bereits mitgefeiert. Von der Gewandung abgesehen, die den ganzen Leib verhüllen sollte und daher selbst an heißen Tagen das volle Gebände mit Schleier sowie lange Strümpfe und lange Ärmel vorschrieb, schien sich äußerlich also wenig verändert zu haben. Innerlich aber wuchsen die Schwierigkeiten umso mehr.

Es fing damit an, dass nun auch für Katharina keine Nachsicht mehr galt. Dem Kind und der sich als Nonne erprobenden Novizin stand die von der Mutter Oberin beauftragte Seniormutter helfend und beschützend zur Seite. Bei Fehlern legten sie ein gutes Wort ein. Jetzt stand sie allein. Wurde sie beim Schwatzen ertappt, fielen strenge Ermahnungen, bei Wiederholung an Härte zunehmende Strafen an. Welche Demütigung, im Auftrag der Mutter Oberin vor aller Augen Rutenstreiche der Priorin über die Hände hinnehmen zu müssen. Und doch lief die Zunge dem schwachen Geist immer wieder davon.

Hatte sie wieder einmal nicht widerspruchslos gehorcht oder ihren Eigenwillen nicht unterdrücken können, stand darauf Nahrungsentzug oder Ausschluss von der gemeinsamen Tischgemeinschaft, zumindest aber musste sie allein in einer Ecke des Remters oder Stunden nach allen anderen essen. Obwohl sie keinerlei Verfügungsrecht mehr über sich hatte, passierte es, dass sie zu spät in die Messe oder zu den Stundengebeten kam, weil sie nachts die verschwitzt an ihr klebenden langen Strümpfe ohne ausdrückliche Genehmigung der Äbtissin ausgezogen, das Gebände gelockert oder wenigstens den schwarzen Ledergürtel abgelegt hatte. Bei Eigenmächtigkeiten dieser Art musste die Mutter Oberin laut Regelwerk an ihr handeln wie ein weiser Arzt. Zuerst lindernde Umschläge und Salben der Ermahnung anwenden, dann die Arzneien der Heiligen Schrift, schließlich das Brenneisen der Ausschließung von Kirche und Tisch, zuletzt Rutenschläge auf den entblößten Rücken.

Die größte Versuchung überkam Katharina jedoch, wenn es darum ging, andere spontan zu beschützen. Aves kleine Schwester Margarethe von Schönfeld zum Beispiel, die nun auch schon Novizin war, trotzdem aber noch etwas Mühe mit den täglichen Ritualen hatte. Ihr zu helfen stellte einen schweren Regelverstoß dar. Keine Chorjungfrau durfte sich herausnehmen, sich ohne Weisung der Mutter Oberin zur Beschützerin einer anderen zu erheben. Nicht einmal Ave durfte sich für ihre kleine Schwester verwenden, ohne streng in ihre Schranken verwiesen zu werden. Wer es dennoch tat, wurde von den Gebeten und Messen ausgeschlossen und musste ungesegnete Mahlzeiten zu sich nehmen.

«Hütet euch vor der Sünde der Anmaßung, meine Töchter», warnte die Mutter Oberin immer wieder. «Denkt nicht, es sei an euch, jemanden zu schützen oder zu ermahnen, wenn ich es euch nicht ausdrücklich aufgetragen habe. Und wenn eine von euch merkt, dass eine andere gegen euch erzürnt ist, so tadelt sie nicht, sondern werft euch der Zürnenden zu Füßen und steht nicht wieder auf, bis sie euch verziehen und gesegnet hat.»

«Wenn ich aber nichts getan habe, was meine Schwester erzürnt haben könnte?», rief Katharina. «Wenn sie mir nur aus einer Laune heraus zürnt?

«Dann unterstellst du, fehlerfrei zu sein», gab die Mutter Oberin zurück. «Es steht geschrieben, dass du Fehler immer bei dir suchen sollst, denn auf dem Anfang unseres Weges zur Gerechtigkeit steht die Einsicht, dass wir träge und nachlässig sind und wegen unseres schlechten Lebens vor Scham erröten müssen. Suchst du den Fehler nicht bei dir, soll dich für deinen Hochmut Züchtigung treffen. Im schlimmsten Falle, wenn du verstockt bliebest, könntest du aus unserer Gemeinschaft ausgeschlossen werden.»

Katharina fragte nicht weiter. «Könnte ich doch wenigstens mit Ave darüber reden», wünschte sie sich. «Ave würde mich verstehen.»

Doch der schmerzlichste Unterschied zwischen einer Novizin und einer Chorjungfrau bestand darin, in einer eigenen Zelle schlafen zu müssen. Das bedeutete, keine abendlichen Gebärdensprachenunterhaltungen mehr in der gemeinsamen Kemenate, bis das letzte Tageslicht verlosch, keine Flüstergespräche, kein heimliches Zusammenliegen auf der schmalen Pritsche und auch kein wonniges Kichern und Kuscheln unter der hochgezogenen Kratzdecke mehr, wenn die Schwester Aufpasserin endlich eingenickt war.

«Ave», wisperte Katharina ihr im Schutz des Schleiers während der Stunde der allgemeinen Rekreation zu, «wie nur hältst du es aus, immer sanft und still und fröhlich zu sein?»

Ave schenkte ihr einen freundlichen Blick, antwortete aber nicht, nicht einmal mit einer Geste. Katharinas Frage hatte keinen frommen, geistlichen Inhalt. Also durfte sie nicht gestellt werden. Auch in der Stunde der Erholung sollten die Chorjungfrauen nichts Privates besprechen, denn für sie gab es nichts Privates oder Eigenes mehr. Ave wollte der Freundin nicht wehtun. Aber sie hatte sich bei der Profess vorgenommen, eine makellose Nonne zu sein.

«Was ist dir, Ave?», flüsterte Katharina erneut. «Was habe ich dir getan, dass du mich nicht mehr lieb hast?»

«Nichts.» Ave schüttelte kaum merklich den Kopf und legte die Hand aufs Herz, um zu bezeigen, dass sie der Freundin nicht böse sei. «Aber alles, was ich bin und habe, soll ihm gehören», dachte sie, während sie den Blick abermals abwandte und sich in ihr Brevier vertiefte.

Schweigen stieg zwischen ihnen auf, höher werdend mit jedem Jahr.

«Du denkst zu viel, mein Kind», murmelte Magdalena von Bora, die Siechenmeisterin, als Katharina im Auftrag der Äbtissin zu ihr kam, um sich ein Bild über den Zustand des Gebäudes zu machen, und ihr im ersten vertraut miteinander verbrachten Augenblick trotz des strengen Berührungsverbots um den Hals fiel. Die Nichte musste ihr nichts von ihren Zweifeln und Ängsten berichten. Ein Blick in ihr blasses, von Schlafmangel, Selbstkasteiungen, Fasten und einsamem Leiden gezeichnetes Gesicht verriet alles. «Komm, lass uns einen Rundgang um Haus und Gelände machen. Unterwegs können wir ein wenig reden.»

Man schrieb das Jahr 1519. Demnächst standen endlich die lang ersehnten klösterlichen Bauarbeiten ins Haus. Angesichts der wohlgefüllten Klosterkasse und der zweifellos geschickten Hand der neuen Äbtissin, den Besitz zu mehren, hatte der Vaterabt sein Einverständnis zu den Umbauarbeiten gegeben. Nun sollte Katharina die Wünsche der Siechenmeisterin ermitteln und aufschreiben, damit die notwendigen von den nur erwünschten Arbeiten unterschieden und die erforderlichen Kosten berechnet, die Handwerker ausgewählt und die Materialien ausgesucht werden könnten.

Magdalena von Bora sah ihre Nichte nachdenklich an. «Wir alle sind durch das Tal deiner Tränen gegangen. Die meisten unter uns versinken immer wieder darin. Arbeit hilft. Und sie tröstet, denn Gott hat nicht nur Freude an einem gehorsamen Geist. Er liebt auch das gute Werk deiner Hände.»

Katharina reckte den Hals. Das Gebände saß stramm. Die Haut juckte unter dem festen Leinenstoff, den sie nachts nicht mehr abzulösen wagte, und ein Bad wurde den Nonnen nur bei Krankheit öfter als einmal im Monat gestattet. «Ach, Muhme Lene, ich arbeite ja. Ich bete so heiß und mit so vielen Tränen, wie ich nur immer hervorbringen kann. Ich liege die ganze Nacht in Demut ausgebreitet auf dem Boden meiner Zelle. Und dennoch kommt mir immer wieder der Teufel in den Sinn, dass all mein Dienen und Beten müßig ist, weil ich doch nur eine falsche Nonne und gar nicht von Gott berufen bin.»

Anders als Ave, die manchmal nicht einmal mehr die Berührung ertrug, wenn sie nebeneinanderher gingen, weil körperliche Nähe den kaum zu beherrschenden Drang der Sünde nach mehr erzeugte, wich die Muhme Katharina nicht aus. «In dir rebelliert das wilde Blut derer von Kauffungen, das schon mehrfach großes Ungemach über unser Haus gebracht hat.»

Katharina verhielt den Schritt. «Von Kauffungen? Wer ist das, Muhme Lene?»

«Du erinnerst dich an meinen Bruder, deinen Oheim Alexius?» Die Siechenmeisterin faltete unwillkürlich die Hände unter ihren weiten Ärmeln, wie alle Nonnen, wenn sie mit keiner Arbeit beschäftigt waren. «Im gleichen Jahr, in dem deine Mutter starb, traf eines Abends im Juni, den Tag weiß ich nicht mehr genau, ein reitender Bote mit einer Eilbotschaft aus Erfurt auf Klietzen ein. Sie kam von diesem Studiosus, diesem Magister Artium Doktor Martinus Luther, den Alexius wohl auch öfter als seinen guten Freund zu Gast in das Haus deines Vaters brachte. Du erinnerst dich an ihn?»

Und ob Katharina sich erinnerte! Schwarzes Haar, durchdringende Augen, eine Stimme zur Laute wie die Nachtigall und Finger wie Zangen. Unwillkürlich griff sie an die einst zwischen diesen Fingern malträtierte Wange und hörte ihn spotten.

Da die Muhme sie fragend ansah, nickte sie. «Ja, ich erinnere mich. Es ist der, der nach seines Vaters Willen Jurist werden sollte.»

«Das ist er. Und genau dieser Martinus Luther schrieb deinem

Vater, dass unser Bruder bei einem Ehrenhandel ums Leben gekommen sei.»

«Bei einem Ehrenhandel? Ihr meint, in einem Duell?», rief Katharina erschrocken.

«Richtig.» Die Muhme wandte sich mit Katharina zur Mulde hinunter, um ihr den Waschsteg zu zeigen, der auf hölzernen Staken ins Wasser hinaus gebaut war. Einige der Planken und Pfosten waren angefault und mussten dringend ersetzt werden, sollten die Waschfrauen nicht bei der Arbeit in die Flut stürzen. Während Katharina die Anzahl ermittelte, berichtete die Muhme weiter. «Alexius blieb im Duell auf der Strecke. Es ging um unseren Gevatter Kunz von Kauffungen. Um die alte Geschichte vom Prinzenraub und um Hugold von Schleinitz, den Vater unserer Mutter. Hat dein Vater nie davon gesprochen?»

Katharina schüttelte den Kopf. «Zumindest weiß ich es nicht mehr.»

Die Muhme zeigte auf zwei Waschmulden, die mit Hilfe mehrerer großer Porphyrsteine in die Uferwiese gelegt worden waren, damit die Waschfrauen die von den Kranken oft stark verunreinigten Betttücher darauf sauber reiben konnten. «Zwei weitere solcher Naturbottiche sind längst vonnöten. Und wenn man dazu auch einige Trittsteine im Flussbett versenken würde, könnten die Waschfrauen noch besser arbeiten.»

Katharina schrieb eifrig mit.

«Die Sache mit dem Prinzenraub reicht bis in die Bruderkriege zwischen Friedrich dem Sanftmütigen und seinem Bruder Wilhelm zurück. Damals kämpfte Gevatter Kunz von Kauffungen an der Seite Friedrichs. Wie das im Krieg so ist, verlor er dabei nicht nur seine Güter, sondern geriet auch in böhmische Gefangenschaft und kam nur gegen ein Lösegeld aus eigener Tasche frei. Diesen Schaden verlangte er nach dem Friedensvertrag der Brüder von seinem Herrn zurück. Doch dieser lohnte Treue mit Untreue und zahlte nicht. In seinem Grimm beschloss Kunz, Friedrichs Söhne zu rauben, um Lösegeld für sie zu erpressen. Das gelang ihm auch, doch er kam nicht weit. Bereits am nächsten Tag wurden sie von Friedrichs Häschern geschnappt. Die Prinzen waren unversehrt, die Prinzenräuber blieben es nicht. Und trotz seiner hohen Verdienste im Krieg blieb auch der Kopf des wilden Kunz nicht oben. Sie machten in Freiberg kurzen Prozess mit ihm. Der kurfürstliche Richter von Haugwitz ließ Kunz öffentlich auf dem Marktplatz zu Freiberg den Kopf abschlagen.»

«Schrecklich!», rief Katharina.

«Zumal es bei der Verurteilung nicht mit rechten Dingen zuging», empörte sich die sonst so sanftmütige Muhme. «Unser Gevatter Kunz hatte seinem treulosen Herrn nämlich vor dem Prinzenraub einen Fehdebrief geschickt. Das heißt, der Ritter befand sich mit seinem Herrn im Krieg. Und im Krieg sind alle Mittel erlaubt. Auch Entführung und Lösegeldhändel. Kunz hätte also vor Gericht straffrei ausgehen und der Kurfürst zahlen müssen. Doch dieser log, der Fehdebrief sei nie bei ihm angekommen. Damit war das Schicksal des Ritters besiegelt.»

«Gott sei seiner Seele gnädig!», murmelte Katharina und schlug ein Kreuz. «Aber was hat das alles mit uns und mit Alexius zu tun?»

«Übe dich in Geduld, mein Kind!», mahnte die Muhme. «Wie ich schon sagte, war das Haus meiner Mutter Elisabeth von Schleinitz mit dem Hause von Kauffungen verwandt und verschwägert. Ihr Vater, Hugold von Schleinitz, galt als mächtigster Kanzler des geraubten Prinzen Albrecht, der, auf den Rat meines Großvaters hin, als Herzog Albrecht der Beherzte endlich Frieden mit Böhmen schloss. Aus diesem Grund hatte er Neider, die auch ihn gern einen Kopf kürzer gesehen hätten. Der Schlimmste unter ihnen war der brandenburgische Kurprinz Johann Cicero. Der nannte ihn einen verräterischen Bösewicht und log, mein Großvater habe mit seinem Gevatter Kunz von Kauffungen beim Prinzenraub gemeinsame Sache gemacht.»

«Und deswegen schlug Alexius sich im Duell?», staunte Katharina. «Nach so langer Zeit? Wegen dieser alten Geschichte?»

«Ja, weil diese alte Geschichte Anlass einer Beleidigung des Namens von Mergenthal war», seufzte die Muhme.

Inzwischen waren die Nonnen an der Giebelwand des Siechenhauses angelangt. Die Siechenmeisterin hatte bereits eine Leiter anlegen lassen, damit Katharina einige Sprossen hinaufsteigen und mit eigenen Augen sehen könne, dass das Mauerwerk seitlich der Fenstergewände stark gelitten hatte und der Sanierung bedurfte. Während ihre Nichte diese Mängel für die Äbtissin notierte, fuhr die Muhme fort: «Wie jener Martinus Luther deinem Vater schrieb, war der Anlass des Duells die Behauptung, der Name von Mergenthal sei unserem Vater nicht als Ehrenname, sondern als Bastardname verliehen worden, um zu vertuschen, dass er als zweifacher Jerusalemfahrer mit dem Schandhause von Kauffungen verwandt sei. Das Bastardzeichen könne jedermann am durchgestrichenen Wappen derer von Mergenthal erkennen.»

«Oh!», stieß Katharina hervor.

Die Muhme senkte den Kopf. «Für diese Beleidigungen warf Alexius ihm den Fehdehandschuh hin.»

«Guter Alexius!» Katharina schlug sich auf den Mund. «Armer Alexius!»

«Er mag wohl beides gewesen sein», murmelte die Muhme. «Gott sei seiner armen Seele gnädig.»

Sie schloss einen Augenblick lang die Augen, ehe sie fortfuhr: «Martinus Luther war es, der Alexius des Morgens tot im eigenen Blute liegend fand, als er ihn, wie so oft, in seinem Hause besuchen wollte. Wie er deinem Vater schrieb, muss unser Bruder es nach dem Duell trotz schwerer Verwundung noch aus eigener Kraft bis auf sein Lager geschafft haben, ehe ihn der Tod überwältigte.»

«Woher wisst Ihr das alles, Muhme Lene?», wunderte Katharina sich.

«Möchtest du einen Becher Tee?» Die Muhme machte sich schon an der offenen Feuerstelle zu schaffen, über der jederzeit ein Kessel mit heißem Wasser hing. «Ich habe frische Pfefferminze.»

Einen Pfefferminztee hätte Katharina nie ausgeschlagen. Köstlich belebend durchzog der Duft bald darauf die Krankenküche, und die Muhme nahm den Faden ihrer Erzählung nach zwei, drei Schlucken aus dem dampfenden Becher wieder auf. «Dein Vater brachte mir einen Sendbrief eben jenes Martinus Luther mit und las ihn mir vor. Dieser schrieb, der frühe Tod unseres Alexius sei nicht umsonst gewesen. Es möge uns ein Trost sein, dass Gott ihn, Martinus Luther, dadurch die rechte Gottesfurcht gelehrt und auf den wahren Weg des Glaubens geführt habe. Nach dem Tod des Freundes habe Gottes heiliger Zorn sich ihm in einem Blitzstrahl offenbart. Allein die Fürsprache aller mit dem Tode Bedrohter habe ihn gerettet, als er in seiner Todesangst schrie: ‹Hilf, heilige Anna, ich will ein Mönch werden!› Kaum ausgesprochen, habe der Himmel sich aufgeklart. Ein Licht sei aus den Wolken gefallen, das einen nie verspürten Frieden über ihn brachte. Wenige Tage später sei er, Martinus Luther, am Namenstag seines unvergessenen Freundes anno 1505, als Novize in das Schwarze Kloster der Augustiner-Eremiten zu Erfurt eingetreten.»

Katharina wusste nicht, was sie von dieser Erleuchtung des Martinus Luther halten sollte. Aber hatte Pater Albertinus nicht gesagt, ein jeder Mensch könne von Gott erleuchtet werden?

Katharina setzte den Teebecher ab, um ihn mit ein wenig Wasser aus dem schönen Brunnen der Klosterküche auszuspülen. Sie liebte diesen Brunnen, der aus einem an der Wand hängenden Becken und einem mit Wasser gefüllten Tonballon bestand. Wollte man den Brunnen fließen lassen, legte man ein bronzenes Hebelchen um, und schon rann das Wasser heraus. «Glaubt Ihr, dass der Herr Großes mit ihm vorhat?»

«Würden wir Gottes Willen für gewiss erkennen, wären wir auf Erden alle bessere Menschen», gab die Muhme zurück. «Eines aber darfst du ganz sicher glauben, nämlich dass du gut daran tust, deinen wilden Stolz und Eigenwillen immer wieder in Demut und Gehorsam zu üben. Bedenke, wer die Macht hat, hat das Sagen. Und wer wider den Stachel löckt, muss den Stich leiden.»

«Ich verspreche es.» Katharina küsste die Hand der Muhme. «Ich will die Mutter Oberin bitten, mir ein Talglicht für meine Toten zu erlauben. Dann will ich auch für jenen Kunz von Kauffungen beten, dessen Geist sich an mich nicht mehr länger binden soll.»

«So gehe hin in Frieden!» Mit einem Kuss auf die Stirn zog die

Siechenmeisterin ihre Nichte an sich und sah ihr nach, bis die schlanke Gestalt mit dem immer etwas zu eiligen Schritt um die Hausecke verschwunden war.

Die Bauarbeiten an Marienthron schritten zügig voran. Meister Hintz, der Steinmetz, war als Werkmeister für die Qualität der handwerklichen Arbeiten an den neuen Zellen im Dorment sowie den Umbauarbeiten am Kapitelsaal und Remter verantwortlich. Wochenlang waren schwer beladene Fuhrwerke mit Steinen, honigfarbenen Kiefernholzbohlen und Dielen, Kalk und Mörtel, Eisen sowie goldfarbenen Dachschindeln in die Propstei gekommen, bis die Bauvorräte die große Scheune füllten. Seitdem hämmerte, sägte, meißelte, zimmerte, mauerte es fast ununterbrochen.

Natürlich waren alle Arbeiter strengstens angewiesen, den Chorjungfrauen mit größter Ehrerbietung zu begegnen und sie weder zum Sprechen noch zu irgendwelchen Diensten zu verleiten. Wann immer möglich, sollten sie bei ihrem Anblick sofort die Augen niederschlagen und schweigen. Nicht minder streng hatte die Mutter Oberin ihre Schäflein ins Gebet genommen und sie bei schwerer Strafe ermahnt, sich den Arbeitern fern zu halten. Auch wurde für die kurze Zeit der Bauarbeiten im Zellentrakt eine gemeinsame Schlafkemenate im Kapitelsaal eingerichtet.

Dennoch konnte auch die strengste Mutter Oberin nicht überall ihre Hand dazwischenhalten, und Barbara von der Pristenitz, die wenig älter war als Katharina und im Chor die strahlendste Stimme von allen erhob, empfing ein Kind. «Ich weiß nicht, wie es geschehen ist», schrie sie unter den heftigen Rutenstreichen der Mutter Unterpreilin, der die Mutter Oberin wegen ihrer kräftigen Oberarme die Pflicht des Strafens zugewiesen hatte. «Ich weiß nicht, wer der Vater ist.» Später wimmerte sie nur noch. Da war ihr bloßer Rücken schon ein Gitternetz in Rot und Weiß und das Untergewand von Blut getränkt.

Katharina hätte sich am liebsten Augen und Ohren zugehalten. Auch Ave, die ihr in der Bankreihe gegenübersaß, war alles Blut aus dem Gesicht gewichen. Doch wer bei Züchtigungen unaufmerksam erschien oder unziemliches Mitleid verriet, machte sich der verbotenen Hilfeleistung verdächtig. Also starrten alle wie gebannt auf das Häuflein Elend, das sich plötzlich mit einem Seufzer streckte und die Besinnung verlor.

«Ist sie tot?», wagte sie am Tag danach ihre Muhme Lene zu fragen, der es gestattet worden war, nach der Büßerin zu sehen.

«Nein.» Die Siechenmeisterin schüttelte den Kopf. «Die Wunden heilen. Der Herr hat sich ihrer erbarmt und das Kind der Sünde von ihr genommen.»

«Und was ist mit dem jungen Mann geschehen, den sie neulich in Fesseln von einem Baugerüst schleppten?»

«Woher weißt du das?»

Katharina hob die Schultern an. Nicht einmal ihrer geliebten Muhme Lene würde sie die Laienschwester verraten, deren Bruder sie abgeführt hatten. Die Siechenmeisterin verstand. «Du weißt, was auf Tempelraub steht.»

«Die Folter?» Im Geist sah Katharina das Gesicht der jungen Konversin vor sich, die sie angefleht hatte, sich bei der Mutter Oberin für ihren Bruder zu verwenden. «Wir wissen, sie hat Euch lieb vor allen anderen», hatte sie geflüstert und völlig vergessen, dass sie keine Chorjungfrau berühren durfte. «Sprecht mit ihr. Werft Euch ihr zu Füßen. Bittet sie um sein Leben. Auf Euch wird sie hören. Sie werden ihm den Kopf abschlagen. Er ist doch noch so jung. Meine Mutter hat niemanden als nur ihn. Wie soll sie unsere jüngeren Geschwister ernähren, ohne ihn?»

«Ich kann nicht», hatte Katharina ebenso leise geantwortet und die an ihr zerrenden Hände des Mädchens behutsam aus den Gewandfalten gelöst. «Die Mutter Oberin würde ihm vielleicht vergeben. Der Vaterabt nicht. Ich will aber die Mutter Küchenmeisterin bitten, dass du den Deinen täglich etwas zu essen an der Windenpforte geben darfst.» Niemals würde sie das vor hoffnungsloser Verzweiflung graue Gesicht der Schwester vergessen.

«Folter und Tod, ja.» Die Muhme setzte die fertigen Tücherstapel in einen Kasten. «Er ist schon nicht mehr, Kind. Einer der anderen Arbeiter hat sie beobachtet, wie sie sich unten an der Mulde trafen. Sie wussten wohl nichts von den Wachen im Hof. So haben sie ihn geschnappt. Mit einem Tempelräuber wird kein Federlesens gemacht.»

Das hatte Katharina schon einmal zu Brehna gehört.

«Die Menschen strafen härter als Gott selbst», murmelte sie. «Gott hat die Tempelräuber, die einen Apfel vom verbotenen Baum der Erkenntnis stahlen, nicht getötet. Und als er Moses die Tafeln des Gesetzes gab, war auch ‹Du sollst nicht töten!› dabei. Wer sündigt nun mehr, Muhme Lene, der Tempelräuber aus Liebe oder der Mörder aus Anmaßung?»

Die Siechenmeisterin schüttelte nur den Kopf.

Zur großen Freude der Äbtissin vermerkte der Vaterabt den schlimmen Sündenfall unter ihrem Klosterdach nicht so übel, dass er zur Strafe seine Einwilligung zur Fortsetzung der Bauarbeiten zurückgezogen hätte. Zwar hatte er zunächst in seinem Zorn einen Baustopp befohlen. Doch Marienthron stand hoch in der Gunst des Regenten, und sie wäre nicht Margarethe von Haubitz gewesen, hätte die Äbtissin diesen Vorteil nicht zu nutzen verstanden. So gingen die Arbeiten nach einer Frist, die es dem Vaterabt gestattete, das Gesicht zu wahren, auch an dem schönen Treppenturm weiter, auf den die Mutter Oberin besonderen Wert legte.

Im Stil der Zeit sollten die Fenster der Treppenschräge folgen und dem alten Dorment zur Chorseite der Klosterkirche hin ein neues, elegantes Aussehen geben. In seiner Funktion ermöglichte er eine Abänderung des Treppenhauses im Innern des Dorments sowie einen Ausbau der Zellen, deren Anzahl durch eine Anhebung des Dachstuhls mit einem Mezzaningeschoss erheblich vergrößert werden konnte. Zum Abschluss sollte der höher gewordene Dachstuhl des Dorments einen Dachreiter mit einer neuen, weithin hörbaren Gebetsglocke für die Nonnen erhalten. Mit seinen neuen Dachschindeln aus goldfarben gebranntem Ton sollte Marienthron endlich wirklich wie der Thronsessel der Königin über Himmel und Erde aussehen.

Zu wissen, dass der Liebhaber der unglücklichen Barbara von Pristenitz wohl eine der Leitern an ihr Zellenfenster angestellt hatte, sodass sie zu ihm hinunterklettern konnte, brachte Katharina auf die seltsamsten Gedanken. Nachts, als der Mondschein durch das schmale Zellenfenster fiel, stellte sie sich einmal sogar in die Fensteröffnung, um zu prüfen, ob auch sie wohl hindurchpasste. Mehrere Fastenwochen im Jahr, zwei Fastentage in der Woche, manchmal ein Schälchen Morgenmus oder ein Becher Dünnbier für die Schwachen und zwei Mahlzeiten an jedem langen, arbeitsreichen Tag, von denen eine kaum jemals Fleisch und nur am Freitag ein Stückchen Salzhering oder anderen Fisch enthielt und die andere mit einem Kanten trockenes Brot und vielleicht etwas Käse oder einer Suppe genügen musste, das unterdrückte frauliche Rundungen. Nonnen sollten auch wie zarte, reine Engelwesen aussehen. «Ohne Schleier und Skapulier ginge es vielleicht.» Erschrocken vor den eigenen Ideen, sprang Katharina von der Fensterbank.

«Undankbare!», schalt sie sich. «Reicht es dir nicht, dass du Ave manchmal in ihrer Zelle besuchst und sie dich? Dass es keiner sieht, hört und sagt, obwohl es eine Sünde ist und alle so tun, als wäre nichts, solange es nur nicht ausgesprochen wird?»

Ave hatte eines Nachts damit angefangen. Einfach so. Weil das ewige Schweigen und die schreiende Stille in der Zelle so wehtaten, wie keine Rutenschläge wehtun könnten, wie sie sagte. Weil sie lieber ausgestoßen werden wollte, als noch länger einsam wie im Grab in ihrer Zelle zu liegen und mit einem Gefühl wie tausend Jahre Hunger auf einen Bräutigam zu warten, der doch niemals käme.

Als ihr erster Nachtbesuch in Katharinas Zelle tatsächlich unentdeckt verlief, blieb es nicht der einzige. Und als Katharina auf einem ihrer Gegenbesuche Veronika von Zeschau auf dem Flur ertappte, erfuhren sie bei ihrem nächsten gemeinsamen Dienst zur Zinnkrauternte im Klostergarten, dass nicht allein Ave und sie die Gunst der Stunde zwischen Vigil und Prim erkannt hatten. Ebenso trafen sich um diese Zeit auch die Schwestern Margarethe und Veronika von Zeschau. Wie sie wussten, zählte Else von Canitz, die mit Katharinas

Stiefmutter aus dem Hause von Ende verwandt war, gleichfalls zu den nächtlichen Geheimniskrämerinnen und kam nicht nur mit Else von Gauditz, sondern auch mit anderen, deren Zellen direkt nebeneinander lagen, zusammen.

«Und keine von uns merkt etwas?», staunte Katharina.

«Wo kein Kläger, da kein Richter.» Else von Canitz, von Katharina als ihre Gevatterin im Vertrauen auf die gemeinsamen Familienbande befragt, blinzelte. «Wer im Dunkeln schweigen muss, wird nicht gesehen und nicht gehört. Was aber keiner sieht und niemand hört, gibt's nicht. Stimmt's?»

Katharina grub mit beiden Händen nach den lotrecht ins Erdreich gebohrten Zinnkrautwurzeln, über die sich die Muhme Lene für ihre Wasser treibenden Zinnkrautaufgüsse freuen würde. «Heißt das, jede von uns besucht jede heimlich in der Zelle?»

«Jedenfalls nicht nur wir», nickte Else und gestand unter dem Siegel der Verschwiegenheit, wer noch dazugehörte. «Herrlich ist es, auf den Brettern der Baugerüste im Mondschein zu sitzen, den Sternenhimmel zu betrachten und endlich ungestört zu plauschen.»

«Das glaube ich aufs erste Wort», murmelte Katharina. «Aber ist es nicht sonderbar, dass wir alle so eng beisammenleben und doch fast nichts voneinander wissen?»

«Dann lass es uns ändern», raunte Else.

Da die Bauarbeiten nicht binnen weniger Monate getan waren, sondern wegen Schlechtwetters und schleppender Materiallieferungen länger währten als geahnt, schmolzen die Mittel trotz der gut gefüllten Klosterklasse rascher zusammen, als es der Äbtissin lieb war. Umso freudiger sah sie dem sommerlichen Kirchweihfest entgegen, das wegen des großen Ablasses, den man an diesem Tag erwerben konnte, auch «Aplas» genannt wurde.

Der Ablass in Marienthron zu Nimbschen war alljährlich einer der Höhepunkte des Klosterlebens. Dieses Jahr würde sogar Johann Tetzel, der berühmte Ablassprediger, kommen. Seine Reden führten den Gläubigen das Fegefeuer vor Augen, als brieten sie schon darin, sodass selbst das ärmste Mütterchen den einzigen Pfennig aus dem Sparstrumpf zog, um Ablass für ihre Toten zu erwerben.

Zwar war es den Chorjungfrauen verboten, ihre Klausur zu verlassen, sodass sie wohl niemals dabei sein würden, wenn es auf dem Platz rund um die Propstei hoch herging. Aber schon Wochen vorher schwirrte das ganze Kloster trotz des Schweigegebots vor Aufregung. Jede noch so kleine Nachricht wurde sofort per Zeichensprache oder Flüsterpost weitergegeben. Katharina und Ave hatten darüber hinaus auch noch ihre geheime Rohrpost.

Die Rohrpost hatte Katharina erfunden. Seit sie im Auftrag der Mutter Oberin das ganze Kloster auf das Sorgfältigste nach Rissen in der Wand, feuchtem Mauerwerk, mürben Bodenfliesen und ähnlichen Schäden absuchen musste, entwickelte sie einen besonderen Blick für Mauerwerk. Und so war ihr eines Mittags auf dem geheimen Gemach ein Haspenloch aufgefallen, das von einem früheren Umbau des Fensters übrig geblieben war. Es war etwa kleinfingerlang und auch so rund. Und es ließ sich ganz einfach mit einem winzigen, in der Farbe passenden Rotsandsteinbrocken verschließen, als sei die Öffnung nie da gewesen. Mit etwas Geduld passte ein eng gerolltes Stückchen Pergament hinein, wie sie öfter einmal beim Zuschnitt der Bögen abfielen. Es würde leicht sein, das eine oder andere Stückchen mitzunehmen, wenn sie mit Kopierarbeiten beschäftigt wäre. Für Katharina stand sofort fest, dass sie dieses Versteck mit Ave und den anderen Nachtwandlerinnen teilen würde.

Am Vorabend des Kirchweihtages fand Katharina eine winzige Zeichnung von einem Bären, der auf einem Seil tanzte, darin. Der Anblick löste eine so ziehende Sehnsucht nach Leben in ihr aus, dass sie das Bildchen sofort in winzige Stücke zerriss und es, sich auf die Zunge beißend, um mehr Speichel im Mund zu sammeln, wie immer verschlang.

Sie wusste, wie es am Kirchweihtag draußen vor der Pforte, zum Greifen nahe und doch weltweit entfernt, zugehen würde. Akrobaten und Seiltänzer würden ihre Kunststücke vorführen, Geschichtenerzähler bunte Bilder vor staunenden Augen und Ohren ausbreiten, fremdartige Flötenspieler ihre Schlange aus dem Korb aufsteigen lassen, Troubadoure zur Laute singen, Pfeifer zum Tanz aufspielen, Hundedompteure würden lustige weiße Spitze auf den Vorderpfoten tanzen und durch brennende Reifen springen lassen, Ritter würden Turniere auskämpfen und Verkaufsbuden über Verkaufsbuden würden mit Auslagen locken, von denen alle wissen durften, nur Chorjungfrauen nicht.

«Was wäre denn schon dabei», begehrte es in ihr auf, «wenn wir wenigstens zuschauen dürften? Schließlich ist es ein heiliges Fest, an dem anderen sogar Ablass gewährt wird, nur weil sie kommen. Außerdem stehen Tag und Nacht Wachen auf dem Platz. Keiner von uns würde etwas passieren.»

«Würde es das wirklich nicht?», hielt der Verstand dagegen. «Würde es dir die Sünden der Welt nicht verlockend vor Augen führen, dass du immer wieder daran denken müsstest, anstatt in frommer Einkehr deine Freude in Gott und deinem himmlischen Bräutigam zu finden? Wie, wenn auch du dort einen sähest, so schön und jung wie Jesus Christus selbst? Würdest du dann der Liebe widerstehen? Oder würdest du es wie Barbara von Pristenitz machen?»

Wie auf der Flucht verließ Katharina das geheime Gemach. Doch wie entflieht man Erinnerungen an Kindertage, über den Köpfen einer bunten Menschenmenge auf der Schulter des Vaters reitend, jauchzend beim Anblick eines Bären, der sich mit erhobenen Pfoten wie im Tanz um die eigene Achse drehte, sich verbeugte, wenn der Bärenführer ihn am Nasenring zog, und mit beiden Pfoten eine Flasche an sein Bärenmaul führte, um daraus zu trinken wie ein Mann?

Wieder und wieder schlug Katharina die Stirn auf den Steinboden vor dem Marienaltar, bis der körperliche Schmerz lauter schrie als die sündige Eva und ihr Geist in diesem Schmerz Ruhe fand. «Deus misereatur!», flehte sie. «Gott, erbarme dich. Führe mich nicht in Versuchung. Schenke mir nur einen Blick deiner Gnade, so wird meine Seele gesund und ich heil in dir.»

Doch Gott schwieg. Wie immer. Müde stand Katharina auf. «Irgendwann werde ich wissen, wie es ist, wenn man eine Erleuchtung hat», hatte sie einmal zu Pater Albertinus gesagt und ihm versprochen, sie werde ihm, der noch nie erleuchtet worden war, verraten, wie es sei. Leider war auch sie nun kein Kind mehr, dem der Herr die Gnade eines Glaubens ohne Zweifel schenkte.

Am Tag nach dem Ablass fand Katharina kurz vor der Vesper eine Nachricht Aves in der Rohrpost: ein Fetzchen Pergament mit einer Eins. Das bedeutete, Ave würde versuchen, nach der Vigil, wenn alle so todmüde waren, dass es ziemlich sicher nicht einmal einer der schlaflosesten Seniorinnen auffallen würde, wenn Schritte auf dem Gang zwischen den Dormentzellen huschten, in ihre Zelle zu kommen. Und wenn Ave dieses Wagnis auf sich nahm, musste es lebenswichtig sein. Normalerweise schlich Katharina heimlich zu ihr. Ave war wenig mutig.

Die Aufregung hielt Katharina wach.

Als die Freundin endlich tatsächlich kaum vernehmlich an der Zellentür kratzte, zog Katharina sie so schnell herein, dass sie beide fast gestürzt wären. Zum Glück quietschten und knarrten Türriegel und Haspen nicht, die Katharina mit einem heimlich aus dem Remter mitgenommenen Stückchen Speckschwarte bearbeitet hatte.

Den Finger auf dem Mund, griff Ave hastig unter ihr Ärmelgewand und zog ein Blatt Pergament darunter hervor. Katharina nahm es entgegen.

Sie las: «Aus Liebe zur Wahrheit und im Bestreben, sie ans Licht zu bringen, wird in Wittenberg unter dem Vorsitz des ehrwürdigen Vaters Martin Luther, des Magisters der Sieben Freien Künste und der heiligen Theologie, sowie derselben ordentlicher Lehrer daselbst, das Folgende disputiert werden. Deshalb bittet er, dass diejenigen, die nicht mit Worten gegenwärtig sein und es nicht mit uns erörtern können, das in Abwesenheit mittels Briefen tun sollten. Im Namen unseres Herrn Jesus Christus. Amen.»

Luther? Der Freund ihres Oheims Alexius? Was konnte er so Wichtiges geschrieben haben, dass Ave riskierte, böse mit der Rute geschlagen zu werden? «Woher hast du das?», fragte sie mit einer Gebärde. Doch wieder bedeutete Ave ihr nur stumm, weiterzulesen.

«Die fünfundneunzig Thesen des Martin Luther. Erste These: Indem unser Herr und Meister Jesus Christus sagte: ‹Tut Buße› usw. (Matth. 4,17), wollte er, dass das ganze Leben der Gläubigen eine Buße sei.» Was sollte daran besonders sein? Wusste das nicht jedes Kind? Doch schon die zweite, dritte und jede weitere These ließ ahnen, dass es um mehr ging. Um viel mehr.

Katharinas Augen flogen nur so über die Zeilen. Ave musste rechtzeitig vor der Prim in ihrer Zelle zurück sein, ehe die eine oder andere Nonne aus dem gewohnten Aufstehenszwang wach würde und Geräusche im Flur hören könnte.

Bei These einundzwanzig stockte ihr Blick erstmals mit Entsetzen. Was stand da? «Deshalb irren diejenigen Ablassprediger, die sagen, dass durch die Ablässe des Papstes der Mensch von jeder Strafe befreit und selig wird.» War dieser Martinus Luther wahnsinnig?

Und dann, unter zweiunddreißig: «In Ewigkeit werden diejenigen mit ihren Lehrern verdammt werden, die glauben, dass ihnen aufgrund der Ablassbriefe ihr Heil sicher ist.» Dieser Luther konnte nur irre sein.

These sechsunddreißig musste sie zweimal lesen, wie knapp Aves Zeit auch war. «Jeder Christ, der wahre Reue empfindet, hat vollständige Vergebung von Strafen und Schuld, die ihm auch ohne Ablassbriefe gehört.» Fassungslos sah sie auf.

«Gib!» Ave streckte die Hand aus. «Wir wollen morgen darüber reden. Ich werde die Mutter Oberin bitten, der Siechenmeisterin helfen zu dürfen. Bitte auch du sie. Dann können wir reden.»

Aus Angst, selbst ihr Flüstern könne sie beide verraten, sah Katharina wortlos nickend zu, wie Ave das Thesenpapier wieder unter ihren Gewändern barg und die Röcke mit beiden Händen so fest wie möglich bis zu den Knien hochnahm, damit sie nicht rauschten, wenn sie auf Strümpfen in ihre Zelle zurückeilte. Trotzdem musste sie noch wissen, woher die Freundin dieses Blatt hatte.

«Von der kleinen Konversen», wisperte Ave ihr fast unhörbar ins

Ohr. «Du weißt schon, deren Bruder sie wegen unserer Barbara umgebracht haben. Sie sagt, unser Kaufmann Koppe habe es ihr auf der Kirchweih gegeben, als sie in der Propstei Bier und Wein an die Gäste ausgeschenkt hat.»

Leonhard Koppe, der reiche Kaufmann, Ratsherr und Schösser zu Torgau, der ihnen regelmäßig tonnenweise Hering, Neunaugen und Stockfisch als Fastenspeise lieferte. Ein ruhiger, besonnener und frommer Mann. Die Mutter Oberin suchte ihn oftmals zu Geschäften auf, wenn sie zu Großeinkäufen in die kurfürstlich sächsische Residenz zu Torgau reiste, wo Marienthron seit Gründungszeiten große Klostergüter besaß. Dort rechnete sie mit ihm über seine Lieferungen von Eisen und eisernen Gerätschaften sowie des berühmten Torgauer Biers ab. Als treuer Sohn ließ er auch in Marienthron oftmals Seelenmessen für seine Mutter halten und hatte nicht wenige Ablassbriefe gekauft. Selbst seine Opfergaben an Marienthron waren beträchtlich, manchmal erließ er den Preis für mehrere Heringsfässer. Katharina hatte die Zahlen selbst in die Rechnungsbücher des Klosters eingetragen. Außerdem war er ein reifer Mann, bestimmt schon an die sechzig Jahre alt, eigentlich ein Greis. Wenn Leonhard Koppe sich an der Diskussion über diese Thesen beteiligte und sie sogar in Klöstern verbreitete, war es kein Dummerjungenstreich, sondern das Werk eines ernsthaften Menschen, der wusste, was er tat.

«Die Konverse sagt, alle Welt redet darüber, dass dieser Martinus Luther ein Mönch ist und es wagt, dem Papst Fehde anzusagen», raunte Ave. «Schon lange bevor die Bauarbeiten in Marienthron anfingen, soll er dieses Papier mit eigener Hand an die Kirchentür zu Wittenberg genagelt haben. Der Papst, heißt es, habe vor Wut getobt und eigens einen römischen Kardinal gesandt, damit Luther seine ketzerischen Thesen widerrufe. Doch der habe nicht widerrufen. Stattdessen schreibe er Abhandlungen wie ‹Sermon von den guten Werken› oder ‹An den christlichen Adel deutscher Nation›. Die Konverse sagt, der Kaiser wolle alle Schriften verbrennen lassen. Gerade darum wolle jeder sie lesen.»

Katharina hätte noch mehr hören wollen. Aber die Freundin hatte

Recht, mit jedem Wort stieg die Gefahr, entdeckt zu werden. «Geh jetzt! Gott schütze dich, Ave!» Sie lugte ihr nach, wie sie auf ihren dünnen Beinen wie ein Nachtfalter durch den Gang davonsegelte. Lautlos schob sie die Zellentür zu und ließ sich auf ihren Strohsack sinken.

Martinus Luther als Ketzer? Sie würden ihn auf den Scheiterhaufen bringen. Sie sah ihn wieder vor sich, wie sie ihn als kleines Mädchen zu Klietzen wahrgenommen hatte. Lachend, singend, glühend vor Leben. Er habe Charisma, hatte die Mutter über ihn gesagt. Gott habe sein Leben verschont, weil er Großes mit ihm vorhabe, meinte Pater Albertinus zu Muhme Lene. Aber war es etwas Großes, zu behaupten, Gott schenke Vergebung ohne Ablassbriefe? Oder dass es falsche menschliche Gedanken, eine Irrlehre also, und nicht Gottes Wort wären, würde behauptet: «Wenn die Münze im Kasten klingt, die Seele aus dem Fegfeuer springt.»

Katharina konnte es sich nicht vorstellen. Der ernsthafte Ratsherr Koppe hin oder her, wenn dieser Martinus Luther mit seinen Thesen etwas Großes vollbracht hätte, dann gewiss eine große Dummheit. Er war krank im Kopf. Musste krank im Kopf sein. Oder doch nicht?

Das Siechenhaus mit seinem Garten, in dem die Kranken und Schwachen auf rollbaren Pritschen an die frische Luft geschoben und im Freien versorgt werden konnten, hatte so manches Plätzchen, an dem man heimlich ein wenig beisammenstehen und reden konnte. Da Magdalena von Bora ihrer Nichte vertraute, nahm sie es mit der Beaufsichtigungspflicht nicht so genau.

Obwohl die Freundinnen auf diese Weise unverhofft viel Zeit hatten, sich über die fünfundneunzig Thesen des Martinus Luther die Köpfe heiß zu diskutieren, und zuletzt sogar die völlig entsetzte Siechenmeisterin ins Vertrauen zogen, kamen sie zu keinem rechten Schluss.

Träfen Luthers Behauptungen zu, wäre der Papst nicht unfehlbar. Ablassbriefe wären nicht von Gott gewollt, sondern allein menschengemacht. Alle Reliquien wären keine wahren Schätze mehr, sondern nutzlose Staubfänger, an denen die Gläubigen achtlos vorbeigehen würden, anstatt für ihre Betrachtung Ablass zu erringen. Wovon sollten Klöster, wovon die ganze Kirche existieren, wenn kein Geld durch Ablassbriefe und Opfer in die Kasse käme?

«Gebt mir dieses unselige Pergament», verlangte die Muhme zuletzt. «Ich will es der Mutter Oberin bringen, damit keine Schuld auf euch fällt, sollte der Teufel es wollen, dass es in eurer Zelle gefunden würde. Sie wird damit nach ihrem Gutdünken verfahren.»

«Aber wie wollt Ihr erklären, woher Ihr es habt?» Katharina sah die liebe Muhme schon in der Dunkelzelle schmachten.

«Im Siechenhaus geschehen viele Dinge», beschwichtigte diese. «Ich werde sagen, eine der armen Alten habe es bei sich getragen, die auf der Krankenstation versorgt werden musste. Margarethe von Haubitz ist eine verständige Frau. Sie wird wissen, wie mit einem solchen Pamphlet zu verfahren ist. Und nun geht, Kinder, tut euren Dienst. Ich will morgen früh im Kapitel keine Klagen über euch hören, weil ihr geschwatzt habt anstatt gebetet und gearbeitet, und euch nicht am Katzentisch büßen sehen.»

Katharina und Ave gehorchten. Martinus Luther aber wurden sie deshalb nicht los. Als habe sein Schatten sich an ihre Fersen geheftet, gingen seine Thesen mit ihnen. Jede einzelne Reliquie im Kirchenschatz rief sie täglich wach, ein seltsam mulmiges Gefühl bei deren Pflege und dem mit ihnen verbundenen Ablassverkauf hinterlassend.

Doch täglich vor zwölf Altären mit Reliquien zu stehen, schleift zugleich jeden Zweifel ab. Mit der Zeit nahm die Erinnerung an Luthers Thesen etwas Unwirkliches an. Immer wieder stand ja ein Ketzer auf und starb doch nur wie alle wilden Eber, die Gottes Weinberg verwüsteten, nämlich am Spieß. So würde es auch Martinus Luther mit seinen Thesen längst ergangen sein, davon war Katharina überzeugt. Trotz der albernen Reden, die die Konverse, die Schwester jenes Tempelräubers, manchmal führte, die es geradezu darauf anlegte, sooft wie möglich in Katharinas Nähe zu sein.

«Habt Ihr es schon gehört, mit dem Adel und dem Klosterleben wird es bald ein Ende haben», konnte sie sagen, wenn sie im Siechenhaus an der Wäsche stand und Katharina mit einem Tiegel aus der Tür trat, in dem sie soeben eine Melissensalbe oder einen Honigbalsam angerührt hatte. «Martinus Luther hat heuer erst wieder zu Grimma gepredigt. Meine Mutter hat es gehört.»

Oder sie flüsterte ihr zu, wenn Katharina Küchendienst hatte und sie selbst die schweren Kessel scheuerte: «Die Bulle des Papstes hat er verbrannt, der Martinus Luther. So egal ist es ihm, was man zu Rom über ihn sagt. Er fürchtet sich nicht. Vor keinem. Und ein Papier über die Freiheit eines Christenmenschen hat er auch geschrieben. Wisst Ihr schon, wie es darin heißt?»

«Schweig!»

«Es heißt, ein Christenmensch ist ein freier Herr über alle Dinge und niemandem untertan. Und dass es der Seele nichts hilft, wenn der Leib heilige Kleider anlegt, wie es die Priester und Nonnen tun, oder man betet, fastet, wallfahrtet und alle guten Werke tut, weil kein äußerlich Ding den Menschen frei oder fromm machen kann. Und dass es darum der Seele nicht schadet, wenn der Leib unheilige Kleider trägt, an unheiligen Orten isst, trinkt, wallfahrtet, nicht betet und keine guten Werke tut. Oder wenn einer wie mein Bruder einer Nonne, die ihn lieb hat, ein Kind macht.»

Katharina wollte das alles nicht hören. Wollte es auch nicht glauben. Selbst wenn es stimmte und Martinus Luther noch lebte und ketzerische Reden führte, würde er doch niemals gegen den Adel schreiben und predigen, kein Christenmensch sei einem anderen untertan. Kein mit Vernunft begabter Mensch konnte einen solchen blanken Unsinn von sich geben. Jedes Kind wusste doch, dass die Stände des Lebens von Gott und Kaiser eingerichtet waren, weil der Bauer in seiner Tumbheit dem Edelmann dienen und fronen musste, der allein Wissen und Wehren hatte, ihn zu schützen.

«Schweig!», fuhr Katharina die Konverse abermals so scharf an, wie dies bei leisester Stimme möglich war. «Dein Martinus Luther ist ein Narr. Du wirst hören, wie bald er widerrufen wird, wenn sie ihn hängen wollen.»

Die Konverse grinste nur.

Als hätte jemand dieses Gespräch belauscht, trat die Mutter Oberin am nächsten Morgen streng wie selten hinter ihr Stehpult im Kapitelsaal. «Liebe Töchter, heute will ich keine Regel aus dem Klosterbuch verlesen und keine Psalmen mit euch besprechen. Heute geht es ganz und gar um die sündhafte Welt.»

Verwundert blickten die Nonnen auf.

«Ich will euch sagen: Seid unverzagt, wiewohl sogar in den Gottesfrieden unserer Klausur immer mehr sündhaftes Weltengeschwätz vordringt und unsere Bauern uns oft und öfter die Fron verweigern, weil sie etwas vom freien Christenmenschen palavern.»

Der Blick der Mutter Oberin schweifte rundum. Katharina fühlte ihn auf sich ruhen. «Gleich ruft sie mich auf!», dachte sie mit weich werdenden Knien. «Wir sind entdeckt. Gott, mache, dass ich fest bleibe, egal, was sie mit mir machen; dass ich keine von uns verrate.»

Doch die Mutter Oberin blickte schon weiter in die Runde. «Das alles ist Schuld und Geschwätz von einem falschen Chorherrn, einem Augustiner-Eremiten. Von einem Abtrünnigen, einem, der dem Kloster entsprungen ist, der sich gebärdet als der neue Messias und doch weiter nichts ist als ein Sünder und Rechtsbrecher mit Namen Martinus Luther. Vom Teufel geblendet, hält er ketzerische Reden gegen unseren Heiligen Vater in Rom, ja gegen jeden Ablass vom Fegefeuer und sogar gegen unseren Zölibat um des Himmelreiches willen.»

Die Nonnen atmeten kaum. Die meisten unter ihnen hatten diesen Namen und was er bedeutete schon vernommen. Die Bäuerinnen nannten ihn in letzter Zeit tatsächlich immer öfter, wenn sie unter Murren den Klosterzins brachten.

«Wenn einer dem Volk nur recht nach dem Maule redet, dass es gegen die von Gott eingesetzten Herren geht, rennen sie ihm jubelnd in Horden hinterher, und ginge es auch ins Verderben», rief die Mutter Oberin flammend. «Und die Herren Buchdrucker mit ihren Setzkästen wittern gute Geschäfte und können die Lettern nicht schnell genug schwärzen, um das Gebabbel des Verführers zu drucken, weil man's ihnen überall noch nass aus der Druckerpresse reißt.»

Katharina hielt die Lider gesenkt. So stimmte es also, was die Konverse behauptete, Luther lebte und lästerte. Seine Schriften wurden gedruckt. Unter dem schwarzen Wimpernkranz hervor konnte sie Ave und Margarethe von Zeschau beobachten. Beide regten keine Miene.

«Aber fürchtet euch nicht, meine Lieben», fuhr die Mutter Oberin fort. «Die Nachtigall von Wittenberg, wie seine Anhänger ihn nennen, hat bald ausgesungen. Gott, Papst und Kaiser richten es schon. Aber ich warne euch, sollten euch Schriften dieses Martinus Luther in die Hände fallen, übergebt sie sofort und ungelesen mir. Andernfalls ist eure Seele verloren.»

Jetzt verstand Katharina den wahren Anlass dieser Rede. Muhme Lene musste der Mutter Oberin das Blatt mit den fünfundneunzig Thesen übergeben haben. Nichts war entdeckt. Die Mutter Oberin tappte im Dunkeln. Gott sei Dank!

Lange Zeit hielt die Konverse sich fern. Katharina glaubte sich schon von ihr befreit. Wenn sie ehrlich zu sich selbst war, musste sie gestehen, etwas zu vermissen. Als säßen sie mit Widerhaken in ihrem Geist fest, steckten die Ideen dieses Martinus Luther in ihrem Kopf. «Krause Haare, krauser Sinn, sitzt der Teufel mittendrin», bei dieser Erinnerung ertappte sie sich oft. Nun schien es, als säße der Teufel allein unter Luthers Kraushaar. Vielleicht müsste jemand kommen und ihn kneifen, damit er erwachte und an sich hielte.

«Was denke ich?», klagte sie sich immer wieder an, wenn sie über den Begriff der Freiheit räsonierte. Was war denn Freiheit? Das höchste Gut, hieß es. Und wer seine Freiheit Gott opfere, habe erst die wahre Freiheit errungen. Wenn sie Luther glaubte, waren alle Menschen vor Gott gleich und gleich frei. Welcher Wahnsinn! Aber hatte sie selbst sich nicht oft und öfter daran gestört, dass für das Klosterleben andere Regeln gelten sollten als draußen? Schrieb Luther nicht, was sie im Geheimsten ebenfalls dachte?

Und auf einmal war die Konverse wieder da. Katharina verhielt automatisch den Schritt, als sie die Frau erkannte, die in ihrem braunen ärmellosen Kittel den Fußboden scheuerte. Mit einem kräftigen Schwall ergoss sich in diesem Moment der Eimer mit der Scheuerlauge über den Steinboden, mit einer breiten Schaumzunge auf Katharina zu. Hastig rutschte die Konverse näher, als wolle sie die Lauge mit dem Feudeltuch sogleich aufnehmen. «Wisst Ihr's schon? Habt Ihr's gehört?»

Dieses Flüstern! Heftige Neugier schnellte in Katharina hoch.

«Von wegen widerrufen!», flüsterte es zu ihren Füßen. «Nicht erst der Harnisch macht den ganzen Mann, edles Fräulein. ‹Hier stehe ich, ich kann nicht anders. Gott helfe mir!›, das hat er vor dem Kaiser auf dem Reichstag zu Worms gesagt. Und alle seine Getreuen mit ihm. Keiner hat widerrufen. Trotz Reichsacht vom Kaiser und Bann vom Papst. Wer vogelfrei ist, fliegt weg. Und weg ist er, der Martinus Luther. Wir im Volk folgen ihm aber doch.»

«Schweig!», drohte Katharina auch diesmal. «Schweig, oder ich melde dich der Mutter Oberin.» Aber die Konverse schwieg nicht, und Katharina meldete nichts. Und je länger sie schwieg, desto öfter sprach die andere. Ganz gegen ihren Willen musste sie immer wieder darüber grübeln und immer mehr Parallelen zu ihren eigenen Überlegungen und Zweifeln erkennen.

Dennoch ahnte Katharina nicht, dass der Schatten des Martinus Luther einmal mehr Gestalt angenommen hatte, als sie eines Morgens der Mutter Küchenmeisterin zugeteilt war und einer der Fischknechte, die das klösterliche Fischrecht auf der Flussstrecke zwischen dem alten Kloster zu Grimma und dem neuen Marienthron ausübten, ihr in einem unbeobachteten Augenblick einen eng gefalteten Brief zusteckte.

Hastig verbarg sie den Umschlag zwischen ihren im Schutz der weiten Ärmel gefalteten Händen. Doch das Herz schlug ihr bis zum Hals. Ein Brief für sie? Wer mochte ihr geschrieben haben? Spätestens in der Küche musste sie herzhaft zupacken. Wohin dann mit dem Brief? Das Klostergewand hatte ja keine Taschen. Als einzige Möglichkeit, etwas rasch zu verstecken, fielen ihr die langen Strümpfe ein. Rasch gab sie einer der beiden Konversen, die sie hinunter an die Anlegestelle begleitet hatten und die den schweren Fischkorb trugen, ein Zeichen, um sich für einen Moment hinter einem dichten Gebüsch niederkauern zu können, und schob den verräterischen Umschlag hinter das schwarze Strumpfgewebe.

Erst viel später, im geheimen Gemach, wagte sie, ihn genauer anzusehen. Es war ein Brief für Margarethe von Zeschau, die mit ihrer Schwester Veronika zum Kreis der Katharina nahe stehenden Chorjungfrauen gehörte. Zwischen zwei Scheiben grobem Brot verborgen, schmuggelte sie den Brief wenig später mit einer Schale Bohnensuppe seiner Empfängerin zu. Noch in derselben Nacht erfuhr sie von seinem Inhalt.

«Mein Oheim Wolf von Zeschau hat mir geschrieben.» Im Schutz der spärlich von einem Talglichtstummel erleuchteten Zelle Katharinas breitete Margarethe von Zeschau ihren geheimnisvollen Sendbrief aus. «Er ist Prior im Augustiner-Konvent zu Grimma. Das heißt, er war es. Er schreibt mir, er habe das Kloster mit einigen Gleichgesinnten verlassen, und auch ich solle fortlaufen. Es sei Sünde, Mönch oder Nonne zu sein.»

«Sünde?»

«Ja, er schreibt mir, Martinus Luther, ein Augustiner-Chorherr, der oftmals zu Grimma gegen den Ablass und den Papst gepredigt hat, habe ihm dem Weg zum rechten Glauben gezeigt.»

«Der schon wieder!», murmelte Katharina.

«Im Johanniterhospital zum Heiligen Kreuz in Grimma sei er jetzt, schreibt der Oheim. Als Spitalmeister. Gott lasse keinen im Stich, der den rechten Glauben habe. Wenn ich das Kloster verließe, würde Martinus Luther selbst dafür sorgen, dass ich einen guten Ehemann bekäme.» Margarethe griff aufgeregt nach Katharinas Arm. «Heiraten, ich, eine Braut Christi – wolltest du heiraten?»

Eine sündhafte Frage, dennoch unzählige Male gestellt. Im Auwald, wenn die Weiden Kätzchen und Schwänzchen trugen; im Stall, wenn der Bulle die Kuh besprang oder die Ferkel sich um die Zitzen der Sau drängelten; im Bienengarten, wenn die Immen von Blüte zu

Blüte flogen; im Siechenhaus, wenn wieder ein armes Waislein in einem Lumpenfetzen oder vornehmen Tuch vor der Pforte wimmerte, weil die Lust zwischen Mann und Frau stärker sein konnte als alle Vernunft; allein in der eigenen Zelle, wenn der Versucher ihre Finger über den halb nackten Leib des Kruzifixus gleiten ließ und sie im Sündentaumel mit allen Sinnen danach schrie, dass er lebendig sein möge.

Noch immer blickte Margarethe fragend zu ihr auf. «Ich glaube, es ist Gottes Wille, dass alles, was lebt, Samen und Frucht trage», sagte Katharina langsam. «Allein diese beiden erhalten das Leben und führen es fort als einen Kreislauf aus Kommen und Gehen wie das Jahr mit seinen Zeiten, wie der Tag mit Sonne und Mond. Alles ist nach Gottes Wille ein Paar. Auch Adam und Eva im Paradies. Darum glaube ich, dass der Mensch ein Paar sein soll.»

«So ähnlich schreibt es mein Oheim auch», flüsterte Margarethe. «Hör zu, ich lese dir vor: ‹Darum, meine liebe Nichte, rate ich dir, nimm deine Schwester bei der Hand und verlasst Marienthron, wie auch ich den Konvent zu Grimma verlasse. Alles, was kommt, ist besser für uns, als was war und für euch noch immer ist, denn Gott hat den Menschen nicht zur Enthaltsamkeit und Keuschheit erschaffen, sondern zur Ehe. Es ist ganz, wie Martinus Luther, den ich recht von Herzen verehre, sagt: Keuschheit liegt nicht in der Menschen Macht. So wenig als alle anderen Gotteswunder und Gnaden. Vielmehr zeigt der Leib mit allen seinen Gliedern, wozu er gemacht ist und welchen Willen Gott mit uns verfolgt, nämlich die Ehe und das Kinderzeugen.

Einzelne haben als besondere Gnadengabe Gottes die Fähigkeit zur Enthaltsamkeit. Diese Gnadengabe ist aber von der Art, dass die, die sie haben, zu keiner Zeit um Keuschheit ringen müssen. Das ist ja die Gnade, dass sie ihnen von Gott gegeben ist, der sie ihnen gibt ohne ihr eigenes Zutun.

Einen Zwang zur Enthaltsamkeit jedoch, wie er den Mönchen und Nonnen abverlangt wird, die schon als kleine Kinder von ihren Eltern ins Kloster gegeben wurden und die Gnadengabe der Keuschheit nicht haben, sondern immer wieder aufs Neue aus gequälter Seele durch Selbstkasteiungen und andere Abtötungen des Fleisches um Keuschheit ringen müssen, einen solchen Zwang will Gott nicht.

Darum ist es eine Sünde wider Gott, sich der Ehe zu versagen und Gottes Werk durch menschliche Gedanken und falsche Weisungen des Papstes besser machen zu wollen. Denn Gott hasst sein Werk nicht, sondern hat selbst Wohlgefallen daran und sprach: ‚Es ist alles gut!' Also ist auch der Mensch, wie er geschaffen ist, mit allen seinen Gliedern und dem, wozu sie dienen, gut.

Darum rette dich und deine Schwester, liebe Nichte. Flieht aus dem Kloster als dem Sündenpfuhl des Teufels und fürchtet euch nicht. Denn wenn sie euch und mich auch einfangen und vierteilen oder brennen würden, weil wir Abtrünnige des Papstes sind – es wäre uns der Märtyrertod im rechten Glauben doch besser, als auf ewig im Fegefeuer, weil wir Abtrünnige Gottes sind.

Friede in Christo, dein liebden Oheim Wolf von Zeschau.›»

Katharina und Margarethe saßen wie benommen. Keuschheit als Gnadengabe? Das Verlangen des sündigen Leibes Gottes Wille für alle? Das Kloster verlassen?

«Traust du dich das?» Margarethes Frage klang wie ein Mausepiepsen.

Katharina wusste es nicht.

«Das Kloster verlassen, heiraten – traust du dich das?» Katharina sah ihre Muhme Lene an. Sie liebte das von tiefen Linien gefurchte Gesicht inmitten des weißen Gebändes. Und sie vertraute ihr.

«Ich bin zu alt zum Heiraten, Katharina.» Endlich sah die Muhme auf. «Selbst wenn ich das Kloster verlassen wollte, wo sollte ich hin? Ich bin kein zweiter Wolf von Zeschau. Was gilt ein Weib, ein altes noch dazu, draußen in der Welt? Wer wollte mich denn haben? Keiner würde mir je ein Spital anvertrauen, und wüsste ich tausendmal mehr als jeder Medicus.» Sie schüttelte den Kopf und sprach so ruhig weiter, dass Katharina spürte, diese Überlegungen waren nicht zum ersten Mal angestellt. «Hier in Marienthron, bei meinen Siechen, hier werde ich gebraucht. Wer brauchte mich draußen? Nein, Kind, ich traue mich nicht, das Kloster zu verlassen. Und zwar aus Angst davor, draußen noch weniger Gottes Willen erfüllen zu können als hier drinnen.»

«Glaubst du denn, wir erfüllen ihn hier drinnen nicht?»

Mit beiden Händen griff die Muhme nach Katharinas gefalteten Fingern. «Nein, Kind, wir hier drinnen erfüllen Gottes Willen nicht. Wohl keine Einzige unter uns nahm den Schleier aus tiefstem Bedürfnis. Wir – du so wie ich und die anderen – kamen ins Kloster, weil unsere Väter sich unserer kaum anders entledigten als die Mütter, die ihre Neugeborenen vor unserer Pforte ablegen. Die einen Väter hatten kein Geld für unsere Mitgift, die anderen Väter gaben uns mit viel Geld für Sündenablass her, damit wir für das Seelenheil unseres Hauses beteten, wieder andere schoben uns als Bastarde ab, die sie unrechtmäßig mit einer Geliebten gezeugt hatten. Und jetzt sind wir hier, weil wir hier sein müssen, weil es für uns draußen in der Welt keinen Platz mehr gibt. Wir sind lebendige Tote in unserem Kloster. Und wenn wir gehen, bleibt nichts von uns als eine Hand voll Erde, auf der nicht einmal neue Heilkräuter gedeihen, weil ein Friedhof nun mal kein Garten ist.»

«Sind wir denn nicht alle hier, weil wir den Willen Gottes erfüllen wollen?», rief Katharina.

«Gewiss.» Die Muhme nickte. «Das wollen wir. Aber ist das, was wir tun, Gottes Wille? Warum ist dazu all das Fasten und Selbstkasteien, all das Beten und Singen und Weinen und Flehen und Sündigen und Strafen und an uns Verzweifeln nötig? Wenn Gott uns berufen hätte, meinst du nicht, wir dienten ihm mit größten Freuden, erfüllt von seiner Gnade und rein wie die Jungfrau Maria? Und hat nicht selbst die Jungfrau Maria nach der Geburt Jesu Christi einem Mann in öffentlicher Ehe angehört und ihm Kinder geboren? Ist sie deshalb weniger rein? Nein, Kind, sie war und ist die wahre Königin des Himmels durch ihren Sohn Jesus Christus, den sie dem Herrn gebar und trotz aller mütterlichen Qual beim Anblick seines Leidens bis in den Kreuztod schenkte. Und sie ist die wahre Königin der Erden durch die Kinder, die sie ihrem von Gott für sie auserwählten Ehegemahl Josef als seine gehorsame Hausfrau schenkte.»

«So glaubst du, es ist tatsächlich nicht Gottes Wille, sondern Sünde, Nonne zu sein?»

«Wenn jemand Gott im Geist nur dienen kann, wenn das eigene Fleisch unter Qualen abgetötet werden muss – ja, Katharina, dann ist es, wie ich glaube, Sünde, eine Nonne zu sein.»

«Meinst du, mein Vater nähme mich auf, wenn ich käme?», fragte Katharina endlich.

Die Muhme zuckte ungewiss mit den Schultern. «Du könntest ihm schreiben. Verraten zumindest würde er dich nicht.»

«Aber wie sollte der Brief zu ihm gelangen?»

«Gib ihn Leonhard Koppe mit.» Die Siechenmeisterin stand auf. «Er ist mit einem von Luthers engsten Gevattern, Nikolaus von Amsdorf, verwandt und ein treuer Anhänger der neuen Lehre. Ich habe oftmals Kunde durch ihn über Martinus Luther und seine Schriften erhalten.» Sie beugte sich zu ihrem Schreibtisch nieder, schob ein wenig mit den Fingern unter der Tischplatte und zog eine schmale Lade heraus, die zuvor unsichtbar im Holz verborgen gewesen war. Eine schmale Schrift lag darin. «De votis monasticis M. Lutheri indicum», las Katharina den lateinischen Titel.

«Darin schreibt Luther vom Leben der Mönche und Nonnen und greift die Keuschheitsgelübde an», fasste die Muhme in Kurzform den Inhalt zusammen, «und will uns aus dem Zwang der Ehelosigkeit befreien. Das alles beweist er aus dem Wort Gottes und der Schrift.» Sie stellte sich ans Fenster, um Katharina Zeichen geben und die Ketzerschrift eiligst verschwinden lassen zu können, falls jemand auf das Haus zukäme. «Er schreibt, wer über die Werke des Ordens und die Klosterregeln, die doch alle von Menschen gemacht sind, meint, Gottes Heil zu gewinnen, der irrt. Die Rechtfertigung vor Gott, schreibt er, ist allein durch den Glauben zu erlangen. Wer etwas anderes sagt und befiehlt, hat Jesus Christus verleugnet und das Evangelium verlassen.»

«Und ehe der Hahn dreimal kräht …» Wie andächtig hatte die

kleine Käthe damals Pater Albertinus gelauscht, der ihr Bilder in einem Buch zeigte und erzählte, dass selbst der treuste Jünger des Herrn einmal schwach wurde und Jesus Christus verleugnete, noch ehe der Hahn dreimal krähte. Auch sie war schwach geworden, ohne es zu wollen. Aber jetzt würde sie stark sein.

«Jesus Christus verleugnen, das Evangelium verlassen – nie und nimmermehr!» Mit einem Ruck erhob Katharina sich von der Bank, auf der sie gesessen hatte, und legte die Lutherschrift in ihr Versteck zurück. «Ich wage es, Muhme Lene. Segne mich und bete für mich, liebe Mutter. Ich werde meinem Vater schreiben. Ich werde das Kloster verlassen, um Jesus Christus zu folgen. Ich werde heiraten.»

Tage heimlicher Treffen von Zelle zu Zelle folgten. Flüsternde Nachrichten gingen von Tür zu Tür.

«Katharina verlässt das Kloster.»

«Ich gehe mit ihr.»

«Ich auch.»

«Nehmt mich mit.»

«Ich bin dabei.»

Elf waren sie zuletzt. Elf, die sich verschworen, um ihrer Seligkeit willen zu fliehen, und koste es auch ihr Leben. Elf, die einander nicht im Stich lassen wollten. Einen flüchtigen Moment musste sie an Clara und ihre gescheiterte Flucht aus Brehna denken. Schon damals, ein Kind, das nicht einmal die richtigen Worte hatte für das, was es fühlte, hatte sie gespürt, nicht berufen zu sein. Diesmal würde alles gut gehen.

In der nächsten Komplet, in getrennten Bankreihen zwischen allen anderen Chorjungfrauen sitzend, nutzten sie alle elf die Minuten der Selbstbesinnung mit den gleichen Worten zum schweigenden Gebet: «Pone Domine custodiam ori meo: et ostium circumstantiae labiis meis. Non declines cor meum in verba malitiae, ad excusandes excursationes in peccatis.» – «Bewahre meinen Mund, Herr, und seinen Eingang, meine Lippen. Halte mein Herz von hinterlistigen Worten rein, mit denen ich meine Sündenfälle entschuldigen könnte.» Mit Gottes Hilfe würden sie es schaffen, aufrecht vor sich selbst zu sein und dennoch ihre Ängste, Hoffnungen und Pläne geheim zu halten.

Magdalena von Staupitz als die Älteste unter ihnen unterrichtete schon seit langer Zeit als Cantorix bei den kleinen Mädchen, die als Kostkinder in Marienthron lebten. Ihr war es am leichtesten möglich, heimlich das eine oder andere Blatt Pergament an sich zu nehmen und ihren Schwestern mitzubringen. Was noch fehlte, beschaffte Katharina aus der Schreibstube der Mutter Oberin, deren Rechnungsbücher sie nach wie vor führte und dabei mit großem Geschick die neue Rechenkunst des Rechenmeisters und Bergbeamten Adam Riese nach seinem Lehrbuch «Rechnung auf den Linien» anwandte. Sie war es auch, die allen den Text diktierte, den die selbst an ihren Vater geschrieben hatte, damit das lange Grübeln und Denken keine unnötige Zeit verschlänge.

«Gnad und Frieden in Christo, liebden Herr Vater, hochedler und fester Ritter auf Klietzen, zu der Saale, zu Lippendorf und Brandis und was Euer anderer Herrschaft seien!

Da ich einen Boten gefunden habe, der Euch diesen Sendbrief im Geheimen zutragen und mir sogleich Eure gnädigste Antwort zukommen lassen will, so flehe ich Euch an, helft mir aus dem Kloster, liebster Herr Vater, da ich ein Nonnenleben um der Seelen Seligkeit halber nicht mehr länger erdulden kann.

Wollet mir das Verlassen des Klosters und ein Leben im rechten Glauben erlauben, so will ich Euch fürderhin in allem die gehorsamste Tochter sein und Euren Willen erfüllen, was immer Ihr mir zu Liebe oder zu Leide auferlegen wollt.

Hiermit Gott befohlen, liebden Herr Vater. Betet für mich, wie ich auch für Euch bete.

Eure Tochter Catharina von Bora.»

Einer nach dem anderen gelangten die Briefe der Nonnen im Strumpfversteck bis ins Siechenhaus, wo Magdalena von Bora sie in ihrer geheimen Schreibtischlade verbarg und sammelte.

Wie sie vorausgesehen hatte, nahm Leonhard Koppe die Sendbriefe ohne langes Fragen mit. Schon lange war er zum treuen Anhänger Luthers geworden und hatte nicht die geringsten Skrupel, den gegen ihren Willen in Klöstern festgehaltenen Nonnen zu helfen, ein neues Leben zu beginnen. Als Händler kam er weit im Land herum. Und wo er selbst nicht hinkäme, würden Gesinnungsfreunde ihm gern einen Dienst erweisen und einen Sendbrief an den einen oder anderen edlen Herrn mitnehmen und ihm zuverlässig Antwort bringen.

Niemand dachte sich etwas dabei, als der Großhändler bei seinem nächsten Besuch im Kloster wieder einmal nicht nur die üblichen Fischtonnen und einige Fässer Torgauer Bier für die Cellerarin und die Küchenmeisterin ablieferte, sondern den beiden Konversen, die die bestellten Waren an seinem Planwagen abholten, auch einen Sack für die Siechenmeisterin mitgab. Wer wollte von außen wohl sehen, dass zwischen den bestellten Tüten mit Heilkräutern, Samen und Pulvern einige ungeduldig erwartete Antwortbriefe sowie eine Nachricht von Koppe persönlich an die Mutter Siechenmeisterin steckten? Und noch weniger fiel auf, dass an diesem Tage neun Chorjungfrauen bitterste Tränen vergossen, zwei aber die Mutter Oberin um Erlaubnis baten, der Jungfrau Maria eine Kerze aufstecken zu dürfen. Katharina gehörte nicht zu den Glücklichen.

«Dein Vater lässt dir ausrichten, er hätte dir gern zu deinem Seelenheil verholfen», hatte Muhme Lene ihr Leonhard Koppes Nachricht weitergegeben. «Schon allein um deiner Mutter Seelen Seligkeit willen, die er sehr geliebt habe. Leider fehlten ihm aber die Mittel dazu, da er alle ihm verbliebenen Güter bereits mit deinen Brüdern teile und sie alle davon mehr schlecht als recht lebten. Über das deiner Stiefmutter bei der Hochzeit Verschriebene könne er nicht mehr verfügen. Auch sei der Verkauf dieser Güter an Wolf von Mergenthal, seinen Agnaten auf Deutschenbora, bereits beschlossene Sache. Den Erlös daraus habe die Stiefmutter als Mitgift für ihre Tochter, deine Schwester Maria, bestimmt, die in zwei Jahren Hochzeit mit Wolf Siegmund von Niemeck halten werde. Also sende er dir Gnad und Frieden in Christo zurück und lasse eine Messe für dich lesen, auf dass Gott dich an Leib und Seele bewahre und dich statt dem

Fegefeuer, dem du entspringen wollest, nicht schon auf Erden dem Hexenfeuer anheim fallen lasse.»

Worte wie diese sahen ihrem Vater so ähnlich, dass Katharina auch dann nicht den geringsten Zweifel an ihrer Echtheit gehabt hätte, wäre nicht Leonhard Koppe ihr Überbringer gewesen.

Elf Väter, neun Absagen an ein Leben in der Freiheit des Christenmenschen, doch immerhin auch zwei frohe Botschaften: «Komm heim. Wir holen dich ab. Gott mit dir und uns.»

«Habt keine Angst, nun schreibe ich an Martinus Luther selbst!», verkündete Katharina. «Ich habe ihn schon als Kind gekannt. Er war meines Oheims bester Freund damals. Wenn er sich meiner auch nicht erinnern wird, so will ich ihn doch mahnen, uns zu helfen, nach dem rechten Glauben zu leben, den Gott ihm in der Schrift offenbart und wie Luther selbst ihn uns in seinen Schriften gelehrt hat.»

Wieder nahm Leonhard Koppe den Brief unter dem eigenen Wams verborgen aus dem Siechenhaus mit. Als er zwei Wochen später Antwort brachte, war es wie das Urteil in einem Gottesgericht: das Wunder der Erlösung. Luther sagte seine Hilfe zu. Dankbar lagen die elf auf den Knien.

«Wir gehen entweder alle zusammen oder keine», stellte Gertraud von Schellenberg klar, die mit Else von Gauditz die Glücklichen waren, deren Väter sie mit offenen Armen zu Hause aufnehmen würden. «Nur, wie fangen wir es an, ungesehen zu fliehen?»

«Ich weiß schon wie.» Im Schutz des lang auf die Schultern niederfallenden Schleiers blickte Katharina sich so unauffällig wie möglich um. Niemand schien zu bemerken, dass sie näher als nötig mit ihrer Mitschwester in der großen Klosterkirche beisammenstand, während sie zusammen die goldenen und silbernen Monstranzen und anderen Altargerätschaften für das bevorstehende Osterfest polierten. «Eine Konverse wird uns helfen. Dafür, dass wir sie mitnehmen. Du erinnerst dich an den Liebsten unserer armen Barbara? Er war ihr Bruder. Und schon viel länger als wir hat sie mit Luther den wahren Glauben gefunden.»

«Und wie?»

«Sie sagt, die Mutter Messnerin liebe den Messwein sehr», nuschelte Katharina. «Vor allem den schweren, süßen römischen Wein, den der Vaterabt bevorzuge und stets aus Kloster Pforta mit sich führe. Am Karfreitag, wenn der Vaterabt die Messe liest und sie ihm die nötigen Geräte aus dem Klosterbesitz herrichten muss, werde sie sich gewiss wieder ein Krüglein Wein abzuzweigen wissen und es wie immer der Konverse zum heimlichen Aufbewahren in die Konversenküche mitgeben. Nach der Komplet, wenn sie alle Türen verschließe und die anderen Nonnen schon in ihren Zellen lägen, müsse die Konverse ihr den Wein stets heimlich bringen und später nochmals kommen, um das leere Krüglein abzuholen. Daher brauche sie nur ein feines Schlafpülverchen und etwas Rübensüße gegen die Bitternis, schon werde die Mutter Messnerin nach der Komplet selig schlafen. Statt das Krüglein zu holen, werde sie ihr den Schlüssel zur Pforte des neuen Treppenturms entwenden und uns hinausgeleiten. Draußen verberge sie ein paar Riemenleitern in einem Holzstapel des Bruders Hellenheißer. Dann gelte es nur noch flinke Füße und fort über die Mauer.»

«Hat sie denn, was sie braucht?»

Katharina lächelte nur. Selbst wenn die gute Muhme ihr keinen starken Schlafmohnsaft mit etwas Rübensüße in eine Phiole gemischt hätte, wäre es ihr ein Leichtes gewesen, das Gewünschte zu beschaffen.

«Und wie weiter?»

«Das weißt du besser noch nicht. Wir werden erwartet. Das muss dir für jetzt genügen. Was Gott verhüte, eine von uns oder wir alle würden gefasst, ist es besser, nur eine weiß alles.»

«Wie werden wir wissen, wann es so weit ist?»

«Die Konverse gibt uns ein Zeichen durch die Rohrpost im geheimen Gemach. Finden wir dort einen Zettel mit einem schwarzen Hahn, so wissen wir, der Wein ist bereitet und der Tag unserer Rettung gekommen. An ebendiesem Tag gibt uns die Konverse ein Lichtzeichen, sobald sie den Schlüssel der Mutter Messnerin hat. Es wird wohl die Stunde nach der Komplet sein, wenn alle im ersten Schlaf der Erschöpfung liegen. Seid also nicht wie die törichten Jungfrauen, die schliefen, als es zu wachen galt. Ist auch nur eine zu spät, sind alle verloren.»

Gertraud von Schellenberg rieb angelegentlich mit ihrem Ärmel über eine goldene Hostienschale. «Es wird keine zu spät sein.»

Die Fastenzeit schien Katharina dieses Jahr noch zermürbender als sonst. Nonnen sollten zwar stets wie in der Fastenzeit leben, doch ganz besonders zu den vorgeschriebenen Anlässen. Auch in den Wochen vor Ostern befahl die Klosterregel, in aller Lauterkeit die sonstigen Nachlässigkeiten zu tilgen. Das bedeutete Verzicht auf Albernheiten, gemeinsame Spaziergänge, kleine Spiele und Reden sowie verstärkte gegenseitige Kontrollen. Jede Chorjungfrau musste aus Nächstenliebe auch kleinste Regelverstöße und Sünden vor allen anderen offen legen, damit Strafen andere abschreckten und die Sünderin geläutert werde.

Hinzu kamen die persönlichen Opfer, die alle Konventsmitglieder über die gewohnte Alltagspflicht und das von der Mutter Oberin zugewiesene Maß des Verzichtens hinaus zu erbringen hatten. Jede Einzelne verzichtete also zusätzlich auf einen selbst zu wählenden Teil an Speisen, Getränken und Schlaf und bat die Mutter Oberin um Dispens, dieses Opfer darbringen zu dürfen. Ohne Erlaubnis und Gebet der Mutter Oberin wurde jedes Opfer als Anmaßung und eitle Ehrsucht nicht nur ungültig, sondern auch strafbar. Allmählich versetzten Hunger, Durst, Schlafmangel, Versenkung im Gebet und Arbeiten ohne die kleinen Freuden der seltenen Erholungsstunden alle wie in Trance.

Die elf wagten nicht mehr, sich nachts in ihren Zellen zu besuchen. Das nasskalte Frühlingswetter zwang sie zu Arbeiten im Innenraum. Dadurch wurde der mündliche Austausch nahezu unmöglich. Irgendeine beobachtete ja immer jede. Selbst die vertraulichen Gespräche unter dem Schutz der Siechenmeisterin entfielen fast ganz. Ein Verlust, der Muhme und Nichte angesichts der baldigen Trennung umso herber schmerzte.

Vorhersehend, dass sie sich in der Stunde des Aufbruchs nicht verabschieden könnten, umarmten sie einander ein letztes Mal an ihrem gemeinsamen Lieblingsplatz, zwischen duftenden Heilpflanzenbüscheln und Samenbeuteln auf dem Trockenboden des Siechenhauses. Tagelang hatte die Siechenmeisterin sich gewichtige Worte für diesen Moment zurechtgelegt. Katharina im Arm, entrang sich ihr im Trennungsschmerz kaum ein «Gott schütze dich, mein Kind».

«Weine nicht, liebe Muhme!», bat Katharina, und dabei liefen ihr selbst die Tränen ins Gebände. «Es ist ja nicht für immer. Ich hole dich nach. Ich verspreche es. Sobald ich ein Dach über dem Kopf habe, kommst du. Willst du?»

«Mit Gottes Hilfe, ja, dann komme ich.»

In jedem Blick, den sie danach noch tauschten, lasen sie das gegebene Wort der anderen neu. Sie würden sich trennen. Aber verlassen würden sie einander nicht.

Die Konverse hielt Wort. Am Karsamstag, kurz nach der Vesper, lag der Zettel mit dem schwarzen Hahn in der Rohrpost des geheimen Gemachs. Das vereinbarte Zeichen. Bis kurz vor der Komplet hatten die elf es gesehen. Zum Zeichen ihres Wissens hinterließ jede einen kleinen Riss im Pergament. Die Letzte vernichtete es. Nur wenige Stunden später leuchtete draußen vor Katharinas Zellenfenster ein Licht auf, das sie mit einem Gegenlicht beantwortete. Ein lautloses Huschen auf schwarzen Strümpfen von Zelle zu Zelle, die Treppen hinunter. Ein schwimmendes Öllicht mit der Hand abschirmend, hielt ihnen die Konverse die Pforte auf.

In der Nacht des Karsamstags zum Ostersonntag, vom 2. auf den 3. April anno 1523 geschah das Undenkbare. Elf Nonnen von adligem Stand und eine namenlose Konverse aus dem Volk verließen Marienthron für immer.

«Schnell! Kommt!» Einander fest an den Händen haltend, um sich in der Dunkelheit nicht zu verlieren, die Riemenleitern über der Schulter, zog die Konverse die Reihe der elf mit hoch hinter den Gürtel gesteckten Röcken rennenden Nonnen hinter sich her.

An der Mauer warteten zwei Männer. «Mönche!», durchfuhr es Katharina. «Zisterzienser! Verrat!» Doch schon griffen die wenig zarten Pranken der Helfer zu, zogen und hoben die vom Fasten federleicht Gewordenen von den eilends über die Mauer ausgeworfenen Leitern und mit sich fort, hinein in ein Wäldchen, das an dieser klug ausgewählten Stelle einen dichten Hain bildete und direkt auf den von Pappeln und Erlen gesäumten Fahrweg gen Grimma mündete.

Fast unsichtbar unter den Bäumen standen zwei Berittene mit je zwei aufgesattelten Handpferden und Leonhard Koppe, doch hätte Katharina nicht gewusst, dass er es sein müsse – nie und nimmermehr hätte sie ihn in dem ehrwürdigen Vater Prior erkannt, der in seiner weißen Kutte mit schwarzem Skapulier und Kapuzenflocke ebenso gewandet war wie seine beiden Helfer und die Nonnen. Vier schwere Rösser schnaubten im Geschirr. Sie würden den großen, von halbrunden Reifen und schwerem Tuch überspannten Rüstwagen des Händlers leicht ziehen.

Gertraud von Schellenberg und Else von Gauditz umarmten die Freundinnen kurz, aber innig. Ihre Wege würden sich an dieser Stelle trennen und vielleicht nie wieder kreuzen. Anders als die anderen reisten sie keinem ungewissen Schicksal entgegen, sondern heim in ihres Vaters Haus. Statt auf dem Wagen wollten sie im Schutz der beiden getreuen Reisigen des Luther-Freundes Wolf von Dommitzsch querfeldein davonreiten.

Auch die Konverse nahm Abschied. «Betet für die Meinen und mich», bat sie und verbarg dankbar das Säcklein mit den Münzen, das Wolf von Dommitzsch ihr aus seiner Satteltasche überreicht hatte, an der Brust. «Meine Mutter und die Kleinen warten mit einem Fischer an der Mulde auf mich. Er nimmt uns in seinem Kahn mit.» Fast gleichzeitig leuchtete vom Wasser her ein Lichtschimmer auf. «Da ist er schon.» Eilig sprang die Konverse davon.

Wolf von Dommitzsch und Leonhard Koppe saßen bereits auf, während Koppes junger Vetter gleichen Namens den Platz auf dem Bock einnahm, um den Wagen zu lenken. «Rasch, steigt ein!», drängte der vermeintliche Prior die restlichen neun Nonnen. «Setzt Euch, oder besser noch, legt Euch auf den Boden. Ich habe frisches Stroh hineinschütten lassen. Decken sind auch da. Schlaft, wenn Ihr könnt. Der Weg ist weit. Ihr werdet müde sein und seid sicher in unserem Schutz. Die Plane ist dick. Sie hält Euch das Wetter vom Leib und wird Euch vor allzu neugierigen Blicken schützen. Sollten wir angehalten werden, so merkt Euch, ich bin der Prior des Klosters zu Pforta und führe Euch mit meinen beiden Patres auf Befehl meines Abtes nach Torgau in den Stadtkonvent der Chorjungfrauen in Marienthron. Und Ihr, Magdalena von Staupitz, als die vom Alter her Ehrwürdigste unter Euch, Ihr gebt Euch als Mutter Unterpreilin aus, die ihre Töchter auf der langen Reise geleitet.»

Katharina musste trotz aller Aufregung leise lachen. «Eine herrliche List, Vater Prior! Habt Ihr etwa auch einen Geleitbrief für uns dabei?»

«Und ob!» Der grauhaarige Kaufmann klopfte an seine Brust. «Lasst uns erst einiges an Land gewinnen, dann will ich es wohl zeigen, das kostbare Papier. Doch jetzt schweigt. Der Wind trägt weit in der Nacht. Und wenn sie zu Nimbschen auch keine reisigen Ritter haben, uns zu verfolgen, so sind doch etliche Knechte in der Propstei und nicht wenige stattliche Pferde. Und unser Vorsprung ist kurz, wie Ihr wisst, denn nicht lange, und Eure schöne neue Glocke wird Alarm schlagen.»

«Danke, Ihr Herrn!», flüsterte Katharina stellvertretend für ihre Begleiterinnen. «Wir haben nichts, womit wir Euch Eure Großmut und Hilfe lohnen können. Aber unser Dank und unsere Gebete sind Euch für immer gewiss.»

Ohne weitere Verzögerung schlüpften die Frauen so rasch wie möglich in den Wagen. Es machte ihnen nichts aus, voll bekleidet auf harten Brettern in einer Schütte Stroh so eng beisammenzuliegen wie die Heringe in den Tonnen, die der Kaufmann sonst zu transportieren pflegte. Trotzdem waren alle überzeugt gewesen, sie würden kein Auge auf der ganzen weiten Fahrt gen Wittenberg zubekommen, doch die Erschöpfung forderte schon bald ihr Recht.

«Es ist Ostern», dachte Katharina im Halbschlaf. «Bald werden die Gläubigen in die Klosterkirche strömen. Der Vaterabt wird das Lamm Gottes feiern. Und meine liebe Muhme wird für mich und uns alle beten. Keiner wird Zeit haben, uns zu jagen.» Beruhigt schlief sie ein.

«Sagt Martinus Lutherus von mir, ihn würde ich nehmen»

(1523–1525)

«Der erste Morgen in Freiheit.» Andächtig sah Katharina die Sonne des Ostersonntagmorgens über der mit Türmen und Türmchen gespickten Silhouette der Stadt aufsteigen. Das musste Torgau an der Elbe sein. Wie ein breites Silberband zog sich der Strom unter der mächtigen Stadtmauer vorbei, zu dessen Torhaus sich eine mit vielen Stützen im Wasser stehende Holzbrücke von Ufer zu Ufer schwang.

«Torgau», sann Katharina, während der Wagen durch feuchte, von Tau dampfende Auen auf das Stadttor zurumpelte, «das also ist die Stadt, in der mein Großvater für immer selig ruht und ich auf der Flucht aus dem Kloster raste. Er ein geachteter Edelmann, mit allen kirchlichen und weltlichen Ehren ausgestattet. Ich eine entlaufene Nonne mit keinem anderen Faden am Leibe als dem, was mir nicht einmal gehört. Aber ist da wirklich ein Unterschied? Außer dass er tot ist und ich lebe? Wie er seinen alten Adam abwarf und ein neues Wappen errang, das ihm kostbarer erschien als das alte, so habe ich nun meine alte Eva abgeworfen und erkämpfe mir ein neues Leben, das auch mir kostbarer erscheint als das vorherige. Die Rechnung wird immer erst unter dem Strich aufgemacht. Nicht jetzt, erst am Ende werden wir sehen, ob der Herr Reichsritter von der doppelten Gestalt sich meiner zwei Leben mehr schämen müsste als seiner eigenen.»

«Das ist mein Torgau», unterbrach Leonhard Koppe unwissentlich ihre Gedanken, als er merkte, wie sie sich hinter dem Rücken seines Neffen, der immer noch das tapfer ziehende Gespann lenkte, aus dem Stroh aufrichtete. «Zusammen mit seinem Hauptsitz im Schloss zu Wittenberg ist Torgau Residenz unseres hochedlen Herrn und Kurfürsten Johann Friedrich der Weise von Sachsen, des großen Beschützers und Gönners unseres Reformators.»

Er lächelte Katharina zu und grüßte vom Pferd herunter auch die anderen Nonnen, die durchgeschüttelt, aber frohen Mutes seinen Gruß erwiderten. «Fast sechstausend Menschen leben hier. Handwerker zumeist. Allen voran die reichen Gewandschneider aus der Zunft der Tuchmacher, die als kurfürstlich sächsische Hofschneider besondere Handelsprivilegien besitzen und bis hinunter ins Süddeutsche, Italien und Burgund Geschäfte machen. Darunter recken sich die Leineweber schon nach der Decke, die erst kurze Zeit das Recht haben, sich neben den anderen Ständen in der Stadt niederzulassen, aber zu den aufstrebenden Zünften gehören. Das Torgauer Bier kennt Ihr selbst. Es wird in über zweihundert Brauereien gebraut und weit über Land verkauft. Nicht zu vergessen unsere mindestens zehn Schiffsmühlen auf der Elbe, die Korn aus allen Landesteilen mahlen.»

Sechstausend Menschen! Über zweihundert Brauereien. Kaufleute und Handwerker die Hülle und Fülle. Katharina fühlte Panik in sich aufsteigen. Zu Nimbschen waren sie kaum mehr als fünfzig gewesen, und wie oft hatte sie da schon geglaubt, wenn sie miteinander in der Kirche saßen und ein schwarzer Schleier sich an den anderen reihte, es nehme ihr die Luft zum Atmen.

«Vor rund hundert Jahren ist die halbe Stadt in entsetzlichen Feuersbrünsten niedergebrannt, weil die meisten Häuser aus Holz und Fachwerk gebaut waren», erzählte Leonhard Koppe weiter. «Gott sei Dank ließ Herzog Albrecht danach nur noch feuerfeste Steinhäuser bauen. Das Silber aus dem Erzgebirge tat ein Übriges für den Handelsstandort. Wer heutzutage über den Torgauer Markt geht, bekommt Augen so groß wie Gänseeier vor den prachtvollen Fassaden.»

Einige der hoch geschweiften Giebel der Häuser, von denen der Kaufmann gesprochen hatte, konnte Katharina schon gut erkennen. «Das Prachtvollste ist freilich das Schloss», meinte der begeisterte Fremdenführer. «Seht nur, wie es mit seinen schneeweißen Mauern, Türmen und Erkern und seinen goldenen Banderolen und Ecksteinen hoch über dem Elbufer auf jenem breiten Felsen aus dem Frühnebel aufsteigt. Schloss Hartenfels wird es genannt, weil es nicht auf Elbsand gebaut ist. Ihr solltet es sehen, wenn in den Heidelandstrichen ringsum zur höfischen Hatz geblasen wird. Dann strahlt und klingt das Schloss des Abends von Lüsterglanz und musikalischen Hochgenüssen, Bällen und Festen, dass uns Hoflieferanten in der Stadt der Geldbeutel vor Dukaten springt.»

Leonhard Koppe wies mit der Hand auf zu beiden Seiten des Schlosses erkennbare Kirchtürme. «Dort drüben, rechts des Schlosses, seht Ihr die Türme der Marienkirche, die Markgraf Heinrich der Erlauchte einst den Chorjungfrauen in Marienthron schenkte, als sie ihr erstes Kloster gründeten.»

Es berührte Katharina unangenehm, die Marienkirche zu betrachten. Hob sich die Turmspitze nicht wie ein drohender Zeigefinger? Rasch wandte sie die Augen ab.

«Auf der anderen Seite, links, die Kirche mit dem doppelten Dach und dem Filialtürmchen auf dem Chor, das ist die Pfarrkirche der Franziskaner», zeigte der Kaufmann weiter, der ihr Unbehagen zu verstehen schien.

«Diese Kirche kenne ich», sagte Katharina leise und nickte, als der Reiter sie staunend ansah, «als Kind war ich schon einmal in Torgau. Von Klietzen aus, wo ich zu Hause bin. Wir waren am Grab meines Großvaters Hans von Mergenthal, der einst zweimal mit seinen Herren nach Jerusalem pilgerte und wegen seiner hohen Ehren in der Pfarrkirche zu Torgau begraben ist, und hielten Andacht.»

«Wieso Hans von Mergenthal? Ich glaubte, Ihr stammtet aus dem Hause der edlen Herren und Ritter von Bora», wunderte sich der Kaufmann.

«Das schon, aber eine aus dem Hause von Mergenthal bin ich gleichwohl», gab Katharina zurück und dachte an ihre Mutter, die so stolz auf diesen Namen gewesen war.

«Da wird sich unser Reformator tüchtig ins Zeug legen müssen, Euch angemessen unter die Haube zu bringen», schmunzelte Leonhard Koppe und strich sich den grauen Backenbart.

«So helft ihm nur immer suchen, ehrwürdiger Vater Prior», lachte

Katharina zurück und schwor sich im gleichen Moment, niemals mehr zu schweigen, wenn ihr nach Reden zumute wäre. «Was hülfe uns denn die Freiheit ohne Freier?»

Im Schutz eines Waldstreifens vor den Toren der Stadt verwandelten sich der ehrwürdige Vater Prior und seine beiden Patres in Leonhard Koppe mit seinen Geschäftsleuten zurück. Die Nonnen hingegen legten sich auf den bloßen Boden der Ladefläche und zogen die schwarzen Decken vollständig über sich, die ihnen der Kaufmann gegen die Kälte ausgehändigt hatte. Anschließend warfen die Männer die dicken Strohschütten über die Frauen, als hätten sie eine zerbrechliche Fracht zu führen, und schlossen die Plane des Wagens zu beiden Seiten mit Riemen und Bändern fest zu. Mit etwas Glück und Gottes Hilfe würde den Wächtern die Lust zur Überprüfung der Ladung sowieso vergehen, sollte ihnen mit dem Frühlingswind der Duft aus den leeren Heringsfässern, die Koppe vorsichtshalber ohne Deckel am hinteren Ende der Ladefläche aufgestellt hatte, in die Nase steigen.

«Schweigt und keine Bewegung!», mahnte Wolf von Dommitzsch die Frauen. «Die Wächter am Stadttor werden uns wohl ohne Probleme durchwinken. Wenn überhaupt, werden sie nur einmal kurz unter die Plane schauen. Koppe ist bekannt. Wer wollte da groß seine Fracht durchsuchen? Aber sicher ist sicher.»

Bald darauf hörten die vor Angst kaum zu atmen wagenden Nonnen am hohlen Poltern der Pferdehufe auf Holz, dass sie über die lange Elbbrücke auf das Stadttor zufuhren.

Ein scharfes: «Halt! Wer da?»

Koppes Bass: «Leonhard Koppe, ehrbarer Bürger, Kaufmann und Rat der Stadt mit seinen Leuten. Öffnet, damit ich passieren kann!»

Das schabende Rasseln von Kettenhemden und das Pochen schwerer Stiefel kamen näher. Das Tor wurde also von Gewappneten bewacht. Zu Ostern reisten viele Fremde an. Die Stadt wollte sichergehen, dass kein Halunke darunter wäre.

So nah, dass es Katharina vorkam, als könne sie die Körperwärme des Wächters durch die Holzplanke der Wagenbrüstung spüren, die gegen ihre Schulter drückte, verhielt der Schritt neben dem Wagenbock. «Weist Euch aus!»

«Ausweisen? Mensch, Marten, Kerl!» Die Stimme Koppes, lachend, scheinbar völlig unbekümmert und leicht ärgerlich. «Kennst du etwa deinen eigenen Stadtrat nicht mehr?»

Ein Auflachen jetzt, ein Erkennen und Begrüßen mit lautem Hallo. «Potz Blitz, Meister Koppe! Ihr seid es wirklich. Verübelt mir's nicht, dass ich Euch anhielt. Ihr wart wohl lange zu Geschäften unterwegs? Was wetten, dass Euch mit diesem Bart die eigene Gemahlin nicht mehr erkennt?»

«Keine Wetten für diesmal, Marten», lachte auch Wolf von Dommitzsch und rückte sich betont ungeduldig auf dem Sattel zurecht, dass das Leder knarrte. «Es ist Ostern, Mann. Frau und Kinder warten zum Kirchgang auf uns.»

Gegenseitige Osterwünsche noch, ein freundlicher Gruß an die Hausfrauen. Das Knirschen schwerer Torflügel in gut geölten Haspen. Ein Zungenschnalzen und Schnicken mit den langen Zügeln, das Schnauben der müde anziehenden Pferde, klappernde Hufe und endlich das Rumpeln des Wagens auf gepflasterten Straßen.

«Wir sind drinnen!», war alles, was Katharina denken konnte. Machtvoll begannen die Glocken aller Kirchen der Stadt zu läuten. Neben Katharina weinte Margarethe von Zeschau lautlos vor sich hin.

Wenngleich sie die Flüchtlinge zuvorkommend in ihrem Haus empfing, ruhten die Augen von Koppes Hausfrau wenig freundlich auf ihnen, wie Katharina spürte. Sie konnte es ihr nicht verdenken. Auf das Entführen einer einzigen Nonne standen Folter, Tod und Enteignung. Und wenngleich in Torgau Luthers Lehre schon weit um sich gegriffen hatte, gab es reichlich Andersdenkende, die den Häschern des Klosters gern um Gottes Lohn und Sündenablass mit einem Hinweis dienen würden.

Unsicher und verlegen drängten sich ihre Mitschwestern in der Eingangshalle des Koppe-Hauses wie Lämmer aneinander, die zur

Schlachtbank geführt werden sollten. Die Hände wie gewohnt unter den weiten Ärmeln ihrer zerdrückten Gewänder gefaltet, die Augen demütig niedergeschlagen, die Schultern hängend und die Köpfe gesenkt, boten sie sich als Jammergestalten dar. In Katharina regte sich der Zorn. «Sind wir deshalb aus dem Kloster entsprungen, damit wir uns jetzt zu Tode schämen?», hätte sie am liebsten gerufen und sie alle miteinander durchgeschüttelt. Nur Koppe zuliebe biss sie die Zähne zusammen. Sie würde ihm bei seiner Hausfrau keinen Ärger bereiten. Aber die Augen niederschlagen, das konnte sie nicht. Geradewegs erwiderte sie deren Blick.

«Kommt!» Koppes Hausfrau wies ihre Magd an, die Tür zur Gesindeküche zu öffnen. «Ihr werdet hungrig sein. Später soll Euch die Magd Eure Schlafkemenate zeigen.»

Im Hineingehen begann Katharina, ihren Schleier abzulegen und zusammen mit dem schwarzen Skapulier in die Kapuzenflocke einzuwickeln, die sie mit Hilfe ihres schwarzen Nonnengürtels zu einem handlichen Bündel verknotete. Nun trug sie zwar immer noch ihr weißes Ärmelgewand und das Nonnengebände, das es an Eleganz nicht im Entferntesten mit der aus pfauenblauer Seide geschlungenen Frauenhaube der Hausherrin aufnehmen konnte, aber ein Nonnengewand war es jetzt nicht mehr.

Als hätte sie den anderen mit dieser Geste ein verabredetes Zeichen gegeben, beeilten sie sich, die verzichtbaren Gewandteile ebenfalls abzulegen. Koppes Hausfrau fing Katharinas Blick auf. «Wir haben schon unter uns Gleichgesinnten eine Sammlung für Euch veranstaltet.» Sorgfältig ihre weit gefältelten Röcke raffend, nahm sie am Kopfende des Gesindetisches Platz und sah aufmerksam zu, wie die Küchenmagd die Schalen mit Morgenmus und cremiger Sahne füllte und jedem Gast ein rotes Osterei in einem Kringel aus süßem Hefeteig als Willkommensgruß reichte. «Wenn Ihr ein wenig geruht und Euch erfrischt habt, könnt Ihr die Gewänder anprobieren, die zusammengekommen sind. Neu sind sie zwar nicht und auch nicht à la mode, aber wenigstens heil und besser als …» Sie schwieg, doch ihr Blick sprach Bände.

«Gott und unsere Gebete werden es Euch danken, Herrin!», antwortete Magdalena von Staupitz rasch. «Ihr seid zu gütig zu uns.»

«Ja, zu ewigem Dank verpflichtet … Weiß gar nicht, wie danken …» Ein Stimmengewirr brach los. Jedes Wort sprach Katharina mitten aus dem Herzen. Bis an ihr Lebensende würde auch sie diesen Menschen, ihren Helfern und Rettern aus der Not, dankbar sein und nie müde, es ihnen zu sagen. Aber «Herrin»? Warum «Herrin»?

«Als ein freier Christenmensch danke ich Euch von ganzem Herzen, Hausfrau Koppe!», sprach sie und wandte sich Leonhard Koppe und Wolf von Dommitzsch zu, die soeben Pferde und Wagen versorgt hatten und nun ebenfalls in die Gesindeküche traten. «Und auch Euch danke ich so herzlich und viel, dass ich es nicht sagen kann.»

«Nun, nun!» Leonhard Koppe tätschelte den Frauen begütigend die Hand, die nicht wussten, wie sie ihm ihre Dankbarkeit richtig bezeigen sollten. «Nehmt Platz, edle Jungfrauen. Esst und trinkt. Und lasst Ostern werden. Wie Jesus Christus auferstanden ist von den Toten, so seid auch Ihr auferstanden zum wahren Leben.»

Vom Dienstag nach Ostern an hatten die Häscher des Klosters landauf, landab nach ihnen gefahndet. Wie vom Erdboden seien sie verschluckt, schimpften die Knechte in der Taverne am Elbufer, wo sie mit ihrem Anführer Rast machten.

«Gebt mir einen Groschen, kauft mir einen Becher Wein, teilt euer Mahl mit mir, und ich verrate euch, wo sie sind», brabbelte eine zerlumpte Zigeunerin von der Tür herüber.

«Und? Wo?», schnauzte der Rottenführer zurück, indem er ihr eine abgenagte Schwarte in die Schale warf.

«Da, wo du auch bald sein wirst!», keifte sie und schmiss die Schwarte unter grölendem Gelächter der Zecher zielsicher zurück. «Beim Teufel, wo sonst!»

Koppes Knecht, der mit einigen anderen von seinem Herrn ausgeschickt worden war zu prüfen, ob die Luft bald rein sei und die Edelfräulein ihre Reise fortsetzen könnten, war Zeuge des Handels gewesen. Er lachte noch, als er am Gesindetisch Bericht erstattete. Nur Koppes Hausfrau fiel die heiße Röte auf, die Katharina ins Gesicht stieg.

Als sich der große Rüstwagen am dritten Tag nach Ostern mit den Frauen wieder in Bewegung setzte, atmete sie erleichtert auf.

Anstelle ihres Neffen Leonhard, der in Abwesenheit des Hausherrn seine Geschäfte führte, hatte sich Gabriel Zwilling, ein enger Freund Martinus Luthers und der erste evangelische Prediger der Stadt, als Dritter im Bunde erbötig gemacht, die Nonnen nach Wittenberg zu geleiten. Schmächtig und schief gewachsen, hatte er das Herz auf dem rechten Fleck und trat unerschrocken für seinen Glauben ein.

«Ich werde erst wieder froh sein, wenn du wohlbehalten zu uns nach Hause heimkehrst», murmelte Koppes Hausfrau am Hals ihres Gemahls.

«Beruhige dich.» Ihre Arme lösend, schob er den Fuß in den Steigbügel und saß auf. «Zwischen Wittenberg und Torgau, mitten im Herzen des Kurfürstentums Sachsens und Friedrich dem Weisen zum Greifen nahe, wird uns schon keiner die Mädchen abjagen wollen.»

«Trotzdem. Nicht alle sind Lutheraner. Und die es nicht sind, die fürchte.»

«Wo bleibt Euer Gottvertrauen, Frau Gevatterin?», rief Gabriel Zwilling dazwischen. «Mit den Rechtschaffenen ist Gott. Also betet für uns und seid unverzagt.»

Seine Stimme war nie besonders stark, eher hell und kindhaft. Aber die Wärme und Energie in ihr machten diesen Mangel vollkommen wett, sodass die Menschen an seinen Lippen hingen, wenn er in Torgau das neue Evangelium verkündete.

Mit ihrem Taschentuch erwiderte Koppes Hausfrau das Winken der jungen Frauen, die in den geschenkten Röcken und Miedern, die sie über ihrem weißen Nonnenkleid trugen, wie seltene Buntvögel aussahen. Nur eine hatte die abgetragenen Kleidungsstücke aus dem Fundus abgelehnt, obwohl auch sie zunächst in den Bündeln nachgeschaut hatte. Eine Weste mit hochgestelltem Kragen hätte ihr wohl gefallen, passte aber nicht. Da hatte sie lieber nur einen weiten Mantel genommen.

«Diese Katharina, die weiß, was sie will», dachte Koppes Hausfrau und wandte sich dem Haus zu. Wie gut, dass es nicht ihr oblag, dieser Widerspenstigen Zähmung vornehmen und einen Ehemann für sie suchen zu müssen.

Wie ein Lauffeuer sprach es sich zu Wittenberg herum: «Sie kommen! Die neun heiligen Jungfrauen kommen!»

Alles, was gesunde Beine hatte zu rennen, lief, um den Anblick eines ganzen Wagens voll entsprungener Nonnen nicht zu versäumen. Abtrünnige Mönche gab es genug, aber Jungfrauen noch keine. Wie sie wohl aussehen mochten? Alle sollten sie von Adel sein. Außerdem schön wie die Engel und mit brünstiger Hitze im Leib. Heiraten wollten sie, jeden würden sie nehmen. Lieber gleich als morgen. Nur deshalb, hieß es, wären sie entlaufen.

Andere brüsteten sich zu wissen, dass es zu Nimbschen doch bloß alte, zähe Wachteln gäbe und die Entsprungenen in Wahrheit keine heiligen Jesusbräute, sondern höllische Satansbräute seien. «Zuerst stellen sie sich schön und gut. Aber wenn ihr sie erst habt, wenn ihr sie nehmt und wollt das Brautlager mit ihnen teilen, auf einmal geht's: ‹Schnapp und ab!› Und ihr seht sie auf eurem besten Stück zum Schornstein hinausreiten.»

Die Neugier trieb alle auf den Elbdamm hinauf, von wo aus sie den verdeckten Rüstwagen mit den Rössern schon sehen konnten. Nicht minder neugierig spähten die Frauen ihnen und der unbekannten Stadt entgegen, in der sich ihr Schicksal neu entscheiden würde.

In der Zeit, die sie in Torgau verbrachten, hatte es fast ununterbrochen geregnet. Jetzt führte die Elbe Hochwasser. Baumgruppen ragten wie wurzellos aus schlierig schillernden Flachstellen.

«In mediam barbariam sunt», feixte Gabriel Zwilling in Anspielung auf Luthers Behauptung, Wittenberg sei weiter nichts als eine «Schindleiche» in einem «Schindlande». Nicht einmal Philipp Melanchthon, der für seine diplomatische Fähigkeit bekannt war, jeden

Tadel als Nettigkeit verpacken zu können, hatte dem widersprochen, sondern klagte, auch er lebe in dieser Stadt unter «beschränkten Geistern» und wie in einer Wüste.

Prompt zog Ave die Nase kraus, als sie das wenig ansehnliche Armen- und Siechenhaus passierten. Katharina hingegen folgte neugierig Gabriel Zwillings Peitschenstiel, mit dem er auf die markanten Punkte der Stadt wies. «Zunächst das Residenzschloss des ernestinisch-kursächsischen Fürsten Friedrich der Weise mit der Schlosskirche, an deren Portal Martinus Luther seine fünfundneunzig Thesen gegen den Ablass hämmerte.» Selbst von weitem erkannte man das farbige Muster der Dachziegel auf dem Kirchendach und den runden Turm mit seiner von Ziergiebeln umgebenen Spitze.

«Der Fürst hat das Schloss völlig neu erbauen lassen», erklärte Koppe. «Falls er Euch vielleicht einmal einlädt, werdet Ihr sehen, wie herrlich der Maler und Kupferstecher Albrecht Dürer aus Nürnberg zusammen mit dem Wittenberger Hofmaler Lucas Cranach die Prunkräume gestaltet hat.»

«Und kaum war die Kirche fertig, hat er sie der Leucorea, der Universität, als akademisches Gotteshaus und Auditorium überschrieben», sagte Zwilling. «Mitsamt ihren zahlreichen Einkünften. Seitdem werden in der Kirche akademische Gottesdienste gefeiert, Rektoratsreden und Antrittsvorlesungen gehalten, Promotionen und Dichterkrönungen vorgenommen und Disputationes gehalten.»

«Ach, deshalb schlug Martinus Luther seine Thesen gegen den Ablass an dieses Portal», rief Katharina. «Weil sie in der Kirche disputiert werden sollten.»

«So ist es», nickte Zwilling. «Ohne die Schlosskirche, die lateinischen Disputationes und vor allem die Buchdrucker, die immer schon lauerten, ob Arbeit und Brot für sie dabei abfiele, wäre die Reformation vielleicht nie groß in Fahrt gekommen.»

Zwillings Peitschenstiel deutete auf die Doppeltürme der Pfarrkirche und über den lang am Flussufer ausgestreckten Flecken der Bürgerhäuser. «Viertausend Seelen in dreihundertsiebenundachtzig Häusern. Zweitausend weniger als bei uns zu Torgau.»

«Tragt nicht so dick auf, Didymus», mahnte Koppe amüsiert. «Wenn zu Wittenberg weiter so gebaut wird wie jetzt und die Stadt ihrem Fürsten immer mehr Schulden gegen Rechte abnimmt, werden sie uns bald übertrumpft haben.»

Zwilling zeigte in Richtung Universität. «Die Leucorea, die Universität, unter Friedrich dem Weisen in direkter Konkurrenz zu Erfurt erbaut. Ursprünglich durften hier nur Mönche unterrichten. Der Grund, warum die Augustiner hier ein Kloster errichteten und unser Martinus Luther nach Wittenberg kam.»

Ein Schwenk auf die andere Seite, weit hinten, unmittelbar an Stadtmauer und Elbdamm. «Und das ist das Schwarze Kloster. Allein mit Eberhard Brisger, seinem früheren Prior, wohnt Martinus immer noch darin, obwohl Johann von Staupitz, sein einstiger Abt, ihn von allen Mönchsgelübden entbunden hat.»

«Im Westen seht Ihr das Coswiger Tor, auch Schlosstor genannt, im Süden das Elbtor mit der neuen Elbbrücke und hier im Osten das Schwarze Elstertor, nach dem Flüsschen Schwarze Elster genannt», ergänzte Koppe.

«Wittenberg ist zwar Residenz, aber trotzdem noch überwiegend Bauernland», brummte Wolf von Dommitzsch. «Trotzdem sind die Wittenberger nicht auf den Kopf gefallen. Gegen Schuldenerlass kauften sie von ihrem Fürsten etwa das Münzrecht, und gegen tausend rheinische Gulden erhielt die Stadt sogar das Recht der hohen Gerichtsbarkeit.»

«Tja, wer Schulden hat, muss sein Tafelsilber verschleudern», grinste Zwilling. Koppe pflichtete ihm bei: «Seitdem geht's mit Wittenberg aufwärts. Aus der alten Torf- und Lehmstadt ist eine Stadt der festen Häuser geworden. Das haben sie aber auch unserem braven Gevatter Lucas Cranach zu danken, der als Bürgermeister erst unlängst etliche kleine alte Häuser abreißen und einen großen neuen Häuserkomplex errichten ließ.»

«Ein zweites Torgau ist es also nicht», erkannte Katharina. «Aber von Ackerbau und Viehzucht verstehe ich etwas. Ich glaube, hier wird's mir gefallen.»

Am Ende der Brücke, unter dem Bogen des Schwarzen Elstertores, entstand plötzlich Unruhe. Ein Mann in einer braunen Kutte schob sich durch die gaffende Menge. Nicht übermäßig groß, doch gerade gewachsen, winkte er dem Wagen mit seinem Doktorhut entgegen. Ein Windstoß von der Elbe herauf verwehte die schwarzen Locken. Mit gespreizten Fingern hineinfahrend, strich er sie mit einer unbewusst lasziven Geste locker zurück. «Wie damals», durchfuhr es Katharina. «Wie auf Klietzen.»

Martinus Luther. Heute also sah sie ihn wieder.

«Sie jammern mich sehr.» Luther ließ die Feder sinken, mit der er soeben seinem Freund Georg Spalatin schrieb, der eigentlich Georg Burckhardt hieß und wegen seines Geburtsorts Spalt bei Nürnberg seinen Spitznamen bekommen hatte. Wenn einer bei Hof dafür gesorgt hatte, dass Friedrich der Weise seine schützende Hand über Luther und die neue Lehre hielt, dann er. Lehrer und Erzieher, Geheimsekretär, unentbehrlicher Berater in allen Wissensfragen und Hofkaplan seines Fürsten, hatte er größten Einfluss auf alle Amtsgeschäfte. «Man müsste seinen Namen mit goldenen Lettern ins Buch der Reformation eintragen», dachte Luther.

Spalatin sollte als einer der Ersten wissen, dass die neun abtrünnigen Nonnen, «ein elendes Volk», in Wittenberg eingetroffen waren. Luther wusste, auch sein treuer Gevatter Nikolaus von Amsdorf, Theologieprofessor an der Universität, würde Spalatin schreiben, dass die Jungfräulein weder Kleider noch Schuhe besaßen. Das war gut. Der Mensch war nicht zum Alleinsein gemacht. Man musste die Beziehungen nutzen, um eigene Ziele als gemeinsame Ziele zu verwirklichen.

Spalatin kannte seine Meinung zwar, aber es drängte Luther trotzdem, einmal mehr gegen Papst und Bischöfe und die «grausamen Eltern und Verwandten in Deutschland» zu wettern, die ihre Töchter einfach ins Kloster abschöben. «Dies Geschlecht ist für sich selbst bei weitem zu schwach und von der Natur, ja von Gott an den Mann gebunden; es wird, wenn man es durch solche Grausamkeit abtrennt, zugrunde gerichtet.»

Spalatin, dachte Luther, müsste sich zu Recht fragen, was er nun bloß mit den neun ledigen Frauen vorhabe. Doch da hatte er bereits intensiv vorgearbeitet. Zuerst würde er den Verwandten gut zureden, sie tatsächlich aufzunehmen. Wollten sie letztendlich doch nicht, würden sich andere finden. Ein paar ernst zu nehmende Freier gab es bereits. Auch der Freund selbst könnte helfen, wenn er wollte. Spalatin wusste ja, Luther verfügte über neun alte Schock Jahreseinkommen und keinen Heller mehr. Spalatin brauchte nur bei seinem Fürsten und seinen reichen Bekannten am Hof «etwas Geld zu erbetteln», mit dem Luther die Nonnen «etwa acht oder auch vierzehn Tage ernähren» könnte. Bis er «sie alle ihren Verwandten oder meinen Zusagern übergeben» hätte.

«Die Armen», schrieb er, «die gern gäben, haben nichts; die Reicheren schlagen es ab oder lassen sich so schwer bewegen, dass sie entweder den Dank für das Gegebene bei Gott verlieren müssen oder mich um meine Freiheit bringen.» Trotzdem, bat er den Freund eindringlich: «Sie bedürfen wahrhaftig der Barmherzigkeit; in ihnen wird Christus gedient.»

Nachdenklich zog Luther seine Notizen heraus. Wenn seine Zusager Wort hielten, hatte er für fast alle neun Nonnen bereits sichere Verhältnisse schaffen können. Magdalena von Staupitz, die in Marienthron als Cantorix und Organistin gewirkt hatte, würde eventuell seinen Freund Spalatin heiraten, falls dieser sich endlich dazu durchringen wollte, den Junggesellenstand aufzugeben. Der Name ihres Bruders Johann von Staupitz, Luthers väterlicher Freund, Beichtvater und einstiger Prior im Orden der Augustiner-Chorherren zu Wittenberg, hatte einen guten Klang in der Stadt, obwohl er seit Jahren als Seelsorger in Süddeutschland weilte und seit kurzem Abt von Sankt Peter in Salzburg war. Luther stellte sich vor, ihr in absehbarer Zeit an einer der neu im Land entstehenden Mädchenschulen eine Anstellung zu vermitteln.

Else von Canitz und Eva Grosse, die bereits als Kind dem Kloster übergeben worden waren, kehrten zu den Ihren zurück. Laneta von Golis, die dreißig Jahre Nonne gewesen und mit Magdalena von Staupitz die Älteste der Abtrünnigen war, hatte Aufnahme bei ihrer Schwester zu Colditz gefunden und würde einen dortigen Pfarrer heiraten.

Margarethe und Veronika von Zeschau fanden Hilfe bei ihrem Oheim Wolf von Zeschau, dem ehemaligen Augustiner-Prior von Grimma. Schließlich war er es gewesen, der seinen Nichten dringend geraten hatte, aus dem Kloster zu fliehen, und dadurch den Stein erst ins Rollen brachte.

Ave und Margarethe von Schönfeld konnten leider nicht zu ihren Eltern zurückkehren. Ihr Vater, Georg von Schönfeld, weigerte sich mit der Begründung seiner Lehnsmannschaft zu Herzog Georg dem Bärtigen, der jeden Tempelräuber einen Kopf kürzer machte.

Für Margarethe, die jüngere der beiden, hatte Luther bereits einen Herrn vor Gorsebüttel im Auge. Und Ave? Der Reformator schmunzelte. Er selbst war ja auch noch nicht vergeben, und sie war süß, ein liebes Ding, wie ein anschmiegsames Kätzchen. Außerdem nicht dumm. Wer weiß? Mit Gottes Hilfe würde vielleicht er sich ihrer annehmen, wenn sie ihn denn wollte.

Bliebe noch Katharina von Bora, die Nichte seines so unglückselig zu Tode gekommenen Jugendfreundes Alexius. Recht hübsch war sie geworden. Und aus hochedlem Hause. Gewiss würde keiner sie von der Bettkante stoßen. Umgekehrt hingegen wohl schon. Sie gab ihm wahrlich die härteste Nuss auf. Aber kam Zeit, kam Rat. Vorübergehend war sie bei Philipp Reichenbach, einem jungen Magister und Juristen, untergekommen, der das Cranach-Haus in der Bürgermeisterstraße bewohnte. Außerdem fühlten Lucas Cranach, der berühmte Hofmaler, und seine Frau Barbara sich ihr verbunden. Als nämlich Cranach erfuhr, dass Katharinas Großvater sogar zweimal mit seinen Landesherren ins Heilige Land gepilgert war, meinte er lachend, dann sei er geradezu prädestiniert, sich ihrer anzunehmen. Er selbst gehöre ja auch zum Kreis der Wallfahrer vom Heiligen Grab, die untereinander alle verschworene Brüder seien.

Luther legte seinen Merkzettel beiseite und den fertigen Brief an Spalatin auf den Stapel der anderen Bittbriefe. «Als echter Vater könnte ich kaum treusorgender sein.» Mit dem Bild Ave von Schönfelds vor Augen machte er sich auf in den Keller nach einem Krug Torgauer Bier, das Leonhard Koppe ihm mitsamt den Nonnen geschickt hatte.

Das neue Leben stürmte auf Katharina ein, als sei sie bisher blind, taub, stumm und gelähmt zugleich gewesen. Hinaus auf die Straßen wagte sie sich noch nicht. Erstens ihrer Haare wegen, die nach den Jahren unter dem Nonnengebände struppig kurz, stumpf und hässlich aussahen. Zweitens wegen des lebhaften Treibens, vor dem sie geradezu Angst hatte. Sie fürchtete sich davor, wie bei ihrem Einzug in die Stadt begafft zu werden. Und drittens, weil sie sich in ihren neuen Gewändern wie nackt fühlte. Auch wenn das Gewand hochgeschlossen und bodenlang war und die Ärmel bis zu den Handgelenken reichten, lag es doch am Oberkörper und der Taille eng an und bauschte sich über Hüften und Hinterteil. Außerdem stand ihr Hals völlig bloß aus dem Kragen.

Dank großzügiger Spenderinnen, allen voran die Magisterin Reichbach und Barbara Cranach, gehörte Katharinas Nonnenhabit endgültig der Vergangenheit an. Sogar der Kurfürst hatte Ballen feinster flandrischer Tuche und bestes Leder geschickt, aus denen die an kunstvolle Nadelarbeiten gewöhnten Chorgewändernäherinnen und Altartuchstickerinnen feine Damenkleider zauberten. Katharina hatte die zartesten Stoffe, aus denen Blusen, Tücher und Gebände geschnitten wurden, nach Cranach-Vorlagen bemalt.

«Es wäre gelogen, wollte ich behaupten, ich fände es nicht schön, weiche, schmeichelnde Stoffe auf der Haut zu spüren», grübelte Katharina, wenn sie sich in ihrer Kemenate unter dem Reichenbach'schen Dach mit dem noch immer ungewohnten Anlegen des Mieders und dem Schließen von Knöpfen und Knöpfchen, Falbeln und Schleifen der auf Taille gearbeiteten Gewänder abmühte. «Und ich liebe es, mich waschen zu dürfen, sooft ich will, und Duft an mich zu legen, sodass niemand mehr die Nase rümpft, wenn ich den Raum betrete, oder den Platz neben mir frei lässt, wenn ich mich zu Tisch setze. Aber bin ich das noch?»

«Uns allen geht es nicht anders», bestätigte Ave. «Auch ich werde den Eindruck nicht los, plötzlich eine andere in einer ganz anderen Welt zu sein. Es ist ja nicht, dass ich mir darin nicht gefiele. Aber wenn mich jemand anschaut, komme ich mir vor, als würde er mir auf den Busen starren oder auf die Hüften und denken: ‹Da geht sie, die entsprungene Nonne, und hat sich schon zum Männerfang geputzt.› Ich will nicht, dass sie so von mir denken.»

Ave war im Haus des berühmten Hofmalers Lucas Cranach aufgenommen worden. Er hatte nicht nur eine liebe Frau, die so gelassen und selbstsicher wirkte, wie Katharina eines Tages gern sein wollte. Er war auch reich, wohl der vermögendste Mann in ganz Wittenberg, wie Magister Reichenbach sagte. Und er war eine imposante Erscheinung mit kinnlangem braunem Haar und einem gut gepflegten Bart. Wenn er einen aus seinen hellen, grünlich schimmernden Augen ansah, hatte man immer das Gefühl, er male in Gedanken jede Linie mit einem unsichtbaren Pinsel ab, um sie in seinem Gedächtnis zu speichern, bis er sie in einem seiner vielen Gemälde hervorzaubern könne.

Katharina besuchte Ave oft. Und jedes Mal kam es ihr vor, als betrete sie eine andere Welt.

War die Zeit im Kloster wie ein unmerklich ziehender unterirdischer Strom zwischen Stein gewordenen Seufzern gewesen, so war das Cranach-Haus eine Orgie des Weltlichen. Selbst die Augen mussten lernen, anders wahrzunehmen als zuvor. Auf Tischen und Truhen, Wandborden und hohen Kästen glänzte kostbares Geschirr, auf Bänken und Sesseln luden Kissen aus Seide, Samt und Brokat zum Verweilen ein, überall lockten herrliche Gemälde zum müßigen Betrachten, nicht selten von kaum verhüllten oder reich geschmückten Frauen, die ihre Schönheit offen zur Schau trugen.

Galt es früher für Katharina wie im Grab zu schweigen, so hieß es nun Geräusche auszuhalten. Und natürlich die Mahlzeiten am langen Tisch, die keineswegs schweigend eingenommen werden mussten, sondern oftmals Mittelpunkt lebhaftesten gemeinsamen Schwelgens waren.

Katharina wich zaghaft zugleich vor all diesem Neuen zurück und brannte doch vor Neugier, es zu kosten und zu erproben.

Wie Luther lachend erzählte, hatten sowohl Margarethe von Haubitz als Äbtissin in Marienthron zu Nimbschen als auch ihr Vaterabt mit Beschwerden bei Friedrich dem Weisen über die Entführung ihrer Nonnen und die Zerrüttung ihrer Klöster durch sündige Bürger eine klare Abfuhr erhalten. Der Landesherr schrieb ihnen einfach: «Nachdem wir nit wissen, wie es um diese Sach gewandt, und wer die Klosterjungfrauen zu solchem ihrem Fürnehmen verursacht, und wir uns bis anher dieser und dergleichen Sachen nie angenommen, so lassen wirs bei ihrer selbst Verantwortung bleiben.»

Von nun an durften sich die Abtrünnigen also sicher fühlen. Niemand würde sie mehr behelligen oder zwingen, ins Kloster zurückzukehren. Ganz im Gegenteil, ihr Vorbild machte Schule. Schon zu Pfingsten forderten erstmals mehrere Eltern anderer Chorjungfrauen ihre Töchter und deren Mitgiften aus Nimbschen zurück.

Luther war stolz auf den Erfolg des großen Fluchtunternehmens. Natürlich machte er sich auch sofort an die Ehrenrettung Leonhard Koppes, als dessen Hausfrau sich bitter über die üble Nachrede der Leute beschwerte, ihr Ehemann habe sich mit neun entsprungenen Nonnen verlustiert. In einem offenen Brief stellte er klar, warum Nonnen das Kloster mit Gottes Segen verlassen dürften. Katharina las es selbst: «Es ist ein neues Werk, das wir beginnen. Land und Leute sollen darüber informiert werden. Und wenn jemand dem Ratsherrn Leonhard Koppe Übles nachredet und ihn einen Räuber nennt (oder einen Narren, der sich von dem verdammten, ketzerischen Mönch in Wittenberg fangen lässt), so will ich, Luther, ihn einen seligen Räuber nennen.

Wir sagen das deshalb deutlich, weil wir diese Entführung für gottgefällig halten und weil sie deshalb nicht das Licht scheuen muss. Wir sagen es auch deshalb, damit die Ehre der Jungfrauen und ihrer Verwandten nicht von giftigen Zungen geschmäht werde. Es gibt Leute, die behaupten, die Jungfrauen hätten sich von losen Buben entführen lassen. Sie sind aber von Leonhard Koppe und den Seinigen mit aller Zucht aus dem Kloster geleitet worden.

Außerdem ist es uns wichtig, anderen ein Beispiel zu geben. Wir wissen, dass viele Eltern ihre Kinder lieber aus dem Kloster zurückholen würden. Sie wissen, dass dort nur Menschenwerk getrieben und ihnen das Wort Gottes nicht lauter und reiner gepredigt wird. Aber – darf man sein Gelübde denn brechen? So fragen die einen. Und – man soll kein Ärgernis geben, sagen die anderen. Dazu sage ich: Gott will keine Gelübde, die unchristlich und schädlich sind. Ärgernis hin, Ärgernis her. Not bricht Eisen und hat kein Ärgernis. Deshalb übernehme ich die Verantwortung, der ich das Unternehmen angeraten habe. Aber auch für alle, die ihrem Beispiel nachfolgen wollen. Ich bin ganz sicher, dass wir alle damit vor Gott und der Welt untadelig bestehen können.»

«Untadelig bestehen». Zwei harmlose Wörter. Doch der Anblick auch ihres eigenen Namens, den Luther in der Reihe der anderen acht entsprungenen Nonnen aufgeführt hatte, ließ Katharina erschauern. Luther hatte ihre Flucht gerechtfertigt und seine Gewissheit über ihre Untadeligkeit verkündet. Beweisen musste sie diese jedoch selbst.

Ehe der Sommer verging, waren die meisten Jungfrauen mit ihren Angehörigen oder neuen Ehemännern fortgezogen. Auch Margarethe von Schönfeld. Ave litt schwer unter der Trennung, Gott sei Dank war wenigstens Katharina noch da, die im Hause Cranach als eine Art Haushälterin und Mädchen für alles waltete und die von vielen gesellschaftlichen Verpflichtungen beanspruchte Hausfrau entlastete. Vor allem half Ave jedoch die Arbeit in der Apotheke über manche trübe Stunde hinweg. Da nicht nur Medizin, sondern wie in einem Kramladen von Angelhaken bis Zimt alles verkauft wurde, was zum täglichen Leben erforderlich war, kamen die unterschiedlichsten Menschen herein und vermittelten Ave immer stärker das schöne Gefühl, eine von ihnen zu sein. Daher nahm sie das Angebot Cranachs gern an, künftig täglich in seiner Apotheke am Marktplatz zu arbeiten. Als kurfürstlicher Hofmaler, Ratsherr, Bürgermeister und Kämmerer der Stadt, Apotheker und Weinhändler war er einer der größten Immobilienbesitzer und Arbeitgeber in Wittenberg.

«Du bist mir deshalb nicht böse, nein?», fragte Ave die Freundin, als Cranach die Neuigkeit am Mittagstisch verkündete.

Niemals hätte Katharina zugegeben, dass es schmerzte, aber ganz gleichgültig war es ihr wirklich nicht. Monatelang hatten sie beide in der Apotheke gearbeitet. Und oft genug erstaunte sie mit ihrem Wissen über Heilkräuter, Salben und Tinkturen nicht nur Cranachs Apothekenhelfer Basilius Axt. Jedenfalls wusste sie weit mehr als Ave. Aber Wissen, was zählte schon Wissen bei einer Frau? Dass selbst Cranach sich für Ave entschied, bewies nur einmal mehr, dass es nichts zählte. Während Katharina in ihrem stillen Ernst streng wirkte, lächelte Ave sogar dann, wenn sie nicht lächelte. Kein Wunder also, dass die Leute ihr den Vorzug gaben, wenn sie in der Apotheke beraten und mit ihren Wünschen bedient werden wollten. Und Cranach war Geschäftsmann; er wusste zu schätzen, wenn man gern bei ihm kaufte.

Trotzdem freute Katharina sich für Ave und gönnte es ihr, festen Fuß in ihrem neuen Leben gefasst zu haben. Was sie ihr weniger gönnte, war die unübersehbare Tatsache, dass Luther Ave den Hof machte. Seine Augen schienen förmlich an ihr zu kleben, wenn er sie sah. Katharina wusste selbst nicht, wie sie auf die Idee verfallen war, Luther zum Gemahl nehmen zu wollen. «Wahrscheinlich wegen früher», redete sie sich ein und setzte das gleichmütige Gesicht ihrer Nonnenjahre auf, wenn sie mit ihm sprach. Aber das komische Kribbeln unter der Haut blieb. «Dumme Gans!», schalt sie sich, wenn sie ihm nachsah und unwillkürlich feststellte, dass er wohl nur ein einziges Gewand hatte und trotz der schäbigen Kutte wie ein Herr aussah.

Wie nebenbei fragte Katharina Magdalena von Staupitz über Luther aus. Wen sonst hätte sie fragen sollen, ohne dass ihre Fragen ungewöhnlich auffielen? Ave etwa? Nein, die Schwester von Luthers Freund war genau richtig, zumal Magdalena so in ihrer Musik aufging, dass sie in Gesprächen mehr auf den Klang einer Stimme als auf Worte achtete.

Mit jedem Besuch bei Magdalena nahm Luthers Persönlichkeit in Katharinas Vorstellung mehr Gestalt an. Sie hatte ihn völlig falsch eingeschätzt. Schon als junger Mann war er wohl eher ernst und oftmals sogar schwermütig gewesen.

«Warum?», wiederholte Magdalena, als Katharina fragte. «Ein Vater, der seinen Sohn kreuzlahm schlägt, wenn er nicht eifrig genug lernt, hat noch keinen fröhlichen Knaben gemacht. Es sollte etwas Besseres aus ihm werden als ein Bergmann. Also vergrub sich der Knabe in den Büchern, las sogar freiwillig die alten Klassiker. Davon wird man auch nicht zum wilden Springinsfeld, sondern eher zum gelehrten Bücherwurm.»

Katharina lachte. Sich Luther als Wurm vorzustellen fiel schwer.

«Als er als einer der Jüngsten die Examina der Sieben Freien Künste schaffte, sprach der Vater ihn nicht mehr mit du, sondern mit Ihr an», wusste Magdalena. «Das war Luthers ganzer Stolz. Und natürlich wollte er dem Vater auch gehorchen, als er mit dem Studium der Rechte begann.»

Ein andermal erfuhr sie, dass Luther schon als Schüler große Angst vor Gottes Strafgericht hatte. «Mein Bruder meint, wenn einer den eigenen Vater immer mit der Rute erlebt, dann sieht er bei Gottvater ebenfalls zuerst einmal den strafenden Zorn und muss sich den Glauben an die Liebe Gottes hart erarbeiten. Meinem Bruder erzählte Luther einmal, wie er als Knabe den Fürsten von Anhalt als Barfüßermönch mit dem Bettelsack durch Magdeburg ziehen gesehen habe, sei ihm entsetzlich bang geworden, weil er zum ersten Mal merkte, dass selbst die Großen ihren Gott fürchteten.»

«So haben sie es uns als Nonnen beigebracht», nickte Katharina. «Weißt du noch den Spruch: Verzweiflung macht den Mönch?»

«So war es wohl auch bei Luther.» Magdalena blickte von ihrem Notenblatt auf und legte die Feder beiseite, um die Tinte trocknen zu lassen. «Zuerst riss die Pest ihm liebe Kommilitonen von der Seite, dann starben zwei Professoren, die er verehrt hatte, obwohl sie nicht einmal dreißig Jahre alt wurden. Er selbst verletzte sich auf einer Reise so unglücklich mit seinem eigenen Degen, dass er fast verblutet wäre. Überall nur Blut und Tod. Da muss einer ja schwermütig werden.»

Jetzt endlich hatte auch Katharina etwas Spannendes beizusteuern. «Weißt du eigentlich, dass ich Luther schon als Kind kannte? Dass er ein Freund meines Oheims Alexius war? Und dass er eigentlich seinetwegen Mönch wurde?»

«Nein, erzähle! Das will ich wissen!» Nicht einmal das Notenblatt war Magdalena jetzt so wichtig wie diese Neuigkeit, der sie ohne eine einzige Unterbrechung lauschte. «Ja, jetzt verstehe ich das erst, warum ihn der Blitzschlag damals so grausam entsetzt hat, dass er gleich gelobte, ein Mönch zu werden! Als ich zum ersten Mal davon erfuhr, dachte ich bei mir, das müsse doch eine rechte Memme von einem Mann sein, der bei einem Gewitter gleich ins Kloster rennt.»

«Stimmt es, dass selbst der eigene Vater ihn dafür verachtet hat, dass er ins Kloster ging?», wollte Katharina wissen.

Magdalena nickte. «Er sprach ihn deshalb wieder mit du an. Sogar die Mutter wandte sich von ihm ab. Sie warfen ihm Ungehorsam gegen die eigenen Eltern vor und auch Ungehorsam gegen Gott, der den Menschen doch befohlen hat, Vater und Mutter zu ehren.»

«So müssen sie jetzt doch glücklich sein, dass er kein Mönch mehr ist», entfuhr es Katharina.

«Ja, aber sie wollen, dass er endlich heiratet und ihnen Enkel bringt.» Magdalenas Lachen fuhr Katharina durch und durch.

«Weißt du eigentlich, wie die Studenten an der theologischen Fakultät dich nennen?», rief Ave eines Mittags, als Katharina mit einem Stoß beschriebener Blätter unter dem Arm, die sie im Auftrag Cranachs in seine Druckerei bringen sollte, auf einen Sprung in die Apotheke hereinschaute.

«Nein, wieso?» Katharina schnupperte an einem Fläschchen mit

Rosenwasser, dessen Duft für sie wohl immer mit dem Gefühl liebevoller Mutterarme verbunden bleiben würde.

«Katharina von Alexandrien nennen sie dich», kicherte Ave. «Wie die Schutzpatronin der philosophischen Fakultät. Weil du so klug und heiligmäßig seiest.»

Katharina wusste nicht, ob sie lachen oder sich ärgern sollte.

«Willst du denn gar nicht wissen, von wem du den Namen hast? Dein heißer Verehrer, dein Hieronymus, der war's. Schön wie die Katharina von Alexandrien seiest du, hat er gesagt. Und weiser als fünfzig Weise im Rat.»

«Hieronymus Baumgartner», dachte Katharina und war froh, dass ihre kurz geschorenen Nonnenhaare inzwischen zu dicken Locken nachgewachsen waren, die unter ihrem Jungfrauenschapel aus roten Nelken hervorquollen und ihre heißen Ohren vor Aves Blicken verbargen. Nur ein Jahr älter als sie, gut aussehend, gebildet und reich, aus einem alten Nürnberger Patriziergeschlecht stammend, hatte er mehrere Jahre zu Wittenberg studiert und besuchte nun seinen alten Lehrer, Luthers Freund und Mitreformator Philipp Melanchthon aus Bretten bei Bruchsal. Als hätte er einzig und allein nur auf sie gewartet, war er Katharina vom ersten Tag an, an dem er sie inmitten der Studenten im Hörsaal und später bei einer Diskussion entdeckte, voller Respekt und Bewunderung begegnet.

«Er ist nicht mein Hieronymus», versuchte sie zu widersprechen. Aber sie hörte selbst, wie wenig überzeugend es klang. Die offene Werbung des vornehmen Patriziersohnes tat ihr gut. Dass er sie und keine der wohlhabenden Bürgertöchter auserkor, um mit ihr abends vor aller Augen am Deich zu flanieren, dass er ihr aus seinen grünlich schimmernden Augen tiefe Blicke schenkte, bis irgendeine Saite in ihrem Innersten zu schwingen begann und sie das Gefühl hatte, all das Fließen und Strömen, von dem sie bei Mechthild von Magdeburg einst gelesen hatte, müsse in ihr aufbrechen, bis es sie mitrisse und sie darin unterginge. Dass er sich ihrer nicht schämte, sondern sie zu verehren schien, all das gab ihr das schmerzlich ersehnte Gefühl, eine Frau, eine begehrenswerte Frau zu sein. Damit Ave nur endlich still wäre, platzte es aus ihr heraus: «Aber du, du mit deinem Martinus Luther – du heimliche Frau Lutherin in spe!»

Kaum ausgesprochen, reute es sie schon, denn statt einer Antwort schlug die Freundin die Hände vor das Gesicht und rannte beinahe aus der Verkaufsstube der Apotheke ins Hinterzimmer. Bestürzt eilte Katharina ihr nach. Doch wie sie ins Zimmer kam, saß Ave am Boden und lachte in die Hände, dass ihr die Tränen aus den Augen sprangen.

«Mein Martinus Luther», rang sie zwischen zwei Lachsalven hervor. «Das kannst auch nur du dir einbilden, Katharina, die du auf deiner rosaroten Wolke schwebst und gar nicht mehr siehst, was sich auf Erden abspielt.»

Katharina blickte verständnislos drein.

«Hat du denn nichts gemerkt?» Ave zog die Freundin zu sich herunter. «Haben mein Basilius und ich uns denn so gut verstellt?»

«Basilius Axt und du?» Katharina fasste es nicht. «Cranachs Apothekergehilfe? Ihr beide …?»

«Ja, wir beide.» Ave stand auf und strich, plötzlich ernst, ihre Gewänder glatt. «Wir haben uns lieb, Katharina. Wir wollen heiraten. Bald.»

«Ja, aber Luther?», stotterte Katharina.

«Ach was, Luther!» Ave wischte mit der Hand durch die Luft. «Er ist mein Retter. Und er wird der Held von Wittenberg für mich bleiben, solange ich lebe. Aber Liebe ist anders, Katharina. Ganz anders.»

«Seid ihr denn nicht schon so gut wie verlobt?» Katharina wollte es immer noch nicht glauben.

«Grundgütiger Himmel, Katharina!» Ave seufzte in komischer Verzweiflung. «Da war nie etwas. Er hat mir Kalbsaugen gemacht, ja. Er hat auch mal ein Liedchen für mich zur Laute gesungen, wenn wir mit Cranachs beisammensaßen. Vielleicht hat er mich sogar haben wollen. Aber gesagt hat er nie etwas. Und ich war froh darüber, denn ich wollte, dass Basilius mich fragen sollte.»

«Und wann fragte er dich?»

«Gestern.»

«Gestern?» Katharina zögerte nur einen Augenblick, dann warf sie die Arme um die Freundin und zog sie ungestüm an sich. «Gestern hat auch er mich gefragt.»

«Hieronymus?» Nun staunte die Freundin.

Katharina nickte, während sich langsam wie der Sonnenaufgang ein Strahlen in ihrem Innersten ausbreitete. «Er will mich heiraten. In wenigen Tagen reist er ab, um seine Eltern um Eheerlaubnis zu bitten. Schon bald holt er mich nach, Ave. Nach Nürnberg. In sein Haus. In allen Ehren. Er hat es mir heilig versprochen. Als seine Frau.»

«Gottvater, lass es wahr sein!», sandte Ave ein Stoßgebet aus und war froh, dass Katharina an ihrem Hals lag und ihr nicht ins Gesicht schauen konnte. «Eine Studentenliebschaft», hatte Basilius es genannt, als er ihr mit Lachen, doch auch etwas besorgt, von Katharinas Schwärmerei für den reichen Patrizier erzählte. «Sie scheint's ja erwischt zu haben, aber er? Das ist nichts Ernstes, glaub mir. Ein bisschen Tändeln, ein bisschen Kopfverdrehen, mehr nicht. Er ist auf Urlaub hier, der gute Hieronymus. Weit weg vom väterlichen Argusauge. Da schlägt sich's leicht über die Stränge.»

Und jetzt sagte Katharina, dieser Bruder Leichtfuß habe sie um ihre Hand gefragt. Ein schrecklicher Gedanke zuckte in Ave auf. «Katharina! Du hast doch nicht mit ihm …?» Als müsse sie, die weit Jüngere, die Ältere und Vernünftigere sein, schob sie die Freundin auf Armeslänge von sich und atmete erst erleichtert auf, als diese leicht verlegen, doch mit aufrichtigem Blick den Kopf schüttelte. «Hab ich so lange gewartet, warte ich auch länger.»

«Meine brave Katharina!»

Unter Weinen und Lachen lagen sich die Freundinnen in den Armen.

Luther nahm Katharinas Verlobung mit Hieronymus Baumgartner freundlich zur Kenntnis. «Er ist froh, dass er die Sorge um mich los ist», glaubte Katharina, als er ihr gratulierte. Doch so richtig bei der Sache war er nicht. Hieronymus hatte Nachrichten über das Ende des

Ritters Franz von Sickingen mitgebracht. Er und der Ritter Ulrich von Hutten hatten es gewagt, dem Reformator Schutz anzubieten, als der Papst ihm den Prozess machte und von Kurfürst Friedrich dem Weisen seine Auslieferung verlangte.

«Sagt, wie fiel er?» Luther war bleich. «Hatte er sehr zu leiden?»

Hieronymus nickte. «Sie schlossen Sickingen zu Landstuhl ein, fuhren schweres Geschütz auf. Seine Befestigungen hielten nicht stand. Blind und schon schwer verwundet, leitete er die Verteidigung bis zum bitteren Ende weiter und hoffte auf ein Entsatzheer der Reichsritter oder auf Bauern, die ihm zu Hilfe eilen würden. Doch die Reichsritter, die ihm im Glaubenskrieg Treue geschworen und ihn zu ihrem Hauptmann gewählt hatten, ließen ihn im Stich. Und die Bauern erst recht. Jämmerlich ging er in den Trümmern zugrunde.»

«Wer mit dem Schwert kämpft, kommt dadurch um», murmelte Philipp Melanchthon. «Wir haben immer gesagt, die Fehler aus Rom müssen durch das Wort abgestellt werden, nicht durch den Aufstand des Herrn Omnes, des großen bewaffneten Haufens. Luther predigt keinen Aufstand, kein Hauen und Stechen. Wer in seinem Namen tötet, versteht die neue Lehre nicht. Das Wort wirkt für sich allein, wenn es durch Predigen, Sagen und Schreiben in die Welt kommt.»

«Und jetzt schreien die Papisten: ‹Der Afterkaiser Sickingen ist tot, bald wird den Afterpapst Luther dasselbe Schicksal erreichen›», murmelte Luther.

Erschrocken sah Katharina ihn an. Es war eine Sache, zu wissen, dass die Papsttreuen ihn hassten, aber eine andere, zu sehen, dass es ein Hass zum Tode war. Die unaussprechliche Traurigkeit in seinen Augen rührte sie. «Gebt auf Euch Acht, Martinus!», bat sie.

Vielleicht war etwas in ihrer Stimme, das ihn zu ihr aufblicken ließ, als habe er sie zum ersten Mal wirklich gesehen. «Meint Ihr, es sei an der Zeit, dass ich auf mich achten wollte, wenn ringsumher alles kämpft und ficht um des rechten Glaubens willen? Mein Kampf ist der mit der Feder, nicht mit dem Schwert, schneidet den Papisten aber weit schärfer ins Fleisch. Gerade erst hab ich die ‹Leisniger Ordnung eines gemeinen Kastens› geschrieben. Darin geht es ihnen ans

Geld, ans wahre Papistenleben. Ich fordere nämlich, dass die Mitgift der entsprungenen Nonnen und der Besitz aufgelöster Klöster nicht mehr an die Obrigkeiten fallen, sondern den Armen und Bedürftigen zugute kommen.»

Katharina wollte den großartigen Gedanken loben. Doch Luther fuhr schon fort. «Oder denkt Ihr, ich könnte mich schützen wollen, wenn sie meine Freunde, meine Glaubensstreiter, meine friedlichen alten Augustiner auf dem Scheiterhaufen verbrennen? Noch ist der Rauch über Brüssel, wo sie Henricus Vos und Johannes van den Eschen lebendig ansteckten, kaum verweht. Fromm kamen sie daher, die falschen Heiligen, mit dem Kreuz und den Bischöfen voran, und auch die Edlen und die Magister liefen mit. Und dann hießen sie meine zwei, öffentlich ihre Gewänder ablegen. Sie taten's in Ruhe, mit eigener Hand, bezeugten vor Gott und der Welt ihren reinen Glauben. Nackt bis aufs Hemd mussten sie hinauf aufs Holz. Und dann sangen sie das Tedeum, Katharina, das Te Deum laudamus, bis der Rauch ihnen die Stimmen lähmte.» Jetzt war es doch mit Luthers Fassung vorbei. Sein Kinn zitterte unter dem Ansturm der Tränen, die bis an die Lidränder aufstiegen und langsam wieder versanken, ohne dass auch nur eine gefallen wäre. «Nein, Katharina, schweigen und mich schützen – nie und nimmer. Ich muss doch Gottes Wahrheit sagen. Was hülfe es, wollte ich mich feige verkriechen? Wie sollte ich da jemals vor meinem Gott bestehen? Allenthalben stehen sie auf, die Ritter, die Bauern, rotten sich als Hasardeure und Plünderer gegen Adel und Klerus. Setzen den roten Hahn aufs Klosterdach und lassen die Edlen mitsamt Frauen und Kindern über Piken und Klingen springen. Sie haben es nicht von mir gelernt, Katharina, auch wenn sie es allenthalben so in die Welt posaunen. Ich muss schreiben wider sie, damit sie den Frieden Gottes verstehen und dem Kaiser geben, was des Kaisers ist. Mit dem Wort an allen Fronten, Katharina, so muss ich kämpfen. Gegen den Papst in Rom und gegen den Herrn Omnes der wilden Rotten in Deutschland. Ich kann nicht an mich denken, Katharina.»

Barbara Cranach war dem Gespräch schweigend gefolgt. Schön und stolz, war sie die verehrte, geliebte Frau an der Seite ihres Gatten. Unter vier Augen ließ sie ihren Gemahl freimütig ihre Meinung wissen. Ungeachtet dessen, ob sie ihm gefiele. Doch in Gesellschaft hielt sie sich vornehm zurück. Jetzt, Luthers Sprechpause nutzend, zupfte sie Cranach am Ärmel, flüsterte ihm etwas ins Ohr. Er nickte, legte den Arm um ihre Schultern und küsste sie zwischen Haaransatz und Ohr auf die Wange.

Noch immer die Hand auf ihrer Schulter, beugte er sich leicht über den Mittagstisch und hob sein Glas. «Genug der trüben Gedanken, Freunde. Meine Hausfrau meldet zu Recht, dass wir Verlobung feiern wollten, nicht trauern. Lasst uns also anstoßen auf vier, die sich nun die Ehe versprechen, sich aber noch ein letztes Mal prüfen, ehe sie sich ewig binden. Als Verlobte grüßen uns heute Ave von Schönfeld mit unserem getreuen Basilius Axt, Apothekenhelfer in meiner Apotheke und gut genug situiert für Frau und Kinder. Und als zweites Paar Katharina von Bora mit unserem Gevatter Hieronymus Baumgartner aus Nürnberg.»

«Hoch! Ein Hoch auf die Liebe!» König Christian von Dänemark brach als Erster in einen Toast aus und küsste die Verlobten auf beide Wangen und die Stirn. Ein Schatten aus romantischer Melancholie und grausamer Leidenschaft lag über diesem König, der seit geraumer Zeit im Cranach-Hause weilte. Obwohl mit Isabella, der Schwester Kaiser Karls V., verheiratet, die ihm fünf Kinder schenkte, gehörte sein Herz allein und noch immer seinem «Düveke», seinem «Täubchen von Amsterdam», seiner einzig Geliebten, die vor wenigen Jahren von Unbekannten ermordet worden war, da er nicht auf sie verzichten wollte. Ihr Tod hatte ihm das Herz gebrochen und in gewisser Weise wohl auch den Verstand geraubt. Oder wie anders sollte man erklären, dass er jahrelang nach den Tätern fahndete und unter seinen Edlen ein Racheblutbad sondergleichen anrichtete. Allein in Schweden ließen sechshundert von ihnen das Leben. Am Ende aber kostete es den König noch weit mehr, nämlich Reich und Krone.

Seitdem suchte er vergebens um Hilfe zur Rückgewinnung seines

Reiches bei mächtigen Verwandten nach. Auch, wenngleich ohne Erfolg, bei seinem Oheim Friedrich dem Weisen in Wittenberg, dem zu Gefallen er sogar die neue Lehre annahm und Lutheraner wurde, wie er es nannte, obwohl Luther diese Bezeichnung strikt ablehnte. Nicht Luther stehe im Vordergrund der Lehre, sondern das Evangelium; darum sei es richtig, sich evangelisch zu nennen, nicht aber lutherisch.

Als Christian ohne Land, wie Katharina ihn im Stillen nannte, von seinen beiden kleinen Fingern einen prachtvollen goldenen Ring als Brautgabe für jede der Damen abzog, traute sie ihren Augen kaum. Außer einem breiten Goldring auf dem Daumen und einer Agraffe mit dem goldenen Vlies an der Schaube waren es die einzigen Schmuckstücke, die der König trug. Einmal hatte er selbst erzählt, dass es die Ringe seiner Liebsten gewesen waren.

Der König wünschte ihnen mit rau belegter Stimme: «Sie sollen Euch mehr Glück in der Liebe bringen als mir.»

Auf Katharinas linken Zeigefinger und Aves Mittelfinger passten die Kleinode wie angegossen. Der große böhmische Karfunkel mit seinen in Rotgold gefassten Trabanten glühte förmlich an Aves schmaler Hand, und der schwere Gelbgoldreif mit seinem von Diamantsplittern umringten Sternsaphir sprühte vor Licht und Leben, wenn Katharina die Hand nur ein wenig regte.

«Erlaubt mir, dass auch ich Euch ein Geschenk mache», rief Lucas Cranach. «Ein Geschenk der besonderen Art. Ein Geschenk, das Euch unsterblich werden lässt, Ihr Damen.» Er verhielt die Stimme und kostete die erwartungsvolle Spannung in der Runde aus. «Ich werde Euch malen.

Ich habe nämlich vor wenigen Tagen erst einen neuen Auftrag erhalten, ein Tafelbild auf Linde, für den Dom zu Erfurt», bekräftigte er in das lebhaft einsetzende Stimmengewirr der Gäste hinein. «Die Verlobung der heiligen Katharina soll es zeigen. Wenn für diesen Auftrag zum heutigen Tage nicht ‹nomen est omen› gilt, wann dann?»

Cranach wollte sie malen! Sie, die entsprungene Nonne, in einem Bildnis, das auf ewig in der Kirche, in Gottes eigenem Haus, hängen und allen Betrachtern zur himmlischen Erbauung dienen sollte. Katharina sah Ave an, dass sie Ähnliches empfand.

«Erlaubt, dass auch ich etwas zur Feier des Tages vermelde», rief Barbara Cranach besonders fröhlich in die plötzlich fast ernste Stimmung. «Als Überraschung für die Verlobten. Wir gehen heute zum Tanz. Im Tanzhaus wird aufgespielt. Und mein Gemahl», lächelte sie ihren Lucas an, «hat dazu den besten Tropfen aus seinem Kontor zum freien Ausschank verkauft.»

Tanzen? Ave und Katharina warfen sich zugleich bange und aufgeregte Blicke zu. Sie hatten zwar manchmal im Kloster getanzt, wenn die Mutter Oberin es erlaubte, aber das waren bestimmt keine richtigen Tänze, keine Tänze der Welt gewesen. Barbara Cranach bemerkte die Unsicherheit und lachte. «Tanzen ist kinderleicht, ihr Mädchen. Ihr werdet es schnell lernen. Lasst uns lieber überlegen, was ihr anziehen werdet.»

Wie wichtig die richtigen Gewänder waren, merkten die beiden Weltfremden erst, als sie am Arm ihrer Verlobten in den hohen Tanzsaal einzogen, dessen blank poliertes Parkett im Schein mehrerer glitzernder Lüster und zahlreicher Wandleuchter glänzte. Hieronymus an ihrer Seite, fühlte Katharina sich sicher genug, es mit kostbar gewandeten und mit reichem Schmuck glänzenden Damen der Gesellschaft aufzunehmen. Wie anmutig sie sich mit ihren nicht minder elegant ausstaffierten Herren zu den Klängen von Fiedeln und Flöten in verschlungenen Figuren aufeinander zu und wieder weg bewegten, einander die Fingerspitzen reichend, sich verbeugend und drehend, einer im Blick des anderen hängend, lächelnd, wie selbstvergessen. Bilder der Freude. Bilder des prallen Lebens.

«Mit dir», wusste Katharina und spürte den Muskel am Arm des Mannes, der sie führte, als sende er tausend prickelnde Botschaften aus, «mit dir, mein Hieronymus, bin ich endlich aus dem Reich der Toten auferstanden.»

In seinem Schutz machte es ihr nichts mehr aus, neugierige Blicke wahrzunehmen. Hieronymus war jung und vornehm und reich. Alle ledigen Jungfrauen im Saal leckten sich die Finger nach ihm. Aber nicht einer von ihnen hatte er sein Herz geschenkt und seine Hand versprochen, sondern ihr. Nicht lange, und sie würde als Frau Katharina Baumgärtner aus dem Hause von Bora und Mergenthal ihren Platz in der Nürnberger Gesellschaft einnehmen. «Untadelig», hatte Martinus Luther von ihr und den anderen Entsprungenen gesagt. Nun hatte sie den Beweis erbracht.

Wie von selbst folgten Katharinas Schritte der sanften Führung ihres Liebsten. Ohne Verlegenheit konnte sie lächeln, als der schmächtige, immer ein wenig abgerissen wirkende Philipp Melanchthon im Schwingen des Wechseltanzes ihre Hand ergriff, sie aus seinen Schwärmeraugen betrachtete und mit dem Singsang seines Akzents meinte: «Jungfer Katharina, unser Hieronymus ist wahrlich ein glücklicher Mann.»

Philipp Melanchthon war nicht irgendwer. Aus Bretten bei Bruchsal im Badener Land stammend, sah selbst Martinus Luther ihn als den Lehrer Deutschlands an, der die neue Lehre der Reformation nicht – wie er selbst – über die Köpfe der Menschen donnern, sondern schmeicheln ließ. Wenn er an der Universität zu Wittenberg Vorlesungen gab, saßen die Studenten wie die Ameisen, so dicht. Neulich erst hatte Luther zu Lucas Cranach gesagt: «Ich bin vielleicht nur der Wegbereiter für Philippus, wie Johannes der Täufer Jesus Christus den Weg bereitete. Meines ist es, mit Kraft und Poltern den Wald zu roden. Seines ist es, mit Lust den aufgebrochenen Acker zu bestellen und fein säuberlich die Frucht zu begießen, die Gott uns gedeihen lässt.»

«Jetzt», freute sich Katharina, «jetzt hat er mir die Hand gereicht und Hieronymus zu ihr beglückwünscht.»

Was machte es schon aus, dass sie an diesem Abend geliehenen Schmuck trug und nicht mit Melanchthons wohlhabender Hausfrau in ihrem reich gebauschten und geschlitzten Gewand mithalten konnte, die hocherhobenen Hauptes den Glanz taubeneigroßer Perlen und fingerbreiter Goldketten in ihrem tiefen Halsausschnitt zur Geltung brachte. Bald schon würde sie eigenen Schmuck und eigene kostbare Roben tragen.

«Liebst du mich?», fragte Hieronymus, als er sie irgendwann in den lauschigen Park hinauszog, der sich vor den hell erleuchteten Fenstern des Tanzhauses erstreckte. Sein Atem ging schnell, und in einer der grünen, vom Licht des Ballsaals unerreichten Heckennischen hielten seine Arme sie plötzlich so fest, dass sie alle Knöpfe seines Gewandes an ihrem Busen zu spüren meinte.

«Sünde!», warnte ihr Verstand, «Liebe!», jauchzte ihr Herz. Dann war nichts mehr als ihr «Ja!» und eine süße, ziehende Schwäche in allen Gliedern, sodass sie nur Halt fand mit ihren Armen um seinen Hals, seinen Lippen, die sich an ihrer glühenden Haut festhielten, und seinen Händen, die ihren Weg zu ihr fanden, als hätten sie nie etwas anderes getan. Eine Woge der Lust rollte über Katharina hinweg. Hätte Hieronymus sie jetzt, auf der Stelle, ganz genommen, ihr Schoß hätte sich ihm in der Vollkommenheit ihres Einsseinmüssens geöffnet, seine Lust Teil ihrer Lust, sein Fleisch von ihrem Fleisch, ohne zu denken, den Strom seiner Liebe empfangend und erwidernd. Doch ein Hüsteln schreckte sie auf. Auch andere Pärchen flanierten unter Küssen und Kosen im Park.

«Komm, Liebste, komm!», drängte Hieronymus an ihrem Mund, ohne sein Küssen zu lassen, sie tiefer mit sich in die Heckennische ziehend. Aber der Zauber war gebrochen. Ihren halb entblößten Busen hinter den Knöpfen verschließend, schob sie seinen wirren Schopf und seine Hände beiseite, bis sie zuletzt gehorsam von ihr fielen.

«Warum nicht?» Hieronymus sah sie mit einem Ausdruck so verzweifelt hungriger Leidenschaft an, dass Katharina den Blick abwenden musste, um ihm nicht sofort wieder nachzugeben. «Weil wir verlobt, aber nicht verheiratet sind», sprach sie leise. «Weil ich nicht aus dem Kloster ausgebrochen bin, um mit einem Mann eine Buhlschaft einzugehen, sondern weil ich den Willen meines Herrn Jesus Christus in der Ehe erfüllen will. Weil ich als deine ehrbare Frau vor Gott und der Welt Brautschaft mit dir halten will. Aber nicht deine Buhlerin sein.»

Es kostete ihn sichtlich Überwindung, ihr seinen Arm zu reichen und mit ihr hinaus auf den von Fackeln beleuchteten Gartenweg zu treten. «Ich gab dir mein Wort und dachte, du trautest mir», murmelte er. «Nun lässt du mich fort, ohne dass ich deiner ganz sicher bin.»

«Du bist meiner so sicher wie ich deiner», lächelte Katharina und drückte einen Kuss in seine Handfläche. «Nimm ihn mit. Wann immer du deine Hand berührst, soll sie dich an mich gemahnen, bis wir uns wieder haben und nie mehr lassen müssen.»

«Nun, ihr Turteltauben!», grüßte in diesem Moment eine Stimme hinter ihnen.

«Martinus!» Hieronymus wandte sich um. Er hatte sich gut im Griff. «Wollt Ihr ein Stückchen mit uns spazieren und die laue Luft genießen?»

Katharina brachte keine Silbe heraus. «Wenn nur mein Kleid in Ordnung ist! Wenn nur kein Knopf offen steht! Wenn ich nur am Kopf nicht zu wild aussehe! Wenn er mir nur nichts anmerkt!» Die Gedanken überschlugen sich.

Als hätte Luther es geahnt, wandte er seinen Schritt einem der Seitenwege des Gartens zu. «Nein, lebt euer Glück heute ohne mich», meinte er. «Lasst mich mit Gott und meinen Toten allein.»

An den Abschied von Hieronymus dachte Katharina ungern. Wie innerlich versteinert stand sie und winkte ihm nach, bis auch mit viel Phantasie keine Spur seiner pelzverbrämten Schaube und des gelben Baretts mehr zu erkennen sein konnte.

«Er kommt ja wieder», tröstete Ave, die sich lieber die Zungenspitze abgebissen als eine Silbe ihrer düsteren Befürchtungen ausgesprochen hätte. «Wir haben es alle gehört. Bis spätestens Weihnachten bist du als seine Frau in Nürnberg. Und wer weiß, im neuen Jahr vielleicht schon Mutter.»

«Ach, danke, Ave, du Liebe!», rief Katharina und umarmte die Freundin mit dieser neuen stürmischen Freude an Berührungen, die sie von Hieronymus gelernt hatte. «Du hast ja Recht, ich sollte ihm nicht nachtrauern, sondern auf ihn vertrauen. Ich hab ja sein Wort. Er ist zurück, so schnell er kann.»

Ein bisschen zu unbekümmert vielleicht, als dass es ganz echt sein konnte, zog sie Ave mit sich ins Haus. Die Magisterin Reichenbach und Barbara Cranach hatten ihnen allerlei Tuch zur Aussteuer geschenkt, damit sie Leibwäsche, Blusen und Hemden nebst Bett- und Tischwäsche nähen könnte. Nicht besser konnte sie die Wartezeit nutzen, als indem sie ihre Truhe füllte.

«Du misst ab, zeichnest den Schnitt und schneidest zu. Ich nähe», bestimmte Ave. «Und die Stickmuster für die feinen Sachen zeichnest du auch. Lass uns Blumen wählen. Blumenbilder, als ob sie echt wären und man sie nur von den Kissen und Kragen pflücken müsste, schon hätte man einen Strauß davon.»

«So will ich Veilchen und Vergissmeinnicht und Männertreu zeichnen.» Katharina griff bereits nach Kohlestift und Papier, an denen es bei Cranachs keinen Mangel hatte.

«Und Rosen», lachte Ave. «Auf meinen Kissen soll es Rosen regnen.»

Wie anders war das Nähen und Sticken jetzt doch als früher. Kein lastendes Schweigen mehr, kein Starren auf Nadel und Faden, als gelte es das Leben, kein permanentes Beten, kein gegenseitiges Belauern, ob nicht doch jemand eine Sünde beginge, die man sofort der Mutter Oberin zutragen musste.

«Glaubst du, wir gewöhnen uns eines Tages daran, dass die Freiheit eines Christenmenschen bei den kleinen Dingen des Lebens beginnt?», fragte Katharina.

«Ich mag nicht mehr an die Jahre dort denken», meinte Ave. «Lieber träume ich von meinem Basilius und stell mir vor, wie ihm das Hemd zu Gesicht stehen wird, das ich jetzt für ihn nähe und sticke.»

Katharina dachte an ihre Träume von jenem Abend im Garten des Tanzhauses und senkte schnell den Kopf über den Schnitt eines dieser neumodischen Hemden aus Burgund, die Hieronymus gewiss wunderbar zu Gesicht stehen würden.

Als die Tür plötzlich aufschlug, fuhr Katharina so heftig zusammen, dass sie einen Strich quer über ihren Entwurf zog. Ave stach sich in den Finger. «Doktor Pommer!», rief sie in scherzhaftem Zorn und steckte den blutenden Finger rasch in den Mund, «habt Ihr etwa vergessen, dass ehrbare Herren bei ehrbaren Jungfrauen nicht mit der Tür ins Haus fallen?»

Johannes Bugenhagen, neben Philipp Melanchthon einer der besten Seelenfischer der Reformation, Stadtpfarrer zu Wittenberg und persönlicher Seelsorger des Reformators, wie sie Luther nannten, lachte. «Gut gesprochen, ehrbarste Jungfer Ave.» Mit einer übertrieben galanten Geste zog er den Hut, verbeugte sich mit einem tiefen Kratzfuß und reichte Katharina einen Briefumschlag. «Für Euch, teure Jungfer von Bora, mein hochedles Fräulein.»

Katharina blieb beinahe der Herzschlag stehen. «Von Hieronymus? Ihr wart in Nürnberg? Bei ihm?»

Bugenhagens Lachen erstarb. «Nein, Katharina, ich muss Euch enttäuschen, nicht von Eurem Verlobten. Bei Eurer Cousine war ich, Elisabeth Cruciger. Sie gab mir ein neues Lied für Euch mit.»

Elisabeth Cruciger galt als erste Liederdichterin der neuen reformatorischen Kirche und wünschte sich sehnlichst, dass Martinus Luther das eine oder andere ihrer Werke in sein «Wittenbergisch deutsch geistliches Gesangbüchlein» aufnehmen würde. Doch so ganz wollten ihre Stücke Martinus Luther wohl nicht gefallen. Oder es war, wie Barbara Cranach meinte, dass er als Mann ein Problem damit habe, dass ein Weib in der Öffentlichkeit der Gemeinde die Stimme heben wollte. «In diesem Punkt ist er doch ganz wie alle Männer, die glauben, eine Frau sei nur zum Kinderkriegen und Essenkochen da. Wenn aber eine darunter ist mit nicht weniger Verstand als ein Mann, so haben sie Angst, dass sie ihnen den Schlendrian nicht durchgehen ließe, den Männer für gewöhnlich lieben.» Katharina hatte gelacht. Doch im Nachhinein schien es ihr gar nicht so abwegig, dass Barbara Recht hätte.

Neugierig faltete sie den Notenbogen auf, den Elisabeth Cruciger ihr durch Johannes Bugenhagen geschickt hatte, und las leise singend Text und Noten mit: «Herr Christ, der einig Vaters Sohn in Ewigkeit, aus sei'm Herzen entsprossen, gleichwie geschrieben steht, er ist der Morgensterne, sein Glänzen streckt er ferne vor andern Sternen klar.»

«Es klingt schön!», rief Ave bewundernd, und auch Bugenhagen klatschte beifällig.

«Doktor Pommer, wollt Ihr nicht helfen, den gestrengen Doktor Martinus zu bewegen, dieses schöne Lied in sein Gesangbuch aufzunehmen?», bat Katharina.

«Ich will es wohl versuchen.» Bugenhagen streckte die Hand nach dem Notenblatt aus und schob es in den Ärmel seiner Schaube zurück. «Mich deucht, es könnte der Reformation dienen, wollten wir es nicht nur predigen, sondern tatsächlich leben, dass alle Menschen vor Gott gleich sind, auch Mann und Frau, ein jeder an seinem Stand.»

«Ein neues Kirchenlied aus Frauenhand für Frauenmund wäre der beste Anfang dazu», bekräftigte Ave und hielt ihre Stickarbeit ins Licht, um zu sehen, ob das Tuch nicht doch von ihrem zerstochenen Finger ein wenig blutig geworden wäre.

«Versprochen ist nur, dass ich's versuche, nicht, dass es gelingt.» Bugenhagen trat zur Tür. «Gehabt Euch wohl, werteste Jungfern», nahm er den Scherz seiner Begrüßung zum Abschied wieder auf und verbeugte sich. «Euer gehorsamster Diener.»

Fröhlich winkend, sahen die Frauen ihm aus dem Fenster nach. «Was der Doktor Pommer in die Hand nimmt, gelingt.» Ave sprach aus, was Katharina dachte.

Nächst Ave war Elisabeth Cruciger aus dem Hause von Meseritz der liebste Mensch, den Katharina hatte. Bei ihrer Ankunft in Wittenberg stand sie, wie eine Doppelgängerin Katharinas anzusehen, im Schatten hinter Luthers breiten Schultern und vergoss Glückstränen, als sich zeigte, dass Katharina von Bora wahrhaftig die Katharina von Bora war, auf die sie gehofft hatte, um sie als ihre leibhaftige Agnatin und ihrer Mutter Schwester Tochter in die Arme zu schließen.

Elisabeths Mutter, die mit dem Edlen Konrad von Meseritz auf Semerow bei Schivelbein in Ostpommern verheiratet gewesen war, hieß nämlich mit ihrem Mädchennamen Katharina von Haugwitz aus dem Hause von Mergenthal und war die jüngere Schwester von Katharinas Mutter Anna aus gleichem Hause.

«Als mein Vater starb, heiratete meine Mutter in zweiter Ehe Haubold von Pflugk», erklärte Elisabeth. «Dem waren die zu stopfenden Mäuler bald zu viel. So kam ich schon als kleines Kind ins Kloster der Prämonstratenser-Chorjungfrauen zu Treptow an der Rega.»

«Genau wie sie mich nach Brehna und dann nach Nimbschen gaben, als meine Mutter starb», hielt Katharina ihre eigenen Erfahrungen dagegen.

«Von Anfang an war ich unglücklich im Kloster», gestand Elisabeth. «Lediglich die Musik, der ich mich als Cantorix widmen durfte, gab mir Kraft und Halt. Doch dann hörte ich von Johannes Bugenhagen, der den neuen reformatorischen Gedanken bei uns in Ostpommern predigte. Ich wusste sofort, das, nur das ist es, was ich will: Gottes Plan und Willen erfüllen, heiraten, Kinder haben. Wie ich dem Kloster entspringen könnte, war klar. Unsere Pförtnerin war alt und vergesslich. Oft wurde sie im Kapitelsaal schwer bestraft, weil sie vergaß, die Pforten zu schließen. Ich musste nur warten, bis es wieder so weit war. Als Bäuerin verkleidet, flüchtete ich zu Bugenhagen, der mich nach Wittenberg mitnahm. So fand ich endlich nicht nur die Freiheit, sondern auch dich.»

«Und bist nun die erste Liedermacherin der Reformation», jubelte Katharina.

«Und werde demnächst auch noch heiraten.» Diese Neuigkeit hatte Elisabeth sich bis zuletzt aufgehoben.

«Doch nicht etwa diesen Bauerntölpel, den Martinus Luther für dich aufgetan hat?», fuhr Katharina auf.

Fröhlich lachend zog Elisabeth ihre aufgebrachte Cousine an sich. «Nein, beruhige dich, meine Liebe. Luthers guter Gevatter Caspar Cruciger hat mich um meine Hand gebeten. Ich habe sie ihm gern versprochen.»

Caspar Cruciger war eine glückliche Wahl, wie Katharina fand. Als Kaufmannssohn geboren, war er gleichaltrig mit Elisabeth, ein freundlicher, hoch gebildeter Mann mit guten Manieren, der zu Leipzig Theologie und zusätzlich zu Wittenberg Mathematik und Naturwissenschaften studiert hatte. «So werden wir Entsprungenen mit Ave ja zu dritt unter die Haube kommen!», freute sie sich. «Gottes Wege sind wahrlich wunderbar.»

Ein paar Wochen nach Hieronymus Baumgärtners Abreise nahm Lucas Cranach die Arbeit an seinem Verlobungsgemälde der heiligen Katharina von Alexandrien auf. Das Verlöbnis der «drei heiligen Madl», wie er sie scherzhaft nannte, gab ihm die schönste Idee dazu.

Wie immer, wenn ihm ein Bild wie eine Vision vor die inneren Augen kam, griff er sogleich nach Kohlestift und Skizzenblock. «‹Margaretha mit dem Turm, Barbara mit dem Wurm, Katharina mit dem Radl, das sind die drei heiligen Madl›, so heißt's bei uns daheim in meinem guten alten Bayern», sprach er mit seinem witzig rollenden Zungenschlag. «Da kommen mir unsere drei heiligen Madl von Wittenberg als Modelle doch gerade recht. Schaut her, so stell ich mir Euch als Gruppe vor.

In der Mitte die heilige Katharina, dazu sollt Ihr mir Modell sitzen, Jungfer Katharina. Zu den Sitzungen tragt bitte Euer Schwarzes Seidengewand mit den meergrünen Paspeln und Schlitzen, das am Hals den kleinen gezattelten Ausschnitt und an den Handgelenken die grünen Stickborten hat. Euer Haar sollt Ihr lang und offen tragen, sodass Eure schönen Locken über die Schultern herunterrollen. So, seht, so will ich sie in Wellen legen, und was Eurem Haar zum Modellsitzen noch an Länge fehlt» – er lachte –, «das will ich mir aus dem Kopf dazu vorstellen und wohl hinbringen.»

Mit zwei Fingern an Katharinas Kinn greifend, schob er ihren Kopf ein wenig schief, bis er den Bogen zwischen Schulter, Kinn und Stirn anmutig geschwungen empfand, und meinte: «Genau so sollt Ihr mir später Modell sitzen.» Rasch eine Kissenrolle von einer Liege aufnehmend, schob er sie unter Katharinas Hände. «Versucht einmal, sie zu halten, als wäre sie ein Kind, das noch nicht stehen kann, es aber schon versucht und dabei mit seinen Beinchen auf Euren Schenkeln wippt. Wie meine kleine Ursula, wenn Ihr sie drückt und sie vor Wonne jauchzt.»

Leicht stützend umfasste Katharina die Kissenrolle mit beiden Händen und neigte ihren Kopf darüber, als spüre sie den zarten Flaum eines weichen, duftenden Babykopfes in der eigenen Halsgrube und wolle ihn zugleich zärtlich umkosen.

«Herrlich!», rief Cranach. «So muss es sein. Bleibt so. Dann kann ich den beiden anderen am lebenden Beispiel zeigen, wie ich es meine.»

Eifrig wandte er sich Elisabeth von Meseritz zu. «Da Ihr Kinder so lieb habt, sollt Ihr die heilige Margaretha sein. Ihr sitzt zur Rechten der Katharina und lasst gerne das Kind mit Eurem Haar spielen. Denkt Euch, das Kind auf Katharinas Schoß greife im übermütigen Spiel nach Euren Locken und ziehe Euren Kopf zu sich heran, sodass Katharina dem vorwitzigen runden Ärmchen behutsam mit einer Hand wehren muss, damit Euch das Spielen des Kindes nicht wehtut. Wenn Ihr dabei Euren Kopf nahe an die Schulter der Katharina neigt, kann ich mit dem Pinsel den roten Goldschimmer in Euer beider Haar ganz warm und voll aus dem dunklen Samthintergrund hervortreten lassen.»

Elisabeth lachte. «Man merkt, dass Ihr Vater seid, Meister Lucas. Und dass bei allem, was Ihr erlebt, immer beobachtend auch das Malerauge mitsieht.»

Cranach nickte. «Kleidet Euch bitte in das nachtblaue Brokatgewand im Landsknechtstil, das ich zu festlichen Gelegenheiten immer wieder gern an Euch sehe.» Mit wenigen Strichen ließ er das Bildnis, wie er es bis jetzt mit Worten entworfen hatte, aus dem Papier wachsen und deutete weitere Details an. «Knöpft Eure samtenen Bauschärmel in die Armöffnungen ein und recht weite weißseidene Blusenärmel darunter, sodass das helle Seidentuch wie Eiderdaunen aus den Schlitzen und Schnüren des Sammets quillt. Den tiefen Ausschnitt sollt Ihr aber nur zart mit einem feinen Schleier unterlegen. Das lässt den Hals länger wirken, und ich kann Euer Haar in schönem Fall zu beiden Seiten über die Schultern herunterströmen lassen. Damit der prachtvolle Ärmel gut zur Geltung kommt, stützt Ihr den Arm dann leicht auf Euer Knie.»

«Also bleibt die heilige Barbara für mich», meinte Ave und strich ihr schwarzes Haar aus der Stirn und hinter den Ohren glatt, wie sie es gern trug. «Recht so, das bringt Eure zierlichen Ohrmuscheln und die hohe klare Stirn zur Geltung», lobte der Maler. «Eingedenk des Namenstags der Barbara im Advent, wenn man gern bei einem warmen Feuer beisammensitzt, und auch, weil sie als Schutzpatronin der Feuerwehren gilt, sollt Ihr ein feuerrotes Gewand mit einem schwarz-weißen Schnürgürtel und ein rotes gedrehtes Halstuch tragen.»

«Aber ich habe gar kein feuerrotes Kleid», wandte Ave ein.

«So wird meine Frau Euch eines beschaffen.» Damit war dieses Problem für Cranach gelöst. «Auf dem Bild sitzt Ihr ein wenig tiefer als die beiden anderen Frauen. Deshalb müsst Ihr den Kopf anheben, um das Spielen des Kindes besser betrachten zu können. Dabei ergreift Ihr die andere Hand des Kindes und haltet sie sanft fest. Eine Eurer dunklen Strähnen werde ich hier vorn über dem Ohr etwas aufglänzen lassen, damit sie sich besser vor dem Hintergrund abhebt.»

Katharina hatte die ganze Zeit schon an einer Frage herumgedruckst. «Warum aber, wenn es doch ein Bild der Verlobung sein soll, wollt Ihr ein Kind in die Mitte stellen? Soviel ich weiß, war doch die heilige Katharina von Alexandrien immer nur eine reine Braut Christi und niemals Mutter.»

Cranach nickte. «Das stimmt. Aber die drei heiligen Madl sind ja die Schutzpatroninnen der Frauen, die in ihrer schweren Stunde zur Geburt niederkommen. Das soll Euer Spiel mit dem Kind zeigen. Und natürlich ist das Kind nicht irgendeines, sondern das Jesuskind.»

Bewundernd blickten die drei jungen Frauen zu dem genialen Maler auf, der seine Entwurfsskizze aus zwei Schritten Abstand nochmals betrachtete, hier ein wenig schattierte, dort mit leichter Hand ein Glanzlicht setzte und zuletzt mit launigen Strichen ein paar neugierige Engelsköpfchen in die Ecken zeichnete, als seien sie ihm direkt aus dem Himmel ins Bild geflattert.

Mit Aussteuer nähen, für Cranach Modell sitzen, Arbeiten in der Apotheke und im Haushalt, Lieder dichten, im Hörsaal sitzen und vielen Gesprächen an Cranachs rundem Tisch verging die Zeit.

Wenngleich Katharina immer wieder Gelegenheit fand, einem der zwischen Nürnberg und Wittenberg reisenden Geschäftsleute einen Sendbrief an Hieronymus Baumgärtner mitzugeben, erreichte sie keine einzige Antwortzeile. Lange verbot sie sich dennoch jeden Zweifel. «Ich hab ja sein Wort.» Wie eine Beschwörungsformel rief sie es sich immer wieder ins Gedächtnis und verdrängte ihre aufkeimenden Ängste.

Dennoch machte sie den frommen Selbstbetrug nur eine Weile mit. Das Ergründen der Ursachen, warum Hieronymus sie verschmähte, stürzte Katharina in die tiefste Sinnkrise ihres bisherigen Lebens.

Da körperliche Beschäftigung ihr immer geholfen hatte, die Dinge ihres Leben zu bewältigen, bürdete sie sich in sich gekehrt, wie sie es kaum als Nonne gewesen war, Unmengen an Arbeit auf, schlich unnahbar durchs Haus und mied sogar die Universität, deren Vorlesungen in Theologie und Medizin ihre größte Freude gewesen waren. Ihre Flucht aus dem Kloster, ihr gescheiterter Eheversuch, ihr neues Alltagsleben, das wachsende Bewusstsein, dass die Reformatoren zwar viel predigten und Glauben diskutierten, aber doch nicht annähernd so innig und intensiv beteten, wie Katharina es vom Kloster her gewohnt war, um Gottes Willen zu erkennen und danach zu leben – alles war ins Wanken geraten.

In Stunden der Wut und Verzweiflung warf sie sich wie einst in Marienthron in ihrer Schlafkemenate zu Boden, um mit dem Schmerz der Erniedrigung fertig zu werden.

Jedes einzelne der so voller Liebe und Zuversicht für ihn angefertigten Hemden aus ihrer Aussteuertruhe zu reißen und Streifen für Streifen zu zerschneiden, um den derbsten Dreck damit zu wischen, half, die fast unerträgliche Schmach unter Tränen und Fluchen auszuleben. Und schließlich nahm sie die Wahrheit an: Hieronymus Baumgärtner würde nicht mehr kommen. Niemand hatte es ausgesprochen. Katharina wusste es.

Der noble Patriziersohn hatte sein Wort gebrochen und sein Liebchen, die entsprungene Nonne aus dem Hause von Habenichts, sitzen lassen. So einfach war das. Sie, die sich doch so viel auf ihr Wissen zugute hielt, sie war wie die Törichtste der törichten Jungfrauen auf sein Aussehen und seine Süßholzraspelei hereingefallen.

Sie hätte sich einreden können, dass sie keine Erfahrung im Umgang mit Männern hatte, in gewisser Weise stimmte das ja auch. Doch um ehrlich mit sich selbst zu sein, musste sie sich eingestehen, dass sie wohl weniger Hieronymus geliebt hatte als die in einsamen Klosterjahren ersehnte Liebe. Er war schön und hätte jede haben können; dass er sie wollte, machte sie vor Eitelkeit blind. Er war reich und machte ihr trotz ihrer Armut den Hof; das machte sie verrückt vor Stolz. Er begehrte sie und zeigte es offen; das weckte ihre so lange unterdrückte Fähigkeit zu Liebe und Lust mit Macht. Jedes dieser Gefühle wäre für sich allein geeignet gewesen, ihre Urteilskraft zu trüben; wie viel mehr dann deren Summe. Doch es war ihr um etwas anderes gegangen: Sie wollte der Welt und besonders einem in dieser Welt beweisen, dass nicht nur Ave schön und begehrenswert sei, sondern auch eine Katharina von Bora, die dieser eine neben Ave wie Luft behandelt hatte. Sie wollte, dass Martinus Luther seine Gleichgültigkeit ihr gegenüber bereuen, dass er sie neu sehen und nun vergeblich nach ihr schmachten sollte, wie sie nach ihm geschmachtet hatte, als er sich in Ave verliebte.

«Es ist nur gerecht, dass Hieronymus dich verlassen hat», sprach sie am Ende ihrer Meditation zu sich selbst. «Es hätte dir geschmeichelt, eine reiche Patrizierfrau zu werden. Du hast ihn mit dem Leib gewollt. Aber in der Anima, in tiefster Seele, hast du immer nur diesen vermaledeiten Wangenkneifer, diesen Martinus Luther, geliebt, deinen Helden und wahren furchtlosen Ritter auf immer und ewig, der seine Jungfrau unter eigener Lebensgefahr aus dem Kerker rettet und sie in edler Minne liebt.»

Es half ihr, stundenlang in der Kirche zu knien und betend in sich zu gehen. Die Versenkung in den Anblick des jüngst von Lucas Cranach geschaffenen Dreifaltigkeitsaltars, der Gottvater mit seinem toten Sohn auf dem Schoß und der Gloriole des Heiligen Geistes zeigte, schenkte ihr die Erlaubnis zu weinen, schwach zu sein, anzuklagen und zu bereuen, ihre wahre Liebe zu erkennen und sich am Ende im Verzeihen Jesu Christi selbst zu verzeihen.

Während sie allmählich dahin kam, Gott in tiefer Dankbarkeit dafür zu lobpreisen, sie vor einem furchtbaren Fehler bewahrt zu haben, indem er Hieronymus Steine in den Weg legte, sie zu heiraten, glaubte ganz Wittenberg Katharina krank vor Liebeskummer.

«Verfluchter Hieronymus Baumgärtner!», schimpfte Barbara Cranach in traulicher Zweisamkeit mit ihrem Mann. «Patriziersohn, Ehrenmann, wie habt ihr ihn nicht alle bewundert. In Wahrheit ist er doch nur ein elender Hundsfott ohne einen Funken Ehre im Leib.»

«Eines reichen Vaters Sohn und Erbe ist er, weiter nichts», gab Cranach zurück. «Was soll er tun, wenn die Eltern keine entlaufene Nonne zur Schwiegertochter haben wollen und mit Enterbung drohen?»

«Dass sie drohen und dass er Vernunft walten lassen muss, ist das eine», regte seine Frau sich auf. «Dennoch ist er ein Lump. Und nun ist er zu feige, ihr seine Feigheit und Ehrlosigkeit von Angesicht zu Angesicht oder doch wenigstens in einem persönlichen Brief zu gestehen. Muss sich hinter Martinus verstecken, damit er Katharina sage, der vornehme Herr habe der Ehre vergessen und ihrer auch.»

Cranach erinnerte sich des Briefes wohl, den Luther vor wenigen Wochen an Hieronymus gesandt hatte. Ganz klar hatte er ihm mitgeteilt, dass er eine Verbindung zwischen ihm und Katharina, die ihre Liebe zu ihm noch nicht verwunden habe, begrüßen würde. Dennoch werde sie demnächst einem anderen zugeführt, der bereits zur Hand sei. Wenn er sie also halten wolle, müsse er schnell handeln.

Baumgärtner hatte lapidar erwidert, seine Eltern billigten eine Verbindung ihres Hauses mit einer mittellosen entsprungenen Nonne nicht. Luther möge Katharina grüßen und ihr sagen, sie solle seiner stets ebenso gern gedenken wie er ihrer als seiner Katharina von Alexandrien.

«Und wer weiß, was an jenem Tanzabend im Garten alles geschehen ist», unterbrach Barbara die Gedanken ihres Gatten.

«Was tratscht es und klatscht es denn wieder in Wittenberg?», fuhr Cranach ungehalten auf. «Seit wann hältst du es mit den Schandweibern, Frau?»

Barbara schüttelte den Kopf. «Es pfeifen die Spatzen ja von den Dächern, dass sie mit ihm im Garten und in den Hecken war. Eine Klosterhure heißen sie sie. Geistlich um den Kopf, weltlich um den Bauch, itzunder aller Nonnen Brauch. So tuscheln sie hinter ihr. Und selbst Martinus Luther schrie neulich mit seinem Gevatter Nikolaus von Amsdorf, welcher Teufel sie denn wohl nehmen wolle.»

Cranach schüttelte den Kopf. «Das missverstehst du, Barbara. Dabei ging es ja nicht um Getändel im Park, sondern um Kaspar Glatz, der doch letztes Jahr zu Wittenberg zum Doktor der Theologie promovierte und nun auf seiner eigenen Pfarre ein leidlich sicheres Auskommen hat. Luther wollte, sie soll ihn nehmen. Und er will sie auch. Nicht aber sie ihn.»

«Recht hat sie.» Barbara lachte auf. «Glatz ist alt und macht seinem Namen Ehre. Ein brummiger alter Kauz und Hagestolz, der keinem ein freundliches Wort gönnen kann, wenn er auch Pfarrer und Doktor ist. Und ein Geizkragen obendrein. Selbst den Mäusen gönnt er den Bissen Käse in der Falle nicht, die seine Köchin in der Küche aufstellt, sondern nimmt ihn und frisst ihn selbst, wie schimmlig er auch sein mag.»

«Umso besser stünde ihm eine Hausfrau wie Katharina an», brummte Cranach, sich das Lachen verbeißend.

«Aber sie liebt ihn nun einmal nicht», widersprach Barbara. «Sprich doch mit Luther, damit er einen anderen für sie ins Auge fasst.»

«Meinetwegen, damit endlich die liebe Seele Ruh hat», seufzte Cranach und blies das Licht neben dem Bett aus. «Darum regieren in Wahrheit die Weiber die Welt, weil immer der Klügere nachgibt.»

Der Sendbrief an Luther mit der Absage Hieronymus Baumgärtners gab den Start frei für die Doppelhochzeit von Ave und Elisabeth.

Deren Zukunft war damit in feste Bahnen gelenkt. Caspar Cruciger hatte für das kommende Jahr einen Ruf als Rektor der Johannisschule in Magdeburg erhalten. Basilius Axt ließ sich als Arzt in Wittenberg nieder und versorgte weiterhin Cranachs Apothekerladen. Ave würde darin bedienen, und Elisabeth auch als Pfarrersfrau ihre Lieder schreiben.

«Gott schütze euch beide in Liebe und Leide, auf all euren Wegen sein Hand sei zugegen, zu tragen, zu stützen, zu helfen ohn' Fragen, das Leben zu wagen», betete Katharina und wunderte sich, woher die Worte in ihren Sinn flossen.

Barbara Cranach sah ihre ernste Miene, die so wenig zur festlichen Stimmung passte. Sie nahm sie flüsternd beim Arm: «Ihr bleibt natürlich weiter bei uns. Wir sind froh, Euch zu haben.»

Katharina wagte keine gesprochene Antwort. Das Tränenhaferl, wie Cranach es nannte, wenn sich die Augen mit Tränen füllten, war nahe am Wasser gebaut. Lieber drückte sie Barbaras Hand.

Die Luft strich frisch und kühl von der breit strömenden Elbe herauf. In sanften Böen, die die schönen Gewänder der Bräute und anderen Frauen aufwehten, trugen sie den Duft reifer Früchte und trockener Erde mit sich. Blau und weiß wölbte sich der Himmelsbogen über der Stadt, die vom Glockenklang widerhallte. «Ein Tag zum Heldenzeugen», schmunzelte Cranach und blinzelte, den Schnauzer zwirbelnd, seiner Barbara zu, als hätte er gute Lust, gleich selbst noch einmal Heldenvater zu werden. Alles lachte. Katharinas Gedanken glitten ab.

Nicht die öffentliche Erniedrigung, schmählich sitzen gelassen worden zu sein, war das Schlimmste. Der tiefste Hieb, den sie trotz allen Betens noch kaum verwunden hatte, war die Einsicht, dass sie im Kloster Gottes Willen nicht erfüllen konnte, weil sie nicht heiraten durfte, und draußen in der Welt Gottes Willen nicht erfüllen konnte, weil ein jeder Stand von Gottes Gnaden gegeben war und sie deshalb nicht unter Stand heiraten wollte, ohne Geld aber für Männer ihres Standes keine Frau zum Heiraten darstellte.

Sie war tief genug in sich gegangen, um zu erkennen, dass sie sich etwas vorgemacht hatte, als sie glaubte, die neue Glaubenslehre von der Liebe Gottes habe die Liebe auch unter ihren Anhängern vor Gut und Geld gestellt.

Die Freiheit eines Christenmenschen führte also nicht dazu, dass Menschen ohne Ansehen des Standes einander allein aus Liebe ehelichten, vielmehr schleppte die freie Seele den Ballast der Unfreiheit des Leibes und des eigenen Standes mit sich.

«Was lernst du daraus, Katharina?», fragte sie sich selbst. «Du lernst endlich, dass deine Mutter Recht hatte, so stolz auf ihr und unser Haus zu sein und dich zu mahnen, nie zu vergessen, wes Namen und Herkunft du bist. Dein hochedles Haus und deine christliche Freiheit im Geiste des Evangeliums sind dein höchstes Gut. Wer diese missachtet, missachtet dich.»

Vorn am Altar empfingen ihre Freundinnen aus der Hand ihres Reformators Gottes Segen und gelobten ihren Bräutigamen Treue und Gehorsam auf immer und ewig. Tränen der Rührung stiegen in Katharina auf, als sie ihre zwei «Madl» betrachtete, die so schön und glücklich aussahen. Sie aber betete: «Verzeih mir, Herr, falls es Hoffart sein sollte, aber müsste ich auch wie die Blumen in meinem Schapel als Jungfer vertrocknen, nie mehr werde ich einem Mann mein Jawort geben, der nicht meines Standes ist und meiner nicht achtet.»

Sehr blass, sehr gerade, sehr unnahbar saß sie nun mit fest gefalteten Händen an ihrem Platz in der Schlosskirche.

«Es soll keiner merken, wie es in ihr aussieht», dachten die Leute verständnisvoll. Doch wohl niemand stellte sich vor, welcher Entschluss in diesen Momenten in ihr reifte.

«Alle Eure Getreuen bringt Ihr unter Dach und Fach, nur Euch selber nicht, Martinus», stichelte Barbara Cranach eines Abends in launiger Frühlingsrunde. «Meint Ihr nicht, Ihr solltet mit leuchtendem Beispiel vorangehen, ehe Ihr anderen den Ehestand schmackhaft macht, der Euch selbst wohl nicht mundet?»

«Kommt Ihr mir nur nicht auch noch so», murrte Luther. «Erst gestern flatterte mir eine Flugschrift dieser Xanthippe, dieser Argula von Grumbach, ins Haus, worin sie mich ebendeshalb an den Pranger stellt, dass ich es mit dem Evangelium und Gottes Wort wohl nicht so ernst meinte, sondern immer noch in der braunen Mönchskutte liefe, statt ein Weib heimzuführen und Ernst zu machen mit meinem Lob der Ehe.»

«Und warum tut Ihr es nicht?», lachte Georg Spalatin, der Hofkaplan, dessen Brautwerbung drei Schritte vor und zwei zurück vonstatten ging. «Meint Ihr, der Ihr der wahre Held aller Frauen zu Wittenberg seid, Ihr müsstet mit Euren zweiundvierzig Jahren noch jeder Schürze nachrennen, statt in eines Weibes Zöpfen gefangen zu werden?»

Luther nahm einen kräftigen Schluck vom roten Reynfall, den Cranach vom Feinsten kredenzte. «Es braucht Euch nicht zu verwundern, dass ich nicht heirate, da ich so ein verrufener Liebhaber bin.»

Cranach lachte schallend auf und prostete in die Runde. «Hört, hört! Unser Reformator bei der Ohrenbeichte. Lasst hören, alter Knabe, was werfen Euch Eure Buhlerinnen denn vor?»

«In vino veritas, Herr Maler», lachte auch Luther. «Ich will Euch beichten, dass ich drei Frauen zugleich gehabt und zwei davon so leidenschaftlich geliebt habe, dass sie zu milderen Freiern entliefen. Und die dritte, die ich mir neben den anderen beiden noch kaum zur linken Hand halte, wird mir womöglich auch noch entrissen.»

«Zur linken Hand, im Konkubinat?», grinste Spalatin. «Wie soll das gehen, da Ihr zur rechten Hand keinem Weibe gehört?»

«Ich habe es zumindest schon versucht», frotzelte Luther zurück. «Ihr aber, Ihr träger Liebhaber, wagt ja nicht einmal, der Gatte einer Einzigen zu werden. Am Ende komme ich, der ich einer Heirat so ganz und gar abgeneigt bin, Euch so bereitwilligem Freier noch zuvor.»

«Wen habt Ihr denn endlich unserer Katharina von Alexandrien zugedacht?», warf Nikolaus von Amsdorf ein und rückte seine unvermeidliche Kappe in die Stirn, unter der er die Tonsur inmitten seiner wallenden weißen Locken verbarg.

«Den Glatz soll sie nehmen», brummte Luther, «mit ihm nach Orlamünda gehen und Frau Pfarrerin werden und basta. Der wird ihrer wohl Herr werden, wenn sie ihr Disputieren beginnt.»

Von Amsdorf zog seine sichelscharfen Brauen hoch. «Aber sie liebt ihn nun einmal nicht, Euren Glatz, guter Freund.»

«Was Liebe, was nehmen?», grantelte Luther. «Die Jungfer soll nehmen, was sie kriegt. Und stellt sie's geschickt an, so wickelt sie ihren Glatz schon bald um den kleinen Finger, dass er ihr aus der Hand frisst. Gleich morgen sollt Ihr noch einmal mit ihr reden, Gevatter. Und dass sie mir ja nicht wieder zickt und zeckert, der Glatz sei ihres Standes nicht. Sie steht vor dem Nichts, die Jungfer. Das ist ihres Standes. Damit soll sie sich abfinden. Unserem Glatz rennt die Zeit fort, da er seine Brautschaft noch genießen könnte, und sie ist ja auch nicht mehr die Jüngste.»

«Ihr seid garstig, Martinus Luther», wagte Barbara aufzumüpfen.

«Schschsch, meine Liebe!» Beruhigend legte Cranach seine Hand auf ihren Arm. «Du weißt, es wird nichts so heiß gegessen wie gekocht. Wenn sie ihn nicht will, die Jungfer, so zwingt sie auch ein Herr Luther nicht. Schließlich ist sie Haustochter in unserem Hause, und ich als ihr Ziehvater habe bei diesem Handel das letzte Wort.»

«Sei's drum», gab Luther nach. «Will sie nicht, muss sie eben weiter warten, bis einer kommt, an den noch heute keiner denkt. Wie Gott oft zu wirken pflegt, was man am wenigsten verhofft.»

«Du musst wissen, worauf du dich bei ihm einlässt und was du da in deinem jugendlichen Leichtsinn überhaupt willst», meinte Barbara Cranach, als Katharina schwieg. Katharina und Luther, die Nonne und der Mönch. Sie versuchte, die ihr soeben anvertraute Neuigkeit so aufzunehmen, dass ihre Einschätzung weder verletzte noch mit der Wahrheit hinter dem Berg hielte. «Er ist der Reformator und ein berühmter Mann, doch lebt er wie ein Barfüßer und Bettelmönch dort draußen in seinem heruntergekommenen Schwarzen Kloster. Allein in seiner Männerwirtschaft mit dem alten Prior Eberhard Prisger und seinem Famulus Wolfgang Sieberger, zwischen kahlen Wänden, die viel zu lange keinen Kalkpinsel mehr gesehen haben, unter einem Dach mit mehr Löchern als mein Küchenseih und mit nichts im Besitz als einem Strohsack auf dem nackten Boden und seinem Doktorrock, den ihm der Kurfürst zum Geschenk machte, weil Luthers fadenscheinige Kutte nicht einmal mehr zum Putzlumpen taugte. Du warst doch oft genug bei ihm im Kloster, hast etwas zu essen aus unserer Küche gebracht und den Saustall gesehen, in dem sie hausen.» Barbara Cranach klappte ihren Schachtisch auf. «Komm, lass uns ein Spiel wagen. Du fängst an.»

Lust zu einem Spiel hatte Katharina jetzt zwar nicht. Trotzdem griff sie nach den weißen Spielsteinen und baute die Phalanx der Edlen hinter der Linie der Bauern auf. Auch Barbara setzte ihre schwarzen Figuren in Szene. «Du hast von deiner Mitgift keinen Heller aus Nimbschen gesehen», sagte sie. «Luther hingegen hat jeden Mönch auszahlen müssen, als sie das Kloster verließen. Vom Kloster gehört ihm kein einziger Stein. Friedrich der Weise hält die Hand über seinen Reformator, aber wenn es um Geld geht, hört auch bei ihm die Freundschaft auf. Was der Klerus übrig ließ, hat er sich unter den Nagel gerissen. Da kannte er mit seinem Luther keinen Pardon.»

«So stehen wir pares inter pares», antwortete Katharina und eröffnete das Spiel mit zwei Bauern gleichzeitig.

«Und außerdem steht Luther unter Acht und Bann. Keine Stunde wirst du Ruhe haben, wenn er außer Landes reist, dass sie ihn schnappen und am nächstbesten Baum aufknüpfen oder ihm Schlimmeres antun.» Eine von Barbaras Lieblingseröffnungen führte in fünf Zügen fast unausweichlich zum Damenraub und zum Matt. «Gardez, die Dame ist in Gefahr!»

Das Wortspiel brachte Katharina zum Lächeln, obwohl ihr alles andere als fröhlich zumute war. «Aber ich liebe ihn, Barbara. Ich habe ihn schon in Marienthron geliebt, als ich nur seine Worte kannte. Ich habe ihn geliebt, als ich Hieronymus küsste. Ich habe ihn wohl nur geküsst, damit Luther es sähe und Verlangen nach meinen Küssen bekäme. Ich habe es nur nicht so richtig gewusst.»

«Hast du bedacht, dass du nichts hast und er nichts hat und du also alles vergessen musst, wenn du ihn haben willst, was deines Standes ist?», bohrte Barbara. «Dann ist es wieder wie ora et labora, Katharina. Und Liebe, wie du es bei Hieronymus kanntest, der dich vor aller Augen am liebsten zu jeder Sekunde geherzt hätte, die ist so von Martinus wohl kaum zu erwarten. Er ist der Reformator. Aber ein Kirchenspalter wider Willen, der im Innersten all seinem Lob der Ehe zum Trotz keusch und weiberfern geblieben ist. Oder meinst du, wenn einer wie Luther unsere Ave wirklich gewollt hätte, hätte er sie nicht auch bekommen?»

«Vielleicht war es Gottes Wille, dass er sie nicht nahm und bekam, so wie ich Hieronymus nicht bekam, obwohl alle wussten, Luther wollte Ave und Baumgärtner wollte mich», antwortete Katharina und übersah, dass sie den bedrohlichen schwarzen Läufer zwar schlagen, aber ihre Dame nicht gleichzeitig gegen das schwarze Pferd schützen konnte.

«Aber du hörst doch, er will, du sollst Glatz nehmen», gab Barbara zu bedenken. «Wollte er das, wenn er nur das geringste Verlangen nach dir hätte?»

«Ich glaube, es geht ihm wie mir, als ich mit Hieronymus versprochen war, er weiß es noch nicht so recht», meinte Katharina und wehrte dem im Hinterhalt stehenden schwarzen Pferd noch immer nicht.

Mit einem Winkelzug holte Barbara sich die Dame. «Und wie soll er es endlich begreifen?»

«Ich werde mit seinem Gevatter, mit Nikolaus von Amsdorf sprechen.» Katharina schob einen Bauern vor. Das war immer ein guter Schachzug, wenn die Edlen den eigenen Einsatz scheuten, ehe sie mit ihrem Wehrturm nachrücken und dem König Schach bieten konnten.

Barbaras Hand hielt, wie ein Raubvogel schwebend, über Katharinas Bauernopfer inne. «Du willst ihm dich zur Ehe antragen? Katharina!»

Katharina hatte es nicht anders erwartet. «Ich will keinen als nur ihn», sagte sie schlicht. «Und manchmal, wenn er mich anschaut, dann sehe ich in sein Herz und dass auch er mich will. Seit ich ihm aus dem Kloster schrieb, will er und sorgt er für mein Bestes. Und weiß doch nicht, dass das Beste für mich er selber ist. Es stimmt, Barbara, er ist der Reformator. Und zu bieten hat er mir nichts. Es ist wahr, er steht in Acht und Bann. Meinst du denn, so wagt es ein Mann – und er ist stolz, Barbara! –, eine Frau zu freien und ihr Hand und Haus anzutragen, wenn es um beides so schlecht bestellt ist? Muss da nicht jeder mit Ehre im Leib – und davon hat er viel, wie jedermann weiß! – vor der Ehe fliehen, auch wenn er den Ehestand so liebt und lobt wie Martinus?»

Barbara nickte und entschied sich, Katharinas Turm mit dem Läufer zu rammen. «So kann man es sehen, wenn man will. Aber was ist das für eine Frau, die um die Hand eines Mannes anhält?»

«Eine wie ich», sagte Katharina und schob ihren Wehrtum zwischen König und Pferd, wohl wissend, dass Barbaras nächster Zug ihr den Turm und dem König die Krone rauben würde. «Eine Nonne und ein Mönch. Ist das vielleicht Alltag oder verkehrte Welt? Warum sollte dann nicht auch das Gesetz von der Brautwerbung auf den Kopf gestellt werden? Sagt Luther nicht, alle Wege des Menschen sind von Gott vorgezeichnet? So hätte ich Nonne werden müssen, um von Luther gerettet zu werden und ihn um seine Hand zu fragen.»

Barbara schüttelte den Kopf, während sie, «Schach!», Katharinas Turm neben das Schachbrett stellte. «Aber ist es denn nicht wahr? Hat er dir nicht tatsächlich kaum ein Lager auf fauligem Stroh zu bieten?»

«Ja, hatte denn unser Herr Jesus Christus mehr als ein Bett im Stall und auf Stroh und kam doch mit seiner Liebe und nahm uns an?» Katharina legte ihren König um. «Auf dem Brett bin ich schachmatt. Aber im Leben sage ich ‹Schach dem König› und will wie von Hutten singen: ‹Ich hab's gewagt!›, denn wer nichts wagt, der nichts gewinnt. Also will ich mit von Amsdorf reden, und koste es mich auch den letzten Rest Stolz und Selbstachtung, stieße Luther mich von der Bettkante.»

Barbara schob die Schachfiguren zusammen. «So geh mit Gott

und Glück zum Beginnen», lächelte sie und umarmte die Freundin mit großer Wärme. «Du bist eine mutige, tapfere Frau, Katharina von Bora. Mit dir an seiner Seite müsste Luther Tod und Teufel nicht fürchten.»

«Und ich mit ihm auch nicht», gab Katharina zurück. Doch als sie nach ihrem Umhang griff, um Nikolaus von Amsdorf einen Besuch abzustatten, schien ihr der Mut höchstens noch in den Füßen zu sitzen, die sie auf zitternden Beinen zu ihm trugen.

Nikolaus von Amsdorf saß in seiner Schreibstube. Kisten und Kasten standen schon für seinen Umzug nach Magdeburg verpackt, wo er das Pfarramt an der Ulrichskirche übernehmen würde. «Ihr kommt wie gerufen, Jungfer Katharina», hieß er sie freundlich willkommen und bot ihr den einzigen freien Sessel nebst seinem eigenen an. «Ich habe im Auftrag unseres Martinus mit Euch zu reden.»

«Wegen Glatz», nickte Katharina und nahm Platz, ohne den Straßenumhang abzulegen, in dessen Weiten sie sich größer und stärker fühlte als im bloßen Frauengewand. «Gerade deshalb wollte ich auch mit Euch reden.»

«So habt Ihr Euch besonnen und wollt Ihn endlich nehmen?», rief von Amsdorf erfreut, ließ sich aber gleich in den Sitz zurücksinken, als er Katharinas Gesichtsausdruck sah. «Also nicht? Womit dann kann ich Euch dienen, Jungfer?»

Katharina blickte auf ihre Hände nieder. Der Ring des Königs funkelte an ihrem Zeigefinger. Zu ihrer Verlobung hatte Hieronymus Baumgärtner ihr einen weiteren Goldring geschenkt. Er steckte vor dem Ring des Königs und war aus mehreren Goldschnüren gedreht. Diese sollten das unendliche Band der Liebe symbolisieren, das Hieronymus und sie verbunden hatte. Anfangs hatte sie den Ring nicht mehr getragen. Jetzt fand sie, er gehöre zu ihr wie alles, was sie durch Gottes Fügung erlebt hatte. Sie hatte geliebt und geirrt. Aber wer viel liebe, dem werde viel verziehen, sprach Jesus Christus. Auch sie hatte verziehen, Hieronymus und sich selbst. Sie musste sich dieser Liebe nicht mehr schämen und trug den Ring mit Stolz.

«Nun?», fragte von Amsdorf nicht unfreundlich, doch ungeduldig. Er war ein viel beschäftigter Mann und hatte zu tun.

«Um einen Dienst bitten, ja, Herr Gevatter, das wollte ich Euch in der Tat.» Katharina straffte die Schultern und blickte auf.

«Sprecht freiheraus, Gevatterin», nahm von Amsdorf die vertrauliche Anrede auf, die sowohl enge Freunde als auch nahe Verwandte untereinander wählten.

«Ich kann Pfarrer Glatz nicht zum Mann nehmen.» Katharina sprach, als suche sie während des Redens noch nach den genauesten Formulierungen, langsam, doch fest. «Ich liebe ihn nicht. Das wisst Ihr. Er ist ein herrischer und zänkischer Mann. In der Ehe muss die Frau dem Manne untertan sein und ihm in allen Dingen gehorchen. Das aber kann ich nicht und will ich nicht, wenn es gegen die Freiheit des Christenmenschen geht und ich mich beugen soll, obwohl es Unrecht ist, was von mir verlangt wird.»

«Ihr seid nicht in der Position, Euch den Mann selbst erkiesen zu können», widersprach von Amsdorf heftiger als gewollt. «Eine Frau bedarf eines Vormunds und Herrn. Ihr heiratet Glatz und damit basta und Punktum.»

Katharina stand auf. «So will ich Euch mit Luthers eigenen Worten vor Kaiser und Papst antworten: Ich widerrufe nicht, denn hier stehe ich und kann nicht anders. Den Glatz nehme ich nicht, so wahr mir Gott helfe!»

Von Amsdorf saß mit offenem Mund. «Aber Ihr müsst Euch verheiraten», rief er fast stotternd. «Ihr seid eine Frau. Ihr könnt nicht ledig bleiben, außer in Eures Vaters Haus, und der nimmt Euch nicht.»

«Aber wer sagt denn, dass ich nicht heiraten will?», antwortete Katharina sanft. «Fragtet etwa Ihr mich um meine Hand oder Martinus Luther, ich sagte nicht nein.»

«Wie?» Von Amsdorf saß ungläubig.

Katharina wandte sich zum Gehen, froh, dass er das Zittern ihrer Hände unter dem weiten Mantel nicht wahrnahm. «Ihr habt recht gehört, Herr Gevatter. Ich bitte Euch zu meinem Bräutigamwerber. Sagt Martinus Luther von mir, ihn würde ich nehmen!»

«Das hat sie gesagt? Sie hält wahrhaftig um meine Hand an?» Luther starrte Nikolaus von Amsdorf an, von Amsdorf starrte Luther an, und plötzlich begannen sie wie auf Kommando zu lachen.

«Mut hat sie, das muss man ihr lassen», rief Luther endlich. «Dass sie einsteht für das, was sie denkt, das hat sie mir schon als kleines Mädchen auf ihres Vaters Schoß vorgeführt. Aber dass sie mir einen Bräutigamwerber schickt – Gevatter, in meinen tollsten Träumen hätte ich nie gedacht, dass ich so einmal unter einer Frauen Haube käme.»

Von Amsdorf schüttelte, noch immer schmunzelnd, den Kopf. «Ihr kennt mich, Gevatter. Das Übergehen mit fliegenden Fahnen ist nicht mein Ding. Es ist noch nicht so lange her, da habe ich Euch die Magdeburgerin Ave Alemann als Braut empfohlen. Doch wenn Ihr mich jetzt fragt, so solltet Ihr Katharina nehmen. Und fragt Ihr mich ein Weiteres, so haltet Ihr bei Cranach um ihre Hand an.»

«Und was bringt Euch zu einem solchen Meinungsumschwung?»

«Sie muss Euch entweder sehr lieben oder sehr verzweifelt sein oder beides.»

«Es wäre gewiss ein gutes Werk an ihr getan, wollte ich sie nehmen», murmelte Luther. «Welcher Teufel will sie denn schon, nachdem Hieronymus sie sitzen ließ? Wohl scheint es Gottes Wille, dass ich mich der armen Verlassenen erbarme.»

Von Amsdorf runzelte die Stirn. «Verlassen und arm ist sie. Aber das ist nicht alles, Martinus. Der Mensch hinter den äußeren Dingen, den vergesst nicht. Katharina von Bora stammt aus hochedlem Hause. Sie ist gebildet, von vornehmem Anstand, in allen Dingen einer großen Haushaltung erfahren, fromm und frei, aber auch stolz, mutig und tatkräftig und schreckt nicht vor dem Ungewöhnlichen zurück, wie Ihr seht. Und sie weiß, was sie will. Wer ein Weib braucht, das ihm Gehilfin ist, wie es in der Bibel steht, weil sein Haus unter Beschuss liegt, den wird sie nicht im Stich lassen, ginge es auch gegen Tod und Teufel, und würde wohl eher die Pikaniere mit bloßen Händen wehren, als sich kampflos ergeben. Mich deucht, so eine braucht Ihr, Martinus, die nicht nur ja und amen sagt, weil sie gehorcht wie das Stück Vieh, sondern eine eigene kluge Meinung und die Courage hat, sie Euch zu sagen, selbst wenn Ihr brummt und grollt.»

«Eine streitbare Nonne sei eines streitbaren Mönchs wert, meint Ihr das?», fragte Luther und schenkte von Amsdorf einen seiner langen schwermütigen Blicke aus tiefsten Gedanken heraus.

«Ja.» Eindeutiger ging es nicht.

Nachdenklich zog Luther an seiner Nasenspitze. «So bringt meiner Werberin Antwort, Herr Bräutigamwerber. Sagt ihr, Martinus Luther bewege ihren Antrag in seinem Herzen, erbitte aber Bedenkzeit, da die papistischen Scheiterhaufen allenthalben über evangelischen Märtyrern zusammenschlagen und auch der Reformator seine Lehre wohl mit dem eigenen Blute besiegeln müsse. Noch auf der Totenbahre wolle er sich aber einem Weibe zum ehelichen Gemahl antrauen und ihr zwei silberne Ehrenbecher als Mahlschatz und Morgengabe reichen. Wolle sie bis dahin warten und keinen anderen nehmen, so könne es sein, dass er sie erhöre, und sei es in einer Josefsehe zwischen Verlobten.»

«Eine herbe Antwort», murmelte von Amstorf.

Luther stand auf, um unruhigen Schrittes auf und ab zu gehen. «Eine andere habe ich nicht. Sie rufen mich in die Heimat zurück, Gevatter. In Süddeutschland rüsten die Bauern zum großen Hauen und Stechen. Thomas Müntzer und Heinrich Pfeifer haben in Thüringen den Boden fürs Morden bereitet. Ich soll gegen sie donnern, damit die Bauern, diese treulosen, meineidigen Gottesfeinde und Lästerer, Räuber und Mörder, das Schwert einstecken, das sie fälschlich in meinem Namen gegen ihre Herren erheben.»

«So ganz ohne Recht revoltieren die Rotten wohl nicht», wandte von Amsdorf ein. «Kein rechter Herr schlachtet die Kuh, die er melken will, und lässt nicht die Leute verderben, die sein Brot erwirtschaften. Ohne schlechte Herren, denen Nehmen allemal seliger denn Geben ist und die das Korn immer teurer machen, dass die Hungersnot im Volk ausbricht vor vollen Scheuern der Herren, stünden die Bauern wohl nicht gegen die Obrigkeit auf.»

«Sollen wir denn fürderhin den Bauern Herrn nennen, wie die

Sünder den Teufel Fürst und Herr heißen?», brauste Luther auf. «Ich sage Euch, Gevatter, der Teufel will mich tot sehen, weil ich das Wort Gottes neu unter das Volk bringe. Bisher hat er nichts gegen mich vermocht. Jetzt will er mich loswerden und gelte es auch, deshalb die ganze Welt durcheinander zu bringen.»

Mit einem Ruck blieb er stehen. Sein funkelnder Blick fuhr von Amsdorf durch und durch. «Aber ich sage Euch, ehe ich billigen und gut heißen werde, was die Rotten wollen und tun, wollte ich lieber hundert Hälse verlieren.»

Als von Amsdorf schwieg, wetterte ein grimmiges Lächeln über Luthers Züge. «Und verlasst Euch darauf, komme ich wohlbehalten heim und die Rotten geben weiter nicht nach, so will ich dem Teufel zum Trotz tatsächlich Katharina von Bora zum Weibe nehmen, ehe ich sterbe. Es sollen mir doch weder die Bauern noch der Teufel meinen Mut und Schneid abnehmen.»

Er setzte sich von Amsdorf gegenüber, beugte sich vertraulich vor. «Es ist sowieso nur mehr eine kurze Zeit für uns hier auf Erden, dann kommt der wahre Richter über beide Seiten, die Bauern und uns als die Herren. Dann wird er uns mit Gnaden annehmen, sie aber mit Zorn durch das Schwert richten.»

«Ich gehe», sagte von Amsdorf jetzt und stand auf, «und will mich des Dienstes entledigen, den ich der Jungfer Katharina zuliebe tat. Ihr aber solltet in Euch gehen, Martinus, und Euren Worten von der Ehe Taten folgen lassen, denn nicht an den Worten allein, sondern an unseren Taten wird man uns eines Tages messen.»

Bedenkzeit, Josefsehe, ein gutes Werk an der armen Verlassenen, Trauung am Totenbett – Katharina saß mit Barbara Cranach in der Küche und schälte an einem Berg von Zwiebeln, die zum Mittag eine köstlich mit Brot und Käse überbackene Suppe ergeben sollten. «Du musst ihn verstehen, Katharina», versuchte Barbara die Niedergeschlagenheit der Freundin zu mildern. «Auch unter den Unsrigen sind nicht wenige, die halten zu Ehren, dass ein ewiges Gelöbnis wie der Zölibat um des Himmelreiches willen nicht gebrochen werden darf, wenn einer dem Kloster entsprungen ist. Eine Ehe zwischen einem Mönch und einer Nonne wäre die wohl größte Provokation der katholischen Welt. Sie würde den Geiferern Öl ins Feuer gießen und unter denen, die noch zweifeln, sich zum neuen Evangelium zu bekennen, den Verdacht nähren, Luther habe dich als sein eigenes Liebchen aus dem Kloster befreit und verkünde die Gotteslästerlichkeit des Zölibats um der Rechtfertigung seiner eigenen Brunst willen. Eine solche Ehe will wegen ihrer Folgen für die Verbreitung des Wortes reiflich überlegt sein.»

«Mein Beispiel, als Nonne einen Mönch zu heiraten, wäre aber wohl doch der sicherste Beweis, dass die Reformation es ehrlich mit der Gleichheit aller Menschen vor Gott meint, die, seien es Männer oder Frauen, alle von Gott mit geistlichen Gaben ausgestattet sind, und dass im Streit um die Wahrheit einzig die Bibel und Gottes Autoritas zu gelten hat.»

Barbara hängte den Suppenkessel an den untersten Dorn des Schwenkhakens über der offenen Feuerstelle und füllte aus einer Tonkanne Wasser über die Zwiebeln. «Wie meinst du das, eine solche Ehe ein Beweis?»

«Wenn alle Menschen vor Gott gleich sind, müssen sie auch vor der Welt gleich sein. Also kann eine Frau ebenso gut um einen Mann werben wie ein Mann um eine Frau. Und wenn alle Menschen von Gott mit geistlichen Gaben ausgestattet sind, kann eine Frau Gottes Wort und Werk ebenso in Worten und Taten vor der Welt vertreten wie ein Mann.»

Katharina redete sich in einen Eifer, der Barbara beinahe unheimlich wurde. «Das Weib soll schweigen in der Kirche, hast du das Paulus-Wort vergessen? Es soll dem Mann gehorsam sein und ihm dienen, so steht es in der Schöpfungsgeschichte. Willst du gegen Gottes Wort aufstehen?»

«Nein, nicht gegen Gottes Wort. In der Schöpfungsgeschichte schuf Gott das Weib dem Mann zur Gehilfin, nicht zur Sklavin. Er schuf sie aus seiner Rippe, damit sie einander in allem gleich seien und sich in dieser Gleichheit verstünden. Daher soll das Weib dem

Mann in allen Dingen helfen und ihren Teil der gemeinsamen Last tragen.

Das ist Gottes Wille und sein eigenes Wort. Das Paulus-Wort ist Menschenwort, Barbara. Mit diesem Wort legt Paulus Gottes Wort aus. Aber Menschen irren. Und wenn Gott alle Menschen gleich und mit gleichen geistlichen Gaben schuf, gab er der Frau nicht das Wort, damit sie schweige.»

«Katharina, du machst mir Angst», gestand Barbara und lugte sicherheitshalber durch einen Spalt der Küchentür, ob nicht etwa jemand draußen stehe und lausche.

«Warum Angst?» Katharina lachte in ihrem Eifer hell auf. «Vier unter uns Frauen, Barbara, vier treten schon vor und erheben das Wort in der Kirche. Die eine ist Katharina Zell zu Straßburg, Bürgerstochter und Ehefrau des zum Zölibat verpflichteten Priesters und Reformators Matthäus Zell. Im letzten Jahr trat sie mit drei Flugschriften vor die Welt. Die zweite ist Argula von Grumbach aus der Oberpfalz, die sich in ihren Flugschriften die Staufferin nennt, weil sie ihren Gatten nicht kompromittieren will, der dem alten Glauben anhängt. Die dritte ist Wibrandis Rosenblatt, die Gattin Oekolampads zu Basel. Mit ihren Flugschriften und öffentlichen Briefen an die Obrigkeiten tragen diese drei den Anspruch von uns Frauen an die uns von Gott gegebene Gleichheit und den Beweis unserer geistlichen Gaben in die Welt hinaus. Die vierte ist meine Agnatin Elisabeth von Meseritz, die das Wort als Kirchenliedschreiberin ergreift. Ich, Barbara, auch ich will dazugehören und mit den geistlichen Gaben, die Gott mir verlieh, an der neuen Kirche bauen. Und wie ich mich schon immer im Werk meiner Hände, in Taten Gott näher fühlte als auf dem Papier, will ich den Frauenworten endlich auch die Frauentaten folgen lassen. Das tue ich, indem ich mir einen Mann erwähle, wie sich ein Mann eine Frau erwählt, und indem ich, eine abtrünnige Nonne, durch meine Ehe mit einem abtrünnigen Mönch in der Tat beweise, dass der Zölibat ebenso wie der Ablass von Menschen gemacht, aber nicht Gottes Wort und Wille ist.»

«Du forderst Gott heraus», rief Barbara. «Du löckst wider die alte

Weltordnung. Doch Hochmut kommt vor dem Fall. Bedenke, dass auch dein Leben ein Ziel hat und du am Tag des Herrn gewogen wirst.»

«Das ist kein niedriger Hochmut, der mich bewegt», widersprach Katharina und reichte Barbara eine Kostprobe der brodelnden Zwiebelsuppe auf dem Kochlöffel zu. «Es ist der hohe Mut der Liebe zu meinem Gott und Schöpfer, dessen Werk an mir ich in Wort und Tat bekenne.»

«Die Frau des Reformators.» Barbara sah Katharina nachdenklich an. «Du willst nicht nur seine Frau sein, Katharina. Du willst die Reformatorin sein, gleich an gleich mit ihm an seiner Seite.»

«Er ist die Glocke, das tönende Erz Gottes, der neue Engel der Verkündigung und mein Held, den ich verehre und liebe», sprach Katharina ernst. «Ich will seine Gehilfin sein, als Fleisch von seinem Fleisch und Geist von seinem Geist, nach Gottes Willen ihm gleich und in der Freiheit des Christenmenschen verbunden. Wie er das Wort Gottes durch die Schrift verkündet, so will ich die Tat sein, die ihm hilft.»

Katharina sorgte sich um Luther. Überall standen die Bauern auf. «Dran, dran, dran! Drauf und dran!» Der Landsknechtsschrei des Bauernführers Thomas Müntzer schien durch das ganze Land zu gellen. «Dran, dran, dieweil das Feuer heiß ist. Lasst euer Schwert nicht kalt werden, lasst es nicht lahmen! Schmiedet Pinkepanke auf dem Amboss Nimrods, werft ihnen den Turm zu Boden! Dran, dran, solange ihr Tag habt. Gott geht euch voran, folget, folget!», heizte der Weltfressergeist, wie Luther ihn nannte, seine Horden an. Freie Weiden, Wasser, Land forderten sie, keinen Frondienst, keine Zinsen, freie Christenmenschen sein, Herren auf eigenem Grund und Boden, keines Menschen Untertan.

Früher gab Müntzer sich als Luther-Freund von friedlich-reformatorischem Geist. Jetzt verfocht er, inzwischen mit einer entsprungenen Nonne verheiratet und Vater eines kleinen Sohnes, die Reformation mit Lug, Trug und Gewalt. Und das dumme Bauernvolk jubelte ihm zu.

Überzeugt, von Gott berufen zu sein, den Adel zu entmachten und den kleinen Mann groß zu machen, hatte Müntzer die Reichsstadt Mühlhausen zur Festung aufgerüstet. Im alten Dominikanerkloster wurde Pulver eingelagert, im geräumten Barfüßerkloster goss man Geschütze, aus Eisenach rollten zweihundert Landsknechtsspieße an und erfahrene Bergleute schnürten Pulverminen zum Sturm auf Heldrungen, die Graf Ernst von Sachsen zur fast uneinnehmbaren Festung ausgebaut hatte. «Fällt Heldrungen, fällt der Adel!», wie Müntzer meinte.

Leonhard Koppe, der als Kaufmann weit über Land reiste und ein Netzwerk aus Geschäftsverbindungen aufgebaut hatte, wusste viel zu berichten, wenn er nach Wittenberg kam und in Cranachs Stube einkehrte.

«Noch schreien die Bauern zwar, nicht das Evangelium habe den Aufstand ausgelöst, sondern der Teufel, der den Adel und auch Luther verblende, dass er die von Gott gewollte Gleichheit der Menschen nicht sehe», meinte er. «Deshalb wenden sie sich nicht vom Evangelium, jedoch von Luther ab, machen ihn zum Feind der besseren Weltordnung. Und damit nicht genug, zeigen ihm auch viele Fürsten die kalte Schulter, seit er in seinem Büchlein ‹Ermahnung zum Frieden auf die Zwölf Artikel der Bauernschaft in Schwaben› nicht nur die Bauern als Aufrührer zum Frieden mahnte, sondern auch die Obrigkeit als Tyrannen. Was glaube er denn, wer er sei, schreien sie und führen Klage bei Friedrich dem Weisen.»

Statt Luther zu maßregeln, ließ der schwer erkrankte Friedrich seinem Bruder, Mitregenten und Nachfolger im kurfürstlichen Amt, Herzog Johann, schreiben, es würden «die Armen auf viele Weise von uns weltlichen und geistlichen Obrigkeiten beschwert». Vielleicht habe ihnen dies den Anlass zum Aufstand gegeben. Womöglich sei es die Strafe Gottes für diese Misswirtschaft, dass er den Adel ablösen und den «gemeinen Mann» regieren lasse.

«Wenig später, am 5. Mai 1525, war er selig entschlafen», murmelte Cranach.

«Für Müntzer war Friedrichs Tod ein Zeichen, dass Gott mit ihnen sei gegen den Rest der Welt», ergänzte Koppe. «Blind im Taumel des scheinbar zum Greifen nahen Sieges, fielen sie in Thüringen ein und nahmen Quartier in Frankenhausen, nahe der Zwingburg Heldrungen. Und dort liegen sie noch. Mit achttausend Mann und vierzehn Langgeschützen.»

So grauenhaft alle diese Berichte waren, so erleichtert nahm Katharina die Nachricht auf, dass ihr Vater sein Leben und das der Seinen mit Müh und Not retten konnte. Gott sei Dank hielt der Wehrturm zu Klietzen mit seinen engen Schießscharten den Marodeuren stand. Schwarz vom Feuer stünden die Steine, aber sie hielten noch, erfuhr sie von Leonhard Koppe.

Am Ende sei der Vater mitten im Feuer auf den Söller gestiegen und habe dem grölenden Haufen Freiheit, Abschaffung der Fron, Jagdrecht und Fischrecht und was sie wollten versprochen, damit sie nur sein Haus stehen ließen. Gerettet habe ihn aber wohl das große Fass Rotspon im Keller, das endlich einer der Pikaniere entdeckte und den Wein gleich aus dem Spundloch soff, bis die anderen neidisch wurden und ihn erschlagen wollten, der unter dem Fass sich aber wehrte und alsbald ein Hauen und Stechen unter den Marodeuren selbst anfing. Irgendwann lagen etliche im Blut, und der Rest leckte lieber seine Wunden bei einer fetten Sau am Spieß und süßem Wein, als einen alten Ritter zu rösten. Tags darauf seien sie mit dem Vieh und den Pferden gen Petersberg abgezogen, wo sie den roten Hahn aufs Klosterdach setzten und die Mönche Spießruten laufen ließen.

«Seid froh», meinte Koppe, als Katharina weinte, «dass es die Euren nicht wie den zu Weinsberg im Württembergischen erwischt hat, dem sie sein Schloss mitsamt Weib und Kindern brandschatzten. Wie sie die Herren reihum über die Piken und Klingen springen ließen, dass sie wie die abgestochenen Schweine bluteten und brüllten, wollte er sich mit einer Tonne Lösegeld freikaufen und musste doch daran glauben. Am Ende haben sie den Toten die Kleider genommen und sie den Krähen zum Fraß auf dem Feld liegen lassen.»

«Gott sei ihrer Seele gnädig!», flüsterte Katharina.

«In ihrer Angst um Haus und Hof schließen sich immer mehr Ritter dem Thomas Müntzer an, diesem Erzspitzbuben, der ihnen einredet, sie seien Gottes auserwähltes Volk, das er ins Gelobte Land führen werde.»

Katharina wusste, dass Müntzer Luther hasste. Wer, hetzte dieser, wer sei denn schon ein Martinus Luther? Ein Speichellecker der Fürsten und Obrigkeiten, ein Bruder Mastschwein, der vom Fürstentisch fresse, was dem Bauern aus den Rippen geschnitten sei, nichts weiter als ein unverschämter Mönch und rechter Vater Leisetritt, dessen liebes Fleisch Gottes Willen verschlafe und das er, Müntzer, deshalb am liebsten durch Gottes Grimm am Spieß gebraten röche.

Luther sei krank vor Zorn und Trauer, brachte Leonhard Koppe zuletzt Kunde aus Torgau mit, wo Luther soeben predigte. «Ihr schmiedet und schatzt, euern Pracht und Hochmut zu führen, bis der arme gemeine Mann nicht kann noch mag länger ertragen», rief er dem Adel ins Gesicht. Und schalt den Bauern: «Dass die Obrigkeit böse und ungerecht ist, entschuldigt keine Rotterei noch Aufruhr.» Koppe berichtete: «Wie er auch mahnt, sie pfeifen und lachen und klappern mit Rasseln und Schellen, dass kein Wort zu verstehen ist, und hören ihm nicht zu. Sie machen ihm sein ganzes Evangelium kaputt.»

«Gott wird es nicht zulassen», schrie Katharina und ballte die Fäuste. «Die Ritter sammeln sich schon und ziehen gegen die Bauern zu Felde. Ausräuchern wollen sie Allstedt, Müntzers Satansnest. Nur denen gewähren sie freies Geleit, die sich ergeben. Und am Ende, wenn sie siegen und Gottes Frieden über uns kommt, werden sie erkennen, dass in Wahrheit die Papisten hinter dem Bauernaufstand stecken und nicht das Evangelium.»

«Zukunftsmusik, Jungfer Katharina», lachte Koppe mit schmalem Mund. «Erst einmal werden alle bluten, der große wie der kleine Mann, denn was der Tod nicht mit der Sichel vom Felde rafft, das bringen hernach die Hungersnot und die Pest und die Cholera zuwege.»

«Wenn sie ihn jetzt schnappen, hängen sie ihn auf», sagte Cranach. Und Katharina lag betend auf den Knien, wie sie seit Klostertagen nicht mehr gebetet hatte, und flehte Gott um Gnade für ihren Helden an. «Lass ihn leben, Herr, und gib ihn mir. Ich will sorgen, dass er gesund wird und wieder predigen kann über sie, dass alles Donnern des Müntzers mit seinem Drauf und Dran wie ein Flüstern in der Wüste dagegen ist.»

Doch als Luther endlich kam, wagte Katharina ihn kaum anzusehen, geschweige denn ihn zu berühren. Seine Schwermut und Verzweiflung hingen zum Greifen schwer über der Tafelrunde, als er unverrichteter Dinge, unrasiert, hohläugig und in sich gekehrt von seiner Predigtreise an Cranachs Tisch zurückkehrte und viel zu oft viel zu tief in den Becher starrte, bis er Müntzer die Pest an den Hals fluchte oder Gottes heiligen Zorn auf sich selbst niederfahren wähnte.

Barbara trug ihr zu, Luther habe auf der Rückreise bei seinen Eltern in Eisenach Halt gemacht und seinem Vater in die Hand gelobt, doch endlich ein Weib zu nehmen und zu heiraten. «Du weißt, dass sein Vater ihn, als Luther Mönch wurde, wegen des Zölibats fast verstieß.»

Katharina nickte. «Nun sagte sein Vater», fuhr Barbara fort, «da Luther von seinen Gelübden entbunden und wahrlich nicht mehr der Jüngste ist, wolle er nicht mehr länger auf Enkel verzichten, sondern zu seinen Lebezeiten sehen, dass sie seinem Hause Bestand geben.»

«Hat er seinem Vater und seiner Mutter von mir gesprochen?», fragte Katharina nach und unterdrückte das aufkeimende Angstgefühl, das sie stets überfiel, wenn sie an Luthers Eltern dachte, die womöglich ebenso rigoros zu einer entlaufenen Nonne als Schwiegertochter nein sagen würden. Obschon ein erwachsener Mann, würde auch Luther keine Frau heiraten, die seine Eltern verwarfen.

Barbaras Antwort hätte sie am liebsten zehnmal gehört, und noch abends vor dem Einschlafen rief sie sich die Worte ins Gedächtnis zurück. «Seine Mutter ließ eine gute Gevatterin von mir wissen, die es mir in einem Sendbrief weitersagte, Luther habe ihnen von seiner Braut erzählt, die er kaum noch sicher habe, aber mit dem Segen der Eltern gern nehmen wolle, da sie zwar arm und verlassen, nicht mehr ganz jung und eine entsprungene Nonne, aber von hohem Adel, festem Willen und gehöriger Schönheit sei, sodass er sie, wenn nicht aus Liebe, so doch mit Respekt und Achtung annehmen und durch Gottes Gnade auch gern Kinder mit ihr haben wolle.»

«Respekt und Achtung hat er vor mir», sang es in ihr. «Gern will er Kinder mit mir.»

Was immer sie in den letzten Wochen Gräuliches erfahren hatte, wurde klein gegenüber ihrem Glück.

Dennoch hätte Katharina niemals geglaubt, dass Luther ausgerechnet jetzt offiziell bei ihrem Hausvater Cranach um ihre Hand anhalten würde. Doch, wie er so gern dozierte, denkt der Mensch und Gott lenkt, und der Heiratsantrag, auf den sie so lange vergeblich gehofft hatte, fiel mit der Tür ins Haus, als Katharina am wenigsten damit rechnete.

Jedenfalls stand er plötzlich und unangemeldet in seiner sauber gebürsteten Robe und mit reinlichen gelben Stiefeln mitten in Cranachs guter Stube und drehte seinen Doktorhut, als brauche er etwas, sich daran festzuhalten. Barbara, die die Situation wohl am schnellsten erfasste, drängte Katharina zu ihm hinein, indem sie ihr flink die Schürzenbänder aufzog und noch ein paar imaginäre Fussel von ihrem aufgestellten Samtkragen strich.

Luther empfing sie wie mit einem Blick aus dem Grabe. «Gnad und Frieden, Jungfer Katharina. Und auch Euch, Gevatter und Gevatterin, die Ihr Euch der Jungfer erbarmt habt und ihre Zieheltern geworden seid, bis sie unter eines Mannes Schutz und Fürsprache käme.» Er schwieg und bewegte die Zehen in den gelben Stiefeln, dass sich ihre Form unter dem weichen Leder abzeichnete, als wollten sie ihn eilends auf und davon tragen. Aber er blieb.

«Ich bin gekommen, Euch zu vermelden, dass dieser Mann nun da wäre, um seinen geistigen Vater im Himmel und seinen leiblichen Vater auf Erden zu ehren und ihren Willen zu erfüllen, dass der Mensch nicht allein sei, sondern sich eines Weibes annehme um der ewigen Seelen Seligkeit willen.» Ein Räuspern, dem die Erleichterung anzuhören war, diesen ersten Satz fehlerfrei nach dem aufgesetzten und erlernten Plan hervorgebracht zu haben.

Ganz gegen seine Gewohnheit sorgfältig, legte Luther den Doktorhut, den er bisher zwischen den Fingern gedreht hatte, auf einem Kasten ab und begann langsam auf und ab zu gehen, die Hände auf dem Rücken verschränkt, gerade so, als müsse er einen Predigttext im Kopf bewegen. «Gott spricht, du sollst nicht lügen. So will ich ehrlich sein und Euch sagen, ich komme als Bräutigam, doch die Liebe treibt mich nicht. Vielmehr wirft mich der Herr wunderbar in die Ehe, während ich ganz andere Gedanken hatte, und will, dass ich mich dieser verlassenen Jungfer erbarme und sie ehrlich mache mit meinem Namen. Das will ich nun, denn ich habe sie sehr gern, und der Tag steht bevor, an dem sie mich draußen vor den Toren Wittenbergs in ihrem Hass zu Tode bringen. Vogelfrei bin ich, in Acht und Bann. Wer mich ins Jenseits befördert, tut den Papisten ein frommes Werk. Selbst Melanchthon schreibt mir, wir schwebten in großer Gefahr durch Müntzers barbarische Grausamkeit. Dessen Drohungen gegen mich und die Unseren überstiegen alle Begriffe. Es ist also höchste Zeit zu heiraten und dem Teufel, der mich vernichten will, im Kinderzeugen ein Schnippchen zu schlagen.»

«Also nichts mehr mit Josefsehe», fuhr ein Schwarm Schmetterlinge durch Katharinas Bauch.

Doch düster wie zuvor wandte Luther sich von beiden Cranachs ab und ihr zu. «Von Amsdorf, mein braver Gevatter und Euer trefflicher Bräutigamwerber, machte mir Mut dazu, dass Ihr, Jungfer Katharina von Bora, die Rechte wäret, nicht Tod noch Teufel an meiner Seite zu fürchten. Und da Ihr klug seid wie Eure Namenspatronin zu Alexandrien, halte ich zugute, dass Ihr wusstet, was Ihr tatet, als Ihr um meine Hand anhieltet. Nun denn, hier ist sie, ich bin der Eure.»

War das alles? Katharina stand unsicher, wartend. Wollte er ihr die Hand nicht wenigstens reichen? Sie nicht umarmen? Wollte er sie nicht küssen? Sie spürte seine Bewegung mehr, als dass sie sah, wie er sich steif vor ihr verbeugen und gehen wollte. Und später, wenn sie sich an die Szene erinnerte, wusste sie nie, wie genau es dazu gekommen war, dass er im Vorbeugen ihren Mund streifte und sie ihn mit beiden Armen umschlang und seine Arme sich hoben und sich um sie legten und sie an sich zogen und er sie küsste, wie ein Mann eine Frau küsst, nach der ihn hungert.

Wenig später sprang Luther wie von Hunden gehetzt zu Cranachs Tür herein. «Gevatterin, wo ist Euer Gemahl? Rasch, frohe Kunde habe ich für ihn, für uns alle.»

«Martinus?» In diesem Moment trat der Gesuchte mit einer Leiste Farbmuster herein, die er untereinander aufgepinselt hatte, sodass immer gleiche Farben in unterschiedlicher Farbintensität, mit verschieden großen Mengen Gummiarabikum angemischt, in direktem Vergleich bei wechselndem Lichteinfall auf ihre Wirkung und Leuchtkraft geprüft werden konnten. «Was schreit Ihr nach mir wie das Kalb nach der Kuh?»

«Sie schlagen zurück, Lucas, endlich schlagen sie zurück.» Man musste kein Hellseher sein, um zu wissen, was und wen Luther meinte. «Sie rüsten eine Strafexpedition gegen Müntzer und rücken mit einem Aufgebot aus Mainz, Braunschweig und Brandenburg gen Frankenhausen am Kyffhäuser vor. Selbst unser guter Herr Johann, den man nicht umsonst den Beständigen nennt, sammelt seine Truppen. Zu Württemberg haben Ritter schon Tausende Bauern erschlagen, dass die Äcker von ihrem Blut rot wurden. Die anderen ergeben sich auf Gnade und Ungnade. Darum ließ ich an unseren Grafen Albrecht von Mansfeld ausrichten, wenn auch die Bauern zu Tausenden stürben, so seien es doch nur Räuber und Mörder, die als Handlanger des Teufels die göttliche Ordnung aufheben wollten, um dem Fürsten der Welt die Macht zu erstreiten. Er solle nur ja nicht weich werden, sondern das Schwert gegen sie führen, wie es ihm von Gott eingegeben sei.»

Barbara und Katharina standen entsetzt. Überall Tod, Blut und Tränen. Tausende Tote, Verkrüppelte, Verlassene, Tausende Trauernde, Heimatlose. Allenthalben verbrannte Erde und wüstes Land, über dem die Krähen und Raben krächzend um ihre Beute balgten. Leonhard Koppe hatte Recht, erst nach Kriegsende kämen das Heulen und Zähneklappern.

«Ich wollte, Ave und Elisabeth wären hier, mich zu halten und zu trösten», seufzte Katharina. Doch Ave war Basilius Axt, ihrem Gemahl, an den preußischen Hof Herzog Albrechts gefolgt, als dieser ihn zu seinem Leibarzt berief. Elisabeth saß mit ihrem Caspar Cruciger zu Magdeburg.

Kein Tag verging ohne neue Schreckensberichte von der Front. Verletzte, Verstümmelte, Blinde, der Strom leidender Frauen, Kinder und Jugendlicher riss nicht ab.

Müntzers achttausend Bauern rüsteten sich zu Frankenhausen zum Endsieg.

Graf Albrecht schickte drei Unterhändler mit einer Nachricht, wollten die Bauern aufgeben, solle jeder nur nach seinen Taten verurteilt werden. Müntzer aber prophezeite den Sieg. Todesmutig sollten seine Mannen ihre Harken und Gabeln gegen Geschütze und Schwerter und ihre blanke Brust gegen Panzer und Kette richten. Gott kämpfe mit ihnen. Die Unterhändler des Mansfelders ließ er zum Beweis seiner Furchtlosigkeit in Sichtweite der Fürstenheere vor den Stadttoren köpfen.

«Mit Glaubensliedern als Sturmgesang traten die Bauern an», berichtete ein Verwundeter, den seine Leute zu Cranachs Apotheke gebracht hatten. Seit Ave die Stadt verlassen hatte, hatte Katharina ihren Platz eingenommen. Ihre Heilkenntnisse sprachen sich rasch herum. «Doch beim ersten Salveneinschlag gaben sie Fersengeld und türmten über die Stadtmauern. Draußen wurden sie wie die Hasen verfolgt und erstochen oder von hundert Pferden zermalmt. Am 16. Mai war jeder zweite Bürger in der Stadt abgeschlachtet und wohl alle Frauen waren geschändet. Siebentausend Bauern gingen vor die Hunde. Von den Söldnern lediglich sechs. Die Bauern hatten sich kaum gewehrt.»

«Und was wurde aus Müntzer?» Luther, schnell gerufen, um den Bericht des Verwundeten mit anzuhören, zügelte sich mühsam, bis Katharina die hässlich ausgerissene, schon eitrige Wunde ausgewaschen, mit Heilpuder bestreut und in einen sauberen Leinenverband verpackt hatte.

«Ein Edler aus Sachsen fand ihn in einem Bett versteckt. Zwölf Tage wollten sie Müntzer durch Folter zum Widerruf bringen. Aber der blieb fest, wie sie ihm die Daumenschrauben und spanischen Stiefel anzogen, ihm die Fingernägel einzeln ausrissen, ihn mit der Mundbirne abfüllten, bis er schier platzte, ihn streckten und mit glühenden Zangen kniffen und was der peinlichen Befragungen mehr sind. Zuletzt waren ihm die Hände verstümmelt, sodass er sein letztes Wort einem Schreiber in die Feder diktieren musste. Da ließ er nun seine treuen Mühlhausener wissen, der Aufstand sei niedergeschlagen als Gottes Strafgericht für die Sünden der Plünderungen und Brandschatzungen. Sein Tod sei das Sühneopfer, um Gott mit dem Volk wieder auszusöhnen. Und, schrieb er noch, sie sollten seinem armen Weib und Kind helfen und seine Schuld nicht an ihnen rächen.»

«Und ist er leibhaftig vor Zeugen vom Leben zum Tode gekommen?», fragte Luther, als brauche er die Antwort am besten schwarz auf weiß.

Der Verwundete nickte. «Am 27. Mai haben sie ihn zu Mühlhausen geköpft und den Kopf auf Spießen vor die Tore der Stadt gestellt. Philipp von Hessen gab ihm als Grabspruch mit, dass er sich auch einmal ein solches Ende wünsche, da Müntzer nichts widerrufen, sondern nur Irrtümer bereut und Gott um Gnade angefleht habe.»

Die Schmerzen ließen den Verwundeten verstummen, sodass Katharina ihm einen Becher mit verdünntem Schlafmohn einflößte. «Gleich werdet Ihr den Wundschmerz nicht mehr so wahrnehmen», versprach sie und fragte mitfühlend: «Was ist aus der armen Frau geworden und dem Kind?»

«Ein edler Herr von wahrhaft herrschaftlicher Natur hat sie am Tage der Hinrichtung ihres Gatten zu sich befohlen. Und wie sie dann kam und war schwanger mit ihrem zweiten Kind von Müntzer, da fiel der hohe Herr vor ihr auf die Knie und verhöhnte sie, als wollte er ihr beiliegen.»

«Pfui Teufel, ein kühner Held!», fuhr Luther auf. «Ich will wider sie schreiben, diese Rangen und Säue. In der Bibel nennt man sie Bestien. Daher will auch ich sie nicht zu Menschen machen. Ohne dass es ein Schaden wäre, sollten sie von den Bauern ermordet werden.»

«Kann man denn jetzt noch etwas für sie tun, die Arme?», rief Katharina.

«Es heißt, sie soll verlassen und verloren durch Thüringen irren und eine Rückkehr ins Kloster von sich gewiesen haben. Was aus ihr und den Kindern wurde, kann ich nicht sagen.»

«Was man ihr tat und den Kindern, war so gewiss nicht Gottes Wille, als ich hier sitze», sagte Luther. «Doch hätte Müntzer gesiegt, es wäre uns und den Unseren keinen Deut besser ergangen. So lasst uns beten und danken, dass das Evangelium weiter in die Welt hinausgetragen werden kann und wir durch Gottes Gnade und Vorsehung verschont blieben. Amen.»

In den nächsten Tagen wurden die haarsträubendsten Sanktionen der Ritter gegen diejenigen bekannt, die im Bauernkrieg aufseiten der Aufständischen mitgewirkt hatten.

Katharina ertrug die Flut der Schreckensnachrichten über die Rache der Ritter so wenig wie zuvor die über das Toben der Massen des Volks. Ihr gingen ganz andere Sorgen durch den Kopf. «Glaubst du, Martinus wird Wort halten, jetzt, da der Aufstand niedergeschlagen ist und er nicht mehr täglich mit dem Galgen rechnen muss?», fragte sie Barbara Cranach, während sie die Wäschestücke, die ihnen die Waschfrau frisch gewaschen und gebügelt gebracht hatte, sortierten und säuberlich Kante auf Kante in den Kasten legten. «Wie sie alle zetern und schreien und uns gar ein Beilager zur Linken nachreden, seit sie wissen, dass er mich zur Frau nehmen will! Ich kann all das mit Gottes Hilfe ertragen. Aber er? Wird es ihn abschrecken, sodass er es sich nochmals anders überlegt mit mir?»

Barbara dachte nach. Es stimmte, seit Luther Anfang Mai seinem Schwager mitgeteilt hatte, er wolle sich von einem Halunken und Gotteslästerer wie Müntzer nicht einschüchtern und davon abhalten lassen, seine Käthe zur Ehe zu nehmen, ehe er sterben müsse, hatte sich die Nachricht wie ein Lauffeuer verbreitet. Wie erwartet, schlugen die Wogen sogleich hoch. Heiraten solle Luther, am besten sofort, zeterten die Klüglinge, wie er sie spöttisch nannte. Seine Hochzeit sei längst überfällig. Aber doch nicht mit einer entsprungenen Nonne. Selbst Melanchthon, Luthers vielleicht wichtigster Mitreformator und Freund, regte sich maßlos auf und sah voraus, dass diese unheilige Ehe zwischen Mönch und Nonne das Evangelium lächerlich und die ganze Reformation zunichte machen werde. Jede Frau könne der Reformator heiraten, nur nicht diese.

Und was hatte Luther darauf gesagt? «Alle meine besten Freunde schrien: ‹Nicht diese, sondern eine andere.› Aber ich habe meine Käthe lieb und weiß, dass ich sie lieber habe als sie mich.»

Seitdem waren Wochen vergangen, in denen Luther kaum noch den Gasthof Zum Adler aufgesucht hatte, in dem er sonst gern einen Schoppen Wein trank und eine Kleinigkeit zu sich nahm. Stattdessen hatte er seiner Katharina, die er nicht mehr Jungfer Katharina, sondern zärtlich Käthe nannte, reichlich ungeschickt, doch eindeutig den Hof gemacht und sie sowohl bei Cranachs als auch im Hause des Magisters Reichenbach besucht. Statt Blumen oder Konfekt, wie es sonst üblich war, brachte er ihr erbauliche Schriften mit. Und wenn er sie ansprach, so meist mit Worten aus dem Evangelium.

Doch obwohl er überall behauptete, sich der armen Verlassenen nur aus Mitleid zu erbarmen, sah ein Blinder mit dem Krückstock, dass er bis über beide Ohren verliebt war. Man brauchte ja nur zu beobachten, wie er ihr nachsah, wenn keiner es zu bemerken schien. Selbst Cranach war es aufgefallen, sodass er Barbara vor ein paar Tagen zugeflüstert hatte, man könne ja direkt neidisch werden, wie der alte Holzklotz lichterloh brenne.

Barbara drehte Katharina an der Schulter zu sich herum. «Höre», sagte sie, «es ist zwar noch nicht gedruckt, doch so viel darf ich dir wohl verraten. Mein Herr und Gemahl vertraute mir gestern an, Luther habe dem Erzbischof zu Mainz einen Brief geschrieben. Darin mahnt er ihn, dem Beispiel seines Vetters Albrecht zu folgen und seine geistliche Herrschaft in eine weltliche umzuwandeln, den evangelischen Glauben anzunehmen und zu heiraten. Als eine Gott wohlgefällige Tat solle auch der Erzbischof von Mainz sich alsbald eine Frau nehmen und die falsche Keuschheit des Zölibats durch die rechte eheliche Keuschheit ersetzen.»

Barbara hielt einen Augenblick inne, um die Spannung zu erhöhen, die sie in Katharinas Gesicht las. «In einem anderen Sendbrief an Albrecht von Preußen selbst versprach Martinus Seiner Kurfürstlichen Gnaden, ihm gar bald mit leuchtendem Beispiel in den von Gott gewollten Ehestand voranzugehen. Wenn er nicht immer noch gefürchtet hätte, dazu nicht tüchtig genug zu sein, hätte er schon viel früher geheiratet.»

Katharina ließ die Leintücher fallen, als wären es Zentnerlasten von ihrer Seele. «Nicht tüchtig dazu? Er?» Sie musste einfach laut auflachen, um nicht vor Erleichterung zu schreien oder mit Barbara durch die Stube zu tanzen. «Hat er denn keinen Spiegel in seinem Schwarzen Kloster, der gute Mann?»

Doch plötzlich fiel es ihr wie Schuppen von den Augen, und sie wurde ernst. Mit keinem Wort hätte Luther treuherziger und schlichter ausdrücken können, wie es um ihn bestellt war. «Martinus», dachte sie mit schmerzhafter Zärtlichkeit, «du tust ja nur so, als liebtest und begehrtest du mich nicht. Nach all den Jahren Zölibat und Unterdrückung des Fleisches hast du Angst vor dem Leib einer Frau und vor deiner eigenen fleischlichen Lust und noch mehr Angst davor, auf dem Brautlager zu versagen und mich gar nicht nehmen und lieben zu können.»

Die Klosterlehren gegen die fleischliche Lust fielen ihr ein. Sich mit Steinen die Brust schlagen, damit der Schmerz die böse Lust vertreibe. Sich wie der heilige Franziskus nackt in die Dornen werfen und blutig kratzen lassen, sich am ganzen Leibe und besonders zwischen den Beinen mit der Peitsche kasteien, sich Eisenstachel in die Lenden bohren und die Wunde ständig offen halten, bis die Anfechtungen des Bösen vergingen. Die Erinnerung holte die Vergangenheit schauerlich nah heran. Wer so etwas nicht am eigenen Leibe erlitten und erfahren hatte, würde es niemals verstehen. Nicht einmal Barbara, die so einfühlsam zuhören konnte.

«Ich aber war Nonne, Martinus», sprach es in ihr. «Deine Leiden als Mönch an den Versuchungen des Teufels waren meine eigenen Leiden. Ich verstehe, dass du fürchtest, der Teufel habe dein Werkzeug zur Ehe in all den unseligen Klosterjahren vollends untüchtig gemacht. Schließlich redeten sie uns ja ständig ein, der Schoß einer Frau sei das Tor zur Hölle. Durch den Beischlaf fahre der unschuldige Mann geradewegs hinein. In deinem Innersten bist du noch immer ein halber Mönch, Martinus. Deshalb fürchtest du, vor mir nicht bestehen zu können, und damit es dir und mir nicht so arg wäre, falls es passierte, verkündest du jetzt schon, du liebtest mich nicht und wollest die Ehe mit mir darum erst gar nicht vollziehen. Martinus, jetzt durchschaue ich dich. Du bist ganz wie der Fuchs, dem die Trauben zu hoch hängen und der darum behauptet, sie seien zu sauer.»

«Das Beste kommt erst noch!», rief Barbara mit einem Händeklatschen. «Martinus hat euer Gelöbnis schon im Rat angemeldet. Mein Lucas selbst hat das Datum für euch in den Plan eingetragen. Und Martinus will heute kommen, es dir zu sagen. Darum verrate ich es dir jetzt auch nicht.»

Katharina saß schweigend. Recht und Sitte schrieben in Sachsen genau vor, wie eine Eheschließung abzulaufen hatte. Zuerst fand das Wichtigste, das Gelöbnis des Brautpaares, vor Zeugen statt. In Anwesenheit eines Juristen wurde der Ehevertrag von den Brautleuten und ihren Trauzeugen unterschrieben. Wer dies wünschte, ließ sich von einem Pfarrer einsegnen. Vor dem Gesetz hatte die Ehe aber auch Gültigkeit, wenn ein Laie sie ins Buch der Stadt eintrug. Anschließend steckte sich das Paar die Trauringe an den Finger. Danach geleiteten die Zeugen die Verlobten feierlich zur Kopulation in das gemeinsame Brautgemach. Dort teilten sie vor den Zeugen das Brautlager miteinander. Danach wurde ihnen ein Brauttrunk oder auch ein Brauthahn zum Zeichen dessen gereicht, dass der Hahn die Henne bestiegen habe und die Ehe nun vor Gott und der Welt für immer und ewig vollzogen war. Danach ließen die Zeugen die einander frisch Angelobten und Vermählten allein.

Am nächsten Morgen um zehn Uhr musste das junge Paar zum ersten gemeinsamen Festmahl im kleinen Kreis der Trauzeugen einladen. Falls dies nicht bereits zuvor geschehen war, war spätestens jetzt dem Rat der Stadt die Wirtschaft anzuzeigen.

Auch den Ablauf der Feier regelten genaue Vorschriften. Verboten war, mehr als fünf Tische aufzustellen. An jedem Tisch durften höchstens zehn Personen Platz nehmen. Und selbstverständlich saßen alle Gäste nach Geschlechtern getrennt beisammen. Ab elf Uhr begann das Hochzeitsmahl, welches aus höchstens drei vollständigen Mahlzeiten mit jeweils nicht mehr als fünf Gängen bestehen durfte.

Nach dem Essen zog die ganze Hochzeitsgesellschaft hinter drei bis fünf Hochzeitsmusikanten zum Hochzeitstanz ins Tanzhaus, wo die Männer auf der einen und die Frauen auf der anderen Seite Aufstellung nahmen. Auf ein Zeichen der Spielleute wandelte das Hochzeitspaar zuerst einmal mit langsamen und gemessenen Schritten an allen Gästen vorbei und durchmaß anschließend mit den vorgeschriebenen Ehrentänzen den Saal. Erst danach war die Tanzfläche für alle freigegeben und es durfte hoch hergehen.

Am Abend kam man abermals im Hochzeitshaus zu einem gemeinsamen Nachtmahl zusammen. Ab 23 Uhr musste die Tür hinter den letzten Gästen ins Schloss fallen. Nur von auswärts angereiste Gäste durften ausnahmsweise über Nacht bleiben, ehe auch sie am nächsten Tag abzureisen hatten. «Mein Martinus. Jetzt hat er es wirklich und wahrhaftig endlich mit mir gewagt», dachte Katharina.

«Du lächelst ja, als sei dir eine Erleuchtung zuteil geworden», unterbrach Barbara Katharinas Gedanken. «Willst du mir nicht verraten, was es ist?»

«Ich glaube, ich muss meine Brauttruhe richten», sagte Katharina. «Mir ist, als sollte ich gleich alle die Sachen prüfen und noch einmal waschen und bügeln, die ich seit damals, du weißt schon, nicht mehr angeschaut habe. Im Schwarzen Kloster werde ich sie gar bald brauchen.»

Lachend nahm Barbara sie in den Arm. Einen Tag später fand das Gelöbnis statt.

Der 13. Juni 1525 war ein Dienstag, der allgemein beliebteste Hochzeitstag. Auch Luther hatte den Dienstag gewählt, weil alle Ehen im Himmel geschlossen werden sollten und Gott, der Herr, am Dienstag, dem zweiten Schöpfungstag, eine Scheidewand durch Land und Wasser zog und den Himmel erschuf. Dennoch war der 13. Juni kein Dienstag wie jeder andere, sondern der Dienstag nach Barnabas, jenes Apostels, den die Ältesten einst wegen seiner großen Kenntnisse der Heiligen Schrift und der Kirchengesetze zum Verkünder des Evangeliums in Antiochia ausgewählt hatten. Mit heiligem Eifer gründete er alsbald eine kleine Gemeinde Rechtgläubiger, die er die Liebe Gottes lehrte und im Glauben stärkte. Bald schon erlebte er, wie die Gemeinde wuchs und wuchs, sodass er einen Gehilfen brauchte, der ihm bei der Arbeit helfen sollte.

«Mein Barnabas heißt Martinus, den die Leute den neuen Engel der Verkündigung des Evangeliums nennen», sann Katharina und öffnete die Fenster, um die Sonne ungehindert auf ihrem Gesicht zu spüren. «Auch er predigt die Liebe Gottes und hat aus einer kleinen neuen Gemeinde eine große gemacht. Und der Gehilfe, den er sich nehmen muss, ist eine Gehilfin, nämlich ich. So liegt im Datum unseres Gelöbnistages auch dessen Rechtfertigung. Wie fein du alles geplant hast, Martinus.»

Draußen war es warm. Wie es dem Juni als Heumond entsprach, duftete es kräftig nach Heu und in der Sonne trocknenden Blumen. Auf dem Stadtanger luden Männer und Frauen mit langen Forken und Staken Heubündel auf Leiterwagen, vor denen mit dem Schwanz nach Fliegen schlagende Ochsen im Joch dösten. Auf der anderen Angerseite ließen die Männer mit weit ausholendem Schwung ihre Sensen ins Grün zischen. Frauen schritten hinterher und zogen mit dem Rechen breiten Schneisen hinein.

Alles war wie an jedem anderen heißen Junitag. Und doch ganz anders.

«Heute, in meinem sechsundzwanzigsten Lebensjahr, heirate ich Martinus Luther, den ich mir zum Manne erwählt und um dessen Hand ich selbst angehalten habe», dachte Katharina, während sie den geruhsamen Abläufen der Heumahd zusah. Das ineinander übergreifende Arbeiten von Männern und Frauen hatte etwas Hochzeittägliches, wie sie fand. So, jeder an seinem Platz für sich und doch miteinander, einander zuarbeitend, fröhlich einen gemeinsamen Karren füllend und beladen heimführend, so sollte auch in der Ehe einer des anderen Gehilfe sein. «Ich gelobe, ihm eine gute Frau zu sein, ihn zu lieben und zu achten, stets in Ehren zu halten und ihm zu gehorchen.» Sie zögerte. «So gut ich eben kann.»

Hinter ihr knackte es ein. Die Dielen im Haus Reichbach lagen ein wenig hohl. Bei jedem Schritt schwangen sie knarrend mit. «Barbara Cranach ist da.» Die Magisterin Reichenbach steckte den Kopf zur Tür herein. «Dürfen wir eintreten, um dir beim Ankleiden zu helfen?»

Welche Frage! Aufgeregt bat Katharina die Frauen herein.

«Gut, dass du gestern schon ein Schwitzbad bei uns genommen und dein Haar gewaschen hast», meinte Barbara. «Jetzt müssen wir nur noch deine Haut pudern und deine Zöpfe so stecken, dass sie unter deine Frauenhaube passen.»

Tatsächlich hatte Katharina sich sogar extra viel Zeit für ihre Körperpflege genommen. Das Bad im Cranach-Haus war herrlich. Die Maler aus der Cranach-Werkstatt hatten die Wände und das schlichte Kreuzrippengewölbe mit seinen spitzen Kappen sowie die tiefe Fensterlaibung mit einem prachtvollen floralen Muster geschmückt. An den Wänden liefen Sitzbänke aus rotem Pirnaer Sandstein rundum, die über ein Hypokaustensystem mit dem aus gleichem Material errichteten Schwitzofen verbunden waren, welcher vom Hausgang aus beheizt wurde und von seiner rotporigen natürlichen Oberfläche eine bullerige Hitze abstrahlte. Mit kalten Wassergüssen überschüttet, denen duftende Kräuter- und Blütenessenzen beigemischt wurden, sandte er bei jeder Kelle reichlich Dampfwolken aus, die sich auf der Haut niederließen und gemeinsam mit der auch von den Bänken aufsteigenden Hitze reinigende Schweißausbrüche aus allen Poren verursachten.

Katharinas Brautkleid war festlich, aber nicht prunkvoll und mit geringen Veränderungen zu anderen Gelegenheiten erneut zu tragen. Gemeinsam mit Barbara und der Magisterin Reichenbach hatten sie es nach dem Schnitt eines höfischen Damengewandes mit feinsten Stichen genäht und gehaspelt. Als Material hatte sie sich bestes Käseleinen für das Untergewand, fein geschossenes schwarzes Wolltuch aus Flandern, etwas Goldbrokat und schwarzen Samt aus Burgund, weiß gebleichtes Hanftuch zu einem Mieder aus der Mark Brandenburg, fein gezwirntes Wollgarn zu langen Strümpfen, feste Futterseide für das Gewand sowie ein Stück rote Chinaseide, eine Goldborte aus Brabant und je eine Rolle Gold- und Silberfaden aus dem Erzgebirge zu einer Frauenhaube ausgesucht.

«Um die Kosten sorge dich nicht», zeigte Cranach sich großzügig. «Du gehörst als Haustochter zur Familie. Also mach uns als deinen Zieheltern die Freude, dir dein Brautkleid schenken zu dürfen.»

Wie oft hatte Katharina sich während des Nähens an Ave und Elisabeth und die fröhlichen Stunden erinnert, in denen sie zu dritt an ihren Hochzeitskleidern arbeiteten und davon träumten, gemeinsam als die «drei heiligen Madl» unter die Haube zu kommen. Ave und Elisabeth hatten schon ein Kind und waren beide weit fort.

«Tempus fugit», dachte Katharina, «die Zeit bleibt nicht stehen. Und immer verhält es sich mit ihr wie mit einem kurzen Hemd, sie reicht hinten nicht und vorne nicht. Doch heute will ich das ‹carpe diem› beherzigen und den großen Tag meines Lebens genießen.»

Sie reckte die Arme, um sie in die blütenweiß gebleichte Leinentunika des Untergewands zu schieben. Über dem Unterkleid legte sie das ebenfalls weiß gebleichte Mieder an. Das zugleich feste und doch elastische Hanfgewebe passte sich der Form des Oberkörpers perfekt an.

«Atme nicht aus, sondern ein, wenn ich ziehe», warnte Barbara, «sonst wird das Mieder zu eng und du wirst aus Luftmangel ohnmächtig.»

Ein knapp geschnittenes Oberteil folgte, das im Rücken mit zahlreichen schwarzen Kugelknöpfchen geschlossen wurde. Die nahtlos angeschnittenen langen Ärmel lagen hauteng an und waren von den Handgelenken an mit schwarzen Samtstulpen verziert. Von den Stulpen bis zu den Ellenbogen wurden sie mit den gleichen schwarzen Kugelknöpfchen geschlossen wie das Rückenteil.

Besonders schön und edel fand Katharina den Materialmix, denn während Rückenteil und Ärmel aus schwarzem Wolltuch genäht waren, schmeichelte auf der Vorderseite ein schulterbreiter schwarzer Samtbesatz, der über dem Mieder mit einem Brusttuch aus Goldbrokat und, ganz à la mode, mit einer hohen, zickzack geschnürten Taille geschlossen wurde. Unter der Schnürung blitzte das weiße Mieder durch. Darunter schmiegte sich der ebenfalls aus schwarzem Wolltuch genähte Rock mit vielen engen Kellerfalten dem Oberteil an. Ein breiter bestickter Samtstreifen bildete den Saum.

«Gut, dass du nach dem Haarewaschen diese neue Haarkur aus verquirltem Eigelb und Bier aufgetragen hast», lobte die Magisterin Reichenbacher und flocht Katharinas Haar zu einem schweren böhmischen Zopf. «Was meint Ihr, Meisterin Cranach, sieht der Zopf nicht aus wie eine veritable rotgoldene Krone?»

Barbara nickte. «Willst du auch mal sehen?» Geschickt führte sie Katharina die fertige Frisur mit zwei Handspiegeln vor. In der Mitte streng gescheitelt und an den Schläfen glatt aus dem Gesicht gestrichen, ringelte sich ausnahmsweise einmal keine einzige vorwitzige Strähne in die von einem Jungfrauenschapel aus Schaumperlen überfangene Stirn. «Danke», murmelte Katharina und atmete insgeheim auf. Sein altes Sprüchlein von den krausen Haaren und dem krausen Sinn mit dem Teufel mittendrin würde Martinus diesmal jedenfalls nicht zu ihr sagen.

Barbara hatte feinsten Reismehlpuder mitgebracht, eine Kostbarkeit aus Venedig. Mit ein wenig Ombra vermischt, stäubte sie einen Mattschimmer über Katharinas Haut, sodass sie zart wie ein Pfirsich und rein wie Porzellan wirkte. «Wie süß und jung und elegant und vollkommen schön du aussiehst!», rief sie bewundernd. «Das perfekte

Edelfräulein. Wenn mein Lucas dich nachher sieht, will er dich sofort malen. Was meint Ihr, Frau Reichenbacherin?»

«Ein Hochzeitsbild von unserem Reformator und seiner Katharina von Bora, ja, das walte Gott, dass er sofort eines malen wollte, der Herr Hofmaler!», rief die Magisterin, die hinter der Gardine hervor auf die Straße schaute. «Allmächtiger, es geht los! Da kommen sie ja schon. Der Doktor Pommer, mit Justus Jonas, dem Johann Apel von der Universität, dann der Herr Hofmaler Cranach und unser Reformator. Sogar einen schönen reinen Doktormantel hat er an. Kommt, rasch, lasst uns ihnen entgegengehen.»

Es war kurz nach 18 Uhr, als Martinus Luther seine Katharina vor den Augen der gaffenden Wittenberger zum Gelöbnis in sein Schwarzes Kloster führte.

«Du bist wunderschön, meine liebe Käthe», murmelte er. «Gott hat es gut mit mir gemeint, dass er dir eingab, ausgerechnet mich zu wollen.»

Katharina lächelte.

Hinter ihnen schritten die Trauzeugen. Danach folgten ein Knecht und eine Magd aus Cranachs Haus mit einem großen Bollerwagen, auf dem Katharinas Aussteuer zu sehen war.

«Vivat, dem Reformator und seiner Braut!», ertönte es aus einem Fenster.

«Gottes Segen und viel Glück!», wünschten andere und liefen ehrerbietig grüßend ein paar Schritte mit.

«Mit nichts als einem Hemd auf dem Leib ist sie gekommen. Jetzt braucht sie einen Wagen, um das Ihre zu fahren», raunten einige Bauern, die auf der Straße in Grüppchen beisammenstanden.

«Seht nur, welch nobles Gewand sie trägt. Da müsste unsereins lange heute Wasser mit Kohl und morgen Kohl mit Wasser fressen, ehe er bloß die Knöpfe hätte.»

«Diese leben, und Müntzer musste sterben!»

«Ja, vornehm geht die Welt zugrunde. Immer alles vom Feinsten muss es bei denen da oben sein, und wir hier unten bluten.»

«Ach was, vom Feinsten! Aufgetakelt ist sie, die heilige Katharina von Alexandrien, diese entsprungene Chorjungfrau», pöbelte ein Bursche, der kaum trocken hinter den Ohren war, im halben Rückwärtslauf dazwischen.

Katharina hielt den Rücken steif und den Kopf so hoch sie nur konnte. «Lass sie reden, Käthe, und fürchte dich nicht», murmelte Luther und drückte ihr kurz die Hand. «Mit Gottes Hilfe stopfen wir den Lästerern das Maul. Ich hoffe, die Engel werden lachen und die Dämonen weinen, wenn wir erst verheiratet sind.»

«Wie sollte ich mich fürchten, Martinus, da Ihr bei mir seid und Gottes Hand uns führt?», antwortete Katharina tapfer lächelnd, obwohl sie vor Wut und Scham am liebsten wie's Gewitter unter diese bösen Maulschwarter gefahren wäre.

«Sag nicht mehr ‹Ihr›, Käthe, nenn mich ‹du›, wie auch ich dich ‹du› nenne», bat Luther. «Ab heute wollen wir einer des anderen Herr und Gehilfe zugleich sein.»

«So kehre mit Gottes Gnade den Herrn nicht zu oft gegen mich heraus, Martinus», gab Katharina zurück.

Luther lachte. «Dein gehorsamer Diener, mein Herr Käthe.»

Gleich darauf bogen sie durch das direkt an der Collegienstraße gelegene Portal des ehemaligen Schwarzen Klosters in den Innenhof vor Luthers Wohnhaus, den ehemaligen Dorment der Mönche, ein. Der Hof sah aus, dass Gott erbarm, doch Wolf Sieberger, Luthers alter Famulus, hatte wenigstens das gröbste des noch von den Mönchen liegen gebliebenen Gerümpels in einer Ecke auf einen Haufen getürmt und mit dem Rechen einen Weg über den wüsten Grund geharkt.

Weniger die von den dicken Mauern des heruntergekommenen Gebäudes abstrahlende feuchte Kälte als vielmehr die Bedeutung des Augenblicks ließ Katharina erschauern, als sie die breite Treppe im Wendelturm hinaufschritten und im Gefolge ihrer Frauen und Luthers Getreuer den einstigen Kapitelsaal betraten. Als einziger Raum im Hause entsprach er wenigstens in etwa der Würde ihres Anliegens.

Als der Gelöbnistag feststand, hatte Katharina mit einer Magd aus Cranachs Haus den Raum hergerichtet. Sie hatte die trüben Fenster geputzt, den hölzernen Dielenfußboden gespänt, bis er leidlich vom festgetretenen Schmutz gereinigt war, die Wandpaneele mit den umlaufenden Wandborden und Kleiderzapfen geschrubbt und poliert, die weiß geschlämmten Wandflächen so gut es ging gereinigt und frische Vorhänge angebracht. Zuletzt hatte sie Luthers schäbiges Tischchen unter einer reich verzierten bodenlangen Decke verborgen und einen üppigen Strauß aus Margeriten und blauen Lupinen in den Kreuzwinkel gestellt.

Überwach nahm Katharina nun den Raum und die Menschen darin wahr. Barbara, die Mutter, Schwester, Freundin und alles in einem für sie war; Lucas Cranach, ihr väterlicher Wohltäter, der als Ratsherr und Kämmerer der Stadt die Bürgerschaft vertrat; Justus Jonas, Schlosspropst und Luthers treuster Freund und Begleiter vom Wormser Reichstag her; Johann Apel, Doktor und Magister des kanonischen Rechts als Vertreter der Universität; Johannes Bugenhagen, ihr Doktor Pommer, Stadtpfarrer und somit höchster Geistlicher zu Wittenberg. Alle waren sie da, nur Melanchthon nicht. Er wusste nicht einmal, dass sie heute heirateten. «Er hat auch nicht verdient, es zu wissen», dachte Katharina in flüchtigem Groll. Keiner hatte ihrem Martinus so wehgetan wie er mit seinen lästerlichen Reden gegen ihre Ehe.

Johannes Bugenhagen trat an den geschmückten Hochzeitstisch, hob Ruhe heischend die Hände. «Liebes Brautpaar, liebe Freunde, wir sind heute zusammengekommen, um diesen Mann» – er winkte Luther vor – «und diese Frau» – ein Wink und Lächeln für Katharina – «im ewigen Bund der Ehe zusammenzugeben.»

Katharinas Hand fühlte sich eiskalt an, als Bugenhagen ihre Hände zusammenlegte und mit Worten aus dem «Hohen Lied der Liebe» predigte: «Es geleiten euch Glaube, Hoffnung, Liebe, diese drei: Das Größte unter ihnen ist die Liebe. Denn wenn ich die Liebe nicht habe, bin ich ein tönendes Erz oder eine klingende Schelle. Und wenn ich die Liebe nicht habe, nützen auch keine guten Gaben. Die Liebe übt Nachsicht. In Güte handelt die Liebe. Sie eifert nicht; die Liebe macht sich nicht groß, sie bläht sich nicht auf. Sie benimmt sich nicht ungehörig; sie sucht nicht das Ihre; sie lässt sich nicht erbittern; sie rechnet das Böse nicht an. Sie hat nicht Freude am Unrecht, freut sich jedoch an der Wahrheit. Sie erträgt alles, sie glaubt alles, sie hofft alles, sie duldet alles. Die Liebe hört niemals auf. Und wer nicht liebt, hat Gott nicht erkannt, denn Gott ist die Liebe.»

Barbara Cranach legte Katharinas Ehering in den blanken Teller auf dem Hochzeitstisch. Es war ihr Nonnenring aus Nimbschen mit dem wundervollen Karfunkel der Liebe. Als Katharina floh, trug sie ihn wie immer an ihrem Ringfinger. Zu Wittenberg angekommen, gab sie ihn der Magisterin Reichenbach zur Aufbewahrung. Wenngleich sie ihn hätte verkaufen und das Geld gut gebrauchen können, brachte sie es nicht über sich. Inzwischen war der Reifen ein wenig zu eng geworden, doch Barbara hatte unmerklich ein Stückchen Gold in die Schiene einsetzen sowie den Ring aufpolieren und mit der Inschrift «D. Martinus Lutherus, Catharina von Bora, 13. Juni 1525» neu gravieren lassen.

«Mit diesem Ring nehme ich dich, Katharina von Bora, zu meinem rechtmäßigen Eheweib.» Luthers Stimme schwankte, als er ihr den Ring ansteckte.

Luthers Ehering war das genaue Gegenstück zu Katharinas Ring, allerdings nicht aus Gold, sondern aus schwerem Silber gefertigt, ein Geschenk seiner Eltern. «Mit diesem Ring nehme ich dich, Doktor Martinus Luther, zu meinem rechtmäßigen Ehemann», wiederholte Katharina seine Worte und hätte den Ring fast fallen lassen, weil ihre Finger so klamm waren. Er ließ sich schwer auf den Finger schieben, sollte ja auch fest sitzen. Ein Leben lang. Martinus half ein wenig nach.

«So erkläre ich euch hiermit für Mann und Frau und sage euch, was Gott zusammengefügt hat, das soll der Mensch nicht scheiden», sprach Bugenhagen feierlich. «Der Bräutigam darf die Braut küssen.»

Einen Augenblick schien es, als seien ihre Nasen im Weg, aber endlich, unter jubelndem Beifall der Trauzeugen, trafen seine Lippen Katharinas Mund doch.

Barbara hatte Tränen in den Augen. Auch die Herren waren sichtlich gerührt. Aber noch galt die Ehe nicht. Ohne Kopulation und Ehevertrag hatte sie keinen Bestand.

Mit Schwung hob Luther seine Braut aus dem Brautkuss heraus auf den Arm, um sie über die Schwelle der Schlafkemenate und zu seinem Lager zu tragen, wie es der Brauch war.

Katharina war froh, ihren Kopf an Martinus' Brust anlehnen zu dürfen und niemanden direkt anschauen zu müssen. Sein Herz hämmerte unter ihrer Wange. Und dass er am ganzen Leibe flog, konnte nicht an ihrem Gewicht liegen. Kopulation! Schon der Name war furchtbar. Gassenköter kopulierten, wenn alle zusahen, aber doch zwei ernsthafte Menschen nicht, die einander in Liebe als Mann und Frau annehmen wollten.

Gott sei Dank, Barbara, der gute Engel, hatte die schmuddligen Vorhänge zugezogen. So war es wenigstens nicht so taghell in der Kemenate. Am Kopfende der Bettlade brannten drei hohe gezogene Wachskerzen als Zeichen der Gegenwart der Dreieinigkeit Gottes. Ihr feiner Honiggeruch mischte sich mit dem Duft der roten Rosenblütenblätter, die Barbara über den frisch gespänten Boden gestreut hatte. Sie musste ihren ganzen Rosengarten geplündert haben. Nur der bucklige Strohsack auf der derb gezimmerten Lade schien bereits bessere Tage gesehen zu haben. Aber wenigstens waren Leintuch und Decke frisch.

Tatsächlich stieg sogleich eine Wolke sämtlicher Wohlgerüche Arabiens, wie ihre Mutter es zu nennen pflegte, aus dem steinharten Sack auf, als Luther seine Braut recht vornehm darauf absetzen wollte, sie aber, ungeschickt und verlegen, plumpsen ließ. Trotzdem war es dieser scheußliche Mief von uraltem, tausendmal von Schweiß durchnässtem und langsam wieder getrocknetem Stroh, dieser unverwechselbare Geruch der Armut und damit ihrer beider Gleichheit, der Katharinas innere Verkrampfung löste, sodass ein glucksendes Lachen in ihrer Kehle aufstieg und sie Martinus bei den Locken packte und fast übermütig mit sich unter die Decke zog.

Vergessen waren die Trauzeugen, die diskret im Türrahmen stehen blieben und dem Geschehen im halbdunklen Raum den Rücken wandten, indem sie sich murmelnd, bald jedoch lauter unterhielten, um die zunächst zaghaft raschelnden, dann heftiger werdenden Geräusche zu überdecken, die bewiesen, dass Luthers Ehe erfolgreich vollzogen wurde.

Als Ruhe einkehrte, blinzelten sich die Männer wissend zu, während Barbara eilte, den Brauttrunk aus der Küche zu holen, den ihre Magd zusammen mit Katharinas Mitgift im Bollerwagen ins Haus gebracht hatte. Sie kam gerade recht mit ihrem Tablett zurück, um zu sehen, wie Luther, seine zugleich stolz und verlegen dreinblickende Käthe im Arm, das Betttuch zum Beweis der Defloration der Braut vorwies und rief: «Wohl weiß ich, dass das Gesetz dieses Zeugnis nicht mehr verlangt und ihm Genüge getan wäre, ihr hättet mich und meine Käthe einander auf unserem Brautlager beiliegen sehen. Doch will ich, dass ihr Zeugen der Lauterkeit unserer Ehe seid und aus bestem Wissen und Gewissen die Reinheit meiner Käthe bekunden könnt, die selbst unter den Unsrigen auf das Schmählichste gekränkt worden ist.»

Für einen Augenblick dachte wohl jeder an Philipp Melanchthon. Doch Justus Jonas' polternde Rührung fegte die kurze Beklemmung sogleich wieder fort. «Martinus, Junge, Mensch, Kerl, komm, lass dich umarmen und dir und deiner Hausfrau Gnad und Frieden in Christo und Gottes Segen und aller Schutzengel Hilfe wünschen, euer Leben lang», rief er und klopfte dem Freund gerührt auf den Rücken, während er ihn hielt und an sich drückte, auf Armeslänge fortschob und wiederum umarmte. «Wer hätte das gedacht, damals zu Worms, mit dem Scheiterhaufen im Rücken und der strammen Seilerstochter schon fast um den Hals, dass das neue Evangelium allein durch das Wort einen solchen Siegeszug antreten würde und wir beide heute hier bei bester Gesundheit stünden und du unsere Reformation mit deiner Hochzeit krönen würdest.»

Katharina blickte Barbara über den Rand des Brautbechers an, aus dem zuerst Luther, dann sie einen Schluck nahmen, und legte all ihre Liebe und Dankbarkeit in diesen einen Blick. Mochten die Männer getrost die Reformation und ihre Ehe als deren Krönung bejubeln. Ohne Barbara und Meister Lucas hätte es diese Krone niemals gegeben.

Johannes Apel unterbrach das allgemeine Beglückwünschen und Umarmen, indem er mit seinem Stift auf den Tisch pochte. «Vergessen wir nicht die Stimme des Gesetzes, die Euch, liebes Brautpaar, zur Unterschrift ruft, auf dass Ihr es von nun an schwarz auf weiß für gewiss habt, wes Stand und Namens Ihr seid.»

Mit schwungvoller Geste rollte er ein Papier aus, das er, Magister und Doktor des kanonischen Rechts, bereits fachmännisch vorbereitet hatte, und las den Wortlaut vor:

«Ich, Martinus Lutherus, dem Bergmann Hans Luther und seiner ehelichen Hausfrau Margarethe aus dem Hause Ziegler geboren zu Eisleben, den 10. Novembris anno 1483, Magister der Sieben Freien Künste und Doktor der Theologie, Reformator zu Wittenberg, nehme am 13. Juni anno 1525, nach ihrem eigenen freien Willen, die tugendsame Jungfrau Katharina von Bora, Hochedle aus dem Hause von Mergenthal, geboren zu Klietzen am 29. Januaris anno 1499 als Tochter des Ritters Hans von Bora und seiner ehelichen Hausfrau Anna von Haugwitz aus dem Hause von Mergenthal, zu meinem rechtmäßigen Eheweib.

Gegeben zu Wittenberg am 13. Juni, Dienstag nach Barnabas anno 1525.»

Er wies mit dem Finger auf die Stelle, an welcher Luther den Vertrag zu unterzeichnen habe. Dann wandte er sich Katharina zu und las ihr denselben Text in umgekehrter Reihenfolge der Namen vor. «Und hier zeichnet Ihr.»

Wie es sich gehörte, unterschrieb Martinus Luther zuerst. Seine feste, schwungvoll geneigte Handschrift zitterte in keiner Linie. Katharinas Unterschrift: «Catharina von Bora Doktor Martinus Lutheri Frau» nahm sich fein und zierlich, aber fest und aufrecht daneben aus. Wie Luther seine Luther-Rose als Siegel neben seinen Namen setzte, so drückte sie ihr ovales Petschaft mit den Buchstaben KVB und dem Wappen ihres Hauses in das rote Wachs.

Vorsichtig streute Johann Apel etwas Streusand auf die schwarz glänzende Tusche, damit sie nicht verwische, dann legte er beide Verträge zusammen, und Lucas Cranach versiegelte sie mit dem Wappen der Stadt Wittenberg am Bande zu einer gemeinsamen Rolle.

Wie es Recht und Sitte verlangten, achtete Luther streng auf das richtige Reglement des Tages. Arm in Arm mit seiner Frau geleitete er die Trauzeugen, die nach geleistetem Zeugendienst entlassen waren, zur Haustür hinaus. «Auf morgen, um zehn zum Frühstück bei uns.» Noch einmal winkten sie ihnen nach, ehe sie das Portal schlossen.

«Nun, Katharina von Bora Doktorin Lutherin, mein Herr Käthe?» Martinus lächelte ihr zu. Diesmal galt der goldene Glanz in seinen Augen ihr ganz allein.

Wie immer erwachte Katharina früh vor Tag und schwang sofort mit dem Aufwachen die Beine aus dem Bett. Fast ihr ganzes Leben hatte sie im Takt klösterlicher Stundengebete verbracht. Das saß fest.

«Bleib doch», murmelte Luther neben ihr und zog ihren Kopf an den lang über den Rücken herunterbaumelnden Zöpfen zu sich heran. «Musst du denn zeitiger als der Morgenstern über Wittenberg aufstehen?»

Zappelnd wand sie sich in seinen Armen. «Das Küssen habt Ihr schnell gelernt, mein Herr Martinus. Doch mir scheint, du solltest ebenso schnell lernen, aus dem Bett zu springen, mein bester Gehilfe. Nicht lange, und unsere Gäste kommen. Was würden sie sagen, fänden sie uns noch im Lotterbette?»

«Neidisch wollten sie sein auf den Luther, den alten Zausel, mit seiner schönen Käthe. Und staunen würden sie, wie ihn doch der Herr so tüchtig zur Ehe gemacht hat.»

Der erste Staunende war freilich Wolf Sieberger, der durch Luthers Schlafkemenate ins geheime Gemach schlurfte, wie er es seit Jahr und Tag an jedem Morgen getan hatte, und nun dastand wie das Weib Lots nach dem Blick auf Sodom und Gomorrha. «Halten zu Gnaden, Martinus», brachte er endlich stotternd heraus, während Katharina bis zur Nasenspitze unter die Bettdecke fuhr, und legte die Hand mit gespreizten Fingern vor die Augen, da der Mensch ja sehen muss, soll er nicht stürzen. «So Euch meines Leibes Notdurft nicht stört, will auch ich mich von der Euren weiter nicht stören lassen.» Sprach und verschwand im Krebsgang zur Tür hinaus.

«Ja, dem fahr doch der Teufel ins Gedärm!», fluchte Luther und fuhrwerkte mit dem Fuß unter der Bettlade nach seiner Bruche, die dort in der Reihenfolge des Ausziehens zwischen Hemd und Beinlingen liegen musste. Katharina aber sprang rot vor Lachen unter der Bettdecke hervor und lachte noch, als sie schon fix und fertig angezogen an der Feuerstelle stand.

Gott sei Dank hatten die Trauzeugen und am meisten Barbara alle das Ihre im wahren Wortsinn zum festlichen Gelöbnisfrühstück beigetragen. Niemand würde daran Anstoß nehmen, dass nicht alles perfekt war. Trotzdem musste zumindest ausgefegt und ein paar Hand voll Heublumen ausgestreut werden, sollte Barbara in ihren Rocksäumen nicht Schmutz und Speisereste der Männerwirtschaft von Wochen mit sich nach Hause tragen.

«Wolf!», schrie Katharina mehrmals in den Flur hinaus, ehe das alte Faktotum seine dürre Gestalt in dem immer noch gleichen Untergewand wie zuvor mit einem lang gezogenen fragenden «Was?» um die Ecke schob.

«Wenn dir deines Leibes Notdurft von unserer Festtafel lieb ist, so nimm dir den Besen und kehre den Boden rein», befahl sie und schien nicht zu bemerken, dass der alte Knabe sie kaum anzuschauen wagte. «Und merke, ich habe rein gesagt, Wolf, nicht nach dem Motto: Wenn's keiner sieht, so feg ich's in die runden Ecken.»

«Ich merk was, aber was anderes», maulte der Famulus und zog von irgendwoher einen Flederwisch als Besen hervor.

«Und was merkst du?», wollte Luther wissen, der in seinem Hausgewand aus Bundschuh-Beinlingen mit einem halblangen braunen Faltenrock seltsam fremd in Katharinas Augen wirkte.

«Dass mein Vater, Gott hab ihn selig, ein kluger Mann war», nuschelte der Alte. Katharinas Hantieren an der Feuerstelle, welche einem Köhler zur Ehre gereicht hätte, war ihm nicht recht geheuer.

«So, so, das ist gut, dass du deinen Vater durch freundliche Nachrede ehrst», brummte Luther und suchte vergeblich nach einer Axt, um Anfeuerholz für Katharina zu hacken.

Wolf sah ihm eine Weile zu, ehe er ein derbes Messer mit schartiger Klinge brachte und es Luther mit einem bedeutsamen Nicken zuschob. «Nehmt nur, solange wir der guten alten Dinge noch haben. Bald wird's ein Ende mit allem haben, was recht in Männerhände passt. Wolf, sagte ja schon mein Herr Vater zu mir und des gedenkt mir ewig, aller Männer Wohlbehagen ist der Weiber Unbehagen. Darum merke, willst du's schön, sollst du nicht zum Weibe gehn.»

«Erfasse, wem's gegeben ist. Aber einmal wenigstens muss auch er ja wohl seinem eigenen Rat widerstanden haben», schmunzelte Luther und schabte mit der stumpfen Klinge ein paar Späne von einem Holzscheit herunter.

«So war's, meiner Treu, wohl nur eine lässliche Sünde, eine ‹pollutio nocturnis›, die ohne eigenes Zutun und Wollen nach Gottes weisem Ratschluss fließet, wohin sie will», gab der Alte mit schwarzen Zahnstummeln grinsend zurück und rettete sich flugs hinaus, ehe ihn das restliche Holzscheit dort treffen konnte, wo's wehtat.

Rechtzeitig vor dem Eintreffen der Gäste überbrachten Abgesandte des Rats der Stadt Wittenberg ein erstes Ehrengeschenk: ein Stübchen Malvasier, ein Stübchen Rheinwein und anderthalb Stübchen Frankenwein. Das Stübchen zu jeweils vier Quart.

«Ein Hoch auf Meister Cranach und seinen verwöhnten Gaumen», freute Luther sich, als er die Weinkannen in die Küche brachte. «Gewiss haben wir ihm diese köstliche Rettung vor einem Gelöbnisfrühstück bei Dünnbier zu verdanken. Die Gäste werden gleich kommen, Käthe. Ich gehe mich umkleiden.»

Katharina nickte. Sie war bereits fertig gewandet. «Vierzehn Quart Wein auf sieben Personen», überschlug sie das Geschenk rasch im Kopf. Großzügig! Gewiss würde etwas für die nächsten Tage übrig bleiben. Rechnete man das Quart Malvasier zu fünf Groschen,

Rheinwein zu achtzehn Pfennig und Frankenwein zu vierzehn Pfennig, kostete der Wein kaum weniger als einst ihre Mitgift betrug, die der Vater ihr ins Kloster mitgab.

Als kehre sie mit dem Bodenschmutz auch ihre trüben Erinnerungen aus, fegte Katharina noch einmal energisch über die Stellen, an denen dem Famulus der Besen aus der Hand gefallen war, reinigte ihre Hände und blickte sich aufatmend im Speisesaal um.

Von der Küche her drang der Duft backfrischer Rosinenbrötchen, kross gebratener Speckscheiben und Rühreier mit viel Schnittlauch herüber. Die aus dem Cranach-Haus gelieferten Speisen standen bereits nett angerichtet auf dem Tisch. Katharinas große Weißbrokatdecke auf dem Tisch, die neuen Sitzkissen aus ihrer Aussteuertruhe auf den rohen Bänken und das Zinngeschirr, das der Wirt Zum Adler ihnen freundlich entliehen hatte, wirkten einladend.

«Wie schön hat Gott dies doch für uns gefügt!», rief Luther bewundernd, als er wenig später die Gäste in den Speisesaal führte und Katharina gegenüber am Stirnende der Tafel Platz nahm. «An uns ist geschehen, wie es bei Matthäus heißt. Sorget nicht, was ihr essen, trinken und anlegen sollt, sucht zuvor Gottes Reich und sein Recht, so soll euch das alles zufallen.» Mit einer einladenden Geste in die Runde prostete er seiner Frau und den Trauzeugen zu. «Nun esst und trinkt und lasst es euch schmecken.»

Gern griffen alle zu, doch trotz besten Willens, den Alltag für ein paar Stunden zu vergessen, ließ er sich nicht verdrängen. Bald drehte sich das Hauptgespräch bei Tisch wieder um Bauern und Edle, Not, Rache und Tod.

«Martinus, Ihr müsst es Katharina sagen!» Irgendwann legte Doktor Pommer das Messer beiseite.

Katharina fühlte, wie sie erbleichte. «Martinus?»

«Ach, Schnickschnack!» Er wich ihrem Blick aus. «Was seid Ihr, Pommer, ein Waschweib?»

Johann Apel, der Jurist, hob die Hand. «Ihr versündigt Euch, Martinus. An Euren Freunden und an Eurer Frau. Bringt Ihr es nicht über Euch – wir sind bereit.»

«So ist es wohl Gottes Wille, dass ich es ihr heute noch sage», gab er nach. Mit einem Seufzen wandte er sich Katharina zu. «Diesen einen Tag wollte ich dir fröhlich gönnen, Käthe. Doch nun, da sie mich zwingen, muss ich es dir sagen. Herzog Georg der Bärtige verlangt meine Herausgabe aus Wittenberg. Meine Lehre, sagt er, sei der des Thomas Müntzer gleich. Sie lästere Gott. Er sei berufen, der Hydra der Reformation das Haupt abzuschlagen.»

Katharina spürte, wie ihr das Blut aus dem Gesicht entwich, während ihre Hände sich in altvertrauter Bewegung falteten und umklammerten. «Der Sieg ist ihm zu Kopf gestiegen», rief Cranach, ehe sie etwas zu sagen vermochte. «Jetzt will er die ganze Welt erobern und Wittenberg berennen, falls wir uns seiner Order nicht beugen.»

«Und?» Katharina hörte selbst, wie schroff es klang. «Liefert Ihr aus?»

«Hätten wir dann die Stadtmauern höher ziehen lassen?» Cranach schüttelte den Kopf. «Nicht nur Friedrich der Weise hielt auf seinen Luther. Auch Johann der Beständige tut es.»

«Aber die Mauern sind noch nicht überall fest», sagte Justus Jonas. «Und unsere Bürgerwehr gegen Söldnerheere? Da sei Gott vor!»

Luther nickte schwer. «Herzog Georg, heißt es, habe ein Treffen mit Albrecht, Markgraf von Brandenburg und Mainz, zu Dessau vereinbart. Aufgebläht durch seinen Sieg gegen die Bauernrotten, will er meinen Kopf den Krähen zum Fraß neben dem Müntzers auf die Stange stecken.

Trotzdem», verschwörerisch beugte er sich vor. «Trotzdem habe ich gute Hoffnung, dass Albrecht dem Bärtigen Paroli bietet, weil er nämlich selbst das neue Evangelium annehmen und heiraten wird, nachdem ich ihm mit leuchtendem Beispiel vorangegangen bin.»

«Eine Braut aus dem dänischen Königshaus, das sie Christian von Dänemark abgenommen haben, soll sie sein, die Auserwählte», hatte Cranach es läuten hören.

«Wiegt euch dennoch nicht in Sicherheit», warnte Luther. «Solange Albrechts Hochzeit nicht vollzogen ist, mag noch viel Wasser die Elbe hinunterfließen. Ihr wisst so gut wie ich, Gott kann ein Herz in jedem Augenblick umstimmen und das, was dir soeben noch sicher schien, unsicher machen.»

«Christus wird Gnade geben.» Doktor Pommers gelassene Stimme goss Öl auf die hoch gehenden Gemütswogen. «Zaudert und zweifelt nicht, Freunde.»

«Niemand, der weniger zweifelte und zauderte als meine Käthe und ich», rief Luther, «die Gott vielleicht schon mit meinem Kind gesegnet hat, auf dass meinem Vater Enkel beschert würden, riefe der Herr ihm den Sohn frühzeitig ab.»

«Und ich? An mich denkt er gar nicht?», schoss es Katharina durch den Kopf. Doch Luthers nächster Satz belehrte sie eines Besseren. «In meines Vaters Haus wäre für meine Käthe und mein Kind gesorgt, und auch meine Geschwister nähmen sich ihrer an. Ihr seht, es gibt keinen Grund zur Panik. Es komme, was da wolle. Der Herr verlässt die nicht, die an ihn glauben.»

«Außerdem wird nichts so heiß gegessen wie gekocht», pflichtete Justus Jonas ihm bei. «Denkt nur, wie's noch vor kurzem für die Bauern stand. Selbst Friedrich der Weise, dem Gott gnade, sah die Herrschaft des gemeinen Mannes schon gekommen. Und was ist jetzt? Heulen und Zähneklappern unter den Gemeinen.»

«Viele aufständische Städte haben sich bereits der Gnade unseres Kurfürsten Johann ausgeliefert», wusste Cranach durch seine Vertrauensstellung bei Hof. «Die Zahl der hingemetzelten Bauern ist schier unvorstellbar. In Franken sind, auf nur drei Orte verteilt, elftausend vom Leben zum Tode befördert. Im Herzogtum Württemberg sind sechstausend niedergemacht, der Herzog von Lothringen soll gar zwanzigtausend im Elsass erschlagen haben. Und was den Bambergern noch bevorsteht, schreit demnächst zum Himmel. Schon jetzt sind die Flüsse rot vom Blut. Dennoch gibt's immer noch keine Ruhe. Von Brixen bis Trient geht alles drunter und drüber. Keiner kann sagen, wie viele es noch kosten wird.»

«So werden überall die armen Bauern in Ketten geführt und erschlagen», murmelte Luther und stützte den Kopf schwer in beide Fäuste, «und ich habe sie totschlagen heißen. All ihr Blut ist auf meinem Hals. Und sind doch bloß Verführte des Teufels, der das Böse in die Welt bringen muss, aber wehe durch wen.»

«Jungfer, nein, Frau Doktorin Lutherin.» Cranach verbesserte sich rasch. «Kommt und schenkt uns noch einmal ein; vom leichten, spritzigen Rheinwein vielleicht. Der rote Malvasier macht heuer zu schwere Gedanken.»

Barbara Cranach hatte ihrem Gatten schon angesehen, dass er gern das Thema gewechselt hätte. Sie wusste, wie zwiespältig er Luthers Haltung in der Bauernfrage gegenüberstand. «Ihr Herrn, lasst uns doch über der Not draußen vor dem Haus der Freude nicht vergessen, die in dieses Haus eingekehrt ist», sagte sie rasch, um ihm zu helfen. «Was Gott uns bestimmt hat, wird über uns kommen. Ist denn schon festgelegt, auf welchen Tag zur Wirtschaft geheißen wird?»

«In zwei Wochen», antwortete Katharina. «Martinus hat dem Rat der Stadt den Tag auf den 27. Juni gemeldet.»

«Ja, warum denn so spät?», zeigten alle sich verwundert.

«Zum einen der Gäste wegen, die noch nichts von unserem Gelöbnis wissen und die Einladungen per Sendbrief erhalten sollen», erklärte Luther. «Meine Eltern, meine Freunde und Weggefährten, alle sollen geladen werden. Das braucht seine Zeit.» Er nahm einen Schluck Frankenwein, den er wegen seiner trockenen Leichtigkeit schätzte. «Doch habe ich auch mit diesem Tag ein kleines Gleichnis im Sinn von Vigilius, jenem heiligen Bischof, der das Evangelium einst zu den wilden Bauern der Südalpen trug.»

«Vigilius, Vigilius», grübelte Doktor Pommer. «Ich gestehe, das sagt mir nichts.»

«Ganz wie heute gegen mich, so drangen die wilden Rotten einst gegen ihn vor und wollten seiner Worte nicht achten, sondern trachteten ihm nach dem Leben, um ihn endlich zum Schweigen zu bringen. Zuletzt musste er vor ihnen fliehen», sprach Luther. «Wie er aber mit großen Schritten davonsprang, stellten sich ihm hohe Felswände ohne Ausweg entgegen. In höchster Not hatte er eine Erleuchtung. Er sprach ein Gebet und drückte gegen den Fels, bis ein Tor aufsprang, durch das er sich um des Evangeliums willen in Sicherheit brachte.»

Luther griff nach Katharinas Hand. «So hoffe auch ich darauf, dass Gott mir um des Wortes und seiner Verkündigung willen beistehen wird, wie hoch auch die Felsen des Widerstands gegen das Evangelium sein mögen, wenn meine Käthe und ich mit unserer Hochzeit ein Tor hineindrücken.»

«Mit Eurer Hochzeit?» Johann Apel, der Jurist, blickte von den Speckeiern auf seinem Teller auf. «Das verstehe, wer will. Mir ist's zu hoch.»

Luther stand auf, als wolle er predigen. «Die Welt begreift den Gedanken der Reformation noch nicht und macht ihn deshalb an meiner Person gottlos und teuflisch. Darum mache ich mich mit dieser Ehe so gering und verächtlich in den Augen der Welt, wie es geringer und verächtlicher nicht geht. Wie ihr wisst, schmähen mich nicht nur meine alten Widersacher, sondern auch treue Freunde deswegen. Ginge es nach ihnen, müsste selbst der Teufel jetzt über mich lachen. Schickt nun aber Gott kein Strafgericht auf mich nieder, wie die Klüglinge und Lästerer es weissagen, ist meine Ehe das Tor im Fels, durch das dem Evangelium der Weg bereitet wird, sich weiter in der Welt auszubreiten, für und für.»

Das lange Nonnenleben hatte Katharina gelehrt, ihre Gefühle hinter einem stoischen Ausdruck gleichmäßig freundlicher Ruhe zu verbergen. Ave hätte sie durchschaut. Aber Ave war weit. Und für diesmal war es gut so. Nicht einmal Ave musste wissen, wie weh es tat, dass Luther nicht müde wurde, die Armut seiner Frau und die Erniedrigung zu betonen, die er durch seine Ehe mit ihr auf sich lud, und dass er sich ihrer doch nur erbarme, weil niemand sonst sie wolle. Auch sie selbst glaubte ja, mit ihrer Ehe Gottes Willen zu erfüllen. Aber deshalb stellte sie sich doch nicht hin und verkündete bei jeder Gelegenheit jedem, der es wissen wollte oder nicht, dass sie Luther einen Heiratsantrag machte, weil er zu feige dazu war. Oder dass sie sich mit dieser Hochzeit von ihrem hochedlen Stand erniedrigt und einen Habenichts genommen habe, der in einem verwanzten Haus wohnte, das ihm nicht einmal gehörte, und der von seinem kümmerlichen Groschenlohn keine Familie ernähren konnte, sondern sogar selbst verhungern würde, fütterten ihn seine Freunde nicht durch. Der Zorn derer von Kauffungen quoll so gallig in ihr auf, dass sie aufstehen musste, um einen Quart Wein aus der Küche zu holen, ehe sie die Beherrschung verlöre.

Barbara kam ihr zu Hilfe. «Es geht dir besser, sehe ich», murmelte sie. «Das ist gut. Gräm dich nicht über Männer. Denk immer, du wolltest ihn. Und du hast ihn. Jetzt ist es an dir, was du daraus machst.»

«Küssenwochen», nannte Luther seine Flitterwochen. Doch von Küssen, Luft und Sonnenschein wurde auch er leider nicht satt und das Schwarze Kloster nicht für den Empfang einer Hochzeitsgesellschaft von fünfzig Personen vorbereitet.

Folglich verbrachte er die meiste Zeit damit, seine Zukunft als Familienvater auf sicherere Füße zu stellen, die Hochzeitsfeier zu organisieren sowie Einladungsbriefe an Freunde und Verwandte zu verschicken.

Die ersten Zeilen galten Johann Rühel, seinem Schwager, sowie Freunden. Angesichts dessen, dass er mit seinem Büchlein «Wider die räuberischen und mörderischen Rotten der Bauern» alle, nämlich «Herrn, Pfarren, Bauren», gegen sich aufgebracht habe, sodass sie ihm den Tod androhten, habe er rasch dem Begehren seines Vaters entsprochen und geheiratet. Damit wolle er alle, die toll und töricht seien, zu guter Letzt noch toller und törichter machen. Wegen der gefährlichen Reise wage er zwar kaum, die Freunde und seine lieben Eltern zur Hochzeit nach Wittenberg einzuladen, kämen sie aber trotzdem und brächten weitere gute Freunde und viele Geschenke mit, würde er sich herzlich freuen.

«Ich habe das Maul gestopft denen, die mich mit Katharina von Bora verleumdet haben, lieber Spalatin.» Dem Freund, der vor Ort alles hautnah miterlebte, konnte er die Sachlage drastischer darstellen. Nun werde durch seine Hochzeit das Urteil der Welt und ihrer

«Klugen» aber «verdammt und umgestoßen». Allerdings bedürfe es zu einer angemessenen Hochzeitsfeier nicht allein der Anwesenheit des Freundes, sondern auch des Wildbrets, das dieser mit seinen guten Verbindungen zum Hof doch bitte rechtzeitig beisteuern möge. «Inzwischen segne uns und wünsche uns Glück.» Auf welche «Klugen» Luther anspielte, konnte Spalatin sich denken. Philipp Melanchthon gehörte als einer der Ersten dazu. «Gott selbst wird ihn eines Besseren belehren», meinte Luther. «Darum sorge ich mich nicht. Rate mir lieber, ob ich unseren braven Prior Koppe wohl bitten darf, uns ein Fass Torgauer Bier zur Hochzeit zu bringen?»

Katharina legte ihm lachend den Arm um den Hals. «Wen, wenn nicht ihn? Ohne ihn wären wir heute kein Paar, Martinus. Es wird ihm eine Freude und Ehre sein, meinst du nicht?»

«Wohlan, so will ich ihm schreiben: Ihr wisset auch, was mir geschehen ist, dass ich meiner Metze in die Zöpfe geflochten bin.»

«Bist du das?»

«Um und um.»

Katharina hätte schnurren mögen, so warm und geborgen in seinem Arm. «Aber das Bier?»

«Pass auf, da schreib ich ihm so: Dass nu mein Vater und Mutter und alle guten Freunde deste frohlicher sein, lässt Euch mein Herr Katherin und ich gar freundlich bitten, dass Ihr uns zum guten Trunk ein Fass des besten torgauischen Biers, so Ihr bekommen mugt, wollet anher auf mein Kost und aufs Allerfoderlichste hierher fuhren lassen. Ich will Fuhr-Lohn und alles redlich geben. Ich wollte wohl Fuhre geschickt haben, wusste aber nicht, ob ich's treffen würde, denn es muss ausruhig und kühle werden, dass es wohl schmecke, und setze die Straf darauf, wo es nicht gut ist, dass Ihr's allein sollt aussaufen.»

Wie der gute Prior schauen würde, wenn er diesen Sendbrief bekäme! Sicher würde er ihn seiner Audi laut vorlesen und gemeinsam mit ihr herzhaft lachen. «Diesmal hast du den krausen Sinn und nicht ich», schmunzelte Katharina und kniff ihren Martinus mit zwei Fingern in die Wange. «Hast ja auch genug krause Haare dazu.»

«Aber nicht so viele und lange wie du», stichelte Luther zurück und warf die ausgetretenen Schuhe von den Füßen, um seine Käthe schneller wieder einfangen zu können, die ihm ob solcher Frechheiten davonspringen wollte.

«Ich denke, wir sollten den guten Koppe bitten, auch Gabriel Zwilling mit seiner Hausfrau mitzubringen», meinte Katharina atemlos. «Du weißt doch, wenn er keine Mitfahrgelegenheit hat, die ihn nichts kostet, kann er nicht kommen. Ich möchte aber, dass er dabei wäre. Auch er hat ja sein Leben riskiert, als er mir half, aus dem Kloster zu fliehen.»

«Was ist mit deinem Vater und deinen Geschwistern?», fragte Luther.

«Ob sie kommen? Ich weiß es nicht. Aber es ziemt sich, sie einzuladen.» Katharina wurde unvermittelt ernst. «Du weißt, dass führende Köpfe der alten Kirche aus meinem Hause kommen. Etwa Kardinal Nikolaus von Schönberg in Rom, der vor wenigen Jahren fast zum Papst gewählt worden wäre. Und die aus der Vaterlinie sind noch papistischer als der Papst selbst.»

«Dann werden wir einladen und ohne sie so fröhlich feiern wie mit ihnen», sagte Luther und gab ihr einen Kuss. «Wen, mein Herr Käthe, heißen wir noch?»

«Ave», wünschte Katharina sich ohne nachzudenken. «Und Elisabeth, meine Agnatin. Und meine Muhme Lene aus Marienthron. Und meinen Gevatter Heinrich von Einsiedel mit meiner Mutter Agnatin Elisabeth.»

«Halt, halt!», wehrte Luther ab. «Da siehst du, warum es heißt, das Weib solle schweigen in der Kirche. Gibst du ihr den kleinen Finger, nimmt sie die ganze Hand.»

«Sag lieber, gibst du ihr einen Kuss, nimmt sie den ganzen Luther», murmelte Katharina an seinem Ohr.

Während Luther Einladungen für die fünfzig Auserwählten schrieb, rackerte Katharina sich ab, das marode Gemäuer und den Garten für das Fest herzurichten. Die Küche musste funktionieren, auswärtige Gäste mussten untergebracht werden können, selbstverständlich musste der Speisesaal mit den entsprechenden Tischen und Sitzen ausgestattet werden, alle Fenster mussten blinken, die Fußböden glänzen, die Wände frisch gekalkt werden.

Katharina sprudelte vor Tatendrang. «Das Dach über dem alten Klosterbrauhaus dort hinten im kleinen Garten, der Elbe zu, ist gar nicht so schlecht, Martinus. Ein paar neue Balken und Ziegel, schon ist es wieder dicht. Zum Kloster gehörte ja das Braurecht, Martinus. Das wollen wir vom Kurfürsten erbitten und wieder nutzen. Denk dir nur, unser eigenes Bier. Wie viel könnten wir sparen, wenn wir kein Bier kaufen müssten.»

Er schwieg.

«Sieh doch», rüttelte sie ihn am Arm, «hier habe ich auch eine Liste mit den anderen wichtigsten, dringendsten Arbeiten. Zuerst die Küche. Wir brauchen einen festen Steinboden. Es ist gefährlich, wenn in der Küche nur Lehmboden ist. Ratten könnten sich einnisten. Sie bringen die Pest. Und ein Ausguss, natürlich. Dann ein großer Schwenkhaken mit mehreren Stufen über der Feuerstelle. Die Schornsteine über der Feuerstelle und dem Backofen müssen neu gesetzt und mit Lehm ausgekleidet werden. Und zwei Brunnen, Martinus, die müssen wir haben. Einen für die Küche und einen im Garten. Der für die Küche soll gleich auch einen Abfluss unter dem geheimen Gemach haben, damit der Unrat nicht wie bis jetzt darunter stehen bleibt, sondern fortgeschwemmt wird.»

Katharina schien Luthers Schweigen nicht zu bemerken. «Dann die Wände und Decken, Martinus, pfui Teufel, die sind ja fast überall schwarz statt weiß. Auch ein Bad muss her, Martinus. Die Steine könnten wir zu Pirna bekommen. In Marienthron hatten wir sie auch daher. Ich hab ja die Bücher geführt, damals. So weiß ich den Steinmetz. Auch könnten wir den mürben Kreuzgang vor dem Haus einreißen und die Steine verwenden, um das Kirchlein im Hof zu festigen, das von den Mönchen noch wüst liegt.»

Mit ausgebreiteten Armen wies sie rundum. «Und der Garten, Martinus. Wenn wir jetzt tüchtig graben und ackern und düngen, ernten wir zum Herbst unser erstes eigenes Gemüse. Mit den Abfällen würde ein Schwein satt, Martinus. Und wo eines frisst, reicht's auch für zwei oder drei. Die Stallungen sind ja schon da, Martinus. Ein bisschen schief und undicht. Aber das kriegen wir hin. Wir zwei.»

Noch immer schweigend, zog Luther einen abgeschabten Lederbeutel hervor, den er an seinem Gürtel trug, ergriff Katharinas Rechte und schüttete ihr den Inhalt des Beutels in die hohle Hand. «Zwei Groschen, dreizehn Pfennige», sagte er. «Sieh, wie weit du damit kommst.»

Gott sei Dank gab es rasch Hilfe. Kurfürst Johann, der die große Neuigkeit von Spalatin erfuhr, gratulierte dem geschätzten Reformator und seiner Gemahlin aus hochedlem Hause, deren Vorväter der sächsischen Krone stets treu gedient hatten, als einer der Ersten und wies seine Kanzlei an, dem Hochzeitspaar hundert Gulden zur Wirtschaft und ersten Einrichtung zu überbringen.

«So viel!», staunte Katharina. «Das ist ein Jahreslohn für Meister Cranach.»

«Und für jeden Wittenberger Professor», ergänzte Luther.

«Ein schlachtreifes Schwein kostet einen Gulden. Eine Kuh bekommt man für drei. Und wenn man ein wenig feilscht, geben sie in der Ziegelscheune an der Straße nach Coswig über fünfhundert Mauersteine für einen Gulden.» Katharina dachte, wie immer, praktisch.

Luther schmunzelte. «Der Äbtissin von Marienthron sagte ganz Torgau nach, dass sie wie zehn Teufel feilschte. Du warst wohl ihre gelehrigste Schülerin?»

«Ich?» Katharina warf stolz den Kopf zurück. «Sag lieber, sie war meine Schülerin.»

Mit dieser Antwort hatte selbst Luther nicht gerechnet. «Heißt es nicht immer, Nonnen lernten Demut und Schweigen?»

«Lernen, Herr Reformator, sie lernen es, ganz recht.» Katharina lachte. «Aber lernen heißt, noch nicht können.»

Luther schüttelte nur noch den Kopf. «Was sagst du erst, wenn du weißt, dass der Kürfürst sich noch viel großzügiger gezeigt hat? Dass ich von ihm jetzt, da ich auch als Ehemann und künftiger Vater weiterhin Pfarrer zu Wittenberg bleiben und dreimal wöchentlich mein Predigeramt in der Stadtkirche wahrnehmen sowie regelmäßige Vorlesungen als Professor der Theologie an der Universität zu Wittenberg halten werde, erstens das Schwarze Kloster mitsamt Garten, Nebengebäuden, Stallungen und allem, was sich darin befand, auf Dauer und zur freien Nutzung zur Familiengründung bekomme. Und zudem mein bisheriger Jahreslohn auf künftig zweihundert Gulden verdoppelt wird.»

Katharina sagte erst einmal gar nichts, doch bald freute sie sich uneingeschränkt, endlich nicht mehr bloß irgendwo zu wohnen, sondern ein Zuhause zu haben.

«Katharina von Bora Frau Doktorin Lutherin und nun auch Domina im Schwarzen Kloster», murmelte Luther in gutmütigem Spott, während sie, Hand in Hand, erstmals als Besitzer durch ihr baufälliges Haus schritten. «Was seid Ihr nicht alles mit mir geworden, mein Herr Käthe, und seid doch nicht minder arm als zuvor.»

Doch Katharina widersprach. «Niemand ist arm, dem zwei gesunde Hände, ein eigenes Dach über dem Kopf, ein Garten zum Bebauen, ein gutes Handgeld gegen die schlimmste Not und ein Mann wie mein Martinus zur Ehe gegeben ist.»

Wer in die Hände spuckte und anpackte, einen guten Kopf zum Rechnen und ein geschicktes Händchen zum Wirtschaften hatte, dem gab Gott Kraft zum Gelingen im Gebet. «Das hier ist nun nicht mehr das Schwarze Kloster, sondern das weiße Luther-Haus, Martinus. Auch wenn es nicht unser Eigentum, sondern wie ein Lehenbesitz von deinem Kurfürsten ist. Von hier nimmt das neue Evangelium seinen Weg in die Welt hinaus. Hier kommen mit Gottes Hilfe unsere Kinder zur Welt. So werden sie hier aufwachsen und dich eines Tages, so Gott will, zum Großvater machen. Hier ist unser Platz in der Welt. Hierhin hat Gott uns bestimmt.»

«Wie konnte ich nur denken, du seiest hochnäsig und arrogant und zu schön, um eine liebe, arbeitsame und gehorsame Hausfrau zu sein?», murmelte Luther und blickte Katharina an, als habe er sie noch nie zuvor genau gesehen. «Jetzt merke ich ja erst, wie gnädig

Gott dich mir zugeführt hat, und gäbe dich nicht für ganz Frankreich und Venedig wieder her.»

«Denk dir, endlich hat der Rat der Stadt erkannt, dass die Hochzeit des Reformators weit über Wittenberg hinaus Kreise zieht und zur Teilnahme am Trauungsgottesdienst in der Schlosskirche Gäste von überall her erwartet werden», überbrachte Barbara Katharina die nächste frohe Botschaft. «Jetzt will man euer Haus ansehnlicher machen.»

Katharina konnte es kaum glauben, aber Barbara hatte die Wahrheit gesagt. Bereits am Nachmittag traten drei Abgeordnete vor Luther und teilten ihm mit, die Stadt wolle das Haus noch vor dem großen Hochzeitsfest innen und außen neu kalken sowie endlich die früheren Mönchszellen ausräumen und alles aus Klosterbestand mitnehmen, was der Herr Doktor und die Frau Lutherin nicht behalten wollten.

Inmitten der Malerarbeiten lieferte Kaufmann Koppe das bestellte Fass Torgauer Bier als Geschenk seines Hauses zur Wirtschaft und brachte auch gleich eine zierlich beschnitzte hölzerne Truhe mit, die Gabriel Zwilling und seine Hausfrau ihnen aus dem eigenen Hausstand schickten. Gern wollten sie alle miteinander zur Wirtschaft kommen. Kaum sprach sich herum, dass Luther Torgauer Bier ausschenken lassen werde, hielten die Wittenberger Stadtväter mit einem Fass Einbeckisch Bier dagegen. Als Draufgabe stifteten sie zudem zwanzig Gulden in Schreckenbergern. Und damit nicht genug, sollte Wittenbergs Ehrenbürger ein ganzes Jahr lang kostenlos mit Wein al gusto aus dem Ratskeller freigehalten werden.

«Gott sei Dank habe ich Johann Pfisterer, jenen entsprungenen Mönch aus Nürnberg, der jetzt bei mir Theologie studiert, zum Mundschenk gewonnen», strahlte Luther angesichts der beiden Riesenfässer. «Früher, sagt er, habe er in der Klosterbrauerei gearbeitet. Und außerdem ist er Franke. Da wird er mit Bier umzugehen wissen und sauber anzapfen.»

Ein wahres Prunkstück von Ehrenbecher überbrachte die Universität Wittenberg. Bis zum Deckelknauf fast einen halben Meter hoch, aus vierundachtzig Lot Silber zu Augsburg getrieben sowie innen und außen stark vergoldet, hatte es den Kurfürsten als obersten Schirmherrn ein gutes Stück Geld gekostet. Daneben nahm sich der Ehrenbecher, den die Professoren gemeinsam zu einundzwanzig Gulden stifteten, bescheiden aus, war Luther deswegen aber nicht weniger lieb und teuer.

Christian von Dänemark sandte ihnen je eine Tonne Butter und feinsten Herings im Wert von fünfzig Talern als künftig regelmäßige Jahresgabe zu. Ein tapferer Feldoberst, Assa vom Kram, stiftete eine Jahresgabe von dreißig Gulden, die bis zu seinem Tode ausbezahlt werden sollte.

Freunde wie Georg Spalatin schickten oder überbrachten goldene Schaumünzen und schlichtere Silberbecher, die gern als Zahlungsmittel angenommen wurden, verschiedene Möbelstücke, dazu zwei kunstvolle Uhren, Tuchballen und Wäsche, Teppiche, Küchengerätschaften, Pflanzen und Samen für den Garten, ja sogar eine Muttersau mit zwölf Ferkeln und eine trächtige rot-weiß gefleckte Kuh, die sich in Luthers Stall bald schon wohl zu fühlen schien und Katharina allmorgendlich mit freundlichem Muh begrüßte.

«Wenn du wüsstest, wer heute zwanzig Gulden geschickt hat – du glaubst es nicht!», tuschelte Katharina eines Mittags mit einem vorsichtigen Blick über die Schulter, ob Luther es nur ja nicht hörte, während sie Barbara ihre Schätze vorführte. Die Freundin rückte neugierig näher. «Und wer?»

«Ein Erzbischof.» Katharina staunte selbst noch immer. «Albrecht von Mainz, ein Papist. Als der Bote kam und mir die Börse mit dem Geld und einem Sendschreiben an Martinus dazu in die Hand drückte, dachte ich mir nichts Böses. Ich bat den Mann ins Haus, dass er warten möge, bis Martinus sich persönlich bedanke, und lief mit der Gabe zu ihm in die Studierstube. Doch wie ich ihm alles übergab und er las und wusste, von wem das Geld sei, schwoll meinem Martinus die Ader an der Schläfe, dass ich fürchtete, der Schlagfluss werde ihn treffen. Zornrot im Gesicht, warf er mir die Börse zurück, als ob sie vom Teufel leibhaftig käme, und schrie, ich solle es dem Boten wiedergeben. Der solle seinem Herrn Erzbischof ausrichten, von seinen Feinden nehme ein Martinus Luther nichts.»

Barbara schlug die Hand vor den Mund. «Nein! Und was hast du gemacht?»

Katharina sah abermals hinter sich. «Ich hab's genommen und bin damit die Treppe hinunter und wollt's zuerst ja auch alles ausrichten, wie mein Herr und Gemahl mir befohlen. Doch wie ich so ging, musste ich denken, was denn damit gewonnen wäre, gäbe ich dem Boten das Geld? Der hätt's womöglich in den eigenen Sack geschoben und dem Erzbischof gesagt, der Luther hat's genommen. Dann hätte mein Martinus den doppelten Schaden gehabt, nämlich kein Geld und die üble Nachrede sowieso. Da sollte er doch wenigstens die Dukaten behalten. Also hab ich's in meinen Busen gesteckt und dem Boten gesagt, der Herr Luther lasse danken, denn schlechtes Geld stinke in einem guten Hause nicht, wenn es auch von einem Papisten käme.»

«Du traust dich was!»

«Ja, mein Herr Martinus betet auch fest für mich. Erst gestern hab ich ihn im Zimmer auf den Knien liegen sehen und beten hören, der Herr möge ihm Kraft und Weisheit schenken, sein Weib recht zu regieren.»

Kichernd steckten die Frauen die Köpfe zusammen.

Einen Tag vor der Hochzeitsfeier zogen die Handwerker ab. Zurück blieb ein Geruch nach trocknendem Kalk im Haus, der sich mit dem aus allen Fußböden und Wandpaneelen aufsteigenden Duft von Bienenwachs mischte. Frisch geschlämmt, sauber ausgeräumt, geputzt und gewienert, mit einigen ausgesucht schönen Möbeln, kostbaren Bechern und goldglänzenden Münzen, reinlichen Vorhängen, weichen Teppichen, Leuchtern und vielen Blumen ausgestattet, erkannte Luther seine Behausung nicht wieder.

«Nun können unsere auswärtigen Gäste getrost kommen», freute Katharina sich. «Wenn sie auch mit einer einfachen Pritsche vorlieb nehmen müssen, werden sie in den reinlichen Zellen doch gut schlafen. Und wenn sie fort sind, Martinus, dann nehmen wir zahlende Kostgänger darin auf. Unter deinen Studenten sind gewiss nicht wenige, die gern einen Zehrpfennig zahlen, um im Luther-Hause zu wohnen und mit der Leibesnahrung zugleich geistige Erbauung durch die Reden des Herrn bei Tisch zu genießen.»

Luther rollte unbehaglich die Schultern. «Ich will das Evangelium nicht um Geld vermarkten, Käthe.»

Katharina verstand sofort. Schließlich hatte auch sie einst ein Armutsgelübde abgelegt. Aber jetzt waren sie vorbei, die Klosterzeiten, und wenn das Haus, in dem sie wohnten, auch im Volksmund weiterhin das Schwarze Kloster hieß, so war es nun doch das Luther-Haus. «Nicht für das Evangelium zahlen Kostgänger, Martinus. Der Zehrpfennig ist, was du ihn nennst, ein Pfennig zum Verzehr dessen, was bei Tisch gereicht wird. Von ihm wirst du nicht reich, weil er nämlich stets schneller wieder aus deiner Börse herausgesprungen ist, als er hereinkommt.»

«Meinetwegen also. Doch will ich, dass du mir ein Haushaltsbuch vorlegst», verlangte Luther, der Katharinas Argumentation nicht widerlegen konnte, aber auch nicht bedingungslos nachgeben wollte.

Mit einem Haushaltsbuch war sie gern einverstanden. Sie musste ihm ja nicht verraten, dass sie es aus bewährter Nimbschener Praxis auch ohne seine ausdrückliche Anweisung für sich allein angelegt hätte. Sensibel für Stimmungen und feinste Tonlagenveränderungen der Stimme, hatte sie sofort erfasst, dass mit der Forderung nach einem Haushaltsbuch mehr verbunden war als eine Einnahmen-Ausgaben-Kontrolle. Martinus hatte damit seinen Führungsanspruch als Hausherr erhoben. Er wollte gefragt sein und das letzte Wort haben. Katharina lächelte. Wenn das Nonnenleben sie eines gelehrt hatte, dann das, wie man vollkommenen Gehorsam bezeigte und seinen Willen doch bekam.

Am Dienstag, dem 27. Juni 1525, trug Katharina erstmals ihre rotseidene Frauenhaube mit den Gold- und Silberfäden zu ihrem schönen

Gelöbnisgewand. Die Spielleute und Honoratioren der Stadt voraus, schritt sie stolz und glücklich zu den Klängen des von ihrer Cousine Elisabeth gedichteten Liedes «Herr Christ, der einig Gottes Sohn, Vaters in Ewigkeit» an Luthers Arm auf die Collegienstraße hinaus, die zu beiden Seiten schwarz von Leuten stand, in deren Vivatrufen die feierliche Musik fast unterging. Luthers Eltern folgten Arm in Arm, sichtlich gerührt, zwei ausgemergelte Menschen, gezeichnet vom Lebenskampf, doch erhobenen Hauptes in der Würde ihres Alters. Hinter ihnen kamen Luthers Geschwister, die das Elternpaar um Haupteslänge überragten, mit den Ihren.

Herzlich gern hätte Katharina ihren Vater Hans von Bora mit ihrer Stiefmutter und ihre Geschwister an diesem Ehrentag bei sich gehabt. Diese hatten jedoch abgesagt, weil sie nicht mit leeren Händen kommen wollten, aber nichts mitzubringen hatten. Die Stiefmutter, schrieb der Vater, habe soeben ihren Leibgedingebesitz zu Lippendorf an seinen reichen Neffen Wolf von Mergenthal verscherbelt, der Deutschenbora in brüderlicher Teilung übernommen habe. Doch davon sei kein roter Pfennig mehr da, denn alles gehöre Maria, Katharinas Stiefschwester, als Mitgift.

Ein wenig traurig war Katharina über diese Absage schon gewesen, zumal andere Gäste ebenfalls kein Präsent aufbringen konnten. Im Einvernehmen mit ihr hatte Martinus ihnen mitgeteilt, dass allein ihr Kommen und Dabeisein Geschenk genug sei. Aber der Vater hatte schon immer seinen besonderen Stolz gehabt.

Dennoch musste auch sie nicht ganz ohne eigene Angehörige Hochzeit feiern. Zu ihrer großen Freude war unter anderem ihr Gevatter Heinrich von Einsiedel auf Schloss Gnadstein aus dem Hause von Kauffungen mit seiner Gemahlin Elisabeth von Haugwitz gekommen, die eine Cousine von Katharinas Mutter Anna von Haugwitz war. Auch Katharinas Cousine Elisabeth von Meseritz und Ave von Schönfeld, ihre langjährigste Freundin, hatten es sich nicht nehmen lassen anzureisen. Zusätzlich hatte sie in Katharina von Falke, der ebenfalls aus dem Kloster entsprungenen Gemahlin von Justus Jonas, dem Propst der Wittenberger Schlosskirche, eine liebe Verwandte gefunden. Und nicht zuletzt vertrat Barbara mit Lucas Cranach auf das würdigste Elternstelle an ihr.

Hinter den Angehörigen gingen Luthers Ehrengäste; Freunde, die ihn zum Teil schon seit Studententagen durch alle Höhen und Tiefen seines Lebens begleitet hatten und gemeinsam mit ihm die Reformation verbreiteten: Georg Spalatin, Nikolaus von Amsdorf, Justus Jonas, Philipp Melanchthon, der seinen Schock überwunden und Luthers Wahl akzeptiert hatte; Leonhard Koppe, Gabriel Zwilling, Hans Luft, der Buchdrucker, der dafür sorgte, dass Luthers Schriften in Umlauf kamen, und viele andere. Ihre Gemahlinnen schlossen sich ihnen in einem getrennten Block an.

Ganz Wittenberg läutete, als die Festgesellschaft die Holzbrücke betrat, die den Schlossgraben vor der Kirche überbrückte, und unter brausendem Orgelklang durch das Thesen-Portal, mit dem die Reformation begann, in die Schlosskirche einzog.

Johannes Bugenhagen, der nun auch Katharinas Beichtvater war, erwartete sie schon. Seine Frage: «Was wünscht ihr von der Kirche, sprecht?», hallte sonor durch das Kirchenschiff. «Das Sakrament der Ehe und den Segen Gottes», kam vielstimmig die Antwort des Brautpaares und der Trauzeugen zurück. «So seid willkommen am Tisch des Herrn.»

Während sich die Gemeinde nach Männern und Frauen getrennt niederließ und die Trauzeugen ihre Plätze in der ersten Reihe einnahmen, knieten Katharina und Martinus auf einer Bank vor dem Altar.

«Wie der verlorene Sohn, der erst einen falschen Lebensweg einschlug und in tiefste seelische Not und Bedrängnis fallen musste, ehe er zur rechten Einsicht und Besserung kam», predigte Bugenhagen, «so mussten auch Martinus Luther und seine Braut Katharina von Bora zunächst den Irrweg des zölibatären Lebens eines Mönchs und einer Nonne gehen. Erst als sie das wahre Evangelium erkannten, kehrten sie auf den rechten Weg zu ihrem Vater im Himmel zurück und stehen nun als Braut und Bräutigam vor uns und bekennen, dass sie Gottes Willen und Auftrag zur Ehe um der ewigen Seelen Seligkeit willen erfüllen wollen. Wahrlich, ich sage euch aber, der Vater freut sich mehr über die Heimkehr seiner verlorenen Schafe als über die unangefochten Gerechten.»

Noch einmal und nun in aller Öffentlichkeit legte er ihnen die Hand auf und segnete ihren Bund.

Anschließend versah Luthers Freund, der Hofmarschall Hans von Dolzig, den Ehevertrag mit dem Siegel des kurfürstlichen Hofes. Und dann, als jedermann schon dachte, nun sei es Zeit zum Lobgesang, trat Willibald Pirckheimer, Luthers Patrizierfreund aus Nürnberg, vor und überbrachte ihm mit den herzlichsten Glückwünschen von Leonhard Tucher und Albrecht Dürer, seinen Nürnberger Freunden und treuen Anhängern des neuen Evangeliums, einen großen, wundervollen Doktoratsring als Ehegeschenk.

Ein goldener Ring, von Albrecht Dürer selbst geschmiedet! Da reckten alle die Hälse und wollten ihn am liebsten gleich von nah betrachten. Doch erst einmal zeigte der Überbringer das Kleinod dem Brautpaar allein.

«Wie dieser Ring nur scheinbar ein Geschenk für einen ist, so bin auch ich nur scheinbar ein einzelner Stifter», erklärte er, während er das kostbare Schmuckstück vorführte. «In Wahrheit ist es ein Ring für zwei und ich stehe als Überbringer für drei, nämlich auch für Leonhard Tucher, den Nürnberger Handelsherrn und Faktor der Tucher in Antwerpen, und den berühmten Maler und Kupferstecher Albrecht Dürer. Unser guter Freund Spalatin wird sich gern erinnern, wie oft er Dürer heimlich Luthers Schriften zukommen ließ und wie außer sich dieser war, als er den Reformator nach dem Reichstag zu Worms gefangen und zu Tode gemartert wähnen musste.»

Beifälliges Murmeln erhob sich aus den Reihen der Festtagsgäste. Pirckheimer schmunzelte. «Wohlan, in Tuchers und meinem Auftrag entwarf und schmiedete Dürer also einen Ring, wie ihn die Welt bisher noch nicht gesehen hat. Er besteht aus einem schweren goldenen Doppelreif mit einem hohen Kästchen, in dessen Oberfläche ein Diamant und ein Rubin eingelassen sind. Der Diamant als Sinnbild der Treue und Lauterkeit, der Rubin als Zeichen reiner Liebe. Schiebt man ein wenig an diesen Verzierungen, die ihr seitlich seht, gleiten der Doppelreif und die Kästchen auseinander. Nun erkennt man innen unter dem Diamanten die Buchstaben MLD für Martinus Luther Doktor, unter dem Rubin aber die Buchstaben CVB für Catharina von Bora. Und in den Reifen liest man: ‹WAS GOT ZUSAMMEN FIEGET SOL KEIN MENSCH SCHEIDEN.›»

Unter den kraftvollen Klängen des Präludiums, das Johann Walter, Hofkapellmeister und begnadeter Musikschreiber, der Orgel entlockte, schob Pirckheimer seinem Freund und Reformator den goldenen Selbander-Ring über den Mittelfinger und küsste die errötende Braut auf Stirn und Wangen.

Jubelnd fielen die Stimmen der Gemeindemitglieder in die Orgelklänge ein, mit denen der Kantor nun alle Register seines Könnens zog, um aus seinem noch unvollendeten Chorwerk das Hauptstück der Verheißung Gottes zur Überwindung des Sündenfalls vorzutragen.

«Da jammert Gott ihr großes Leid», sang auch Katharina mit. «Gedacht an sein Barmherzigkeit, sagt ihn'n zu, er wollt ihn'n geben durch's Weibes Sam'n ewig Leben.» Sie liebte diese Zeile und den Gedanken, dass die Frau durch Gottes Liebe nicht nur Vergebung ihres Sündenfalls erlangt habe, sondern von Gott durch ihre Fähigkeit zur Mutterschaft dazu ausersehen war, den Strom des Lebens nicht abreißen zu lassen und ewiges Leben zu geben. Mit Gottes Gnade würde auch sie bald ein Kind unter dem Herzen tragen. Ein Kind von Martinus, Fleisch von seinem Fleisch und ihrem Fleisch, ein neues Leben, aus Liebe geschaffen. Solange sie lebte, würde sie nicht aufhören, Gott dafür zu danken, ihr aus dem Kloster geholfen zu haben.

«Der Herr hat mich nun meiner Käthe in die blonden Zöpfe geflochten»

(1525–1528)

Von Luthers rauschendem Hochzeitsfest mit Wirtschaft, Tanz und gutem Bier in Strömen, das der brave Nürnberger Mundschenk kaum schnell genug zapfen konnte, sprach man in Wittenberg noch lange. Dennoch hielten die Papisten, Klüglinge, Lästerer und Sakramentierer, wie Luther sie schimpfte, die Flitterwochen im Luther-Hause kurz.

Wie vorhergesehen, sollte es ihm draußen in der Welt vor Wittenberg endgültig an den Kragen gehen. Nur drei Tage nach seiner Hochzeit schlossen sich die katholischen Fürsten Deutschlands im Dessauer Bündnis gegen die Reformation zusammen. Im Jahr zuvor hatten sie sich auf dem Regensburger Konvent darauf verständigt, einander gegen die aufständischen Bauern beizustehen. Jetzt endlich sollte das Wormser Edikt von 1521 gegen Luther und seine «lutherische Sekte» durchgesetzt werden. Alle, auch Kaiser Karl V., waren sich einig, das reformatorische Gedankengut als Wurzel des Aufstands müsse mit Stumpf und Stiel ausgerottet werden.

Prompt formierte sich in den Reihen der evangelischen Fürsten in Sachsen und Hessen, Braunschweig-Lüneburg, Braunschweig-Grubenhagen, Mansfeld, Anhalt und in Preußen unter Herzog Albrecht Widerstand.

«Fürchtet euch nicht, denn der Herr ist mit uns», munterte Luther die Freunde und evangelischen Fürsten auf, die sich um ihn scharten. «Seht doch, zu unserem Vorteil bindet Gott dem Kaiser gegen uns die Hände, indem er die Welt durch die allerverzweifeltsten Leute plagt, wie er es mit den gegen Ungarn vorrückenden Türken getan hat und noch tut, und den Teufel dem Papst einflüstern lässt, sich um des schnöden Mammons willen mit Frankreich, Karls Erzfeind, zu verbünden.»

«So wollen wir mit Gottes Hilfe ein Zeichen gegen die Dessauer setzen und die Reformation in Preußen durch Heiraten stärken», rang Albrecht von Preußen sich durch, tatsächlich Luthers Beispiel zu folgen und seine zögerliche Haltung gegenüber der Ehe mit seiner Dänenprinzessin zu beenden.

«Auch wir wollen der Reformation eine feste Burg bauen, indem wir von nun an die Messe in unserer reformierten Form auf Deutsch und im ganzen Land für jedermann verständlich zelebrieren wollen, um so das evangelische Gedankengut endgültig tief im Volk zu verankern», beschloss Kurfürst Johann der Beständige und ordnete eine reformatorische Kirchenneuordnung durch Luther sowie eine entsprechende Reform der Universitäten und Schulen durch Melanchthon an.

«Und wir, meine Catena und ich, wir beweisen Gottes Gnade und Hilfe an unserem Werk durch Kinderzeugen», verkündete Luther die größte Neuigkeit mit einer der Wortspielereien, die er liebte, indem er Käthe mit dem lateinischen Wort für Kette übersetzte. «Der Herr hat mich nun meiner Käthe in die blonden Zöpfe geflochten, dass ich aus meiner Kette goldenen Ketten nimmer entkomme, und hat uns mit einem Kind gesegnet. So Gott will, wird er mich zu Pfingsten um einen Nachkommen vermehren.»

Die besorgten Mienen der Herren hellten sich freudig auf. Insgeheim hatten sie sich schon Sorgen gemacht. Immerhin waren seit Gelöbnis und Kopulation über vier Monate vergangen, und niemand ahnte, ganz besonders Luther nicht, dass Katharina zwar Nonne war, sich aber sehr gut mit schwangerschaftsverhütenden Pflanzen auskannte und um jeden Preis die bösen Gerüchte ad absurdum führen wollte, sie habe sich Luther bereits vor der Ehe hingegeben.

«Wie geht es ihr?», fragte Georg Spalatin spontan, der an Fragen des Ehelebens größeres Interesse zeigte, seit auch er auf Freiersfüßen ging.

«Meine Catena erheuchelt oder erfüllt wirklich das Wort der Genesis», grinste Luther, «worin es heißt, das Weib werde mancherlei Schmerzen haben, wenn es schwanger werde. Morgens zumal kann sie einem recht Leid tun.»

«Seid beruhigt, das vergeht.» Lucas Cranach stand als Familienvater bereits über den Dingen. «Und wenn es vorbei ist, ich sage euch, wird's erst schön. Nie sind die Weiber schmiegsamer und williger, als wenn die Frucht sich in ihnen recht festgesetzt hat und sie wissen, dass die Lust nur mehr kurz währen kann. Alle Weiber kennen die Angst, sie gebären sich tot.»

«Da sei Gott vor, dass dies meiner Catena widerführe!», schrak Luther zusammen.

«Ich hoffe, du erweist mir die Ehre, trotz des gesegneten Leibes deiner Katharina mit ihr zu meiner Hochzeit mit meiner Katharina zu kommen», lud Spalatin den Freund nach Torgau ein. «Du weißt ja, nichts lässt Kindlein schneller sprießen, als wenn Weiber dicke Bäuche sehen.»

«Außer dem Evangelium hat Gott mir nichts Willkommeneres erzeigt, als dass ich gewürdigt werde, dich als einen Ehemann zu sehen und zu hören», lachte Luther. «So Gott will, kommen wir gern.»

Katharina war wohl am unglücklichsten, dass aus dieser Reise letztlich doch nichts wurde. Als Ehemann und werdender Vater konnte Luther es nicht verantworten, sich mitsamt Frau und ungeborenem Kind in die Höhle der papistischen Löwen zu wagen.

«Es ist mitten im Winter», versuchte er, Katharina die wahren Gründe zu verheimlichen. «Schon im Sommer wäre eine Reise in deinem Zustand bedenklich. Wie sollte ich es also bei dieser Kälte wagen, dich und unser ungeborenes Kind derartigen Strapazen auszusetzen?»

Doch Katharina war so leicht kein X für ein U vorzumachen. «Es ist nicht der Winter, Martinus. Lass uns ehrlich und offen miteinander bleiben. Es ist, weil man niemandem mehr trauen kann; weil wir selbst in den eigenen Reihen nicht mehr sicher sein können, wer Freund und wer Feind ist.»

«Ja.» Sorgsam, als könnten sie abbrechen, legte Luther Katharinas Zöpfe über das Kopfkissen zurück und schlüpfte zu ihr unter die Decke, bis sie einander Auge in Auge gegenüberlagen. «Du hast Recht, Catena, du bist mein höchster Schatz und mir von Gott geschenkt mit all deinen Tugenden, Treu und Glauben, sodass ich dir mein Leben und alles anvertrauen kann und will, was ich bin und habe. Es soll keine Unwahrheit zwischen uns kommen.»

Das Blinken und Funkeln seiner Augen, die im Verlangen immer noch dunkler und tiefer wurden, ließ Katharinas Atem schneller gehen. «Ich liebe dich, Martinus», flüsterte sie und hielt seine Hände fest, die prickelnde Schauer auf ihrer Haut weckten. «Aber du wolltest mir sagen, warum wir nicht fahren.»

Luther seufzte. «Hat dir schon mal jemand gesagt, dass Wissen zur Unzeit wie ein Licht im Schlafzimmer ist?»

Katharina musste lachen. «Ja, meine Mutter, als ich noch klein war. Sie sagte, Männer liebten gern im Dunkeln, damit Frauen ihre Liebe nicht sehen.»

«Sähest du sie nicht, so spürtest du sie doch.» Luther rückte noch etwas näher. «Seltsam hat sich alles unter unserem Fürsten verkehrt, der doch ein frommer Bekenner unseres Evangeliums und ein ritterlicher, tapferer Mann ist», murmelte er zwischen kleinen Küssen. «Seit er mit freiem Wort und fester Hand eingreift und regiert, muss man selbst die als Spießgesellen der Straßenräuber und Verräter am Glauben fürchten, von denen man erwartete, dass sie der Sache Christi feste Burgen und Zuflucht wären.»

«Glaubst du, das Evangelium wird obsiegen, Martinus?»

«Mit Gottes Hilfe, ja.»

«Aber wird Gott helfen?»

«Wir müssen beten, glauben, hoffen und lieben.» Luther vergrub das Gesicht zwischen Katharinas Brüsten, die mit der Schwangerschaft voller, aber auch empfindlicher geworden waren und lustvoll auf seine Berührung reagierten.

Später schaute sie ihrem Martinus über die Schulter, als er dem Freund schrieb: «Ich komme auf dich zurück und wünsche dir große Freude und Nachkommenschaft durch den Segen Christi. Jedenfalls lacht mir das Herz bei deiner Hochzeit, das sollst du mir glauben, nicht anders als bei meiner eigenen.

Grüße deine Frau auf das lieblichste, aber tue es dann, wenn du deine Katharina im Bett mit den lieblichsten Umarmungen und Küssen hältst und dieses denkst: Siehe, diesen Menschen, dieses liebste Geschöpflein meines Gottes, hat mir mein Christus geschenkt, ihm sei Lob und Ehre. Auch ich werde, da ich den Tag, an dem du diesen Brief erhalten wirst, erraten kann, in dieser Nacht die Meine mit gleichem Werk lieben im Gedenken an dich und dir Gleiches mit Gleichem vergelten. Es grüßt dich und deine Rippe meine Rippe in Christus. Gnade sei mit euch, Amen.»

Während Luther und Melanchthon in der Neuordnung von Kirche und Schule in Sachsen aufgingen und anlässlich ihrer ständigen Reisen erkennen mussten, in welcher Unwissenheit Volk und Priester über die Dinge des Evangeliums gelassen wurden, litt Katharina in Wittenberg schmerzlich unter den Auswirkungen dieser Unwissenheit.

Die Sage, aus der Kopulation eines Mönchs mit einer Nonne werde eines Tages der Satan und Antichrist gezeugt und geboren werden, spukte noch in vielen Köpfen. Herzog Georg der Bärtige vom Nachbarstaat Sachsen, der Luthers Kopf lieber heute als morgen auf eine Lanze gepfählt sehen wollte, schürte schon lange die alte Angst. Doch seit Luther am Michaelistag die unerhörte Dreistigkeit besessen hatte, dreizehn Nonnen aus dem Kloster Freiberg zu helfen, raste der Herzog vor Wut. In Flugschriften und durch wandernde Bettelmönche ließ er überall verbreiten, der Teufel habe ihn durch den Stachel des Fleisches einer höllischen Eva in der Gestalt einer Nonne zugeführt. Und allein Habsucht und Ehrgeiz hätten ihn dazu verführt, sich den Klosterbesitz unter den Nagel zu reißen.

Selbst die Kostgänger, die Katharina inzwischen ins Haus genommen hatte, bekamen den Spott zu spüren. Neulich erst musste sie die Jungen beruhigen, die auf dem Markt von einem Fischweib mit Abfällen beworfen worden waren, weil sie angeblich Teufel und keine echten Studenten seien. Sie brachten Katharina den Zettel eines Benediktiners mit, auf dem stand: «Und Luther wollte auch mit seiner adlichen Ketten Bora nit länger die blinde Mauß spielen, sondern da liess er dieselbe geben zum vermeinten Eheweib. Sobald des Luthers Hochzeit erschollen, haben die geilen Münch und Nonnen die Leitern an die Mauern der Clöstern häufig gelegt und sind Truppenweiß zusammen gelauffen.»

Der Mönch habe auch gerufen, dass die Luther-Ehe vor Gott ungültig sei, berichteten die Jungen verlegen. Spätestens wenn das doppelköpfige Monstrum geboren werde, habe die Welt den Beweis. Dann aber sei es für die von Luther Verführten zu spät. Jetzt könne man noch Ablass vom Fegefeuer erwerben.

«Und? Haben die Leute gekauft?», fragte Katharina.

«Ein paar schon.» Die Jungen nickten.

«Macht euch nichts daraus», sagte Katharina. «Die Leute wissen ja nicht, was sie tun. Haben den besten, den frömmsten Mann vor Augen, der ihnen das neue Evangelium verkündet, und rennen dem Ablasskrämer nach. Klebt ihr nur an unserem Herrn Jesus Christus fest wie die Kletten, so wird euch die ewige Seligkeit zuteil.»

Doch so selbstsicher, wie sie sich den Kostgängern gegenüber gegeben hatte, fühlte Katharina sich gar nicht. Ob sie zum Einkaufen ging, ob sie Luthers Schriften in die Druckerei zu Hans Luft brachte, selbst wenn sie in den Gottesdienst ging, überall tratschte und spöttelte es hinter ihr her.

«Heute, als ich aus der Kirche kam, hat mich die Jeßnerin, die Klara, Lorenz Jeßners Hausfrau, beschimpft», regte Katharina sich auf und warf unter zornigen Tränen die Arme um Luthers Hals. «Sie schrie, ich sei eine Mönchshur und müsse mitsamt meinem Satansbalg brennen. Sogar Bugenhagens Hausfrau, die neben mir stand und mich schützen wollte, bekam Tritte und Hiebe von der Verrückten.»

«Nimm doch das Schwatzen der Dummen nicht ernst», versuchte Luther sie zu beruhigen. «Siehe, selbst Erasmus von Rotterdam, dieser unverbesserliche Spötter, hält doch mit seiner spitzen Feder dagegen, wäre diese Fabel wahr, müsste die Welt schon voller Antichristen sein.»

Als Erzieher und Ratgeber Kaiser Karls V. hatte Erasmus einige Zeit vergeblich versucht, bei seinem Herrn eine Lanze für den Reformationsgedanken zu brechen. Als unehelicher Sohn eines katholischen

Priesters mit einer ledigen Arzttochter aus dem niederländischen Gouda fühlte er sich als lebendes Beispiel gegen den erzwungenen Zölibat. Doch statt den Kaiser für die Reformation zu gewinnen, hatte er lediglich Misstrauen gegen sich selbst gesät, sodass er zum Beweis seiner Integrität gegen Luther polemisieren sollte. Katharina fand, es ehrte ihn, dass er lieber nach Basel geflüchtet war und weiterhin schrieb, was er wollte, als seine geistige Freiheit aufzugeben.

Unlängst hatte er ein Pamphlet zu Luthers Abhandlung über den freien Willen verfasst. Erst auf Drängen seiner Freunde hatte dieser nun mit einer eigenen Gegenschrift reagiert.

Erasmus behauptete, der Mensch sei frei, sich zu entwickeln und zu tun, was er wolle. Luther hielt dagegen, Gott allein bestimme alles menschliche Sein und Handeln. Was sie selbst denken sollte, wusste Katharina nicht recht. Alle Argumente, die Erasmus vorbrachte, standen ebenso als Gottes Wort in der Heiligen Schrift wie diejenigen, die Luther auswählte. Um des Friedens willen wäre es ihr am liebsten gewesen, sie hätten einen gemeinsamen Weg gefunden. So wünschten es mehrere, die davon schwärmten, wie großartig es wäre, würden die geistigen Kräfte der Humanisten sich mit denen der Reformation gegen Papst und Kaiser verbünden. Trotzdem hatte Katharina es allmählich satt, dass Luthers Gedanken ständig um diesen Priestersohn kreisten.

«Erasmus, immer Erasmus!», rief sie. «Hast du vergessen, wie er lästerte, du habest mir schon vor der Ehe ein Hurenkind gemacht? Doch diesmal geht es nicht um einen Diskurs zwischen Widersachern, sondern um unser leibhaftiges Kind, Martinus. Sie sagen, es werde mit zwei Köpfen und einem Pferdefuß zur Welt kommen. Oder es werde am ganzen Leibe Schuppen tragen und einen Schweinsrüssel statt einer Hand haben. Ich will, dass die Jeßnerin für ihre losen Reden bestraft wird. Ich will, dass du sie vor den Rat der Stadt bringst. Genugtuung will ich, Martinus, für uns alle.»

«Das Evangelium lehrt Frieden und Liebe», widersprach Luther. «Jesus hat denen verziehen, die ihn fingen und ans Kreuz schlugen.»

Katharina ballte die Fäuste. Martinus hatte gut reden. Er fühlte das Kind nicht unter dem Herzen wachsen. Ihn jagten die Ängste nicht aus dem Schlaf, wenn es sich nachts nicht mehr zu bewegen schien oder wenn es an allen Seiten des Leibes gleichzeitig zu treten schien, oder dass es womöglich doch einen Pferdefuß hätte.

«Also willst du sie ungestraft unsere Ehe als Sakrileg und unser Kind als Satansbrut schimpfen lassen?», schrie sie auf. «Ach, wäre ich ein Mann! Mit Feuer und Schwert wollte ich zwischen diese Lügner und Heuchler fahren.»

«Du tu, was des Weibes ist, und schenke Leben, statt es zu nehmen!», schüttelte Luther den Kopf. «Mit deiner Rede stellst du selbst Cicero in den Schatten. Wohlan, ich will sie vor dem Rat anzeigen, doch nicht um deinetwillen, sondern damit das Evangelium geschützt und nicht beschmutzt werde. Steht die Jeßnerin ein paar Stunden im Halseisen am Pranger, werden andere künftig ihren Unflat bei sich behalten.»

Liebevoll den Arm um Katharina legend, strich er die steile Zornfalte zwischen ihren Augenbrauen glatt. «Und von solchen Pamphleten lass dich nicht schrecken, meine liebe Catena. Die Sakramentierer wissen selbst ganz gut, dass sie nicht genug Schweinekastrierer haben können, um alle Pfaffen zu kastrieren. Gott hat über den Ehestand ein Kreuz gemacht und wacht auch über ihm. Die Bischöfe und Domherren sind die größten Hurenjäger, das bedarf keines Zeugen: Sie treiben's unverschämt vor aller Welt, und dabei wollen sie andere Leute zur Keuschheit zwingen.»

«Soll denn in unserer Ehe keine Keuschheit sein?», begehrte Katharina auf.

«In der Ehe kann keine Unkeuschheit sein», gab Luther tröstend zurück. «Die Einsetzung, die Aufgabe und Würde des Ehestands, das ist alles gut.» Ein rasches Schmunzeln und Zwinkern, ein Kuss. «Aber Unmäßigkeit kann darin sein, dass einer das Seine zu viel braucht.»

Wenn Luthers Humor durchbrach, steckte er Katharina unweigerlich an. «So macht mir eine feine Rechnung auf, Herr Doktor, auf dass ich sehe, wann Ihr das Eure und ich das Meine zu viel brauche und ich der Unmäßigkeit Einhalt gebieten kann.»

«Es ist kein Rock, der einer Frau oder Jungfrau so übel ansteht, als wenn sie klug sein will», lachte Luther auf. «Es steht geschrieben, der Mann ist seines Leibes nicht mächtig, sondern das Weib, und das Weib ist seines Leibes nicht mächtig, sondern der Mann. Das heißt, im Verlöbnis gibt eins dem andern seinen Leib zum ehelichen Dienst. So lass du getrost den Herrn bestimmen, der von Gott über dich gesetzt ist, wie oft er das Seine im rechten Maß gebrauchen will.»

«Lene, meine liebe Muhme Lene!» Immer wieder umarmte Katharina die hagere ältliche Frau im Bäuerinnengewand und konnte es kaum glauben, dass die Schwester ihres Vaters, Magdalena von Bora, tatsächlich dem Kloster Marienthron zu Nimbschen entsprungen und mit Leonhard Koppe ins Luther-Haus geflüchtet war.

Luther und der Kaufmann tauschten zufrieden lächelnde Blicke. Schon seit dem Tag, an dem Koppe der Siechenmeisterin Luthers Einladung zur Hochzeit und Katharinas beiliegenden persönlichen Sendbrief überbracht hatte, war klar gewesen, dass Magdalena von Bora das Kloster verlassen wollte. Dennoch hatten die Männer die Schwangere nicht eingeweiht.

«Martinus, sie bleibt doch?», rief Katharina bittend und zog die Muhme an der Hand hinter sich her, hin zu Luther. «Sie kann doch bei uns bleiben und hier wohnen? Und für immer, nicht wahr?»

«Selbstverständlich.» Mit einer herzlichen Umarmung hieß auch Luther die Muhme seiner Gattin willkommen. «Sie mag so lange bleiben, bis sie heiraten will.»

Magdalena von Bora lächelte. «So werdet Ihr mich wohl lange behalten müssen, Herr Doktor, denn heiraten, in meinem Alter, das wird nichts mehr. Mit Gottes Gnade und Eurer Hilfe lasst mich meinen Lebensabend bei Euch beschließen und meiner Katharina zur Hand gehen, die mir immer lieb wie ein eigenes Kind war und meiner jetzt mehr bedarf als alle meine Siechen im Kloster, die ich bei einer Jüngeren in guten Händen weiß.»

Luther sah sie lange an. Es stimmte, zum Heiraten würde sich wohl keiner finden lassen. Nicht nur, dass sie dürr wie ein altes Huhn aussah, sie hatte auch etwas um die Augen, einen Ausdruck von Stolz, Klugheit und Unbeugsamkeit, der jeden Mann abschrecken würde, sie in sein Bett zu nehmen. «Unser Leben steht in Gottes Hand», meinte er endlich. «Um des Evangeliums und meiner Käthe willen sollt Ihr bleiben und Heimstatt bei uns haben, solange Gott Euch bleiben lässt.»

«Danke, Martinus!» Mit Zärtlichkeiten vor Dritten war Katharina sparsam. Diesmal war es ihr jedoch egal, wer zusah, wie sie ihren Gatten küsste.

Als sie sich umsah, glänzten Tränen in Magdalenas Augen. «Ich freue mich für dich, dass du dein Glück gefunden hast, Kind.»

«Komm!» Katharina streckte die Hand nach ihr aus. «Wir wollen ein schönes Zimmer für dich auswählen. Und dann kommst du mit mir in die Küche. Dort ist es warm. Du musst ja ganz durchgefroren und halb verhungert sein von der Fahrt. Ich erinnere mich noch gut, wie es uns erging.»

Die Muhme ließ sich gern mitnehmen. «Ich soll dich von unserer Mutter Oberin grüßen. Sie segnet dich und dein Kind durch mich und lässt dir sagen, dass sie deinen Entschluss zur Ehe für eine Fügung Gottes ansieht.»

«Heißt das, sie ist mir nicht böse?»

«Nein.» Magdalena von Bora schüttelte den Kopf und nestelte ihren schweren Mantel auf. «Sie kennt Luthers Schriften so lange wie wir. In der Sicherheit ihres Äbtissinnenhauses haben wir uns oftmals die Köpfe darüber heiß debattiert. Im Herzen ist sie längst evangelisch geworden. Wäre sie nicht die Mutter Oberin und für ihre Töchter im Herrn verantwortlich, wäre sie damals ebenso gern mit dir geflohen wie ich. Aber wie ich meine Siechen nicht im Stich lassen konnte, so darf sie die ihr Anvertrauten nicht verlassen. Alles, was sie tun konnte, war, eure nächtlichen Zellenbesuche nicht zu verhindern.»

«Sie wusste davon?», staunte Katharina.

Die Muhme nickte. «Sie hat nie etwas dagegen unternommen, dass wir uns nachts in den Zellen besuchten. Solange niemand Zeugnis davon ablegte, konnte sie schweigen.»

«So standen wir ganz umsonst tausend Ängste aus, ertappt zu werden!», rief Katharina. Doch die Muhme widersprach. «Nicht ganz umsonst. Hättet ihr euch erwischen lassen, hätte keine von uns es verschweigen dürfen, und nur die wenigsten hätten es dennoch getan. Trotz aller Bereitschaft zur Nachsicht der Mutter Oberin muss Gott auf eurer Seite gewesen sein, dass ihr nicht entdeckt wurdet.»

«Es ist, wie Martinus sagt», antwortete Katharina und setzte der Muhme Brot, Butter und Käse aus der Milch ihrer eigenen Kuh sowie Dünnbier aus dem ersten von ihr selbst gebrauten Fass Bier vor. «Es geschieht, was Gott den Menschen vorbestimmt hat.»

«Als ich ging, waren wir noch zwanzig Nonnen in Marienthron.» Mit einem Seufzer der Erleichterung ließ Magdalena von Bora sich auf der Küchenbank nieder und streckte die schmerzenden Füße aus. Nach der langen Fahrt schien sie jeden Knochen einzeln im Leib zu spüren.

«Wird sie keinen Ärger mit dem Vaterabt bekommen, dass schon wieder eine entsprungen ist?» Mit dem Reden über Marienthron wachten die Erinnerungen an das Klosterleben in Katharina auf. «Wird er sie in die Dunkelzelle sperren? Oder sie gar auspeitschen lassen?»

Magdalena von Bora zuckte mit den Schultern. «Ich weiß es nicht, Kind. Ich weiß nur, dass sie selbst mir die Pforte öffnete und mich zum Abschied segnete. Und glaub mir, eine wie Margarethe von Haubitz weiß, was sie tut und auf sich nimmt. Wenn sie tatsächlich schwer gestraft würde, nähme sie es als Willen Gottes hin. Sie ist stark.»

Magdalena von Bora lockerte ihr altmodisches Gebände. «Sie wird ein paar Tage warten, bis Gras über die Sache gewachsen ist, und dann wird sie ihm einen Brief schicken, dass der Teufel schon wieder geholfen habe, eine Nonne zu entführen. Dann wird sie den Vaterabt bitten, in ihrem Namen beim Kurfürsten Klage zu führen. Der Vaterabt wird klagen, der neue Kurfürst wird, wie der alte, schweigen. Und damit war's das. Schließlich sind dem Vaterabt selbst auch schon etliche Mönche entsprungen.»

Katharina musste an Hetzschriften über die geilen Mönche und Nonnen denken, die nach Luthers Hochzeit truppweise über lange Leitern aus den Klöstern geflohen seien. «Martinus wollte, dass unsere Ehe dem Evangelium ein Tor in die geistige Verblendung der Papisten schlage», sagte sie. «Mir scheint, es wurde auch ein Tor in Klostermauern daraus.»

«Kind, wie kannst du mit dem wenigen, das dein Mann dir lässt, nur haushalten?» Magdalena von Bora blickte auf die sechs Groschen, die in der Eisenlade klingelten, in der erst gestern noch dreißig Gulden lagen, die der wackere Kriegsmann Assa vom Kram als Jahresgabe stiftete. Zu Recht nannte Luther ihn wegen seiner Großzügigkeit einen weißen Raben unter den Scharrhansen, Kentauren und Harpyien der meist knausrigen Edelleute.

«Martinus wird einen gefunden haben, der ihm bedürftiger erschien als wir», gab Katharina gallig zurück. «Wie viel auch hereinkommt, er gibt es mit vollen Händen und schneller aus, als es da ist. Ich glaube, die ganze Welt weiß das.»

«Ihr müsstet keinerlei Geldsorgen haben, wollte Luther sich die Veröffentlichung seiner Schriften bezahlen lassen», murmelte die Muhme. «In der Stadt sagen sie, ein tüchtiger Handwerker hätte im Jahr zweiundzwanzig Gulden. Dem Doktor Luther aber hätten die Buchdrucker im Jahr vierhundert Gulden für seine Schriften geboten, weil auch sie selbst sich eine goldene Nase daran verdienen.»

Katharina hob die mehlbestäubten Hände aus dem Brotteig. «Aber er hat's wieder ausgeschlagen. Gott gebe ihm seine Gedanken kostenlos ein, also gebe er sie auch kostenlos weiter. Nicht einmal Kollegiengelder will er von den Hunderten Zuhörern in seinen Vorlesungen erheben. Obwohl immer mehr Studenten und Gäste an die Leucorea kommen, sodass die Mietwucherer immer mehr verlangen und viele Nahrungsmittel knapp werden. Er sagt, der Kurfürst zahle ihm ja zweihundert Gulden im Jahr für seine Arbeit. Und hätte ich es nicht von ihm ertrotzt, dass ich fünfzehn Gulden im Jahr für meine schlimmsten Kosten von ihnen nehmen darf, müsste ich alle Kostgänger ebenso umsonst von seinem Tisch verköstigen wie die Gäste, die täglich wie die Heuschrecken über uns kommen.»

«Und dennoch werden alle Mäuler im Luther-Hause satt. Und deine Kostgänger speisen besser als die in den Bursen der Universität.» Magdalena von Bora machte keinen Hehl daraus, wie sehr sie ihre Nichte bewunderte. «Bloß das, was du dringend für den Haushalt brauchst, das bleibt jedes Mal zurück.»

Katharina wusste, was die Muhme meinte. Vieles lag im Luther-Haus im Argen. Der über zwanzig Jahre alte Dorment der Augustiner-Mönche war im Innern nie vollständig ausgebaut worden. Obwohl Katharina jeden Pfennig, den sie nur irgend erübrigen konnte, in die Renovierung des Hauses steckte, waren immer noch etliche Fensterscheiben zerbrochen und mit Pergament verklebt. Trotz anhaltender Bauarbeiten, zu denen der Rat der Stadt das meiste Material lieferte, war vielfach das Mauerwerk eingesunken. Ein Brunnen im Hof und die Wasserrohre fehlten, selbst für den Backofen und eine neue Funkenhaube mangelte es an Geld.

«Mit Gottes Hilfe wird schon alles werden, Muhme Lene. Gut Ding will eben Weile haben. Martinus hat für sich selbst und unseren Hausverwalter in Nürnberg ja schon Drechslerwerkzeug bestellt, auf dass er mit der Handarbeit unser Brot verdienen könne, falls die Welt uns nicht um Gottes Worts willen ernähren wolle. Am liebsten wär's ihm freilich, das Werkzeug liefe von selbst, so oft der alte Wolf darüber einschläft, weil wir dann im reichen Überfluss Gedrechseltes zum Verkaufen hätten.»

Die Frauen lachten. Wolf, der Hausverwalter, hatte sich auch bei Magdalena von Bora schon beliebt gemacht, als sie ihm auftrug, er solle draußen am Rande des Stadtwaldes ein Körbchen Elsbeeren für seine schwangere Herrin brechen. Statt der ebenso so schwer zu findenden wie köstlichen braunen Beeren brachte er weiter nichts als wilde Weixeln heim, die so sauer waren, dass selbst die Hühner sie verschmähten.

«Außerdem lassen uns Freunde, Fürsten, Edle, Kaufleute, Gelehrte und andere Verehrer ja immer wieder etwas zukommen», fuhr Katharina fort. «Neulich erst schickte uns Leonhard Koppe eine Tonne Salzfische, die waren so groß, dass sie kaum auf einen Teller passten. Oder denk nur an die mehr als drei Tonnen Roggen vom Kurfürsten, aus denen ich jedes Jahr vierzehntausend Brote backen kann. Oder das Gerstenmalz, das er uns ebenfalls stiftet. Fast sechstausend Liter Bier braue ich daraus. Nicht zu vergessen die Hühner, Muhme Lene, jedes Jahr sechzig Stück, die uns der Kurfürst überlässt. Und immer wieder gibt es etwas zwischendurch. Etwa das Wildschwein und das Fass Wein letzte Woche.»

Katharina bewegte sich unbehaglich. Die vornübergebeugte Haltung beim Brotteigkneten rief jetzt, da das Kind schwer an ihrem Leib zog, einen stechend heißen Schmerz in der Wirbelsäule hervor. Beide Hände in die Seiten gestützt, richtete sie sich auf. Sie würde froh sein, wenn es demnächst mit Gottes Hilfe bald so weit wäre. Froh? Eine düstere Wolke schien sich vor ihr Gemüt zu schieben. Wie, wenn etwas schief ginge? Energisch drängte sie die Angst beiseite. «Weißt du schon, dass mir unser guter Herr Kurfürst auch einen Ballen feinstes schwäbisches Tuch geschickt hat, damit ich Windeln und Wickelbänder für mein Kind daraus nähen könnte, Lene?»

Magdalena von Bora nickte. «Trotzdem wirst du spätestens, wenn das Kind da ist, einen schönen Brunnen in der Küche brauchen, damit du nicht täglich zum Brunnen vor dem Elstertor gehen und Wasser tragen musst», meinte sie resolut. «Willst du nicht gleich mit Cranach, als dem Rat der Stadt, sprechen und ihn um Hilfe bitten?»

Katharina zögerte. «Martinus will das nicht.»

«Und was willst du?» Die Muhme blickte sie geradeheraus an. «Willst du, dass dein Kind krank wird, weil du kein reines Wasser im Haus hast? Bist du aus dem Kloster entwichen, weil du ein freier Christenmensch sein oder weil du eines Mannes Sklavin werden wolltest?»

«Vielleicht hätte ich schweigen sollen?», dachte sie später, als sie Luthers aufgebrachtes Brüllen und Katharinas Schluchzen aus der Wohnstube im einstigen Calefactorium bis hinauf in ihre Schlafkemenate unter dem Dach vernahm.

Wie sie es wagen könne, ohne seine Erlaubnis beim Stadtrat vorzusprechen und Wasser für ihre Küche einzufordern, tobte er. Magdalena von Bora konnte sich sein rot angelaufenes Gesicht lebhaft vorstellen. Doch was hörte sie da? Ihre Nichte schien sich zu wehren. «Warum soll ich dich um alles fragen, was meines Rechts ist? Du selbst hast gesagt, in meinem Haus bin ich die Herrin. Und das Wasser fehlt ja wohl in meinem Haus und nicht in deiner Kirche, mein Herr Martinus. Warum also schimpfst du mich ungehorsam, wenn ich nur einklage, was meine Sache ist?»

«Ja, hat mich denn der Henker zu diesem Weib gebracht?» Luther donnerte mit der Faust auf den Tisch. «Weil du mich fragen musst. Weil es des Weibes ist, seinen Herrn zu fragen. Weil ich dein Herr in allem bin. Weil du mich überreden kannst, sooft es dir beliebt, denn an Worten fehlt es dir nicht. Gefragt will ich sein, wiewohl du die ganze Herrschaft im Hauswesen hast.»

Katharina entgegnete nichts. Nur die Stubentür hörte man hinter ihr zuschlagen und gleich darauf ihre Schuhe im Wendelstein klappern. Aber ein solcher Knall war auch eine Antwort. Mit Bedacht schlug Magdalena von Bora ein Kreuz über sich und küsste die Füße des Kruzifixus an der Wand neben ihrem Bett. «Behüte und bewahre sie, Herr, dass sie ihren eigenen Kopf nie vergisst, denn hättest du gewollt, uns Frauen zur kopflosen Rippe zu machen, trügen wir ihn ja nicht allzeit auf unseren Schultern.»

Der 7. Juni anno 1526 war ein heißer, gewittriger Tag. Schon in aller Herrgottsfrühe kam es Katharina vor, als steche die Sonne geradezu vom Himmel. Mit ihrer Gießkanne begann sie die neu angelegten Hochbeete und jungen Beerensträucher in beiden Hausgärten zu gießen. Der von Stallungen, einem Teil der Stadtmauer und der daran angelehnten hauseigenen Kapelle begrenzte Garten zur Hofseite hin sollte ein üppiger Karlsgarten mit niedrigen Nutzpflanzen werden, wie Pater Albertinus ihn der kleinen Katharina einst in einem Buch gezeigt hatte. Der kleinere, zur Elbseite hin gelegene Garten, in dessen Winkel das neue Brauhaus stand, bot Platz für die Bäume. Als

Novizin und Nonne zu Nimbschen hatte sie nicht nur den Namen der lateinischen Schrift des normannischen Benediktiner-Abtes Ansegis von St. Wandrille auswendig gelernt, sondern auch die dreiundsiebzig Nutzpflanzen und sechzehn Bäume und wie diese in jedem Landgut kultiviert werden sollten.

Martinus war sogleich Feuer und Flamme für ihre Idee gewesen. Unter seinem geliebten Birnbaum sitzend, der noch aus Klosterzeiten stammte, hatten sie gemeinsam jedes Beet und jede Pflanze geplant. Angesichts der auch im Winter eher milden Witterung in Wittenberg wollten sie sich sogar an Feigen und Pomeranzen sowie Pfirsiche und echten Lorbeer wagen. Nie hätte Katharina geglaubt, dass ihrem Martinus mit seinen zarten weißen Schreiberhänden die Gartenarbeit so viel Spaß machen würde.

Da sie keinen eigenen Brunnen hatten, musste das Wasser für den Zuber allabendlich mühsam aus dem Stadtbrunnen vor dem großen Elstertor geholt und in mehreren Fuhren mit dem Handkarren nach Hause gezogen werden. Manchmal teilten sie sich die Arbeit mit Cranachs und Melanchthons und nutzten die Gelegenheit zu einem ausgedehnten gemeinsamen Abendbummel auf dem Elbdamm. Meist aber erteilte Luther dem alten Wolf den Auftrag, der ihn wiederum an irgendeinen der jungen Kostgänger weiterzugeben versuchte.

Katharina liebte die Stunden vor dem Aufstehen, wie Luther sie nannte, wenn sie durch ihren Garten spazierte, die im ersten Sonnenlicht funkelnden Tautropfen auf den Blättern bewunderte, jede Blüte und jede Frucht bestaunte und milden Regen aus ihrer Gießkanne über die mit kraftvollem Pferdemist gedüngte Erde rinnen ließ.

Erst als der in Wellen aufsteigende Schmerz immer öfter, immer stärker, in bald immer kürzeren Abständen vom Rücken in den Bauch zog und die Bauchdecke verhärtete, setzte Katharina ihre Gießkanne ab, streifte die schmutzigen Gartenschuhe ab und schickte die Kleinmagd nach der Wehmutter aus.

Das Treppensteigen fiel ihr schwerer als sonst, als sie in Luthers Studierstube trat. «Unser Kind will kommen, Martinus. Bete für mich, dass ich eine gesegnete Wöchnerin sein werde und mit Gottes Gnad und Hilfe alles seinen rechten Lauf nach der Natur nimmt.»

«Muhme Lene!» Sein Schrei hallte durch den Wendelstein, als sei Feuer ausgebrochen. «Du musst sofort ins Bett, Käthe. Lass dich führen. Komm, gib mir deinen Arm, ich stütze dich. Nun leg dich nieder. Deck dich zu.» Aufgeregt wieselte er um sie herum, als sei sie urplötzlich todsterbenskrank. Seine hektisch besorgten Anweisungen erschienen Katharina zugleich rührend und belastend. Erleichtert atmete sie beim Anblick Muhme Lenes auf.

«Komm, Kind, steh wieder auf», ergriff Magdalena sogleich das Regiment. «Jetzt ist es nicht Zeit zu ruhen. Geh lieber auf und ab. Das hilft, die Wehen zu stärken. Das Fruchtwasser ist noch nicht abgegangen. So ist es nicht gefährlich für das Kind, wenn du gehst. Im Gegenteil, es wird dir Erleichterung schaffen.»

Hinter Katharina hergehend, nestelte sie die Gewandknöpfe und Miederbänder auf, um ihr das schwere Obergewand abzustreifen.

«Geht, Martinus», wandte sie sich dem Hausherrn zu, der halblaut betend und trotzdem seltsam verloren neben dem Bettkasten stand, «und weist Euren Hausverwalter an, die Glut in der Küche unter der Feuerstülpe hervorzuholen und im Herd neu anzufachen. Er soll einen großen Kessel voll Wasser an den Haken unter die Funkenhaube hängen, wir werden es alsbald brauchen.»

Erleichtert, aus seiner Hilflosigkeit erlöst zu sein, sprang Luther davon und öffnete auch gleich der an der Haustür läutenden Wehenmutter. «Gut, dass Ihr da seid, Herr Doktor.» Die schon etwas ältere, aber resolut auftretende Frau hatte kein Problem damit, dem berühmten Herrn Reformator und Professor den schweren Wehenstuhl in die Arme zu drücken. «Sie wird ihn brauchen. Also seid so gut und tragt ihn hinauf. Ich will indessen meine Tasche mit allem anderen holen, was nötig ist.»

Ohne darauf zu achten, dass Luther etwas von Küche und Wasser redete, verschwand sie zu ihrem Karren, den sie vor der Tür abgestellt hatte. Luther blieb nichts anderes übrig, als den Stuhl nach oben zu tragen, nochmals nach Wolf zu brüllen und schließlich selbst hinunter ins Küchenhaus zu rennen, um Feuer anzuzünden und endlich heißes Wasser zu kochen.

«Es ist gut, dass der Herr aus den Füßen ist», meinte die Wehmutter, während sie vor den Augen der aufmerksam beobachtenden Siechenmeisterin Katharinas Leib abtastete. «Ihr glaubt kaum, wie oft das starke Geschlecht in Ohnmacht fällt, sobald die Frau in blutigen Wehen kreißt. Lasst fahren dahin, Frau Lutherin. Denkt nicht an ihn, denkt an Euch selbst. Das Kind liegt gut. Wenn es geboren ist, mag der stolze Vater wiederkommen und es sehen.»

Dennoch konnte Katharina ihre Gedanken nicht von Martinus wenden. Sie wusste, wohin es ihn getrieben hatte. Dorthin, wo er immer zu finden war, wenn ihn Angst und Verzweiflung umtrieben: in die kleine Bore-Kapelle im Hof, die einst von den Mönchen als Provisorium aus Tannenholz – Boreholz, wie die Alten es nannten – und Lehmwickeln auf den Fundamenten der nie mehr vollendeten Klosterkirche errichtet worden war. Zwanzig Schuh breit und dreißig lang, mochte sie den ausgemergelten Augustinern bei ihren Stundengebeten Platz genug geboten haben. Jetzt schien der Raum voll zu sein, wenn allein Luther mit seinen Reformatorenfreunden darin war und sie über Bibeltexte und Kirchenreformen disputierten. Katharina war oft dabei gewesen, wenn er dozierend auf dem schmalbrüstigen Predigtstühlchen stand.

Sicher würde er nun vor dem winzigen Hochaltar knien, für den Lucas Cranach eine schöne Madonna mit dem Kind gemalt hatte, und beten. «Gegrüßet seist du, Maria, voll der Gnaden, der Herr ist mit dir, du bist gebenedeit unter den Frauen, und gebenedeit ist die Frucht deines Leibes, Jesus. Heilige Maria, bitte für uns.»

«Für mich wird er sie bitten», dachte sie. «Für mich und unser Kind.» Es tat gut, dieses Gebet um sich zu wissen.

Später, als die Wehen sie schon seit Stunden in den Gebärstuhl zwangen, hörte sie Luthers kraftvolle, weit tragende Stimme aus dem Speisesaal, wo er zu seiner Tischgesellschaft sprach. «Wenn ein Weib gebären soll, ist sie in Angst, so wie ihr in Angst seid, wenn Kreuz und

Leiden euch überfallen. Die Wehmutter und andere, die dabei sind, können sie wohl trösten, aber nicht die Not von ihr abwenden. Da muss sie hindurch und ihr Leben dran wagen.»

Luthers Stimme störte, weil sie Katharinas Kopf und in den Wehen untergegangenes Denken weckte und Zorn auslöste. Was schwafelte Martinus da von Angst? Angst hatte sie vorher verspürt, in den Monaten der bösen Orakel und hämischen Kundgebungen derer, die ihr ein Satanskind anhexen wollten. Wenn ein Kind auf die Welt drängte und die Pforte des Mutterleibs dehnte, war für Angst kein Raum mehr. Angst sitzt im Kopf. Und der Kopf hatte sein Regiment an den Bauch abgegeben, der sich im Schmerz hob und senkte, verkrampfte und entkrampfte, ganz wie das Urgesetz allen Lebens es aus der tiefsten Tiefe der Seele befahl. «Wenn Gehorsam Vollendung sein kann, dann in der Stunde des Gebärens», dachte Katharina später. «Nur dann denkt man nichts, fragt nichts, will nichts und tut nichts, als dem Willen Gottes in der Geburt des Kindes zu gehorchen.»

Auch die Muhme hatte Luthers Predigen gehört. Beruhigend legte sie ein frisches feuchtes Leintuch über ihre Stirn. «Lass ihn reden, Katharina. Hör nicht hin. Er muss gegen die eigene Angst reden. Wie Männer eben reden, wenn sie nichts von dem verstehen, wovon sie reden.»

Schweigen sollte er, dieser Mann, sich raushalten aus Weibersachen, von denen er nichts wusste und verstand! Doch schon tönte es wieder von unten herauf: «Also soll man auch ein Weib trösten und stärken in Kindesnöten, nicht mit St.-Margarethen-Legenden und anderm närrischen Weiberwerk umgehen, sondern also sagen: ‹Gedenk, liebe Greta, dass du ein Weib bist, und dies Werk Gott an dir gefället, tröste dich seines Willens fröhlich und lass ihm sein Recht an dir. Gib das Kind her und tu dazu mit aller Macht. Stirbst du darüber, so fahr hin, wohl dir, denn du stirbest ja eigentlich im edlen Werk und Gehorsam Gottes. Ja, wenn du nicht ein Weib wärest, so solltest du jetzt allein um dieses Werks willen wünschen, dass du ein Weib wärest, und so köstlich in Gottes Werk und Willen Not leiden und sterben.›»

Zorn, Schmerz und die Urgewalt des Lebens schlugen in einer

letzten Presswehe über Katharina zusammen. Zwei Stunden nach dem Mittagsläuten schrie das Kind zum ersten Mal.

«Du hast einen Sohn, Katharina. Mit Gottes Segen. Vollkommen gesund und wunderschön!» Von weit her schien die Stimme der Muhme zu kommen, die ihr etwas Weiches, Rosiges in die Arme drückte, das mit seinem Mündchen über ihre Haut glitt, bis es die Brustwarze erschnappte und fest zu saugen begann. Dankbarkeit, Liebe, Glück, Zugehörigkeit – ein unbeschreibliches Gefühl kam in Katharina auf, während ihre Arme den kleinen Körper umfingen, unter dessen Haut sie das Herz pochen fühlte, und ihre Augen den Anblick des von dicken schwarzen Locken umringelten Gesichtchens, die fest geballten winzigen Fäuste und perfekt geformten Füße aufsogen. «Mein Kind, mein Sohn, mein süßes Hänsichen!» Wenn sie je daran gezweifelt hatte, ob sie um ihrer Seele Seligkeit willen das Kloster zu Recht verließ, jetzt hatte sie den Beweis.

«Schrei flugs und wehre dich!», sagte Luther gerührt, als er seinen säuberlich in Wickelbänder geschnürten Stammhalter zum ersten Mal im Arm hielt und in das rote, etwas zerdrückte Gesichtchen schaute. «Eng hast du's in deinen Wickeln, mein Sohn, fürwahr. Mich hat der Papst selbst gebunden, aber ich bin aus seinen Banden wieder losgekommen. Du musst einen großen Herrn zum Paten haben, der dir helfen soll, ihnen zu entkommen.»

Mit dem Kind im Arm setzte er sich unbeholfen an die Kante der Bettstatt, in der Katharina nun in frischen Leintüchern und von ihrer Muhme Lene versorgt ruhte. «Es ist ein Gnadenzeichen des Herrn geschehen mit dem heutigen Tag der Geburt, Catena. Weißt du das?»

Katharina schüttelte müde den Kopf.

«Heute ist der Tag ‹dat› im Kalender des Cisionjanus, das heißt auf Deutsch ‹Er gibt› und sagt uns, der Herr hat uns dieses Kind gegeben. Darum fürchte ich nichts für meinen Sohn. So klein er ist, so groß sind dem Kind und allem, was mir zugehört, Feinde erwachsen. Sieh nur, wie ruhig es dennoch liegt und sich nicht fürchtet und nichts danach fragt, wie gewaltig die Herren sind, die ihm Böses wollen.»

«Das kommt, weil alle Kinder im Himmel die Größten sind und Schutzengel haben, die Gottes Angesicht sehen», antwortete Katharina. «Fürchte du nicht kleinmütig um unseren Sohn, Martinus. Gott hat ihn leben lassen, Gott wird ihn auch nähren und bewahren.»

«Ich danke dir, Catena», flüsterte Luther zärtlich und scheute sich nicht, sie zu küssen und bei ihrem Kosenamen zu nennen, obwohl sie nicht allein waren. «Du hast es mit mir gewagt und mich zu einem glücklichen Mann gemacht und nun auch zu einem stolzen, gottseligen Vater. Durch dich weiß ich erst, wie viele Vorzüge man am Weibe findet: den Segen des Herrn, die Nachkommenschaft, die Vertrautheit mit den Dingen, was alles so große Gaben sind, dass sie einen wohl erdrücken könnten. Ohne Frauen würde das Haus und was zum Haushalt gehört zusammenstürzen, die Staaten und die Gemeinden gingen zugrunde. Die Welt, Catena, kann ohne Frauen so wenig bestehen wie ich ohne dich, sogar wenn wir Männer die Kinder selbst auf die Welt bringen könnten.»

«Das habt Ihr schön gesagt, Herr Doktor Luther, aber seht doch, wie Eurem Weib die Augen zufallen», mischte sich die Wehmutter ein. «Sie hat es schwer genug gehabt, die kleine Frau, mit Eurem strammen Buben. Ruft mir doch Euren Diener, damit er den Gebärstuhl hier wieder in meinen Karren setzt. Es wartet schon eine andere Wöchnerin auf mich, die keine Siechenmeisterin zur Muhme hat und meiner darum doppelt bedarf.»

«So kommt erst und nehmt Euren wohlverdienten Lohn», sagte Luther und legte seinen Sohn in die Wiege, die Katharina in den letzten Tagen mit weichen Kissen, Decken und einem Betthimmel aus Seidenbatist ausgestattet hatte.

«Das fehlte auch noch, dass er der Wehmutter einen goldenen Trinkbecher oder die zehn Dukaten schenken würde, die Katharina für den Imbiss zur Taufe erspart hat», schoss es Magdalena von Bora durch den Kopf. Da sie hinter ihm stand, konnte er nicht sehen, wie sie den Finger hob und ihn vor den Augen der Wehmutter warnend hin und her bewegte.

Diese verstand sofort. Es geschah nicht zum ersten Mal, dass die

Hausfrau ihr für ihre Dienste etwas besonders Gutes zukommen lassen wollte, wovon der Hausherr nichts wissen musste. «Nein, habt Dank, Herr Doktor, und nichts für ungut», sagte sie deshalb mit einem höflichen Knicks. «Eurem Kind half ich um Gottes Lohn auf die Welt und will keine Bezahlung von Euch dafür annehmen.» Das war nicht gelogen. Von Luther wollte sie kein Geld. Und von Katharina hatte sie nichts gesagt.

Magdalena von Bora lächelte zufrieden. Rasch deckte sie Mutter und Kind zu, die beide bereits eingeschlafen waren, und schob die Wiege ans Bett. Den Finger an die Lippen drückend, winkte sie Luther und die Wehmutter aus der Schlafkemenate hinaus, zog lautlos die Tür ins Schloss und huschte ihnen mit nonnenleisen Schritten nach.

«So will ich eilen und die Taufpaten zusammentrommeln, damit sie dem jungen Heiden, den Gott mir zum Nachkommen bescherte, zur Christenheit bringen und seine geistigen Mütter und Väter werden. Sie sollen ihm dank ihrem Dienst und Hilfe aus der alten Geburt Adams durch die heilige Taufe zur neuen Geburt Christi helfen.» Eilig, sodass das maronifarbene Futter seines schwarzen Gelehrtentalars sichtbar nach außen schwang und die schwarzen Beinlinge zeigte, die er darunter zu braunen Kuhmaulschuhen trug, sprang er dem nur wenige Schritte entfernten Cranach-Haus entgegen.

«Kommt!» Magdalena von Bora winkte der Wehmutter zu, die bewusst lange an ihrer Karre gepackt hatte, bis Luther verschwunden war. «Hier, nehmt, gute Frau.» Freundlich schob sie ihr den reichlich, aber nicht üppig bemessenen Lohn zu. «Drei Gulden in Schreckenbergern, je einen für die Dreifaltigkeit Gottes. Und eine Krause Wein sollt Ihr obendrein haben. Das hat Euch meine Hausherrin selbst bestimmt. Lasst Euren Buben nur die Krause wiederbringen, so Ihr den guten Tropfen freundlich genossen habt.»

Die Wehmutter verzog ein wenig den Mund, als sie die drei Gulden in ihren Beutel schob und die Kanne billigen Frankenweins in der Karre verstaute. Luther selbst hätte sich großzügiger gezeigt, das war ihr nun klar. Mindestens Malvasier hätte er gestiftet. Jedes Kind wusste ja, dass er mit beiden Händen austeilte, wo eine verlangt war. Aber sie war ja wohl nicht zum letzten Mal in diesem fruchtbaren Hause gewesen. «Vergelt's Euch Gott, Gevatterin Kollega», sagte sie daher etwas zu spitz. «Wo ein Kind ist, kommen mit Gottes Hilfe auch zwei und mehr. Denkt an mich, wenn der Frau Lutherin das nächste Mal die Stunde schlägt.»

Magdalena von Bora schüttelte ihr schmunzelnd die Hand. Sie konnte förmlich hören, wie die Wehmutter in Gedanken hinzufügte: «Dann will ich gewitzter sein und mich nicht mehr so leicht übertölpeln lassen.» Beim nächsten Mal würde ihr schon etwas Neues einfallen, um die Kasse ihrer Nichte zu schonen. Jetzt hieß es eine kräftige Hühnersuppe kochen, um Katharinas Lebensgeister zu wecken und die Muttermilch üppig einschießen zu lassen.

Die Stille im Haus weckte Katharina auf. Verwirrt sah sie um sich. Auch die Wiege war leer. «Lene!», schrie sie auf, «Muhme Lene!», und versuchte, aus dem Bett zu springen. Nur der stechende Schmerz im Unterleib und der Blutschwall, den sie in die saubere Binde schießen fühlte, hielten sie zurück. «Lene!», noch einmal schrie sie auf.

Da kam sie auch schon, brachte eine Schale köstlich duftender Suppe mit sich und einen der neuen Löffel, die Wolf endlich doch ganz perfekt gedrechselt hatte.

«Sch! Sch!» Beruhigend drückte sie Katharina in die Kissen zurück. «Es ist ja alles gut. Hör doch, es ist vier Uhr nachmittags, die Glocken der Stadtkirche läuten. Allein für dein Hänsichen, Kind. Sie taufen ihn schon. Alle sind in der Stadtkirche versammelt und segnen ihn ein. Nur ich bin im Haus geblieben. Um deinetwillen.»

Katharina atmete auf. Natürlich, die Kindtaufe. Das hatte sie ganz vergessen. In den letzten Tagen vor der Niederkunft hatte sie mit Martinus die Namen für das Kind ausgesucht. Wenn es ein Junge wäre, sollte er nach ihren beiden Vätern Hans getauft werden. Ein Mädchen sollte nach Katharinas Vorfahrinnen Elisabeth heißen.

«Ob es wohl wirklich Gottes Wille ist, dass ich, die Mutter, nicht dabei sein kann, wenn mein Kind getauft wird?» Traurig sah sie die

Muhme an. «Wie gern und wie stolz wollte auch ich in der Kirche stehen und mein Kind auf dem Arm zur Taufe tragen und es der Welt, dieser verlogenen, gemeinen Welt zeigen, die es im Mutterleib als Monstrum und Satansbrut verleumdet hat.»

Die alte Siechenmeisterin nickte. «Seit tausend und mehr Jahren heißen Männer uns Frauen unrein, wenn wir geboren haben. Als unwürdig verbannen sie uns aus dem Hause Gottes und lehren, dies sei ein heiliger Brauch. In Wahrheit ist nichts Heiliges daran. Vielmehr handelt es sich um uraltes Wissen kundiger Heilerinnen, die erkannten, dass der Blutfluss der Mutter Stoffe enthält, an denen ein gesund geborenes Kind, das auf den besudelten Tüchern der Mutter gehalten wird, vergehen muss. Nur darum warnten sie einst die Mütter, ihr Blut sei unrein. Die Männer, die noch nie viel von Weiberdingen verstanden haben, deuteten den Blutfluss sogleich als Zeichen der Erbsünde und verbrannten diejenigen als Hexen, die es besser wussten. Statt der Heilerinnen, die ihr Wissen von Mund zu Mund weitergaben, wurden bis heutigen Tages immer mehr Männer Ärzte, und das alte Wissen über die Dinge des Weibes ging fast ganz verloren.»

«Ich werde mit Martinus darüber reden», versprach Katharina. «Mit dem neuen Evangelium lehrt er ja, dass Männer und Frauen vor Gott gleich und für gut befunden worden sind. Das heißt auch, dass der Blutfluss der Frauen gut ist. Ist das aber so, gibt es keinen Grund, junge Mütter der Kirche fern zu halten. Und dann dürfen auch sie ihr Neugeborenes zur Taufe bringen.»

«Meinst du denn, er hört in diesen Dingen auf dich?» Der skeptische Blick der Muhme blieb auch, als Katharina voller Stolz nickte. «Er schätzt meine Meinung und rechnet mein Wissen hoch an. Früher, als ich noch nicht verheiratet war, war ich oft in der Leucorea und habe an Vorlesungen und Disputationes teilgenommen. Die Studenten nannten mich deshalb Katharina von Alexandrien.» Magdalena von Bora schmunzelte. «Ja», fuhr Katharina eifrig fort. «Und jetzt lässt er mich sogar vor der Tischgesellschaft predigen und vor Gelehrten sprechen. Deshalb schenkte er mir das Neue Testament und lobte fünfzig Gulden für den Tag aus, an dem ich es ganz gelesen habe. Am liebsten würde ich Tag und Nacht darin lesen. Nicht wegen des Geldes, sondern weil ich dann noch besser aus der Bibel argumentieren könnte, wenn wir reden. Ich komme nur nicht dazu.» Katharina wurde ernst. «Auch nicht mehr recht zum Beten, Muhme Lene. Wie haben wir doch im Kloster so innig und tief und lang gebetet. Jetzt reicht es knapp für ein Gebet bei Tisch und zum Morgen und Abend.»

Die Muhme half Katharina sich aufzurichten. «Gott kennt alle deine Gedanken. Ich bin sicher, er weiß, dass deine Hände beten, wenn sie arbeiten.»

«Der König von England, Käthe – weißt du, was er mir zu unserer Hochzeit schreibt?» Zwischen Zorn und fassungslosem Staunen blickte Luther von einem Sendbrief auf, den er soeben erhalten hatte. «Dich geheiratet zu haben sei die verruchteste und zugleich erniedrigendste Tat meines Lebens. Dich als eine Nonne habe ich damit geschändet und andere dazu verleitet, Gleiches zu tun.»

Katharina gab Hänsichen einen Kuss, den sie soeben frisch gewickelt hatte. «Was schert dich das Geschwätz von einem, der seinen Hausfrauen den Kopf abschlagen lässt, wenn es ihn nach einer neuen verlangt? Er ist nicht würdig, dass sein Name unter unserem Dach genannt wird.»

«Wenn sie nur meine Schande verkünden können, wähnen sie sich der Seligkeit nahe.» Luther stand auf. «Ich wollte, das alles ginge ebenso spurlos an mir vorbei wie an dir, Catena.»

Katharina lächelte. «Da, nimm den Buben. Er wird dich auf fröhlichere Gedanken bringen. Sieh nur, wie groß er geworden ist.»

Luther zögerte. «Homo vorax et bibax, ein starker Esser und Trinker ist er geworden, fürwahr. Dennoch bete ich, dass Christus mir das Kind wider den Satan erhalte, der, wie ich weiß, nichts unterlassen wird, um mich, wenn Gott es zulässt, in meinem Sohn zu verletzen.»

«Das bete ich auch, Martinus. Und hat Gott unsere Gebete nicht treulich erhört?» Erneut bot Katharina ihm das Kind an.

«Aber schon jetzt wird das Kind so oft geplagt und weint und schreit, weil dein Busen noch immer zu wenig Milch führt und der Knabe Hungers darben muss und es in seinem Leib von Krankheiten rumpelt, die ich nicht zu benennen weiß. Ist das Teufels Werk? Packt der Böse mich schon in meinem Kind? Mir ist oft so bang um unser Hänsichen, Catena.»

«Groß und stattlich siehst du aus, Martinus», dachte Katharina. «Meine Küche hat dir gut getan. Wollte ich mich hinter dir verbergen, böte dein Rücken mir heute breiteren Schutz als am Tag unserer Hochzeit. Doch im Innersten bist du verletzlich und schwach und fürchtest dich vor der Maus, die der Katze entkam, weil du meinst, das gelänge dem Teufel nur.» Aufmunternd lächelte sie ihm zu. «Das ist nur die alte Melancholia, die wieder einmal über dich kommen will. Warte nur, ich will sie dir wohl vertreiben und dir heute Mittag ein zartes Hühnchen auf den Tisch bringen und junges Gemüse aus dem Garten.»

Endlich nahm Luther das Kind und legte zugleich den Arm um seine Frau. «Du bist stark in deiner Mutterschaft, Catena, denn wenn du als Frau das Kind säugst, wiegst, badest und andere Werke mit ihm tust und sonst wie arbeitest und deinem Mann hilfst und gehorsam bist, sind das vor Gott alles eitel goldene und edle Werke, die mit göttlichem Wohlgefallen wie mit dem köstlichsten Gold und Edelsteinen geziert sind.»

«So solltest auch du dich darauf besinnen, was deines Standes ist, Martinus», gab sie zurück. «Du bist als Mann geschaffen, und von deinem Leib ist unser Kind gezeugt. Und bist so gewiss wie ich, dass dies alles Gott aufs allerbeste gefällt. Also bist du als Vater so würdig wie ich als Mutter, das Kindlein zu wiegen, seine Windeln zu waschen und seiner zu warten.»

«Ich will ihnen predigen, was du mich gelehrt hast, mein Herr Käthe.»

Wie ein Geschenk Gottes zur Vaterschaft flatterte die Nachricht vom Speyerer Reichstag auf den Tisch des Luther-Hauses, dass Kaiser Karl V. die Durchführung des Wormser Edikts gegen Luther bis zu einem nationalen Kirchenkonzil in einem oder anderthalb Jahren auf Eis gelegt habe.

«Heißt das, du bist nicht mehr vogelfrei?», rief Katharina hoffnungsvoll. Doch Luther musste sie enttäuschen. «Acht und Bann gegen mich sind zwar bis zum Konzil ausgesetzt worden, aber meinen Kopf wollen die Papisten nach wie vor. Das Außerordentliche ist, dass der Kaiser den Reichsständen das Recht auf Entscheidungsfreiheit für die Reformation oder gegen sie gab. Wer will, kann sich uns von nun an anschließen, ohne Acht und Bann fürchten zu müssen. Jeder darf Messen verbieten und evangelische Gottesdienste einführen. Catena, es geschehen doch immer wieder Zeichen und Wunder des lebendigen Gottes.»

«Wohlan, lass uns ein Fest für unsere Freunde geben und die neue Freiheit feiern», schlug Katharina vor. «Wie lange habe ich Spalatin nicht mehr gesehen. Er kennt noch nicht einmal unseren schönen neuen Garten mit dem Brauhaus und den Brunnen, den du mir gerade erst vor der Küche erbaut hast. Schreib ihm, er solle mit Rosen und Lilien bekränzt werden, käme er.»

«Und wovon willst du das Fest bezahlen?» Sobald Luther etwas von Geld vernahm, lagen seine Nerven blank. «Der neue Brunnen allein hat hundert Gulden zu Wasser gemacht.»

«So wird der Herr uns auch Wasser in Wein verwandeln, wenn wir ihn nur recht darum bitten», gab Katharina zurück. «Und vielleicht wolltest du auch einige unserer Hochzeitsgaben versilbern und uns davon ein Stück Land erwerben, Martinus?»

Erst kürzlich hatte sie mit Barbara darüber gesprochen, als sie von Meister Cranach erfuhr, dass eine halbe Hufe draußen auf dem flachen Land zu haben sei und er für sie bei einem Mittelsmann nähere Auskünfte dazu eingeholt hatte. Barbara hatte Recht, Martinus war erst als erwachsener, studierter Mann und aus freien Stücken in einem selbst gewählten Orden Mönch geworden. In all seinen Mönchsjahren hatte es immer dienende Brüder gegeben, die ihn und die anderen Patres versorgten, sodass er sich ganz seinen Studien widmen und seinen Lebensunterhalt Gott anvertrauen durfte. «Gut macht Mut, Mut macht Armut, Armut macht Demut», das war sein Wahlspruch.

«In diesem Gedanken unterscheiden wir uns», hatte Katharina erkannt. «Gut macht Mut, das sehe ich auch so. Aber mit gutem Mut und Demut vor Gott falle ich nicht in Armut, sondern packe beherzt mit eigenen Händen zu und mehre die mir gegebenen Talente und vergrabe und verschwende sie nicht.»

Insofern spielte es keine Rolle, ob sie ihn jetzt oder zu einem späteren Zeitpunkt um den Erwerb eines weiteren Gartens bat. Sie konnte nur hoffen, dass ihn die freudige Botschaft des Tages gnädig stimmte.

Doch wie befürchtet, fuhr Luther auf. «Nicht nach Reichtum und Besitz stehe dir der Sinn, Weib, sondern nach Gottes Wort, denn Reichtum ist das allergeringste Ding auf Erden, die kleinste Gabe, die Gott einem Menschen geben kann.»

«Aber es geht mir doch nicht um Reichtum, Martinus.» Rasch, denn sie hatte sich schon seit Tagen zurechtgelegt, wie sie ihren Wunsch vorbringen wollte, wenn sich die Gelegenheit böte, legte Katharina ihm schmeichelnd die Arme um den Hals. «Eine halbe Hufe Land mit einem armseligen Häuschen, einer schmalen Scheune und einem Brunnen in einem geringen Hausgärtchen sind doch kein Reichtum. Aber es stehen etliche stattliche Obstbäume darauf, und der Ackergrund ist fruchtbar. Sogar einen Bachlauf gibt es darin. Den könnten wir aufstauen und eine Fischzucht anlegen. Und Bienen könnten wir hegen, um Honig und Wachs zu gewinnen.»

Das alles klang verlockend. Im Stillen musste Luther es zugeben.

«Gäbe Gott, wir hätten dieses Stückchen Land, das wir leicht mit ein, zwei Knechten bebauen könnten», seufzte Katharina. «Wir würden ein wenig eigenes Korn, Rüben, Kohl und schönes Gemüse anbauen, müssten auch keinen teuren Fisch mehr auf dem Markt kaufen und hätten sogar eigenen Honig.»

Ihre Arme um seinen Hals und die schönen blauen Augen feucht zu ihm aufgeschlagen, fiel es Luther schwer, grimmig zu bleiben. «Wie immer bist du sehr beredt», brummte er. «Du kannst die Sprache so gut, dass du mich darin weit übertriffst. Allein, so es dir auch an Worten nicht fehlt, so mangelt es dir doch am richtigen Verständnis für die Sache.»

Katharina ließ die Arme sinken. Schon als Kind hatte sie es gehasst, als dumm und unverständig hingestellt zu werden. Noch dazu jetzt von ihrem eigenen Mann, der es besser wissen sollte. Es reizte sie plötzlich, ihm ins Gesicht zu schleudern, wenn das, was sie in kurzer Zeit aus seinem Schwarzen Kloster gemacht hatte, Unverstand sei, was es dann wohl sein müsse, wenn einer seinen eigenen Strohsack zwei Jahre nicht erneuerte. Doch gottlob schrie Hänsichen im rechten Augenblick. Wie immer schoss ihr die Milch ein, wenn er schrie. Und wie immer war plötzlich nichts mehr so wichtig, dass es vor seinem Recht an ihr nicht hätte warten können.

«Du bist der Herr und hast auch wegen des Gartens das letzte Wort, Martinus», sprach sie scheinbar demütig. «Wie immer du entscheidest, soll es recht sein. Bedenke nur, du kaufst ihn nicht mir, denn ich habe das Fasten gelernt und vertrage es wohl. Nicht aber unser Hänsichen.»

Sollte er lachen oder schelten? Kopfschüttelnd ging Luther ihr nach. Still und sanft saß sie mit ihrem Kind im Arm, Auge in Auge mit Hänsichen versunken, der seine Hand an die einzige Stelle gelegt hatte, an der die Brust, aus der er trank, aus dem Gewandstoff lugte. Manche Momente waren wie für die Ewigkeit gemacht. Gerührt zog Luther seinen Stuhl heran und sah zu. Ein paar Wochen noch würde er ihr wohl gestatten, seinen Sohn an ihrem Busen zu nähren. Je nachdem, wie das Kind sich dabei entwickelte. Dickköpfig, wie Katharina sein konnte, hatte sie ihm kurz vor der Niederkunft die Erlaubnis abgebettelt, dass sie das Kind selbst nähren dürfe. Was konnte er dagegen einwenden? Und war sie ihm nicht immer in allen Dingen gefällig, entgegenkommend und zu Willen, mehr als er je zu hoffen gewagt hatte? Dennoch war es sein Recht und seine Pflicht zu bestimmen, wie lange Katharina seinen Sohn stillte. Als schwaches, unmündiges Weib konnte sie diese schwere Verantwortung nicht allein tragen.

Was den Garten betraf, so wollte er zuerst einmal mit Meister Cranach darüber reden. Im Grunde hatte Katharina ja Recht, ein Landgut war besser als Geld, denn das Land kam von Gott und das Geld vom Satan. Und warum sollten die Becher auf den Wandborden verstauben, wenn er davon seinem Sohn und dessen Nachkommen ein Stück Land zu Eigen erwerben könnte? Musste er nicht auch daran denken, was aus Weib und Kind würde, sollte der Teufel ihm Krankheit und Tod schicken? Wo sollten sie dann leben, die beiden Armen, wenn er nicht mehr wäre? Mit einem Kuss auf Hänsichens Stirn ging Luther hinaus in seine Studierstube.

Falls Cranach ihm zuriete, würde er abermals mit Wenzeslaus Link über Sämereien reden und den Kurfürsten um Saatkorn bitten müssen. Auch bräuchten sie dann zwei neue Knechte und einen größeren Pflug. Gottlob hatte sich Katharinas Kaltbluthengst schon mit der Stute um ein Fohlen vermehrt. Für eine halbe Hufe Land würden sie alsbald zwei starke Pferde brauchen. Und guten Dünger auch. Bis zum Herbst war nicht mehr viel Zeit.

Hänsichen begann zu krabbeln. Zum Weihnachtsabend bescherte er seinen Eltern ein schönes Lied, das ihn die Muhme Lene heimlich gelehrt hatte. Und am Neujahrstag beglückte er sie mit dem ersten Zahn, der klappernd an den Zinnbecher schlug, aus dem er nun schon ohne Hilfe trinken konnte. Selbst Luther war so gerührt, dass er jedem Freund davon berichtete.

Bald war der neue Garten vor dem Elstertor frisch umgebrochen und eingesät. Die Frucht stand gut, wenn das Wetter mitmachte, war eine schöne Ernte zu erwarten. Auch die beiden Hausgärten am Luther-Haus gediehen. Für die Schweine, die sich so eifrig vermehrten, dass sie schon manchmal eines auf dem Saumarkt verkaufen konnten, hatten sie einen Hirten angestellt. Johannes war ein pfiffiger Bengel, dem sein Borstenvieh quiekend entgegenrannte, sobald er den Pferch betrat. Auch für die Kühe und Pferde, mit denen Katharina eine kleine Zucht angefangen hatte, hatten sie einen Burschen in Dienst genommen. Um die Ziegen, Schafe und Hühner, die sich rasch vermehrten, kümmerte sich die Anna, die Kleinmagd. Liese, das Töchterchen der Köchin Dorothea, führte die Gänse aus.

In Katharinas Ohren klang der tägliche Chor aus Wiehern, Viehbrüllen, Schweinequieken, Gänseschnattern, Krähen und Glucken, Meckern und Bähen, in den sich das Reden und Lachen der vielen Menschen mischte, die Haus und Hof bevölkerten, wie die schönste Musik. Und wann immer sie aus ihrem Stubenfenster in den Hof hinunter nach ihrer Wirtschaft schaute, lachte ihr das Herz.

«Sieht man deiner Hände Werk, Catena, könnte man meinen, ich hätte ein Weib genommen, damit es mich als einen müßig gehenden Junker ernähre», meinte Luther, dessen hageres Mönchsgesicht zu Katharinas Freude vollere Wangen bekommen hatte. «Doch bin ich ein gottesfürchtiger Mann und wandle nicht bloß spazierend auf des Teufels Wegen. Nein, ich speie wie du in meine Hände, denn anders, als der Bauer denkt, ist es eine große Arbeit, mit dem Kopf arbeiten, wenn er treulich studiert, damit ich mit Predigen und Sakrament reichen mein Amt ausrichten kann.»

«Darum ist dir in mir eine Gehilfin gegeben, dass du studieren kannst und ich dich umsorge.» Katharina lehnte den Kopf an seine Schulter. «Ein jeder nach seinem Talent und an seinem Platz.»

«So solltest du heute einmal wieder bei Tische predigen», lobte Luther. «Mit uns, die wir den Herrn fürchten und uns mit unserer Hände Arbeit nähren, ist Gott. Er lässt uns keinen Mangel leiden an irgendeinem Gut, wiewohl wir in Armut zusammengekommen sind, sondern segnet unsere Arbeit und will uns Essen und Trinken, Kleider und Nahrung geben. Deshalb sollen wir uns das Wörtlein wohl merken und an unsere Kammern und Stuben schreiben und unsere Kinder lehren, dass der Heilige Geist im Psalm sagt: Wohl dir, du hast's gut.»

Wie schön war es, so warm in Martinus' Arm zu stehen, sich seiner Liebe und Anerkennung gewiss zu sein, in Gottes Gnade zu ruhen und ein Daheim zu haben. Luthers neue Sanftheit und sein nimmermüdes Lob der treuen Ehe, der braven Hausfrau, der köstlichen Kinder und des Gott wohlgefälligen Ehemannes machten sie glücklich. Es stimmte, sie hatten es gut. Trotz der über hundert Gulden Schulden, die sie aus dem Ankauf des Gütleins vor der Stadt übrig behalten hatten. Trotz der vier verpfändeten Becher. Und trotz der Kreditunwürdigkeit bei ihren vermögenden Freunden, die Martinus wegen seiner großen Freigebigkeit nichts mehr leihen wollten. Insgeheim konnte Katharina sie verstehen.

«Achtet er selbst seiner nicht, so muss man es für ihn tun, ehe er in seiner Unvorsichtigkeit demnächst im Schuldturm sitzt», hatte Meister Cranach erklärt, als sie bei Barbara klagte, Martinus habe nicht einmal seinem nach Altenburg umgezogenen Freund und ehemaligen Prior, dessen Hausfrau ein totes Kind zur Welt gebracht hatte, acht Gulden verschaffen können.

Als sie Luther von diesem Gespräch berichtete, winkte er nur lachend ab. «Straft der Herr meine Unvorsichtigkeit, so wird er mich auch wieder befreien.» Trotzdem war er seither etwas achtsamer und nahm keine Bürgschaften mehr an. Und wenn Erasmus von Rotterdams bissig gemeinter Spruch über Luther, nichts sei so wild, dass es beim Weibchen nicht zahm würde, den Reformator auch in Wallung brachte, so erschien es Katharina doch wie ein Kompliment. Als sie sich kurz nach Ostern wieder gesegneten Leibes fühlte, hätte sie die ganze Welt umarmen mögen.

Die Welt sah Katharinas zweite Schwangerschaft freilich mit ähnlicher Häme wie die erste. Luthers Erzfeind Johannes Eck, Professor der Theologie in Ingolstadt, der ihm schon anno 1519, anlässlich der Leipziger Disputation zur Rechtfertigung der Reformation, schwer zugesetzt hatte, machte sich ein böses Vergnügen daraus, den Reformator als ketzerischen und menschlich unwürdigen Sektierer bloßzustellen.

Konrad Cordatus, der erste und älteste der Tischgenossen im Luther-Haus, fand Katharina bleich und schwach, mit der gedruckten Schmähschrift in der Hand, in der Bore-Kapelle sitzend, wo sie die Schmach der neuen Gemeinheiten still mit sich selbst und ihrem Herrn Jesus auszumachen versuchte.

«Sie geifern und schmieren ja nur so, weil sie sonst nichts haben, was sie Martinus vorwerfen könnten», versuchte er sie zu trösten. «Und weil sie wissen, dass er in Euch und seinen Kindern verletzlich ist.»

Katharina blickte auf ihre im Schoß gefalteten Hände. «So verletzlich bin auch ich in ihm und unseren Kindern», antwortete sie still. «Und noch verletzlicher, denn er ist mein Stecken und Stab, mit dem der Herr mich aus aller Not geführt hat. So sie ihn schmähen, schmähen sie auch mich. Und jetzt, da die Schwarmgeister sich neu gegen ihn rotten, wird mir oft bang um uns alle.»

«Das macht das neue Kind.» Cordatus tätschelte ihr die Wange.

«Männer reden alleweil gern vom Kinderkriegen», murmelte Katharina.

«Weil sie selbst nicht im seligen Stand sind», gab Cordatus zurück. «Wisst Ihr noch, wie Martinus von den Schwangeren predigte?»

«Er predigt gar oft davon.»

«Weil der Mund überläuft, wovon das Herz voll ist», schmunzelte Cordatus. «Und weil er zumal uns Männer lehren will, das Weib zu verstehen und in seiner Mutterschaft höher zu schätzen als bisher, da Kerle sich ihrer Hausfrauen achtlos bedienen und die Ehe für kurze Lust und langes Muss ansehen. Nur darum, weil die Papisten die Weiber als Höllenpfuhl und die Ehe als Teufelswerk missachten, schreibt einer wie Eck ja, was er schreibt.»

So hatte Katharina es noch nicht gesehen. Folgte sie Cordatus, sollte sie sich geehrt dadurch fühlen, dass ihr Beispiel und Zeugnis Luther lehrte, wie er der Welt das Lob der Frau und Mutter recht verständlich machen könne. Und dass einer wie Eck sie und ihr Kinderkriegen einzig in den Dreck zog, weil ihm die ehrlichen Waffen gegen Luthers Wahrheit ausgingen.

Katharina bemühte sich um ein Lächeln und stand auf. «Danke, mein guter Cordatus. Ihr macht mir Mut.»

«Mit Euch hat Martinus das große Los gezogen, Frau Doktorin. Wäre er nicht mein Freund, so müsste ich ihn beneiden.» Die mit einem Ausdruck leisen Bedauerns vermischte Bewunderung in seinen Augen ließ Katharina unwillkürlich lächeln. «Ihr seid ein Charmeur,

Cordatus. Heute Abend sollt Ihr die doppelte Portion Nachtisch bekommen, damit ich Euch Euer Süßholz recht auszahlen kann.»

«Und darf ich auch wählen, dass es gelbe Melone in Honigsirup sein sollte?» Die kleine prickelnde Sekunde verflog mit Cordatus' verschmitztem Blinzeln.

«Mit Gottes Hilfe habt Ihr soeben erraten, was ich unserer Dorothea heute Morgen für den Abendtisch aufgab.» Gern nahm Katharina seinen Arm und ließ sich über den sauber gefegten Hof ins Haus geleiten. Mochten die Ecks dieser Welt doch anecken, bei wem sie wollten. Sie war eine Frau. Und Frauen hatte Gott zu ihrem Glück Rundungen geschenkt.

Luthers schmerzerfülltes Stöhnen, als sie im Morgengrauen aufstehen wollte, traf Katharina wie ein Schlag. «Was ist dir, Lieber?» Erschreckt beugte sie sich über ihn, um die Stirn zu fühlen. «Du fieberst eiskalt. Ist es das alte Steinleiden wieder? Schmerzt es dich etwa im Rücken und hier im Unterbauch? Warte nur, Lieber, ich bereite dir einen Tee zu, der die Verdauungssäfte fließen lässt. Danach helfe ich dir auf, damit du ein wenig von einem Bein auf das andere springen kannst. Das hilft den Stein lösen.»

«Schweig mir von Steinen und Tee und Gespringe! Es schmerzt in der Brust, Catena. Es ist der Satan persönlich, der mir zum Tort von Zürich und Basel herauf einen Höllenfurz streichen lässt, dass der Gestank mich mitsamt dem Evangelium vergiften möge!», keuchte Luther und rang zähneklappernd nach Luft. «Lauf, lass mir den Doktor Pommer holen. Heute, das spüre ich für gewiss, wird mir dein Brathering mit kalten Erbsen und Senf nicht wieder aus der Not helfen und es Steine aus mir hageln lassen. Diesmal, Käthe, geht es ans Ende. Schick mir nach Bugenhagen. Ich will beichten.»

«Martinus!» Mit einem Aufschrei schlang Katharina die Arme um ihn. Sie wusste ja, dass er nur stark und kräftig aussah. Im Innersten war sein Körper vom langen Stillsitzen und Studieren, vom sich kasteienden und seiner selbst nicht achtenden Mönchsleben und dem schonungslosen Raubbau an den eigenen Kräften hinfällig und schwach. Was der Seele Kummer bereitete, schlug Martinus auf die Nieren und drückte ihm das Herz ab. Nierensteine, Gallensteine, Verstopfung, Gicht, Herzrasen, Schwindel und Ohrensausen; daran litt er. Sie kannte die Symptome, hatte sie im Siechenhaus zu Nimbschen oft genug erlebt und nicht nur ein hilfreiches Mittel dagegen angewandt. Auch Martinus hatten sie geholfen, aber noch nie hatte er nach seinem Beichtvater verlangt.

«Wolf! Muhme Lene!» Sie hörte selbst, wie schrill ihre Stimme klang.

«Ach, dass doch der Teufel wider diese Sakramentierer und Schwarmgeister führe!» Der Kranke griff sich ans Herz. «Stattdessen plagt er mich die ganze Nacht mit Visionen, es werde sein Reich kommen, und das durch meine Schuld. Ach, dass doch die Hölle sich auftäte, ihn zu verschlingen, diesen falschen Reformator, diesen Ulrich Zwingli und seine humanistischen Bibelverdreher. Sie machen mir ja das ganze Evangelium zuschanden. Und ich liege zu Wittenberg fest und kann ihnen nicht wehren.»

In verzweifelter Hast drängte Katharina ihren eigenen warmen Leib an seine eiskalten Glieder, umschlang ihn mit Armen und Beinen und wickelte sie beide gemeinsam in alle Decken ein, die sie besaßen. Was gäbe sie für eine Kohlepfanne unter seinen Füßen, ein paar heiße Steine, um das kalte Fieber aus seinem Leib zu treiben. Aber sie konnte jetzt nicht wegrennen, ihn nicht allein liegen lassen. Allmählich ging ihre Wärme auf seinen Körper über. Sein Schlottern ließ nach. «Beruhige, dich Martinus», flüsterte sie und streichelte ihm die Augen zu. Während er schliefe, könnte sie eilen, das Nötigste für ihn zu holen. «Du schadest dir nur selbst, wenn du dich so erregst. Krankheiten sind Anfechtungen des Teufels. Du selbst hast es so gesagt. Halte ihnen Gottvertrauen entgegen. Besinne dich doch auf deine Schriften. Die sind scharfe Waffen, gehärtet im Herzblut Jesu Christi.»

Doch Luther schlief nicht ein. Er hörte wohl gar nicht zu. «Wo bleibt denn nur Bugenhagen?» Seine Stirn bedeckte sich plötzlich mit kaltem Schweiß, und um Mund und Nase legte sich ein bläulicher Ring. «Hilf mir auf in den Kissen, Catena. Jetzt sitzt mir der Höllenhund selbst auf der Brust und drückt und frisst an meinem Herzen, dass ich zugrunde gehen muss.»

«Harre aus, Martinus.» Mit beiden Händen zog sie ihn unter den Achseln hoch, bis sein Oberkörper fast aufrecht an den Kissen lehnte, die sie ihm unterschob. «Ich will selber rennen, den Doktor Pommer zu holen.»

«Halt, Kind.» Mit wirrem Haar und einer Decke um die Schultern trat Magdalena von Bora auf die Schwelle. «Ich will Wolf rufen gehen. Er hat dich wohl nicht gehört.» Leise trat sie an Luthers Bett, legte ihm die Hand auf die Stirn und zählte den Puls an seiner Halsschlagader mit. «Er bedarf eines Aderlasses. Zu viel Aufregung, zu viel Debattieren, zu viel Essen, zu viel Wein, zu viel Arbeit – alles ist in ein Zuviel schlechten Blutes umgeschlagen. Jetzt jagt das Herz und treibt das Blut in den Kopf und kann der Mehrarbeit nicht Herr werden. Wartet, Herr Doktor, ich will meine Blutegel holen. Sie werden alsbald ihr Werk an Euch vollführen und Euch schröpfen, bis es Euch wieder besser geht.»

«Euer Wort in Gottes Ohr, Muhme Lene.» Der Kranke atmete schwer. «Aber holt mir zuerst meinen Johannes herein, dass ich meine Seele erleichtere.»

«Inzwischen massiere seine Herzgegend mit dieser Salbe aus Kampfer, Eukalyptus und Weißdorn.» Die alte Siechenmeisterin sah Katharina an und brachte ein Döschen aus ihrer Faltentasche hervor. «Die Einreibung wird ihm Erleichterung verschaffen.» Mit ihrem leisen, immer raschen und doch nie eilenden Nonnenschritt verließ sie die Schlafkemenate und lächelte ihrer Nichte beruhigend zu. «Und bete, Kind. Es wird dir Trost und Ruhe geben. Beides ist vonnöten.»

«Mein Doktor Pommer wird Rat wissen, Catena. Immer weiß er Rat, ist ja unser Organisationstalent, mit seinem kühlen Kopf, der so sicher eins und eins zählt wie das Uhrwerk in unserer Stube.» Luther warf den Kopf von einer Seite auf die andere, die Augen blutunterlaufen, dass kaum noch das Weiße zu erkennen war. «Es macht mich krank, das falsche Zeugnis dieser Schweizer Zwinglianer. Behaupten, dass Taufe und Abendmahl nicht eigentlich ein Sakrament seien, in dem sich Gottes eigenes Tun vollzieht, sooft wir es in Christi Namen vornehmen. Nicht Jesu Blut sei der Wein, den wir trinken, nicht sein wahrer Leib das Brot, das wir brechen, sondern beides sei weiter nichts als ein Symbol, ein von Menschen gemachtes Zeichen.»

Wild krallte er die Hände in Katharinas Arme. «Ach, Catena, wie sollte ich nicht sterben, da mir alles misslingt, was Gott mir in Auftrag gab? Das neue Evangelium zu Frieden und Liebe sollte ich verkünden. Und was habe ich daraus gemacht? Falsche Lehren und Hauen und Stechen. Das Blut der Toten fließt über mich, Catena. Ich höre es rauschen in meinen Ohren.»

«Mit Gottes Gnad und Hilfe wollen wir das Rauschen wohl bannen, mein lieber Herr Doktor.» Katharina hatte das Gefühl, die Zunge wolle ihr vor Angst um ihn nicht gehorchen. «Aber ist's Gottes Wille, so will ich Euch bei unserm lieben Herrn Gott lieber denn bei mir wissen.»

«Glaubst du, in seiner Güte und Gnade nähme der Herr mich auf? Mit all dem Blut, das an mir klebt?»

«Wen, wenn nicht dich, Martinus?»

Beim Anblick der schwarzen Blutegel, die Magdalena von Bora mit geübtem Griff aus ihrem Becherglas nahm und sich an Luthers Haut festsaugen ließ, musste Katharina den Blick abwenden. Die zweite Schwangerschaft machte ihr schwer zu schaffen. Die mit jedem Tropfen Blut steifer abstehenden Tiere verursachten ihr Brechreiz, obwohl sie selbst mit ihnen umzugehen verstand. Die Muhme tätschelte ihr verständnisvoll die Wange. «Weiber, die so weiche Anwandlungen haben, gehen meist mit einer Tochter schwanger.»

«Ach, Mädchen sind wie Unkraut», murmelte Luther, dessen Puls deutlich weniger jagte. «Das sieht man daran, dass sie schneller wachsen und reifen als Knaben.»

«So manches, was Unkraut schien, hat einen braven Mann am Ende gesund gemacht», sagte Johannes Bugenhagen von der Tür her und trat grüßend ein. «Es ist nur die Unwissenheit des Menschen, die aus Gottes Kräutern Unkräuter macht.»

Schweigend, doch beifällig schmunzelnd nahm die alte Siechenmeisterin ihre Blutegel von der Haut des Kranken ab und legte sie in ihr Behältnis zurück, worin sie bis zum nächsten Gebrauch von ihren Vorräten zehren konnten. Gleichzeitig wies sie Katharina an, auf jede der kreisrunden Saugstellen eine blutstillende Paste und eine Kompresse zu legen.

«Beeilt euch, hinaus! Ich will, ich muss beichten.» Luther konnte es nicht schnell genug gehen.

Draußen vor der Tür brach Katharina in den Armen ihrer Muhme in Tränen aus. «Was soll nur aus uns werden, wenn er stirbt? Hänsichen kann noch kaum sprechen. Das neue Kind in mir, vaterlos sollte es geboren werden. Und mir der gute, fürsorgliche Mann genommen, den ich lieb habe, mehr als mein Leben. Verlässt er uns, sind wir von allen verlassen und müssen selbst auch alles lassen: Liebe, Haus und Hof. Am Bettelstab müssten wir in der Stadt gehen, wieder der Nächstenliebe ausgeliefert, den Freunden auf der Tasche liegen, die doch selbst genug zu fürchten und bei einer Belagerung auch allzu bald kaum selber genug zu brechen und beißen hätten.»

«Du hättest das neue Gütlein ja doch, das Martinus dir und den Kindern zu Eigen gekauft hat», murmelte die Muhme. Da schluchzte Katharina noch bitterlicher als zuvor. «Ach, das neue Gütlein! Wir müssen es nach der ersten Ernte wieder hergeben, weil die Erben gegen den Verkauf klagen. Barbara hat es mir schon verraten, ehe Meister Cranach es heute auch Martinus sagen wollte.»

Katharina bemühte sich um Fassung. «Sobald Meister Cranach kommt, will ich ihn bitten, es noch ein paar Tage zu verschweigen. Der Schrecken kommt bald genug. Aber sollten wir den Vater verlieren, der uns mit seinen Einkünften erhält, würde uns auch das Gütlein nicht helfen. Sollten die papistischen Kaiserlichen die Stadt überfallen, was werden sie mit uns machen? Die Kinder bei lebendigem Leibe brennen? Mich und uns alle, die wir das neue Evangelium leben, zu Tode martern, ehe sie uns, den Krähen zum Fraß, am Galgen verderben lassen?»

Wie ein kleines Kind von der Muhme gewiegt, die ihr zärtlich die feucht ringelnden Löckchen aus dem Gesicht strich, ließ sie ihren Tränen freien Lauf, bis die Ängste ein wenig ruhiger wurden. Magdalena von Bora atmete auf. «Geh hinaus an den Brunnen, mein Kind, und hol dir einen Krug kühles Wasser. Es wird dir gut tun, dich daran zu erfrischen. Kleide dich in Ruhe an und sprich ein Gebet in unserer Bore-Kapelle. Bete recht innig und lang und halte an Jesus Christus fest, so wird auch er dich nicht fallen lassen. Ich kümmere mich um Hänsichen. Lass du alles das fahren und fasse dich. Es sind Zeiten wie diese, in denen sich unser Glauben erweist. Im Glück ist es einfach zu glauben.»

Katharina gehorchte. Es tat ihr gut, sich ohne nachzudenken in die Weisungen der Muhme zu fügen und innerlich in dem alten Ritual ihres Klosterlebens zur Ruhe zu kommen, als sie sich wusch und kleidete, um zum Gebet in die Kirche zu eilen und dort, die Zeit vergessend, in tiefer Versunkenheit mit ausgebreiteten Armen zu knien, einzig auf die Worte der alten Stundengebete konzentriert, die ihr Denken entrückten.

Als Anna, die Kleinmagd, kam, Katharina zu holen, war es fast Mittag. Doch sie brachte frohe Kunde der Muhme mit. Luther gehe es besser. Er verlange nach Frau und Kind.

Katharina kam gerade rechtzeitig, um Luthers Stimme zu hören: «Lieber Pomeranus, mir ist so viel wohler nun, nachdem du mir die Absolution erteilt hast. So tritt meine Seele rein vor meinen Herrn, der mir gnädig die Sünden nachsehen will, die ich im schwachen Fleisch gegen ihn begehe.»

Dann bat er: «Catena, lade doch unsere Freunde zum Essen ein, die gekommen sind, weil sie in Sorge um mich waren.» Lächelnd streichelte er dem Hänsichen über die dicken schwarzen Locken. «Ich will noch ein wenig ruhen. Dann schicke mir Wolf. Er soll mich die Treppe hinuntergeleiten. Ich will mich zu euch setzen.»

Freudig eilte Katharina davon, um Dorothea, der Köchin, genaueste Instruktionen zu geben, was sie zum Mahl aufbereiten solle. Nichts Schweres, kein Salzfleisch, Hering oder Dörrfisch, kein fettes

Fleisch vom Rind oder Schwein, auch kein Wildbret, obwohl Luther ihm den Vorzug vor allem anderen Fleisch gab, weil es so herrlich melancholisch sei. Als Beilage weder Kohl noch Bohnen, Linsen oder in Butter geschmälzte Nudeln. Und zum Nachtisch weder Torten noch Pasteten.

«Ja, aber dann ist ja alles verboten, was der Herr Doktor gern speist!», rang die Köchin die Hände.

«Als Vorspeise gibt es eine feine Hühnerbrühe mit Eierstich. Zum Hauptgang zuerst den Hecht in Petersilienwasser blau gekocht, den uns der Herr Kurfürst geschickt hat», zählte Katharina an den Fingern auf. «Danach fein gewiegtes Karottengemüse und zarte Erbsen in der Schote mit weißem Brot, am Feuer leicht geröstet. Dann junge Hühnerbrust in ein wenig Weißwein gedünstet und mit Sahne verfeinert. Ein grüner Salat mit süßen Zwiebeln und weißem Käse dazu. Und als Nachtisch ein Apfelbrei, frisch aufgerieben, mit etwas Zitrone gebleicht und einem feinen Kränzlein aus gebackenem Walnussschaum dazu. Mit dem Fisch trinken wir Bier, denn der Fisch soll recht schwimmen. Mit dem Hühnchen goutieren wir Frankenwein. Und zum Nachtisch servierst du einen köstlichen Tee von Weißdorn und Johanniskraut mit Pomeranzenschalen, dem du zum Aufguss zwei Nelken und einen Stängel Zimt beigibst. Der soll unserem Herrn das Herz stärken und auch gut munden.»

Magdalena von Bora, die lautlos dazugekommen war, sah ihre Nichte bewundernd an. «In der Klosterküche hast du dergleichen nicht gelernt, Kind.»

«Meinst du?» Katharina wirbelte die Muhme einmal im Tanz um den Küchentisch herum. Sie war so glücklich. Martinus ging es besser. «Wenn unsere Gevatterin, Margarethe von Haubitz, Gäste in ihrem Äbtissinnenhaus bewirtete, gab es weiß Gott keinen Blähbohnenbrei wie bei uns. Da tafelte sie hochherrschaftlich auf und ließ auf Silber servieren. Oftmals haben wir mit zweierlei Maß gemessen und auf der einen Feuerstelle die graue Fastenspeise für den Klostertisch und auf der anderen für den Edlentisch gekocht. Und den Rest habe ich bei Meister Cranach gelernt.» Rasch griff sie nach Hänsichen, der seiner

Aufpasserin schon wieder entwischt war, auf stämmigen Beinen in die Küche wackelte, wo es immer etwas zu naschen gab. Stolz führte er eine Rassel mit sich, die der alte Wolf gebastelt hatte. An einem Stöckchen über den Boden zu schieben, knatterte sie bei jeder Umdrehung. «Hänsichen, denk dir, der Vater wird wieder gesund!»

Katharina schwenkte den zappelnden Buben im Kreis. «Ich spür's, jetzt wird doch wieder alles gut.»

Die leichten Speisen hatten den Vorteil, rasch gar zu werden, sodass Katharina, Hänsichen auf dem Arm, die Küchenmagd anwies, die Tafel im Speisesaal mit einem frischen Leintuch und den blank polierten Zinntellern zu decken, die aus der ehemaligen Klosterwirtschaft übrig geblieben waren. Wenig später war der Tisch gedeckt. Wolf brachte den Reformator, und alle, die um ihn gebangt hatten, nahmen fröhlich mit ihm Platz. Nur Katharina und Max von Wellefels fiel auf, wie wenig der Hausherr von all den köstlichen Speisen kostete.

Drei Tage später lag Luther auf den Tod.

«Es war beschlossen, ihn zu schonen», beschwerte Magdalena von Bora sich bei Meister Cranach, in dessen Apotheke sie hochkonzentriertes Melissenwasser gegen Schwindelgefühl sowie eine Mischung aus Schwarznesselkraut von der ganzen Pflanze, Giftlattichblättern, Passionsblumenblüten, Silberweidenkätzchen, Baldrianwurzeln und Kalmuskraut gegen Nervenschwäche zusammenstellte und zusammen mit Schneewurztropfen gegen Herzrasen einkaufte. «Stattdessen sandte einer der Freunde ihm diesen römischen Pilger ins Haus, der nichts Besseres wusste, als ihm von der Plünderung Roms durch die kaiserliche Soldateska zu berichten und dass sich unter denen auch Lutheraner befanden. Wie die Teufel seien die Horden über die heilige Stadt hergefallen, brandschatzend, plündernd, mordend, schändend. Der Petersdom wurde ausgeraubt. Der Papst lag in der Engelsburg wie gefangen. In den Straßen stapelten sich die Leichen. Mittendrin aber machte sich einer der deutschen Landsknechte einen Jux daraus, mit seiner Rotte den Papst zu verhöhnen. Er selbst mit drei Kronen aufgeputzt, seine Kumpane als Kardinäle vermummt, zogen sie durch die Straßen, zuletzt skandierten sie lauthals ‹Luther Papst! Luther Papst!› und besudelten sich vor Lachen.»

«Und das alles hat ihn wieder mit Schuldgefühlen überrollt und mitten in Satans Bad geschickt?» Wenngleich Meister Cranach die Stimme hob, war es keine Frage. Er kannte seinen Reformator. Meldungen wie diese waren immer dazu angetan, ihn in tiefste Melancholie zu stürzen.

«Katharina ist an den Grenzen ihrer Kraft.» Magdalena von Bora zählte seufzend die Münzen auf die Ladentheke. «Sie schont sich nicht, obwohl sie in ihrem Zustand der Schonung dringend bedürfte.»

«Und Martinus?» Meister Cranach war aufrichtig besorgt.

«Der schrie nach Wasser, er verbrenne inwendig, als Augustin Schürf, Euer Medizinprofessor, kam.» Magdalena von Bora verzog leicht den Mund. «Statt ihm Wasser satt zu geben, ließ er ihn mit dem Finger die Lippen benetzen und ihn anschließend vom Kopf bis zu den Zehen in heiße Tücher wickeln und dampfende Steine um ihn legen, damit er schwitzen solle. Das war alles. Er glaubt, es wären die Nieren, und bei Nierensteinen müsse man Hitze geben. Dabei ist es das Herz. Und bei Nierenschmerzen gibt man keine Hitze, sondern Kälte, und zwar wenig, aber nicht keine Flüssigkeit, sondern hilfreiche Aufgüsse, um den Stau der schlechten Körpersäfte abzulassen.»

«Ja, wenn Ihr das alles wisst, warum schreitet Ihr nicht ein?», schrie Meister Cranach fast.

«Weil», die alte Siechenmeisterin schmunzelte, «ich sagte es bereits, es nun mal das Herz ist. Es ist vor lauter Angst und Melancholia im Schlag zu stark abgefallen. Die Hitze, die für die Nieren falsch ist, tut dem Kreislauf wohl und treibt den Blutfluss an. Mit dem Blutfluss reinigen sich die Körpersäfte. Die wiederum lösen Magen und Darm. Der Leib kann genesen. So viel haben wir Frauen vor Tagen auch schon gewusst, als es dem Herrn Doktor zum ersten Mal schlecht ging.»

Cranach lachte erleichtert auf. «Weiberlogik! Aber Hauptsache, es hilft.» Mit einer freundlichen Geste schob er ihr die Münzen zurück. «Am Nachmittag komme ich selbst und sehe nach Eurem Patienten.»

«Vergelt's Gott.»

Magdalena von Bora beeilte sich heimzukommen. Katharinas Angst und Verzweiflung schnitten ihr tiefer ins Herz als Luthers Erkrankung. Er würde es schaffen, dafür hatte sie einen Blick. Aber Katharina? Sie hätte ihr gern ein Mittel gegeben, die zweite Schwangerschaft hinauszuzögern. Neun Monate Pause waren zu wenig, wenn man ihr Arbeitspensum zu bewältigen hatte. Dieser Riesenhaushalt, das Kind, die Angst um Luther und vor allem Luther selbst, alles lastete auf ihr. Wie, wenn sie stürbe? Allein die Vorstellung war unerträglich.

So dankbar Magdalena von Bora ihm war, ihr zur Flucht verholfen und sie bei sich aufgenommen zu haben, so sicher spürte sie, dass Luther letztlich das älteste Kind im Hause und mit der von einem Ehemann zu erwartenden Haus- und Hofhaltung und wirtschaftlichen Fürsorge für die Seinen hoffnungslos überfordert war. Er liebte Frau und Kind, so viel stand fest. Und er gab sich die redlichste Mühe, der beste aller Ehemänner und Väter zu sein. Doch der Rest in ihm, der ein Pater geblieben war, blieb weltfern und weltfremd. Erst neulich wieder hatte er von Katharina verlangt, sie solle einem Studiosus zehn Gulden schenken, denn wer viel gebe, dem wolle auch Gott viel geben. Dabei hatte Katharina kaum zehn Groschen in der Kasse gehabt. Und jeder wusste, dass Luther nicht einmal mehr bei Cranachs Kredit hatte. Was also tun? Schweine zur Unzeit und unter Wert verkaufen, kostbare Becher verpfänden und dann auch noch sauer Erspartes nehmen? Am Ende hatte sie das Wunder vollbracht, dem Jungen fünf Gulden zu schenken. Hatte Luther es ihr gedankt? Mitnichten. Für ihn war es zwar selbstverständlich, das Geld gestiftet zu haben, grollte aber dann, als er auf seinen geliebten Würzwein zum Abendtrunk verzichten musste, weil kein Pfennig mehr da war, Gewürz zum Wein zu kaufen, den er kostenlos aus dem Ratskeller bezog. Katharina wehrte sich nicht. Für ihn gab der Himmel. Magdalena von Bora hätte ihn manchmal am Genick packen und schütteln mögen.

Als sie mit den Arzneimitteln ins Haus kam, schlug ihr ein Geruch wie im Siechenhaus entgegen. Aus der Schlafkemenate hörte sie Luther sich erbrechen und stöhnen. «Wäre Sterben auch mein Gewinn, so wolle Gott, ich bliebe noch länger im Fleische leben. Herr Medicus, mir ist so schlecht. O Herr, erbarme dich meiner.»

Katharina rannte ihr auf der Treppe im Wendelstein entgegen. «Muhme Lene, dass du nur wieder da bist. Martinus dürstet. Ich will Dünnbier und frische Tücher holen.»

Zügig ging Magdalena von Bora vollends die Treppe hinauf. Der Arzt stand ihr mit dem Rücken zugewandt. «Bringt Ihr die heißen Tücher?»

«Nein.» Die alte Siechenmeisterin trat näher. Mit einem Blick erfasste sie Luthers Zustand. Bleich, kalt schweißig, die Augen eingesunken und schwarz umrandet bis unters Jochbein, die Lippen rissig vor Trockenheit, mit übel riechendem Atem vom Erbrochenen und einem Druckverband am Arm, wo ihn der Arzt zur Ader gelassen hatte. «Die Hausfrau wird sicher gleich alles bringen lassen. Wollt Ihr Euch nicht ein wenig erholen, Herr Professor? Ich könnte Euch ablösen und den Kranken bewachen. Wie Ihr wisst, bin ich in derlei Dingen bewandert.»

Ein misstrauischer Blick des Arztes musterte sie von oben bis unten. «Ihr seid Nonne?»

«Ich war es. Siechenmeisterin in Marienthron zu Nimbschen. Ich bin die Muhme der Hausfrau.» Magdalena von Bora sagte es nicht ohne Stolz. Vielleicht war es gerade das, was Augustinus Schürf überzeugte. «Ich könnte in der Tat etwas Frischluft und eine kleine Zehrung brauchen. Der Kranke wird sogleich schlafen. Ich habe ihm etwas Beruhigendes gegeben.»

«Baldrian mit Hopfen verschnitten.» Magdalena von Bora schnupperte. «Habt Ihr es schon einmal mit zwei Blättern Salat, in Wasser gedünstet und zerstoßen, mit zwei Esslöffeln Honig eingenommen, versucht? Oder mit Sirup von reinweißen Seerosenblüten?»

Der Professor schmunzelte. «Rezepte aus der Klosterheilkunde, hm? Wir sollten uns einmal austauschen, wenn etwas mehr Ruhe ist.»

«Gern.» Magdalena von Bora betastete die Tücher, in die Luther eingeschlagen war. Sie waren noch gut handwarm. «Man könnte neue Steine erhitzen und ein Dächlein aus schwarzen Wolldecken über den Kranken schlagen. Das würde die Hitze länger in seinem Leib erhalten. Was meint Ihr, Herr Medicus?»

«Versucht es. Schaden kann es nicht.» Der Arzt war sichtlich mit seinen Gedanken schon woanders.

«Wenn Ihr gehen wollt?» Magdalena von Bora lächelte mild. «Meine Nichte wird Euch gern bewirten.»

Nochmals ließ Schürf sich nicht bitten. Sobald sie seine Schritte auf der Treppe hörte, atmete die alte Siechenmeisterin auf. Rasch öffnete sie den Beutel, den sie an ihrem Gürtel trug, und entnahm ihm die dunkle Phiole mit den in der Cranach-Apotheke erstandenen Herztropfen. «Drei Tropfen rot, drei Tropfen tot», flüsterte sie den uralten Lehrspruch der Klosterfrauen, während sie Luthers im Schlaf schlaffen Mund mit zwei Finger schürzte und mit größter Vorsicht genau drei Tropfen in seinen Rachen fallen ließ.

Die Wirkung ließ nicht lange auf sich warten. Luthers Atem ging heftiger. Langsam stieg eine leise Röte aus den Wickeltüchern an seinem Hals empor. Das bleiche Gesicht färbte sich rosig. Der kalte Schweiß auf der Stirn trocknete ein.

«Käthe, Catena!», krächzte er und öffnete die Augen. Da kam sie schon, drei Stufen auf einmal nehmend, beugte sich zu ihm nieder. «Meine allerliebste Käthe, ich bitte dich, will mich unser Herrgott auf einmal zu sich nehmen, dass du dich in seinen gnädigen Willen ergebest. Du bist mein ehelich Weib, dafür sollst du dich gewiss halten und gar keinen Zweifel daran haben. Lass die blinde, gottlose Welt darüber sagen, was sie will; richte du dich nach Gottes Wort und halte fest daran, so hast du einen gewissen, beständigen Trost wider den Teufel und all seine Lästermäuler.» Schweigen, kläglich dann: «Wo ist denn mein allerliebstes Hänsichen?»

«Ich hole ihn!» Magdalena von Bora raffte die Röcke. Luther brauchte sie nicht mehr. Sie kannte ihre Medizin. Und sein Herz war nicht so krank, dass es nicht mehr darauf reagieren könnte. Würde er weniger schlingen und abends nicht erst kurz vor dem Schlafengehen essen, würde der Magen weniger in die Herzgrube drücken und alles wäre nur noch halb so wild. Nur dumm, dass man es ihm nicht klar machen konnte.

Schlaftrunken stieß Hänsichen um sich, als die Muhme ihn aufnahm. «Psst, wir wollen ja zum Vater gehen.» Gleich hielt der Kleine still.

«O du armes gutes Kindlein!» Abschiedsschmerz überwältigte den leidenden Vater beim Anblick des Kindes, sodass er ihm kaum die eine frei aus den Wickeltüchern zum Aderlass ausliegende Hand auflegen vermochte. «Nun befehle ich meine allerliebste Käthe und dich armes Waislein meinem lieben frommen, treuen Gott. Er wird euch wohl ernähren und versorgen.»

Katharinas Knie drohten nachzugeben. Krampfhaft hielt sie sich mit einer Hand an der Tragstange des Bettbaldachins aufrecht. Übelkeit stieg in ihr auf. Sie schluckte dagegen an. «Deus, miseratur! Gott, erbarme dich! Nimm mir alles, aber nicht ihn!»

«Für eine Weile, Käthe, reicht wohl der Erlös meiner silbernen Becher. Diese ausgenommen, weißt du, dass ich sonst nichts habe.»

Dass er, ausgerechnet er, in der Stunde seines Todes von Geld sprach, löste den Bann des Entsetzens. Langsam ließ Katharina sich an seiner Seite auf der Bettkante nieder, näherte ihr Gesicht dem seinen und sah ihn an. Seine Augen waren vom Weinen rot, aber klar. Der Strahlenkranz um die Pupille, in der sich Katharinas Bild spiegelte, schimmerte goldener denn je. «Martinus.» Sie flüsterte. Seine Augenfarbe verschmolz mit ihren eigenen, als sie ihn küsste und die Lider nicht schloss wie sonst, weil sie seinen Blick in sich aufnehmen wollte bis zuletzt. Doch der Kuss dauerte. Und als er endete, war es nicht der Tod, der ihn abschnitt, sondern Luthers leises Lachen und das Leben, das unter den Wickeltüchern erwachte, und sein Arm, der sie an sich zog. Fest, ganz fest.

«Wie schön war es, ein Daheim zu haben»

(1528–1532)

Der Herbst zog mit Macht übers Land. Seit sie die halbe Hufe Land nicht mehr in den Elbgründen vor der Stadt besaßen, hatte Katharina sich angewöhnt, nachmittags ein wenig mit Hänsichen auf dem Damm spazieren zu gehen. Wolf, der eine große Liebe zu dem Buben hegte, hatte ihm ein Schiffchen mit einem roten Segel und einem langen Band am Bug, an dem es sich ziehen ließ, geschnitzt. Sooft er mit der Mutter an die Elbe hinunterging, nahm er es mit und ließ es im Wasser fahren.

Auch an diesem Tag blies der Wind das rote Segel auf, dass das Schiffchen so schräg wie ein großer Segler über die Kräuselwellen des Stromes glitt und bei jedem tiefen Eintauchen einen glitzernden Gischtbogen über sich warf. Hänsichen juchzte und jubelte noch, als Tölpel anschlug, der ein wenig am Ufer entlanggestromert war, um den Spuren anderer Hunde nachzuschnüffeln, und jetzt mit seinen drolligen Welpensprüngen zu Katharina mehr zurückkugelte als rannte.

Reiter kamen. Eine ganze Gesellschaft. Hautenge Beinlinge, geschlitzte Gewänder, auf den Köpfen ein von Federn wehendes Barett. Die Wehrgehänge am Sattel klirrten. Landsknechte. «Hansi!» Erschrocken lief Katharina nach dem spielenden Kind, den kläffenden Welpen hinter sich auf ihren Fersen.

Einer der Männer zügelte so heftig sein Pferd, dass es stieg. «Ja, lauf nur, Metze, lass die Röcke fliegen! Doch für diesmal interessiert uns dein Schatzkästlein nicht.» Grölendes Gelächter der Rotte quittierte den derben Scherz. «Sag dem Luther und seiner Hur, der Satan schickt die Ratten aus, die Pest ins Haus ihm bringen. Das lässt der frommen Nachtigall der mit dem Barte singen.»

«Die Pest?» Katharina stand mit dem Kind an der Hand, das Hündchen unter den Arm geklemmt, froh über das Gebände, das sie zum

Schutz gegen Staub tief ins Gesicht gezogen hatte. So war an ihrem Gesichtsausdruck nicht zu merken, dass ihre Stimme nicht nur vor Angst, sondern auch vor Zorn bebte. «Was sagt Ihr da, Herr?»

Der Reiter drückte dem Pferd die Fersen in die Seiten und ritt schnalzend an. «Ei, glaub's nur. Du hast ganz recht gehört. Zu Torgau brennen die Pestfeuer schon. Und die Ratten erfreun sich der Beute.»

Aus Torgau waren gestern zwei Wagen gekommen. Edelleute. Katharina hatte sie gesehen, als sie Hansi zu Barbara brachte, die den so rasch aufeinander erfolgten Tod ihres Schwiegervaters und Vaters nur schwer verwand und sich gern von den Spielen ihres Patenkindes aufheitern ließ. Sie hatte sich noch gewundert, warum die Reisenden es so eilig hatten, dass sie nur so über das Pflaster donnerten und nicht einmal den höflich grüßenden Wittenbergern winkten. Sie waren auf der Flucht vor der Pest. Jetzt verstand sie es. Oder hatten sie diese etwa gar mitgebracht?

«Heilige Mutter Gottes!» Unwillkürlich schlug Katharina ein Kreuz. Ohne die fortpreschenden Reiter eines weiteren Blickes zu würdigen, riss sie ihren Buben mit sich, so schnell seine kurzen Beine ihn trugen. Heim, nur heim!

«Muhme Lene, die Pest ist in Wittenberg!» Sie ließ das Kind im Hof bei ihr stehen.

«Martinus!» Ohne anzuklopfen, stürmte sie in sein Studierzimmer, dass die überall auf Tisch und Boden, Borden und Simsen verteilten Schriften und Blätter aufflogen.

«Was ist?» Unwillig wandte er sich ihr zu.

«Die Pest!» Die Aufregung schnitt ihr beinahe die Stimme ab.

«Was ist mit der Pest?» Betont ruhig versuchte er zu fragen.

«Sie kommt. Aus Torgau kommt sie. Lauf, bitte, lauf, Martinus, den Professor Augustinus zu fragen, ob er mehr davon weiß. Edelleute aus Torgau kamen gestern. Ich hab sie selbst gesehen. Eilig hatten sie es, furchtbar eilig.» Angst schüttelte ihren Leib, als flöge er vom Fieber. «Gott bewahre, Martinus, aber vielleicht brachten sie die Pest. Verstehst du, Martinus, die Pest!»

Michael Stifel, Theologe und Mathematiker, der neben Luther gesessen hatte, sprang mit wildem Gesichtsausdruck auf. In größter Besorgnis um seine Sicherheit war er soeben erst aus Oberösterreich nach Wittenberg gekommen. Die papistischen Habsburger wüteten in Österreich schärfer gegen die Reformation denn je und hatten im August, den Anhängern Luthers zum drohenden Exempel, einen Evangelischen schwer gefoltert, damit er widerrufe, und zur seelischen Läuterung auf dem Scheiterhaufen lebendig verbrannt. Auch Stifel hätten sie als Ketzer nur zu gern den Garaus gemacht. Seine Flucht nach Wittenberg war seine einzige Rettung. Und Luthers, besonders Katharina, die er schon aus der Zeit vor ihrer Hochzeit kannte und verehrte, nahmen ihn mit offenen Armen auf. Jetzt konnte er nur noch eines denken: «Sagte ich es nicht, das Ende der Welt naht! Der Tag des Jüngsten Gerichts steht bevor. Meine Wortrechnungen aus den Büchern Daniel und der Offenbarung trügen nicht.»

«Schweigt, Stifel», fuhr Luther den Freund an. «Zwar seht Ihr ganz recht den Papst als wahren Antichrist, aber Eure Wortrechnungen sind weiter nichts als hinterlistige Anfechtlein des Teufels. Ich warne Euch zum letzten Mal, lasst Eure Rechenspiele nicht drucken. Ihr kämet in Teufels Küche damit. Sie widersprechen ja dem Wort, welches sagt, dass Jesus Christus zu jeder Zeit und Stunde aufs Neue zu uns kommen und das Reich Gottes errichten kann.»

«Martinus, ich warne Euch. Macht Euch nicht mit Pilatus und Herodes in einer Gestalt gemein.» Auch Stifel erhob den Zeigefinger und reckte streitlustig das Kinn. «Ihr habt selbst gesehen, dass die Summe der Buchstaben aus ‹Leo et draco› uns Leo X. in der Zahl 666 als Antichrist zeigt.»

Katharina fasste es nicht. Die Herren stritten über Buchstaben- und Zahlenspiele, während draußen der schwarze Tod Einzug hielt und auch sie alle jederzeit mitnehmen konnte. «Martinus!» Sie schrie so laut, dass beide Männer wie auf Kommando zu ihr herumfuhren und sie wie einen Geist anstarrten.

«Ach Käthe, ja, so, die Pest.» In Gedanken noch halb in der Disputation mit Stifel, griff Luther sich an die Stirn. Mit einem Räuspern blickte er auf. «Schick unseren Wolf zu Augustinus. Richte indessen her, was nötig ist, sollte es dem Herrn gefallen, aus unserem Haus ein Hospital zu machen. Und bete um Gnad und Gesundheit, denn wer recht von Herzen betet, dem wird gegeben.»

Unwillkürlich legte Katharina die Hand auf ihren Leib. Sie war hochschwanger. Anfang Dezember sollte das Kind geboren werden. «Sonst soll ich nichts vorbereiten?» Sie musste zweimal ansetzen, ehe ihre Stimme Farbe bekam.

«Nein.» Luther schüttelte den Kopf. «Ein feste Burg ist unser Gott, Käthe. So er will, lässt er die Mauern des Luther-Hauses zum Bollwerk werden und uns am Leben. Wo nicht, liegt im Sterben unser Gewinn. Was also sorgst du?»

«Heißt das, wir bleiben, käme auch die Pest?» Sie musste es klar und deutlich hören.

«Ja.» Da hatte sie ihre Antwort. Katharinas Knie wurden weich. Sie musste sich setzen.

«Martinus hat Recht», mischte Stifel sich ein. «Die Apokalypse erreicht uns, wo wir auch sind. Bereitet Euch vor …» Den Rest hörte Katharina nicht mehr. Die Hände über den Ohren, flüchtete sie so schnell aus der Studierstube, wie sie gekommen war. «Katharina!» Sie achtete nicht einmal mehr auf Luthers Schreien.

«Kind!» Magdalena von Bora fing sie im Speisesaal auf und hielt sie, zärtlich tröstend und beruhigend über ihren verkrampften Rücken streichelnd, bis sich die Angst in einem Tränenstrom löste und Katharina sich endlich mit einem letzten Schluchzen aufrichtete.

Magdalena von Bora gab ihr einen Kuss. «Sprich, was ist mit der Pest?»

Hastig sprudelte Katharina heraus, was sie wusste. «Den bösen Spruch hab ich Martinus nicht gesagt. Er regt sich nur wieder auf. Und jetzt soll Wolf eilen und Professor Augustinus fragen», schloss sie ihren Bericht.

«Er ist bereits zurück. Ich habe ihn sofort losgeschickt, als du mir Hansi ließest. Der Professor weiß von nichts.»

Eine Woche später schnitt die Sense des schwarzen Tods durch Wittenberg. Die ersten Toten beklagte man im Schloss. Katharinas Ahnung hatte nicht getrogen. Die Edelleute aus Torgau hatten die Pest mitgebracht. Jetzt waren die Stadttore geschlossen. Niemand durfte herein. Nur für die Ausreisenden gingen sie auf. Die reichen Bürger der Stadt, Professoren und Studenten, wer es sich leisten konnte, floh. Zu Jena war es noch sicher. Die dortige Universität sagte zu, die von der Leucorea aufzunehmen.

Eine Abordnung des Rates der Stadt und der Professoren suchte Luther zur Mitreise zu bewegen. «Im Namen des Kurfürsten, bringt Euch in Sicherheit. Ihr seid es uns und der Reformation schuldig. Da sei Gott vor, doch die Pest macht vor keinem Halt, auch nicht vor dem Reformator. Wir schicken genügend Wagen für Euren ganzen Hausstand. Packt und verliert keine Zeit.»

«Ohne meinem Herrn und Kurfürsten undankbar erscheinen zu wollen», Luther machte eine kleine, wirkungsvolle Sprechpause, «aber wir bleiben. Die meisten Leute sterben an ihrer Angst und nicht an der Pest. Mit den Rechtgläubigen aber ist Gott. Und mit Gott an meiner Seite muss ich mich nicht fürchten.»

«Das heiße ich, Gott versuchen!», meldete sich ein Studiosus zu Wort.

Luther fuhr auf. «Hüte deine Zunge, Bürschchen, auf dass du nicht mich in Versuchung führest, sie dir herauszureißen.»

«Er meint es ja gut mit Euch und mit uns allen, Martinus», beschwichtigte Melanchthon, der mit seiner angstvoll in ein Kräutersäckchen vor Mund und Nase atmenden Frau bereits reisefertig war. «Was wäre eine Reformation ohne den Reformator?»

«Ihr stimmt mich nicht um», gab Luther zurück und zog Katharina an sich, indem er seine Hand auf ihren hohen Leib legte. «Seht, mein Weib ist gesegneten Leibes. Wir gäben die Frucht frühzeitig verloren, mutete ich meiner Käthe zu, Tag und Nacht auf einem Karren über Land poltern zu müssen und in allerlei Beschwernisse der Reise zu geraten. Gott hat mich zum Dienst an meine Catena gebunden und zu Wittenberg an die Kette gelegt.»

Unsicher, was sie dagegen einwenden sollten, sahen die Abgeordneten einander an, als Luther zu einer kleinen Predigt anhob: «Ein jeder stelle sein Herz so: Ist er gebunden, sodass er bei Sterbensgefahr an seinem Ort bleiben muss, seinem Nächsten zu Dienst, so befehle er sich Gott und spreche: Herr, in deiner Hand bin ich, du hast mich hier angebunden, dein Wille geschehe. Denn ich bin deine arme Kreatur, du kannst mich hierin töten und erhalten, ebenso gut, als wenn ich etwa im Feuer, Wasser, Durst oder anderer Gefahr angebunden wäre.»

«So sprecht Ihr mit ihm, Frau Lutherin», drängte Professor Schürf, der Medicus, in einem letzten Versuch. «Würdet Ihr der Pest anheim fallen, kostete es auch Euer ungeborenes Kind das Leben.»

Doch Katharina schüttelte den Kopf. «Was Gott zusammengefügt, das soll der Mensch nicht scheiden, Herr Augustinus. Wo mein Herr und Gemahl ist, da will auch ich sein, denn mit ihm ist Gott.»

«Bereust du es?», raunte Magdalena von Bora Katharina zu, als sie wenig später am Straßenrand standen und den Wagen nachwinkten, denen Luther mit großer Geste den Abschiedssegen spendete. Katharina hängte sich fest bei ihr ein. «Nein.» Mehr antwortete sie nicht. Sie war sich der eigenen Stimme nicht sicher.

Bald schon rumpelten die ersten Totenkarren über das Straßenpflaster der Stadt. In schwarze Kutten Vermummte, die Kapuzen tief über die Pestmasken vor ihren Gesichtern geschlagen, zogen die Wagen hinter einem Priester her, der ihnen, ein großes Kreuz auf der Brust und unablässig Gebete murmelnd, mit einem bimmelnden Totenglöckchen vorausschritt. Auch er hatte eine Pestmaske aufgesetzt, die das Gesicht vollständig bedeckte. In ihrem schnabelartigen Vorbau waren stark duftende Kräuter als Filter gegen den gefürchteten Pesthauch untergebracht, die insbesondere Mund und Nase schützen sollten.

An den Türen, hinter denen der Tod Ernte gehaust hatte, warnte ein deutlich sichtbares Kreuz. In der nach dem Auszug der Flüchtigen halb entleerten Stadt blieb kaum eines der noch bewohnten Häuser verschont. Wenngleich die Pestärzte die Kranken im Anfangsstadium der Erkrankung zur Ader ließen, schröpften, die sich bildenden Beulen aufschnitten und wie Geschwüre behandelten sowie ihnen Rizinusöl mit Leinsamen zur schnellen Darmentleerung verordneten, konnten sie selten helfen. Niemand wusste, welches Mittel tatsächlich wirkte. Später ließen sich allenfalls Schmerzen lindern oder der Tod feststellen.

Nach dem Arzt kamen bloß noch die Vermummten, die Leichname einzusammeln.

Es war keine Zeit, zu trauern und zu begraben. Nur raus aus dem Haus mit den Pesttoten, ab auf den Karren, wie sie gerade fielen, im Hemd oder nackt. Und fort ging es mit holpernden Rädern, hinaus vor die Stadt, wo sie alle auf einen Scheiterhaufen geworfen, mit Öl übergossen und verbrannt wurden. Da Holz schnell knapp wurde, karrte man auch alles Brennbare aus den verlassenen Häusern, ehe man sie dort, wo keine unmittelbare Brandgefahr für Nachbarhäuser bestand, anzündete und ansonsten niederriss.

Unweit der Brandstellen wurden tiefe Gruben ausgehoben. Für die Asche, über die man weißen Kalk schüttete.

Der fette schwarze Qualm der Pestfeuer stand weithin sichtbar über Wittenberg und trieb den Gestank nach verkohltem Menschenfleisch mit dem Wind übers Land. Eine lautlose Warnung für alle, die auf der Flucht vor der Pest in den eigenen Mauern waren.

Katharina und ihre Muhme dankten Gott für ihr Wissen um Heilpflanzen und die Siechenarbeit. Ihre Straßburger Freundin Katharina Zell, die mit dem berühmten Wanderarzt Paracelsus in ihrer Heimatstadt und dem nahen Basel Kontakt gehabt hatte, hatte ihr eines seiner Rezepte zugesandte, durch dessen Mischung die Pestilenz im Schweiß ausgetrieben werden sollte.

«Man nehme», las Katharina vor, während die alte Siechenmeisterin in der Cranach-Apotheke nach den einzelnen Zutaten suchte und sie in zehn Portionen abwog, «ein Maß guten Branntwein, zwölf Lot Tiriak, vier Lot Myrrhen, ein Lot Thunfischrogen, ein Lot Tonerde, zwei Lot Schwalbenwurz, ein halbes Lot Diptam, ein halbes Lot Bibernell, ein halbes Lot Baldrianwurzel, ein Quint Gaffer.»

«Bestimmt soll man es im Branntwein ansetzen und an der Sonne oder einem anderen warmen Ort ziehen lassen.» Magdalena von Bora kannte sich aus. «Schreibt er, wie lange?»

«Acht Tage.» Katharina seufzte. «Danach soll man es abseihen und jedem, der sich schwach fühlt, einen halben und jedem Erkrankten einen ganzen Löffel davon eingeben.»

«Dann schwitzen und schlafen und nichts essen. Mindestens sechs Stunden lang. Heißt es auch, man solle nichts trinken?» Magdalena von Bora kniff die fertig gefüllten Tütchen fest zu und schüttelte den Kopf, als Katharina nickte. «Immer derselbe Fehler. Wer zum starken Schwitzen gebracht wird, muss viel trinken. Anders kann der Leib die schlechten Säfte nicht austreiben. Schreib die Rezeptur säuberlich ab, damit sie, hier in der Apotheke ausgelegt, auch anderen helfen kann. Aber ersetze das mit dem Trinken, sodass es richtig ist. Schreib dazu, es soll kein Brunnenwasser getrunken werden, es sei denn, man habe es vorher abgekocht. Am besten soll man einen starken Aufguss von der römischen Kamille und zur Kräftigung täglich drei Tassen vom Aufguss aus echtem Thymian trinken. Dieser muss so lange ziehen, bis ein Gänseei hart gekocht ist.»

Katharina saß schon mit Feder und Papier und kopierte das Paracelsus-Blatt.

In diesem Moment stürmte Augustinus Schürf, der ebenfalls in Wittenberg geblieben war, weil er es mit seinem Gewissen nicht verantworten konnte, die Siechen der Stadt ohne Hilfe zu lassen, in die Apotheke, als sei ihm der Leibhaftige auf den Fersen. «Gott sei Dank, Frau Siechenmeisterin!», fiel er Magdalena von Bora fast um den Hals. «Man hat mir gesagt, dass ich Euch hier finde. Mein Weib, meine Hanna, ist an der Pest erkrankt. Martinus bat mich, sie zu Euch ins Haus zu bringen, zur Pflege. Bitte, kommt mit und wollet ihr gnädig helfen mit Eurem Wissen. Ich bin ja mit meinem Latein am Ende.»

Katharina hielt den Atem an. «Martinus, du musst wahnsinnig sein. Eine Pestkranke in unser Haus zu holen.» Magdalena von Bora sah sie an. In ihren Augen stand dieselbe Botschaft geschrieben. Aber auch Entschlossenheit. «Habt Ihr die Kranke schon mit Essig gewaschen, Herr Medicus?» Sie raffte ihre Röcke. «Sind die Beulen aufgebrochen? Ist sie noch bei Verstand?» Ein Blick über die Schulter zurück. «Ich richte eine Siechenstube her, Katharina. Du aber hast keinen Zutritt darin.»

«Sorge dich nicht um mich.» Katharina legte das sauber kopierte Rezept des Paracelsus mit allen Ergänzungen gut sichtbar unter einen Stein, der verhindern würde, dass es vom Ladentisch fiele. «Lasst uns gehen. Wir sind alle in Gottes Hand.»

Magdalena von Bora hielt Wort. Keinen Fuß durfte Katharina in die Siechenstube Hanna Schürfs setzen. Ganz allein übernahm sie die Versorgung und Pflege der Kranken. Wie immer hatte die Erkrankung auch bei Hanna mit leichtem Fieber und Kopfschmerzen begonnen. Trotz der kundigen Pflege der alten Siechenmeisterin stieg die Körpertemperatur binnen weniger Stunden zur größten Hitze an und die Kopfschmerzen wurden schier unerträglich, bis die Kranke zu phantasieren und sich in schweren Schüttelfrösten vor Schmerzen zu winden begann. Kurz darauf trat eine etwa linsengroße Pestbeule in der Leiste zutage.

Magdalena von Bora wusste, dass die Krankheit ihren Herd im Körperinnern hatte. Während ihrer Klosterzeit hatte sie einmal eine an der Pest eingegangene Katze aufgeschnitten, um das Innere einer Pestbeule zu studieren. Dabei hatte sie gesehen, dass die Atmungsorgane des Tieres geschrumpft sowie Magen und Därme von grüner Galle überzogen waren. Jede einzelne Pestbeule besaß eine tief gehende Wurzel im Körperinnern, durch welche die grünen, faulig riechenden Körpersäfte aufstiegen. Dies erklärte der Siechenmeisterin, warum eine Behandlung der an der Oberfläche sichtbaren Beulen nichts half. Selbst wenn man sie ausschnitt, blieb die Wurzel erhalten und zog immer neue Säfte an.

Seit der Sezierung der Katze hielt Magdalena von Bora nichts mehr davon, die Beulen zu öffnen. Die Krankheit erschien ihr von der Art eines Vulkans, dessen flüssiges Inneres sich langsam zur Fieberglut erhitzte, sich dabei durch einen Kanal an die Oberfläche schob und schließlich unter hohem Druck in einem Strom nach außen aufbrechen musste, bis alle glühende Masse versiegte. Gelang es dem erkrankten Leib mit Gottes Hilfe, einen so hohen Druck im Innersten auszuhalten, bis die Pestbeule von selbst aufsprang, fiel das Fieber meist im gleichen Moment, und der Genesungsprozess begann. Danach dauerte es zwar einige Zeit, bis der sehr schwache Patient erstarkte, doch wurde er am Ende wieder vollends gesund.

Alles, was sie für Hanna tun konnte, war, ihren Körper zu stärken, damit er das Fieber aushielte, das in ihm tobte.

«Setzt wenigstens eine Pestmaske auf», drängte Hannas Gemahl zu Beginn der Behandlung. «Ihr steckt Euch sonst an.» Doch die alte Siechenmeisterin winkte ab. Ihr genügte das Gebände aus Klostertagen, dessen Bänder sie etwas höher als üblich über Mund und Nase zog und mit Essigwasser durchtränkte. Ob es gegen den Pesthauch half, wusste sie nicht recht. Auf jeden Fall aber hielt es die fauligen Körpergerüche der Kranken von ihr fern, während sie damit beschäftigt war, den von Muskelkrämpfen gepeinigten Körper alle drei Stunden mit dem sauren Aufguss von Tonerde abzuwaschen und ihn in damit durchtränkte Tücher zu wickeln, die gewechselt werden mussten, sobald die Fieberhitze sie trocknete. Stündlich flößte sie Hanna eine Schnabeltasse vom Aufguss des Paracelsus ein und verordnete vorbeugend sich selbst und allen anderen im Haus die Viertelmenge.

Als Hanna genas, glaubte Luther an ein Gotteswunder. In jeder Predigt, bei jedem Hausbesuch berichtete er davon. Es weckte Hoffnung. Das war gut in diesen trostlosen Tagen. Doch die Pest hielt es nicht auf. Auch nicht im Luther-Haus.

Margaretha von Mochau, Hansis Kindermädchen, war die Nächste. Laut schreiend brach sie auf der Treppe zusammen. «Ich kann nicht mehr.»

«Sänftigt Euch, oder Ihr sterbt an der Angst!», mahnte Luther. Margaretha hörte nicht zu. «Hier schmerzt es! Hier unter dem Arm», zeigte sie und riss fieberhaft an den Knöpfen, die den Schmuckärmel ihres Gewandes an der Schulterkugel hielten. «Es wird eine Beule. Ich spüre es. Sie wächst. O Gott, sie wächst! Ich sterbe. Es ist mein Ende.» Wimmernd kroch sie mehr, als dass sie ging, an Katharinas Arm in ihr Zimmer und legte sich zu Bett.

Diesmal übernahm Katharina die Pflege. Magdalena von Bora war am Ende ihrer Kraft. Sie musste wenigstens eine Nacht schlafen. «Vergiss das Essigwasser im Gebände nicht, es ist das Wichtigste», mahnte sie, während ihr die Augen zufielen. «Und öffne immer wieder das Fenster. Verriegeln hilft nichts. Die Pest lässt sich nicht aussperren, aber den Kranken tut die frische Luft wohl. Nur schneidender Wind bringt Gefahr.»

Kaum Stunden nach Margarethas Zusammenbruch holte die Pest sich die nächsten Opfer. Anna, die Kleinmagd, die so braune Augen hatte wie die Kälbchen, die sie liebte. Zwei Scholaren, ein Schreibgehilfe, ein Kanzlist. Nun half alles nichts, auch Luther musste bei der Pflege der Männer helfen. Aber das Wunder wiederholte sich nicht. Alle, bis auf Margaretha, starben. Sie hatte keine Pest gehabt. Eine Haarwurzel hatte sich schmerzhaft entzündet. Katharina wusch die Wunde mit Branntwein aus und legte ein mit Heilöl getränktes Pflaster auf. Margaretha weinte vor Glück.

Am nächsten Tag fand Luther sein Hänsichen heiß und rot im Bett. Er hatte sich gemeinsam mit dem Kind ein wenig zum Mittagsschlaf niedergelegt. Niemand sonst hatte ja Zeit, sich um den Kleinen zu kümmern. «Katharina!» Das jammernde Kind im Arm, lief er auf der Suche nach ihr durchs Haus.

«Mama!» Sie hätte Hänsichens Stimme unter Tausenden erkannt. Als sie ihn matt und rot in den Armen des Vaters sah, zuckte selbst das Ungeborene in ihrem Leib zusammen und stieß mit Händen und Füßen zugleich. «Gib ihn mir.»

Kläglich zeigte der Kleine auf Mund und Hals.

«Mama pustet. Schau, Herzlein, so.» Nur die Angst nicht zeigen. Behutsam blies sie auf die glühenden Wangen, den Hals. Getröstet schmiegte der Knabe sich an ihre Brust. Katharina hätte schreien mögen. Gestern erst dieser entsetzliche Durchfall. Wahrhaftig in jede

Stubenecke hatte er einen Haufen gesetzt und war dafür vom Vater tüchtig ausgezankt und bestraft worden.

«Ist es die Pest?» Luther wagte kaum zu fragen.

Katharina zögerte. Es musste nicht die Pest sein. Sie hatten es erst an Margaretha von Mochau erlebt. Aber was hieß das schon? Auch wenn sie das Kind so weit wie möglich von den Siechenstuben fern gehalten hatten, mochte der Wind ihm den Pesthauch zugetragen haben. Durchfall, Fieber, Schmerzen im Mund, so fing es meistens an.

«Der Teufel weiß, wie er mich treffen kann!» In Luthers Augen standen Tränen.

Katharina atmete tief durch. «Noch ist nichts zu erkennen. Du musst auf ihn aufpassen, Martinus. Er darf sich nicht aufregen. Hier, nimm ihn mit in dein Studierzimmer. Lass ihn noch ein wenig auf deinem Schoß ruhen. Ich muss Medizin für ihn richten.»

Luther verzog das Gesicht. Seine Studierstube war ihm heilig. Wie sollte er dort arbeiten, mit einem kranken Kind? Katharina las seine Gedanken. Müde sah sie ihn an. «In Hänsichens Stube liegt Hanna Rörer, Doktor Pommers Schwester. Sie blieben, weil wir blieben, Martinus. Weil sie schwanger ist wie ich. Und jetzt hat sie die Pest. Ich muss zu ihr. Der Medicus will versuchen, das Kind zu retten, ehe sie stirbt.»

Luther senkte den Kopf. «Einen Trost haben wir, den halten wir dem wütenden Satan entgegen», murmelte er und nahm seinen Sohn auf den Arm. «Das Wort Gottes, durch das die Seelen der Glaubenden bewahrt werden, wie auch immer der Teufel die Körper verschlingt.»

Katharina raffte die letzten Leintücher aus dem Leinzeugkasten. In einer großen Krause stand saures Tonerdewasser bereit. Es wurde immer wieder neu angesetzt. Stumm folgte sie Luther ins Studierzimmer nach. Vielleicht war es vor Gott unverzeihlich, aber manchmal stand ihr sein demütiges Reden bis oben hin. Noch hieß es handeln und wehren und nicht, einen Nachruf auf die Lebenden sprechen. Einen Moment dachte sie, sie sollte Luther erklären, was in ihr vorging. Doch Sprechen kostete Kraft, die sie nicht mehr überflüssig hatte.

Hänsichen schrie jämmerlich, als sie ihn von allen Seiten nach schmerzhaften blauen Flecken absuchte und schließlich in nasskalte Tücher einwickelte. Seine Gegenwehr beruhigte Katharina. Die pestkranken Kinder, die sie bisher versorgt hatte, hielten ganz still. Er beruhigte sich erst, als er sah, dass sie ihm einen frischen Nuckel machte. Er liebte die mundgerecht kugeligen Gebilde, die Katharina aus einem feinen Batisttüchlein formte, in das sie ein Stück Honigkaramell knotete, den sie aus Honigsirup, Haferflocken, Kamillenblütenpulver, ein wenig zerstoßenen Schlafmohnsamen sowie etwas Sahne und Butter in einer schweren Eisenpfanne aufkochte und kurz vor dem Erkalten der zähen Masse in Stücke schnitt. Mit seinem Nuckel im Mund konnte Hänsichen alles aushalten. Glücklich begann er darauf zu beißen und zu lutschen.

«Es werden die Zähne sein, Martinus», murmelte Katharina erleichtert und beobachtete das eifrige Nagen des Jungen auf dem festen Karamell. «Bete, dass es so ist. Und lass ihn ruhen, bis ich wiederkomme.» Noch einmal prüfte sie das Fieber mit der Hand. Hänsichens Stirn glühte. «Befeuchte nur immer die Tücher, damit sie das Fieber aufnehmen. Und sing ihm etwas vor. Es ist gut, wenn er darüber einschläft.» Sie küsste Mann und Kind. «Ich bin wieder da, sobald ich kann. Gott schütze uns alle.»

Kräuterrauch durchschwelte das ganze Haus. Jedes feuerfeste Gefäß, das in der Küche nicht gebraucht wurde, diente als Schwelpfanne. Mindestens eine davon stand in jeder Stube, neben dem Eingang und im Treppenhaus. Der Rauch biss in den Augen, und Muhme Lene hielt nichts davon. Der Medicus umso mehr. Also hatte Katharina die Pfannen aufgestellt. Sie wollte sich nicht den Vorwurf machen müssen, etwas versäumt zu haben, um ihren Hausstand vor der Pest zu schützen. Dennoch rang sie nach Luft, als sie die verqualmte Siechenstube betrat, in der Hanna Rörer auf einem Tisch lag und eine Hand in ihren hohen Leib krallte, während die andere zurückgebunden war, um den Druckschmerz in der unter der Achsel blau verfärbten Pestbeule zu lindern.

Die Seele hatte sich bereits auf den Weg gemacht. Nur das Herz kämpfte noch. Doch der Pulsschlag flatterte wie ein Schmetterling in der hohlen Hand. Mit einem qualvollen Stöhnen wölbte die Kranke jählings den Rücken. Ein schwerer Atemzug hob die Brust, erstarb mit einem Zittern. Es war vorbei.

Magdalena von Bora hatte Arme und Hände in Essig gewaschen. Jetzt wandte sie sich um und begann den Leib der Kranken abzutasten, um die Lage des Kindes zu bestimmen. Irgendetwas stimmte nicht. Katharina sah es an ihrem Gesichtsausdruck, noch ehe die Muhme das Ohr an den hohen Leib legte.

«Das Kind bewegt sich nicht. Eile tut Not, Herr Medicus, wollt Ihr es retten.»

Augustinus räusperte sich. «Seid Ihr gewiss, Herr Diakon», wandte er sich an Georg Rörer, der neben dem Kopf seiner toten Frau auf dem Kissen zusammengesunken war und unter Schluchzen zu beten versuchte, «seid Ihr gewiss, dass es Euer ausdrücklicher und vor Zeugen erklärter Wille ist, dass ich an Eurer Gemahlin einen großen Bauchschnitt nach dem Beispiel des Julius Caesar vornehme und das Kind aus dem Mutterleib hebe?»

«In Gottes Namen, ja.» Georg Rörer blickte aus rot geränderten Augen auf. Hanna trug ihr erstes Kind. Das Fieber war wie mit dem Atem des Teufels ins Haus geflogen. Binnen weniger Stunden hatten sich in Hannas beiden Leisten schwarze Punkte abgezeichnet. Von da an galt ihr einziger, noch bei vollem Bewusstsein vorgebrachter Wunsch der Rettung ihres Kindes. Sie war es, die diesen Eingriff verlangt hatte.

«In Jesu Christi Namen. Amen.» So rasch, dass Katharina ihn kaum wahrnahm, führte der Medicus einen Längsschnitt von oben nach unten über den ganzen Bauch der Toten, schlug die klaffende Wunde auf und ließ die alte Siechenmeisterin das Kind aus dem Mutterleib heben. Es war ein kräftiger kleiner Junge. Aber er regte sich nicht. Schlaff, blau verfärbt und von übel riechendem Blut bedeckt, lag er kläglich in den Händen der Muhme.

Während Georg Rörer mit einem Seufzer in Ohnmacht fiel, wahrte Katharina die Fassung. Sie wusste, was zu tun war. Während die Muhme das Kind zuerst in heißes, dann in eiskaltes Wasser tauchte, um den stockenden Herzschlag anzustoßen, Katharina blitzschnell die faulig riechende schwarze Masse aus dem winzigen Mund entfernte, die sich bei jeder schweren Geburt bildete, und die Siechenmeisterin gleich sacht in die kleine Brust atmete, sprach der Medicus die heiligen Worte der Nottaufe. Doch die Lungen des Kindes füllten sich nur mit dem Atem der Siechenmeisterin und der kleine blau verfärbte Leib regte sich nicht.

«Lebt es?» Stöhnend kam der Vater zu sich, richtete sich auf.

Der Medicus schüttelte den Kopf und zog den Freund an sich, dessen grauenhaften Aufschrei an der eigenen Brust erstickend.

Als hätte die Wut des Teufels sich mit seinem Doppelopfer endgültig an den Menschen im Luther-Haus ausgetobt, fuhr er noch in derselben Nacht in den Schweinestall, riss Katharinas beste Zuchtsau und ihre Ferkel mit sich – und verschwand. Magdalena von Bora, die ihren Geist schon in Gottes Hand befohlen hatte, da sie befürchtete, mit der Beatmung von Hanna Rörers Sohn den Pesthauch in ihre eigenen Lungen gesogen zu haben, blieb gesund. Hänsichen genas von seinen Zahnschmerzen und bekam zum Trost eine Schaumünze mit dem «silbernen Hansen», dem Konterfei des Kurfürsten, von seinem Taufpaten Justus Jonas geschenkt. Katharina ließ die Siechenstuben ausräuchern, mit Essig auswaschen und mit Kalk frisch schlämmen sowie das Bettzeug verbrennen. Jetzt konnten die Studiosi wiederkommen. Luther kehrte glücklich in seine Studierstube zurück und griff unverzüglich zur viel zu lange ruhen gelassenen Feder.

Er fühlte sich «am Leib gesund», sagte er zu Bugenhagen, dem Pommeranus, doch «außen von der ganzen Welt, inwendig vom Teufel und allen seinen Engeln» geplagt, weil die «lügnerischen Sakramentierer» umso mehr Zulauf erhielten, je öfter ihre Anhänger durch das Reichsregiment verfolgt wurden. Einmal noch wollte er ihnen die Leviten lesen und sie mahnen, endlich ihre falschen Lehren vom Abendmahl zu widerrufen. Wenn Katharina ihn, Selbstgespräche führend, gestikulierend im Studierzimmer auf und ab gehen, mit unsichtbaren Gegnern streiten und wie im Fieber Gedanken niederschreiben sah, kam es ihr vor, als habe es die Pest in seiner Welt nie wirklich gegeben.

Selbst die Vierbeiner in den Ställen schienen wieder unbekümmerter zu fressen und dankbar ihre Stimmen zu erheben, dass der Teufel bloß in die Schweine gefahren war. Katharina war sicher, dafür war Tölpel mitverantwortlich, der schneller als jede Katze Mäuse fing und sich auch an Ratten wagte, die Luther als Spione und Abgesandte des Satans verabscheute und mit pechgetränkten Schwel-Lunten in ihren Löchern ausräucherte.

Auch in die Stadt kehrte der Alltag zurück. Von den Haustüren der Überlebenden verschwanden die Pestkreuze. Die Tag und Nacht verschlossen gebliebenen Fensterläden wurden geöffnet. Die Menschen wagten wieder, beisammen stehen zu bleiben und ein Schwätzchen zu halten. In der Kirche fanden die Trauernden Trost, die für ihre draußen auf dem freien Feld verscharrten Verstorbenen Totengottesdienste lesen ließen. Und im Wittenberger Hospital, in dem weit über hundert Pestkranke eingeliefert worden waren, von denen gottlob nur fünfzehn starben, überlebten auch die beiden letzten Patienten.

Die Wagen und Kutschen der Vornehmen und Reichen der Stadt rappelten von allen Seiten zu den Stadttoren herein und in die verlassenen Häuser zurück. Die Händler öffneten ihre Ladengeschäfte neu und breiteten die frisch eingetroffenen Waren aus, die ihnen nur so aus den Händen gerissen wurden. Der Bauernmarkt vor dem Rathaus fand wieder statt, obwohl es nur wenig zu kaufen gab. Und aus Zwickau traf Katharinas bestellte Chemnitzer Leinwand ein. Endlich hatte sie Zeit, daraus Windeln und Wickelbänder zu nähen.

Der Dezember brachte Schnee für Hänsichen. Freudig bejubelte er jede Flocke und tollte mit seinem Tölpel durch den verschneiten Hof, rollte Schneekugeln zu dicken Schneemännern, machte Schneeballschlachten mit seinem Vater oder rodelte hinter dem Haus den an den Garten angrenzenden Elbdamm hinunter. Die kühle, klare Winterluft vertrieb den Geruch der Schwelkräuter aus dem Haus und endlich auch den Gestank der Pestfeuer über der Stadt. Schnee deckte die schwarzen Brandstellen und Aschegruben zu. Fiel die Wintersonne darüber, glitzerte er wie von unzähligen Diamantsplittern.

Anders als früher, sah Katharina an der Schönheit der Schneeflocken nur, wie vergänglich sie war. Sie fühlte sich müde, von ganz tief innen heraus, doch legte sie sich abends um spätestens neun mit Luther zu Bett, konnte sie nicht schlafen. Die Bilder der Pest holten sie immer wieder ein. Luther neben sich, der mit offenem Mund den Schlaf des Gerechten schnarchte, wälzte sie sich ruhelos auf dem Strohsack und kämpfte im Traum mit dem feurigen Drachen der Offenbarung, der mit sieben Mäulern ihr Kind verschlingen wollte, sobald es geboren wäre.

Magdalena von Bora sah die innere Unrast ihrer Nichte mit Sorge, konnte sie jedoch nicht dazu bewegen, sich von den Strapazen der vergangenen Wochen auszuruhen. «Du hast gehört, was Martinus verkündete. Alle Frauennöte in der Schwangerschaft sind gottgewollt und müssen freudig angenommen werden. Gebe ich wie Hanna Rörer mein Leben daran, so ist es ja mein Gewinn.»

«Und was ist mit deinen Kindern? Denk an Hänsichen. An das Ungeborene. Was soll aus ihnen werden ohne dich?»

«Ist es Gottes Wille, so nimm du dich ihrer an, Muhme Lene.»

Magdalena von Bora seufzte. Es hatte keinen Sinn, Katharina ins Gewissen zu reden. Ihr Gemüt war noch wie vom Pesthauch befallen und mit Worten wenig erreichbar. Aber ihr eigener Geist war hellwach. Und sie konnte und wollte nicht daneben stehen und sehenden Auges hinnehmen, wie durch Katharinas ständige Überlastung der Tod im Kindbett heraufbeschworen wurde, nur weil Luther verkündete, Sterben im Gebären sei das glücklichste Frauenlos. In diesem Punkt war Luther ein Schwarmgeist, aber natürlich würde sie es ihm nicht sagen. Nicht alles glauben, was man hört, nicht alles sagen, was man weiß, nicht alles tun, was man kann. So hatte sie es immer gehalten.

Wohl wissend, dass sie damit Luthers empfänglichsten Punkt berührte, wandte sie sich scheinbar hilflos an ihn, damit er ein Machtwort spreche und seiner Frau strenge Schonung verordne. «Befehlt Ihr es nicht, wird sie an den Anstrengungen der Niederkunft zugrunde gehen. An Euch liegt es, sie zu retten. Ihr seid verantwortlich, ihrer Unvernunft Einhalt zu gebieten.»

Mit ihrem letzten Satz traf sie tatsächlich Luthers Nerv. Es stimmte, Gott hatte den Mann über die Frau gestellt, weil er sie aus einer biegsamen Rippe und nicht aus dem Kopf Adams gemacht hatte. Nur Minuten später musste Katharina sich gehorsam niederlegen und sich wohl oder übel die Rundumpflege ihrer Muhme gefallen lassen. Von entspannenden Einreibungen über erfrischende Wickel bis hin zu kräftigenden Kräuteraufgüssen, leichten Speisen und erbaulichen Bibellesungen ließ die alte Siechenmeisterin nichts unversucht, um das Gemüt der Schwangeren aufzuhellen und ihre ausgebrannten Kräfte zu stärken. Und endlich gab Katharinas angstverkrampfter Willen den Wehen nach, die sie fast zwei Wochen lang immer wieder unterdrückt hatte.

Unter Schmerzen, die sie diesmal weit weniger tapfer zu verbeißen vermochte als bei Hänsichens Geburt, brachte sie am 10. Dezember anno 1527 ein zartes, doch gesundes Mädchen zur Welt.

«Sie soll Elisabeth heißen, Martinus», bat sie, als Luther sie nach der Geburt gerührt und dankbar in die Arme schloss und gemeinsam mit ihr in das feine Gesicht ihres Töchterchens blickte. «Elisabeth wie meine Urgroßmutter, meine Großmutter und meine Cousine. Unsere Else und Elisabeth von Haugwitz möchte ich gern zur Taufpatin heißen.»

«Elisabeth ist ein guter Name. So heißt ja auch die Mutter von Johannes dem Täufer», meinte Luther und freute sich, wie fest auch das Elslein mit seinem winzigen und doch vollkommen ausgebildeten Händchen Vaters Finger umgriff. Zärtlich schloss er seine Hand darum. So wollte er sie immer halten und schützen. «Ich will die Gevatterinnen sogleich bitten lassen.»

Flüchtig dachte Katharina an die Tauffeierlichkeiten in der Kirche. Die Pest hatte die Zeit verschlungen, in der sie mit Luther darüber reden wollte, ob sie als Mutter nicht auch bei der Taufe dabei sein dürfe. Jetzt war es zu spät. Und sie war auch zu müde, mit ihm zu streiten. Es tat so gut, ihn lächeln und das Elslein streicheln zu sehen, Hänsichen neben sich zu haben, der seine kleine Schwester anstaunte und nun ein großer Hansi war.

In den nächsten Tagen erwachte Katharina nur, um ihr Töchterchen zu stillen, Hansi in den Arm zu nehmen, ein wenig mit Martinus zu reden und etwas von der nahrhaften Fleischbrühe und dem Milchfluss anregenden Brennnesseltee zu sich zu nehmen, die die Muhme Lene ihr ans Bett brachte. Einmal kam ein Bote mit einem Päckchen. Elisabeth von Meseritz sandte ihrer Cousine mit besten Genesungswünschen und Grüßen an ihr herzliebes Patchen einen goldenen Ring. Die Beschenkte freute sich. Doch wichtiger war das Gefühl der weichen Kinderhaut, die beim Stillen unbeirrt in den Augen der Mutter ruhenden Blicke Elsleins, ihr Duft nach Rosenwasser, mit dem die Muhme das tägliche Badewasser versetzte, frischen Leintüchern und feiner Creme und das Pochen des Lebens unter der zarten Kopfhaut, wenn man mit den Lippen darüber streifte. All das legte sich wie ein Wundpflaster auf Katharinas Seele.

Als Johannes Bugenhagen, dessen Hausfrau fast gleichzeitig von einem gesunden Sohn entbunden worden war, frohlockte: «Martinus, mein Sohn begrüßt deine Tochter als seine zukünftige Braut», konnte Katharina zum ersten Mal seit der Pest wieder herzlich lachen.

«Martinus Luder und seiner unehelichen Gattin, Catherina von Bohra, damit sie entweder mit dem verlorenen Sohne sich bekehren und zur Buße und Heiligkeit des Klosterlebens zurückkehren oder doch Luder seine Nonne ihrem Bräutigam Christus und ihrer Mutter Kirche zurückstellt bei Höllenstrafe.» Katharina ließ die beiden Schmähbriefe sinken. «So viel ist schon geschrieben, Martinus. So viel Gemeines und Verlogenes. Jetzt auch diese noch. Nimmt es denn niemals ein Ende?»

«Grämst du dich wirklich über diese Esel, mein lieber Herr Käthe?» Luther nahm sie lachend in die Arme und wirbelte sie einmal übermütig um sich selbst. «Warte, so wollen wir es ihnen doch mit gleicher Münze heimzahlen. Pommeranus und ich dichten ihnen eine ‹Neue Fabel Äsopi vom Löwen und dem Esel›, dass den beiden Eseln die langen Löffel klingeln sollen. Die ‹Neue Leipziger Zeitung› wartet schon darauf, es sogleich zu drucken.»

«Mein edler Herr und Ritter!» Liebevoll zauste Katharina den dunklen Schopf, in dessen Locken sich die ersten grauen Strähnen zu ziehen begannen, und ließ sich gern küssen, bis Hansi sich eifersüchtig zwischen die Eltern drängte und mitschmusen wollte.

«Da siehst du, Catena, wie Kinder sind», schmunzelte Luther und nahm den Buben auf den Arm. «Sie kommen und verlangen das Ihre und denken nichts Böses dabei. Wie er's macht, so ist es unverderbt.»

«Wollte Gott, alle Kinder hätten Väter, die es so gut mit ihnen meinen», sagte Katharina. «Gib dem Herrn Vater einen Kuss, Hänsichen, weil er gar so lieb und gut ist zu dir.»

Mit einem schmatzenden Kinderkuss gehorchte der Kleine und drückte den Vater so fest mit beiden Armen, bis das kleine Gesicht vor Anstrengung rot anlief.

«Ich hab's erlebt, wie es ist, einen allzu strengen Vater zu haben, der mich um einer geringen Nuss willen mit der Rute schlug, sodass aus mir ein recht zaghafter Knabe wurde, der den Vater wohl liebte, mehr aber fürchtete. So soll es meinen Kinder nicht ergehen.» Luther setzte seinen Sohn aufs Knie und ließ ihn fröhlich darauf reiten. «Wie Anton Tucher aus Nürnberg zu sagen pflegte: ‹Gute Worte und Strafe gehören zusammen›, denn ohne gute Worte werden Kinder scheu. Und zuletzt erwarten sie gar nichts Gutes mehr.»

«So mancher Sohn liebt darum einen anderen mehr als den eigenen Vater», meinte Katharina nachdenklich.

«Ein Vater muss irgendwie zu erkennen geben, dass er es mit seinen Kindern nicht ganz verderben wolle», stimmte Luther zu. «Denn ausschließlich Gesetz ist zu nichts nütze, ja, es ist unerträglich.» Mit einem freundlichen Klaps setzte er Hansi vom Knie. «Wohlan, Catena, genug geplaudert. Hör nur, das Elslein verlangt schon nach dir. Und ich will gehen, den beiden Leipziger Asini das böse Maul stopfen.»

Jetzt hörte Katharina es auch. Das Elslein weinte selten. Meist lag es still und sanft in der Wiege, die übergroßen himmelblauen Augen weit aufgeschlagen, und bestaunte die Decke über sich. Nicht einmal Tölpels Bellen konnte es erschrecken. Doch wenn es einmal weinte, ging das dünne, klägliche Stimmchen Katharina durch und durch. Kaum lauter als das Maunzen eines jungen Kätzchens, war es kein Vergleich zu dem Geschrei, das Hansi in ihrem Alter angestimmt hatte. Das Köpfchen heben und trinken konnte es auch nicht recht. Es nahm nur winzige Schlückchen, für die es aber schier endlos Zeit brauchte.

Manchmal, wenn das Kind immer wieder nur nuckelnd an ihrem Busen einschlief, statt sich in tüchtigen Zügen satt zu trinken, hatte Katharina schon bereut, keine Amme zu haben. Alle Arbeit blieb ja indessen liegen. Sie war sogar in Versuchung gewesen, Luther zu bitten, ihr das Abstillen zu erlauben. Doch wenn sie die durchscheinende Haut und die zarten Ärmchen und Händchen betrachtete, die wie Vogelknöchelchen so leicht und fein ausgebildet waren, brachte sie es nicht über sich. Das Elslein war nicht wie andere Kinder. Auch der kleine Johannes Bugenhagen, der ein so überaus zierliches Kind gewesen war, hatte auf einmal blau und tot in seiner Wiege gelegen, obwohl er noch eine Stunde zuvor gesund und munter mit den Zöpfen seiner Mutter gespielt hatte. Nicht einmal Augustinus Schürf hatte eine Erklärung dafür gehabt. Dem kleinen Johannes sei das Atmen wohl einfach zu anstrengend gewesen, meinte er. Es gebe ansonsten keinen sichtbaren Grund seines frühen Todes.

«Gott der Herr hat Euren Sohn zu sich genommen, wie er alle die früh zu sich nimmt, die er über alle Maßen liebt», wollte Luther trösten. «Sorgt Euch nicht um seiner Seelen Seligkeit. Ein jeder von uns sollte wünschen, er wäre in dieses Kindleins reinem und vollkommen unschuldigem Alter gestorben.»

«Das habt Ihr schön gesagt, Martinus», presste Johannes Bugenhagen hervor und wiegte seine schluchzende Walburga an der Brust. «Aber Gott schütze Euch und die Euren, dass dieser Wunsch sich nicht erfülle.»

Es war ein ehrlich gemeinter Wunsch, ein Segensspruch. Dennoch wurde Katharina die Angst um ihr allzu zartes, schwaches Elslein seitdem nicht mehr los.

Wenngleich Luthers Freunde rechtzeitig zur Aussaat neue Sämereien gesandt hatten, die in den beiden Hausgärten prächtig gediehen, fehlten Katharina der verlorene Garten vor dem Stadttor und die dreißig Gulden Jahresgabe des unlängst verstorbenen Feldoberst Assa vom Kram an allen Ecken und Enden. Luther lernte nicht, umsichtiger zu haushalten, wollte es auch gar nicht lernen, sondern verteilte immer wieder mit vollen Händen und oftmals mehr, als er besaß. Das letzte Bargeld mitsamt den wertvolleren Vorräten vom vergangenen Jahr hatte zu Weihnachten die Gelöbnisfeier von Katharinas völlig mittelloser Gevatterin Hanna von der Sale mit Petrus Eisenberg, einem ebenso armen, aber aus gutem Haus stammenden Pfarrer aus Halle, verschlungen. Michael Stifel, der seit seiner Flucht vor dem österreichischen Kirchengericht im Luther-Haus wohnte, konnte es einfach nicht mehr mit ansehen, wie Katharina sich abrackerte und immer schmächtiger wurde, weil sie sich am eigenen Munde absparte, was Luther bedenkenlos verschenkte.

Eines Tages im März war es so weit. Stifel fasste sich ein Herz und bat seine österreichische Gönnerin Dorothea Jörger um eine milde Gabe für ihre Freundin Katharina und den Reformator. Ihrem stattlichen Vermögen würde es keinen Abbruch tun, Luthers aber aus der größten Not helfen. Täglich hypnotisierte Katharina ihren frühlingsbrachen Garten ja schon fast, damit endlich etwas darin aufgehen und gedeihen möge. Sie war eine so tapfere, emsige Biene und tat Stifel nur noch Leid. Man musste ihr einfach helfen.

Dass Luther die Sache peinlich finden würde, hatte er erwartet, aber keinen wahren Wutausbruch. Er sei kein Bettelmönch, schrie dieser, als die erbetene Spende kam. Er habe es nicht nötig, andere um Geld anzuschnorren. Gott habe ihm Weib und Kinder gegeben. Mit Gottes Hilfe werde er auch für sie sorgen. Damit nicht genug, schrieb er dann auch noch einen entsprechenden Brief nach Österreich.

Eingedenk des Wutanfalls, den Luther bekommen hatte, als er erfuhr, dass sie nach der Hochzeit heimlich das von ihm zurückgewiesene Geldgeschenk des Mainzer Erzbischofs angenommen hatte, wagte Katharina keinen Widerspruch. Tatsächlich hätte sie jede Hilfe gern angenommen. Wozu hatte man schließlich Freunde, wenn man sich gegenseitig nicht unterstützte?

Barbara Cranach versuchte, ihr etwas von Männerehre und Hausherrenstolz zu erklären. Das war ja alles ganz schön und gut, wie Katharina fand, aber vollkommen unsinnig. Luther schuftete für die Reformation und die landesweite Neuordnung der Kirchen und Schulen, schrieb Schriften und Bücher, dozierte an der Universität und war immer zur Stelle, wer ihn auch wohin um Hilfe anrief. An seinem Tisch aßen täglich fünfzig Menschen. Namhafte Mitreformatoren, adlige und bürgerliche, wohnten unter seinem Dach. Die ganze reformierte Welt profitierte von ihm. Und doch sollte er zu stolz sein, seine Hände wenigstens manchmal von denen waschen zu lassen, die er jederzeit selbstlos wusch?

«Das verstehst du nicht!», rief Barbara zuletzt ärgerlich. «In deinen Kreisen mag das alles ja so sein. Du bist eben keine Bürgerliche wie wir.»

«Was willst du damit sagen?» Irgendwie hoffte Katharina, sie habe den Satz nur falsch verstanden. Doch Barbara lenkte nicht ein. «Ich will damit sagen, dass ihr Adlige das Junkern und Geschenke anzunehmen gewohnter seid als wir Bürgerlichen.»

«Junkern, ein schönes Wort für Faulenz ist das. Ein Wort, das nur die erfinden können, die vom Junkersein keine Ahnung haben.» Katharina stand auf. Was zu weit ging, ging zu weit. Selbst unter Freunden. Ihre hochgewölbten Augenbrauen, die dem Gesicht immer etwas Kühles und Hoheitsvolles verliehen, bogen sich womöglich noch etwas mehr empor.

«Lass gut sein, Käthe.» Barbara fuhr sich mit der Hand über die Stirn. «Ich hab's nicht so gemeint. Manchmal fahre ich einfach mit dem Maul heraus und komme in Schrecken, obwohl ich eigentlich etwas Gutes will. Komm mit mir in die Küche. Ich hab vom Mittag noch einen Zander übrig. Er sollte für euch wohl zum Abendimbiss reichen.»

Katharina stand steif und biss sich auf die Zunge. «Behalt deinen Fisch!», hätte sie gern gesagt. Aber ein Zander, das gab, mit Brotmehl und Ei vermengt, Fischklößchen für die ganze Tischgesellschaft. Zusammen mit etwas Rübengemüse, einem Stück schwarzem Brot und einem halben Becher Dünnbier dazu wäre es für alle eine volle Mahlzeit. Sie konnte, sie durfte das Geschenk nicht ausschlagen. «Danke.» Sie brachte es fertig, ruhig und gelassen zu klingen. Den Blick gesenkt, folgte sie Barbara in die Küche, in der die Kupferkessel wie immer mit den Pfannen um die Wette glänzten, lange Zwiebel- und Knoblauchzöpfe neben der großen Feuerstelle baumelten und von einem Reckgitter über dem langen Arbeitstisch allerlei Krausenkannen, Töpfe, Siebe und Kellen hingen.

«Hier!» Barbara griff in einen Silberbecher auf der Fensterbank. «Türkischer Honig aus Venetien. Für Hansi. Den isst er doch so gern.» Rasch zog sie zwei weitere Stücke daraus hervor und hielt sie Katharina auf der flachen Hand entgegen. «Und für uns. Damit wir uns nicht mehr sauer sind.»

Katharina war nicht nachtragend. Und sie liebte Barbara. Dennoch ging ihr das Gespräch lange nach. Wenn sie nicht einmal für Barbara so ganz dazugehörte, für wen dann? Dann war einzig Luther ihre Heimat. Und ihre Kinder. Und Gott.

Elsleins Tod am 3. August anno 1528 traf den Vater völlig unvorbereitet und mitten in den Vorbereitungen für die Hochzeit ihres Kindermädchens Margaretha von Mochau und Georg Rörers. Fassungslos weinend und mit dem Teufel hadernd, von dem er sich in seinem Kind geschlagen fühlte, lag er entweder im Bore-Kirchlein auf den Knien oder lud sich schreibend den Schmerz von der Seele. «Meine kleine Tochter, Elisabethchen, ist gestorben. Es ist wunderlich, ein wie bekümmertes, fast weibisches Herz sie mir zurückgelassen hat, so werde ich vom Jammer über sie bewegt. Das hätte ich nie zuvor gedacht, dass ein väterliches Herz so weich werden könnte wegen der Kinder.»

Noch nicht einmal acht Monate hatte das Elslein gelebt und war am Ende so sanft und still und engelunschuldig für immer entschlafen wie der kleine Johannes Bugenhagen, dessen Vater Luther nur Wochen vorher mit der Freude über den frühen Tod unschuldiger Kinder aufmuntern wollte. Staunend beobachtete er nun an sich selbst, welches untröstliche Leid einen trauernden Vater bewegt.

Von Katharinas Verzweiflung und Kummer schrieb er nichts. Es gab einen Schmerz, der war selbst für seine Beredtheit zu mächtig und jenseits von Trost. Nicht einmal er selbst konnte sie trösten, obwohl er sie jede Nacht mit aller Innigkeit hielt und küsste und liebte und ihr mit Gottes Gnade den einzigen Trost zu schenken versuchte, den sie ersehnte und erflehte: ihr Kind, wenn auch in anderer Gestalt.

Trostlos und tränenleer wusch und wickelte Katharina ihr süßes Kind und kleidete es zum letzten Mal zum ewigen Schlaf. Das bleiche Gesichtchen über den Wickelbändern lag ein wenig zur Seite geneigt. Genauso hatte sie zuletzt lebend in ihrer Wiege gelegen und die von feinen weißen Wimpern umrandeten Augen geschlossen, ehe der Schlaf ihre Fingerchen in der Hand der Mutter schlaff werden ließ. Nichts war an diesem Abend anders gewesen als an anderen Abenden. Auch nicht in der Nacht, in der Katharina wie immer mehrmals nach ihr schaute. Erst in der Früh, als alles im Hause schlief und sie sich auf die erste Stunde des Tages freute, in der sie das Elslein ganz für sich hatte und es gern in den taufrischen Garten hinaus mitnahm, in dem es so viel zu sehen und bestaunen gab, fand sie es tot und schrie und schrie und schrie ohne Ende.

Jetzt schrie sie nicht mehr. Sie wiegte das Elslein, dessen Wangen und Fingerchen sich nie mehr unter ihren Küssen erwärmen würden, in den Armen und konnte es nicht über sich gewinnen, es in die weißen Totenkissen zu legen. Ihr war, als ginge es dann erst richtig von ihr fort.

Martinus hatte es schon überall verkündet: «Elisabeth ist von uns geschieden und zu Christo durch den Tod ins Leben gereist.» Doch irgendetwas in ihr glaubte es noch immer nicht. Gott hatte das Elslein immer wieder auferweckt und konnte es auch jetzt auferwecken, wenn er nur wollte. Alles in ihr jammerte nach diesem Wunder. Und Gott schwieg.

Anders als Luther hatte Katharina längst gewusst, dass ihr Töchterchen nicht hören konnte und dass es vielleicht niemals sprechen und laufen würde. Für den Vater war es normal gewesen, dass das Elslein immer lieb und sanft und still war. Er hatte es sogar ausdrücklich vor anderen dafür gelobt. Doch es war keine Bravheit, wenn das Kind den Blick nicht nach Tölpel wandte, sooft er bellend um die Wiege sprang, oder weiterhin still nach oben schaute, wenn ein Vogel in der Nähe sang. Das Elslein war taub. Und darum konnte es auch nicht sprechen. Viel schlimmer aber noch, war es wohl auch nicht recht in den Beinchen beweglich. Wann immer die Mutter es badete und wickelte, regte es zwar die Hände, die Füße aber nicht. Kraftlos schwebten sie im Wasser und sanken wieder auf das Wickeltuch zurück.

«Es ist ja eine Erlösung zum besseren Leben für das Kind», versuchte die Muhme zu trösten, die nun endlich einräumte, auch selbst schon die Schwäche des Elsleins erkannt zu haben. «Und denke nur auch, wie die Welt mit dem Finger auf Luther gezeigt hätte, wäre die Versehrtheit des kleinen Engels für jedermann sichtbar geworden.» Im Kopf hatte Katharina dies alles schon bewegt. Doch das Mutterherz hat andere Gesetze und liebt das Schwache umso stärker, je schwächer es ist.

Walburga Bugenhagen, die Katharina als Einzige der Freundinnen um sich ertrug, nahm ihr das Elslein schließlich ab. «Ich weiß, was du fühlst, Käthe. Dein Schmerz ist mein Schmerz. Aber du musst sie gehen lassen. Nun ist sie bei ihrem Bräutigam, unserem kleinen Johannes, und hat es auf ewig wohl.»

Als das Elslein in seinem Sarg in das schmale, neben Johannes Bugenhagen ausgehobene Grab gesenkt wurde, hatte Katharina das Gefühl, allein Hänsichens Hand in der ihren halte sie im Leben zurück.

Wenige Tage nach dem Tod ihrer Tochter wusste Katharina sich wieder schwanger. Noch ehe sie es dem Vater ins Ohr flüsterte, führte ihr erster Weg sie auf den neuen Friedhof. Das Elslein sollte es zuerst erfahren. Katharina glaubte fest, dass es als Schutzengel bei ihr geblieben war und Gott bewegt hatte, den Schmerz der verlassenen Mutter durch ein neues Kindlein zu heilen.

Hier schläft Elisabeth,
Martin Luthers Töchterlein.
Im Jahre 1528, den 3. August.

So stand es in schlichten lateinischen Worten auf dem kleinen weißen Marmorgrabstein in der Reihe der Kindergräber. Zuerst hatte es ihr als Mutter unendlich wehgetan, dass das Elslein unter diesem Stein wie mutterlos in die ewige Seligkeit schlafen sollte. Dann hatte sie sich als Gemahlin verletzt gefühlt, weil ihr eigener Ehemann sie nicht für würdig befunden hatte, auch ihren Namen in den Stein schlagen zu lassen. «Was bin ich für dich, dass du mich einfach weglässt, mich aus dem Leben deines Kindes streichst?», hatte sie ihn gefragt.

Luther hatte spontan nichts zu erwidern gewusst. Aber ehe sie ihn stehen ließ, sich in der Schlafkemenate einriegelte und auch nicht öffnete, als er Einlass begehrte, hatte sie ihm angesehen, dass er zornig war. Er unterdrückte eine harsche Antwort nur, weil das Elslein tot war und sie trauerte. Später hatte jeder von ihnen sich auf dem eigenen Strohsack zusammengerollt und dem anderen den Rücken gewandt, Müdigkeit vorgebend, obwohl sie beide kein Auge zubekamen. Nicht einmal zur guten Nacht küssten sie sich. Seit ihrem Gelöbnis war dergleichen nie vorgekommen.

Danach hatten sie nicht mehr darüber geredet. Katharina wusste, was Luther gesagt hätte. Schließlich war es üblich, Kinder allein nach ihres Vaters Namen zu nennen und in die Tauf- und Sterbebücher eintragen zu lassen. Zurechtgewiesen hätte er sie, ihr Bibelstellen vorgelesen und ihr erklärt, sie sei vom Teufel geritten, sich gegen ihn als ihren Herrn zu stellen.

Und was hätte sie ihm erwidert? Dass in Gottes Namen Böses geschehen könne, welches vor Gott gut sei. So tue sie Böses im Widerspruch und Ungehorsam gegen ihren Gemahl, was aber zugleich

Gutes im Namen Gottes sei, weil ein jedes Kind nun einmal mit Gottes Gnade Vater und Mutter habe und Gott diese beiden gleich gut geschaffen habe.

Darauf hätte Luther klug geantwortet. Sie hätte auch nicht geschwiegen. Ein Wort hätte das andere gegeben. Vielleicht hätte sie Luther auf die Kirche derer von Einsiedel zu Gnadstein hingewiesen, an deren Empore der Geschlechterzug des edlen Hauses abgemalt war, mit allen Hausfrauen und Müttern der edlen Herren. Deshalb war es für Katharina, als Luther den Grabstein für das Elslein bestellte, selbstverständlich gewesen, dass es darauf heißen würde: «Martin Luthers und seiner Hausfrau Katharina von Bora Töchterlein.»

Geändert hätte alles das nichts mehr. Für die Welt war das Elslein nun einzig Luthers, des berühmten Reformators, Töchterlein, von dem neuerdings sogar die Gäste an der Tischgesellschaft jedes Wort aufschrieben und es als Heilslehren für die Welt drucken ließen. Auch wenn es gelegentlich weiter nichts als derbe Sprüche waren, wie sie in jedem Wirtshaus fielen. Er war der neue Verkündigungsengel des Evangeliums, der Herold Gottes. Nicht zuletzt deshalb liebte und verehrte auch sie ihn.

Der Grabstein bewies, dass Gleichheit von Mann und Frau vor Gott nicht einmal bei Luther auch deren Gleichheit vor den Menschen bedeutete. Sogar er musste auf dem Weg zur vollkommenen Erfüllung des göttlichen Willens in der Freiheit des Geistes noch viele Fesseln der gesellschaftlichen Unfreiheit des Leibes abwerfen. «Und ich werde ihm dabei helfen», nahm Katharina sich vor. «Jeder Mensch hat von Gott eine Bestimmung. Meine ist es, ihn die von Gott gewollte Gleichheit des Weibes zu lehren. Das ist mein Ziel.» Wann immer sie daran verzagen würde, sollte Elsleins Grabstein sie daran erinnern.

Elsleins Sterben hatte etwas in Katharina verändert. Obwohl sie erneut schwanger und Gott dafür unendlich dankbar war, fühlte sie sich auf die allerschmerzhafteste Weise aus der Sicherheit ihrer Gottverbundenheit gerissen und in tiefste Zweifel gestürzt. Gott hatte sie verlassen, als sie ihn am dringendsten brauchte, als sie um die Gesundheit und das Leben des Elsleins flehte. Warum?

«Das leibliche Leben des Elsleins war nicht in Gottes Plan. Darum hat er es vom Leibe befreit, auf dass es in der Freiheit des Geistlichen lebe, fort und fort», hatte Luther zu ihr gesagt und meinte wohl, das sei Trost genug. Er war ja so sicher, dass Gott ihm mit der neuen Schwangerschaft eine Ersatztochter schenken werde. An Eberhard Brisger, seinen alten Freund und Prior aus Mönchszeiten, hatte er sogar geschrieben: «Ich habe wieder ein Töchterlein im Bauch. Gott gebe seinen Segen und du bete.» Als er Katharina diese Zeilen lesen ließ, hätte sie am liebsten geschrien: «Dann bring du sie aus deinem Bauch auch zur Welt!» Aber sie schwieg. Ein Vater, der die Mutter seines Kindes nicht auf den Grabstein schrieb. Sollte er jetzt doch auch schreiben, was er wollte.

Luther ging zur Tagesordnung über. Das Reichsregiment metzelte soeben die Gruppe der Täufer ohne Gerichtsverfahren ab, nach deren Überzeugung nur ein bereits rechtgläubiger Mensch die Taufe empfangen sollte. Zu diesem himmelschreienden Unrecht konnte der Reformator nicht schweigen. Solange die Täufer nur im Glauben irrten, aber nicht aufrührerisch gegen die Obrigkeiten antraten, sollte man ihnen allein mit dem Wort Gottes wehren und sie zum Besseren bekehren, wetterte er, sie aber nicht jämmerlich zu Tode bringen. Außerdem musste er dringend die Christenheit zu den Waffen gegen die immer tiefer ins Abendland vordringenden Türken rufen. «Mit Arbeit überladen als Visitator, Leser, Schreiber, Hörer, Vermittler, Läufer, Verwalter und was eigentlich nicht», beschrieb er sich selbst, wenn Freunde ihn fragten, wie es ihm gehe, und hatte sein Predigeramt und seine Aufgaben als Vater und Hausherr noch unerwähnt gelassen. Gott und Arbeit, sein altes ora et labora, darin fand er in allen Lebenslagen Halt.

Katharina hingegen fiel es schwer zu beten, sich demütig in das Schlimmste zu fügen und unter Tränen zu lobsingen. Sie, die früher in allem Gottes Schönheit und Liebe erkannte, sah plötzlich die Welt voll Teufel und das Schöne als Fußangeln des Bösen.

Wie, wenn Luther sich irrte? Wenn Gott das Elslein nicht aus reiner Liebe und Gnade durch den Tod zum Leben erlöst hatte, sondern in diesem Tod die Sünden der Eltern strafte, bis ins siebte Glied, wie es in der Bibel stand? Wie durfte sie jetzt noch sicher sein, Gottes Willen zu erkennen? Sie hatte doch auch nicht erkannt, dass es in Gottes Plan lag, das Elslein schwach geboren werden zu lassen und es aus der Wiege zu sich zu rufen.

Wie naiv hatte sie bis jetzt geglaubt, der Mutterleib sei der sicherste Hort. Jetzt hatte sie Angst. Lag es womöglich in Gottes Plan, ihr auch das Ungeborene zu entreißen?

Erst Luthers Nachricht, dass Leonhard Koppe wieder einmal als Prior mit seinem Planwagen unterwegs gewesen war, riss Katharina aus ihrer tiefen Depression in den Alltag zurück. Koppe hatte es unter höchster Lebensgefahr gewagt, abermals in aller Heimlichkeit zum Freiberger Kloster Maria-Magdalena zu der Buße, mitten im Herrschaftsgebiet Herzog Georg des Bärtigen, vorzudringen und drei Nonnen zu entführen. Was den Herzog zur Weißglut bringen würde, war die Tatsache, dass es sich bei einer der entsprungenen Nonnen nun sogar um eine leibliche Cousine des Bärtigen, die Wettiner Herzogin Ursula von Münsterberg, handelte. Die zweite Chorjungfrau kannte Katharina nicht. Die dritte aber war ihre eigene, gleichnamige Cousine aus dem Hause von Mergenthal, die zweite Tochter ihres verstorbenen Oheims Hans von Mergenthal zu Hirschfeld. In wenigen Stunden würden sie zusammen mit Koppe und seinen berittenen Begleitern im Luther-Haus eintreffen.

Während es Luther ein diebisches Vergnügen bereitete, seinem Erzfeind ein Schnippchen geschlagen zu haben, freute Katharina sich voll neugieriger Erwartung auf ihre eigene Verwandte. Dass diese und ihre Mitschwestern im Herrn ausgerechnet jetzt den Schleier ablegten, tat ihr unendlich gut. Es war, als sende Gott ihr ein lebendiges Zeichen ins Haus, dass auch ihre eigene Klosterflucht vor seinen Augen gut gewesen sei.

Magdalena von Bora freute sich ebenso. Herzhaft wie lange nicht griffen die Frauen zu, um die Stuben für die drei Damen herzurichten, geeignete Gewänder auszuwählen, mit Barbara Cranach einen Termin zur Benutzung ihrer Badestube zu vereinbaren und mit Dorothea, der Köchin, einen Speiseplan zu erstellen.

Wie üblich fühlte Luther sich für die mit seiner Hilfe aus dem Kloster Entsprungenen verantwortlich und bemühte sich, ihre Anverwandten in die Pflicht zu nehmen.

Von Georg dem Bärtigen traf fast umgehend Antwort ein. Wütend warf er Luther vor: «Du hast zu Wittenberg ein Asylum eingerichtet, dass alle Mönche und Nonne, so uns unsere Klöster berauben mit Nehmen und Stehlen, die haben bei dir Zuflucht und Aufenthalt, als wäre Wittenberg, höflich zu reden, ein Ganerbenhaus aller Abtrünnigen des Landes.» Seine dem Kloster entsprungene Verwandte solle sich zum Teufel scheren.

Luther lachte. Er hatte nichts Besseres erwartet, und auch die Herzogin war sich ihrer Lage bewusst gewesen, als sie floh. Sofort nach ihrer Ankunft hatte sie daher eine Rechtfertigungsschrift ihrer Flucht verfasst. Unter dem Titel «Christliche Ursach des Verlassens des Klosters zu Freiberg» sollte diese schnellstens gedruckt werden.

«Um meine Ehre zu retten, musstest du selbst dich stark machen, Martinus», erinnerte sich Katharina, als sie die klugen Zeilen der Herzogin las. «Als ich dem Kloster frisch entronnen war, hätte ich nie den Mut gehabt, eine solche Druckschrift zu verfassen.»

«Du warst mutig genug, Catena», gab Luther zurück. «Ohne dein Beispiel und das deiner Klosterschwestern hätte die Herzogin es vielleicht niemals gewagt, sich entführen zu lassen. Im Übrigen will ich ein Nachwort dazusetzen, um der Schrift das rechte Gewicht zu verleihen.»

Catherinas Bruder, Wolf von Mergenthal, lud seine Schwester nach Lippendorf ein, das er von Katharinas Stiefmutter gekauft hatte. Wenngleich er ein ebenso gottesfürchtiger wie vermögender Mann war, der es sich leisten konnte, seine mittellose Schwester aufzunehmen, wäre dies im erzkatholischen Sachsen unmöglich gewesen. Lippendorf jedoch befand sich im reformierten Landesteil.

Als seine Zusage im Luther-Haus mit einem Sendboten eintraf, der Catherina sogleich nach Lippendorf mitnehmen sollte, tröstete Katharina sich nur mit dem Wissen, dass sie zwar die eine Cousine aus Wittenberg ziehen lassen müsse, aber sehr bald schon eine andere zurückerhalten würde. Caspar Cruciger, Elisabeths Gemahl, hatte seine Stellung als Rektor der Johannisschule zu Magdeburg aufgegeben und zum 17. November eine Professur für Theologie an der Leucorea angenommen. Bis ein passendes Haus gefunden wäre, würde er mit den Seinen bei Luthers wohnen.

«Ich besuche dich. Oder du mich», flüsterte Catherina und küsste Katharina zum Abschied auf Wangen und Stirn. «Wie weit es auch ist. Ich vergesse dich nicht.»

«Wie auch ich dich nicht vergesse.» Katharina blinzelte gegen die aufsteigenden Tränen. «Mein Vater und meine Brüder sitzen ganz in der Nähe zu Löben. Martinus und ich wollten ihnen schon immer einmal unsere Aufwartung machen. Nicht wahr, Martinus?»

Luther nickte. «So Gott uns alle erhält.»

Winkend, bis die Lippendorfer Kutsche am Horizont verschwand, wandte Katharina sich ihrem Hausgarten zu. «Schau, Hansi, in Vaters Baum hängen noch ein paar Birnen. Der gute Wolf soll sie rasch brechen, ehe die Vögel sie vernaschen.» Die Obsternte war eher dürftig gewesen in diesem Jahr. Aber Gott sei Dank hatte der Kurfürst ja vier Scheffel Äpfel geschickt.

Das neue Jahr brachte Frieden zwischen Papst und Kaiser und in dessen Folge die Neuauflage des Speyerer Reichstags, der nach dem Willen der Katholiken endlich ein Ende mit den Evangelischen machen sollte. Alle kirchlichen Neuerungen, die seit dem letzten Speyerer Reichstag von 1526 eingeführt worden waren, wurden mitsamt dem einmütigen Reichtagsbeschluss zur landesherrschaftlichen Entscheidungsgewalt in Glaubensfragen aufgehoben. Zuwiderhandelnden drohte erneut die Reichsacht.

«Die Unseren haben dazu freilich nicht geschwiegen», erklärte Luther Katharina, die bei ihm in der Studierstube saß und spann. «Zwar waren sie geringer an Zahl, aber nicht geringer an Kraft als die Papisten. Also legten sie eine von den Unseren unterschriebene Protestation vor und forderten ein Kirchenkonzil, weil sie dem Reichsherrn das Entscheidungsrecht in allen Glaubensfragen bestritten. Wenngleich der Kaiser die Überbringer ins Gefängnis werfen ließ, gaben sie mit ihrem Widerpart nicht nach. Jetzt nennen sie uns die Protestanten.»

Katharina interessierte vor allem eines: «Was ist mit dir? Haben sie das Wormser Edikt gegen dich endlich aufgehoben?»

«Nein.» Luther schüttelte den Kopf. «Karl lehnte den Antrag auch diesmal ab, den die Unseren stellten.»

«Und was haben sie dann mit der Protestation erreicht?»

«Dass die Christusgeißler und Seelentyrannen ihre Wut nicht an uns auslassen konnten. Karl muss ein Kirchenkonzil einberufen. Bis dahin sollen zwar alle Neuerungen so gut wie menschenmöglich verhütet und überall die Möglichkeit zur katholischen Messe geboten sowie unsere Abendmahlslehre verboten werden, doch erzwingen können sie's nicht. Wollten die Reichsstände unseren Willen brechen, müssten sie gegen uns zu Felde ziehen. Das aber wollen sie nicht. Noch immer stehen ja die Türken vor den Toren. Krieg in den eigenen Reihen wäre des Reiches Untergang.»

«So helfen die Türken der Reformation?»

Luther lachte einmal kurz auf, um sogleich wieder ernst zu werden. «Das war einmal mehr mit deinem krausen Weibersinn gedacht. Aber so ganz falsch ist es wohl nicht. Gott bedient sich oftmals des Bösen, um Gutes zu bewegen. So mag er wohl auch dem Satan die Geißel der Christenheit in die Hand gegeben haben, um die Christenheit im Kampf zusammenzutreiben.»

Unruhig stand er auf und durchmaß die Stube mit langen Schritten. «Ich habe Grund zu der Annahme, dass nur mehr die Deutschen gegen die Türken ziehen. Achthundert Türken zogen zu Pavia unter Frankreichs Fahne in den Kampf, von denen dreihundert wohlbehalten in die Türkei zurückkehrten, als der Franzosenkönig sich den Deutschen ergeben musste, die Pavia zu Hilfe eilten. Öffentlich und schamlos sind der Papst, Venedig und Frankreich Türken geworden.

Dieses Schreckliche habe ich aus zuverlässigem Mund über die Türken und die Papisten erfahren. Darum sage ich dir, wollte Gott uns einen dritten Sohn schenken, so soll er wider die Türken.»

Der Schreck brachte Katharinas Fuß aus dem Takt, sodass das surrende Rad des Rockens stockte und der Faden auf der Spindel riss. Auch Luther blieb stehen. «Genug geschwatzt und gesponnen, Catena. Die Mitte der Nacht steht bevor, in der das Geschrei zu hören sein wird: ‹Der Bräutigam kommt, gehet ihm entgegen.› Lass uns jeder auf seine Weise sorgen, dass wir zu den Wachsamen gehören. Du an deinem Herd, denn mich hungert. Und ich mit dem Wort des Herrn.»

Katharina zögerte. Dorothea stand längst schon in der Küche am Herd. Sie hatte genaue Instruktionen, was auf den Tisch kommen sollte. Die Muhme Lene sah nach Hansi. «Meinst du nicht, Martinus», fragte sie listig, denn das war eines seiner Lieblingsthemen, und setzte den Rocken wie nebenbei wieder in Gang, «meinst du nicht, man solle Söhnen Freiheit lassen, sich einen Beruf selbst zu erwählen?»

Wie erwartet, sprang Luther auf ihren Einwand sofort an. «Es stünde dir gut zu Gesicht, wolltest du meine Schriften lesen. Dann wüsstest du, wie ich mich gegen die Missachtung der Verpflichtung zum Ehestand wende und gegen ‹solch greuliche, schädliche, giftige Eltern, die ihre Kinder zu eitel Fresslingen und Säuferkel› machen. Gibt Gott dir Kinder, kannst du sie nicht aufziehen, ‹wie's dich gelüstet, sondern du musst darauf sehen, dass du Gott schuldig bist, Seine Regimente zu fördern›.»

«Waren denn Jesu Christi Jünger zuvor nicht Bauern und Fischer und Zimmermänner, ehe sie dem Herrn nachfolgten?», murmelte Katharina mit eifrig zwirbelnden Fingern, «und ihm dennoch lieb und wert? Und schalt er nicht vielmals gegen die Priester und Zöllner im Dienst des Hofes?»

Luther stutzte. Was war das? Doch Katharinas Stirn und Augen waren demütig gesenkt. «Das waren Juden», brummte er. «Uns Christen ziemt anderes.»

«Und wenn nun unser dritter Sohn, wollte Gott ihn uns geben, gegen die Türken fiele?» In Gedanken schlug Katharina ein Kreuz zum Schutz des Ungezeugten.

«So wäre es sein Gewinn, als Gottes Kriegsmann leiblich im Felde geblieben und geistlich gen Himmel gefahren zu sein.» Luther geriet fast ins Schwärmen. «Bedenke, Weib, auch die Mutter des Herrn musste ihren Sohn geben, um das Gottesreich auf Erden zu errichten. Wie viel mehr also du.»

«So will ich beten, dass dieser Kelch an uns vorübergehen und Gott uns keinen dritten Sohn geben möge», sagte Katharina und schob den Spinnrocken zur Seite. Die Spindel war voll und sie des Gesprächs müde.

«Weib, versündige dich nicht gegen mich als deinen Herrn mit deinem allzeit bereiten Ungehorsam.» Luther hob ihr Kinn mit dem Zeigefinger an, damit sie ihm in die Augen schauen musste. «Sag ich, er geht wider die Türken, so geht er dawider. Ich lasse mich von dir in Sachen des Haushalts und des Tisches leiten, aber in Dingen des Gewissens und der Schrift erkenne ich keinen anderen Lehrer und Doktor an als den Heiligen Geist.»

«So sind wir uns ja in allem einig, lieber Herr und Gemahl.» Katharinas Augen glänzten blau und treu wie immer zu ihm auf. «Wie die Augen des Elsleins», dachte Luther mit einem Anflug von Scham, sie so streng ermahnt zu haben, und küsste sie, damit sie merkte, es tat ihm Leid. Katharina lächelte noch, als sie an seinem Arm in den Speisesaal trat und ihm gegenüber an der gedeckten Tafel Platz nahm.

An Ave von Schönfeld, des Basilius Axt tugendsame und hochlöbliche Hausfrau zu Königsberg, meiner freundlichen und liebsten Gevatterin.

Wittenberg, am Neujahrstag 1529

Gnade und Frieden in Christo! Liebste Ave, lange schon bin ich dir im Wort, dir von uns Mitteilung zu machen, und habe es dir doch nie gehalten. Der zugleich mangelnden und in tausend Wirrungen sich ergehenden Zeit sei's geschuldet. Doch heute, am Tag nach Christi Geburt, gibt mir mein strenger und fester Herr Martinus Dispens von der Haushaltung, dir zu schreiben.

Wohlan, lass mich mit dem Schönsten des Jahres beginnen. Wie du weißt, hat uns der Herr am 4. Mai, fast auf den Tag genau neun Monate nach dem seligen Heimgang unseres lieben Elsleins, gnädig ein neues Töchterlein geschenkt, welches Martinus durch unseren Gevatter Nikolaus von Amsdorf und Margarete Göritz, die Hausfrau des Stadtrichters zu Leipzig, aus der Taufe gehoben hat. Meiner lieben Muhme Magdalena von Bora zu Ehren, die allein in meinen schweren Stunden als Wehmutter bei mir war und dem Kind schnell ins Leben half, haben wir es nach ihr Magdalena genannt. Mit Gottes Gnade ist das Kindlein gesund und an allen Gliedern wohl gebildet. Das Lenchen sieht unserem Hänsichen ähnlich, als er geboren war, und brüllt wie ein Deutscher und säuft wie ein Böhme, wie Martinus meint. Dennoch bin ich in Sorge, dass es mir bleiben möge. Am liebsten ließe ich es nicht aus dem Arm und den Augen. Hilf du mir beten, dass Gottes Gnade mit dem Kinde sei und er es nicht mit einem frühen Tod den Tag büßen lasse, an dem es geboren wurde.

Ach, Ave, als wir noch in Marienthron saßen, war mir die Welt oft so weit weg, dass ich mich eher unter den Toten denn unter den Lebenden wähnte. Heuer ist sie mir oftmals zu nah, sodass ich gar nichts von allem zu wissen begehre. So war es auch, als Martinus mir kund und zu wissen gab, dass genau an des Magdalenchens Geburtstag der lang erwartete Schrecken losbrach, indem der osmanische Sultan sich abermals wider die Christenheit erhob. Wie gern hätte ich Ohren und Augen zugehalten und den Kopf in den Sand gesteckt. Doch Martinus ließ nicht ab zu reden und sagte, gerade die Weiber müssten wissen, was auf sie zukäme, damit sie ihre Söhne umso leichter an die Waffen gäben, denn fielen die

Türken über uns, so schonten sie der Frauen und Kinder im Mutterleib nicht.
Also erfuhr ich wider Willen, dass der Sultan zu Wien den heiligen Krieg gegen die Christen als Ungläubige ausgerufen hatte. Mit dritteinhalbhunderttausend Mann war er zuvor schon gegen Ungarn gezogen und verkündete, er sei der Schatten Gottes über beiden Welten, dem Morgen- und dem Abendland. Wie nur eine Sonne am Himmel, so sei sein Gott Allah der einzige Herr auf Erden und er selbst der Nächste nach ihm. Gegen so viele Osmanen sah der vom Papst und der Christenheit als Heide verschmähte König der Ungarn keine Hoffnung auf Sieg. So huldigte er dem osmanischen Padischa ohne jeden Widerstand als dem wahren Retter der Welt und überbrachte ihm die Königskrone.
Bis zum 15. des Monats stand nun das vereinigte Heer der Ungarn und Türken mit zweiundzwanzigtausend Kamelen vor Wien, die der Soldateska Waffen und Mundvorrat schleppten. Selbst zu Wittenberg haben sie im Namen des Kurfürsten Truppen in den Krieg geschickt und bei uns geschanzt und gegraben und eine Bastion rund um unser Haus gelegt, falls der Türke käme. Kein Tag ging dahin, an dem ich nicht im heißen Gebet um den Frieden auf den Knien lag.
Ich weiß nicht, ob dein Basilius dir derlei auch zu wissen gibt, Ave. Doch wollte ich wohl gern, wie zu alten Zeiten, traulich mit dir beisammensitzen und Heimgarten halten und Trost bei dir finden gegen die Schrecken der Welt. Ach Gott, dass Königsberg so fern ist.
Nun aber hat der Herr sich unser erbarmt und die ungarischen Janitscharen mitsamt den türkischen Krummsäbeln von Wien abziehen lassen. Ich glaube, Ave, müssten die Männer die Kinder gebären und ihr Leben darangeben, sie würden wohl nicht so leicht Kriege führen und einander Glieder und Köpfe abschlagen, war doch jeder Mann einst einer Mutter unschuldig lieb Kind.

Von den Marburger Tagen im Frühjahr wirst du wissen, denke ich mir. Der Landgraf Philipp von Hessen hatte es sich angelegentlich sein lassen, Martinus und den Züricher Zwingli mit seinen Glaubensgenossen zu einem Treffen einzuladen. Richtig meinte er, der Gemeinsamkeiten zwischen ihnen seien doch viele. Ein Unterschied aber machte alles Gemeinsame nichtig. Denn wie Huldrych Zwingli nicht von seiner Auslegung des Abendmahls abgehen will, dass ein Leib seinen Leib nicht verlassen und deshalb Christi Leib nicht im Brot sein könne, so will sein Mitstreiter Johannes Oecolampadus, der dem Erasmus von Rotterdam Freund ist, nicht von der Idee des menschengemachten Symbols der göttlichen Handlung lassen. Und Martinus hält fest an Gottes Wort, welches sagt, das Abendmahl ist als Sakrament kein Symbol, sondern wahrhafte Gnade Gottes. So ist denn leider das Bündnis der Schweizer mit den deutschen Evangelischen gegen Karl V. gescheitert, und ich habe größere Sorge denn je um Martinus, geht es im neuen Jahr zum Kirchenkonzil. Nur sagen darf ich es ihm nicht, Ave, sondern muss alles in mir verschließen, sodass ich wie früher, als ich noch Nonne war, alles Denken und Sorgen in meine Hände legen und werken und anpacken muss, dass mir leichter wird.

Wohl ist es dem Herrn lieb, dass ich solches tu, denn er hat mir mit allerlei Kostgängern das Haus voll beschert, dass ich sorgen und wirtschaften muss und mit den Hühnern aufstehe und schlafen gehe. Martinus nennt mich darum den ‹Morgenstern zu Wittenberg› und lacht ob meines Eifers. Nun sind mir auch die sechs Kinder von Martinus' Schwester zugefallen, deren Mutter und Vater dem Herrn gefiel, zu sich zu nehmen. Cyriakus, Fabian, Andreas, Georg, Lene und Else Kaufmann teilen sich mit meinen Kindern in meine Muhme Lene, die du ja kennst und liebst wie ich.

Unser Hänsichen ist schon ein starker Hansi geworden, seines Vaters Stolz und seiner Mutter Freude. Du würdest ihn lieb

haben, dessen bin ich gewiss, könntest du ihn jetzt sehen. Recht herzlich lieb hat er sein Lenchen, sodass er mehr an der Wiege sitzt als auf dem Steckenpferd reitet. Doch schaut das Schwesterchen schon gern zu, wenn er mit seinen Freunden Lippus und Jost, den Söhnen von Philipp Melanchthon und Justus Jonas, die beide nur ein Jahr älter sind als er, mit kleinen Armbrüsten um die Wette schießt oder sie alle mit Charivari auf ihren Pfeifen, Pauken, Lauten und Schalmeien durch den Garten marschieren. Wie überhaupt die Musik die Freude der Kinder und ihres Vaters ist, sodass ich nicht genug loben kann, wie wunderbar sie mit ihm singen, da auch das Lenchen schon versucht, sein Stimmlein zu heben.
Zur Überraschung und Freude will ich Martinus ein feines Bild von seinem Lenchen und seinem Hansi durch Meister Cranach malen lassen. So kann er die Kinder stets bei sich führen, wenn er ihrer auf seinen vielen Reisen entbehren muss. Wie oft habe ich schon bereut, von unserem Elslein kein einziges Bildnis zu haben. Des Menschen Herz vergisst nicht, wohl aber der Geist, der mir so manchen Streich spielt, wenn ich meines Kindleins an seinem Grabstein gedenke und mir schon jetzt nicht mehr sicher die lieben Züge ins Gedächtnis rufen kann. So geht alles dahin, was leiblich ist. Und wie wir damals schon in Marienthron wussten, bleibt die Freiheit des Christenmenschen allein im Geiste des Herrn.
Nun wünsche ich dir zum neuen Jahr nur das Beste, liebste Ave. Ich umarme und küsse dich und grüße von Herzen die Deinen, wie auch Martinus, dein alter Verehrer, dich herzlich grüßen lässt, der deiner stets gern gedenkt. Bete für mich, wie ich für dich bete, und behalt mich lieb, wie auch ich dich lieb behalte.

Deine getreue Gevatterin und Schwester im Geiste
Katharina Lutherin

Mit einem Aufatmen legte Katharina die Feder aus der Hand, die das Schreiben nicht mehr so gewöhnt war wie zu Klosterzeiten. Noch immer war ihre Schrift zierlich, rasch und gleichmäßig anzusehen. Und wären die beiden Tintenkleckse nicht, die aus der Feder spritzten, als sie mit der Spitze in einer Papierfaser hängen blieb, könnte man das Schriftstück loben. Mit einem kleinen ärgerlichen Kopfschütteln streute Katharina Sand über die Schrift, damit sie trocknete, und siegelte den säuberlich gefalteten Bogen mit ihrem eigenen Petschaft ein. Unten im Haus wartete der Bote, der Nachricht von Luther an Albrecht von Preußen nach Königsberg bringen sollte. Wie so oft hatte er sich für fromme Glaubensbrüder um einen Dienst bei Hofe verwandt. Er, der für sich selbst nichts zu bitten vermochte, diente sich jederzeit für andere an. So war er eben, ihr Martinus. Und genau so war er recht.

Lenchen war fast ein Jahr alt, als der zugleich gefürchtete und ersehnte Reichstag als Kirchenkonzil in Augsburg ausgeschrieben wurde, an dem Kaiser Karl V. mit allen Reichsständen und Kirchenfürsten gegen die Protestanten auffahren und die Glaubensspaltung beenden wollte. Kurfürst Johann der Beständige von Sachsen gestattete Luther nicht, ihn zu begleiten, da nach wie vor Reichsacht und Kirchenbann über dem Reformator lagen. Schon auf dem Weg hätte jedermann Luther überfallen und erschlagen können. Und wäre er tatsächlich heil und gesund zu Augsburg erschienen, hätte sein Kommen auf Kaiser und Papst wie der pure Hohn wirken und sie zum Handeln zwingen müssen, um ihr Gesicht zu wahren. Provozieren wollten die Protestanten die hohen Herren jedoch nicht, sondern ganz im Gegenteil eine für beide Seiten erträgliche Lösung erringen.

Luther hatte nicht einmal ans Krankenlager seines todkranken Vaters eilen können, sondern musste sich mit einem liebevollen Trostbrief begnügen, in welchem er die Eltern auch in Katharinas Namen nach Wittenberg einlud. Der Vater wisse, schrieb er, wie günstig ihm Herren und Bauern gesinnt seien. Er dürfe sich auf Gottes Versuchen nicht in die Gefahr wagen, unterwegs überfallen, entführt oder getötet zu werden. Diese Gefahr bestand zwar immer, war aber jetzt, so kurz vor dem Reichstag, einfach zu groß. Luther war nicht mehr nur der Mensch. Er war der Reformator, ja in gewisser Weise die Reformation selbst. Seine privaten Interessen hatten dahinter zurückzustehen. Auch wenn es ihm das Herz brach, dass sein Neffe Cyriakus Kaufmann mit abschlägiger Antwort zurückkehrte. Der Kranke war nicht mehr transportfähig.

So brach Luther zwar gemeinsam mit seinen Glaubensbrüdern zu Wittenberg gen Augsburg auf, musste aber am südlichsten Grenzstreifen Kursachsens auf der Veste Coburg zurückbleiben. Statt des Reformators nahm der Kurfürst seine evangelischen Theologen Philipp Melanchthon, Justus Jonas, Georg Spalatin und Johann Agricola nach Augsburg mit.

Anno 1521 war es auch Frühjahr gewesen, als Luther in seiner abgeschabten Mönchskutte zum Reichstag zu Worms einzog. «Wie unerschrocken war ich da!», sprach er zu sich, während er den gen Augsburg reisenden Freunden nachtrauerte. «Ich war gefordert, und wenn so viele Teufel in Worms gewesen wären wie Ziegel auf den Dächern, oder hätten sie ein Feuer zwischen Wittenberg und Worms gemacht, das bis zum Himmel reichte, ich wollte und musste doch hinein. Ich fürchtete mich überhaupt nicht. Gott hatte mich so toll gemacht.»

War es recht, auf der sicheren Veste zurückzubleiben? In den Wormser Tagen hätte er die Antwort sofort gewusst. Rief der Kaiser, rief Gott. Und wollte Gott ihn nicht retten, so war wenig an ihm gelegen. So zuversichtlich und voller Gottvertrauen war er damals angetreten. Erst wenige Jahre war es her. «Und jetzt», schrie Luther auf, «jetzt sitze ich hier und bleibe zurück und lasse andere meine Werke tun!»

Es war vernünftig, zu Coburg zu bleiben. Diplomatisch war es. Politik mit dem Glauben. Ein falsches Geschäft, wie Luther meinte. Aber es nicht zu machen, würde womöglich das Ende der Reformation bedeuten und weitere abertausend Tote, deren Blut über ihn käme. Zu Worms war es noch nur um ihn gegangen. Jetzt hingen

Unzählige daran. Was er vor Jahren über die Herren und Fürsten geschrieben hatte, die keine Person für sich, sondern für andere da seien, um ihnen zu dienen, musste nun auch für ihn selber gelten.

«Sorge dich nicht, mein lieber Herr Käthe», hatte er darum auch Katharina versprochen, die mit Hansi an der Hand, Lenchen auf dem Arm am Gartenzaun stand und an den Tränen biss, die ihr trotz besseren Wollens von den Augen bis in den steifen Kragen perlten. «Ich komme euch sicher wieder und will euch Nachricht senden, sooft ich kann. Gott sei mit euch, und betet für mich, wie auch ich euch in meine Gebete einschließe.»

«Vertraut auf mich, liebe Muhme. Ich will auf den Oheim sehen, dass er nicht zu schnell isst und nicht zu kalt trinkt und auf einem Bein springt, sobald ihn das Steinleiden plagt, oder wenn er das Ohrensausen verspürt, sogleich tief in den Leib atmet, wie Ihr es ihn gelehrt habt», versprach Cyriakus Kaufmann, der den Onkel als sein persönlicher Diener begleiten durfte. Katharina lächelte ihm dankbar zu.

«Und ich will auf Eure Käthe und Kinder sehen, dass sie Euch gesund erhalten bleiben, bis Ihr heimkehrt, Martinus», rief Magdalena von Bora, die eiligst aus der Küche herbeigelaufen kam und eine Hand noch an der mit Mehl bestäubten Schürze trocknete. «Hier habe ich Mandeltörtchen mit Quittengelee für Euch auf die Reise. Sie sind soeben frisch aus dem Ofen und sollen Euch Lust aufs Heimkehren machen, wo Euch die Leckerbissen wie im Schlaraffenland in den Mund fliegen sollen, sobald Euer Wagen in die Hofeinfahrt einbiegt.»

Niemals hätte Katharina gedacht, dass es bis zum 13. Oktober, rund sechs lange Monate, währen würde, bis sie ihren Martinus wiedersähe. Es mangelte ihr an Arbeit nicht, sodass wenig Muße blieb, trüben Gedanken nachzuhängen. Es galt, die mit der Kinderschar noch größer gewordene Tischgesellschaft zu verköstigen, zu kochen, backen und brauen, das große Haus mit Mann und Maus auf Vordermann zu halten, in den beiden Hausgärten zu pflanzen und ernten, die wachsende Haustierherde zu hegen, das Gesinde anzuleiten und bei den immer wieder säumigen Kostgängern das Kostgeld einzutreiben, weil jeder Pfennig dreimal umgedreht werden musste, damit er lang genug gestreckt würde, das tägliche Brot auf den Tisch zu besorgen.

Luthers Nichten und Neffen trauerten sehr um ihre toten Eltern. Katharina verglich sie oft mit sich selbst, als sie von all ihren Lieben verlassen zu Brehna im Kloster lebte und sich von Gott und der Welt verstoßen fühlte. Jeden Tag versuchte sie, den armen Waisen mit Liebe, Geduld und Verstehen zu zeigen, dass sie im Luther-Hause von Herzen willkommen wären. Dennoch liebte sie ihre eigenen Kinder anders, inniger, unverbrüchlicher, fragloser auch. Und so sehr sie ihr eigenes Verhalten in Augenblicken der inneren Einkehr kontrollierte, um Fehler zu erkennen und auszumerzen, so spürte sie doch, dass sie diesen Unterschied nicht aufzuheben vermochte. Selbst Muhme Lene gelang es nicht ganz, die fremden Kinder die Fremdheit nicht merken zu lassen. Besonders Lene, die sich im schwierigen Alter befand, da man nicht mehr ganz Kind und noch nicht vollends Jungfrau war, zeigte sich eifersüchtig auf das Lenchen, trotzte oft und gab Widerworte. Am schlimmsten war, dass sie Luthers Famulus, dem Magister Veit Dietrich, der jetzt Gott sei Dank mit ihm auf der Veste Coburg weilte, schöne Augen machte, obwohl sie noch längst nicht im heiratsfähigen Alter war.

«Es wird besser sein, ich stille das Lenchen ab», sagte Katharina deshalb seufzend zu ihrer Muhme. «Ich denke, es ist stark und kräftig genug, dass es festere Kost bekomme.»

«Was meint Martinus dazu?» Magdalena von Bora wusste nur zu gut, dass es Sache des Vaters war, über die Stillzeit zu bestimmen. Luthers Abwesenheit hin oder her.

«Ich habe ihm das schöne Konterfei unseres Lenchens mit der Brille gesandt, die er wollte, damit er sieht, wie groß das Kind geworden ist und der Muttermilch nicht mehr bedarf. Nun hat er nichts dagegen.» Katharina musste unwillkürlich lachen. «Und schrieb mir sogar, wie ich es anstellen solle. Wohl dachte er, ich hätte es wieder vergessen oder gar noch nie recht gewusst. Argula von Grumbach, die

Flugblätterschreiberin, habe ihm geraten, ich solle es langsam angehen lassen.»

«Hat sie ihm auch das Bildnis des Lenchens erst noch erklärt?» Magdalena von Bora schürzte den Mund.

«Das wohl nicht. Aber gefallen hat es ihm zuerst nicht. Zu dunkel sei es. Er habe das ‹Hürlin› zuerst nicht erkannt, so schwarz deuchte es ihn, schrieb er mir. Trotzdem habe er es in der Fürstenstube, wo sie speisen, an die Wand gehängt. Und nun möge er es immer besser leiden.» Katharina seufzte. «Das Lenchen wird den Vater gar nicht mehr kennen, wenn er wieder heimkehrt.»

Luthers Briefe waren Balsam für Katharinas Seele. Jeden einzelnen las sie viele Male, noch abends bei Licht. Mit geschlossenen Augen die Worte auskostend, kam es ihr vor, als höre sie Luthers Stimme. Dunkel und voll klang sie ja immer, eine Stentorstimme, die bis in den letzten Winkel der Kirche trug. Doch in seinen Briefen schwang auch der andere Luther mit, der nur ihr allein gehörte, der weiche, zärtliche, dessen Stimme streicheln konnte, ohne dass er sie berührte.

«Meiner herzlieben Hausfrau.» – «Meine liebe Käthe.» – «Meinem lieben Herrn.» – So begannen sie alle und endeten mit Gebet, Grüßen und Küssen. Seine Worte banden sie ein in seine Gedanken, seine Wünsche und Hoffnungen, seine Beschwernisse und Aufträge, die er ihr anvertraute, weil er wusste, dass er sich auf sie verlassen konnte und sie alles getreulich ausführen würde.

Sobald ein Brief eintraf, konnte sie ihn nicht schnell genug lesen und an Luthers Schreibtisch sitzen, um ihm zu antworten. Wie er ihr erzählte, dass man zu Nürnberg und zu Augsburg zu zweifeln beginne, ob überhaupt noch etwas aus dem Reichstag werde, weil der Kaiser, ohne den das Konzil nicht eröffnet werden konnte, zu Innsbruck weilte und keine Anstalten zu kommen machte, berichtete sie ihm von den Kindern, ihren Spielen und kleinen Sorgen, von der Arbeit im Garten und der guten Ernte, von den Wittenberger Freunden und wie sehr ihn die Tischgesellschaft vermisse.

Zum Trost der jungen Studenten, die ebenso wie Katharina nach

Neuigkeiten vom Reichstag hungerten, schickte er ihnen ein Schnärrchen über den Reichstag der Dohlen und Krähen vor seinem Fenster, das laut bei Tisch vorgelesen wurde und die Kinder erfreute. «Ich habe ihren Kaiser noch nicht gesehen, aber sonst schweben und schwänzen der Adel und großen Hansen immer für unsern Augen; nicht fast köstlich gekleidet, sondern einfältig in allerlei Farbe, alle gleich schwarz und alle gleich grauaugig; singen alle gleich einen Gesang, doch mit lieblichem Unterschied der Jungen und der Alten, Großen und Kleinen. Sie achten auch nicht der Großen Palast und Saal, denn ihr Saal ist gewölbet mit dem schönen weiten Himmel, ihr Boden ist eitel Feld, getäfelt mit hübschen, grünen Zweigen, so sind die Wände so weit als der Welt Ende. Es sind große, mächtige Herren; was sie aber beschließen, weiß ich noch nicht.» Er fuhr fort: «Also sitzen wir hie im Reichstag, hören und sehen zu mit großer Lust und Liebe, wie die Fürsten und Herrn samt andern Ständen des Reichs so fröhlich singen und wohlleben. Aber sonderliche Freude haben wir, wenn wir sehen, wie ritterlich sie schwänzen, den Schnabel wischen und die Wehr stürzen. Wir wünschen ihnen Glück und Heil, dass sie allzumal an einen Zaunstecken gespießet wären.»

Was für die Kinder lustig war, erwies sich den Großen als bissig-ironische Parodie auf Klerus und Adel. Diese subtile Art Luthers, die spitze Feder gegen den Feind zu wetzen und mit Worten das Parier zu führen, liebte Katharina besonders. Gern hätte sie den Brief zu denen gelegt, die sie selbst von ihm empfangen hatte, um ihn immer wieder einmal zu lesen, doch die eifrigen Zitatesammler hatten ihn schon an sich genommen und verwahrten ihn bei den anderen Zeugnissen, die der Nachwelt aus dem Munde des Reformators überliefert werden sollten.

Erste Nachricht vom Tode ihres Schwiegervaters erreichte Katharina durch einen reitenden Boten Luthers, der ihr befahl, für die trauernde Mutter ein Trostpäckchen zu packen und dem Boten zu übergeben. Wenig später überbrachte ihr Melanchthons Gemahlin, mit der sie Garten an Garten wohnten, einen Brief Luthers an Philippus, den dieser an seine Frau weitergesandt hatte. Zuvor hatte er die Trauerbotschaft erhalten, dass sein Vater am 29. Juni die Augen für immer geschlossen hatte. Zu traurig, um noch weiterzuschreiben, sei er, teilte er dem Freund mit und hatte offenbar nicht einmal mehr die Kraft zu einem weiteren Brief an Katharina aufgebracht.

Luthers schmerzliche Trauer sprach aus jeder Zeile, die er Melanchthon schrieb. Auch Katharina selbst beweinte den knorrigen alten Herrn aus ehrlichem Herzen. Ihr gegenüber war er stets freundlich und dankbar gewesen, dass sie ihm die Enkel schenkte, nach denen er sich so lange hoffnungslos gesehnt hatte.

«Dass er und wir alle nicht zur Beisetzung des Vaters dabei sein konnten, bricht Martinus gleich doppelt das Herz», klagte sie ihrer Muhme Lene. «Gleich musste er auch wieder an den eigenen Tod denken. An Philippus schrieb er, er folge jetzt in der Erbschaft des Namens, sodass er nun der alte Luther in seiner Familie sei. So müsse er dem Vater nicht allein zufällig, sondern rechtmäßig durch den Tod in das Reich Christi folgen.»

«Kinder sind wir alle nur, solange die Eltern leben», meinte die Muhme und zog Katharina an die Brust. «Er wird sich bald wieder sänftigen, dein Martinus. Er hat ja die Zuversicht in Gottes Willen als Trost. Sieh, wie du mir sagst, hat er über aller Trauer schon jetzt nicht vergessen, Melanchthon und die anderen zu Augsburg ob ihres anhaltenden Schweigens zum Verlauf des Reichstags zu tadeln.»

«Es ist ja auch ungerecht!» Empört richtete Katharina sich auf. «Sie sollten wissen, wie ihm zumute ist, dort auf der Veste, da er fern bleiben muss, obwohl es sein Werk und seine Person ist, um die es geht. Aber das ist typisch Melanchthon, dass er jetzt, da er selbst mit seiner ‹Confessio Augustana› an der Spitze zu stehen meint, Martinus im Stich lässt.»

«Bist du nicht ungerecht?» Magdalena von Bora hielt zwar auch dafür, dass Melanchthon insgeheim darunter litt, in Luthers Schatten zu stehen und immer nur der Magister und Schulmeister zu sein, Luther aber die personifizierte Reformation. Aber Katharinas alten Zorn neu schüren wollte sie nicht. «Seine Gemahlin sagte mir, Melanchthon sitze Tag und Nacht über der ‹Confessio›, welche die Protestanten dem Kaiser vortragen wollen, um sie von der Rechtmäßigkeit der Reformation zu überzeugen. Mit Verlaub, Katharina, doch dahinter muss selbst der dringende Wunsch deines Martinus nach Information zurückstehen.»

«So könnte ein anderer ihm ja schreiben», verteidigte Katharina den Anspruch ihres Mannes. «Sind ja viele genug und alle des Schreibens mächtig.»

Dagegen konnte Magdalena von Bora nichts einwenden. «Komm, lass ab von den düsteren Gedanken. Schicke du Martinus sogleich deine Liebe zum Trost. Frag ihn, ob seine alte Mutter, nun, da sie vereinsamt ist, zu uns ziehen möchte. Ich wollte selbst mein Stübchen für sie hergeben und mit einer der Kammern vorlieb nehmen, die ohne Heizung sind. Während du schreibst, will ich der Kinder warten und mit ihnen ausziehen, die Schnecken aus dem Garten zu lesen, deren die Igel nicht Herr werden, so viele sind es.»

Die Erwähnung der Kinder und der Gartenarbeit war immer ein probates Mittel, Katharina mit beiden Beinen auf die Erde zurückzuholen. Es gelang auch diesmal. «Ich danke dir, Muhme Lene. Was würde ich machen ohne dich.»

«Nie wieder wollte ich ins Kloster zurück.» Magdalena von Bora hatte es auch zu Luther schon gesagt, als er bei Tisch zu Scherzen aufgelegt war und sie ein wenig zu foppen versuchte. Doch zu keiner Zeit war sie sich dessen bewusster, als wenn sie Katharina im prallen Leben aufgehen sah und daran teilhatte.

Bei seiner Abreise hatte Luther zuversichtlich damit gerechnet, zum vierten Geburtstag seines Erstgeborenen wieder daheim in Wittenberg zu sein. Da der Kaiser es mit dem Reichstag nicht sonderlich eilig hatte, wurde jedoch nichts daraus.

«Der Vater hat dir aber einen schönen Brief geschrieben», tröstete Katharina den kleinen Mann, der zu seinem Ehrentag ausnahmsweise Luthers Platz am Kopfende der Tischgesellschaft eingenommen hatte und bei allem Stolz doch traurig über Vaters Fehlen war. «Ich will dir gleich vorlesen, was darin steht. Sieh nur, eine schöne Feder vom Eichelhäher liegt ja darin und ein Kleeblatt mit vier Blättern. Das bringt Glück. Meinem herzlieben Sohn Hänsichen Luther zu Wittenberg. So schreibt der Vater dir einen Brief ganz für dich allein.»

Hänsichen schmiegte den Kopf an Mutters Schulter und strich die wunderbar blau gemusterte Feder glatt. Katharina legte den Arm um ihn. «Noch so klein und schon so groß», dachte sie mit der leisen Traurigkeit, die alle Mütter irgendwann inmitten der Freude über das gesunde Heranwachsen der Kinder überkommt. «Jeder Tag bringt dich ein wenig weiter von mir fort. Und dabei liebe ich nichts mehr als deine Nähe.»

Sie räusperte den sich plötzlich in ihrem Hals bildenden Kloß fort und las weiter vor: «Gnade und Friede in Christo! Mein herzlicher Sohn, ich sehe gern, dass du wohl lernest und fleißig betest. Tu also, mein Sohn, und fahre fort. Wenn ich heimkomme, so will ich dir ein schön Jahrmarkt mitbringen. Ich weiß ein hübschen, schönen lustigen Garten. Da gehen viel Kinder innen, haben guldene Röcklin an und lesen schöne Öpfel unter den Bäumen und Birnen, Kirschen, Spilling und Pflaumen, singen, springen und sind fröhlich. Haben auch schöne kleine Pferdlin mit gulden Zäumen und silbern Sätteln. Da fragt ich den Mann, des der Garten ist, wes die Kinder wären? Da sprach er: Es sind die Kinder, die gern beten, lernen und fromm sein. Da sprach ich: Lieber Mann, ich hab auch einen Sohn, heißt Hänsichen Luther, möchte er nicht auch in den Garten kommen, dass er auch solche schönen Öpfel und Birne essen möchte und solche feine Pferdlin reiten und mit diesen Kindern spielen? Da sprach der Mann: Wenn er gerne betet, lernet und fromm ist, so soll er auch in den Garten kommen.»

Hansi lauschte mit immer größer werdenden Augen, wie der Vater von der schönen Wiese schrieb, auf der die Kinder mit den herrlichsten Spielsachen spielen und tanzen durften, dass es eine Lust war. Und wie er dem Mann versprach, er wolle sogleich flugs hingehen und seinem Hänsichen alles berichten und ihn zum Besten ermahnen, worauf der Mann ihm sein Wort gab, den braven Buben in seinen Garten aufzunehmen. Selbst die Muhme Lene dürfe mitkommen.

«Hiermit bist dem lieben Gott befohlen und grüße Muhme Lenen und gib ihr einen Bus von meinetwegen», schloss der Brief. «Dein lieber Vater Martinus Luther.»

Die Kaufmann-Kinder saßen mit offenem Mund und schauten neidisch auf den kleinen Hansi, der noch einen Vater hatte und so einen lieben obendrein. Das Geburtstagskind aber sprang voll Vorfreude auf das versprochene Jahrmarktsgeschenk des Vaters hinaus, um seinen Freunden Lippus und Jost vom Wundergarten zu erzählen, der in seiner Phantasie immer herrlicher wurde. Das Lenchen zu ihren Füßen, das auf allen vieren zwischen den Tischbeinen krabbelte und auf dem geduldig stillhaltenden Tölpel zu reiten versuchte, fühlte Katharina sich in ihren Kindern mit Martinus verbunden wie lange nicht.

«Wer hätte gedacht, dass ein so herzensguter, freundlicher Vater aus ihm würde», murmelte auch Magdalena von Bora und saß mit gefalteten Händen noch ganz andächtig vom Zuhören.

«Das kommt, weil er am eigenen Leibe erfahren hat, wie es ist, wenn einem Kind böse begegnet wird.» Katharina legte die Füße ein wenig hoch, die seit der letzten Schwangerschaft schnell schmerzten, wenn sie den ganzen Tag auf den Beinen war. «Einst sagte er mir, ein einmal kleinmütig gewordenes Kind sei zu allen Dingen untüchtig und verzagt. Es fürchte sich dann allezeit, sooft es etwas tun und anfangen solle. Eine solche Furcht werde schwerlich wieder ausgerottet. Wer bei jedem Wort der Eltern erzittere, der fürchte sich auch nachher ein Leben lang vor einem rauschenden Blatte.»

Der Reichstag zu Augsburg endete in einem Debakel. Auf die «Confessio Augustana» der Protestanten erwiderten die Katholiken mit der «Confutatio», einer Gegenschrift. Melanchthon hatte das evangelische Bekenntnis, welches aus den siebzehn von Luther aufgezeichneten Artikeln der alten Protestations-Schrift hervorgegangen war, mit der ihm eigenen Kompromissbereitschaft so überarbeitet, dass

Gemeinsamkeiten zwischen Katholiken und Protestanten betont, Meinungsverschiedenheiten jedoch bagatellisiert wurden. Papst und Kaiser sollten möglichst wenig gereizt werden. Luther zeichnete das ihm auf die Veste Coburg zugesandte Schriftstück gegen, ohne noch etwas daran zu verändern, obwohl er meinte, er hätte sie anders gemacht. So leise könne er nicht treten. Aber um des Friedens willen stimme er zu.

Wenngleich unter den katholischen Fürsten nach dem Verlesen der «Confessio» der Satz des Herzogs von Bayern die Runde machte: «Die Evangelischen sitzen in der Schrift und wir daneben», lehnte der Kaiser die «Confessio» ab. Auch eine eilends von Melanchthon nachgereichte «Apologie» als Verteidigung seiner Schrift bewirkte nichts. Entweder, so der Kaiser, hätten die Protestanten sich zu unterwerfen oder Krieg zu gewärtigen.

Im Bewusstsein, dass keine Einigung zwischen Katholiken und Protestanten möglich sei, reisten er und die Mehrheit seiner Glaubensfreunde vorzeitig ab. Die restliche Reichstagsversammlung beschloss am 19. November anno 1530 das Verbot aller Formen des Protestantismus, den Vollzug des Wormser Edikts sowie allen Tempelräubern den Prozess zu machen. Nur bis zum 15. April 1531 sollte den Protestanten die straffreie Möglichkeit zum Widerruf gegeben werden.

Zutiefst enttäuscht und lebensmüde kehrte Luther nach Wittenberg heim. Wie es Katharina vorkam, hatten ihn die Jahre des ununterbrochenen Kampfes unter höchster Lebensgefahr weniger zermürbt als die Monate des erzwungenen Stillhaltens und ungewissen Wartens zu Coburg, in denen er sich überflüssig und machtlos fühlte, selbst gegenüber den besten Freunden. Wochenlang ohne Nachricht und Antwort auf seine drängenden, fast schon flehentlichen Anfragen nach den Geschehnissen vor Ort geblieben zu sein, gab ihm das Gefühl von Ausgrenzung. Man schien seiner zur Reformation nicht mehr oder nur mehr als Aushängeschild zu bedürfen.

Aufregung, Enttäuschung und seine immer wieder durchbrechende allgemeine Lebensangst trieben seinen Blutdruck in die Höhe, sodass er zu Coburg unter fast ständigem Ohrgeräusch, Schwindelgefühl und Herzrasen gelitten hatte und immer tiefer in eine schwere Depression abglitt, obwohl er sich durch Musizieren, Briefeschreiben, seelsorgerliche Schriften und allerlei Späße mit seinen zahlreich zu Besuch kommenden Gästen abzulenken suchte.

Allenfalls unmittelbar nach der Heimkehr nach Wittenberg hatte sein verdüstertes Gemüt sich etwas erhellt, als Hansi dem so lang entbehrten Vater entgegenstürmte, der ihm tatsächlich das versprochene Jahrmarktsgeschenk in Form eines schönen Buches aus gepresstem Zucker mitgebracht hatte. Auch das Lenchen hatte ihn entzückt, als es ihn zwar nur schüchtern anlächelte und den Kopf am Hals der Mutter versteckte, dem Vater aber schließlich doch ein Bussi schenkte. Und als Katharina ihn liebevoll willkommen hieß und auch der Muhme Lene sowie dem ganzen Gesinde und den alsbald zur Begrüßung herbeigeeilten daheim gebliebenen Freunden die Freude über seine glückliche Rückkehr ins Gesicht geschrieben stand, war er fast wieder der zu Späßen und Possen aufgelegte Luther, der mit Eulenspiegeleien seine «Anfechtungen» besiegte.

Schon während des Willkommensfestes, das Katharina für die Augsburg-Fahrer organisiert hatte und im Luther-Haus ausrichtete, war Luther jedoch wieder in die Coburger Stimmung abgesunken und brachte die fröhliche Runde mit seinen düsteren Reden über den Tod immer wieder ins Stocken.

«Ich hoffe durchaus, dass das Ende meines Lebens bevorsteht», gestand er Katharina auch, als er sich eines Abends kurz vor Weihnachten zu ihr unter die Decke legte. «Mein Namenserbe ist durch das Hänsichen gestützt. Er ist das Apfelbäumchen, das ich pflanzte am Ende der Zeit, und will mit Gottes Hilfe auch ein weiteres setzen, so es auf deinem Gottesacker möglich ist.»

Katharina verdrehte im Schutz der Dunkelheit die Augen. Die Weihnachtsvorbereitungen liefen auf vollen Touren. Allein Plätzchen auszustechen, zu backen und zu verzieren, Stollen und Früchtebrot zu kneten, Puderzucker zu stoßen, Linzer Torten zu verzieren, damit am

Heiligen Abend jeder der mindestens fünfzig Süßschnäbel bei Tische gestopft werden könnte, bedeutete so viel Mehrarbeit zum täglichen Allerlei rund um Haus und Küche, in den Ställen und mit den Kindern, dass Katharina nur noch müde war.

Am liebsten hätte sie ihrem Martinus den Rücken zugewandt und geschlafen. Doch wenn sie nachgab und sich willig zeigte, war es am schnellsten vorbei. Seit er aus Coburg zurück war, vollzog er die Ehe sowieso nur als Pflicht.

«Die Monate zu Coburg haben ihn aufs Neue mönchisch gemacht», meinte Magdalena von Bora dazu, deren Menschenkenntnis mit den Jahren immer feiner wurde. «Er ist dir aber von Herzen gut, so viel steht fest. Also lass ihm Zeit, sich neu an die Liebe zu gewöhnen. Wehre ihm nicht, sondern zeige ihm dein Herz in allem, was geschieht. Eines Tages wird er schon wieder mit Freuden deine Zöpfe auf seinem Kissen sehen und sich der Süße besinnen, die Gott der Pflichterfüllung verlieh.»

Spontan waren Katharina Luthers Bemerkungen aus ihrem ersten Ehejahr eingefallen, wie neu und anders ihm sein Leben vorkomme, da er sich morgens über zwei blonde Zöpfe in seinem Bett wundere, die früher nicht da waren, und er bei Tische staune, nicht mehr einsam, sondern zu zweit zu sitzen. Es war ein tröstlicher Gedanke, dass ihn die Trennung von Frau und Kindern so betrübt hatte, dass er sich innerlich verhärten musste, um sie zu ertragen. Wenn es nur das war, wollte sie gern Geduld mit ihm üben.

Als Martinus sich an diesem Abend nicht sofort über sie hermachte, sondern wie früher nach der neben dem Bett hängenden Laute griff und verkündete, er wolle ihr sein Lieblingslied singen, das er auf der Veste Coburg neu in Noten gesetzt habe, wallte eine so heftige Freude in Katharina auf, dass sie sich zurückhalten musste, um Luther nicht zu küssen. Die beste Arznei gegen seine «Anfechtungen» sei die Musik, sagte er ja immer.

«Schon als Kind hat mich die Melodie entzückt. Wie viel mehr erst jetzt, da ich auch den Text recht verstehe.» Seine Augen leuchteten endlich einmal wieder. «Ich will es hernach auch den Hansi lehren und das Lenchen, lässt Gott mir die Zeit dazu. Es heißt ‹Ich lege und schlafe ganz mit Frieden› und ist ein Psalmgesang.»

Die melancholisch getragene Melodie war schmerzlich süß. Wie ein kostbares Maßgewand passte sie sich Luthers Stimme an. Der Text aber ließ Katharinas Freude in sich zusammensinken. Es war ein Lied zum Tode.

«Die Welt hasst mich, Catena», murmelte Luther am Ende der letzten Strophe und schlug die Saiten zum Präludium nochmals an. «Sie kann mich nicht ertragen. Mir dagegen ist die Welt ein Ekel, und ich verabscheue sie; so möge der beste und getreue Hirte meine Seele zu sich nehmen.»

Katharina fühlte sich wie unter einen eiskalten Gewitterguss geraten. Soeben noch war ihm ihr Herz in der Musik zugeflogen. Jetzt brodelte der Zorn in ihr auf. «Die Welt, immer nur die Welt und ich, ich, ich. Was ist mit den Kindern, was mit mir? Wir sind ebenfalls von dieser Welt. Verabscheust du uns deshalb auch?»

Erschrocken starrte Luther sie an. So hatte er das alles gar nicht gemeint. Sie las es ihm an den Augen ab. An sie und die Kinder hatte er bei seinem Weltenjammer überhaupt nicht gedacht, hatte sich nur wieder einmal bis zum Hals in des «Satans Bad», seiner elenden Melancholia, gesuhlt und sich selber unendlich Leid getan. Er musste gar nichts sagen.

«Ach, Martinus!», dachte Katharina mit schon wieder abebbendem Zorn und hielt ihn, wie sie Hansi hielte, als Luther plötzlich die Arme um sie schlang, sich wie fiebernd an sie drängte und seiner heißen Verzweiflung endlich Worte gab. «Verzeih mir, Catena! Verzeih mir. Ich bin mir ja selber zur Last. Hätte ich doch wie zu Worms mein Werk auch zu Augsburg getan, mir wäre wohler. Und wäre es im Grabe. Mit dem angekündigten Krieg der Papisten muss ja grausame Rache und das Inferno selbst über meine armen Reformierten kommen. Auch über dich, unsere Kinder und mein ganzes Haus. Sie werden eurer nicht schonen, ich kenne sie, die römischen Inquisitoren. In jedem Atemzug, in jedem Blick unserer Kinder, bei jeder Berührung deiner Haut leide ich eure Qualen voraus, fühle mich in eurem Blut ertrinken, an eurem Schmerz ersticken, an euren Schreien ertauben, verbrenne ich innerlich an meiner Schuld.»

Ein raues Schluchzen schüttelte seine Schultern, während er mit wildem Ungestüm in Katharinas Schoß eindrang und mit jedem harten Stoß seines Fleisches einen Wortschwall hervorsprudelte, als gelte es das Leben, mit seinem Samen zugleich seine Rede in sie zu ergießen. «Der Tod, den ich ersehne, ist mir nicht lieb, Catena, denn er ist eine Strafe Gottes. Aber ich habe ihn verdient. Willig nehme ich ihn an. Jetzt, sofort, auf der Stelle. Ehe Gott seinen Hans Stockmeister, den Teufel als Henker, über euch schickt, die ich liebe, um mich in eurem Untergang zu strafen und zu Tode zu martern, weil ich am Evangelium versagt habe. An mir und meiner Feigheit ging der Reichstag verloren, weil ich das leibliche Leben lieber hatte als Gottes Werk und mich zu Coburg verkroch, statt mich wie der heilige Stephanus von den Pfeilen meiner Feinde durchbohren zu lassen um des Evangeliums willen.»

Starr vor Entsetzen hielt Katharina ihn fest und trug die Schreckensbilder seiner Seele mit, bis sich sein Atem beruhigte und sie am Erschlaffen des schweren Leibes in ihren Armen spürte, dass Luther eingeschlafen war.

Den ganzen Winter über hielten Luthers Melancholia und die Nachwehen des Reichstags an. Der Reformator flüchtete sich mehr und mehr in die Musik, deren Bedeutung für den Gottesdienst und den Glauben er mit einem neuen Gesangbuch der Predigt ebenbürtig gestalten wollte.

In den letzten der ungenutzt verstrichenen Tage des kaiserlichen Ultimatums zum straflosen Widerruf des neuen evangelischen Bekenntnisses wusste Katharina sich abermals guter Hoffnung. Als Magdalena von Bora davon erfuhr, schüttelte sie nur den Kopf und murmelte etwas von «zur Unzeit» und «Heulen und Zähneklappern unter den Überlebenden». Luther aber nahm das neue Kind als Zeichen, dass Gott ihm noch einmal verziehen habe, als fast gleichzeitig die Botschaft eintraf, dass der frisch gebackene deutsche König Ferdinand seinen kaiserlichen Bruder Karl vergeblich um den endgültigen Kriegsbefehl gegen die Protestanten ersucht hatte. Ein Verbündeter des türkischen Sultans rieb seit Wochen die christlichen Seefahrer im Mittelmeer auf. Der Sultan selbst, an dessen Seite Karls französischer Erzfeind König Franz auf seine Chance lauerte, endlich doch noch das reiche Mailand zu erobern, rüstete zum erneuten Sturm auf Wien. Der Kaiser konnte es sich nicht leisten, auf die protestantischen Reichsstände zu verzichten.

«Demnächst wird er an uns herantreten und um Frieden bitten, Catena», triumphierte Luther. «Da dürfen wir uns nur nicht übers Ohr hauen lassen. Warte, ich will meine lieben Deutschen warnen, dass sie dem Papst und den Seinen nicht trauen. Niemand kann uns zum Glauben zwingen. Das steht weder in kaiserlicher noch päpstlicher Gewalt. Nicht einmal Gott, der Allmächtige, hat dies jemals versucht.»

Mit frischem Mut zog er sich sogleich in seine Studierstube zurück, um seine Gedanken und Warnungen zu Papier zu bringen. «Wir Deutschen», las er Katharina daraus vor, während sie abends an Puppenkleidchen stichelte, «hören nicht auf, dem Papst und seinen Welschen zu glauben, bis sie uns bringen, nicht in ein Schweißbad, sondern in ein Blutbad. Wenn deutsche Fürsten übereinander herfielen, das möchte ihn fröhlich machen, dass er in die Faust lachen könnt und sagen: Da, ihr deutschen Bestien; ihr wolltet mich nicht zum Papst haben, da habt ihr's!»

«Musst du dich immer wieder so heftig aufregen und deines Herzens vergessen, dass dir das Blut in den Ohren rauscht, Martinus?», seufzte Katharina, der nicht entgangen war, wie kurzatmig Luther ihr seine Worte vortrug. «Wie aber, wenn es dennoch zum Krieg kommt, Martinus?»

«Gott gibt und nimmt, wie er will. Also sorge dich nicht. Und nach meinem Tod sollen sie mich erst recht fühlen. So harte Trotzköpfe sollen sie nicht haben, ich will noch einen viel härteren haben. Meine Lehre wird auch wider die Pforten der Hölle bestehen.»

«Nur ein Jahr, einen Monat und einen Tag hat der Herr Großvater im Himmel auf die Frau Großmutter warten müssen», tröstete Katharina die Kinder, als die Nachricht zu Wittenberg eintraf, Luthers Mutter sei am 15. Juni 1531 im Frieden des Herrn entschlafen. «Nun ist sie für immer mit ihm beim lieben Gott zusammen und hat es gut.»

Die kleine Else Kaufmann, die Großmutters besonderer Liebling gewesen war, wollte nichts mehr essen und weinte untröstlich. Ihre Schwester Lene blickte schweigend unter sich und klagte nachher in der Küche der Köchin Dorothea, in Wittenberg sei es wie im Gefängnis; man könne nicht einmal frei hinaus, um die eigene Großmutter ein letztes Mal zu sehen. Hans Polner, der bei Luther Theologie studierte, aber von seinem verstorbenen Vater ein heftiges Temperament und die Liebe zum Wein geerbt hatte, nahm seine beiden Schwestern tröstend in die Arme. Die Mädchen waren erst vor kurzer Zeit ins Luther-Haus gekommen, als auch ihre Mutter verschieden war. Den jungen Hans musste Luther schon mehrfach schelten, weil sein Benehmen den guten Ruf des Hauses schädigte. Dennoch fand Katharina, dass er zuweilen schöne, klare Predigten halten konnte. Sie hörte ihm dann lieber zu als Johannes Bugenhagen, der immer vom Hölzchen zum Stöckchen kam. Luther freilich meinte, Hans predige, wie Weiber redeten; alles, was ihm gerade in den Sinn käme, sage er auch sofort.

Cyriakus als der älteste der Kaufmann-Kinder verspürte die Ahnung einer Gnade, die nach einem langen Leben im Sterben liegen kann. Martin, der Sohn von Luthers Bruder Jacob, der ebenso wie seine Cousins Hans und Cyriakus Student an der Leucorea war, bemühte sich, die Tränen zurückzuhalten. Hansi und die anderen kleinen Jungen schauten so ernsthaft drein, wie sie meinten, dass Männer an einem Grabe schauen mussten. Und das Lenchen, das vom Tod noch gar nichts verstand, stand mit dem Finger im Mund und fing an zu weinen, weil es den sonst so starken Vater weich und traurig sah.

Wie schon seinem Vater, durfte Luther auch seiner Mutter nur brieflich den Heiland ans Sterbebett bringen. Das Wormser Edikt hing ständig wie ein Damoklesschwert über ihm, und der Kurfürst untersagte jede größere Reise.

Bereits mit dem Heimgang seines Vaters war auf Luther als den ältesten Sohn die Regelung des Nachlasses zugekommen, die er allerdings seinem jüngsten Bruder Jacob übertragen musste, da er aus der Entfernung kaum handlungsfähig war. In seinem ganzen Leben hatte der Vater nach dem Motto gelebt: «Welcher Vater das Seine gibt aus der Gewalt, den soll man totschlagen mit der Keule bald», und ein Erbe von 1250 Gulden Bares hinterlassen. Solange die Mutter lebte, hatten die Kinder aus Pietät keine Ansprüche erhoben. Nun sollte die Teilung bald vorgenommen werden.

Der Gedanke, dass Luther bald ein größeres Stück Geld in die Hand bekäme, das er im Geiste schon unter allerlei Bedürftige verteilte, während sein Haushalt mit jedem weiteren Kind tiefer in die roten Zahlen geriet, ließ Katharina nicht mehr los. Sie müssten so dringend einen neuen Garten und einen Keller haben. Krieg stand bevor. Alle Welt bereitete sich darauf vor, schanzte und hortete nach Kräften. Doch Martinus lebte in den Tag hinein und verließ sich auf den lieben Gott, der es schon richten werde.

«Was würdest du machen, Kathi?», fragte sie ihre Cousine Katharina Jonas. «Du kennst Martinus, weißt, was er über Besitz und Geld denkt. Würdest du dich trauen, ihn um einen neuen Garten zu bitten? Wird er nicht wütend sein, dass ich, die ich nichts besitze und niemals erben werde, sein Erbe antasten will?»

Wenn sie angestrengt nachdachte, legte Kathi Jonas den Zeigefinger zwischen die Augen. Eine Angewohnheit, die der kleine Jost bereits nachmachte und an seinen Freund Hansi weitergegeben hatte. Katharina musste unwillkürlich lächeln. «Mein Jonas würde sagen, wer Tisch und Bett teilt, teilt auch Gut und Geld.» Kathi ließ den Finger sinken. «Und ich sage, näht der Mann den Beutel mit Schießdraht zu, muss das Weib die Lunte geschickt daran legen, soll das Geld nicht verpulvert werden.»

«Du meinst, eine List?»

Kathi schmunzelte. «Ein hartes Herz lässt man in Salzwasser ziehen.»

Jetzt kicherte auch Katharina. «Danke, du Liebe, Kluge!» Mit einer festen Umarmung lief sie davon.

Es begann mit dem fehlenden Nachtisch. «Frau Doktorin, habt Ihr nichts Süßes heute?» Veit Dietrich, der seit kurzem mit seinen sechs Scholaren im Luther-Haus wohnte, wagte zu fragen, was alle dachten.

«Nein, leider nicht.» Katharina schob die Hände unter die langen Ärmelstulpen. Noch immer half die alte Nonnengeste, Fassung zu bewahren, wenn sie Herzklopfen hatte. «Es ist kein Obst mehr im Haus. Auf dem Markt ist es zu teuer. Bis zur neuen Ernte in unserem Obstgarten müsst Ihr wohl mit der Fantasia vorlieb nehmen, Magister Veit.»

Dann wurde das Brot knapp. Statt zwei dicker Scheiben schnitt die Köchin nur mehr eine dünnere Stulle pro Person vom Laib herunter.

Diesmal wollte Luther selbst wissen, ob denn schon die Hungersnot ausgebrochen sei, dass man die Haferflocken in der Grützesuppe zählen könne und das Brot rationiert werde. «Noch nicht, lieber Herr Doktor», gab Katharina sanft zurück. «Doch hänge man beizeiten den Brotkorb höher, sind der hungrigen Mäuse im Hause viel.»

«Es ist doch nichts Lieberes im Haus als eine treu sorgende Hausfrau», gab Luther zurück und rief dem Theologen Hieronymus Weller aus Freiberg, der schon seit mehreren Jahren Tischgänger bei ihnen war und alle Luther-Worte mitschrieb, zu, den Spruch der Frau Doktorin müsse er sich fürs Leben hinter die Ohren schreiben.

Zuletzt ging es an den Käse. Magdalena von Bora hatte die Aufgaben der Käsemutter übernommen, seit Katharinas Viehzucht anschlug und die Kühe reichlicher Milch gaben, als für die Aufzucht der Kälbchen nötig war. Ihre mit frischen Kräutern, Nüssen, Mandelsplittern, Pfefferkörnern, Paprikastückchen und zarten Ascheschichten gewürzten Käse gehörten zu den Leibspeisen der Tischgesellschaft. Jetzt mussten die hungrigen Genießer erleben, dass es nur mehr Käse ohne die teuren Geschmackszutaten gab, und selbst davon deutlich weniger.

«Ach, Scheiße auf das blöde Sparen und Sparen!», schrie Andreas Kaufmann in seiner Enttäuschung und fegte den Teller quer über den Tisch. «In meines Vaters Haus gab es immer satt zu essen und keine Hungerleiderspeise wie hier.»

Wer soeben den Löffel oder Becher zum Mund geführt hatte, wagte nicht, die Hand zu regen. Ein Mäuslein hätte man huschen gehört, so still war es bei Tisch, an dessen unterem Ende Katharina wie zu Stein erstarrt saß, während Luther sich am Kopfende ganz langsam mit beiden Händen auf die Tischplatte stützte und seinen Neffen ansah, als müsse er dessen Worten erst nochmals nachlauschen, um sie zu begreifen.

Andreas saß vor dem eigenen Wutausbruch wie das Kaninchen vor der Schlange, und das Blut wich aus seinem Gesicht, dass man zuschauen konnte, wie der rosige Schimmer der Haut weiß wurde. Kaum dass er zappelte, als Luthers Hand über ihm war, ihn am Genick packte wie einen jungen Hund und seinen Hintern vor aller Augen mit der Rute stäupte, bis der Knabe sich unter Schmerzen zu winden und zu springen und so flehentlich um Gnade zu schreien begann, dass das kleine Lenchen vor Mitleid und Angst noch lauter schluchzte als er und sich endlich vom Schoß der Mutter losriss, um die Beine des Vaters mit beiden Armen zu umklammern, damit dieser nur wieder gut werden solle.

Wer weiß, wie lange Luthers Wut ohne Lenchens Fürbitten noch geraucht hätte. So aber ließ er rasch von Andreas ab, der wie ein Häuflein Elend auf der Stelle zusammensank, an der ihn die Strafe ereilt hatte. Ohne den Knaben nur mehr eines Blickes zu würdigen, nahm er sein Lenchen auf den Arm und wieder an seinem Tischende Platz. «Wie diesem Tunichtgut soll es allen ergehen, die an meines Hauses Tisch der guten Sitten und des Dankes für Gottes Speis und Trank vergessen.»

«Ja, Herr Doktor Luther.» Die Tischgesellschaft antwortete im Chor.

Katharina ließ ihre Augen sprechen, da sie nicht mit Worten in Luthers Erziehungsmaßnahme eingreifen wollte. Als er ihr zunickte und kurz die Lider schloss, stand sie auf, um den von Schluchzern geschüttelten Knaben aufzuheben und tröstend ans Herz zu ziehen. «Nun weine nicht mehr, Endres», murmelte sie. «Wir haben dich ja lieb und der Herr Oheim auch, der dich züchtigen muss nach dem Willen des Herrn, wenn du die Gebote verletzt. Wir wissen aber, dass du ein gutes Herz hast und deine Dummheit bereust. Also wisch deine Tränen ab. Es sind ihrer genug geflossen. Und bitte den Herrn Doktor um Vergebung, auf dass dir verziehen werde und du wieder unser guter, braver Bub sein willst.»

Andreas gehorchte mit zitternden Knien und küsste die Hand, die ihn geschlagen hatte. «Bitte verzeiht, Herr Doktor Oheim. Ich will es auch gewiss nie wieder tun.»

«Es sei dir verziehen. Ego te absolvo, mein Sohn.» Mit dem Kreuzeszeichen auf seiner Stirn entließ Luther den reuigen Sünder an seinen Platz und legte ihm eigenhändig ein schönes Stück Käse vor, um ihm zu zeigen, dass ihm wahrhaft vergeben sei und sein Oheim alles Zutrauen in seine Reue und Besserung setze.

«Ein bisschen schuldbewusst bin ich schon auch, dass der arme Endres heute so bitter hat büßen müssen», gestand Katharina ihrer Muhme Lene beim späteren Tischabräumen. «Es heißt ja, man soll der Kinder Zorn nicht provozieren. Und provoziert habe ich ihn wohl doch, indem ich den Speisezettel kürzte um eines neuen Gartens willen.»

«Manchmal heiligt der Zweck die Mittel», antwortete Magdalena von Bora kurz. «Nicht alles, was Kinder falsch machen, ist auf dem Mistbeet der elterlichen Fehler gewachsen. Und was Hänschen nicht lernt, lernt Hans nimmermehr. Also lass auch deine Kinder ihre Erfahrungen machen und lernen, dass eine jede Actio ihre Reactio hat und nichts ohne Folgen bleibt, sei es Gutes oder Böses.»

«Ach, aber dass es so peinvoll gelernt werden muss», murmelte Katharina und schob der Katze die kleinen Reste Käse zu, die sie von den einzelnen Tellern geschabt hatte, ehe sie in den Abwaschzuber kamen.

«Weil der liebe Gott es so eingerichtet hat, dass der sesshafte Hintern sich wohl lange merkt, was der in den Wolken dahinfahrende Brausekopf schnell vergisst, und so auch die Glieder im Einzelnen dazu helfen, dass der Mensch ein gutes Ganzes werde», brummte die Muhme pragmatisch.

«Da halte ich doch lieber darauf, dass der Herr im Haus alles essen, aber nicht alles wissen darf, und gleich gar nicht, wenn es die Kinder betrifft.» Katharina schob ein Stückchen Sahnekaramell in ihre Schürzentasche. Für den Endres, wenn sie ihn später sähe.

«Martinus, bitte, sieh doch ein, dass wir demnächst am Hungertuche nagen werden, wenn wir nicht wenigstens einen kleinen weiteren Garten erwerben.» Katharinas Stimme durchdrang das ganze Haus. «Du siehst doch, wie jetzt schon der Mangel einreißt und ich keine Mahlzeit mehr recht auf den Tisch bringen kann. Bald werden die Leute lachen, bei Luthers müssten die Mäuse den Speck noch bringen, damit sie gefangen werden könnten.»

«Papperlapapp!», hielt Luther unwirsch dagegen. «Was schert mich das Geschwätz der Leute? Es kehre ein jeder vor der eigenen Türe.»

«Mir aber ist es arg, dass dein werter Ruf in den Schmutz getreten werde von denen, die stets ihre Zungen an uns wetzen. Was möchte wohl auch der Herr Schwiegervater im Grabe dazu meinen, wüsste er, seinem ehrlichen Namen hinge man Hansen Knausermann an.»

Der Hinweis auf den Vater zeigte Wirkung. Martinus nagte schon an der Lippe, wie er es immer tat, wenn ein Argument stach, er es aber nicht zugeben mochte.

«Ich will doch das Land nicht für mich, dass ich darauf tanze und springe. Allein, damit ich meine Haushaltung und Vieh desto bequemer erhalten könnte, weil man alles aufs Teuerste kaufen muss, bitte ich dich.» Katharina hielt ihren Ärmel an die Augen, um sich die Tränen abzuwischen. «Und wahrlich, du kannst nicht Klage gegen mich führen, ich bäte zu oft oder zu meinem Vorteil. Andere Weiber kosten ihre Männer viel Geld für Tuch und Gewänder und Pelze und Schmuck und was des Tands mehr ist, dessen sie bedürfen, um sich auszustaffieren. Ich aber spare und wende nichts an mich. Und doch schiltst du mich verschwendungssüchtig. Dabei will ich nichts als einen Garten, den Hunger unserer Kinder und all derer zu stillen, die du zu Tisch lädst.»

Die Hände auf dem Rücken verschränkt, durchmaß Luther die Studierstube. Katharina fröstelte. «Ein Ofen wäre jetzt gut», fiel ihr ein. «Ein schöner großer mit einem Bratapfelrohr und Tellerkacheln aus Grimma.» Sie wusste genau, wie er aussehen müsste.

«Mich deucht, du meinst, es müsse meines Vaters kleine Erbschaft unters Volk.» Luther blieb ruckartig stehen. «Doch wenn, Käthe, so hast du die Rechnung ohne den Wirt aufgemacht. Meine eigenen Blutsverwandten wollen mich ja bei der Teilung der 1250 Gulden über den Löffel barbieren.»

Katharinas Schluchzen ging in ein kräftiges Schnäuzen und Räuspern über. «Ihr müsst Euch irren, Herr Doktor.» Nahmen Gespräche eine überraschende Wende, konnte es immer noch passieren, dass ihr die Höflichkeitsform entfuhr. «Eure eigenen Verwandten sind ehrenwerte Menschen und keine habsüchtigen Halsabschneider, sondern Euch zu Ehre und Dank verpflichtet. Auch leben alle Kinder Eurer verstorbenen Schwestern aus dem Hause Kaufmann und Polner um Gotteslohn bei uns.»

«Was Dank, was Ehre?» Luther stapfte mit zornigen Schritten auf und ab. «Undank ist der Welten Lohn. Fünf Geschwister, fünf Erbteile; so sollte es nach meines Vaters Willen sein. Nun sind aber zwei Schwestern tot, und schon wollen sich die beiden anderen deren Erbteile unter den Nagel reißen. Nein, sage und verlange ich, den Kindern der toten Schwestern soll das mütterliche Erbe zugeteilt werden.»

«Ich kann mir nicht denken, dass dein Bruder Jacob, dem du die Teilung anvertraut hast, unredlich gegen dich und die armen Waisen handelt», gab Katharina zu bedenken. «Erinnere doch, wie oft er uns unterstützt hat. Vor allem, seit er zu Mansfeld mit dem Recht der Silbersaigerung belehnt ist und bis Goslar hinunter verhütten kann.»

«Was du denkst und ich weiß, sind zweierlei Stiefel», fuhr Luther seine Frau an. «Gutgläubig bist du und einfältig wie eine Nonne. Doch sage ich dir, es soll mir eine Lehre sein, wie unbillig diese Raffgierigen schon zu meinen Lebzeiten an mir handeln. Was würden sie wohl meinen Kindern erst antun, wäre ich tot? Sie an den Bettelstab bringen und meine Becher und Münzen unter sich teilen. Ja, sollen sie doch das Geld in aller Teufel Namen für sich behalten! Mein Kurfürst gibt mir als seinem Diener alljährlich mehr, als ich erben sollte. Ihm werde ich auch meinen Sohn empfehlen. Und in Gott ist mein Hansi auf ewig reich, wären die Verwandten auf Erden längst bettelarm.»

«Und doch streitet Ihr selbst, Herr Doktor, wie ein Kesselflicker um Geld gegen Euer Weib und Mutter Eurer Kinder», mischte Magdalena von Bora sich ein, die unfreiwillige Zeugin des aufgeregten Disputes geworden war, weil die lauten Stimmen sie aus ihrem Mittagsschläfchen gerissen hatten. «Spricht da ein Pharisäer aus Euch, Herr Reformator?»

Luther blieb die Sprache weg. Noch niemals hatte die stets sanfte, gleich bleibend freundliche, ruhige und besonnene Muhme sich dazu hinreißen lassen, sich in seine Angelegenheiten einzumischen. Doch wie sie nun vor ihm stand, den Kopf fest in den Nacken gesetzt und die Schultern gespannt, dass ihre schmächtige Gestalt über sich hinauswuchs, war es ihr bitterernst mit jedem Wort. «Wisst Ihr überhaupt, was das ist?», entfuhr es ihm.

«Einer, der andere knausrig schilt und die eigene Börse zuhält.» Magdalena von Bora reckte das Kinn. «Bin Eure alte Muhme Lene nur, doch so viel weiß mein ungelehrter Kopf, Herr Martinus, dass ein Taler, den ich an die Armen wende, ein gutes Werk ist, dass aber ein Taler, den ich an Saatkorn wende, das ich in einen fruchtbaren Garten säe, hundert gute Werke machen kann. Darum denkt Ihr so weit, als Eure Nase kurz ist, lasst Ihr die sauer verdienten Goldfüchse Eures Vaters, seien es wenige oder viele, in den Bettelsack springen, verschmäht aber Gottes Acker, sie darin auszusäen.»

«Weiber!» Mit einem Knall fiel die Tür hinter Luther zu.

Katharina und ihre Muhme sahen sich an. «Meinst du, er tut's?»

Die Ältere wiegte schmunzelnd den Kopf. «Gottes Mühlen mahlen langsam, aber stetig. Jetzt helfen nur noch diese drei: Warten, Beten, Hoffen. Das Beten aber ist das Größte dabei.»

Und es half. Wenn auch unter Murren und Knurren und dem trotzigen Bekenntnis, er habe den Bitten und Tränen seiner Frau nicht widerstehen können und ihr allein darum erlaubt, einen Garten für sich und gegen seinen Willen zu kaufen, unterschrieb Luther rechtzeitig zur Erntezeit den Kaufvertrag für einen Garten und eine Hufe Land, den er sich neunhundert Gulden kosten ließ.

Mit einem Häuschen nebst Scheune und Brunnen, vielen Obstbäumen, einem Fischteich und Bienenkörben sowie einer seltenen Safranzucht war der Besitz zur Not groß genug, um Katharina und die Kinder zu ernähren. Bargeld, das hatte ihn der Erbstreit mit den Geschwistern gelehrt, verschwand schnell unter der Hand, wenn erst einmal ein Vormund darüber zu befinden hatte. Mit Landbesitz ging das so einfach nicht.

Kaum war die Ernte eingebracht und die meiste Arbeit damit getan, setzten bei Katharina die Wehen ein. Der Schmerz brach so unvermittelt und reißend los, dass Luther entsetzt von seinem Schreibpult aufsprang und fürchtete, dem Schoß seiner sich windenden Frau werde das Kind entfallen, noch ehe die Wehmutter einträfe.

«Gemach, gemach, Herr Doktor», musste Magdalena von Bora ihn beruhigen. «Lauft und richtet unserer Dorothea aus, sie solle Wasser aufsetzen. Und dann ergeht Euch bei einem Gebet im Garten. Wir lassen rufen, wenn es so weit ist.»

Drei Stunden später war das Kind da.

«Einen Tag zu früh», flüsterte Katharina mit trockenen Lippen, als Luther sich über sie beugte, um sie zu küssen und zu beglückwünschen. «Es sollte mein Geburtstagsgeschenk für dich werden. Aber dein Sohn wollte nicht länger warten.»

«Wie er kam, so ist es recht.» Gerührt sah Luther seine Catena an, die blass und abgekämpft, aber glücklich in den Kissen lag und ihm seinen Neugeborenen entgegenhielt. «Ein schöneres Geburtstagsgeschenk hätte Gott mir nicht machen können, als mir in dir einen zweiten Sohn zu genaden.»

Der Kleine sollte Martin nach seinem Vater heißen. «Bin ich dereinst nicht mehr, soll die Welt sich in ihm meines Namens erinnern», meinte Luther. «Und so du selber ihn rufst, wird in ihm auch meine Seele zu dir kommen und liebliche Heimstatt halten in deinem Arm, obschon ich leiblich dann nicht mehr bei dir bin.»

«Wie magst du vom Tod reden, da du soeben wieder Vater bist?», protestierte Katharina halblaut und streckte die Arme nach dem Martinchen aus, als müsse sie das Kind vor dem bloßen Gedanken ans Sterben schützen.

«Tod, wo ist dein Sieg? Hölle, wo ist dein Stachel? Sei getrost, Catena, der Tod ist verschlungen im Sieg, denn Gottes Sohn hat die Welt überwunden.» Luther war in seinem Element.

Musste dieser Mann immer und immer predigen? Konnte er nicht einfach mal ein liebender Ehemann und glücklicher Vater sein, der seine Frau in den Arm und sein Kind an sein Herz nähme, lachend und strahlend, weil alles bei der Geburt gut gegangen war, seine Lieben lebten und ihm wohlauf erhalten blieben?

«Ich habe deinen Gevatter, meinen begabten Studiosus, den jungen Burggrafen und festen Herrn Borziwog von Dohna zum Paten für unser Martinchen gebeten», unterbrach Luther Katharinas Gedanken. «Du schätzt ihn ja wie ich, wohnt er doch unter unserem Dach und wird sich der Kinder als Präzeptor annehmen, sollte Veit Dietrich uns demnächst verlassen.»

Veit Dietrich, schon der Name war ein rotes Tuch für Katharina. Armer Leute Kind aus Nürnberg, war er bereits vor ihrer Hochzeit zu Wittenberg Student der Medizin gewesen, dann aber unter Luthers Einfluss Magister der Theologie und alsbald auch sein Famulus geworden. Mitsamt seinen Schülern, von denen er hundert Gulden im Jahr und mehr an Studiengeld kassierte, wohnte und speiste er im Luther-Haus, wollte aber nichts dafür zahlen. Jedes Mal musste sie ihm wegen der fünfzehn Gulden pro Kopf nachrennen. Als wäre das nicht scheußlich genug, schrieb er mit Vorliebe gemeine Bemerkungen über sie in Luthers Tischredensammlung und lästerte heimlich über ihre angebliche Habgier bei allen möglichen Freunden und Bekannten.

«Ich fürchtete schon, du wollest ihn zum Paten für das Martinchen laden», gestand sie und lächelte Luther um Verzeihung bittend an, dass sie solches von ihm denken konnte.

«Da sei Gott vor.» Luther zog eine steile Falte zwischen den Augenbrauen auf. «Ich werde ein ernstes Wort mit ihm reden müssen wegen der Lene, dem dummen Ding. Macht ihr zur Unzeit den Hof, dass sie Grappen im Kopf kriegt und ihrem Bruder, unserem braven Cyprianus, vorflennt, sie wolle sich zur Not von ihrem Geliebten entführen lassen, damit der Luther nicht scheiden dürfe, was Gott zusammengefügt. Ich habe ihr heute erst vor der ganzen Tischgesellschaft die Leviten gelesen. Man sollte sie mit dem Stock züchtigen, dass ihr das frühe Mannnehmen verginge.» Seine Stimme hob sich im wieder aufflackernden Ärger, sodass das Martinchen angstvoll zu wimmern begann und sich erst an der Mutterbrust trösten ließ.

«So lernt ein Mann früh, sich auf ewig nach der Quelle des Lebens zu sehnen», schmunzelte Luther und fuhr besänftigt fort: «Doch niemandem ist es ratsam, in der ersten Hitze zu heiraten. Ist erst der Fürwitz gebüßt, bleibt keine beständige Ehe. Dann kommt das Hündlein Reue, das viele Leute beißet.»

«Und wen hast du noch zum Paten geladen?», fragte Katharina schläfrig, denn das lange Reden strengte sie so kurz nach der Entbindung an.

«Unseren kurfürstlichen Kämmerer Johann von Rietesel», gab Luther zurück. «Er hat es nicht leicht in diesen Tagen, da unser guter Kurfürst Johann der Beständige wohl allzu bald das Zeitliche segnen wird. Die ‹Junker Neidhardts› allzumal, die ihm seinen guten Stand bei unserem guten alten Kurfürsten missgönnten, würden ihm nur zu gern endlich bei Johann Friedrich, unserem künftigen Kurfürsten, ein Bein stellen. Da soll es ihm ein Zeichen meiner getreuen Freundschaft sein, dass ich ihn zum Gevatter bitte.»

«Sage ihm, ich lasse ihn herzlich grüßen», nuschelte Katharina.

«Und gib dem Martinchen einen dicken Bus von mir, wenn ihr ihn aus der Taufe hebt. So bin ich doch wenigstens ein bisschen leiblich bei ihm.»

Luther stand auf. Beim vierten Mal Vaterwerden hatte er ein sicheres Gespür dafür, wann seine Frau ihre Ruhe brauchte. Jetzt war es so weit. «Bis bald, Catena.» Ein Kuss. Sie war schon eingeschlafen.

Wie Lenchens Geburt war auch die Entbindung von Martin ohne Komplikationen verlaufen. Die gute Muhme hatte all ihre Kunst aufgewandt und geschickt geholfen. Anders als Hans und Magdalena, war Martin ein kleines, zierlich gebautes Kind mit einem feinen, länglichen Kopf. Beim Durchtritt ins Leben sprengte er keinen einzigen Riss in Katharinas Haut. Von daher hätte sie das Kindbett bald verlassen können, doch der Blutfluss pulsierte bei der geringsten Bewegung mit Macht hervor. Fast zwei Wochen fühlte sich Katharina zu schwach, um aufzustehen.

Wie das Elslein erwies der Kleine sich als ein überzartes, schwächliches Kind, das schlecht trank, dabei viel Luft zog und sich oftmals urplötzlich in einem Schwall erbrach. Da er häufig heftige Krampfschmerzen verspürte, die ihm den Bauch blähten, hatte die Muhme vorgeschlagen, ihn loser zu wickeln, um ihm Erleichterung zu verschaffen. Nun lag er in seinen Schmerzen und krümmte ruckartig die Beinchen bis an den Nabel, während er mit spitzem Quäken schrie und sich erst beruhigte, wenn Katharina ihn sich über die Schulter legte und leise gegen Rücken und Hinterteil klopfte, bis Luft und Krämpfe sich lösten.

Martinchen sei ein Todesangstkind, genau wie das Elslein, meinte Magdalena von Bora. Damals sei die Schwangerschaft von der Pestangst, diesmal von der Kriegsangst geprägt gewesen. Als Siechenmeisterin hatte sie bei den Bäuerinnen und Landjunkerfrauen nicht selten beobachtet, dass seelische Belastungen der Mutter sich auf die Lebenskraft des Ungeborenen auswirkten.

Der große Unterschied zum Elslein war, dass Martin weder sanft wirkte noch still blieb, sondern mit zornrotem Gesicht seinen Schmerz und Ärger kundtat. Täglich nahm er ein wenig mehr Muttermilch auf und behielt sie immer öfter bei sich. Die Muhme war überzeugt, dass er sich schon bald zu einem kräftigen Burschen entwickeln werde. Katharina hingegen verspürte die schrecklichste Angst und wagte nachts kaum die Augen zu schließen, weil sie auf jeden Atemzug des Kleinen in der Wiege neben ihrem Bett lauschte.

Martinus teilte ihre Sorge zwar, zog sich aber auf Gottes Willen zurück. Ob bewusst oder unbewusst, wagte Katharina nicht zu entscheiden, doch ließ er sich merklich weniger auf den kleinen Martin ein als bei seinen anderen Kindern zuvor und schien sich durch das geringere Maß an Liebe vor einem frühen Verlust zu wappnen.

Dass es die eigene Kühle sein könnte, die das Herz des Buben gegen den Vater erkalten ließ, kam Luther nicht in den Sinn. Stattdessen glaubte er, Gott habe ihm mit diesem kränklichen Sohn, den er von Geburt an für eigensinnig und bockig hielt, eine schwere Prüfung ins Haus geschickt. So frühzeitig er sich über seinen Erstgeborenen die Meinung gebildet hatte, dieser sei der geborene Theologe, glaubte er in seinem Lenchen schon die fromme, gehorsame Hausfrau eines hoch gebildeten und edlen Beamten vor sich zu sehen. Das Martinchen aber?

«Da sei Gott vor, dass ich Recht behalte», meinte er. «Doch wenn er weiter so wie bisher sein ‹Sinnchen› haben will, dann wird einmal ein Taugenichts oder Jurist aus ihm, obwohl ich nichts schärfer verbiete. Sollte das geschehen, so will ich ihn selbst an einen Galgen hängen, denn lieber habe ich einen toten Sohn als einen ungehorsamen.»

Jedermann wusste, dass in Luthers Augen Juristen grundsätzlich nichtsnutzige Halsabschneider waren, obwohl er selbst einmal einer hatte werden sollen. So kränkte Katharina sich über diese düstere Prognose doppelt. «Wenn Martinus schon jetzt, da sein Sohn unschuldig wie ein Engel ist, Schlechtes von ihm denken mag, so will ich sorgen, dass er schamrot eines Besseren belehrt wird», nahm sie sich stillschweigend vor und beschloss, während Martins gesamter Kinderzeit alles daranzusetzen, seine kleinen Ungezogenheiten und Streiche vor den Augen des Vaters zu verheimlichen und ihn nur im besten Licht erscheinen zu lassen.

Der Frühling überfiel Wittenberg auch anno 1532 früh. Die milde Witterung ließ dem Winter wenig Zeit für Eis und Schnee. Meist regnete es und verwandelte das flache Bauernland in matschige Pfützen, die sich mit der Elbe und ihren Seitenarmen nicht selten zu Hochwasser verbanden. Der stets in den Straßen liegende Unrat trat sich in der Nässe zu glitschigen Haufen zusammen, die bei jedem Schritt an den Schuhen haften blieben. Zusammen mit den Fäkalien, die jedermann ungeniert durchs Fenster hinaus auf die Gasse entleerte und zur Notdurft in einem heimlichen Winkel ablegte, entwickelte der Müll zumal in den engeren Gassen einen Gestank, der einem den Atem benahm. Man tat gut daran, die Straßenmitte zu benutzen und Plateausohlen unter die Füße zu schnallen, wollte man leidlich sauberen Fußes sein Ziel erreichen. Hinzu kam der aus allen Schornsteinen blökernde Rauch von Holzfeuer oder fetter Braunkohle, der in die Augen biss. Wegen der überwiegend niedrigen Hausdächer vermochte der Wind ihn schwerlich zu erfassen und fortzutragen, sodass es an diesigen Tagen schmierige Rußflocken auf jedes ins Freie gehängte Wäschestück schneite.

Katharinas köstlichstes Glück war es, zusammen mit ihrer Muhme Lene im Garten zu sitzen, die allmählich wärmer werdende Frühlingssonne und den sacht von der Elbe heraufziehenden Wind auf der Haut zu genießen, Martinus und den Kindern beim Spielen zuzusehen oder ihrem Singen und Musizieren zu lauschen, das sich mit den Geräuschen des Viehs in den Stallungen mischte. Alles, was sie sich je ersehnte, saß vor ihr und um sie herum, sodass ihr vor Glück oftmals bang wurde, der Herr werde das Blatt einmal wieder wenden. Wie mit dem Elslein.

Obwohl Catherina von Mergenthal, Katharinas Cousine, die aus dem Freiberger Nonnenkloster entsprungen war und bei ihrem Bruder Wolf von Mergenthal auf Gut Lippendorf Zuflucht erhalten hatte, den Kontakt zwischen ihnen aufrechterhielt, fiel Katharina eines Tages vor Überraschung aus allen Wolken, als plötzlich drei hoch gewachsene junge Männer vor ihr standen, die sich als ihre Brüder Hans, Clemens und Wolff von Bora zu erkennen gaben. Hans mit seinen dicken schwarzen Locken und dem kühnen Nasengiebel erinnerte an den Vater. Clemens war eher zart und blond wie die Mutter. Und Wolff hatte sich zu einem kräftigen Rotschopf mit Sommersprossen entwickelt, der es wohl faustdick hinter den Ohren hatte. Obwohl Katharina fast ebenso groß gewachsen war wie Luther, nahm sie sich neben ihren Brüdern klein aus.

Die erste Fremdheit legte sich rasch, als Luther die Schwäger herzlich aufnahm, die Muhme Lene ihre Freudentränen getrocknet hatte und Katharina kaum wusste, wie gleichzeitig möglichst nah bei ihren Brüdern bleiben und deren Erzählungen von daheim lauschen und sie doch mit dem Besten verwöhnen, was Küche und Keller hergaben.

Auch die Kinder saßen wie die Spatzen auf der Stange in den tiefen Fensterlaibungen und auf der rundum laufenden Wandbank zusammengedrängt und bestaunten die fremden Oheime. Im Vergleich zu den gelehrten Freunden des Vaters, die meist in schwarze oder höchstens einmal in dunklem Burgunderrot ausstaffierte Roben gekleidet waren und fast alle die gleichen schwarzen Doktorhüte trugen, sahen die Edelmänner mit ihren farbenprächtigen Federhüten, geschlitzten Landsknechtswämsern und den hautengen Beinlingen, die unter mit Samt verbrämten Schauben sichtbar wurden, beinahe wie Prinzen aus. Vor allem Lene und ihre halbwüchsigen Freundinnen starrten neugierig auf die erhabene Braguette zwischen den Wamsschößen und flüsterten begehrlich hinter vorgehaltener Hand, ob die Herren in der Schamkapsel wohl ebensolche Pomeranzen oder Süßigkeiten für ihre Angebetete versteckt hätten wie der König von Frankreich. Die Jungen hingegen hatten nur Augen für die scharfen Wehren, die die Oheime an ihrem Gürtel trugen, und hätten fürs Leben gern einmal ausprobiert, wie Schwert und Säbel wohl in der Hand lägen.

Hans von Bora hauste weiterhin auf dem Familiensitz zu Klietzen mit einem in der nahen Nachbarschaft gelegenen Lehen, hatte bisher aber keinen männlichen Erben. Der Vater sei alt und verknöchert, berichtete er.

«Missernten, die Pest, der Bauernkrieg, fehlende Arbeitskräfte und dadurch wüst fallende Äcker und Teiche, der Silberwertverfall durch die Spanier mit ihrer neuen Welt und die Zweitweiber der Väter, das hat uns von Boras den Hals gebrochen», meinte Hans zuletzt. «Ohne unsere alten Stammsitze zu Deutschenbora, Hirschfeld und Lippendorf hält uns der Rest kaum über Wasser.»

Luther nickte verständnisvoll. Von Armut wusste er Lieder zu singen.

«Zu Königsberg in Preußen, unter Herzog Albrecht, soll unsereins heutzutage sein Glück machen können. Da wollen wir hin, Clemens und ich. Unser kleiner Wolff hier», knuffte Hans von Bora dem Jüngsten freundschaftlich gegen die Schulter, «wird derweil das Unsrige erhalten und wenn möglich mehren, so gut es eben geht.»

Katharina warf ihrem Martinus einen raschen Blick zu. Herzog Albrecht von Preußen war ihm mehr als gewogen. Wenn einer, dann konnte Martinus sich bei ihm für ihre Brüder verwenden und ihnen ihrem Stand angemessene Anstellungen verschaffen. Luther deutete ihren Blick sofort und blinzelte ihr schmunzelnd zu. Erst kürzlich hatte der Herzog verlauten lassen, zu Memel könne er einen treuen und frommen Gefolgsmann brauchen. Hans mit seinem offenen Gesicht und dem festen, freiheraus sein Gegenüber messenden Blick würde ihm wohl gefallen.

Bei Clemens war Luther sich nicht ganz sicher. Er hatte etwas Ungestümes an sich, das auf ein aufbrausendes Wesen schließen ließ. Trotzdem hatte Luther auch zu Clemens eine spontane Neigung gefasst und traute dem Jungspund zu, sich in der Fremde gehörig die Hörner abzustoßen und als gemachter Mann in seines Vaters Haus heimzukehren. Vollends überzeugt war er, als er sah, wie freundlich sich der junge Mann dem kleinen Hansi zuwandte, als dieser sich ein Herz fasste und den blonden Oheim fragte, ob er denn wohl einmal die große Armbrust anrühren dürfe, die dieser bei seinem Eintritt in die Stubenecke gestellt hatte. «Wer gut zu Kindern ist, ist auch gut zu

Armen und Schwachen und ein dem Herrn wohlgefälliger Mensch.» So viel stand für Luther seit eh und je fest.

«Wir sind Euch von Herzen für jedes gute Wort dankbar, Herr Schwager, und können wahrhaftigen Gottes jede Hilfe gebrauchen. Nur denkt nicht, wir hätten uns unserer Schwester und ihres einflussreichen Gemahls erinnert, weil wir uns Eurer Beziehungen bedienen wollten.» Hans von Bora dankte verlegen, als Luther sich erbötig machte, Herzog Albrecht um einen Dienst anzusprechen.

«Wir sind vielmehr gekommen, um Euch zu verkünden, dass auch wir uns nunmehr zum evangelischen Glauben bekennen», ergänzte der junge Wolff und fuhr sich durch die ungebärdigen roten Locken. «Und weil wir vor unserer Schwester den Hut ziehen wollten, die mit ihrem Sprung aus dem Kloster ihr Leben daran gewagt hat, unserem Herrn Jesum Christum zu dienen. Unser Herr Vater hat ihr damals keine Heimstatt mehr bieten können, sodass sie zu Wittenberg bleiben musste. Wir aber als ihre Brüder wollen ihr sagen, dass sie, komme, was da wolle, in uns drei Schwerter hat, sie und die Ihren zu schützen und zu verteidigen bis aufs Blut.» Mit der schönen schwungvollen Gebärde, die der Vater ihre Brüder auf dem Turnierhof zu Klietzen gelehrt hatte, sprang er auf, griff Hut und Schwert und beugte das Knie vor Katharina als vor seiner Dame.

Fast ebenso schnell fasste sie ihren Rock mit beiden Händen und sank vor den Augen ihrer staunenden Kinder in den tiefen Hofknicks, der auf eine solche Ehre die einzig mögliche Antwort war. Katharina von Bora. Das war ihr Name. Doch noch nie zuvor war ihren Kindern bewusst gewesen, dass es mehr war als ein Name.

Schon wenige Wochen später konnte Luther seinen Schwägern die gute Nachricht überbringen lassen, dass Herzog Albrecht von Preußen sie als zwei tüchtige und fromme Edelleute aus dem Hause von Bora gern in Dienst nehmen würde. Sie sollten nur flugs nach Königsberg kommen.

Normalerweise hätte Katharina sich wie ein kleines Kind für ihre Brüder gefreut. Doch für diesmal war sie zu traurig. Wochenlang hatten sie und Magdalena von Bora sich abwechselnd fast rund um die Uhr am Krankenbett eines der jungen Zöglinge Veit Dietrichs gegen Krankheit und Tod gestemmt. Johannes Zink, ein feiner, stiller Knabe, immer liebenswürdig und fleißig, gehörte zu den Lieblingskostgängern im Haus, an dessen reinem Sopran Luther seine helle Freude gehabt hatte. Das Wechselfieber, eine heimtückische Krankheit, die aus den feuchten, moorigen Elbniederungen aufstieg, hatte ihn befallen. Nichts schlug dagegen an. Jeden Tag raste das Fieber durch den jungen Körper und schwächte ihn schließlich so sehr, dass keine Rettung mehr blieb. Einen Tag vor seinem Tod nahm er bei vollem Bewusstsein von seinen Freunden und seinem verehrten Lehrer Abschied.

Martinchen begann zu krabbeln und erkor sich Tölpel als seinen besten Freund. Der ließ es sich geduldig gefallen, an den Ohren gezerrt und am Schwanz gezogen zu werden, verlorenes Spielzeug zu suchen, als Reitpferd und Kopfkissen herzuhalten und das Futter in seinem Napf mit ihm zu teilen. Noch lieber hatte der kleine Mann allerdings seine Liese. Die war mit langen blonden Zöpfen und blauen Augen über einem roten Mund wunderbar schön anzusehen, ließ sich ohne Murren immer wieder an- und auskleiden, im Arm herumtragen und auch mal an einem Bein hinter sich herziehen. Liese war eine Puppe.

«Unser Martin ist ein rechter Schalk, Frau Doktorin», konnte Luther dann abends im Bett seufzen. «Um den hab ich Sorge.»

«Ist er ein Schalk, so ist er gewitzt. Und ist er gewitzt, so hat er Verstand. Hat er aber Verstand, so ist er seines Vaters Sohn und wird seinen Weg mit Gottes Hilfe schon machen.» Katharina sprach sanft wie immer, wenn sie mit ihrem Martinus über das Martinchen redete.

«Aber mit Puppen spielen! Ist das rechter Buben Art?» Luther gab sich noch nicht zufrieden.

«Was ist so Arges daran?», fragte Katharina betont unschuldig. «Meint Ihr nicht, Herr Doktor, dass auch erwachsene Männer ihre Liebste gern schmücken und zieren und herzen und sie heute im Arm halten und wiegen, sie morgen kalt in die Ecke werfen, nur um sie übermorgen erneut heiß zu lieben und sich heldenmütig für sie zu schlagen, ginge es auch David ohne Schleuder gegen Goliath?»

«Welcher Teufel hat dir nur die Zunge gespitzt, Frau?» Luther konnte sich eines herzhaften Lachens nicht länger erwehren. «Doch sämtlichen Teufeln zum Tort soll mir deine Langmut und Barmherzigkeit mit dem wilden Rangen ein Beispiel sein, wie Gott seine Kinder liebt, wenn sie der Koseworte nicht verdient haben und dennoch aus Gnade all ihrer Sünden ledig sind.»

Lächelnd kuschelte Katharina sich an seine Brust. «Weißt du noch, wie es war, als du ein Mönch warst und ich eine Nonne? Wie wir da in tiefster Verlassenheit auf unserer Pritsche lagen, voll angekleidet und gegürtet vom Kopf bis zu den Füßen, zum Schweigen verurteilt, verloren für die Welt und verlassen von Gott und keiner, der sich unser erbarmte?»

Luther zog sie fester an sich. «Und nie und nie konnt ich der Frauen vergessen, ob ich auch keiner ins Gesicht sah, sondern meine Kapuze tief zog und streng zu Boden als wie in die Hölle hineinblickte und mich kasteite und züchtigte, bis das Blut sprang. In meinem Geist, da sah ich sie doch und konnte der Lust nicht wehren, die über mich kam wie die Läuse und Flöhe, keiner weiß, woher.»

«Die Anfechtungen der Lust waren das Schlimmste nicht.» Katharina beugte sich vor, um Martinus in die Augen zu sehen. «Das Schlimmste waren die Organe des Weibes an mir und in mir, geschaffen, Kinder zu tragen und zu nähren. Die Zeiten der Mensis waren Zeiten des Zweifels, die mich mit jedem Tropfen Blut quälten, der doch geschaffen war, einem Kind in mir zu dienen, und nun Monat für Monat, Jahr um Jahr unnütz vertan ward. Alle achtundzwanzig Tage aufs Neue. Ich wollte es glauben, zwang mich zu glauben, schrie zu Gott, um zu glauben, und glaubte es doch nicht, dass Jesus Christus käme, mich zu seinem Weib zu machen und mich ausersähe, einen neuen Messias mit mir zu zeugen. Wie konnte es Gottes Wille sein, mich als Weib zu erschaffen, und sollte doch wüst wie ein Acker liegen, den keiner bestellte?»

Luther nickte. «Manche von uns schnürten sich ihr Ehewerkzeug mit einem Kälberstrick ans Bein, damit es gebändigt werde. Andere legten sich Glöckchen daran, damit die Scham, wenn es vor aller Ohren bimmelte, die Erektion erschlaffen lasse. Wieder andere wickelten sich Stacheldraht um die Lenden oder schoben ihr Werkzeug in ein hölzernes Futteral, das sie innen mit Pfeffer ausrieben, damit es sich aus Angst vor dem Schmerz nicht mehr rege. Ich habe an mir gelitten wie ein Tier, Catena, bis mein Herr Jesus mich im Evangelium erlöste.»

«Und doch meinst du, unser Martinchen sei ein Sünder, weil er eine Puppe als Liebste hat.»

«Ihr Weiber, lasset den Männer getrost das Sagen, es bleibt euch ja doch stets das letzte Wort», seufzte Luther. Im Schutz der Dunkelheit sah Katharina nicht, wie er grinste. Sie hörte es nur.

«Mein lieber Herr Käthe»

(1532–1546)

«Sagte ich es doch immer!» Luther stand breitbeinig vor der versammelten Tischgesellschaft. «Wer auf Gott baut, der hat recht gebaut. Abermals sendet der Herr den Teufel aus, die Türken gen Wien zu reiten, um die Christenheit zu einen. Hier steht es schwarz auf weiß» – er schwenkte einen Brief –, «Kaiser Karl bietet den Protestanten Reichsfrieden um Waffenhilfe gegen den Sultan an. Auf sein Wort soll nach dem Sieg ein ‹gemein frei, christlich Konzil› endlich auch Religionsfrieden bringen.»

Jubel und Beifallklatschen brachen los. «Nun weiß ich, warum Gott mich am Leben gelassen hat», erhob Luthers Stimme sich über die anderen. «Er bedarf meiner in dieser Sache noch, denn es soll ein Vertrag mit dem Kaiser ausgehandelt werden um des Evangeliums willen.»

Magdalena von Bora und Katharina sahen einander erleichtert an. «Gott sei Dank, er spricht nicht mehr vom Sterben.» Katharina wisperte. So oft man bei Luther auf taube Ohren stieß, so gut hörte er, wenn er nicht wissen sollte, was gesprochen wurde. Die Muhme nickte. Die vergangenen Wochen waren kein Zuckerlecken gewesen. Luther hatte sich furchtbar über eine dreiste Bemerkung Hans Polners aufgeregt, und der Ärger war ihm auf die Nieren geschlagen, sodass sein Steinleiden sich wieder mit schweren Koliken bemerkbar machte, von denen er zusehends schlechter genas. Jedes Mal glaubte er dabei sein letztes Stündlein gekommen.

«Ich bin müde, Catena. Die Welt ist meiner müde. Und ich bin der Welt müde. Mit Gottes Gnade will ich durch Christus in eine andere Welt gehen. Mir ist ganz, als riefen das Elslein und meine lieben Eltern nach mir.» Worte wie diese versetzten Katharina und die Kinder, ja das ganze Haus in größte Angst. Zwar wussten sie und die alte Siechenmeisterin, dass es sich so schnell nicht an Nierensteinen starb, an der Herzrasen verursachenden Angst vor dem Tode aber sehr wohl. Und Luther hatte, allen seinen vielen Reden vom Sterbenwollen zum Trotz, große Angst vor dem Tod und noch mehr vor seinem Herrgott, dessen Strafe er fürchtete, obwohl er die Liebe Gottes und die in Christus vergebenen Sünden predigte.

So sah Katharina mit froher Erleichterung, wie Luther über dem zu Nürnberg ausgehandelten Religionsfrieden auflebte und mit neuem Eifer daranging, ein unanfechtbar klares Bekenntnis des neuen evangelischen Glaubens auszuarbeiten, welches er in Anlehnung an den «Schmalkaldischen Bund» der Protestanten die «Schmalkaldischen Artikel» nannte. Anders als Melanchthon bot er keine wachsweichen Formulierungen und Kompromisse an.

«Wie Jesus Christus dem Petrus das Schwert verbot, so verbot ich es den Unseren, die der heiligen Sache längst schon mit Waffengewalt Nachdruck verleihen wollten. Und ich wünsche bei Gott, dass ich keinen Papstkrieg erleben muss», erklärte er Katharina, deren Mitdenken und kluges Fragen er schätzte, um seine eigenen Gedanken zu läutern und Formulierungen punktgenau zu verbessern. «Dennoch bin ich heute anderen Sinnes, denn wie Gott uns Christen unter Waffen gegen die Türken schickt, so lehrt mich sein Beispiel, dass auch die Unseren zur Not unter Waffen gegen die Katholiken ziehen müssen. Sollten Kaiser und Papst also auf einem neuen Konzil abermals den Fehdehandschuh auf uns werfen, werden wir ihn aufheben. Man muss Gott mehr gehorchen als dem Kaiser.»

Katharina wusste, wie hart er um diese Entscheidung gerungen hatte. Aber Luther wankte nicht. Dem Papst lag nichts am Frieden mit den Protestanten; ihm ging es um Machterhalt. Und für den Kaiser, der mehr Spanier als Deutscher war, war Papstwort Gotteswort. Kein Kompromiss würde zum Frieden ausreichen, es sei denn die Unterwerfung. Und ein freiwilliges Unterwerfen gab es nicht.

Grau und müde sah er um Mund und Augen aus, als er seinen Schriftsatz fertig hatte und der «Nürnberger Religionsfrieden» unter Dach und Fach war. Doch in seinen Blick war die Ruhe zurückgekehrt, die Katharina seit Coburg an ihm vermisst hatte.

«Ruh dich ein wenig aus, Martinus», bat sie und schloss die Arme um ihn. «In unserem neuen Kurfürsten Johann Friedrich, der seines Vaters Thron eingenommen hat, finden die Unseren ja abermals treuste Stütze.»

«Ausruhen werde ich bald. Und hältst du mich weiterhin lieb und wert und lässt deine Liebe durch meinen Magen gehen, so will ich den Würmern wohl einen feisten Luther bieten.» Herzhaft zupackend hielt er Katharina fest, die sich unwillig von ihm abwenden wollte, und küsste sie gegen ihren Widerstand, bis sie nachgab und die Arme doch wieder um ihn schlang. «Siehst du, so geht es auch draußen in der Welt. Hält einer den anderen um der Liebe willen nur recht fest, ob jener auch streitet, so ist die eine Liebe die andere bald wert.»

Katharina schüttelte zwischen Lachen und Seufzen den Kopf. «So halte du nur den Türken recht lieb, auf dass er dich wiederliebe.»

«Herr, lehre mich Geduld!» Luther schlug die Hände zusammen. «Ich muss ja Geduld haben mit dem Teufel, mit den Schwärmern und mit dem Adel, mit den Hausgenossen und am meisten mit der Käthe von Bora, sodass all mein Leben nichts anders sein will als Geduld. Sie spricht ja als ein Weib, das Worte hat zu reden, doch keinen Verstand, sie zu erfassen. Anders wüsste sie, dass der Türkenkrieg nichts ist als ein Werk der Liebe, da der Herr als ein Vater an den Muselmanen handelt, um sie ob ihrer Tyrannis im Glauben durch unseren Arm zu züchtigen.»

Barbara Cranach hätte jetzt beschämt geschwiegen. Katharina nicht. «Ich sehe es lieber so, dass der Herr sich der Osmanen bedient, um die Papisten zu bannen. Was Waffen hat und führen kann, zieht jetzt gegen die Türken aus, nicht gegen die Protestanten. So gewinnen die Zurückgebliebenen Zeit, die feste Burg des Herrn im Innern zu stärken, wie etwa durch die neuen Kirchenvisitationen bei uns in Kursachsen. In Sachsen-Anhalt, in Pommern, in Baden-Württemberg, du weißt es besser als ich, Martinus, überall ist die Reformation auf dem Vormarsch. Zu Halle will der Erzbischof von Mainz gegen zwanzigtausend Gulden einen evangelischen Prediger erlauben. Und vagabundierten die Zwinglianer nach dem Tod Zwinglis nicht kopflos und die Wiedertäufer zu Münster nicht als Winkelprediger heimlich, verlören die Papisten noch mehr an die Unseren.»

«Ach über diese Schleicher!» Ohne Katharina erneut belehren zu wollen, griff Luther ihre Gedanken auf. «Am Schleichen erkennt man sie als Feinde des Evangeliums. Der fromme Geist schleicht nicht, sondern fleucht öffentlich vom Himmel herab, als wie die Schlangen schleichen und die Tauben fliegen.»

«Essen!», rief es in diesem Moment von unten aus dem Treppenhaus zur Studierstube herauf. «Das Essen ist fertig!» Sogleich trippelte und trappelte es auf allen Stufen und Stiegen unter Plappern und Scherzen herbei, als sprudelte das Leben selbst ins Haus. Auch Luther warf rasch seine mit Goldborten und Puffenärmeln verzierte Schaube über das rote Wams, das er zu Hause gern zu einer wattierten Pluderhose aus Goldbrokat und roten Strümpfen trug, die unterhalb der Knie von breit gebundenen blauen Strumpfbändern gehalten wurden und zu seinen mehrfarbig geschlitzten und gezattelten Hausschuhen passten. «Komm, Catena, mich deucht, es duftet nach Fisch und Blumenkohl. Und ein köstliches Mahl hat viel mit den Weibern gemein. Es verzeiht kein langes Warten, es erkaltet schneller als es kocht, und greifst du nicht sogleich zu, genießt's schon ein anderer.»

«Nachdem der ehrwürdige und hochgelahrt, unser andächtig lieber Herr Martin Luther D., aus sonderlich Gnad und Schickung Gottes sich fast von Anfang bei unserer Universität zu Wittenberg mit Lesen der Heiligen Schrift, Predigen und Ausbreitung und Verkündigung des Heiligen Evangelii bemüht, so haben wir in Erwägung des alles aus unser selbsteigener Bewegnis untersucht, obigem D. Martin Luther, Katharin, seinem ehelichen Weib, und ihrer beider Leibeserben die neue Behausung in unserer Stadt Wittenberg, welche hiervor das Schwarze Kloster genannt, darinnen D. Martinus seither gewohnt, mit seinem Begriff und Umfang samt Garten und Hof zu einem rechten freie Erbe verschrieben und sie damit begabt und begnadet als ihr Eigen und Gut.»

Katharina ließ die Urkunde sinken, aus der sie mit zunehmend größeren Augen laut vorgelesen hatte.

«Endlich zu Hause!» Sie merkte kaum, dass sie laut ausgesprochen hatte, was sie dachte und fühlte. Es drängte sie, die flache Hand an den Stein zu legen, die Wand zu spüren. Ihre eigenen vier Wände. In der Urkunde stand es. «D. Martin Luther und Katharin, seinem ehelich Weib, und ihrer beider Leibeserben». Nicht nur Martinus, auch ihr gehörte das Haus. Und ihren Kindern als Erbe.

Niemals wieder würde sie befürchten müssen, heimatlos zu werden und bettelnd durch die Welt ziehen zu müssen. Zusammen mit dem Garten draußen vor dem Elstertor boten Haus und Hof Sicherheit genug. Außerdem würde sie jetzt, da niemand verlangen durfte, dass sie auszögen und alles, was sie aufgebaut hatten, zurückließen, die Hände erst recht regen und sorgen, dass Haus und Hof fest würden und schön und gut. Niemals würde sie so etwas zu Martinus sagen, aber sein Haus sollte seiner als des Reformators würdig sein, nicht nur an Sitten und Moral, wie im geistlichen Leben, sondern auch leiblich, von außen sichtbar für jedermann.

Melanchthon und seine Katharina besaßen ein Patrizierhaus. Mit dem geschwungenen Giebel und den von drei Stockwerken auf die Straße hinaus blitzenden Fensterreihen nahm es sich stattlich aus. Cranachs Haus, mit vier Stockwerken und mindestens doppelt so breit, war noch weit stattlicher. Mitsamt der Malerwerkstatt war es ein Herrschaftssitz inmitten der Stadt. Das Luther-Haus musste sich dennoch nicht daneben verstecken, und die zum Haus gehörende Hofhaltung mit Viehzucht und Gartenbau übertraf beide Häuser schon lange. Aber erst von jetzt an war es wahrhaftig das Luther-Haus.

«Wieso der gnädige Herr so plötzlich anderen Sinnes wurde und mir doch erst Hilfe zum Erwerb eines kleinen, bescheidenen Häuschens mit drei Kemenaten oder vier garantierte, das verstehe, wer will.» Luther wunderte sich und nahm die Urkunde zur Aufbewahrung an sich. Katharina hätte es ihm leicht verraten können, wollte es aber nicht. Er selbst predigte seinem ganzen Hausstand ja immer wieder, man müsse nicht alles sagen, was man wisse.

Das am 4. Februar anno 1532 ausgefertigte Pergament trug das Siegel des jungen Kurfürsten Johann Friedrich, der soeben die Krone seines verstorbenen Vaters Johann der Beständige geerbt hatte. Ohne Zweifel war er Luther herzlich gewogen und hatte die Urkunde mit Freuden ausgestellt. Dennoch hörte Katharina die Stimme seiner Gemahlin Sybille daraus. Erst kürzlich hatte sie auf einem fürstlichen Adventsbankett im Residenzschloss Hartenfels zu Torgau die Ehre gehabt, neben der Kurfürstin zu sitzen und mit ihr darüber zu sprechen, wie wichtig ein eigenes Dach über dem Kopf sei und zu wissen, wohin man gehöre.

Die Kurfürstin konnte Katharina nur zustimmen. Sie war glücklich, dass ihr Gemahl mit seinem Einzug in die Residenz einen zur Elbe ausgerichteten dreigeschossigen Saalbau-Flügel für seine Familie errichten ließ, dem ein großer Wendelstein als wahres Wunderwerk der Architektur vorgelagert werden sollte. Nichts ging doch über ein eigenes Haus. Schließlich, so hatte die Fürstin gemeint, sei ein Haus mehr als vier Wände. Es repräsentiere seine Bewohner.

Mit wie viel Sachverstand Katharina über Baumaßnahmen, Baumaterialien und Stilfragen sprechen konnte, hatte der Dame sichtlich imponiert. Und natürlich wollte sie wissen, woher diese Kenntnisse stammten. Katharina hatte vom Marienthron und den ewigen Ausbesserungsarbeiten am Luther-Haus berichtet. Dabei war irgendwann die Bemerkung gefallen, wie deprimierend sie es fand, am 29. Januar schon dreiunddreißig Jahre alt zu werden und noch immer fürchten zu müssen, nach Martinus' Tod mit ihren Kindern auf der Straße zu enden, da der Reformator nach wie vor in einem Haus wohne, in dem weder ihm noch ihr ein einziger Stein zu Eigen gehörte. Die Kurfürstin war entsetzt gewesen. Und nun, wenige Tage nach ihrem Geburtstag, kam diese Schenkungsurkunde, mit der ihr Herzenswunsch erfüllt wurde. Bei nächster Gelegenheit würde sie der Kurfürstin ein ganz persönliches Dankeschön sagen.

«Im Grunde können wir das Geschenk gar nicht annehmen.» Luther begann auf und ab zu gehen. «Wie sollen wir dieses Riesenhaus denn jemals finanzieren? Wenn es uns allein gehört, sind auch die anfallenden Rechnungen allein unsere. Da liefert keiner mehr kostenfreien Kalk und Bausteine und was es noch alles braucht, das alte Gemäuer instand zu halten.»

Katharina hörte kaum zu. «Wir bauen, wie wir können. Wo wir in einem Jahr nicht dazu kommen, lassen wir es auf ein nächstes. Nun, da uns Haus und Hof zu Eigen gehören, handeln wir daran aus eigenem Willen und Vermögen und sind niemands Knecht. Sieh doch, wie großzügig der gnädige Herr uns bedacht hat. Auf Lebzeiten sind wir frei von allen Steuern, Wachdiensten und sonstigen Lasten. Das Recht auf Viehhaltung gibt er uns. Und das Recht zu mälzen, zu brauen und zu schänken und das eigene Braugerät dazu.» Katharina sah Luther an. «Wir haben ein Zuhause, Martinus. Endlich sind wir sicher.»

Sein Blick zeigte ihr, dass er sie nicht wirklich verstand. Für ihn war ein Haus ein Haus. Ob geliehen oder zu Eigen. Sein Zuhause war nicht von dieser Welt. Noch immer nicht. Sie lächelte. Liebe hieß auch, Unterschiede zu achten. «Sorge dich nicht, Martinus, wie wir das Haus erhalten sollen. Haben wir es mit Gottes Gnade bekommen, wird der Herr auch sorgen, es uns zu lassen.» Bewusst betonte sie das Wir und Uns. Martinus vernahm selbst die leisesten Zwischentöne. Sie wusste, er hörte auch, was sie nicht sagte. Niemals, solange sie lebte, würde sie Haus und Hof wieder hergeben.

«Frühe stehet sie auf, speiset ihr Gesinde und gibt den Mädchen ihr bescheiden Teil, was ihnen gebührt. Denkt nach einem Acker und kauft ihn und lebt von der Frucht ihrer Hände, pflanzt Weinberge und richtet sie fein an. Wartet und versorgt mit Freuden, was ihr zustehet; was sie nicht angeht, lässt sie unterwegen und bekümmert sich damit nicht. Ihr Schmuck ist, dass sie reinlich und fleißig ist. Sie tut ihren Mund auf mit Weisheit, und auf ihrer Zunge ist holdselige Lehre; zeucht ihre Kinder fein zu Gottes Wort.»

König Melanchthon hob sein Zepter und blickte unter seiner papierenen Krone fragend in die Runde seiner Untertanen. «Was ist das?»

Das Lenchen hob am schnellsten den Finger und rief schon, ehe sie dazu Erlaubnis erhielt: «Die Mutter! Das ist unsere herze Mutter.»

Katharina strahlte verlegen. Melanchthons Hausfrau aber, die als Königin mit einem Diadem aus Katzengold neben ihrem Gemahl saß und huldvoll lächeln sollte, verzog unbeherrscht den Mund. Unwillkürlich strich sie mit den Händen über ihr neues Gewand. Sie hatte es mit einem Busentuch aus Brüsseler Spitzen und einem steifen, besonders hohen Kragen anfertigen lassen. Melanchthon hatte zwar geschimpft, weil es ihr als bürgerlicher Frau eines Magisters nach der Ständeordnung offiziell verboten war, den allein Adligen und gelehrten Doktores vorbehaltenen Stehkragen zu tragen. Aber darauf gab sie nichts. Sie hasste es, wenn die Wittenberger ihn «das Männlein» nannten, obwohl selbst Luther sagte, es verhalte sich zwischen Melanchthon und ihm für die Reformation wie zwischen Johannes dem Täufer und Jesus Christus für das Evangelium. Er sei nur der Wegbereiter der Reformation, Melanchthon aber der wahre Reformator.

Die Spielrunde hatte nicht darauf geachtet, doch Luther bemerkte die Grimasse der Königin wohl. Ganz Wittenberg wusste, wie glühend die Melanchthonin seine Frau um deren edle Herkunft beneidete. Außerdem pfiffen die Spatzen es von den Dächern, dass sie Philippus das Leben zur Hölle machte, weil der Kurfürst nicht ihm, sondern Luther befohlen hatte, die Statuten des Glaubens für die Verhandlungen zum Nürnberger Religionsfrieden zu formulieren.

Schon die Mutter der Melanchthonin war ein rechter Besen gewesen, dachte Luther und griff nach der Krause Starkbier, die Katharina zum Kühlen in eine Wanne Kaltwasser gestellt hatte, das sie von Zeit zu Zeit aus dem Waldbrunnen nachfüllte. Wenn man heiraten wollte, sollte man wahrhaftig nicht nach dem Vater, sondern nach dem Leumund der Mutter des jungen Mädchens fragen. Warum? Weil das Bier im Allgemeinen nach dem Fass riecht. Luther versteckte sein Grinsen hinter einem kräftigen Zug aus dem Humpen. Diesen Einfall musste er sich merken und demnächst bei der Tischgesellschaft zum Besten geben. Da würden zwar alle lachen, aber merken würden sie es sich doch. Und was man fröhlich lernte, lernte man fürs Leben.

«Ein Hoch auf mein Lenchen und seine schöne Antwort!», rief er und prostete den Freunden zu, mit denen sie sich unweit des öffentlichen Waldbrunnens im Buchenschatten zum Königreich-Spiel versammelt hatten. Alle Mitspieler hatten aus der eigenen Haushaltung etwas zum Festmahl mitgebracht und auf einem säuberlich im Gras ausgebreiteten Tischtuch angerichtet. In den Zweigen der Buchen ringsum hingen viele Laternen. Die sollten später, wenn es dämmerte, zum Tanz angezündet werden.

Das Königreich war Luthers Lieblingsspiel. Es war fröhlich und lehrreich, und es vereinte Musik, Tanz und Theater in sich.

In den meisten Häusern wurde das Spielfest mit einer lustigen Hofhaltung gefeiert. Wie bei einer Audienzstunde riefen die Regentin und der Regent ihre Untertanen vor ihren Thron und stellten ihnen Fragen, die sie beantworten mussten. Wer nicht zu antworten vermochte, wurde auf spaßige Weise als armer Sünder bestraft. Zuletzt gab es ein Festbankett mit anschließendem Tanz.

Davon ausgehend, dass dieses Spiel ursprünglich als Willkommensfest zur Geburt des Jesuskindes gefeiert wurde, hatten Luther und Melanchthon als die beiden wichtigsten Reformatoren eine Variante erfunden. Anstatt einen Audienztag an einem fürstlich-weltlichen Hof darzustellen, spielte man das Königreich in ihren Häusern wie bei einem Kirchenkonzilstag und stellte keine witzigen weltlichen Fragen, sondern ernsthafte Aufgaben. Zum Beispiel einen bestimmten Psalm vorzutragen, eine kleine freie Rede zu einem vorgegebenen Thema zu halten und dergleichen mehr.

Melanchthon war ein anspruchsvoller König. Im Eifer des Spiels verlangte er selbst von den Mädchen eine griechische oder lateinische Antwort und rügte so scharf, dass auch bei den Buben Tränen flossen. Gerade eben hatte es Jost Jonas, Hansis besten Freund, erwischt, der wie der Ochs vorm Berge stand, als der König ihm die drei Anfangsworte eines Psalms vorsagte, den der Examinierte vollenden sollte.

«Philippus ist einfach zu schlau», flüsterte Katharina Luther ins Ohr. «Er stellt Fragen und merkt gar nicht, wie schwer sie sind. Für ihn ist alles leicht. Ich weiß zwar deine ganze Kategissima auswendig, aber alle Psalmen nicht. Lieber hole ich frisches Bier, als dass ich nicht zu antworten weiß.»

«Nicht Kategissima, Catena», tuschelte Luther zurück. «Es heißt Katechismus, und das ist kein Latein, sondern Griechisch und will sagen, es ist eine Kinderlehre.»

«Ach, du mit deinem Griechisch!» Neckend kniff Katharina in seinen Speck und sprang davon, ehe er sie kitzeln konnte. «Ich kann's nicht und lern's nicht. Für mich ist's außen der Kategissimus und innen der Luther, und den kenn ich innen wie außen.»

Lachend schaute er ihr nach.

Den Katechismus hatte Luther 1529 im Zusammenhang mit einer in Kursachsen durchgeführten Kirchenvisitation als Lehrbuch für große und kleine Kinder verfasst. Der «Große Katechismus» war Kirchenvätern zur Gemeindearbeit mit Gottes erwachsenen Menschenkindern zugedacht. Der «Kleine Katechismus» sollte in jeden Haushalt gehören und wandte sich vornehmlich an die Hausväter und Mütter, die daraus ihre eigenen Kinder im rechten Glauben unterweisen sollten. Katharina liebte dieses Buch. Für sie enthielt es alles, was ein Christ zum Leben im rechten Glauben brauchte.

Wenn Luther allmorgendlich nach dem Aufstehen mit den Kindern in der Wohnstube kniete und aus dem kleinen Katechismus mit ihnen Morgenandacht hielt, ging ihr das Herz auf. Wie immer begann es mit dem Vorlesen und Aufsagen der Zehn Gebote im Chor. Danach folgten das gemeinsame Glaubensbekenntnis, das Vaterunser und ein Psalm, den Luther beliebig auswählte, von einem der Kinder vorlesen ließ und im Gespräch mit ihnen auslegte. Den Abschluss bildete der Morgensegen.

«Wie anders, wie viel lieblicher und herzlicher ist das als unser Beten damals im Kloster», sprach sie oft mit ihrer Muhme. «Damals war alles eitel Sünde und Angst, heute ist alles eitel Liebe und Vertrauen. Sieh nur, wie freudig die Kinder bei der Sache sind und wie mein Martinus mit ihnen im Glauben zum Kind wird.»

Nun hatte Luther bereits die Gesamtausgabe der Heiligen Schrift fertig ins Deutsche übersetzt, die Biblia, für die er am liebsten alle seine vorherigen Druckwerke verbrannt hätte. «Sie sind ja nur Vorbereitungen auf die Biblia gewesen, Catena», sagte er, als er ihr das sorgfältig gedruckte und mit über fünfhundert herrlichen Bildern Lucas Cranachs versehene Werk in die Arme legte. «Eitel Stückwerk waren sie bloß, einzig dafür da, den Menschen Brosamen des heiligen Wortes zu geben, um den Hunger zu stillen, bis das ganze Brot gebacken wäre.»

Katharina wagte kaum, das kostbare Buch aufzuschlagen. «Es ist ein gar mächtiger Leib geworden, Martinus. Meinst du nicht?»

«Wie auch der Leib des Herrn mächtig ist», pflichtete Luther ihr bei, der am Tonfall erriet, was gemeint war. «Ich wünsche mir dennoch, dass du allen Weibern mit bestem Beispiel vorausgehst und das ganze Werk liest, das ich dir früher schon auf Latein angetragen hatte. Nicht zur geistigen Erbauung und geistlichen Ertüchtigung allein, sondern deiner Meinung wegen, die ich gern dazu erführe. Du weißt, wie sehr ich sie schätze.»

«Ich will es gern lesen, mein lieber Herr Martinus.» Katharina zögerte. «Allein, mir fehlt die Zeit, denn im Bette zu lesen, vor dem Einschlafen noch, ist das Buch gar zu schwer und breit.»

Zeit fehlte Katharina, seit sie Hausbesitzerin geworden war, mehr denn je. Wohin man blickte, waren Bauarbeiten im Gange. Durch Zwischenwände im Haus hatte sie mehrere neue Kemenaten mit einem eigenen Kamin, vor allem aber eine holzgetäfelte Wohnstube nebst einem Ofen mit Torgauer Tellerkacheln einbauen lassen. Der alte Wolf hatte einen Doppelsitz gedrechselt, der genau in eine Fensternische passte und sofort zum Lieblingsplatz der Kinder wurde, sodass die Eltern sich mit den ruhigeren Abendstunden zum gemütlichen Plausch zu zweit darin begnügen mussten. Einen festen Eichentisch mit passenden Stühlen hatten Cranachs gestiftet. Manchmal wusste Luther kaum, wie sie so lange ohne diese Stube ausgekommen waren. Zusätzlich ließ Katharina Keller ausheben und die Stallungen erweitern, damit sie Platz für ihre Pferde bekäme, sowie zwischen Wohnhaus und Brauhaus einen kleinen Turm mit einer Einfahrt für die Fuhrwerke bauen, mit denen sie ihre Ernten einbrachte, Besorgungen vom Markt holte und Luther seine Reisen antrat. Mit Grausen erinnerte dieser sich der Rechnungen. Tausend Ziegel kosteten vierzig Groschen, ebenso viele Mauersteine fast sechzig. Jeder Wagen Kalk nochmals fünf. Im Überschlag kamen mindestens hundert Gulden für Bretter, über dreihundert für den Ausbau neuer Stuben und der Kellerräume und weitere fünfhundertdreißig Gulden für das neue Brauhaus im Garten zusammen. Selbst in Anbetracht dessen, dass sein Jahreseinkommen mittlerweile auf dreihundert Gulden gestiegen war und immer wieder geldwerte Geschenke von Adligen, Freunden und Verehrern eintrafen, gestand Luther gern, dass Katharina dieses Geld erwirtschaftet und erspart hatte. Es war wirklich nicht einfach für sie, sich mit einem Buch, sei es auch die Biblia, zur Ruhe zu setzen.

«So will ich dir wie den Kindern eine Belohnung aussetzen, auf dass du nicht allein Martha, sondern auch Maria seiest und zur Mühe am Ende eine Extrafreude hast», schmunzelte Luther.

Martha, die in der Küche für das leibliche Wohl des Herrn gesorgt hatte, während Maria ihm die Füße wusch, mit ihren Haaren trocknete und seinen Reden lauschte. Der Herr hatte sie vor Martha gelobt. Aber hätte er das auch getan, wäre er hungrig geblieben, weil auch Martha ihm lieber zu Füßen gesessen hätte? Katharina hatte diese Geschichte seit jeher mit gemischten Gefühlen gelesen. Sie wollte nicht wissen, was Luther sagen wollte, würde sie Tag und Nacht nur mit der Biblia sitzen und lesen und Haus, Kinder und Herrn unversorgt lassen.

«Die Nachtigall hat mir gesungen», sprach Luther weiter, «die Frau Lutherin träume von einer Schaube, die innen mit Marderpelz gefüttert und außen mit einem Kragen von schwarzem Nerz verziert wäre. Sollten fünfzig Gulden dafür genug sein, so wollte ich sie wohl stiften, hättest du die ganze Heilige Schrift bis Ostern gelesen.»

Katharinas Wangen und Ohren wurden heiß. Das konnte ihm nur ihre Cousine Elisabeth verraten haben, mit der sie unlängst über die Melanchthonin gelästert hatte, die sich ein neues Gewand nach dem anderen kaufte. Beim nächsten Besuch wollte sie ihr die Leviten lesen, wie sie es denn wohl mit Geheimnissen unter Gevatterinnen hielte.

«Nun?», hakte Luther nach. «Hat mir das Vöglein richtig gesungen?»

«Schenk mir lieber eine andere Biblia», wich Katharina aus und studierte angelegentlich das Vorsatzblatt, auf dem viele kleine Engel das Wort Gottes studierten. Sie mochte Luther jetzt nicht ansehen. «Meiner Freundin Ave wollte ich es zum baldigen Geburtstag verleihen.»

«Wohlan, da ist sie.» Gern händigte Luther ihr das gewünschte Exemplar aus. «Es sind soeben zehn Stück aus der Druckerei eingetroffen. Lies du nur in deinem Buch fleißig weiter. Ich will dich am Ende daraus examinieren und meine Freude an dir haben, wenn du im Pelz an meinem Arm zur Kirche gehen wirst.»

In ihrer eigenen Biblia hatte Katharina schon bis zum fünften Buch Mosis gelesen. Wann immer man zwei Arbeiten gleichzeitig tun konnte, las sie darin oder ließ sich von Magdalena von Bora oder den Kindern daraus vorlesen. Das herrliche Exemplar für Ave hingegen lag festlich in einem Kästchen verpackt, und der Geburtstagsbrief fehlte seit Wochen, es zu versenden.

«Würden meine Gedanken sich doch von selbst zu Papier bringen!», seufzte Katharina oft, wenn sie am Abend wieder nicht dazu gekommen war, den Brief an die Freundin fertig zu schreiben. Jetzt waren nur mehr wenige Tage bis zum Geburtstag übrig, weiteren Aufschub duldete der Brief nicht, sollte er rechtzeitig ankommen.

Sie wusste, die einzige Möglichkeit, ein wenig mehr Zeit zu schinden, bestünde darin, den Mittagstisch einfacher zu gestalten, sodass die Köchin die Arbeit allein mit Hilfe der Muhme und der Küchenmagd bewältigen konnte.

Magdalena von Bora gab ihrer Nichte einen liebevollen Schubs. «Denkst du, der Herr Doktor fiele sogleich vom Fleisch, wenn es einmal keine vier oder fünf Gänge gäbe?»

«Wohin fiele der Doktor?» Luther stand in der Tür. Seit er Hausschuhe mit Filzsohlen trug, hörte man ihn trotz seines schweren Schrittes kaum noch kommen.

«Ach, Martinus, nirgends sollst du fallen.» Katharina lachte auf. «Wir sprachen davon, dass es zum heutigen Mittagstisch nicht wie sonst mit Vorspeise, zweierlei Hauptspeise und Nachgang zugehen wird. Und dass dir dergleichen wohl recht missfiele.»

«Dazu muss man kein Hellseher sein.» Luther nahm auf der Küchenbank Platz. «Und zu welchem Zweck und Behuf soll diese Einsparung dienen?»

«Zürne mir darum nicht, Martinus», bat Katharina. «Soll Ave ihren Geburtstagsbrief nicht erst zum Weihnachtsfest erhalten, muss ich ihn heute schreiben. Der Kastner des Kurfürsten hat versprochen, ihn mit der herrschaftlichen Post mitzunehmen.»

«Und mit was gedenkst du, der Tischgesellschaft aufzuwarten?» Luthers Stirnrunzeln verhieß nichts Gutes.

Katharina überschlug in Gedanken, welche seiner Leibspeisen schnell zubereitet waren. «Raukensalat mit gerösteten Sonnenblumenkernen und gebackenem Käse als Vorspeise. Dann Salzhering an roten Linsen mit frischem Mostrich. Und als Nachspeise Palatschinken.»

«Gut, aber den Palatschinken mit recht viel Rosinen und Schlagobers.» Luther stibitzte sich ein Mandeltörtchen, das vom Vortag übrig geblieben war, und huschte in seinen Leisetretern in Richtung Studierzimmer. «Und grüß mir meine alte Flamme wie immer von ihrem getreuen Verehrer.»

Das war ja leichter gegangen als befürchtet. Katharina atmete auf.

An Ave von Schönfeld, des Basilius Axt tugendsame und hochlöbliche Hausfrau zu Königsberg, meiner freundlichen und liebsten Gevatterin.

Wittenberg, an ihrem Geburtstag 1534

Gnad und Frieden in Christo, liebste Ave, und Gottes Segen auf all deinen Wegen im neuen Lebensjahr wünschen dir

durch mich alle, die dich kennen, aus Wittenberg, sonderlich die Meinen und ich. Mögest du gesund und glücklich bleiben und deines Lebens mit Gottes Hilfe genießen.
Ich sitze draußen an der Elbe, du Liebe, die Sonne im Gesicht, und gebe den Möwen Grüße an dich mit. Siehst du eine im fernen Königsberg fliegen, so wisse, sie kommt ja von mir. Wie gern wollte ich mit ihr ziehen und bei dir landen und sitzen. So aber kommen nur meine Gedanken auf diesem Papier und das beiliegende neue Werk, das ich dir mit schönsten Grüßen meines Martinus' zueigne, aus dessen Feder es wie aus meinem Herzen kommt. Es ist eine Biblia, die ganze Heilige Schrift im deutschen Wort, und noch beinahe druckfeucht aus der Druckerei.
Hier konnte ich nicht sogleich weiterschreiben. Mein Hansi hatte sich einen Zahn ausgefallen und schrie, als sollte er an den Galgen. Du wirst es von deinen Kindern kennen und wissen, wie solch ein Kummer der Mutter bedarf. So fange ich nochmals an.
Wir, Martinus und ich, sind noch immer wie neu geboren, da wir glücklich dem Teufel entkamen, der uns ins Kellerloch gefahren, das wir neu ausgraben und schön wölben ließen. Kaum dass wir den Fuß hineinsetzten, ließ er das frische Gewölbe mit wahrhaftigem Höllenlärm über uns einbrechen. Mit Gottes Hilf und Gnad wurden wir aber verschont und kamen wunderbarlich frei zu unseren schreienden Kindern, die das Getöse vernommen und sich schon als arme Waislein sahen. Ich aber war schwanger.
Zu Gottes Ehr und unserem großen Dank halten wir seitdem jeden Sonntag eine fromme Andacht mit dem ganzen Haus in unserem Bore-Kirchlein auf dem Hof. Das sind liebe Stunden, die geben Kraft. Und mein Herr Doktor ist herzig zu mir, dass er mir von seinen Reisen schreibt, wie gut Wein und Bier und eine schöne Frau er daheim habe, die er möcht «Herren» nennen.

Liebste Ave, auch für diesmal konnte ich den Brief nicht beenden und wollte dir doch die wunderliche Geschichte von unserem ungarischen Reformator Matthias Dévay, der bei uns als Studiosus im Hause war, erzählen. Wie dieser unlängst in seine Heimat zurückkam und das schöne Evangelium predigte, ward er sogleich von einem papistischen Pfaffen vor dem Statthalter verklagt. Der hielt es mit dem weisen König Salomon und erließ ein Gottesurteil. Dazu ließ er die Henkersknechte zwei Tonnen mit Pulver auf dem Marktplatz aufstellen und befahl, dass der Papist und unser Matthias sich darauf setzten. Er selbst wolle sodann die Lunte an die Fässer legen. Wer zuletzt von dem Luftsprunge gesund wieder auf die Füße falle, dessen Lehre solle fortan gelten. Unser Matthias verkündete, der Herr werde ihn schützen, und stieg flugs auf die Tonne. Der Papist aber war durch keine guten oder bösen Worte dazu zu bewegen. Da erließ der Statthalter das Urteil, dass unser Matthias fortan ungestraft predigen dürfe, der Papist aber müsse schweigen und ihm zuhören. Ist das nicht schön?
Liebste Ave, meinen Brief sollst du niemandem zeigen, sind doch der Tintenkleckse zu viele. Ich schreibe ja im Laufen fast, da ich im Sitzen nicht dazu komme.
In deinem letzten Brief fragtest du mich, wie es am Tage des Weltuntergangs zu Lochau zugegangen. Am 19. Oktober anno 1533, früh um acht Uhr, sollte das Inferno mit der Verurteilung der Ochsen und Kühe als der Sünder losbrechen, die Gottes unschuldig Gras gefressen. Danach erst sollten die Menschen an die Reihe kommen. Michael Stifel, unser Apokalypsenberechner, verschenkte schon Tage zuvor alle seine Bücher, als könne nach dem Weltuntergang ein anderer noch darin lesen. Martinus suchte vergeblich, ihn zur Vernunft zu bewegen, erntete aber nichts als wüste Beschimpfungen als Pilatus und Herodes in einer Person.
Wie nun der Morgen anbrach und viel Volks von weit her angereist war, trompeteten zwar nicht die Posaunen des

Jüngsten Gerichts, wohl aber der Kuhhirte auf seinem Horn. Da brach in der Kirche ein lautes Heulen der Bauern um ihres Rindviehs willen los, doch das einzige Rindvieh, dem es an den Kragen ging, war Stifel selbst. Den holten nämlich die Häscher des Kurfürsten und fuhren ihn nach Wittenberg, wo Martinus ihn unter seine Fittiche nahm. Gern hätten wir alle dieser Geschichte gelacht, doch wollte es nicht recht gelingen. Der Teufel ist ein sonderlicher Schalksnarr und niemand vor ihm gefeit.

Ehe ich absende, liebste Ave, sollst du wissen, dass ich eines weiteren Knaben entbunden bin. Paul Luther getauft und in der Nacht des 28. Januar im Jahre des angeblichen Weltuntergangs geboren. Unseres Kurfürsten Bruder, Herzog Johann Ernst von Sachsen-Coburg, unser lieber Propst Justus Jonas, der edle Ritter Herr Erbmarschall und Landrentmeister Hans von Löser und Martinus' Cousine Margarethe Lindemann, des kurfürstlichen Leibarztes und Professors Caspar Lindemann eheliche Hausfrau, haben den Buben aus der Taufe gehoben. Martinus sagte dazu, er habe seinen Sohn Paul geheißen, weil der heilige Paulus uns so viele große Sprüche und Lehren vorgetragen habe. Mit dem Namen, den sein leiblicher Vater ihm gebe, möge ihm der himmlische Vater die Gaben Pauli schenken.

Ich wundere, wie seltsam es sei, dass unser Martinchen einen Tag vor dem Vater und das Paulchen einen Tag vor der Mutter das Licht der Welt erblickte. Was soll uns das mit Gottes Willen lehren? Mit dem Willen meines Herrn Doktors sollen Hans und Martin wie der Vater Prediger werden. Das Paulchen soll wie die edlen Vorväter der Mutter wider die Türken ziehen. Wiewohl ich lieber wollte, das Paulchen sollte ein Arzt und Heilkundiger werden, meint unsere weise Muhme Lene – die dich auch herzlich grüßen lässt –, komme Zeit, komme Rat, denn der leibliche Vater denke und der himmlische Vater lenke.

Unser Lenchen liebt seine Brüder, namentlich aber ihren Hansi. Beide sind unzertrennlich und trauern schon jetzt, weil Martinus den Hans baldigst auf eine Schule entsenden will, dass er fort muss von uns. Auch mir ist das Herz schwer, denke ich daran. Seit uns das Elslein genommen, bange ich stets, sind die Kinder mir ferner, als ich rufen kann. Martinus schilt mich eine Gluckhenne, die ihre Küchlein unter den Flügeln hudern wolle. Ich aber, wäre ich ein Huhn, fürchtete den Fuchs zu Recht.
Es ist schlimm, dass auch du ferner bist, als ich rufen kann, Ave. Hier zu Wittenberg ist niemand, dem ich vertrauen will, dass mich mit jedem neuen Kind die Furcht überkommt, ich müsse meiner Mutter nicht nur darin nacheifern, zu einer Tochter drei Söhne zu haben, sondern auch darin, sie alle bei einem weiteren Kind zu verlassen.
Meine Muhme riet mir seit Paulchens Geburt dazu, ich solle Gottes Gaben und mein Wissen darum nutzen und es mit Kindern genug sein lassen. Sie hat ja Recht, Martinus ist ein alter Vater und krank dazu. Auch ich bin die Jüngste nicht und wäre nicht die Letzte, die im Kindbett stirbt. Was würde dann aus unseren Kindern? Ich wusste nicht, was ich tun sollte, Ave.
Martinus brauchte ich erst gar nicht zu fragen. Ihm müsste ich ungehorsam sein, wollte ich weitere Kinder verhüten. Wäre ich damit aber auch ungehorsam gegen Gott? Ich glaube ja, wenngleich meine Muhme sagt, nein. Sage ich, Gott will das Weib gehorsam gegen den Mann, sagt sie, Gott will die Welt dem Menschen untertan, damit er alle Gaben Gottes zum Heil anwende. Was aber ist das Heil in diesem Fall? Sterben am Kinderkriegen? Martinus sagt, ja. Und er ist mein mir von Gott gegebener Mann. Ihm muss ich mit Gottes Willen gehorchen.
Doch der Teufel versuchte mich mit Zweifeln, bis der Herr selbst mir ein Zeichen an meinem Kinde gab. Neulich lag

nämlich unser Fabian Kaufmann, den wir an Kindes statt bei uns haben, an der Elbe ganz ohne sein Wissen in einem Schlangennest. Von den jungen Schlangen umzüngelt wie das Haupt der Medusa, fand ich ihn dort in der Sonne eingeschlafen. In meiner Not fiel ich auf die Knie und gelobte, auch fürderhin mein Leben im Kindbett daranzugeben, wolle Gott mir das Kind unversehrt lassen. In dem Moment wachte mein Fabian auf und lief zu mir hin und umarmte mich und hatte keinen einzigen Schlangenstich. So groß und gnädig ist der Herr.

Nun bin ich mit seiner Gnade abermals schwanger und soll zu Weihnachten niederkommen. Es geht mir recht gut dabei, nur die Füße wollen oft nicht, wie ich will. Mein Herr Doktor ist vor Freude über das baldige Christkindlein Luther wie außer sich und dichtet schon eifrig Weihnachtslieder. Bete für mich, Ave, dass auch ich sie zur rechten Zeit noch höre.

Der Kastner des Kurfürsten wartet meines Briefes. Soll er dich vor deinem Geburtstag erreichen, muss ich und will ihn enden mit diesem Wort, dass dich der Herr behüte und bewahre, seine Hand halte über dir und den Deinen und uns eines Tages ein Wiedersehen genade, sei es auch erst im Himmel.

Deine liebe Catharina von Bora Lutherin zu Wittenberg

Luther war so fest überzeugt, Katharina sei mit einem vierten Sohn schwanger, dass sie ihrer eigenen besseren Ahnung nicht traute und sie nicht einmal einen Mädchennamen für das Ungeborene ausgewählt hatten. Vielleicht, dachte sie, fühlte sie sich deshalb seit der Geburt ihrer Tochter am 17. Dezember 1534 in der Seele wie rohes Fleisch. Womöglich war sie innerlich zu sehr auf einen Buben eingestellt gewesen und musste sich nun erst umgewöhnen, sodass alles Weiche, Zarte sie ebenso zum Weinen brachte wie harte Worte.

«Kindbettanfechtlein», nannte die Muhme Lene es, die für alles ein Wort aus der Siechenmeisterei hatte. Es treffe viele Mütter, zumal wenn sie durch die Schwangerschaft geschwächt und heimlich in Sorge seien, wie sie die Zukunft wohl bewältigen sollten. Wenn der Blutfluss nach der Entbindung erst stocke, werde mit zunehmender Kraft des Leibes die Traurigkeit des Gemüts schwinden. Katharina hoffte es und trank gehorsam vom schwarzen Holunderwein, den die Muhme aus Rotwein und getrockneter Rinde des Holunderstrauchs aufsetzte. Täglich zwei kleine Becher davon stärkten das Herz und erneuerten das Blut.

Von der Schwangerschaft geschwächt war Katharina tatsächlich. Seit September hatte sie immer wieder Frühwehen verspürt, sodass die Muhme Lene ihr täglich eine Stunde oder sogar zwei Mittagsruhe verordnete. Um sicherzustellen, dass die ungeduldige Patientin diese tatsächlich einhielt, verabreichte sie ihr einen beruhigenden Teeaufguss aus Engelwurz mit Baldrian, setzte sich mit einer Handarbeit für das Ungeborene dazu und bewachte ihren Schlaf oder las ihr aus der Biblia vor.

Begonnen hatte es mit der Doktorfeier für Hieronymus Weller, der zu den ersten Kostgängern gehörte, die im Luther-Haus aufgenommen wurden. Luther liebte ihn wie einen eigenen Sohn, und auch Katharina schätzte ihn sehr. Dennoch war sie fast in Ohnmacht gefallen, als Luther ihr verkündete, er werde die Doktorfeier ausrichten und habe bereits hundert Gäste dazu in sein Haus eingeladen. Hundert Gäste zu zwei Mahlzeiten mit jeweils mindestens fünf Gängen zu bewirten, bedeutete nicht nur kluge Organisation und viel Arbeit, es riss auch ein tüchtiges Loch in die Vorräte, die ohnehin nie bis zur nächsten Ernte ausreichten. So gern Katharina den frisch gebackenen Doktor hatte, wäre es nach ihr gegangen, hätte eine Doktorfeier wie bei einer Hochzeit mit fünfzig Gästen ausgereicht. Doch es ging nicht nach ihr. Luther hatte sie nicht einmal gefragt. Er ordnete an, sie gehorchte. Manchmal hasste Katharina es, als Frau geboren zu sein.

Aufregung und Überarbeitung waren am Ende des Festtages einfach zu viel gewesen, sodass ihr geschundener Leib sich zu helfen versuchte, indem er der Last des ungeborenen Kindes frühzeitig ledig würde. Die einsetzenden Wehenkrämpfe kamen so unerwartet, plötzlich und heftig, dass Katharina das Tablett mit Tellern und Trinkbechern fallen ließ. Ohne Muhme Lenes Hilfe hätte sie das Kind verloren. Davon war sie überzeugt.

Luther hatte nur insofern etwas davon mitbekommen, als die Muhme ihn am Morgen nach der Doktorfeier beiseite nahm und ihm unverblümt mitteilte, bis auf weiteres bestehe seine eheliche Pflicht aus Rücksichtnahme und Enthaltsamkeit. «Handelt Ihr dawider, Herr Doktor, gebt Ihr das Leben von Frau und Kind daran. Das ist Euch nach dem bürgerlichen Recht erlaubt um Eures Leibes Notstand und der ehelichen Gemeinschaft willen, so Ihr keine Gewalt anwendet. Ich weiß. Aber Gott richtet anders.» Luther hatte den gelassenen Mut der Muhme noch bestaunt, als er seiner Frau von dieser Unterredung berichtete. Die Anweisung befolgte er jedoch trotz mancher Anfechtungen strikt.

Die endgültigen Wehen setzten ein, als Katharina Weißkohl aus der Wintermiete im Garten zum Mittagessen grub. Eigentlich hätte die Küchenmagd dazu Auftrag gehabt, diese aber klagte über Zahnschmerzen. Mit dem stumpfen Gerät in den gefrorenen Erdboden vorzustoßen war Knochenarbeit. Bei einem gehörigen Tritt auf die Blattkante des Spatens schoss der Schmerz wie Feuer an einer Lunte in Katharinas Kreuz und quer hinüber in den Bauch. «Es geht los!» Nach fünf Kindern wusste sie, was die Glocke geschlagen hatte.

Das Grabscheit als Gehstock in der Hand, humpelte sie zum Haus. Unsicheren Schrittes, mit einem Arm den Leib haltend und vom Schmerz gebeugt, schlitterte sie in ihren starren Holzpantinen über die gefrorenen Gartenwege und schlug nahe des Brunnens auf einer eisglatten Pfütze zu Boden. Gott sei Dank hatte der alte Wolf, der draußen im Hof sein Wasser abschlug, ihren Aufschrei gehört und rannte seiner verehrten Hausherrin unter lautem Rufen nach der Muhme Lene und allen Heiligen zu Hilfe.

Katharina biss sich die Lippen blutig, als die Muhme ihr rasch alle Gliedmaßen einzeln abtastete. Gebrochen war nichts, außer der Fruchtblase, die Wasser und Blut fahren ließ, während Katharina am Druck im Innern ihres Leibes erkannte, dass der Kopf des Kindes bald ins Leben hinausdrängen würde. Kaum, dass Zeit blieb, ihr das schwere Wintergewand auszuziehen, setzten in der endlich erreichten Schlafkemenate die Presswehen ein. Und bereits nach der zweiten, ohne Gebärstuhl, liegend im Bett, war das Kind da und krähte kräftig Protest, so rasch aus seiner warmen Höhle vertrieben worden zu sein.

«Ein Mädchen, Herr Doktor. Es ist ein Töchterchen!», rief die Köchin in den Flur hinaus, wo Luther wie ein gefangener Tiger auf und ab lief und auf jeden Laut gelauscht hatte, der hinter der verschlossenen Kemenatentür hervordrang. Katharina war immer tapfer, wenn es ans Kinderkriegen ging. Sie schrie selten. Doch wenn, waren es Schreie so qualvoller Pein, dass es Luther eiskalt über den Rücken lief. Diesmal hatte sie nur einmal geschrien. Danach war es still. Totenstill? Luther wusste kaum, wohin mit sich selbst. Eine Sekunde länger, und er hätte die Kemenate gestürmt. Jetzt erschien ihm das strahlende Gesicht der Köchin wie der Engel der Verkündigung.

Nach Luthers Mutter sollte das Töchterchen Margarethe heißen. Wie Hans und Lene war es ein kräftiges Kind, aber sanft und leise, wie das Elslein es gewesen war. Anders als seine Geschwister öffnete es die Augen, sobald die Muhme Lene ein Tröpfchen Augentrost hineingegeben hatte. Groß und dunkel schaute es den Vater an und nahm seinen sanften Willkommenskuss mit ernstem Mündchen entgegen.

«Es ist eine wunderbare Gnade, dass die jüngsten Kinder den Eltern immer die liebsten sind», murmelte Luther gerührt. «Mein jüngstes Kind, mein größter Schatz. Ich kann das Herzpochen Abrahams verstehen, als er seinen einzigen Sohn töten sollte. Ich wollte wahrlich mit Gott disputieren, wenn er mir so etwas auferlegte.»

«Ich aber würde ihm nicht gehorchen», sprach Katharina fest. «Und hätte Abraham seiner Sarah etwas davon gesagt, hätte er gewiss zuerst sie töten müssen. Wie ich hätte sie gewusst, es wäre nicht Gott, der solches verlangte, sondern der Teufel in Gottes Gestalt.»

«Da siehst du, warum die Weiber das schwache Geschlecht heißen. Sie haben einen schwachen Geist.» Ohne die Muhme Lene hätte er noch viel dazu gesagt. Die schob ihn kurzerhand aus der Kindbettstube, sodass Luther ihr das Kind ließ und eilte, die von ihm vorbestimmten Taufpaten auf den nächsten Morgen zur Taufe einzuladen. Dabei war ihm schon klar, dass nur die Wittenberger kommen würden.

Dem Fürsten Joachim von Anhalt-Dessau war die Anreise in der düsteren Winterzeit zu beschwerlich. Er litt seit langem an Schwermut. Im Sommer hatte er deshalb nach Luther geschickt, der ihm die Melancholia vertreiben sollte und mit dem Fürsten so manchen bösen Trunk fasste, der die trüben Gedanken vertreiben sollte. An seiner statt entsandte der Fürst seinen Hofprediger Nikolaus Hausmann, einen guten Freund Luthers, der mehrere Jahre im Luther-Haus gewohnt hatte. Auch Katharina und die Kinder schätzten den alten Junggesellen sehr.

Katharina sorgte sich um die Taufe nicht. Dankbar und müde schmiegte sie ihr Töchterchen in die Arme und an ihre Brust. Nur Gott allein wusste, wie viel Ängste sie in den Monaten der Frühwehen ausgestanden hatte, das Kind zu verlieren oder es werde schwach geboren wie das Elslein, wenn nicht schlimmer. «Maruschelchen», flüsterte sie zärtlich, «ich hab dich lieb.»

«Weihnachten war die letzte Ruhe vor dem Sturm», sagte Katharina, als die Wagen der Wittenberger Universität zum zweiten Mal vor der Pest nach Jena rasselten und die Reichen aus der Stadt hinaus in ihre Landhäuser oder zu Freunden flüchteten.

Als müsste sie sich selber stärken, beschwor sie die Erinnerung herauf. «Weißt du noch, liebe Muhme, wie die Kinder sangen? Wie sie alle miteinander um den Vater standen, Hansi und Lenchen mit ihrem Notenblatt und das Martinchen frei aus dem Kopf singend?» Sie summte es leise vor sich hin: «Vom Himmel hoch, da komm ich her, ich bring euch gute neue Mär. Der guten Mär bring ich so viel, davon ich singen und sagen will.»

«Wollte Gott, es käme auch jetzt der guten Mär viel.» Magdalena von Bora seufzte.

Ihre immer schon zarte Gestalt war mit den Jahren hager geworden. Wenn sie Arme und Hände bewegte, zeichneten sich die Sehnen und Muskelstränge so klar unter der pergamentenen Haut ab, dass Lucas Cranach sie bat, ihm für Studienzwecke Modell zu sitzen. Nur ihre Stimme klang lebhaft und frisch, sodass jeder, der die Muhme zwar hörte, aber nicht sah, sie für eine junge Frau hielt.

Die Nachricht von der Pest in Wittenberg konnte man wahrhaftig nicht als gute Mär bezeichnen. Auch dass Luther abermals die Ausreise verweigerte und ihrer aller Leben allein in Gottes Hand legte, trug nicht zu Katharinas Seelenfrieden bei. Als seine Frau trug sie Luthers Entscheidung mit. Als Mutter bangte sie um ihre Kinder und zitterte bei dem Gedanken, Gott könne es als Herausforderung auslegen, dass sie der Lebensgefahr trotzten, und sie strafen. Aber in einem Punkt war sie froh: Sie erwartete kein Kind. Und diesmal würde sie dafür sorgen, dass es in der Pestzeit auch keines gäbe. Ein zweites Todesangstkind, nein!

Luthers Beispiel in der vergangenen Pestepidemie hatte mehrere Wittenberger Freunde dazu ermutigt, diesmal ebenfalls zu bleiben. Auch Caspar Cruciger mit Elisabeth von Meseritz gehörten dazu. Seit das Paar wieder in Wittenberg war, hatten die Frauen sich noch enger einander angeschlossen und bildeten zusammen mit Magdalena von Bora eine unzertrennliche Gemeinschaft. Nun standen sie zu dritt beisammen und winkten Barbara Cranach zu, die die gegen Staub zugezogene Gardine des Kutschfensters ein wenig beiseite geschoben hatte, um die Freundinnen ein letztes Mal zu grüßen. Auch Meister Cranach winkte zurück. «Bis bald, ihr drei heiligen Madl!»

Trotz Pest und Sorgen mussten die Frauen lachen. Lucas Cranach mit seinem Malerauge musste natürlich sofort wieder Ähnlichkeiten an ihnen ausmachen, als er die drei Frauen kurz nach Elisabeths Rückkehr beisammen angetroffen hatte, und erkor sie zu seinen neuen «drei heiligen Madln». Und als er unlängst die Arbeit an einem großen dreiflügeligen Reformationsaltar aufnahm, der baldmöglichst in der Wittenberger Stadtkirche aufgeschlagen werden sollte, stand für ihn fest, sie zu malen.

Zusammen mit Luthers Hans und Lenchen sowie dem Täufling

Martin auf Elisabeths Schoß sollten die drei Frauen nebeneinander in vorderster Reihe sitzen und gemeinsam mit anderen für die Reformation bedeutenden Wittenberger Bürgern die andächtig lauschende Gemeinde verkörpern, der Luther als Reformator im Angesicht des gekreuzigten Heilands das Wort Gottes zur heiligen Tauffeier von der Kanzel herunter predigte. Luther, der an der Konzeption des Entwurfes mitwirkte, hatte nichts dagegen, eine solche Szene in der Predella des Altars abzubilden.

Wie die Vorderseiten der drei Altartafeln das Wesen der Gemeinde und die Grundlagen des Glaubens mit den heiligen Kernstücken aus Taufe, Abendmahl und Beichte, so sollten die Rückseiten die erlösende Botschaft der Bibel mit der Darstellung des Gottessohnes als Sieger über Tod und Teufel zeigen. Als Sinnbilder für den überwundenen Tod wählten Luther und Cranach die durch Gott befohlene und verhinderte Opferung Isaaks; als Sinnbild des überwundenen Teufels die erhöhte Schlange. Die Predella verwies auf die Auferstehung des Menschen durch Christus und ihre Auslese durch Gott als Selige und Verdammte.

Die Entwürfe und Skizzen des Altars sowie das für die Predella bestimmte Gemälde waren vor dem Pesteinbruch noch fertig geworden. Katharina konnte sich nicht genug daran freuen, wie schön das Lenchen mit seinen blonden Zopfschnecken unter seinem Schapel ins Bild schaute und ganz stolz Mutters zu klein gewordenes Gewand mit der schönen Paspelkrause trug. Und der kleine Hansi erst in seinem burgunderroten Gelehrtenrock über dem weißen Stehkragenhemd! Wie brav und aufmerksam er unter den dicken Locken hervorschaute, und schmiegte sich doch zärtlich an Mutters Knie. Die Muhme Lene zwischen Katharina und Elisabeth schien am schlichtesten in ihren schwarzen Mantel gewandet. Nur beim genauen Hinschauen erkannte man den schönen Pelz auf dem Kragen. Es war Katharinas neuer Pelzmantel, den sie sich für die fünfzig Gulden gekauft hatte, die Luther ihr für das Lesen der Biblia ausgelobt hatte. Am lieblichsten wirkte Elisabeth, die das feine Gesicht ihrer Großmutter Anna von Schönberg geerbt hatte. Ihre Schaube war mit geflecktem Kaninchenfell gefüttert, das in dem breiten steifen Kragen wie Hermelin wirkte.

Lachen musste Katharina beim Anblick der Melanchthonin, die Meister Cranach hinter der Muhme Lene platziert hatte. In ihrer vornehmen schwarzen Pelzhaube hob sie sich von allen anderen Frauen ab und sah mit ihrem schiefen Mund aus, als trauere sie über ihre eigene Boshaftigkeit. Auch Melanchthon selbst schaute trotz seiner reich gefältelten Gelehrtenrobe aus prachtvollem Tuch ziemlich griesgrämig drein und wirkte neben Lucas Cranachs ehrwürdiger Ratsherrengestalt wie ein aufgeputzter Zaunstecken.

Umso schöner sah dafür Cranachs Tochter Anna aus, die Luther einst aus der Taufe gehoben hatte und die nun als voll erblühte, heiratsfähige Jungfer ihrem graubärtigen Vater gegenüber im Bild stand.

Was immer Gott mit ihnen vorhatte, Cranachs Bilder würden bleiben, glaubte Katharina, während sie dem Wagen des Meisters nachwinkte, der mit den Seinen Wittenberg jedes Mal verließ, wenn Pest oder Cholera ausbrachen. Eines Tages würden die Menschen von weit her strömen, um den Reformator und seine Gemeinde auf diesen Altarbildern zu betrachten. Vielleicht wären auch ihre Kinder und Kindeskinder darunter. Katharina hatte so oft bedauert, kein Abbild des Elsleins und ihrer eigenen Eltern zu haben. Dank Meister Cranach würde ihren Kindern und Kindeskindern dies nun nicht mehr passieren.

Wie damals, als die Pest erstmals über Wittenberg hereinbrach, war auf einen milden Winter ein regnerisches Frühjahr übers Land gezogen. In Katharinas Gärten vermehrten die Blattläuse und Schnecken sich, dass es eine Plage war. Und an den Komposthaufen fraßen Ratten, die fast so groß wie Katzen waren. Die Muhme Lene stellte eine frische Schale mit ihrem bewährten Fliegenpilzgiftmilchrezept zwischen die verrottenden Pflanzenteile, sobald die vorherige leer war. Mit Honig gesüßt, lockte die Milch nicht nur die Fliegen, sondern auch Ratten unwiderstehlich an und machte ihnen alsbald den Garaus.

«Ich weiß nicht, wie es zusammenhängt, doch die Ratten bringen die Pest», meinte die alte Siechenmeisterin und verbrannte die Kadaver sicherheitshalber auf kleinen Pestfeuern hinter dem Damm. «Gut, dass unser alter Wolf die Rattenlöcher schon immer ausgeräuchert hat, sodass es hier am Haus nicht mehr viele gibt.»

«So soll es mein Caspar auch bei den Löchern an unserem Haus tun», rief Elisabeth von Meseritz, die mit ihrer kleinen Elsbeth zu Lenchens Geburtstagsfeier gekommen war und ihr ein neues Lied zum Geschenk mitgebracht hatte.

Das Lenchen lief zum Vater, der noch in der Studierstube schrieb. «Herr Vater, wir wollen Euch zum Geburtstagskuchen laden und auf ein schönes neues Lied von der Muhme Elisabeth.»

Seinem Lenchen, Geburtstagskuchen und Musik konnte Luther nie widerstehen. Fröhlich ließ er Feder Feder sein, griff seine Laute am bunten Band und das Lenchen bei der Hand und zog lustig pfeifend mit ihr zum Kirschbaum hinaus, der Blütenblätter wie Schneeflocken über sie streute. Elisabeth sang als Erste ihr Lied zu Luthers Laute. Beim zweiten Versuch summte Katharina dem Gehör nach ein wenig mit. Dann fielen Hans und Lenchen gemeinsam ein, die dem Vater über die Schultern ins Notenblatt lugten. Selbst die Muhme Lene, deren Stimme wie der alte Blasebalg an der Orgel im Bore-Kirchlein flatterte, hielt tapfer mit. Der alte Wolf schlug mit zwei Holzlöffeln in der hohlen Hand einen feinen Takt dazu.

Zwei Tage später war Elisabeth tot.

Schon beim Zubettgehen am Abend nach Lenchens Geburtstagsfeier klagte sie über Kopfschmerzen und ein wahnsinniges Brennen in den Augen. «Sie sagen, so fängt die Pest an. Schau doch, ob ich irgendwo eine Beule habe.»

«Mal den Teufel nicht an die Wand, Kind!» Caspar Cruciger, ihr Mann, war ein nüchterner Rationalist. Der Tag war heiß gewesen, die Sonne stach wie vor einem Gewitter. «Du wirst dir einen Sonnenstich geholt haben.» Nichts lag für ihn näher. Die Pest schien ihm eine Krankheit für Leute, die in unsauberen Löchern hausten und sich nicht wuschen. Zu Menschen wie ihnen kam keine Pest.

Am Morgen lag Elisabeth unansprechbar im Bett. Sie glühte vor

Fieber. Der Puls raste unter seinen tastenden Fingern. Und als er sie immer noch ungläubig vom Kopf bis Zeh nach Beulen untersuchte, fand er nichts als eine linsengroße schwarze Stelle in ihrer Kniekehle. Die gehörte dort nicht hin. Und sie schwoll an, eine Stunde später waren es schon mehr. In der Leiste eine, eine andere unter dem Arm.

«Gott steh uns bei!» Rasend vor Angst sandte Caspar nach Katharina und ihrer Muhme Lene, die stehenden Fußes mit ihrem Notfallkorb zu Hilfe eilten. Kreidebleich, die kleine Elsbeth auf dem Arm, die anderen Kinder hinter sich, öffnete er wortlos die Tür. Ebenso stumm hasteten die Frauen in die Schlafkemenate. Es gab nichts mehr zu fragen. Auf den ersten Blick war es klar. Elisabeth hatte die Pest.

«Geht mit den Kindern ins Luther-Haus.» Katharina wunderte sich später, woher sie die Ruhe und Besonnenheit genommen hatte, Caspar Anweisungen zu geben. «Nehmt nichts mit. Wir helfen Euch mit allem aus.» Anschließend räucherte sie das ganze Haus aus, während die alte Siechenmeisterin die Kranke mit Essigwasser wusch und ihr erstmals vom Pestaufguss des Paracelsus einflößte. Danach wechselten sie sich mit dem Anlegen essigsaurer Wickel ab. Als Elisabeth zu phantasieren begann und die Schmerzen in den anschwellenden Beulen so unerträglich wurden, dass sie sich in Krämpfen wand, banden sie ihr den Arm mit der Pestbeule zurück und fixierten die Beine. Manchmal sprangen die Beulen dann schneller auf. In jedem Fall aber linderte es den Schmerz.

Nichts konnten sie tun, als das Fieber herunterzudrücken, Elisabeth immer wieder Flüssigkeit mit herzstärkenden Ingredienzien zuzuführen und zu beten, dass die Beulen von selbst sich entleeren würden, ehe das Fieber siegte und das Herz stillstand. Als die Kranke die Flüssigkeit nicht mehr bei sich behalten konnte und schwarzes Blut vor ihre Lippen trat, brach Katharina in Tränen aus. Sie hatten den Kampf verloren.

«Ich kann es nicht glauben, Martinus.» Katharina hielt sich die Ohren zu. Trotzdem drang Luthers Stimme zu ihr durch, der ihr berichtete, Caspar Cruciger habe ihm seine Hochzeit angekündigt. «Unsere liebe Else ist noch nicht einmal ein Jahr tot. Als sie starb, raste er vor Trauer, dass er sich fast selbst das Leben nahm. Wie kann er sie jetzt so leicht vergessen?»

Luther hob ratlos die Schultern. «Es gibt keine lieblichere Gemeinschaft als die einer guten Ehe, und nichts ist schmerzlicher, als wenn diese durch den Tod aufgelöst wird. Am nächsten kommt dem wohl der Tod der Kinder. Das habe ich erfahren, wie wehe es tut. Darum bekümmert es auch mich sehr, dass sich die Männer und Frauen so scheußlich anstellen, wenn eines von ihnen stirbt und doch den anderen so schnell vergessen und bald wieder heiraten.»

Katharina musste sich erst einmal setzen. «Und wen, sagtest du, will er erheiraten? Hab ich richtig verstanden, dass es eine gewisse Apollonia Gunterrode ist?»

Luther nickte. «Sie kennen sich aus Leipzig. Cruciger ist reich, stammt dort aus einer angesehenen Kaufmannsfamilie, ein Patriziersohn. Wir haben seinetwegen oft gefrotzelt, er sei der lebendige Beweis, dass Reformatoren nicht immer arme Schlucker sein müssten. Und ihr Vater ist Ratsherr zu Leipzig. Man kennt sich. Da gesellt sich Adel gern zu Geld.»

«Dann ist diese Apollonia eine Gevatterin von uns und unserem Gevatter von Heinrich von Einsiedel auf Gnadstein», mischte Magdalena von Bora sich ein.

«Mit euch ist wohl alle Welt verwandt und verschwägert?», fragte Luther nicht ganz ernst gemeint.

«Alle Welt nicht.» Die Muhme lächelte ihm zu. «Doch meine ältere Schwester Anna von Bora, wie Katharinas Vater und ich Kind aus der ersten Ehe meines Vaters, der sich bei seiner zweiten Ehe von Mergenthal nannte, heiratete einst einen Tilmann Gunterrode. Apollonia ist seine Tochter, vermutlich die jüngste. Margarethe von Haubitz, unsere Gevatterin und frühere Mutter Oberin in Marienthron, und ich erhielten im Kloster oft Nachricht von unserer Verwandtschaft. Nicht selten kamen sie zu den großen Festtagen, um Ablass zu erwerben. Was wir erfuhren, tauschten wir aus.»

«Habt mir aber selten etwas gesagt», schmollte Katharina noch im Nachhinein.

«Du warst jung, solltest frei von unseren Erfahrungen und inneren Kämpfen deinen Weg als Gottesbraut gehen», erklärte die Muhme. «Wir bereiteten dich darauf vor, unsere Nachfolgerin zu werden. Je nachdem, wozu du größere Neigung und bessere Anlagen hättest, solltest du nach mir Siechenmeisterin werden oder der Mutter Oberin als neue Domina im Amt folgen.»

«Nun ist sie bei mir mein Herr Käthe und gleich beides geworden», schmunzelte Luther und nahm Katharina in den Arm. «Könnte es sein, dass wir den Hochzeitsschmaus zur Wirtschaft angesichts dieser Verwandtschaft bei uns im Luther-Haus abhalten müssten? Halt, nicht so rasch!», wehrte er Katharinas spontanes Kopfschütteln ab. «Ich gebe zu bedenken, die Braut ist eure Gevatterin. Sie wird die Nachfolgerin deiner Cousine und die Gemahlin eines Herrn, der unser enger Freund ist. Seine Kinder sind uns lieb wie eigene Kinder. Und geht es nach dem Herzenswunsch unserer lieben Else, so wird unser Hans dereinst ihre Tochter Elsbeth zur Frau nehmen.»

Katharina sträubte sich noch immer. Doch Luther fuhr unbeirrt fort: «Hinzu kommt, ihres Vaters Haus steht zu Leipzig, also im Herzogtum Sachsen, wo es unter Georg dem Bärtigen bis heute papistischer als beim Papst ist. Dort kann die Hochzeit nicht stattfinden. Das Wichtigste aber, Caspar Cruciger ist mir zu Wittenberg unentbehrlich. Er ist mein bester Sekretär. Schreibt meine Predigten und Vorlesungen, bereitet sie für den Druck vor, hat sich als bibelfester Blitzmerker und Schreibfuchs auf den Reichstagen bewährt, ist Mitglied des Synedriums zur Korrektur meiner Bibelübersetzung. Ich bin ihm in so vielem verpflichtet und dankbar verbunden, Catena. Nach Fug und Recht wäre zu Wittenberg unser Haus der angemessene Ort für seine Hochzeit.»

Katharina zögerte. In Gedanken sah sie die Nachmittagsversammlungen vor sich, zu denen Luther seine sprachgewandtesten Freunde einlud, um mit ihnen ein letztes Mal seine bereits vorliegende Bibelübersetzung zu überprüfen, ehe sie in hohen Auflagen gedruckt würde. Philipp Melanchthon, Johannes Bugenhagen, Justus Jonas, Georg Rörer, Caspar Cruciger, Michael Agricola, manchmal auch Auswärtige. Ihnen allen legte Luther einen Text vor, und dann wurde intensiv übersetzt und gedeutet und geprüft, bis auch das letzte Wort gesichert war. Anschließend ließen die Freunde sich von Katharina bewirten und setzten ihre Diskussionen nicht selten vor der Tischgesellschaft fort. Luther hatte Recht, sie waren Caspar Cruciger verpflichtet. Und dennoch – sie konnte es ihrer Else nicht antun. Sie konnte nicht einfach akzeptieren, dass ihr Gedächtnis durch diese übereilte Hochzeit mit Füßen getreten würde.

«Wenn Ihr mir erlaubt, ein Wort mitzureden, Martinus, so möchte ich doch dagegen halten, dass es bei uns ein gar trauriger Hochzeitsschmaus wäre.» Aufmerksamkeit heischend legte Muhme Lene ihre blau geäderte Hand auf seinen Arm. «Selbstverständlich ließe sich alles Nötige arrangieren. Aber mit welchen Gefühlen! Niemandem von uns wäre nach fröhlichem Feiern, nach Tanz und Gesang zumute. Die liebe Verstorbene stünde allzeit zwischen uns. Sinnt doch auf eine andere Lösung, Martinus. Es wäre Caspar Cruciger damit ein besserer Dienst erwiesen.»

Katharina hätte Luther nicht nachgegeben. Die Weisheit des Alters der Muhme nahm er ernst. «So will ich den Kurfürsten bitten, mir für die Hochzeit einen passenden Rahmen zu gewähren. Ich selbst will die Traurede halten. So wird niemand Böses mutmaßen, findet die Wirtschaft nicht bei uns statt.»

Einige Tage später erhielt Luther die Zusage des Kurfürsten, die Hochzeit könne auf Schloss Eilenburg stattfinden. Damit wurde das in Katharinas Augen Unsittliche dieser Hochzeit zwar nicht gemindert, gab ihr aber das Gefühl, nicht am Verrat an ihrer Cousine mitgewirkt zu haben. Arm in Arm mit ihrer Muhme und Lenchen wanderte sie an diesem Nachmittag zum Friedhof hinaus, um dem Elslein und seiner lieben Patin Else einen Blumenstrauß aufs Grab zu stellen.

«Nun sind sie im Himmel beisammen und schauen auf uns herab.» Lenchen blickte die Mutter aus ihren schönen dunklen Luther-

Augen an. «Wenn ich dereinst tot bin, will ich auch bei ihnen sein. Und gießest du dann meine Blumen, sollst du nicht weinen, denn im Himmel ist es schön wie auf der ganzen Welt nicht, sagt der herze Vater, und es geht mir zum Wohle.»

Erschrocken beugte Katharina sich nieder und hob das Mädchen auf, das im sandigen Grund vor dem Grab der Schwester gekniet hatte. «Dereinst werden wir alle uns im Himmel wieder sehen. Aber noch lange nicht, Lenchen. Noch ganz lange nicht.»

«Amen!» Mit zitternder Hand schlug Muhme Lene über Lenchen ein Kreuz.

Ratlos blickte Luther auf die fremde Frau, die wie tot mit ihrem Neugeborenen im Arm im Siechenzimmer seines Hauses ruhte und nicht zu merken schien, dass Magdalena von Bora das Köpfchen des Kindes hielt, damit es an der Mutterbrust saugen konnte.

«Und ihr wisst wirklich nicht, wer sie ist?», fragte er zum wiederholten Male und schaute zwischen Katharina und ihrer Muhme hin und her. «Wie soll ich das Kind taufen, wenn ich die Namen der Eltern nicht weiß?»

«Gib ihm eine Nottaufe, Martinus.» Katharina kam ins Zimmer. Sie war draußen im Garten gewesen und hatte die Nachgeburt mit der Nabelschnur neben dem Bore-Kirchlein im Hof beerdigt. «Muhme Lene und ich wollen die Notpaten sein. Lässt Gott die Mutter ins Leben zurückkehren, mag sie die Taufe feierlich neu begehen. Kommt es anders, nehmen wir's für Gottes Willen, dass auch dieses Kind bei uns bleiben soll.»

Die alte Siechenmeisterin entzog dem Neugeborenen, das an der Mutterbrust eingeschlafen war, vorsichtig die Brustwarze, legte es in Katharinas Arm und rieb die zarte Haut der Warze behutsam mit einem in Öl getränkten Läppchen ab. «Die Mutter ist sehr schwach, Herr Doktor Lutherus.» Eine Hand in den Rücken gestützt, richtete sie sich auf. Die Anstrengung der letzten Stunden war auch an ihr nicht spurlos vorbeigegangen. «Sie muss Schweres durchgemacht haben, ehe sie zu uns gelangte. Sie hatte wenig Kraft, das Kind zu gebären. Mitten in den Wehen verlor sie das Bewusstsein und lag wie tot. Katharina und ich trieben das Kind mit Mühen aus. Kaum konnten wir hoffen, beider Leben zu retten. Unter solchen Umständen kann es sein, dass eine Frau ihren Namen vergisst. Gebt ihr etwas Zeit, Martinus. Lasst sie ruhen und genesen. In ein paar Tagen, so Gott will, wird sie sich wieder an alles erinnern.»

Katharina hatte Luther erzählt, wie die Fremde plötzlich am Gartenzaun stand: vornehm gewandet, aber Schuhe, Strümpfe und Rocksäume bis zu den Knien zerrissen, überall starrend vor Schmutz, das Gesicht von Tränen, Angst und Schmerz entstellt, das lange Haar wie ein Reisigbesen voll Stroh und wirr. Jetzt sah sie sauber und ordentlich aus. Die Frauen hatten sie am ganzen Leibe mit Seifenpulver geschrubbt, das verfilzte Haar gekämmt, ihr ein Untergewand von Katharina angezogen und sie im Siechenbett auf eine mit frischem Leinen bedeckte Strohschütte gelagert. Die Gewandung, die langen Haare, die zarten, offenbar keine schwere Arbeit gewohnten Hände, die noch Druckspuren von mehreren Ringen aufwiesen, und die großen, mit Saphiren und Diamanten in Gold gefassten Perlen in den Ohrläppchen, alles ließ auf eine vornehme Herkunft der Fremden schließen.

«Gut.» Luther nickte. «Man wird nach der Unbekannten suchen. Über kurz oder lang werden ihre Angehörigen sie finden. Man muss sie in Wittenberg gesehen haben, ehe sie zu uns kam. Warten wir also ab.» Lächelnd wandte er sich seiner Frau zu, die das friedlich schlafende Neugeborene im Arm hielt. «So frage ich dich, Katharina Lutherin aus dem Hause von Bora, und dich, Magdalena von Bora, wollt ihr für dieses kleine Heidenkind die Taufe, damit es im Namen Gottes zum rechten Glauben errettet werde? So antwortet mit Ja.»

«Ja, das wollen wir», antworteten die Frauen einstimmig.

Luther ließ einen dünnen Faden Wasser auf das kahle Köpfchen des Kindes rinnen.

«So taufe ich dich, Gotteskind, im Namen des Vaters, des Sohnes und des Heiligen Geistes. Amen.» Seine sonore Stimme übertönte das klägliche Schreien des erschrockenen Kindes, als er im Wortlaut des

«Kleinen Katechismus» eine kurze Ansprache hielt, wie im Verbund mit Gottes Gebot und Wort aus schlichtem Wasser das Sakrament der heiligen Taufe entstehe, welche durch die Verheißung Gottes: «Wer da glaubet und getauft wird, der wird selig werden; wer aber nicht glaubet, der wird verdammt werden», Vergebung der Sünden bewirke, vom Tod und Teufel erlöse und die ewige Seligkeit gebe.

Gerührt küssten die Taufpatinnen das Kind auf Stirn und Wangen, ehe sie es frisch gewickelt und gebunden in eine Wiege neben das Bett der Mutter legten und beide eine Weile ruhen ließen.

Bereits am nächsten Morgen gelang es Muhme Lene, die Ohnmächtige zu erwecken, indem sie ihr ein Riechfläschchen mit unverdünntem Essig unter die Nase hielt, dessen stechender Geruch die Lebensgeister weckte. Schwach, aber glücklich verlangte sie nach ihrem Kind, war jedoch wenig beglückt, es selbst stillen zu müssen.

«Ich habe schon sechs Kinder genährt», versuchte Katharina sie von dem Wunsch nach einer Amme abzubringen. «Gott hat auch Euch einen Leib gegeben, der dafür geschaffen ist, Kinder zu tragen, zu gebären und zu nähren. Seht nur, wie voll Euer Busen ist. Versucht es nur, Ihr werdet sehen, es ist ein liebes Gefühl und macht ein starkes, glückliches Kind.»

Widerwillig fügte die Fremde sich. Bald schon gefiel sie sich darin, ihren Sohn zu stillen, und nahm den Rat der Muhme Lene gern an, recht viel Aufguss von der Brennnessel zu trinken, um reichlich Milch für das Kind zu haben.

Nur ihren Namen nannte sie nicht. «Ich weiß es nicht. Ich kann es nicht sagen. Fragt mich nicht.» Mehr war dazu nicht aus ihr herauszubringen.

«Ich habe Euer Gewand und die anderen Kleidungsstücke reinigen lassen.» Katharina gab so schnell nicht auf, wenn sie etwas wissen wollte. «Sie sahen aus, als hättet Ihr tagelang im Wald geschlafen.»

Die Frau errötete. «Ich», gestand sie zögernd, «ich bin seit Wochen auf der Flucht. Raubritter und plündernde Reisige stachen meinen Mann meuchlings nieder.»

«Wie schrecklich! Fürchtet Euch nicht mehr. Bei uns seid Ihr sicher.»

«Wie konnte das geschehen?»

Die mitleidige Anteilnahme der Frauen brachte die Fremde zum Weinen. «Ich weiß es nicht. Bitte, lasst mich.»

«Sie könnte es, will ihren Namen aber nicht sagen.» Muhme Lene war sich ihrer Sache sehr sicher. «Halten wir Augen und Ohren offen. Und kein Wort zur Unzeit zu deinem Martinus. Ehe wir nichts wissen, mag er selbst Vermutungen anstellen, aber nicht unsere Mutmaßungen für Wahrheiten nehmen.»

Katharina schüttelte den Kopf. «Ich will nicht ihretwegen Geheimnisse vor meinem Gemahl hegen. Und noch weniger will ich, dass durch sie unser Haus in Verruf gerät.»

«So tu, was du nicht lassen kannst.» Die Muhme seufzte. «Auf der Flucht, der Mann ermordet, ein Kind ohne Vater. Mich dauert sie aus tiefster Seele.»

Katharina fand, die Muhme mache allmählich zu viel Aufhebens um die Fremde. Genau wie Luther. Jeden Tag kam er mehrmals ins Siechenzimmer. Aus seelsorgerischen Gründen, wie er sagte. Seltsamerweise legte er bei diesen Besuchen jedes Mal seinen besten Talar an und strählte seine mittlerweile grau durchzogenen Locken sorgfältig mit dem Kamm. «Eine interessante Person» nannte er die Fremde. «Eine Frau mit Bildung und Herz. Eine Edle oder Hochedle durch und durch.»

«Ich bin auch eine Edle aus vornehmstem Blut!», hätte Katharina am liebsten geschrien. Stattdessen biss sie stolz die Lippen zusammen und schwieg. Hatte sie es etwa nötig, sich ihrem eigenen Mann anzubieten wie abgestandenes Sauerbier? Doch nach diesen Bewunderungsausbrüchen betrachtete sie die Fremde mit Argusaugen.

Ohne zu fragen, bediente sie sich an Katharinas Toilettentisch. Nahm vom Reispuder und vom Wangenrot, mischte sich eine Farbe aus Safranpulver oder blauem und grauem Steinpuder mit geriebener Kreide für die Augenlider, benutzte Katharinas Kohlestift, den ihr Meister Cranach zum Betonen der Augenwimpern geschenkt hatte.

Außerdem steckte sie das Haar mit Katharinas Kämmen hoch, sodass es wie eine Gloriole um ihr perfekt geschminktes Gesicht lag.

Niemand konnte leugnen, dass sie makellos schön aussah.

Luther hatte seinen Freund Georg Palatin gebeten, sich bei Hof um einige angemessene Gewänder für die mutmaßlich hochedle Dame zu verwenden. Diese waren rasch mit einem Boten eingetroffen. Seitdem war sie die Attraktion an der Tischgesellschaft, sodass täglich mehr Studenten hinzukamen und in Reihen den ganzen Speisesaal füllten und nicht genug bekommen konnten, dem Reformator zu lauschen. In Wahrheit aber, um die Fremde anzustarren, die wie ein Paradiesvogel im Luther-Haus aussah und sich mit liebenswürdiger Damenhaftigkeit von Katharina und dem ganzen Hausgesinde bedienen ließ.

«Zu Worms, woher ich komme, ist es ein anderes Leben als hier zu Wittenberg», verkündete sie mit ihrer anmutigen Flötenstimme. «Da sind die Frauen nicht nur Heimchen am Herd wie hier. Sie üben oftmals ein eigenes Handwerk aus. Als Näherin, Pelzmacherin, Weberin, Goldschmiedin oder Parfümmacherin zum Beispiel. Entweder arbeiten sie mit ihren Vätern oder Brüdern oder mit ihrem Ehemann zusammen, die als Händler oder Ratsherren Geschäfte mit aller Welt betreiben und ihre Geldangelegenheiten mit dem berühmten Augsburger Bankhaus der Fugger abwickeln.

Nicht wenige Frauen gelangen so zu großem Ansehen und beachtlichem Reichtum.»

«Nun, da halte ich dagegen, was meine Käthe alles sein kann», gab Luther in scherzhaftem Ton zurück. «Sie ist Predigerin, Brauerin, Gärtnerin, Viehzüchterin, Weinbauerin, Besitzerin von Haus und Hof, meine Hausfrau, Mutter meiner Kinder, meine Medica und mein Herr. Was meint Ihr, ist das gegen Eure Wormserinnen?»

Katharinas Herz wollte ihm zufliegen, weil er sie so herausstrich. Es stimmte ja, das alles war sie und mehr. Aber warum musste er es so lächerlich vorbringen? Es war seine Schuld, dass die Unbekannte statt einer ernsthaften Antwort mit einem ironischen Kopfneigen «Touché!» lächelte, sodass die ganze Tischgesellschaft grinste. Und zwar über sie, Katharina von Bora.

Der Zorn flammte so jäh in ihr auf, dass sie ihren Löffel auf den Tisch knallte und ihren Mann vor aller Augen und Ohren anfuhr: «Warum esst Ihr nicht, Herr Doktor, und redet unaufhörlich? Das heiße ich wahrlich Perlen vor die Säue werfen, lasst Ihr mein Essen kalt und mein Bier schal werden, das Euch durch mein Handwerk auf den Tisch gekommen ist.»

Peinlich berührt schauten die Studiosi unter sich. Luther saß starr. Und Cordatus, dieser Lästerfinger, griffelte schon wieder auf seiner Schreibtafel. «Ja, schreibt bloß schnell alles auf», fauchte Katharina ihn an. «Wenn es nur etwas recht Boshaftes über mich ist.»

«Katharina!», rief Luther. Doch sie war schon zur Küchentür hinaus und kam auch nicht zurück, als er Muhme Lene nach ihr schickte.

«Wo liegt Worms?», fragte sie Luther abends im Bett.

«Am Rhein», gab er schläfrig zurück.

«Warum spricht sie dann aber wie eine aus Sachsen?»

Er antwortete nicht. Aber Katharina hörte an seinem Atem, dass er wach war. «Warum sagst du nichts? Heißt du es gut, dass diese angeblich vornehme Hochedle lügt wie ein Fischweib?»

Luther schwieg immer noch. Lügen waren ihm ein Gräuel. Wen er dabei ertappte, den schalt er. Nur die Unbekannte nicht? Womit hatte dieses blonde Gift ihn becirct? Was hatte sie, was Katharina nicht hatte, dass er diesem Weib hinterherstarrte? Dass er sich täglich rasierte und seine besten Gewänder anlegte, seit sie da war. Nur noch Augen und Ohren für sie zu haben schien, sie bei Tisch am Ehrenplatz sitzen ließ und ihr eigenhändig die besten Bissen aus der Schüssel vorlegte. Etwas, was er bei Katharina nicht einmal in den ersten Tagen nach der Hochzeit getan hatte.

«Sie takelt sich mit meinen Sachen auf», sagte sie zornig. «Sie fragt nicht mal, ob ich das gestatte. Sie benimmt sich wie die Hausherrin. Sie tut, als sei ich ihre Dienerin. Und du, du machst ihr den Hof und Kalbsaugen.» Katharina musste ihn nicht sehen, um zu erkennen, wie Luther grinste. Das ärgerte sie noch mehr. Seine Stimme vibrierte geradezu vor unterdrücktem Lachen. «Du bist doch wohl nicht eifersüchtig, mein altes Mädchen?»

«Altes Mädchen? Jetzt reicht es aber!» Wütend setzte Katharina sich auf, sodass die Bettdecke von ihren bloßen Schultern glitt und das warme Licht der Honigkerzen neben den Kopfenden der Bettlade ihre Haut in Samt verwandelte. «Du bist sechzehn Jahre älter als ich. Und diese blonde Megäre ist noch ein paar Jahre jünger als ich. Du könntest also ihr Großvater sein und schneidest ihr trotzdem wie ein verliebter Gockel die Kür. Gilt deine Rede etwa bloß für andere, wenn du predigst, nehme ein Greis ein junges Weib, heiße das, ihn bürgerlicherweise und leiblich töten?»

Mit leisem Lachen wand Luther seine Hand in ihre lang über den Rücken baumelnden Zöpfe. «Nehme ich sie denn, Catena?»

So hatte er sie lange nicht genannt. Katharina schloss die Lider, um seine im Kerzenlicht glänzenden Augen nicht zu sehen. Sie war wütend, sie wollte wütend sein. Sollte er doch mit seiner Madame Unbekannt Süßholz raspeln. Mit beiden Händen stemmte sie sich gegen seine nackte Brust und gegen ihre eigene plötzliche Lust, die Finger in die kurzen Locken auf seiner warmen Haut zu graben, während sie mit ihm rangelnd und ringend versuchte, ihre Zöpfe aus seiner Hand zu ziehen, er aber für jeden Finger, den sie löste, einen anderen umso fester darum schloss und sie gleichzeitig immer näher an sich zog.

«Was ist es nur, dass ich ihm immer wieder nachgeben muss?», dachte sie, während sie ihren Zorn und zuletzt alles Denken unter seinen Küssen schmelzen fühlte wie Eis in der Frühlingssonne, das sich noch so trotzig in schattigen Ecken erhalten mochte, es musste doch schwinden.

Ein paar Tage später sandte Luther die schöne Unbekannte mitsamt ihrem Kind, einem herzlichen Begleitschreiben und einem Kasten voll Gewänder zu seinem Freund Justus Menius nach Eisenach. «Es ist besser so für uns alle, gnädige Frau», sagte er beim Abschied. «Ihr wollt mir Euch nicht anvertrauen. Auch lebt Ihr in ständiger Angst, jemand lauere Euch hier zu Wittenberg auf, sobald Ihr das Haus verlasst. Zu Eisenach mögt Ihr Euch sicherer fühlen.»

Katharina wusste, das war nicht der wahre Grund. Er tat es für sie. Aus Liebe und um des Hausfriedens willen. Erleichtert winkte sie ihr nach.

Es interessierte sie kaum noch, als eines Tages ein vornehm gewandeter Reiter mit seinem Begleittrupp bei ihnen auftauchte, sich als Hartmut von Cronberg vorstellte und nach seiner Schwester Lorichia von Dalberg fragte, die sich auch Lorche nenne und gesehen worden sei, wie sie im Luther-Haus abstieg. Natürlich lud Luther ihn sofort in die gute Stube ein. Während Katharina Wein und einen Imbiss kredenzte, erfuhren sie, was die Unbekannte ihnen so hartnäckig verschwiegen hatte.

Als junges Mädchen hatte Lorichia nach Worms geheiratet. Als ihr Gemahl starb, verliebte sie sich in einen vornehmen Juden. Da Vater und Bruder mit einer Ehe nicht einverstanden waren, ließ sie sich von ihrem Geliebten ins Sächsische entführen und heiratete ihn heimlich gegen deren Willen. Kurz darauf wurde sie schwanger.

«Wahrscheinlich glaubte sie, wir würden sie niemals finden», murmelte Hartmut von Cronberg. «Wir sandten jedoch Reisige aus, sie aufzuspüren und notfalls mit Gewalt zurückzuholen. Zu Erfurt entdeckten wir ihre Spur. Meine Schwester und ihr Mann beschlossen, nach Schlesien zu fliehen. Um nicht so leicht erkannt zu werden, trennten sie sich und wollten sich am geheimen Ort treffen. Während meine Schwester entkam, erwischten unsere Reisigen ihren Mann auf der Straße und stachen ihn tot. Das war nicht in unserem Sinn. Wir wollten lediglich meine Schwester aus dieser Mesalliance retten. Aber was sollten wir machen? Es war geschehen. Wir konnten ihn nicht wieder lebendig machen. Sein Diener entkam. Er überbrachte seiner Herrin Nachricht vom Tode ihres Gatten. Wahrscheinlich dachte sie nun, wir wollten auch sie und das Kind töten lassen. Jedenfalls floh sie weiter und verwischte ihre Spur so geschickt, dass wir sie erst jetzt wieder fanden. Wisst Ihr, wo sie sich aufhält, so gebt mir um Gottes willen die Adresse. Es soll Euer Schaden nicht sein.»

«Nicht um Geld und gute Worte.» Luther schüttelte den Kopf. «Ihr werdet von mir erst Antwort erhalten, kann ich sicher sein, dass

Ihr Eurer leidgeprüften Schwester vollkommen verziehen habt und sie mit ihrem Kind gnädig und in allen Ehren aufnehmt, bis sie einem neuen Ehemann ihres Standes zugeführt werden kann.»

Der junge Mann senkte den Kopf. «Wir haben ihr längst verziehen. Mein Vater lässt sie durch mich für den Tod ihres Gatten um Verzeihung bitten. Meine Mutter fleht sie auf den Knien an, nach Hause zu kommen. Auch für ihr Kind soll gesorgt werden, wiewohl es ein Judenkind ist.»

«Es ist ein Gotteskind», widersprach Luther rasch. «Ich selbst habe es aus der Taufe gehoben, wenngleich ich ihm keinen Namen geben konnte, da die Mutter ihn aus Angst vor Euch und Euren Häschern verschwieg.»

Mit seinem Ehrenwort und heiligen Versprechen, sich der Schwester und ihres Kindes herzlich anzunehmen, ritt der junge Mann schließlich nach Eisenach, wo er beide tatsächlich antraf und mit sich nahm. Einen Brief Luthers in der Tasche, war er mit offenen Armen empfangen worden.

Katharina war froh, endlich nichts mehr von dieser Lorichia hören und sehen zu müssen. Sie hatte andere Sorgen. Ihr Sohn Hans sollte nur einen Tag nach seinem achten Geburtstag an der Leucorea, der Wittenberger Universität, als Student immatrikuliert werden. Eine große Ehre, die einzig Professorensöhnen und den Söhnen anderer angesehener Bürger erwiesen wurde.

Seit seinem vierten Lebensjahr war er von verschiedenen Magistern der Tischgesellschaft, später auch von eigens bestellten Präzeptoren in den sieben Künsten der Wissenschaft unterrichtet worden. Sein Latein war so gut, dass er eine vom Vater eigens für ihn niedergeschriebene Warnung vor Erasmus von Rotterdam übersetzen konnte. Katharina war mindestens so stolz auf ihren Buben wie der Vater. Aber sie sah auch, dass ihm das Wissen nicht in den Schoß fiel. Tatsächlich ließ Hans sich leicht von seinen jüngeren Brüdern ablenken, die lärmend und juchzend durch den Garten tobten, zusammen mit ihren Freunden zu Trommeln und Pfeifen marschierten und sich dabei so manche Beere oder süße Birne aus Mutters Anbau stibitzten.

«Er ist noch ein Kind», sagte Katharina dann oft zu sich selbst und ließ ihren Ältesten zu den Brüdern laufen. «Kinder lernen durch Spielen und Toben, nicht durch Stillsitzen und Pauken allein.» Doch Luther sah es anders. «Du bist zu nachsichtig mit ihm. Soll kein Gesetzverdreher und hundsföttischer Jurist aus dem Jungen werden, muss er fort in eine fremde Schule.»

Katharina musste zugeben, Hansis schulische Fortschritte ließen zu wünschen übrig. Vielleicht war sie nicht streng genug mit ihm. Aber ihn deshalb in eine fremde Stadt, an eine unbekannte Schule bringen? Als Luther den Kindern auf der Landkarte zeigte, wohin er Hansi schicken wollte, begann das Lenchen bitterlich zu weinen und klammerte sich so fest an den großen Bruder, dass er selbst und die jüngeren Geschwister aus Mitleid sogleich ebenfalls in Tränen ausbrachen. «Dann seh ich ihn ja nie, niemals mehr wieder. Nein, bitte, Vater, nicht, schickt mir den Hansi nicht so weit fort. Ich müsste wohl sterben ohne ihn.»

Katharina glaubte fest, einzig Lenchens Tränen hatten Luther erweicht. Ganz gewiss liebte er alle seine Kinder, aber Lenchen war seine Beste. Katharina wusste, er sah einen Engel in ihr, den Gott ihm zum Ersatz für das tote Elslein gesandt hatte. Während er mit den Buben hart ins Gericht ging, wenn sie Fehler machten, und auch Katharina befahl, sie nicht durch zu viele Zärtlichkeiten zu verweichlichen, sah er dem Lenchen unter Scherzen und Herzen vieles nach. Ein Küsschen, schon wickelte sie ihn um alle zehn Finger.

«Weine nicht, Kind», tröstete Luther sie auch jetzt. «Ich will eine näher zu Wittenberg gelegene Stadt für unseren Hans auswählen, damit er uns alle von Zeit zu Zeit besuchen kann, wenn er brav lernt und fleißig ist.»

Für Katharina war jede fremde Stadt die Verkehrte. Sie wollte ihren Buben bei sich haben, sein Heranwachsen miterleben und keine fremde Mutter für ihn werden. «Martinus, lass ihn nicht von uns weg», bat sie. «Er ist noch so klein. Er braucht uns. Ich weiß, wie das ist, wenn ein Kind von daheim fort muss. Ich war ja selbst so ein Kind.»

«Papperlapapp!», ließ er nicht mit sich reden. «Als ich zur Schule kam, war ich so klein, dass mein Vater mich tragen musste, weil ich den weiten Weg nicht auf eigenen Füßen bewältigen konnte. Trotzdem hat mir das frühe Lernen nicht geschadet. Und unserem Hans wird's noch weniger schaden, denn er ist ein starker Bengel, den keiner mehr huckepack nehmen muss.»

Damit war die Sache entschieden.

Zwischen immer mehr Kindern, Küche, Kirche und Sorgen um Luther geriet die große Politik für Katharina zwar nicht in Vergessenheit, doch ließ sie sich leichter als früher in Sicherheit wiegen. Die Reformation kam überall zum Sieg. Dänemark gehörte nun dazu, Englands Beitritt war abzusehen, Luthers Freund Michael Agricola arbeitete bereits an einer Bibelübersetzung ins Finnische. Und in Deutschland boten die zum Schmalkaldischen Bund zusammengeschlossenen reformierten Stände und Städte Kaiser und Papst die Stirn. Auch jetzt, da Papst Paul III. zu einem Generalkonzil nach Italien eingeladen hatte. «Kirchenkonzil ja, aber auf deutschem Grund und Boden.» Von dieser Forderung wichen sie in ihrer «Wittenberger Konkordie» kein Jota ab.

Luther schlug klatschend die geballte Faust in die Handfläche. «Wir zwingen die Papisten allein mit dem Wort in die Knie, Käthe. Pietro Paolo Vergerio, päpstlicher Nuntius zu Rom, gibt Wittenberg und mir die Ehre, seinen Fuß in unser Haus zu setzen.»

Vor wenigen Jahren hätte eine solche Nachricht Katharina in höchste Not und Verlegenheit gestürzt. Jetzt mochte der Herr nur kommen. Im Luther-Haus ging es zwar zu wie in einem Taubenschlag, aber verstecken musste man es nicht mehr. Im Gegenteil, mit seinem weißen Verputz, den mit blitzblanken Butzenscheiben versehenen Fenstern, den fein vertäfelten und dank Meister Cranachs Werkstatt aufs Geschmackvollste bemalten Wänden und Türen, der neuen Hofeinfahrt und den ebenso reinlichen wie gut gefüllten Stallungen, die einen sorgfältig angelegten Karlsgarten umgaben, repräsentierte das Haus seinen Herrn aufs Beste. Und in geflickten Kutten musste der Herr Reformator auch schon lange nicht mehr vor Papst und Kaiser treten, sondern trug Pelzkragen und Samtverbrämungen an seinem vornehmen Talar und goldene Ringe an den Händen.

«Der Herr mag nur kommen», meinte Katharina keck. «Am liebsten an einem Freitag, auf dass ich ihm Salzhering und Sauerkraut als Fastenspeise servieren dürfte. Gerade ist ein Fass von unserem König Christian aus Dänemark eingetroffen, das wölbt schon den Deckel. Ein Heringsgeschmack wie dieser möchte dem Nuntius wohl unvergesslich bleiben.»

«Ein rechter Grundschalk bist du, mein Herr Käthe», lachte Luther und ließ sich von den Kindern in den Garten hinausziehen, die ihm unbedingt das stinkende Fass zeigen wollten. «Aber blamieren wollen wir uns nicht. Also lass auftragen, was das Zeug hält.»

«So gib mir Geld dazu!», rief Katharina ihm nach.

«Höre ich von dir einmal einen anderen Wunsch, als immer bloß Geld?» Luther wandte sich verärgert nach ihr um. «Reicht es nicht, dass der Kurfürst die leidige Türkensteuer erhoben hat und mich am Beutel zur Ader lässt? Mir scheint, wir beide müssen einmal eine Rechnung miteinander aufmachen, wohin all das Meine durch deine Hände fließt.»

Katharina atmete scharf ein. Wären die Kinder nicht dabei gewesen, hätte sie lautstark Paroli geboten. So nickte sie nur steif und ging ins Haus zurück.

«Zu jeder Mahlzeit eine Semmel. Wie viel kostet das im Jahr?» Luther hielt mit Brotbrechen inne und sah Katharina herausfordernd an. Er war verstimmt. Wie immer, wenn es um Geld ging. Aber diesmal hielt sie seinem Blick stand. Sie würde nicht nachgeben. Konnte es nicht. «Dreißig Groschen und vier Pfennige», sagte sie hart. «Allein für dich. Und ich habe täglich mindestens drei Mal fünfzig Brote an die Teller zu legen.»

«Und was ist mit Bier und Wein, nur für mich?»

«Was soll das, nur für dich?» Katharina hätte die Rechnung lieber ohne die neugierig lauschenden Tischgesellen aufgemacht. «Die Krause kostet drei Pfennige. Rechne aus, wie viele du selbst verbrauchst.»

«Lass gut sein, Käthe», seufzte Luther. «Ich mag nimmer rechnen. Es macht einen gar verdrossen. Es will zu hoch steigen. Ich hätte nicht gemeint, dass auf einen Menschen so viel gehen sollte.»

«Willst du nicht ausrechnen, was zum Brot, Bier und Wein dein tägliches Essen kostet?», rief Katharina spitz. «Das Morgenmus mit Sahne zuerst. Zu Mittag im ersten Gang vielleicht Bauernbrot, Butter, Schmalz, Salz, Eier, Sauerkraut mit Speck, dazu Weißkohlsalat und Käse. Im zweiten Gang Kraftbrühe, danach gekochtes Huhn, gefolgt von Lauch mit Linsen sowie Schweinebraten mit geschmorten Birnen. Und zum Nachtisch gebackene Äpfel mit Nüssen, Napfkuchen, Grießbrei mit Honig, Marmelade und süße Brötchen.»

Luthers missmutiges Gesicht reizte sie, immer weiterzureden. «Zähle, wie viele in Haus und Garten zu versorgen sind. Für sie alle brauche ich Geld für Korn, Gerste, Hafer, Hopfen, Sämereien, Weinstöcke, Jungpflanzen, Gartengerät, für Wein, Bier, Mehl, Zucker, Rosinen, das Morgenmus und was sonst noch in Garten und Küche nötig ist, für Baumaterialien am Haus, für Handwerker, Metzger, Schuster, Schneider, Kürschner, Böttcher, Schmied und Wagner, für Apotheker, Medicus und Tuchmacher, Buchbinder und Buchdrucker, für Betten, Kissen, Teller und Schüsseln, Becher und Kannen, die ich für Haus und Gäste brauche. Nicht zu vergessen das Geld für Wagen, Waschbutten und Braubottiche, zum Lohn für Knechte, Mägde, Hirten, zum Ausstatten von Hochzeiten und Wirtschaften nebst Doktorfeiern für Bräute und Gevattern, zum Geschenk für Paten und Kinder zum Jahrmarkt, Sankt Nikolaus, Weihnachten und Neujahr, zum Almosen für Bettler, Narren und Diebe, zu Bürgschaften, die du gibst, und zum Leihen, wo du nie etwas zurückbekommst.»

«Genug, genug!» Luther hielt sich die Ohren zu. «Schweig, Käthe!»

Doch für diesmal gehorchte sie nicht. «Du magst nicht mehr rechnen, soso. Aber ich muss rechnen. Alle Tage. Darf deshalb nicht verdrossen sein. Und du hältst den Pfennig im Sack vor mir fest, den du jedem anderen gibst, und mehr, als du hast.»

Luther stand so heftig auf, dass sein Sitz rücklings umfiel. «Schweig,

Weib, sagte ich! Brauchst du so viel Geld, so rate, wo kommt dies Geld her? Sollte das nicht stinken und Schulden machen? Sofort will ich gehen, eine Aufstellung machen. Dann werden wir sehen.»

«Ihr werdet sehen!», behielt Katharina das letzte Wort.

«Nota. Wunderliche Rechnung, gehalten zwischen Doktor Martin und Käthen. Anno 1535/1536.

90 Fl. für Getreide
90 FL. für die Hufen
20 FL. für die Leinwant
30 Fl. für die Schweine
28 FL. für Muhme Lene gen. Bora
29 Fl. für Ochsen
10 Fl. für Valt. Mollerstet bezahlt
10 Fl. für Geleitsmann bezahlt
8 Thaler für M. Philipp bezahlt
40 Fl. für Gregor Tischer bezahlt
26 FL. für Universität bezahlt»

Obwohl er sich nur die beiden letzten Halbjahre aus Katharinas Haushaltsbuch herausgepickt hatte, schienen die Rechnungsposten kein Ende zu nehmen. «Gib Geld! Gib Geld!» Immer wieder dieser Satz. Und dabei hatte er noch nicht einmal addiert, was auf dem Kerbholz stand, das bei den Kaufleuten der Stadt auslag. Konnte man nicht bar bezahlen, wurde der Schuldbetrag auf einem gespaltenen Holzbrett notiert. Die eine Hälfte erhielt der Händler, die andere der Käufer.

Beim einhundertfünfunddreißigsten Eintrag knittelte Luther fluchend an den Rechnungsrand: «Ich armer Mann, so halt ich Haus! Wo ich mein Geld soll geben aus, da dürft' ich's wohl an sieben Ort, und fehlt mir allweg hier und dort! Tu, wie dein Vater hat getan: Wo der wollt' einen Pfennig han, da musst er borgen drei dazu. Blieb immer schuldig Rock und Schuh: Das heißt dann hausgehalten auch, dass im Hause bleibt kein Feuer noch Rauch.»

So viel stand fest: Vom Abrechnen hatte er mehr als genug. Es war wie mit der Ehe, der eine fasste es, ehelos zu bleiben, der andere nicht. Zum Haushalten und Rechnungen-Schreiben war er nicht geschaffen. «Catena!» Rufend rannte er durchs Haus, das Rechnungsbuch in der Hand, um ihr den Vers vorzulesen, Abbitte zu leisten, ihr um den Hals zu fallen, wenn sie wollte, oder alles zusammen, wenn sie nur wieder gut mit ihm wäre und ihm das leidige Rechnen abnähme. Er fand sie am Fenster sitzend, Hansis Hose und einen Flicken in der Hand. «Martinus», rief sie empört, kaum dass sie ihn erblickte, «sieh nur. Da hat doch jemand wirklich und wahrhaftig einen Flecken Stoff aus Hansis neuster Hose geschnitten.»

«Lass sehen.» Prüfend trat er näher. «Ach, diese ist es. Das war ich. Meine eigene hatte es nötig. Und für den Schneider war kein Geld.»

«Du?» Trotz allen Ärgers musste Katharina lachen. «Ja, hat denn die Welt schon jemals so einen grundnärrischen Herrn Doktor gesehen?»

«Wieso?» Luther kratzte sich verlegen am Kinn. «Es ist keine Schande, seine alten Hosen mit einem neuen Flicken zu besetzen. Ich heiße das neuen Wein in alte Schläuche geben.»

Katharina wischte sich noch immer die Lachtränen aus den Augen, als er sie in einer Umarmung zu sich hochzog und dicht an ihrem Ohr versprach, sie nun und nimmermehr nochmals wegen Geld zu tadeln und ihr auch die Hufe Land zu kaufen, die sie schon so lange wollte, wenn sie ihm denn nur wieder gut sei und einen Schalksnarren wie ihn lieb behalte.

«Martinus, in Wittenberg heißt es, du wollest den Leuten das Bier verbieten, damit du selbst mehr davon habest.» Katharina war empört. «Sie meinen wohl, du seiest ein Säufer und Trunkenbold.»

Luther zuckte nur mit den Schultern. «Sie reden viel, wenn der Tag lang ist. Verzeiht mir der Herrgott, wie ich ihn zwanzig Jahre lang mit papistischem Messehalten gemartert und gekreuzigt habe, so wird er mir auch zugute halten, nehme ich ihm zu Ehren bisweilen einen guten Trunk.»

«Willst du nicht wenigstens dieses unsägliche Katechismusglas abschaffen? Du kannst doch nicht hinnehmen, wie sie dich schmähen.»

«Es ist weiter nichts als ein Scherzartikel», meinte Luther belustigt. «Heute noch kommt Michael Agricola mit seiner Else und ihren neun Kindern, da wollen wir Männer uns einen Spaß damit machen.»

Das «Katechismusglas» bestand aus einem hohen Zylinderbecher, welcher von drei Eichstrichen unterteilt wurde. Der oberste Abschnitt bis zum ersten Strich unter dem Rand bedeutete die Zehn Gebote, der zweite den Glauben, der dritte das Vaterunser und der unterste den ganzen Katechismus. Das Glas bis zur Neige auszutrinken, war bei der Tischgesellschaft ein fröhlicher Wettstreit, in dem Luther mit Leichtigkeit mehrmals hintereinander siegte, während etwa Melanchthon es gerade mal bis zum ersten Eichstrich schaffte.

«Auf Agricola und die Seinen freuen wir uns alle», sagte Katharina. «Aber muss es denn dieses Glas zum Willkommenstrunk sein? Hinter verschlossenen Türen im Freundeskreis ja. Aber dank der Tischreden und katholischer Lästerschriften zeigt es aller Welt, wie reichlich der Reformator teurem Wein zuspricht, den sich der gemeine Mann nicht leisten kann, das billigere Bier aber von der Kanzel herunter verbietet.»

«Ach, daher weht der Wind.» Luther lehnte sich im Sitz zurück. «Die Frau Brauerin spricht. Ist sie zornig, dass ich verkünde, wer das Brauen erfunden hat, der sei ein Unheil für Deutschland gewesen?»

«Schon», gab Katharina zu. «Es kränkt mich, ist mein Bier doch wohlschmeckend und gut. Aber noch mehr verstehe ich, was in der Volksseele vorgeht, misst auch du als Reformator mit zweierlei Maß, getreu dem Motto: Was der Herr macht, das ist wohlgetan.»

«Inwiefern?»

Wenn Luther so knapp fragte, hatte sie einen Nerv getroffen. «Einen Rausch am Abend nennst du erquickend und labend. Zugleich nennst du diejenigen eine rechte, natürliche Sau, die Bier trinken.»

«Soll ich etwa nicht gegen die Trunksucht predigen?», begehrte Luther auf, der den Vorwurf, er nehme für sich Sonderrechte in

Anspruch, nicht auf sich sitzen lassen wollte. «Stimmt es nicht, dass durch die Bierbrauer so viel Gerste verdorben wird, dass man damit ganz Deutschland erhalten könnte, und wir machen so schändliche Jauche daraus, welche wir danach an die Wand pissen?»

Katharina verzog bei Luthers derben Ausdrücken keine Miene. Er führte oft drastische Reden. «Gleichwohl trinkst auch du tagtäglich Bier und lässt es dir von mir sogar nachsenden, wenn du auf Reisen bist. Und deine Tischredenschreiber posaunen alles aus. Mir scheint, wer andere Menschen zur Mäßigung anhalten will, muss selbst mit gutem Beispiel vorangehen.»

«Herr Käthe, Ihr seid eine gar harte Predigerin», murrte Luther und verbeugte sich wie vor einer Königin. «Doch wo Ihr Recht habt, habt Ihr Recht. Wohlan, stellt das leidige Glas abseits. Hätte ich früher gewusst, wie Ihr es schätzt, hätte ich es dem papistischen Nuntius verehrt, daraus den rechten Glauben zu saufen.»

«Uns reicht, dass Ihr ihm unverblümt auf den Kopf zugesagt habt, er wisse vom Leben nichts als Narrenwerk und dürfe nicht rechnen, wir wichen vom Glauben und Gottes Wort ein Tüttelchen ab, Bruder!», rief es in diesem Moment von der Tür. Agricola trat ein, seine Else und die Kinder wie die Orgelpfeifen hinter sich. «Lasst Euch umarmen, Herr Reformator, und Gott zum Gruß, Frau Käthe, ob mit Wein oder Bier, wir sind stolz auf Euch!»

Mariä Lichtmess, der Tag der Kerzenweihe, versprach ein nasskalter Februartag zu werden. Die Morgennebel waberten tief von der Elbe herüber, breiteten sich in Fetzen zwischen Haus und Stallungen aus. Trat man im Dunst auf den Trittsteinen im Hof fehl, versanken die Füße bis zu den Knöcheln im Morast.

Draußen auf der Collegienstraße wartete das kurfürstliche Gespann, Luther abzuholen.

Es galt, den Mitgliedern des Schmalkaldischen Bundes seine Glaubensartikel zur Unterschrift vorzulegen, an denen er zur Vorbereitung eines neuen Konzils gearbeitet hatte. Obwohl der Wagen vortrefflich gefedert war, die Pferde stark und der Kutscher ein erfahrener Mann, würde es auf den matschigen Wegen ein mühsames Vorwärtskommen sein.

«Könnte ich, wie ich wollte, so bliebe ich heute zu Hause im Bett.» Liebevoll ihr Gesicht in beide Hände nehmend, küsste Luther seine Frau zum Abschied und zog sie ein letztes Mal fest an sich. Erst vor wenigen Tagen hatten sie zusammen ihren und Paulchens Geburtstag gefeiert. Gott sei Dank hatte der Kurfürst seine Reisepläne darauf abgestimmt, obwohl er mit dem ersten Tauwetter aufbrechen wollte. Wehmut wollte sich in Luther breit machen, als er daran dachte, wie er mit den Kindern bei Kerzenlicht und Kuchenduft gesungen und musiziert hatte. Womöglich war es das letzte gemeinsame Geburtstagsfest. Bei einer so weiten Reise wusste man nie, was einen unterwegs erwartete. Und ein Vergnügen war es auch nicht, tagelang über Stock und Stein zu holpern und wie auf dem Rüttelsieb zu sitzen. «Ich spür's, Käthe, es müssen ernstlich Jüngere ran und ihr Leben ans Evangelium wagen.»

«Philippus könnte ohne dich reisen», schlug sie vage vor und bedauerte einmal mehr, dass es zwischen den Männern nie zu einer endgültig klärenden Aussprache gekommen war, obschon sie nach wie vor an ihrer engen Zusammenarbeit um des Evangeliums willen festhielten.

Wie erwartet, winkte Luther ab. «Wenn der Herr ruft, muss man gehorchen. Fiele es auch noch so schwer.» Ächzend stieg er in den Wagen, dessen Federaufhängungen sich unter seinem Gewicht zur Seite neigten. «Meister Agricola wird mich in allem vertreten – na ja, in fast allem.» Kurz brach der Schalk hervor, den Katharina so an ihm liebte. «Zeige dich ihm gehorsam wie mir selbst, auf dass ich in Ruhe reisen kann.» Noch ehe sie widersprechen konnte, hob er abwehrend die Hand. «So ist es zwischen uns Männern ausgemacht und beschlossene Sache.»

Trotz seiner stattlichen Leibesfülle wirkte er vor den weinroten Sitzpolstern des Wagens müde und grau. Sogar Melanchthon, der mit seiner hageren Gestalt und dem wie Sauerkraut sprießenden Bart immer ein wenig den Eindruck erweckte, an Schwindsucht zu leiden, schwang sich geradezu jugendlich neben ihn. Katharina verbiss ihre Besorgnis und den jäh aufschießenden Abschiedsschmerz, indem sie emsig die Decken um Luther feststeckte und ihm den Proviantkorb reichte. «Kommt alsbald und gesund wieder heim, mein lieber Herr Doktor.» Ihre Stimme schwankte.

Luther versuchte ein Lächeln, das ein wenig schief geriet. «In ein paar Tagen sind wir fröhlich zurück. Ich schreibe dir, sobald ich kann.» Ein flüchtiger Kuss noch zwischen Peitschenknall und Anfahren, dann war der Wagen im Nebel verschwunden.

«Macht Euch keine Sorgen. Wäre es etwas Schlimmes, ließe der Kurfürst es uns längst wissen», beruhigte Agricola die Frauen in den nächsten Tagen immer wieder, obwohl die Melanchthonin Nachricht von ihrem Mann hatte, der ihr mitteilte, die Bündnisleute seien sich in allem einig, doch Luther liege krank zu Schmalkalden danieder, sodass die Heimreise sich verzögere.

«Ich ahnte, er würde krank. Er sah bereits krank aus, als er fuhr. Wäre ich doch nur bei ihm.» Ruhelos lief Katharina auf und ab. «Lasst mich zu ihm fahren, Meister Agricola. Es ist mir egal, wie weit es ist.» Doch der ihr von Luther vorgesetzte Vormund verantwortete es nicht und sie musste gehorchen. Als einziges Zugeständnis rang sie ihm die Erlaubnis ab, ihre eigenen Pferde und Wagen nach Schmalkalden zu schicken, um den Kranken abzuholen.

Wochen der Sorgen und Angst verstrichen. Weder trafen ein Brief noch Luther selbst mit dem Wagen ein. Nur die beunruhigenden Nachrichten häuften sich, die allerlei Bekannte und Freunde in Erfahrung gebracht hatten. Inbrünstig wie seit Klostertagen nicht, lag Katharina täglich stundenlang auf den Knien und flehte im Bore-Kirchlein um Luthers Leben. Als endlich ein Bote einen Brief von ihm überbrachte, wurde ihr schwach vor Erleichterung.

«Gott sei Dank, er lebt, ist zu Gotha, auf der Heimreise schon, und viermal hat er geschrieben und nicht eine Zeile kam bei uns an!», rief sie Muhme Lene zu, die mit gefalteten Händen zuhörte. «Auf den Tod lag er. Hör nur, was er schreibt: ‹Ich bin nicht mehr als drei

Tage hier gesund gewesen, und es ist bis auf diese Nacht vom ersten Sonntag an kein Tröpflein Wasser von mir gekommen, hab nie geruht noch geschlafen, kein Trinken noch Essen behalten mögen. Summa, ich bin tot gewesen und hab dich mit den Kindlein Gott befohlen und meinem gnädigen Herrn, als würde ich euch in dieser Sterblichkeit nimmermehr sehen; hat mich eurer sehr erbarmt, aber ich hatte mich dem Grabe beschieden.›»

«Der arme, brave Mann!», seufzte Muhme Lene in nachträglichem Mitleiden. «Schreibt er, was am Ende geholfen hat?»

«Der Aufguss aus Pferdemist und Knoblauch, den ich ihm mitgab, war es nicht», antwortete Katharina weiter lesend. «Der Kurfürst ließ laufen, reiten, holen, versuchte mit allem Vermögen sein Höchstes, aber nichts half. Am Ende erbarmte Gott sich seiner und wirkte ein Wunder durch frommer Leute Fürbitte, indem er der Blasen Gang öffnete. In nur zwei Stunden ging wohl ein Stübchen von ihm, sodass ihm dünkte, wieder neu geboren zu sein. Darum sollen wir Gott von Herzen danken. Und du, liebe Muhme, sollst die Kinder darin recht unterweisen, unserem richtigen Vater zu danken. Denn anders hätten sie ihren leiblichen Vater gewisslich verloren.»

Katharina sprang auf, beinahe entfiel ihr der Brief. «Hier steht, der Kurfürst sandte den Landvogt aus, mir zu sagen, ich solle Martinus entgegenfahren, da er doch unterwegs sterben könne. Um Himmels willen, liebe Muhme, sofort will ich zu ihm. Mein Mantel! Wolf, eile, mir Pferde bei Meister Cranach zu leihen. Einen Wagen auch. Melanchthon ist mit dem unseren nach Hause unterwegs. Und gebt dem Boten zu essen, zu trinken, was er will. Ein Trinkgeld auch. Bezahlt ist er schon.»

«Ist denn noch immer Gefahr im Verzug? Da er schreiben kann, scheint die Krise überstanden.» Aus Muhme Lene sprach die Siechenmeisterin. Doch Katharina hatte jetzt keinen Sinn für medizinische Fragen. Ein warmes Schultertuch über Kopf und Nacken geschlagen, schlüpfte sie in ihre hohen Stiefel. «Es geht ihm besser. Das schon. Gott habe ihm so reichlich geholfen, dass er hoffe, fröhlich zu mir zu kommen und ich wohl daheim bleiben könne, schreibt er. Aber ich kann nicht mehr warten. Der liebe, gute Mann! Er braucht mich. Ich will, ich muss zu ihm.»

«Fahre nur immer vorsichtig, Kind», warnte Muhme Lene. «Es ist niemandem gedient, galoppiertest du in dein Unglück.»

«Gott ist mit mir, liebe Muhme. Ich will ja zu seinem Reformator. Er wird mich bewahren, dass ich ihn finde und lebend zu uns heimbringe. Hier wollen wir beide ihn dann wohl mit aller Kunst pflegen und wieder auf die Beine bringen.» Katharina drückte die schmächtige Frau an sich, die ihr Mutter, Tante, Freundin und immer für sie da war. «Ich befehle dir meine Kinder. Behüte und bewahre sie. Nächst Martinus sind sie mir das Liebste auf Erden, zusammen mit dir.»

Draußen rasselten die Wagenräder zum Pferdegetrappel. Wolf war mit dem Gespann Meister Cranachs da. Am liebsten wäre er mitgefahren, doch Katharina schüttelte den Kopf. Mit seinem lahmen Arm wäre er ihr mehr Last als Hilfe. Cranachs Einspänner war leicht zu lenken, das Pferd ausgeruht und trittsicher. Das musste es auch sein. Die ausgefahrenen Fahrrinnen in den Straßen waren voller Schlaglöcher und schlammiger Pfützen. An vielen Stellen kam das Pferd nur im Schritttempo voran und vermochte den schlingernden Wagen kaum zu ziehen. Ohne Übernachtung zu Torgau in der Residenz und zu Lippendorf bei ihrem Cousin Wolf von Mergenthal hätte sie es wohl kaum geschafft. Doch endlich tauchten die Türme Altenburgs vor ihr auf.

«Katharina von Bora!» Staunend, besorgt und erfreut zugleich sprang Georg Spalatin dem Wagen der Freundin entgegen, als er sah, wer da so unverhofft in seinem Hof vorfuhr. «Was ist passiert? Braucht Ihr unsere Hilfe? Kommt herein, Ihr seid ja völlig verfroren und tropfnass.»

«Martinus ist krank», stieß sie hervor. «Ich reise ihm entgegen. Gebt mir Quartier für diese Nacht, lieber Gevatter. Ich hoffe, Martinus spätestens morgen zu treffen. Wohl wird er von Gotha aus ebenfalls bei Euch Halt machen.»

Erst als sie vom Wagen stieg, merkte Katharina, wie anstrengend die Reise gewesen war. Jeder Muskel schien zu schmerzen. Dankbar nahm sie Spalatins Arm. Um Pferd und Wagen musste sie sich nicht sorgen. Ein Knecht würde das abgekämpfte Tier ausschirren und mit sich in den Stall führen.

Drinnen nahm Spalatins Frau den lieben Besuch in Empfang. «Kommt, ich lasse Euch gleich ein Bad richten, damit Ihr Euch recht aufwärmt. Während Ihr Euch erfrischt, decke ich den Tisch. Beim Essen sollt Ihr uns alles genauestens berichten. Ihr bleibt natürlich über Nacht. Das Gästezimmer ist bereit. Seht her», plappernd führte sie Kathatrina in ein freundliches Stübchen, «ein kleiner Ofen steht darin. Ich lasse Feuer anzünden. Gleich sollt Ihr es mollig warm haben.»

Noch während sie sprach, fuhr draußen ein Wagen vor. «Martinus!» Mit einem Schrei stürzte Katharina zur Tür. Und da war er. Bleich, die Wangen eingesunken, Schatten unter den Augen und den Arm schwer auf den treuen Justus Jonas gestützt, mühte er sich aus dem Wagen. Katharina vergaß alles um sich herum, flog ihm entgegen, hielt ihn fest. Lange standen sie Arm in Arm, einer im anderen wortlos versunken, bis Spalatin sich räusperte und mit gerührter Stimme bat, sie möchten doch ins Haus kommen, es sei kalt draußen, drinnen aber schön warm.

Mit vereinten Kräften trugen sie Luther mehr, als dass er ging, ins Zimmer, wo Katharina ihn sanft entkleidete und bettete, seinen eiskalten Körper in Decken einhüllte und mit heißen Steinen umgab, ihm heilenden Kräuteraufguss einflößte, an seinem Bett sitzend wachte und seine Hand hielt, während das Schlottern seiner Glieder nachließ und er zum ersten Mal seit Wochen beruhigt einschlief.

Tage später wagten sie mit zwei Wagen die Heimfahrt. Justus Jonas führte Cranachs Gespann, Katharina lenkte den kurfürstlichen Wagen. Um Luther zu schonen, machten sie erstmals zu Grimma bei Magdalena von Staupitz Rast, die sich freute, sie ein wenig verwöhnen zu dürfen. Dank Luthers Fürsprache hatte man ihr südlich des früheren Augustiner-Klosters ein Häuschen an der Mulde geschenkt, in welchem sie die erste Mägdleinschule der Stadt eingerichtet hatte.

Erinnerungen an Marienthron holten Katharina ein, als sie am Kloster zu Nimbschen vorbei in Richtung Eilenburg fuhren, wo sie zur nächsten Rast im kurfürstlichen Schloss erwartet wurden. Längst lebten keine Nonnen mehr hinter den dicken Mauern. Sie waren alle mit ihrer Äbtissin zum neuen Glauben übergetreten. Die Fenster in den hohen Gebäuden starrten blind übers Land. Verwildert lag der Garten um den Brunnen im Wintermorast. Katharina wandte den Blick ab und begegnete Luthers Augen. «Bereust du's?», fragte er schwach. «Deine Frau geworden zu sein?» Sie lächelte ihn an und hätte ihn gern geküsst, wäre sie nicht auf dem Kutschbock gesessen. «Niemals, solange ich lebe.»

Die Elbe glitzerte wie das von Silber und Gold durchwirkte Zierband, das sie vor wenigen Tagen an Lene Kaufmanns Brautkleid genäht hatte. Katharina schmiegte ihren Arm unter Luthers Ellenbogenbeuge und passte ihren Schritt seinem Tempo an. Sie liebte die abendlichen Spaziergänge mit ihm, die Muße, den Tag leise ausklingen zu lassen. «Unser Haus will mir erscheinen wie einst das Schloss des Königs Salomon», meinte Luther, als das Hausdach mit der Spitze des Bore-Kirchleins daneben wieder in Sicht kam. «Die Bibel berichtet von ihm, er habe Frauen und Kinder ohne Zahl in seinem Palast gehabt. Neben seinen eigenen werden gewiss nicht wenige davon aus dem Geschlechte Davids gewesen sein, die alle als Witwen und Waisen bei ihm Zuflucht suchten und von ihm erhalten werden mussten. Gerade so wie bei mir.»

Katharina nahm das Bild gern auf. «Gewiss ging es mit Gebären und Spielen und Hochzeithalten ebenso stürmisch zu wie bei uns, sodass dort ebenfalls mancher vornehme Gast lieber das Weite suchte und dem König kein Loch in den Beutel riss.» Ernsthaft setzte sie hinzu: «Wie froh und dankbar wollten Barbara und Lucas Cranach wohl sein, hätten sie in ihrem großen Haus so viel Leben wie wir und ihren lieben Hans auch noch, der so früh und mausbeinallein zu Bologna dahingerafft wurde.»

«Dass ich Meister Cranach auch raten musste, den Burschen ziehen zu lassen!», seufzte Luther. «Hätte ich doch geschwiegen, als er mich nach meiner Meinung fragte. Ich müsste mir weniger Vorwürfe machen, sehe ich die armen Eltern in ihrem Schmerz.»

«Er war ihr ganzer Stolz und ein hoffnungsvoller junger Mann. Barbara leidet, als wolle sie ihm sogleich ins Grab folgen. Und Meister Lucas hat die Fledermausflügel in seinem Wappen zum Zeichen ewiger Trauer gesenkt. Beide tun mir unendlich Leid. Aber es soll jeder bedenken, dass es der Herzenswunsch des Jungen war, seine Kunst in Italien zu vervollkommnen. War es nicht seine Bestimmung, sich dort zu vollenden? Leiblich und geistlich. Der Vater konnte ihm nichts mehr beibringen. Hätte er ihn zu Wittenberg zurückgehalten, es wäre gleichfalls sein Tod gewesen, wenn wohl auch nur in der Seele», argumentierte Katharina. «Und ist nicht die Seele das Wichtigste?»

Luther drückte Katharinas Arm. «Weißt du noch, wie deine Cousine Elisabeth ihrem Caspar einst anvertraute, sie habe geträumt, von der Kanzel herunter zu predigen? Mir scheint, nicht an ihr, sondern an dir ist eine Predigerin verloren gegangen.»

«Lieber will ich Mutter sein und meinen Kindern predigen, als ein Mann und auf der Kanzel stehen», gab sie zurück und legte unwillkürlich die Hand auf den Leib, unter dem das neue Leben sich schon regte. «Du glaubst nicht, wie ich mich freue, dass Gott uns noch einmal ein Kindlein schenkt. Wenn die anderen schon groß sind und ihrer Wege gehen, wird es noch bei uns sein und uns jung erhalten.»

«Dabei ist mir, als wäre es gestern gewesen, dass unser Hänsichen rot und verschrumpelt aus deinem Bauch kam und zum ersten Mal meinen großen Finger mit seinen winzigen Fingerchen hielt.» Luther erinnerte sich gerührt. «Nun hat er schon das Bakkalaureat als erste akademische Würde und hielt kürzlich als Student eine Rede in der Schlosskirche bei einer Promotion. Auf Latein und fehlerfrei!»

Stolz dachte Katharina an ihren Ältesten. Zum Verlieben sah er aus in seinem prächtigen Wams mit dem kecken Barett und dem Kurzschwert an der Hüfte. Bald würden sich alle Mädchen den Hals nach ihm verrenken. «Besinnst du dich noch, wie du ihm und dem Lenchen auf Latein eine Ansprache hieltest, als sie dir den jungen

Sperling brachten, der aus dem Nest gefallen war?» Scherzhaft hob sie den Finger, wie Luther es gern tat, und dozierte: «Du Franziskaner mit deiner dicken Kutte, du bist ein ganz schädlicher Vogel!» Dabei sagtest du, er müsse gleich den Krähen, Elstern und Raben für vogelfrei erklärt werden, auf dass ihm ein jeder nach Belieben den Hals umdrehen dürfe. Die Kinder liefen dir gleich mitsamt dem Vogel davon. Und danach kam der Hansi zu mir und sagte: «Gottlob hat das Lenchen den Herrn Vater nicht recht verstanden, und ich hab die meisten Vokabeln auch nicht gewusst.»

«So ein Lauser!», lachte Luther auf. «Und wie immer hast du mir nichts von derlei Schlendrian gesagt, damit ich nur ja nicht wie's Gewitter zwischen ihre Hefte fahre und die kleinen Faulenzer Mores lehre.»

Ihren Gedanken nachhängend, lustwandelten sie fort, bis sie zum Waldbrunnen kamen, wo sie einen frischen Trunk aus der hohlen Hand genossen und im moosigen Gras Platz nehmen wollten, weil der Stein, auf dem sie sonst gern saßen, bereits anderweitig belegt war. Später dachten sie oft, es müsse in diesem Moment passiert sein, dass etwas in Katharinas Bauch abriss oder platzte. Es tat nur einmal kurz weh, doch so heftig und scharf wie ein Stich, dass sie mit einem Aufschrei den Atem anhielt und krumm blieb, nicht mehr die geringste Bewegung wagend, bis Luther sie mit dem Arm um die Taille nahm und sie Schrittchen für Schrittchen zurück nach Hause führte.

«Muhme Lene!» Sein Schrei schallte so drängend durchs Treppenhaus, als könnte er damit die liebe Tote erwecken, die doch längst unter der Erde ruhte. Eines Morgens war sie klaglos im Bett liegen geblieben und stand auf dieser Welt nicht mehr auf. Still, wie sie ihr Leben verbracht hatte, nahm sie Abschied von ihren Lieben, legte bei Martinus die Beichte ab und hielt Katharinas Hand, bis sie am Abend sanft entschlief. «Oh, wie wohl ist ihr, denn das ist kein Tod, sondern ein Schlaf.» Luther tröstete sie, als Katharina wie um ihre Mutter weinte. Dabei standen auch ihm die Tränen in den Augen, denn er hatte sie, die immer fraglos und klaglos für alle ganz und von Herzen da gewesen war, ebenfalls lieb gehabt. Als wäre sie tatsächlich nur schlafend zu Bett geblieben, kam es Kindern wie Eltern zuzeiten vor, als müsse man nur nach ihr rufen, schon wäre sie da, käme wieder trotz ihrer schmerzenden Knie wie eine Junge um die Ecke gelaufen und riefe: «Was gibt es? Wo brennt es?»

Für diesmal kam nur Else von Falke, Justus Jonas' Hausfrau. Sie war auf einen Plausch vorbeigekommen und hatte in der Küche bei einem Stück warmen Zopfkuchen auf die Rückkehr der Freunde gewartet. Katharina sehen, verstehen, sie auf der anderen Seite um die Mitte fassen, war alles eins. «Komm, Käthe, langsam, eine Stufe um die andere, wir schaffen dich nach oben ins Bett. Dann liegst du ein Weilchen und rastest, und ich bring dir einen guten Aufguss vom Frauenmantel. Du schläfst, und über ein Kleines, ein Stündchen oder zwei, ist alles wieder gut.»

Katharina gehorchte. Doch der Leib wurde schwerer mit jeder Stufe, kaum dass sie das eine Bein anheben und den anderen Fuß nachziehen konnte. «Wie ist das Treppensteigen so kompliziert», wollte sie sagen, da brach es vor ihren Augen schwarz auf, schwarz und rot und weiß, grellweiß, und wie von weit, unendlich weit her hörte sie jemanden schreien. Sie merkte nicht, dass sie selber schrie, auch nicht, dass sie fiel, dass sie Else und Luther ein paar Stufen mit sich riss, dass sie am Fuß der Treppe liegen blieb, schneeweiß im Gesicht, mit schwachem Atem, wie tot, während sich eine rasend schnell größer werdende Lache aus Wasser und Blut unter ihren Röcken ausbreitete.

Das Kind kam tot zur Welt. Katharina spürte es nicht, erfragte es nicht. Sie merkte nichts davon, dass ihre besten Freundinnen und Luther sich in Pflege und Nachtwache abwechselten, betend an ihrem Bett knieten, als wollten sie den Himmel stürmen, dass die Freunde sich die Klinke in die Hand gaben, um nach ihrem Befinden zu fragen, und besorgte Briefe von denen eintrafen, denen das Gerücht zugetragen worden war, die Lutherin liege im Sterben. Nicht einmal das Weinen und Rufen der Kinder drang zu ihr durch. Ihr war, als liege sie schwer am Grund einer von unzähligen Stimmen summenden Tiefe, aus der sie allmählich leichter und leichter werdend in unendlich aufsteigenden Kreisen zu einem leuchtenden Licht emporschwebte.

«Mutter, liebe Frau Mutter, lasst uns nicht allein.» Irgendwann mischten sich Worte in die summenden Stimmen. Wie von weit her schien es zu rufen und nach ihr zu weinen. «Liebe Käthe, stirb mir ja nicht!»

«Martinus.» Sie glaubte, die Hand zu heben, um ihn zu streicheln, obwohl nur ein Zucken ihre Fingerspitzen durchlief. Er hatte es dennoch gesehen. «Gott sei Dank, sie kommt zu sich.» Wie er es früher bei Muhme Lene gesehen hatte, wenn sie Kranke versorgte, hob er Katharinas Oberkörper an, um ihr aus einer Schnabeltasse von dem Kräftigungssaft einzuflößen, der noch aus den Beständen der alten Siechenmeisterin stammte. Katharina spürte, wie etwas Bitteres, Kühles über ihre Zunge lief, hinunter in den Schlund, der vergessen hatte, wie man schluckte, und würgte, ehe die Tropfen ihren Weg fanden.

Mit jedem Tag, an dem sie ein bisschen mehr von dem verspürte, was mit ihr geschah, nahm sie das Summen und Kreisen in ihrem Innersten weniger wahr. Manchmal wurden ihr die starken Wickel um Arme und Beine schmerzhaft bewusst. Manchmal stach es geradezu in ihrer Nase, wenn jemand mit einem Riechfläschchen Essigessenz darunter durchfuhr oder sie den Duft eines mit Nelkenblütengewürz gespickten Duftapfels einatmen ließ. Meist aber lag sie still wie die Seidenraupe in ihrem Kokon und sammelte Kraft, den Panzer ihrer Schwäche aufzubrechen. Zwischen Hoffen und Bangen ging der Januar dahin, auch der Februar brachte kaum Besserung.

«Wie bei unserer Mutter», erinnerte Hans von Bora sich, der vor wenigen Jahren den Dienst bei Herzog Albrecht von Preußen quittiert hatte, da er eine Witwe geheiratet hatte und Vater geworden war. Dem Kind die in Sachsen liegenden Güter zu sichern, gelang mehr schlecht als recht, und dem Mädchen wollte auch kein Sohn folgen. So war die Reue groß und der Wunsch, nach Preußen zurückzukehren, noch größer, doch der Herzog konnte ihm nichts Neues bieten. Jetzt war er mit dem ersten Tauwetter angereist, um nach seiner kranken Schwester und anschließend auf seinem Erbdächlein zu Zulsdorf, das immer mehr zu verfallen drohte, nach dem Rechten zu sehen. Traurig stand er neben Katharinas Bett und blickte die wachsweiße, reglos Daliegende an, deren Brust sich in schwachen Atemzügen hob und senkte. «Auch unsere Mutter erlitt eine Totgeburt, als wir klein waren, und dämmerte ihrem Kindlein nach. Für uns Buben war's hart, auch weil der Vater unsere Schwester nach Brehna fort brachte und wir doppelt in Trauer kamen. Aber der Vater hat's nie verwunden. Trotz seiner neuen Frau aus dem Hause von Ende.»

Apollonia von Marschall, seine Frau, legte dem Schwager mitleidig die Hand auf. «Weinet nur nicht, Herr Doktor. Wer wüsste besser als Ihr, dass der Tod nur die Pforte ins wahre Leben ist. Auch mein erster Gemahl, Gott hab ihn selig, fand früh seinen Weg hindurch, sodass ich arme Verlassene glaubte, der Tränen nie mehr ledig zu werden. Seht Ihr nun mich als ein Exempel an, so seid fröhlich, dass Euer Weib das irdische Jammertal überwinden soll, und tröstet Euch einer neuen Liebe, die Gott auch Euch trotz Eures hohen Alters noch einmal schenken kann, wenn er will.»

Hans von Bora saß starr in Erwartung des Unheils, das sich bei dieser Leichenrede zur Unzeit auf Luthers Stirn zusammenzubrauen begann, und Barbara Cranach, die soeben mit einem Kräftigungstrank für Katharina zur Tür hereintrat, blieb wie angewurzelt auf der Schwelle stehen. Doch Luther schrie nicht. Nur ein Stöhnen entrang sich seiner Brust, ehe er leise antwortete, er habe wohl verdient, solche ganz unerträglichen Worte zu hören, habe er selbst doch oft genug ähnlich gesprochen, wenn einem anderen ein lieber Mensch von Gott genommen ward. Wohl möglich, dass er deshalb nun zum zweiten Mal unter Schmerzen lernen müsse, dass auch beim besten Willen des Menschen Herz das schwächste Fleisch sei.

«Schämt Euch, Herr Reformator!» Barbaras Stimme war hart geworden, seit sie um ihren Ältesten trauerte. «Habt Ihr so wenig Gottvertrauen? Seht auch Ihr Eure Käthe etwa schon tot? Wo bleibt da Euer Glaube? Erweckte der Herr in der Bibel nicht die Tochter einer armen Mutter, allein weil sie glaubte? So Gott will, genügt ein Wort, und meine Katharina erwacht, nimmt ihr Bett und geht. Betet, ihr Kleingläubigen. Und lasst mich mit der Kranken allein. Sie bedarf der Ruhe.»

Apollonia verzog schmollend den Mund, während sie ihrem Gemahl und Luther folgte, die beschämt aus dem Zimmer schlichen. «Die Gevatterin mit der langen Nase ist wohl ein rechter Besen?», hörte Barbara sie auf der Treppe drauflosplappern. Die gemurmelte Antwort Hans von Boras verstand sie nicht, doch Luthers: «Schweig, Weib!» und Apollonias empörte Antwort: «Was wahr ist, darf man sagen!» Sie entlockte ihr trotz aller anderen Sorge ein wenig Bedauern für Katharinas Bruder.

«Schreib auch, dass ich Philippus ehrerbietig grüßen lasse.» Katharina blickte Luther bittend an, der ihr einen Lehnstuhl in sein Studierzimmer gestellt hatte, damit sie es nach der langen Bettlägerigkeit bequem bei ihm hätte. «Ich bin ihm sehr dankbar, dass er dich hier bei mir gelassen hat und ohne dich mit Jonas, Bugenhagen und Cruciger zu den neuen Konzilsverhandlungen nach Schmalkalden gereist ist. Ich glaube, ich hätte es nicht überlebt, dich nochmals dort zu wissen.»

«Ich schreib ihm, wie übermütig du zu werden beginnst, sodass du noch nicht recht gehst, aber doch schon mehr als du kriechst», gab Luther neckend zurück. «Das wird ihn freuen. Aber ich hab auch eine Freude für dich, wenn du willst.»

Mit erwartungsvollen Augen sah sie ihn an. «Und welche?»

«Wie wäre es wohl mit dem Gütlein zu Zulsdorf?»

Sie fand keine Worte. Die Überraschung war gelungen. Luther strahlte. «Dein Bruder hat es mir angeboten. Will es dir günstig lassen, unter Brüdern, würde er sagen, wärst du seine Schwester nicht. Für sechshundertzehn Gulden. Wäre das recht?»

Er meinte es wirklich ernst. Martinus wollte ein Landgut kaufen. Er, der letztes Jahr noch so ärgerlich über ihre Wünsche nach weiterem Land gewesen war, dass er sich weigerte, ihr zur Pacht eines Vorwerks mit stattlichen drei Hufen zu verhelfen. Erst mit einem

Bittbrief an ihren Gevatter Landrentmeister Hans von Taubenheim war sie doch noch erfolgreich gewesen.

«Zulsdorf ist heruntergekommen, Martinus.» Katharina nagte nachdenklich an der Unterlippe. «Aber der Garten mit einer Hufe Land vor dem Elstertor ist weit kleiner und kostete neunhundert Gulden. Außerdem ist der Grund und Boden zwischen Pleiße und Weißer Elster fruchtbarer als hier und der Sitz ist ein kleines, aber veritables Herrenhaus. Der Preis ist also mehr als brüderlich, ein echtes Schnäppchen.»

Luther nickte. «Es ist freilich weit weg von Wittenberg. Selbst mit deinen guten Pferden und Wagen sind es mindestens zwei Tagesreisen.»

«Könnte das nicht von Vorteil sein?» Katharina begann immer eifriger zu planen. «Du hast die Stadt sowieso oftmals satt, sprichst davon, aufs Land zu ziehen. Zu Zulsdorf wäre das ohne weiteres möglich. Zumindest den Sommer könnten wir dort verbringen, fernab der Elbschwüle, und hätten künftig auch immer eine Zuflucht vor der Pest oder der Cholera, sollten die Seuchen wieder einmal mit den Ratten aus den Elbgründen steigen.»

«Fragt sich nur, woher du das Saatgut für so viel Land nehmen willst?» Luther malte mit dem Finger Kringel auf den Tisch. «Ich hab's mit deinem Bruder im Überschlag gerechnet, als du krank lagst. Das Gütlein warf in den letzten Jahren nie genug ab, sich selbst zu erhalten.»

«Weil er es schlecht bewirtschaftet hat», gab Katharina zurück. «Die Ackerkrume ist gut. Man muss es nur sorgsam betreiben, dann gibt das Gütlein mit Gottes Hilfe leicht her, was es soll. Wegen des Saatguts hätte ich schon eine Idee.»

Luther lachte auf. «Nicht verzagen, Käthe fragen. Lass hören!»

«Zulsdorf gehörte einst unserem Gevatter Heinz von Ende», erklärte Katharina. «Es kam mit meiner Stiefmutter in meines Vaters Besitz. Und noch immer grenzt es an das Land derer von Ende. Wenn du dich erinnerst, ist mein Gevatter Ehrenfried von Ende auf Schloss Wolkenburg an der Mulde der direkte Nachbar. Bittest du ihn, mir aus freundschaftlicher Nachbarschaft zum Einstand im Herbst bis zur ersten Dresche übers Jahr die nötigen Scheffel Korn und Hafer zu geben, wird er es mir nicht abschlagen.»

«Wirst du deine Schulden aber auch abtragen können?», fragte Luther ernst.

«Ja.» Katharina hegte nicht den geringsten Zweifel.

«Wohlan, so will ich dir das Gütlein als dein Erbdächlein aus deines leiblichen Vaters Besitz mit der Gnade deines wirklichen Vaters wohl kaufen, indem mir der Kurfürst in seiner Freundlichkeit die sechshundert Gulden dazu und das Bauholz zur Renovierung des Sitzes bereits gewährt hat.» Luther schloss seine überglücklich aufspringende Frau in die Arme, ehe sie auf ihren noch schwachen Beinen strauchelte. «Gott gibt allemal mehr, als wir bitten. Wenn wir recht um das Stück Brot bitten, so gibt er einen ganzen Acker. Ich bat, Gott sollt' mir meine Käthe leben lassen, so gibt er ihr ein gut Jahr dazu.»

«Der reichen Frauen zu Zulsdorf, Frauen Doktorin Katherin Lutherin, zu Wittenberg leibhaftig wohnhaftig, und zu Zulsdorf geistlich wandelnd, meinem Liebchen zu Handen.» Katharina las lachend vor. «Der Herr Doktor und seine Briefe! Wer die später einmal liest, wird sich an den Kopf fassen, was für ein Grundschalk der strenge Herr Reformator war.»

«Nun ja, bis du wahrhaftig in dein neues Reich einziehen wirst, fließt wohl noch einiges Wasser die Elbe hinab», meinte ihre Gevatterin Katharina von Falke, Justus Jonas' Pröpstin, ernst. «Gesund bist du zwar, aber schwach. Und dazu wollte ich dir im Übrigen längst etwas gesagt haben.»

Katharina strich ihre Röcke glatt und sah ruhig auf. «Ich glaube, ich weiß schon, was es ist. Meine Muhme Lene war mir immer eine vortreffliche Lehrerin. Auch als Siechenmeisterin. Ich bin dir dankbar, dass du mit mir darüber reden willst, aber wenn es darum geht, woran ich denke, so weiß ich, dass ich wohl mein Zulsdorf fruchtbar machen kann, meinen eigenen Leib aber nicht.»

Die Pröpstin nahm Katharinas Hände zwischen ihre eigenen.

Als Erzmutter verstand sie, wie einer anderen Erzmutter zumute ist, wenn sie erkennen muss, dass ihr totes Kind zugleich ihr letztes war. Mit einem tiefen Atemzug sprach Katharina weiter. «Kathi, du weißt, wie sehr ich mich auf das späte Mutterglück gefreut habe. Es hat nicht sollen sein, da es Gott gefiel, mein Kindlein zu sich zu nehmen, ehe er es mir recht gab. Nun haben wir mit dem Elslein, meinem Totgeborenen und Muhme Lene zwei kleine Schutzengel im Himmel und einen großen. Mehr bedarf es nicht. Gott hat auch in diesem Fall wohlgetan. Bei aller Freude auf das neue Kindlein war doch viel Sorge dabei, ob Martinus es bei seinem Alter wohl noch recht aufwachsen und glücklich groß werden sähe.»

«Ich dachte mir, du würdest es so aufnehmen.» Katharina von Falke griff nach dem feinen flandrischen Tuch, aus dem sie für Lene eine Bluse nähte. «Bist meine kleine Tapfere.» Sie lächelte. «Bist von anderem Schlag als dein Bruder, der wohl fromm, treu und rechtschaffen ist, dem aber das Seine durch die Finger rinnt, weil er mit seiner Hausfrau einen Missgriff getan und keinen Erben bekommt. Martinus hat uns in seinem Kummer alles erzählt.»

Vor Katharinas inneren Augen stieg das Bild der Schwägerin auf. Sie hatte Haare auf den Zähnen und liebte feine Gesellschaften. Zulsdorf war gewiss nicht das, was sie wollte. «Martinus hat sich noch einmal für Hans bei Herzog Albrecht von Preußen verwendet. Mein Bruder diente ihm so gern als Amtmann zu Memel, liefe am liebsten barfuß zurück, nur um dort wieder arbeiten zu dürfen. Leider hat der Fürst den schönen Posten bereits anderweitig vergeben, will sich aber kümmern.»

Sie schwieg einen Moment, denn das lange Reden strengte immer noch an. «Dass der Vater ihn zurückbefahl, um Zulsdorf in brüderlicher Teilung mit Clemens zu übernehmen, als mein armer Bruder Wolff zu Tode kam und dessen kleiner Florian Kind in unserem Hause wurde, war wohl Gottes Wille», fuhr sie schließlich fort. «Aber Gnade war nicht dabei, sonst hätte ihm das Erbe besser angeschlagen.»

«Und wenn die rechte Gnade wäre, dass du es nun bekommen hast?», rief die Gevatterin. «Mir will es scheinen wie späte Gerechtigkeit Gottes, der an dir gut macht, was dein leiblicher Vater an dir durch das dir vorenthaltene Erbe und die dir geraubten Jahre im Kloster gesündigt hat.»

«Gut gesprochen, Frau Gevatterin!», warf Luther ein, den es nicht länger in der Studierstube gehalten hatte, und streichelte über Katharinas Scheitel. Ohne ihre Haube machten die feinen weißen Fäden zwischen den rotblonden Haaren sich stärker bemerkbar als sonst. «Mein schönes Liebchen wird alt.» Fröhlich fiel es ihm auf. «Gott sei's gepfiffen und getrommelt, denn wer nicht alt wird, stirbt jung.»

«Zulsdorf hinten, die Pacht vorn, der eine Garten vor dem Elstertor links, der andere rechts, dazwischen nur Haus und Hof und Hof und Haus. Weib, es muss mich der Teufel geritten haben, als ich dir Land über Land kaufte!» Der Alltag war wieder im Luther-Haus eingekehrt und die Sorgen mit ihm.

Das für Zulsdorf zugesagte Bauholz war geschlagen und dem Schösser unter der Hand verschwunden. Ständig kutschierte Katharina nun zwischen Wittenberg und Flößerstelle, um die verspätet in der Leine antreibenden Stämme zu fahren. Gleichzeitig ließ der kurfürstliche Zeugmeister das liebe Bore-Kirchlein und am Luther-Haus den halben Keller einreißen, weil er einmal mehr gegen die Türken und Papisten schanzte.

Damit nicht genug, erwies Hansi sich als fauler Strick, der an der Universität fehl am Platze war und mitsamt seinem Gevatter Florian von Bora Nachhilfeunterricht in der Lateinschule zu Torgau nehmen musste. Unterwegs erwies Florian sich als Dieb, der seinem kleinen Vetter Paul nicht bloß ein Messer stahl, sondern auf Befragen seines Lehrers die Stirn zur Lüge hatte, der Klage gegen ihn führende Paul habe es ihm geschenkt. Da halfen keine Fürbitten Katharinas, sondern der Teufel sollte dreinfahren und dem Magister drei Tage hintereinander die Rute führen, dem ruchlosen Strolch das Fell zu gerben, ehe der Henker dereinst das Werk an ihm vollenden müsste. Und weiter ging's im Sorgenbuch mit den von Boras, denn Katharinas Bruder Hans geriet von einer Not in die andere. Jetzt unterstellte man ihm Unterschlagung und hatte ihn entlassen. Zwar kam er als unschuldig davon, doch wohin nun mit ihm? Immer hieß es: «Martinus, hilf!» Und er schrieb sich die Finger an den Kurfürsten wund um eine andere Verwalterstelle, irgendein Amt, sei es noch so jämmerlich, das den armen Schlucker ernähre. Im nahen Brehna, in Katharinas ehemaliger Klosterschule, sollte er nun vielleicht ein neues Auskommen als Verwalter finden. Zu allem Übel erwies sich Katharinas jüngerer Bruder Clemens als Raufbold und Tunichtgut, der sich zu Königsberg in Händel verwickeln ließ. Der Herzog war dem wilden Schlagdrauf zwar gewogen, aber wenn es so mit ihm weiterginge, würde es alsbald heißen: «Ab nach Sachsen!» Die erste Androhung lag bereits vor. Und dann? Luther mochte nicht daran denken.

Und nun war auch noch der Landgraf von Hessen, dieser Eckpfeiler der Reformation, auf die grandiose Idee verfallen, das Hoffräulein Margarete von der Saale, seine heimliche Konkubine, zu heiraten, obwohl er bereits verheiratet war und zehn Kinder mit seiner Gattin hatte. Schlitzohr, das er war, biederte er sich damit bei Luther an, indem er Katharina von seiner Liebsten als ihrer Gevatterin grüßen ließ und den Reformator Schwager nannte. Tatsächlich war sie mit Katharina über ihren Vater, Jan von Bora, verwandt, der einst Lippendorf kaufte und den Rittersitz zu der Saale als Lehen besaß. Trotzdem wurmte es Luther, dass der Landgraf sich diese Verwandtschaft und Katharinas erhoffte Fürsprache für ihre Gevatterin zunutze machen wollte, um den Reformator seiner Bigamie gewogen zu stimmen. Vor lauter Ärgernissen wusste Luther nicht mehr, wo ihm der Kopf stand. Und von Katharina kam nichts als ihr ewiges: «Martinus, gib Geld!»

«Ich hab's nicht und geb's nicht, und hätte ich's auch!», schrie er sie darum an. «Fahr du nur nach Zulsdorf und ackere dort. Ich aber will zu Wittenberg im Weinberg meines Herrn ackern und mit Melanchthon beraten, was aus deiner Gevatterin» – er betonte es spöttisch – «mit ihrem Gemahl zur Linken werden soll.»

Katharina blieb ruhig. «Du fürchtest dich, Martinus. Und ich verstehe dich. Sei mir nicht gram, dass ich meinen Platz ausfülle, an den

Gott mich gestellt hat, auf dass ich deines Hauses warte, wie ich dir nicht zürne, dass du draußen in der Welt deinen Mann stehen musst. Sage mir nur, wie willst du das vor Gott und der Welt rechtfertigen, dass der Landgraf sein Liebchen mit dem Segen des Evangeliums zur Zweitfrau nahm?»

«Ich weiß es nicht, Catena.» Luthers Wut fiel in sich zusammen und machte tiefer Verzweiflung Platz. «Aber verlieren wir den Landgrafen, verlieren wir die Reformation. Melanchthon und ich haben ihm deshalb Dispens erteilt, mussten es tun, um der Reformation und des großen Wortes willen: Sie sollen sein ein Fleisch. Die Landgräfin verweigert ja ihrem Gemahl das Beilager, seit das zehnte Kind geboren ist, sodass er gegen seinen Willen in keuscher Bruder-Schwester-Ehe neben ihr leben und nach der Magd greifen muss, seines Leibes Notdurft zu stillen. Da dies wider das Sakrament der Ehe verstößt, gewährt ihm die Landgräfin seine Konkubine als rechtmäßige Gattin zur Linken, damit er nicht in Sünde lebe um ihretwillen und sie nicht in Sünde um der Verweigerung ihres Leibes willen.»

Katharina schüttelte fassungslos den Kopf.

«Früher, als Mönch, habe ich oftmals meinen Rat gegen die Weisungen des Papstes erteilt und gemäß meinem Amt nach dem Wort des Evangeliums geraten», versuchte Luther das Unbegreifliche zu erklären. «Da habe ich diese Leute vermahnt, dass sie dieses mein Urteil für sich behalten sollten, und gesagt: Siegle es zu; kannst du es nicht geheim halten, dann nimm die Verantwortung auf dich. Öffentlich würde ich ein anderes Urteil fällen. So haben Philippus und ich es auch diesmal getan.»

Lange blickte er Katharina an, die seinem Blick wortlos standhielt. «Als ich nachgab», sprach er endlich, «da meinte ich, hoffte ich, betete ich, Gott wolle uns als seine Diener wie einst Isaak prüfen, ob wir uns auch des Bösen bedienten um des Guten willen. Befände er uns gehorsam und willens, das Opfer zu bringen, glaubte ich, so werde er den Landgrafen zum rechten Wege erleuchten.»

«Aber?» Katharina fragte es leise.

«Ich erkannte Gottes Willen schlecht. Und jetzt wissen es alle schon. Zerreißen sich das Maul über uns. Zerfetzen unsere Reformation als Blendwerk der Fleischeslust.» Luther rieb sich über die Augen. «Obwohl unser Urteil in dieser Sache vor Gott Geltung hat nach dem Bibelwort, dass der Herr uns als seinen eigenen Willen anzeigt, was zwei oder drei in seinem Namen sagen und meinen.»

«Wie viele andere Bibelstellen würde ein Doktor Eck wohl dagegen anführen?», dachte Katharina und fragte laut: «Steht Melanchthon dazu?»

«Er war bei der Hochzeit dabei und liegt seitdem krank vor Seelenpein. Er fürchtet, dass wir den Papisten mit dieser Entscheidung den Dolch in die Hand gaben, der die Reformation mordet.»

«Und was fürchtest du?»

«Meinen Gott, Catena. Nur meinen Gott.»

An Ave von Schönfeld, des Basilius Axt tugendsame und hochlöbliche Hausfrau zu Königsberg, meiner freundlichen und liebsten Herzschwester und Trösterin

Wittenberg, im Winter meiner Seele 1542

Gnad und Frieden in Christo, liebste Ave.

Wie kommt es doch, dass ich dir nur immer schreibe, wenn ich zu Tode betrübt bin und Zuflucht zu dir nehme als der Letzten und Einzigen, die in mein Herz sieht und mich kennt durch und durch? In Trauer bin ich, Ave, in Schmerzen, als sollte es mein Innerstes auswärts stülpen, als zöge man mir innen und außen die Haut bei lebendigem Leibe ab, als brenne mir die Tortur jedes Knöchelchen einzeln ab, und doch ist das alles zu gering benannt gegen das Leid, das ich dulden muss wie die heilige Gottesmutter mit ihrem zu Tode gemarterten Sohn auf den Knien. Mein Lenchen ist tot. Und Martinus hat sein Testament gemacht.

Aber lass mich vom Anfang erzählen. Vielleicht dass ich es mit dir zusammen begreife.

Im Hochsommer war es. Luther fuhrwerkte zu Wittenberg im Evangelium, das ihm der hessische Landgraf mit meiner Gevatterin, seiner Liebsten, aus dem Ruder gerissen hatte. Du wirst die Geschichte kennen, pfeifen sie doch alle Spatzen von den Dächern und die Spottdichter dazu. Ich aber reiste mit den Kindern nach Zulsdorf. Es war ja Erntezeit. Nur Hansi fehlte, der zu Torgau über den Büchern schwitzte.
Die erste Rast hielten wir auf dem Sattelhof zu Brandis bei meinem Bruder Clemens. Die Kinder tobten sich aus, spielten im Löschteich, dass sie grün von der darauf wuchernden Entengrütze waren wie die Nixen im Brunnen zum Marienthron – weißt du noch? Am nächsten Morgen ging es weiter. Da fieberte Lene schon. Kinder fiebern so schnell, Ave. Von einer halben Stunde zur anderen steigt die Hitze in ihnen hoch, dass wir Alten daran zu Tode kämen. In der nächsten halben Stunde fällt sie wieder. Wie oft habe ich das erlebt. Ich sorgte mich nicht und denke heute: Ach, hätte ich mich gesorgt, vielleicht lebte sie noch.
Zu Zulsdorf legte ich mein Lenchen zu Bett, brachte Wadenwickel und Kamillenaufgüsse; was man gegen fiebrige Erkältungen tut, und sorgte mich immer noch nicht. Auf dem Gütlein war viel zu tun. Korn und Hafer standen hoch und sollten eingefahren werden. Das Obst hing schwer in den Bäumen. Überall war Hand anzulegen, zumal am Haus für den Winter die letzten Bauarbeiten auszuführen waren. Endlich brachte ich die beiden Bildmedaillons von Martinus und mir über der Tür an, die ich bei meinem Einzug anfertigen ließ. Wollte auch noch die Streitigkeiten mit den Dorfleuten und dem Ritter zu Kieritzsch klären, weil die im Dorf meine Wiesen als Weidegrund verlangten und der Ritter meine Frondienste. Zuletzt mussten wir alles doch vor den Kurfürsten tragen, der zu meinen Gunsten entschied. Gottlob.
Über alledem lag das Lenchen zu Bett und war der Pflege der Haushälterin überlassen, die mit ihrem Gemahl Haus

und Hof verwaltet, wenn ich zu Wittenberg bin. Dass es bei solcher Pflege verlassen war, merkte ich erst, als das Erbrechen begann und der Magen rein gar nichts mehr bei sich behalten wollte. Ave, ach, Ave, jetzt fiel mir das Elslein ein, bei dem es doch auch so begonnen. Damals dachte ich, es sei an der von Geburt an vorhandenen Schwäche gestorben. Aber mein Lenchen war nicht schwach, sondern gesund und schön und klug und mein Licht und mein Leben. Ich musste zurück nach Wittenberg, so schnell uns die Pferde zögen, und verfluchte zum ersten Mal die weltferne Ruhe auf dem Land, die ich so liebte. Mein Lenchen brauchte einen Arzt und Medizin, die besten Heilmittel der Welt. Mit dampfenden Pferden jagten wir zurück. Es war mir egal, würden sie auch zu Schanden getrieben.

Wir haben alles versucht, liebste Ave. Selbst Hansi ließen wir aus Torgau holen, als sie ihren lieben Bruder noch einmal zu sehen wünschte. Wir hofften so sehr, dass sein Anblick ihre Lebenskraft stärken werde. Wohl war dem auch so, denn als wir nach ihm schickten, fürchteten wir, er werde zu spät kommen. Doch als er da war, an ihrem Bett saß, ihre Hand hielt, sie streichelte und ihr Geschichtchen aus der Schule erzählte, da war er wie ein Schild gegen den Tod. Vier kostbare Tage lang zum Hoffen und Bangen und Abschiednehmen. Dann hustete sie Blut.

Martinus, der starke, stattliche Mann, stand gramgebeugt an ihrem Bett und fragte sie: «Magdalenchen, mein Töchterlein, du bliebest gerne hie bei mir, bei deinem Vater? Und du gehest auch gerne zu jenem Vater?» Sie sah ihn an, so lieb und bleich, und antwortete still: «Ja, herzer Vater, wie Gott will!» Ihm schossen die Tränen auf, und ich stand und biss auf die Knöchel, damit ich nicht schrie im Schmerz. «Du liebes Töchterlein!», brachte er hervor und kniete bei ihr nieder, weil ihn die Knie nicht mehr trugen, und begann zu beten: «Lieb hab ich sie sehr! Aber so es dein Wille ist, du lieber Gott,

dass du sie nehmen willst, so will ich sie gerne bei dir wissen. Ich wollt gerne meine liebe Tochter behalten, denn ich sie sehr liebe. Wenn sie mir unser Herr Gott lassen wollt! Doch geschehe dein Wille! Ihr kann zwar nicht besser, nicht besser geschehen.»
Ave, ich konnte nicht allso beten, nicht zu einem lieben Gott, nicht zu einem gnädigen Herrn, nichts konnte ich sagen als nur Weinen, denn da lag mein Kind, aus meinem Leib geboren, unter meinem Herzen gewachsen, und der Schmerz riss mich auf, als schnitte man mir lebendigen Leibes das Herz heraus.
Nachts, da sie schlief und ich wachend neben ihrem Bette saß, war mir, als sähe ich einen Traum. Zwei herrliche Jünglinge traten herein, die nahmen mein lieblich als Braut geschmücktes Lenchen und geleiteten es zur Hochzeit. Und dabei lächelte es so süß und selig, dass mir die Tränen versiegten und ich mein Kind herzte und streichelte mit der schönsten Hoffnung, es werde genesen und der Herr mir das Glück vergönnen, ihre Brautmutter zu sein.
Melanchthon aber, der kam, um nach ihrem Befinden zu fragen, erschrak über meine Vision und sagte, es seien zwei Engel gewesen, die sie zur himmlischen Hochzeit holen kamen. Ich schrie auf vor Entsetzen, denn als ich mein Lenchen im Arm ihres Vaters ansah, da war es wahrhaftig mit ihnen gegangen. Das war zur neunten Stunde des 20. September, dem ersten Tag des Winters meiner Seele. «Liebe Käthe», sagte Martinus und wollte mich trösten, «bedenke doch, wo sie hinkommt. Sie kommt ja zu Wohl!» Aber ich musste nicht fragen: «Tod, wo ist dein Stachel? Hölle, wo ist dein Sieg?», denn der Stachel bohrte in mir und die Hölle muss wohl so sein wie das Leid einer Mutter um ihr totes Kind.
Martinus aber begann erst zu weinen, als wir das liebe Kind, das uns nie nur den kleinsten Kummer im Leben bereitet hatte, vom Totenbett in den Sarg heben wollten und ihn zu

kurz fanden, sodass wir ihre Beine ein wenig winkeln und sie so schief zur ewigen Ruhe betten sollten. «Das Bettlein ist ihr zu klein!», schluchzte er und lief eilends hinaus. Ich aber stand da und ließ mein Liebstes nicht von mir, ehe sie nicht einen größeren Sarg brachten, damit sie es weich und bequem hätte für ihren langen Schlaf.
Beim Begräbnis waren viele Leute. Der Friedhof stand schwarz von ihnen, doch ich achtete ihrer nicht, sah nur den weißen Sarg, in dem ich sie zum Bräutlein geschmückt wusste, und mir war, als hörte ich sie flüstern: «Weint nicht um mich, herzliebe Mutter. Über ein Kleines, und ich führe Euch in das leuchtende Licht, wo ich nun bin und alle Tränen nur Freude sind.»

Hier schlaf ich, Lenichn, Doktor Luthers Töchterlein,
Ruh' mit alln Heilign in meim Bettlein.
Die ich in Sünden war geborn,
Hätt' ewig müssen seyn verlorn,
Aber ich leb' nu und hab's gut,
Herr Christe, erlöst mit Deinem Blut.

So steht es in lateinischer Schrift auf ihrem Grabstein, Ave. Wieder nur Luthers Töchterlein. Aber nun ist es mir gleich. Mag doch die Welt meiner vergessen, wenn nur mein Herr und Gott mich nicht vergisst, auf dass ich meine Kinder mit seiner Gnade bald wieder sehe.

Gott bewahre dich und dein Haus, liebste Ave.
Deine getreue Katharina Lutherin

Katharina legte die Seiten nebeneinander, um sie mit Streusand abzulöschen. Die Buchstaben liefen ihren eigenen Weg auf diesem Brief. Tränen zogen Spuren darüber. Die Sandkörnchen sogen sie auf, klebten an den feuchten Stellen fest. Knirschend legten sie sich mit dem

Pergament in Falzen, als sie die Bögen zum Kuvert verschloss und siegelte.

Luther trat hinter sie. «Ich denke und denke, Catena», murmelte er, den Kopf in ihren Nacken gelegt. «Der Tod ist Gottes Strafe und straft mich in meinen Kindern. Sie starb durch mich, Katharina. Durch mein Versagen. Mir zur Lehre. Wie reut mich mein falscher Rat, den ich dem Hessen gab. Wie gern wollte ich tausend Tode sterben, würde mein Kind dadurch wieder lebendig.»

Katharina schwieg. Was sollte sie auch sagen? Dass er Recht hatte, Unrecht hatte? Sie war nicht Gott.

«Der Kaiser hat mit dem Landgrafen einen geheimen Vertrag geschlossen.» Luther schien nicht zu merken, dass sie kaum zuhörte. «Verlässt der Landgraf den Schmalkaldischen Bund, enthält sich aller denkbaren neuen Bündnisse in Religionsfragen und tritt nicht gegen den Kaiser an, sollte dieser die Protestanten schleifen, garantiert der Kaiser ihm Straffreiheit wegen Bigamie.»

«Teuer erkaufte Fleischeslust.» Katharina konnte sich die Bemerkung nicht verkneifen.

«Wäre es nur das!» Luthers Stirn war feucht. Sie spürte es durch den Kragen. «Wir gaben ihm Dispens, um die Reihen der Unseren geschlossen zu halten. Jetzt ist der erste Keil zwischen uns geschoben. Wer weiß, wie viele es noch werden? Diese falsche Ehe hat Zweifel in den festesten Seelen geweckt.» Er seufzte gequält. «Ich bin es so müde, Käthe, ich hab es so leid.»

Aber sie konnte ihn nicht trösten, nicht beruhigen, nicht aufbauen. Nichts war da, ihm zu geben. Alles war sein. Sein Kind, seine Angst, seine Reue, sein Leid, seine Frau, sein Gott. Unwillig wandte sie sich ab.

Wie das Leben nach Elsleins Tod weitergegangen war, so stieg die Sonne auch nach Lenes Beerdigung jeden Morgen am Himmel empor, hungerte die Tischgesellschaft und das Vieh im Stall, reiften die Früchte auf dem Feld und wollte das Haus versorgt sein.

Seit das Bore-Kirchlein abgerissen worden war, standen neue

Hochbeete im Garten. Stolz schickte Luther Setzlinge von Maulbeerstrauch und Feigenbäumchen über Land. Selbst die Fürstin von Brandenburg freute sich darüber. Es tat Katharina fast gut, als plötzlich ein Heuschreckensturm übers Land hereinbrach, wie Wittenberg es noch nie gesehen hatte. Riesige Tiere, fielen sie in Wolkenschwärmen über alles Fressbare und bedeckten sämtliche Wege und Stege um Umkreis von zwei, drei Meilen mit ihren hart geflügelten Leibern, dass es hieß, Pferde und Wagen bewegten sich wie durch knatternde Krebse.

Zum Glück war der Großteil der Ernte bereits eingefahren. Doch der Anblick der kahl gefressenen Bäume, die doch im Herbst ihres Lebens grünen sollten, war wie ein Zeichen, dass auch die Erde um das liebe Kind trauerte, das alles Schöne so herzlich geliebt hatte. Katharina fühlte sich wie einer von ihnen, mit vom Sturm weggefetzten Ästen, der Stamm vom Blitz gespalten und halb verbrannt, und dennoch an den vom Lebenssaft durchrieselten Resten nach Kräften blühend und Frucht tragend.

Manchmal richtete sie sich über den Beeten auf und schaute das schöne Eingangsportal des Luther-Hauses an. Sie hatte es Martinus zum siebenundfünfzigsten Geburtstag geschenkt, hatte es aus Pirnaer Sandstein anfertigen lassen. Wie oft hatten sie auf den zu beiden Seiten ausgearbeiteten Sitzen mit den Baldachinen darüber gesessen und plaudernd den Kindern zugeschaut, die im Garten spielten und tollten. Unter dem linken Baldachin befand sich Luthers Porträt, unter dem rechten sein Wappen, die Luther-Rose. Er saß stets unter seinem Bild, sie unter der Rose. «Weil du die schönste Rose in meinem Garten bist», hatte er gesagt und sie geküsst, als er die Sitze verteilte.

«In silencio et spe erit fortitudo vestra.» – «Im Stillsein und Hoffen wird eure Kraft sein.» Luthers Wahlspruch stand unter dem linken Baldachin. Erst wenige Jahre war es her, doch es schien Katharina eine Ewigkeit, seit sie erstmals dort saßen. Damals waren sie nicht still, oft mit geringer Hoffnung und doch stark gewesen. Damals hatte Lenchen noch gelebt. Jetzt waren sie still, und die Hoffnung war nicht selten das Einzige, was ihnen Kraft gab.

«Ich kann sie einfach nicht vergessen», konnte Luther unvermittelt seufzen, und sie wusste sofort, wen er meinte, obwohl so viele inzwischen fort waren, die sie lieb gehabt hatten. Die Cousine Elisabeth von Meseritz zuerst, dann die liebe Muhme Lene, nun auch Barbara Cranach, die mütterliche Freundin der ersten Wittenberger Jahre, Katharinas Gevatterin Katharina von Falke, die Pröpstin an der Seite des treuen Justus Jonas. Und Else Agricola musste ihrem Mann zuliebe fernbleiben, der sich unversöhnlich mit Luther zerstritten hatte.

Es war mühsam geworden, weiterhin Herz und Haus für jedermann offen zu halten, der mühselig und beladen zu ihnen kam. Wahrscheinlich waren sie deshalb auch auf diese unsägliche Rosina von Truchsess hereingefallen, die sich als arme entsprungene Nonne ins Luther-Haus gelogen hatte, in Wahrheit aber die Tochter eines Aufrührers war, der im Bauernkrieg Kopf und Leben verlor. Als Luther ihr auf die Schliche kam, flehte sie ihn auf Knien an, ihr die Lüge zu verzeihen. Großmütig nahm er die reuige Sünderin in Gnaden auf. Und zuletzt war es wieder an Katharina, der üblen Schälkin das Handwerk zu legen, die sich aus Kisten und Kasten bedient hatte und obendrein auch noch im frömmsten Hause der Stadt für Geld einem jeden handfesten Kerl freudig zu Diensten war. Erst als sie weg war und es sich auf dieselbe Weise in allen Pfarrhäusern der Umgebung wohl sein ließ, gab Luther seiner Käthe reumütig Recht, dass das Luder von Rechts wegen hätte in einen Sack gesteckt und in der Elbe ersäuft werden müssen.

«Tröste dich, Catena.» Ihr Kosename aus seinem Mund war ein kostbares Licht in diesen düsteren Tagen. «Dein Luther hat einen starken Rücken. Er wird auch diese Last tragen.»

Erst Maruschels Erkrankung riss Katharina aus ihrer lähmenden Verzweiflung um Lenchens Tod. Die Stadt wimmelte von Masern- und Pestkranken. Was, um Himmels willen, hatte das Kind? Beide Erkrankungen fingen mit Kopfschmerzen und hohem Fieber an. Beide belasteten die Augen, dass sie brannten und juckten. Beide bildeten Quaddeln auf der Haut. Nur bei der einen wurden sie alsbald schwarz und dick, bei der anderen blieben sie rot und klein. Tödlich konnten sie beide werden.

Stunden der Panik schlichen vorbei, in denen Katharina andauernd den Leib ihres Töchterchens prüfte, nach Schmerzen fragte, wo genau es weh tat, wie es juckte, wo es brannte. Keiner, nicht einmal Luther hatte Zutritt zum Siechenzimmer. Wie ein Zerberus stand der alte Wolf davor und wehrte jeden mit seinem steifen Arm ab. «Die Frau Doktorin hat's verboten.»

Endlich stand fest, es waren die Masern, nur die kleine, die rote Pest, wie der Volksmund es nannte. Weitere Kinder im Haus lagen krank. Zwei Knaben hatten eindeutig die Pest. Sie wurden ins Brauhaus ausquartiert. Das Stöhnen, Weinen, Wehklagen und Jammern der erkrankten Kinderschar trieb selbst Luther tagsüber in die Flucht, der sich bei Meister Cranach einnistete, in dessen still gewordenem Haus die Krankheit keine Opfer fand. Katharina ließ ihn aufatmend ziehen. Ihn in relativer Sicherheit zu wissen bedeutete eine Sorge weniger für sie.

Diesmal wollte sie keinen Fehler machen und das Kind von Anfang an selbst betreuen. Die anderen Kranken im Haus mussten sich mit den Mägden begnügen. Sie waren gut zur Pflege angelernt. Bei schwierigen Problemen konnten sie fragen. Einen Anflug schlechten Gewissens wischte Katharina schnell beiseite. Sie hatte zwei Töchter durch Krankheit verloren. Vielleicht hatte sie Lene nicht retten können, weil sie keine richtigen Medikamente zur Hand hatte, als noch Zeit gewesen wäre. Diesmal aber war sie zu Hause. Ein Arzt stand bereit, sollte sie mit ihrem Latein am Ende sein. Ihr drittes und letztes Mädchen sollte der Tod ihr nicht auch noch entreißen.

Über und über von nässenden, juckenden roten Pusteln übersät, lag ihre Jüngste fiebernd im Bett und verlangte weinend nach der Mutter. «Mutter, sagt, muss ich sterben?»

Ihre klägliche Frage tat weh. Warum wollte sie es wohl wissen? Ahnte sie ihren Tod? Katharina rief sich mühsam zur Ruhe. «Nein, liebes Herz, ich glaube nicht, dass Gott es so will.» Fest hielt sie ihr Kind, wiegte es hin und her und wiegte sich selbst dabei mit, ihre

Angst, ihre Not, ihre Ohnmacht im Angesicht der Unerforschlichkeit des Herrn.

Allenfalls wenn Maruschel schlief, wich sie kurz von ihrer Seite, um Heilkräuter aufzubrühen, frische Umschläge zu besorgen, Tinkturen zum Einpinseln und Einreiben anzusetzen und Puder aus Zinnkraut zu mahlen, das mit einem feinen Pinsel über die nässenden Flecke gestrichen wurde und sie allmählich zum Abheilen brachte.

«Hoffentlich bleiben keine Narben zurück», wünschte sie sich, als das Fieber abklang und sie die dick verschorften Wunden betrachtete, die an vielen Stellen von Maruschels kratzenden Fingern entzündet waren.

«Schönheit vergeht, Liebe besteht, und wer sie liebt, lacht doch. Hauptsache, sie wird gesund.» Luther war da pragmatischer.

Gott sei Dank hatte wenigstens er sich nicht bei den Kindern angesteckt. Masern im Erwachsenenalter waren viel gefährlicher. Bei seiner angeschlagenen Gesundheit hätte es ein schlimmes Ende nehmen können. Er sah sowieso wieder furchtbar aus, als bahne sich erneut eine Nierenkolik an. Besorgt beobachtete sie, wie hastig er bei Tische schlang und seine Anfechtungen, die ihn seit Lenes Tod qualvoller denn je heimsuchten, mit immer mehr Wein zu betäuben suchte.

«Du solltest dich ein paar Tage ausruhen, Martinus», schlug sie ihm vor. «Wir könnten miteinander nach Zulsdorf reisen. Maruschel würde es sicher auch gut bekommen. Sie ist so schwach, kommt gar nicht recht zu Kräften hier in der stickigen Schwüle und all dem Herdfeuerrauch über der Stadt.»

Doch Luther schüttelte den Kopf. «Der Kurfürst hat uns die erste evangelische Kirche zu Torgau errichtet, Käthe. In wenigen Tagen soll sie eingeweiht werden. Wir evangelischen Prediger alle werden kommen. Es ist ein Jubeltag für uns. Und ich, dein altes Liebchen und Gottes größter Sünder, habe die Ehre, den Weihegottesdienst darin zu halten. Ich muss meine Predigt schreiben. Sie soll wie mit Zungen über die kommen, die sie hören.» Eiligen Schrittes stürmte er in seine Studierstube davon, mit einem Eifer, den sie lange nicht an ihm erlebt hatte.

«Alles wird wieder gut», träumte sie. Doch am Abend starben die beiden an der Pest erkrankten Knaben, die ihnen als Kostgänger anvertraut waren. Aus Lüneburg kam der eine, der andere aus Straßburg. Mit wie viel Gottvertrauen und Zutrauen in das für seine Burse berühmte Luther-Haus hatten ihre Eltern sie ausgesandt, den rechten Glauben zu lernen. Und nun kamen sie nie mehr zurück.

«Ich will nicht, dass du Martinchen und Paulchen nach Torgau in die Lateinschule entsendest. Es ist eine Schande für unser Haus, in dem wir alljährlich fremde Kinder aufnehmen, damit sie zu Wittenberg ausgebildet werden, und du schickst deine Söhne fort, als wärest du und die ganze Leucorea nicht fähig, sie selbst zu lehren.» Katharina sah ihren Martinus aus Augen an, wie Kiesel so hart. Selbst ihre sonst so weiche, warme Stimme, in der noch im größten Schmerz etwas jugendlich Frisches mitschwang, war unerschütterlich fest. Sie war entschlossen zu kämpfen. Luther sah es ihr an. Flüchtig reizte es ihn, ihr allein deshalb Paroli zu bieten, ihr den Herrn im Haus zu beweisen. «Aber warum?», besann er sich sofort. «Es sind ihre Kinder. Sie tritt für sie ein. Mit vollem Fug und Recht.» Blinzelnd setzte er die Brille ab. Der vermaledeite Wittenberger Brillenmacher schliff Gläser, mit denen er schlechter sah als ohne. Er musste ihm doch einmal wieder den Marsch blasen.

«Was schweigst du? Willst du mir wieder mit Paulus kommen?», fragte sie aggressiv. «Mit Demut und Gehorsam und klösterlichem Schweigen?»

«Für diesmal nicht.» Er genoss ihre Überraschung. «Ich hätte sie auch ohne deinen Parforceritt daheim gelassen. Hans ist mir Beispiel genug, dass die Fremde nicht heilt, was der Fleiß zu wünschen lässt.»

«Du bist zu streng mit deinen Kindern.» Die wilde Entschlossenheit, sich nicht kleinkriegen zu lassen, flaute ab und verließ ihre Muskeln mit einem Zittern. «Es sind nicht Schläge allein, die ein Kind verzagt machen. Auch die zu hohe Erwartung der Eltern ist ein Schmerz, der scheu macht und den Geist ängstigt, sodass er nichts mehr aufnehmen kann, weil er schon vor dem Beginnen zu wissen meint, es werde am Ende doch niemals genügen.»

«Weiber!» Luthers gute Laune verflog. «Immer verzärteln sie ihre Kinder und halten den Rockzipfel über sie, dass sie weich werden und schwach und nichts mehr zuwege bringen im späteren Leben und den Eltern auf der Tasche liegen als wie die Junker und Spitzbuben.»

«Kerle!» Katharina hätte beinahe laut gelacht, als sie seinen Gesichtsausdruck sah. Verblüfft, erschrocken, empört und alles zusammen, so starrte er sie an, weil seine allzeit vornehm zurückhaltende Frau einen Ausdruck in den Mund nahm, als wäre sie in der Gosse geboren. Als hätte sein Blick einen Funken an ihre Lust gelegt, spürte sie es in ihrem Innersten aufflackern und beugte sich ihm unwillkürlich entgegen. Seit Lenchens Tod hatten sie einander nicht mehr in Liebe berührt. Wie verdorrt hatten sie beisammengelegen, einander den Rücken zugekehrt, kaum dass sie ins Bett gefallen waren. Sie hatte vergessen, sich nach der Berührung seiner Haut zu sehnen, sei es auch bloß an den Wangen, dem Grübchen im Kinn, den Ohren, die nur mit den Läppchen unter den ergrauten Locken hervorlugten und zum Anknabbern reizten, als wären sie aus rosigem Marzipan.

«Catena!» Da war sie wieder, die Stimme wie ein Streicheln, die nur ihr gehörte, die niemand je von der Kanzel herunter vernahm. Und das goldene Licht in seinen Augen, in das sie sich verliebt hatte, als sie noch nicht einmal wusste, was Liebe war. Sie lächelte, als sie ihn küsste und seine Lippen ihr Lächeln mitformten, bis ihr Atem in der Umarmung verschmolz.

«Weil immer alles geht, wie es gehen will»

(1546–1552)

«Weder Martinus noch ich hätten gedacht, dass es unsere letzte Umarmung in Liebe war.» Katharina blickte zu Barbara von Warbeck auf, der sie in den langen Wochen ihres Siechtums aus ihrem Leben berichtet hatte. «Aber leider hatte Gott es in seinem unerforschlichen Plan so beschlossen. Und als Martinus mich wenige Tage vor meinem Geburtstag anno 1546 verließ, um zu Eisleben, seiner alten thüringischen Heimatstadt, in einem schrecklichen Erbstreit der mit ihm eng befreundeten Grafen von Mansfeld das Schiedsrichteramt auszuüben, nahmen wir unwissentlich Abschied für immer.»

Obwohl Luthers Tod nun schon sechs Jahre zurücklag, schwankte Katharinas Stimme noch immer, wenn sie davon sprach. Zugleich tat es unendlich gut, sich alles einmal von der Seele zu reden.

«Wie ungern ließ ich ihn um diese Jahreszeit ziehen, müde und ausgebrannt, wie er war, und nur von dem einen Wunsch erfüllt, bald einen kurzen, gnädigen Tod zu erleiden. Am liebsten wäre ich mitgefahren. Aber wer sollte sich dann um Haus und Hof kümmern? Und was hätten die Leute geredet, die uns doch sowieso nachsagten, Martinus stünde unter meinem Pantoffel und habe daheim den Tisch von unten bemalt, damit er es darunter als in seinem Zimmer schön habe. So stand ich wie so oft in unserer Ehe und musste ihn gehen lassen, wie schon Salomon sagt, weil immer alles geht, wie es gehen will.»

Katharina nahm einen Schluck aus der Tasse, die ihre Gastgeberin ihr an den Mund setzte. Es war Kamillenaufguss, aber zu dünn zubereitet. Muhme Lene hätte die Hände darüber zusammengeschlagen.

«Es war Luthers Erfüllung und sein Fluch, immer zuerst für andere da zu sein und der Obrigkeit zu gehorchen, als habe Gott selbst ihn gerufen. Jeder wusste es, auch der Kurfürst, der ihm nur ungern Dispens zu dieser Reise erteilte, die er als Zumutung empfand, zumal sie schon zweimal vergeblich gewesen war. Doch die ‹mansfeldischen Sauhändel› um Silberbergwerke, Schulden und den Unterhalt von Kirchen und Schulen wären auch ihm lieber beigelegt gewesen; und also gab er dem Drängen der Thüringer nach. Melanchthon, der Martinus begleiten sollte, war zu krank, doch fuhren unsere drei Söhne mit ihrem Präzeptor und Johannes Aurifaber mit, der Hofprediger zu Weimar war und sich an den Schriften der gesammelten Tischreden meines Gemahls dumm und dämlich verdiente. Gott sei Dank kam Justus Jonas unterwegs in Halle dazu, dem Martinus und ich von allen Freunden am meisten vertrauten. Nach fünftägiger Reise wurden sie an der mansfeldischen Grenze von einer berittenen Hundertschaft der Grafen empfangen und nach Eisleben geleitet. Martinus aber war bereits leidend. Er hatte sich schwer erkältet und war unter den alten Anfechtungen so schwach, dass man um sein Leben bangte. Als ich davon erfuhr, war meine Angst um ihn fast übermächtig. Natürlich sandte ich ihm alle meine Hausmittel und was er wollte mit vielen lieben Briefen zu.

Erst nach seinem Tode erfuhr ich, dass Martinus seinen Tod für gewiss erahnt hatte, doch in all seinen Antwortschreiben an mich suchte mein lieber Herr Doktor meine Angst zu beschwichtigen, meine Befürchtungen zu zerstreuen und sandte mir noch kurz vor seinem Ableben frische Forellen, die ihm die Fürstin geschenkt hatte. Melanchthon hingegen – nicht mich – bat er dringend um ein Ätzmittel aus seinem Studierzimmer, welches er brauchte, um die künstliche Wunde an seinem Bein offen zu halten, die wegen des Bluthochdrucks als ständiger Aderlass angelegt worden war.

Seine letzte Nachricht an mich lautete, die Grafen hätten sich in seiner Gegenwart mit Gottes großer Gnade versöhnt. Er hoffe, in wenigen Tagen glücklich heimzukehren. Das war drei Tage vor seinem Ende, welches ihn zu Eisleben mit schweren Beklemmungen ereilte, bis er im Frieden mit Gott selig entschlief.

Justus Jonas schrieb noch in der Nacht des Todes an den Kurfürsten und die Wittenberger Freunde, die mich schonend auf diese Nachricht vorbereiten sollten. Wie sie im Morgengrauen zu dritt über den Hof zu mir kamen, blieb mir das Herz stehen, noch ehe sie sprachen, denn Martinus' Geist rührte mich an. Melanchthon, dessen feine Art sich in schweren Zeiten wie Balsam über gemarterte Seelen legen kann, weinte ob meines Schmerzes und hielt mich zum Trost in den Armen. Weiß nicht, ob ich sonst in meiner Angst um die Söhne, die ohne mich am Leichnam ihres Vaters saßen, nicht sogleich hätte anspannen lassen.

Dass der Herr meinen lieben, teuren Martinus von mir genommen, war Schmerz. Dass er ihn in der Ferne von mir genommen, ohne meine Pflege, meine Hilfe, meinen Trost, meine Liebe, ohne Abschiedskuss, ohne einen letzten Blick, war Qual.»

Barbara von Warbeck führte ihr Schnupftüchlein, das sie als neusten Modeschrei aus Frankreich bei sich führte, an Augen und Nase, als sie die glitzernde Tränenspur beobachtete, die sich aus Katharinas geschlossenen und dennoch überquellenden Lidern ihren Weg über die Wange bahnte und sich im Mundwinkel wie in einer Mulde sammelte, ehe die Kranke weiterzusprechen vermochte. Veit von Warbeck, ihr Gatte, war Domherr zu Altenburg und Vizekanzler des Kurfürsten gewesen, und als er starb, hatte sie um ihn geweint, aber doch nicht so, aus so herzinniger Liebe. Dass es so etwas gab! Wie würden die Freundinnen staunen und mitleidsvoll in ihre Tüchlein susen, wenn sie ihnen beim nächsten Damenkränzchen davon erzählte.

«Die Mansfelder wollten Luther noch im Tode am liebsten für sich behalten», fuhr Katharina endlich beherrscht fort. «Doch Gott sei Dank befahl der Kurfürst es anders, sodass sie seine leiblichen Überreste nach Wittenberg führen mussten. Zu der Zeit aber, da ich Kunde von seinem Tode erhielt, feierten sie zu Eisleben schon Luthers Totenbegängnis und legten den Leichnam in einen eilends gegossenen Zinnsarg. Mehrere Tage lang währte danach die Überführung, weil die Menschen in den Straßen und Gassen und selbst über Land herbeiströmten, um den Trauerzug zu sehen und den Reformator ein letztes Mal zu ehren. So brach der 22. Februar an, an dem mein lieber Herr, früh um neun Uhr, nach Wittenberg kommen und in der Schlosskirche beigesetzt werden sollte.

Einen solchen Zug hatte wohl niemand noch gesehen. Allen voraus schritten die Geistlichen und Magister. Hinter ihnen ritten hoch zu Ross die kurfürstlichen Abgesandten mit den beiden Grafen von Mansfeld und deren sechzig Reisigen. Hinter ihnen wurde Martinus auf seinem letzten Weg in einem vierspännigen Rappenwagen gefahren. Meine Maruschel und ich waren ihnen so weit als möglich entgegengefahren und kutschierten nun in unserem eigenen Wagen zunächst hinter Martinus. Hinter uns schritten unsere drei Söhne mit allen Blutsverwandten. Danach kamen die Edlen der Leucorea, hinter ihnen Martinus' beste und älteste Freunde, gefolgt von den anderen Professoren, Magistern und Studenten, Patriziern, Bürgern, Bauern, einfachen Leuten, Männern, Frauen und Kindern. Ein schier endloser weinender, betender, wehklagender Zug, zogen wir durch das Elstertor in die Stadt, an unserem Haus vorbei, über den Markt und die Schlossgasse hinab bis in die Schlosskirche.

Maruschel weinte während der Leichenpredigt und schluchzte die ganze lateinische Gedächtnisrede lang, bis sie den Sarg vor der Kanzel ins Grab senkten, und auch noch den ganzen Heimweg danach. Ich aber hatte keine Tränen mehr und nahm alles in mich auf, dass es mir ewig unvergesslich bliebe, und hatte nicht einmal die Totenmaske zu küssen, die sie von meinem Liebsten genommen, denn sie war dem Kurfürsten zu Eigen.»

Barbara von Warbeck schluchzte laut. Sie konnte sich den Zug leibhaftig vorstellen. Die vornehmen Herren in ihren Prunkrüstungen, die Fahnen schwarz umflort, die edlen Rappen mit den wehenden schwarzen Federbüschen vor dem vornehmen Lafettewagen und dem glänzenden Sarg auf seiner mit langen Fransen besetzten Decke. All die weinenden Menschen dahinter und die Lutherin, die keine Zähre vergoss, während das einzige ihr gebliebene Töchterlein sich im Kummer um den herze Vater verzehrte und die drei stolzen Söhne sich mannhaft die Tränen verbissen, sie aber doch nicht unterdrücken konnten, als der Kinderchor wie die Engel zu singen begann.

Katharina sah ihr mitleidig zu, wie sie das Schnupftüchlein so zierlich zu handhaben wusste, und bereute fast, sie ins Vertrauen gezogen zu haben.

«Der Kurfürst versicherte mir schriftlich sein Beileid und seine treue Sorge für die Meinigen und mich», sagte sie lauter als zuvor, um das Schluchzen der mitleidigen Warbeckerin zu übertönen. «Ich löste die Tischgesellschaft auf. Es schien mir unerträglich, sie beizubehalten. Auch wusste ich nicht, würde der Kurfürst das Testament anerkennen, das Martinus zu meinen Gunsten verfasst hatte, oder mich ins Elend stoßen. Es klang mir der Satz plötzlich überlaut in den Ohren, den einst ein Freund zu mir gesagt hatte, als es um den Besitz des Luther-Hauses ging und er wissen wollte, ob der Kurfürst es uns als Geschenk angeboten habe. ‹Nehmt's an!›, sagte er. ‹Hat man Christus vergessen, so vergisst man des Luthers auch wohl.›»

«Wie könnte irgendjemand diesen unsterblichen Mann wohl jemals vergessen?», rief Barbara von Warbeck aus und schob ihr Schnupftüchlein in ein seidenes Schnupftüchleintäschchen, das an ihrem Gürtelband hing. «Teuerste Frau Lutherin, wie durftet Ihr daran denn wohl einmal nur denken?»

Katharina faltete die Hände über der Brust. «Martinus dachte es selber ja auch, denn er hatte mich, nicht die Kinder, in seinem Testament zur Alleinerbin bestimmt, damit ich den Kindern geben solle wie seit eh und je, nicht aber von ihnen abhängig werden würde. Auch sollte ich ohne Vormund bleiben und selbst Vormund meiner Kinder sein. Wir Ihr wisst, werte Gevatterin, ist das gesetzlich nicht zulässig. Doch mein Martinus hasste das Witwengesetz, wonach einer Wittib nach vielleicht Jahrzehnten der Arbeit in Haus und Hof weiter nichts zu verbleiben hat als ein Stuhl und ein Rocken. Er verlangte, man müsse das Wort des Gesetzes vom Stuhl umdeuten in Haus und Hof und das Wort Rocken als Lebensunterhalt verstehen. Nicht die Mutter solle den Kindern, sondern die Kinder der Mutter untertan sein, wie sie es auch zu Lebzeiten des Vaters dem Vater gegenüber waren. Doch wer, gute Frau, würde wohl so weit gehen? Kaum jemand, ganz recht, so sah es mein Martinus auch. Deshalb wollte er mit seinem Testament ein Exempel statuieren und gab mir damit zugleich den schönsten Liebesbeweis über den Tod hinaus, und das öffentlich, vor aller Augen.

In seiner weisen Voraussicht nahm er voraus, dass uns nach seinem seligen Ableben die volle Wucht der durch seine Macht zurückgehaltenen Missgunst und Anfeindungen treffen würde, die mir schon zu seinen Lebzeiten häufig von Neidern und Feinden entgegengebracht worden waren, welche mich verleumdeten und schmähten. Deshalb hatte er das Testament so hieb- und stichfest wie irgend möglich formuliert, es in die Gestalt einer Leibgedingeverschreibung gekleidet, von seinen drei besten Freunden unterschreiben und zusätzlich ins Gerichtsbuch der Stadt eintragen lassen.»

«Und? Und? Kam es durch?» In Testamentsfragen und Erbschaftsangelegenheiten hatte Barbara von Warbeck ihre eigenen Erfahrungen gemacht. Luthers Überlegungen rannten bei ihr offene Türen ein.

«Der Kurfürst stand zwar auf meiner Seite und wollte es zulassen, doch da es gegen das geltende Gesetz war, gab es lange und harte Verhandlungen. Der Kanzler Brück, dieser gehässige Lügner und Erzspitzbube, war wie immer mit großem Ernst wider mich, weil er schon zu Luthers Lebzeiten mutmaßte, ich durchschaue das Leben bei Hofe zu genau und habe meinen Gemahl gegen die Obrigkeiten aufgehetzt, sodass die Reformation am Ende womöglich mehr auf meinem als auf Luthers Mist gewachsen sei. Es war daher sein ganzer Ehrgeiz, mir endlich ein für alle Mal den Herrn zu zeigen und mir mit dem Wickel der Witwenhaube endgültig den Mund zu verbieten. Selbst Philippus Melanchthon und sein bester Freund Caspar Cruciger, meiner verstorbenen Cousine Witwer und daher mein Gevatter, die beide das Testament mit Johannes Bugenhagen unterzeichneten, wollten mich im Stich lassen. Zum guten Schluss aber hielt der Kurfürst seinem Reformator Wort und erklärte das Testament für gültig. Allerdings unter dem Vorbehalt der Vormundschaft für mich und die Kinder durch von mir vorgeschlagene Herren. Diese waren mein Bruder Hans von Bora, Luthers Bruder Jacob für die Kinder und Cruciger mit Melanchthon, die sich freilich weiterhin wanden wie ein Aal und nicht recht wollten, sowie andere gute, standfeste Freunde.»

«Und wie viel war es, was Ihr erbtet?»

Auf eine solche Frage hätte Katharina in Zeiten ihrer Gesundheit wohl kaum geantwortet. An der Schwelle ihres Todes spielte es keine Rolle mehr, zumal ihr Sohn Paul in die Familie von Warbeck einheiraten und seine Vermögensverhältnisse offen legen würde. «Mit allen Liegenschaften und zu versilbernden Werten kamen auf mich wohl neuntausend Gulden und auf die Kinder weitere dreitausend Gulden.»

Der Warbeckerin blieb der Mund offen stehen. So viel! Mit neuem Respekt musterte sie die Kranke, die fast bewegungsunfähig niedergestreckt lag und es doch geschafft hatte, aus einem heruntergekommenen Haus, das kaum den Namen wert war, und im Angesicht eines Mannes, dem das Einkommen stets wie gewonnen, so zerronnen war, einen Besitz zu erwirtschaften, der sich sehen lassen konnte. Ihre Anna machte also gar keine so schlechte Partie mit Paul Luther, obwohl der nur ein Bürgerlicher war.

«In meinem ersten Schmerz hatte ich meiner Schwägerin Christina von Bora durch meinen Sohn Martin einen Brief schreiben lassen.» Katharina tastete nach einer Mappe unter ihrem Kopfkissen, in er sie allerlei Kleinigkeiten aufbewahrte, die sie zum Trost und zur Erinnerung immer wieder einmal zur Hand nahm. Das Bildchen der kleinen Lene etwa, das sie Martinus einst auf die Veste Coburg gesandt hatte, und eine schöne Entwurfskizze von Lene, die Meister Cranach für das große, kurz vor ihrem Tode entstandene Ölporträt gezeichnet hatte, als er den Reformationsaltar fertig stellte, dessen Aufstellung Martinus nicht mehr erleben durfte. Und auch den Entwurf des besagten Briefes, den Martin säuberlich in Reinschrift nochmals abgeschrieben und per Boten abgesandt hatte.

Barbara von Warbeck ließ sich nicht lange bitten. Trauerbriefe waren fast so interessant wie Liebesbriefe. Und hinter die Kulissen der Luther-Ehe zu schauen, wem war das schon mit eigenen Augen vergönnt? Sie las:

«Freundliche liebe Schwester! Dass Ihr ein herzlich Mitleiden mit mir und meinen armen Kindern tragt, glaub ich leichtlich. Denn wer wollt nicht billig betrübt und bekümmert sein um einen solchen teuren Mann, als mein lieber Herr gewesen ist? Der nicht allein einer Stadt oder einem einigen Land, sondern der ganzen Welt viel gedienet hat. Derhalben ich wahrlich so sehr betrübt bin, dass ich mein großes Herzeleid keinem Menschen sagen kann. Und weiß nicht, wie mir zu Sinn und zu Mut ist. Ich kann weder essen noch trinken, auch dazu nicht schlafen. Und wenn ich hätt ein Fürstentum und Kaisertum gehabt, sollt mir so leid nimmermehr geschehen sein, so ich's verloren hätt, als nun unser lieber Herrgott mir und nicht alleine mir, sondern der ganzen Welt diesen lieben und teuren Mann genommen hat. Wenn ich daran gedenk, so kann ich vor Leid und Weinen (das Gott wohl weiß), weder reden noch schreiben lassen.»

«Ach, Frau Lutherin», flüsterte Barbara von Warbeck mit einem Kloß im Hals und reichte Katharina das tränenfleckige Pergament zurück.

«Da seht Ihr, wie mir war, als ich die Tischgesellschaft auflöste. Doch schon wenige Tage später richtete ich sie wieder ein, denn das war ich meinem lieben Toten schuldig, der sich doch wohl im Grabe umdrehen würde, hätte ich alles fahren lassen um seines leiblichen Absterbens willen, obwohl ich doch weiß, wohin er ging und ich ihn lieber fröhlich im Himmel als leidend auf Erden habe.» Katharina blickte auf. «Ich machte mich auch für ein weiteres Gut stark, das nah vor Wittenberg zu Wachsdorf lag und meinen Kindern zu Eigen gehören sollte. Nach langem zähem Ringen gegen den Willen des Kanzlers Brück gestattete der Kurfürst mir endlich den Erwerb und gab mir das Geld dazu, da ich zwar ein gutes Erbe für meine Kinder angetreten hatte, aber kein Bargeld in der Lade liegen hatte, also ganz auf seine gelobte Hilfe und Fürsorge angewiesen war. Er ließ mich auch wirklich abermals nicht im Stich.

Ebenso erbarmte Herzog Albrecht von Preußen sich meiner. König Christian von Dänemark ließ mir seit langem statt Hering und Butter Bargeld zukommen und war für mich da. Die Kurfürstin von Brandenburg und die Ihren waren mir gewogen. Mein Gevatter Heinrich von Einsiedel auf Gnadstein war immer mit seiner Gemahlin für mich da. Justus Jonas hielt mir die Treue. Und Melanchthon, den Martinus als jedermanns Diener und Knecht erkannt hatte, wurde nun auch der meine. Hätte der Teufel das Blatt nicht gegen mich und alle Reformierten mit Krieg durch den Kaiser und die Papisten gewendet, alles hätte zu Ehren meines lieben toten Herrn doch noch gut werden können.»

«Der schreckliche Krieg!», rief Barbara von Warbeck. «Wir waren als Protestanten unserer Sache so sicher, als der Kaiser gegen uns rüstete. Wir lachten bloß, als es hieß, der alte Kaiser im Kyffhäuser sei auferstanden und rufe die Seinen zum Sieg für den alten Glauben.»

«Ja, zu Wittenberg hieß es auch, England werde sich mit uns verbünden, die Schweizer sich zu uns schlagen, der französische König seinen Erzfeind, den Kaiser, nicht ungeschoren erstarken lassen und dergleichen mehr.» Katharina bewegte unruhig die Füße, als müsse sie jetzt noch rennen, nichts wie rennen.

Schnell hatten sie damals begriffen, dass aus dem Ausland kein Schwert für sie aus der Scheide fuhr und Melanchthon nicht zum Anführer geboren war. Der Kurfürst rüstete zwar, aber zögerlich, als glaube er immer noch an ein Friedenswunder. Und der hessische Landgraf, der dem Kaiser geschworen hatte, sich nie an einem Krieg gegen ihn zu beteiligen oder sonst wegen Bigamie den Kopf zu verlieren, war wohl durch seine zwei Frauen bis aufs Zahnfleisch geschwächt. Er, der auf dem Konzil zu Augsburg dem Kaiser geradezu feurig getrotzt und gedroht hatte, mindestens einen oder zwei der edlen Herren mitzunehmen, sollten sie gegen ihn blank ziehen, hatte nicht mehr das Herz, loszuschlagen.

«Martinus hatte mit seinen Befürchtungen Recht», sagte sie laut, «dass die eheliche Konkubine des Herzogs von Hessen die Reformation den Sieg kosten würde. Geschwächt durch seine Sünde, wagte der Landgraf mit der protestantischen Soldateska keinen Ausfall gegen die Truppen des Kaisers, als sie sich an der Donau zum Kampf gegenüberstanden. Und bei uns in Wittenberg fiel hinterrücks Moritz von Sachsen ein, der den Kurfürstenhut wollte, den der Kaiser dem versprochen hatte, der ihn auf der Siegesstange brächte.»

Die Bilder des anrückenden Feindes drängten sich schrecklich vor ihr inneres Auge: «Die schwer gepanzerte Ritterschaft der Katholiken aus dem Meißner Land, dazwischen die leichten Reiter der aus Ungarn entsandten Husaren, schwarzhaarige Kroaten, derbe polnische Söldner, krummsäbelige Türken. Ein wilder Haufen brüllend anreitender Beutegeier, der sich auf alles stürzen würde, sei es Mann, Weib oder Kind.

Mir und den Kindern war von Papisten angedroht, sie wollten das Grab des Reformators schänden, seiner unehelichen Nonne die Fleischeslust wohl satt angedeihen und austreiben lassen und seine Kinder zu Sklaven verkaufen, so sie ihnen die Hälse nicht lang zögen. Ohne Martinus und seinen breiten Rücken erfasste mich die Angst, obwohl die Bastion den ersten Sturm gehalten hatte, sodass wir das Unsere packten, so viel wir konnten, und mit allen anderen Flüchtenden in den Winter und das Schneetreiben hinaus gen Magdeburg jagten. Als Hausverwalter blieb unser alter Wolf zurück, der mich in allem unterstützt hatte, seit ich als junge Hausfrau im Schwarzen Kloster eingezogen war.»

«Wir dachten auch daran zu fliehen», bekannte Barbara von Warbeck. «Aber keine Stadt war besser befestigt als Torgau, die Residenz. So blieben wir.»

«Wir entkamen glücklich.» Katharina fühlte sich schwach vom vielen Reden, aber die Bilder in ihrem Innersten trieben sie voran, als gelte es, sie jetzt oder nie mehr offen zu legen. «Meine Maruschel weinte fast den ganzen Weg. Obwohl ich ihr das schöne Gesicht geschwärzt, die langen Zöpfe mit Stroh und Ruß verunziert und ihren Leib zur Sicherheit in die schmutzigsten Magdlumpen gesteckt hatte, die ich im Putzplunderberg auftreiben konnte, bangte sie sehr um ihre Unversehrtheit. Und meine Söhne waren junge Gelehrte, keine Ritter. Im Ernstfall hätten wir geringen Schutz an ihnen gefunden, denn im Schwertführen waren sie ähnlich geschickt wie ihr Vater, der sich als Studiosus einmal selbst so schwer mit dem Säbel verletzt hatte, dass er auf den Tod lag.

Wir kamen aber glücklich zu Magdeburg an und fanden freundliche Aufnahme bei guten Freunden meiner verstorbenen Cousine Elisabeth von Meseritz, die lange Jahre in der Stadt gelebt hatte.

Zu meiner Trauer um Martinus und die Schrecken der Flucht kamen nun größte Sorgen meiner Güter wegen. Ganz ohne Zweifel würden zumindest die auf dem flachen Land allesamt von den feindlichen Horden aufgebracht und geplündert, vielleicht sogar gebrandschatzt werden. Wie reute mich jetzt meine stolze Freude, zu Zulsdorf unsere Porträtmedaillons über der Haustür angebracht zu haben. Zwar würde mich wohl niemand kennen, aber Luthers markante Gestalt war bekannt wie ein bunter Hund. Wüssten sie also, wem das Gütlein gehörte, ließen sie gewiss keinen Stein auf dem anderen und plünderten es aus bis auf den Grund.

Zulsdorf war mehr als ein kleiner, aber feiner herrschaftlicher Sitz mit Land drum herum. Es war Luthers Liebespfand an mich. Und es war mein einziges Erbdächlein aus dem Vaterhaus. Ich liebte das schöne, feste Fachwerkhaus mit seinem gemauerten Keller und Erdgeschoss, das nach meinen baulichen Plänen renoviert und ausgebaut worden war. In der Stube hingen die einzigen Bilder meiner Eltern, die ich besaß. In einer Ecke hatte ich einen holländischen Kachelofen einbauen lassen, den König Christian mir aus den Niederlanden zukommen ließ. Seine Kacheln in Delfter Blau zeigten Schiffe in so vielen Formen, dass meine Buben, die selbst in kleinen Einmastbooten auf der Elbe zu segeln wussten, sie nie genug bestaunen konnten.

Ich war in Tränen, dass alles das nun zunichte gemacht werden sollte. Und in Zorn auf den Landgrafen von Hessen mit seiner geilen Lust an meiner Gevatterin, auf Melanchthon mit seiner elenden Knechtsnatur, der niemals nein sagen konnte, und – ja, zum ersten Mal auch wieder auf Martinus mit seiner törichten Einfalt und seinem Kinderglauben, der gemeint hatte, es könne der Welt verborgen bleiben, wenn ein Landesherr, gleich welcher Religion, mit dem Segen der Kirche zwei Weiber nähme. Es musste das Böse wohl in die Welt kommen, wie die Bibel sagte. Aber wehe, durch wen. Und jetzt war das Wehe bei uns, den Evangelischen, denn es war ausgerechnet durch die über uns gekommen, die das Haus der Reformation mit Hammerschlägen begonnen und nun das Licht darin mit einem Hammerwurf wie zu Schilda ausgelöscht hatten.»

«Kamt ihr zurück, als die Herzoglichen die Belagerung aufgaben?», fragte Barbara von Warbeck gespannt.

«Nein.» Katharina bat um einen Schluck Kamillenaufguss, obwohl sie es möglichst vermied, zu trinken und zu essen. Die Bettpfanne war ein schreckliches Übel. «Wir blieben zu Magdeburg und in Sicherheit, denn der Kurfürst sandte uns Geld zu unserem Lebensunterhalt, und als ich ihn um Hilfe für einen Freund meines Mannes bat, half er auch ihm. Wir kehrten erst zurück, als unser Kurfürst seinen treulosen Vetter Moritz Mores lehrte und Wittenberg wieder sicher schien. Glücklich fanden wir das Luther-Haus unversehrt und unseren guten alten Wolf wohlauf. Meine Gütlein waren verwüstet, aber nicht hoffnungslos. Also krempelten wir die Ärmel hoch. Es war Frühling. Saatgut lag, wenn auch zu wenig, in meinen Kellern im Luther-Haus. Mit Gottes Hilfe sollten die Ernte gelingen und die Schäden zu überwinden sein. So dachten wir.»

Der kalte Tee rumorte im Magen. Die Blähungen verursachten Schmerzen in der zerschmetterten Hüfte, sodass Katharina die Hände in die Bettdecke krampfte, bis die Knöchel in einer weißen Reihe auf dem Handrücken standen. «Einatmen – Ausatmen – Einatmen – Ausatmen», befahl sie sich wie damals, als sie in den Wehen lag und den Schmerz mit dem Atem fortwehen ließ. Es half auch diesmal. Jedenfalls ein wenig.

Barbara von Warbeck tupfte ihr mitfühlend die feucht gewordene Stirn mit einem Leintuch ab. «Wünscht Ihr, ein wenig gewendet zu werden, damit Euer Rücken sich vom langen Stillliegen nicht vollends offene Wundmale drückt?»

«Ja, danke, ein wenig vielleicht. Wenn Ihr mir Euren Arm um die Schultern legen und mich leicht – oh, nicht so weit, nicht so rasch! – anheben wolltet?» Katharina war jedes Mal dankbar, wenn es gelang, ihre Position zu verändern. Der Strohsack war mit Heu weich gefüllt und mit einer lose gewebten Decke aus junger Schafwolle bezogen. Er lagerte auf einem nachgebenden Riemengeflecht an Stelle der üblichen Brettunterlage. Und jede Woche wurde der Strohsack frisch gemacht. Dennoch fühlte Katharinas Rücken sich allmählich an wie rohes Fleisch.

Sie hatte nie geahnt, wie brennend sie sich ersehnen könnte, einmal nur wieder auf dem Bauch zu liegen, die Beine aus dem Bett zu schwingen, sich aufzusetzen, zu gehen. Sie träumte davon, sie liefe durch Wiese und Wald, und erwachte mit einer so tiefen Enttäuschung im Bett, als habe ihre Seele den Gaukelbildern der Träume vertraut. Manchmal träumte sie sogar, sie träume und müsse bloß erwachen, damit sie daheim in ihrem eigenen Bett neben Martinus zu sich käme und ihn umarmen und küssen und rufen könne: «Ach, hab ich heute aber einen grässlichen Traum gehabt! Ich muss ihn Philippus erzählen, damit er ihn mir auslege und deute.»

Barbara von Warbeck hatte ihre Sache gut gemacht. Ihre füllige Gestalt bestand weniger aus Speck als aus festen Muskeln mit Speck. Dankbar lächelte Katharina sie an.

«Der Rest meiner Geschichte ist rasch erzählt, beste Frau Gevatterin. Wie Ihr wisst, hielt die Siegessträhne des Kurfürsten nicht lange an. Als der Kaiser auf meines Gevatter Heinrich von Einsiedels Schloss zu Gnadstein einkehrte, sandte dieser mir heimlich Boten zu, die mich warnten. Wenn möglich solle ich packen und außer Landes gehen. Die Papisten wollten Luthers Leichnam durch die Straßen Wittenbergs ziehen lassen und seine Brut mitsamt der Nonnenhexe brennen. Nun war guter Rat teuer. Heinrich von Einsiedel war kein ängstlicher Mann, ließ sich nicht leicht ins Bockshorn jagen. Riete er mir so, musste ich folgen. Nur wohin? Wieder trieb es mich zurück nach Magdeburg.

Melanchthon war dort, so viel wusste ich. Er sollte mir helfen, nach Dänemark zu gelangen, wo mir der König Hilfe und Fürsorge angeboten hatte. Da Philippus mein Vormund war, musste ich ihn um Erlaubnis zur Ausreise bitten. Er stimmte sogleich zu, geleitete mich auch nach Braunschweig, von wo aus ich mit Freunden weiterreisen wollte. Doch unterwegs hieß es wieder zurück, denn das ganze Land wimmelte von Kriegsknechten. Wir blieben also zu Braunschweig liegen, immer in der Hoffnung, es werde sich doch noch eine Möglichkeit zur Flucht bieten. Stattdessen erreichte mich die gute Kunde, Wittenberg sei trotz des Sieges der Kaiserlichen abermals gefahrlos geworden, ich könne heimkehren, wollte ich denn.

Wir wagten es nicht sogleich, denn Moritz von Sachsen war nunmehr neuer Kurfürst und unser guter Herr verwundet und in kaiserlicher Haft, sodass Meister Cranach sich vor dem Kaiser demütigte, um Gnade für Johann Friedrich zu erwirken, was ihn seine Hofmalerstelle kostete, dem Kurfürsten aber nichts einbrachte.

Endlich trauten wir dem Frieden aber doch, denn der neue Kurfürst befleißigte sich, die Leucorea zu Wittenberg und die berühmten Professoren und Magister zu umwerben, und mein guter alter Wolf war tot. Wollte ich meinen Kindern ihr Erbe retten, musste ich zurück, es komme, was da wolle.

Es war Sommer. Ich hatte wohl Mut dazu, es noch einmal zu wagen. Neue Kostgänger für die Tischgesellschaft wären gewiss bald gefunden. Saatgut wollte ich schon auftreiben, und dann könnte es im Herbst wieder losgehen.»

Wieder drängten die Bilder der Erinnerung hervor, für die Worte zu gering waren, sie zu beschreiben. Die Dörfer um Wittenberg lagen verbrannt, niedergerissen, mit Kot und Leichen übersät, wüst. Ihre Bewohner hatten die Flucht ergriffen. Wer den Kaiserlichen in die Hände fiel, wurde massakriert, geschändet, umgebracht. Die Söldner aus Spanien, die Welschen, hausten am schlimmsten. Wo sie plünderten, brandschatzten sie auch.

«Ein Gutes hatte die Mordlust der Welschen für die Wittenberger», murmelte Katharina ermattet. «Der neue Kurfürst gab sein Wort, allen Bedürftigen Saatkorn und Bauholz zu schenken oder zu leihen. Doch obwohl ich jetzt wahrlich eine arme und von jedermann verlassene Witwe war und jeden Becher verpfändete, den mir mein lieber Herr hinterlassen hatte, trat ich an diesen Kurfürsten niemals mit einer Bitte heran. Es wäre Verrat an Martinus gewesen und an der Reformation und meinem lieben Herrn Jesus Christus.

So hatte ich bald Schulden, denen freilich die Güter als Wert entgegenstanden und sie weit übertrafen. Und schnell wäre ich wohl auch wieder davon abgekommen, hätte ich nicht großen Undank von vielen erfahren, von denen ich mir wegen der Verdienste meines lieben Herrn und Reformators Hilfe erhoffen durfte, aber schmählich verlassen wurde. Vor allem wäre es mir besser ergangen, wäre nicht Moritz von Sachsen wider den Kaiser gezogen, sodass nach dem rohen Kriegsvolk des Kaisers das nicht minder grobe des neuen Kurfürsten von meinen Gütern fraß, was sie fanden.

Geblieben war mir abermals die treue Hilfe der engsten Freunde zu Wittenberg, die meines Königs Christian von Dänemark und Herzogs Albrecht von Preußen, der meinem Sohn Hans eine Ausbildung als Jurist gewähren wollte.

Wiewohl Martinus die Juristerei gehasst hatte, empfand sein Sohn große Neigung dazu. Und ich wehrte es ihm nicht. Durch ein schönes Abschlusszeugnis hat er dann später bewiesen, dass es die rechte Entscheidung war und auch die besten Väter nicht vorherbestimmen können, welchen Weg Gott ihren Kindern beschieden hat.»

Katharina atmete immer schwerer, obwohl ihr mit jedem Wort leichter zumute wurde. Aus tief eingesunkenen Augen, die gleichwohl leuchtender blau zu sein schienen als in besseren Tagen, sah sie ihre dankbare Zuhörerin an und schüttelte freundlich abwehrend den Kopf, als diese ihr nochmals etwas Kamillenaufguss einflößen wollte. Sie würde erst wieder ein wenig zu sich nehmen, wenn ihre Maruschel da wäre. Sich von der eigenen Tochter versorgen zu lassen, hatte weniger Peinliches als die Berührung fremder Hände an den heimlichsten Stellen des Leibes. «Vielleicht weil sie aus meinem Leibe gekommen ist und alles Heimliche an mir schon kennt», dachte sie und nahm sich vor, mit ihr darüber zu reden, wenn sie käme.

«Was ist denn aus Eurem Martinchen geworden?», drang Barbara von Warbecks Frage in Katharinas Gedanken vor.

«Er studiert Theologie und soll dereinst das Luther-Haus übernehmen und ein Predigeramt wie sein lieber Vater», meinte Katharina. «Er ist wohl immer noch etwas wild, wird sich die Hörner aber gewiss bald abgestoßen haben, schickt Gott ihm die rechte Frau vorbei wie meinem lieben Paul.»

Barbara von Warbeck nickte zufrieden. «Ich glaube, sie passen gut zusammen, die jungen Leute. Euer Paul ist ein heller Kopf und wird als Arzt geschätzt. Mit seinem festen, ruhigen Wesen bildet er einen guten Widerpart für meine Anna, die ihren eigenen Kopf hat und dem neuen Kurfürsten sogar die Erlaubnis abtrotzte, sich wie ein Edelfräulein kleiden zu dürfen, obwohl mein Gemahl zu Torgau das Bürgerrecht erwarb und dadurch seiner Adelsrechte verlustig ging.»

Trotz der Schmerzen, die die Erschütterung in ihrem Leib hervorrief, lachte Katharina herzhaft auf. «Das gefällt mir. Das ist schön. Nun habe ich Eure Tochter noch lieber als zuvor. Wie wäre es mir wert und recht, wolltet Ihr auch meine Tochter unter Eure Fittiche nehmen, wenn der Herr mich zu sich nimmt, und sie zu einem so selbstbewussten Fräulein fördern.»

Ihr Gegenüber wurde unvermittelt ernst. «So sollt Ihr nicht denken, Frau Lutherin. Solange noch Atem ist, ist Hoffnung. Und so Gott will, wachsen Eure Knochen wieder zusammen, dass Ihr, wenn an einem Stock vielleicht, doch noch genesen sollt.» Ein kleines Schweigen, schwer von Gefühlen, die Katharina nicht aussprechen wollte. Dann eine rasche, beruhigende Geste der Warbeckerin, mit der sie Katharinas gefaltete Hände berührte. «Wenn es Euch erleichtert und stärkt, will ich Euch aber gern Euren Willen tun und mich Eurer lieben Maruschel zuwenden, als wäre sie mein eigen Fleisch und Blut, und sorgen, dass sie zur rechten Zeit einen guten Mann von Rang und Namen bekäme, der sie lieb hat und sie ihn, auf dass eine fröhliche Nachkommenschaft aus dem Stamme Luther wachse.»

«Ich danke Euch, von ganzem Herzen.» Katharina hielt die Hand rasch mit beiden Händen fest, die ihr so freundlich entgegengekommen war. «Als Zeichen meiner Dankbarkeit will ich Euch meine Pelzschaube schenken, die ich noch kaum Gelegenheit zu tragen hatte, sie aber selbst in schlimmsten Zeiten mit mir führte, weil sie mich an die schönsten Tage mit meinem Martinus erinnert hat.»

Ein wenig Geplänkel ging hin und her und endete in lächelndem Einverständnis. Ein schwesterlicher Kuss auf die Wangen gab beiden Frauen das Gefühl, sich in wenigen Minuten nicht nur in Worten ganz nah gekommen zu sein.

«Euer Paul erzählte meiner Anna, Eure Fahrt nach Torgau mit Pferd und Wagen sei fast Hals über Kopf angetreten worden, um der Pest zu entgehen, die Wittenberg heimsuchte», fragte Barbara von Warbeck weiter.

Nickend stimmte Katharina zu. «Wittenberg und die Pest und die Cholera und der Typhus und wieder die Pest und das Fleckfieber und das Sumpffieber. Das alles nimmt kein Ende und wiederholt sich wie die Mücken über den Überschwemmungswiesen oder wie das Aufkommen der Ratten mit dem Hochwasser. Als Martinus lebte, haben wir im Luther-Haus ausgeharrt, was immer geschah. Er war mein Fels in der Brandung, mein Helfer und Tröster, und verließ auch seine Gemeinde nicht. Ohne ihn war ich ein schwankendes Rohr und gebeugt unter der Angst, auch nur einen Menschen noch zu verlieren, den ich liebe. Buchstäblich in letzter Sekunde spannte Paul unseren Wagen an, und wir fuhren der Leucorea nach, die schon zu Torgau untergekommen war. Wir hatten Sonderdispens für die Einfahrt in die Stadt erhalten, aber zu spät kommen durften wir nicht. Bis Einbruch der Dunkelheit mussten wir das Stadttor passiert haben. Danach sollten wir keinen Einlass mehr erhalten.»

Atemholend hielt Katharina inne. Jetzt wollte sie doch noch ein Schlückchen Kamillenaufguss. Langsam ließ sie ihn im Mund zergehen. So nahm auch ein kleiner Schluck den ganz großen Durst. Während sie grübelte, wie sie beschreiben sollte, was geschehen war, holten die Erinnerungen sie ein, fielen über sie her, als geschehe es jetzt, in dieser Sekunde, aufs Neue, was sie mit immer rascher fliegender Stimme hervorsprudelte. «Unterwegs holte uns ein Gewitter ein. Wie eine Wand stiegen schwarze Wolken hinter uns auf. Von den Blitzen und Donnerschlägen wurden die Pferde scheu. Paul und ich wechselten die Plätze. Er unter die Plane zu Maruschel, ich auf den Bock zu den Zügeln. Die Pferde waren mit meiner lenkenden Hand besser vertraut, so wie ich mit ihrem Wesen. Wir konnten uns nicht leisten, kostbare Einlasszeit mit störrisch bockenden Gäulen zu verschwenden.

Dann, ganz plötzlich, fiel der Regen. Wie in Schnüren brauste er herunter. Der schwere schwarzerdige Grund auf der Straße war im Nu in eine Schlitterbahn verwandelt. Die Mulden und Senken des ausgefahrenen Weges ließen sich kaum noch passieren. Rasch füllten sie sich mit Wasser auf, das der Wind in immer steileren Böen gegen uns blies. Die Pferde gingen mit hängenden Köpfen, und ich sah schon, wie sie die Ohren anlegten, als wäre es ihnen nicht recht geheuer.

In diesem Moment fuhr ein gleißender, schlohweißer Blitz in eine der Pappeln am Abwassergraben neben der Straße nieder, und die Pferde gingen durch. Kein Rufen, kein Zügeldruck, kein Griff zur Wagenradbremse neben dem Bock, nichts half, als sie rennen lassen, beruhigend Stimme halten und versuchen, trotz allem den schlingernden Wagen aufrecht zu fahren. Irgendwie.

Als es holperte und krachte und der Wagen mit einem Mal schief fiel, dass er wie Blei ins Geschirr riss, schaffte ich es endlich, die Pferde anzuhalten. Dampf stieg von den Nüstern und Flanken auf, dass er im strömenden Regen in Wolken zu sehen war. Wie kopflos sprang ich auf, wollte nach dem geborstenen Rad sehen, das neue aufschieben und versplinten, das draußen am Wagenbord hing, sah nicht hin, was ich tat, wohin ich trat, wollte nur schnell, schnell diesen Unfall beheben und sprang und sprang fehl und klatschte schwer, so schwer in den vollen Graben, mit der Seite, der Hüfte, dem Bein, auf die andere Böschung. Merkte kaum, wie es in mir brach, weil man den Schmerz gar nicht erfasst, wenn der Geist wie in Panik ist. Wühlte mich noch aus eigener Kraft aus dem matschigen Grund, schob mich über den Grabenrand zu den Pferden, hielt mich am schleifenden Zügel, der Deichsel dann fest, kroch auf meiner heilen Seite herum und biss mir die Zunge blutig im Mund, so tat es weh, bis ich auf einem Bein stand und sie mich in den Wagen zerren konnten, die Kinder, nicht schieben, um Gottes willen nicht schieben, meine Seite, meine Hüfte, mein Bein.

Erst jetzt, da ich halb oben im Wagen war, mit dem Bauch über der Kante, halb außen, halb innen, kam der Schmerz und der Schrei und dass ich von Sinnen kam und erst hier wieder erwachte. Hier in diesem Zimmer mit den schwarzen Balkendecken über mir und Euch, Eurem besorgten Gesicht mit den freundlichen Augen, und Ihr mich fragtet: ‹Frau Lutherin, Frau Lutherin, seid Ihr wach?› Und ich sagte: ‹Ja, werte Frau, ich bin wach, doch wollt ich, ich schliefe noch.›

Und das war sehr wahr, denn der Schmerz in meiner leiblichen Hülle war wüst und bissig wie die schwarzen Bären dort drunten am Schlossfels zu Hartenfels, und mir schwante, davon stehst du nimmermehr auf, es sei denn mit Gottes Wunder und Gnade.»

Katharina tastete an ihrem Hals nach der silbernen Schaumünze mit ihrem Geburtsdatum, Namen und Wappen darauf. Martinus hatte es ihr als Morgengabe nach dem ersten Beilager geschenkt. «Damit du nie vergisst, dass du auch als meine Käthe Lutherin deine Katharina von Bora bist.»

Sie hatte es nicht vergessen. Doch noch nie im Leben hatte sie so lange, so viel, so alles über ihr Leben erzählt. Warum auch? Martinus war da gewesen. Betrat er einen Raum, war der Raum voll. Auch der Raum ihres eigenen Lebens. Er hatte jeden kleinsten Winkel darin ausgefüllt, sodass ihr Leben das seine wie mit vier schützenden Wänden umschlossen hatte. Alles von sich selbst zu berichten war, wie ein Fenster in diesem Raum aufgestoßen zu haben und zu erkennen, dass es Katharina von Bora tatsächlich auch drinnen, in der Mitte des Lebens, gab.

«Mich deucht, jetzt wäre ich müde und könnte ein wenig schlafen.» Katharinas Augen wurden schwer.

Barbara von Warbeck wuchtete ihre Gestalt aus dem Armsessel neben dem Krankenlager hoch und blickte stehend auf ihren Gast nieder. «Ruht Euch getrost bei mir aus, Frau Lutherin. Das Reden war wohl zu viel für Euch. Wenn nachher Eure kleine Maruschel vom Markt und Euer Sohn, mein zukünftiger Schwiegersohn, von der Universität kommen, werden sie mit mir hadern, dass ich Eurer nicht sorgfältiger gewartet habe. In einem Stündchen schau ich wieder zu Euch herein und bringe Euch Eure Medizin.»

Katharina schlief gern auf der Seite, also legte sie den Kopf ein wenig herum. Was sollte sie auch anderes machen? Ihre Hüfte war gebrochen, der Oberschenkel ebenfalls. Es mussten komplizierte Frakturen sein. Wenn sie die verletzten Knochen abtastete, spürte sie deren Schiefe. Sie heilten nicht.

Maruschel war mit Paul, der eifrig Medizin studierte und bei seiner Promotionsrede vor aller Öffentlichkeit seiner Mutter gedankt hatte, die eine ausgezeichnete Heilpflanzenkennerin und Heilerin sei, von Pontius zu Pilatus gelaufen, ob irgendein Arzt bereit wäre, zu operieren. Niemand wagte sich an die Sache heran. Bandagen ja, Schneiden nein. «Ruhe», sagte jeder. «Stillliegen, beten, hoffen.» So lag sie und ruhte.

Der Oberschenkel baute den riesigen Bluterguss ab und wuchs allmählich zusammen, wenn auch stark verbogen. Die Hüfte blieb weich. Bei jeder Bewegung, die sie notgedrungen versuchen musste, wenn Maruschel sie wusch, ihr die Bettpfanne unterschob, das Bettzeug wechselte oder ihr ein frisches Untergewand anlegte, spürte sie die Knochenteile schmerzhaft gegeneinander knirschen.

Anfangs hatten die Kinder noch auf Heilung gehofft. Die Mutter war zwar nicht mehr jung, aber doch selten ernsthaft krank gewesen. Ihr Körper war schlank, aber kräftig, mit an schwere Arbeit gewöhnten Muskeln, festen Knochen, gesunden Organen. Paul hatte vielleicht etwas gezweifelt. Maruschel war sicher gewesen, Mutters Selbstheilungskräfte und Gottes Gnade würden es richten. Doch als die schwere Erkältung abklang, die Katharina sich bei ihrem Sturz in den Straßengraben zugezogen hatte, bildete die gallertige Knochenmasse sich immer noch nicht, die kaputte Knochen auf natürliche Weise wieder kitten kann.

Immer nur ruhen, schlafen, liegen, Medizin, ein wenig essen, etwas trinken und wieder ruhen, schlafen. Den ganzen Tag. Die ganze Woche. Die ganze Zeit. Gott allein wusste, ob es sich je wieder ändern, bessern würde. Sie sprach es nie aus, um ihren Kindern nicht noch mehr Kummer zu bereiten, als sie ihretwegen schon hatten. Aber spätestens nach den ersten vier ergebnislos verstrichenen Wochen rechnete Katharina damit, bis zu ihrem Tode ein Pflegefall zu bleiben. Nun hatte sie Zeit, all die Gebete unter Tränen nachzuholen, die sie im Luther-Haus versäumt hatte. Doch waren das die Gebete, die Gott wollte, wenn er in der Bibel verkündete, man müsse «recht beten», damit dem gegeben werde, der bitte?

Katharina versuchte, sich ein wenig auf ihrem Lager zu wenden, um das Stückchen Himmel zu betrachten, das sie zwischen Fensterlaibung, Scheibengardine und gegenüberliegendem Mauerwerk eines Nachbarhauses zu erblicken vermochte. Draußen war es kalt. Vor drei Tagen hatten sie Maruschels achtzehnten Geburtstag gefeiert und Luthers Weihnachtslied gesungen: «Vom Himmel hoch, da komm ich her», das er aus Freude über ihre Geburt geschrieben hatte.

Als Kind hatte Katharina geglaubt, die Seelen der Verstorbenen schwebten in den Wolken über den Himmel und veränderten ihre

Gestalt, um mit den seltsamsten Wolkenformen denjenigen, die Augen hatten zu sehen, ein Zeichen zu senden. Jetzt fand sie es schwer vorstellbar, wo dort oben das Elslein und das Lenchen mit ihrem Vater auf sie warteten. Nur dass sie warteten, fühlte sie sicher.

Bald würden sie kommen und sie holen, er mit den Kindern rechts und links, und dann würde Martinus sie auf den Arm nehmen und aufheben und mit sich tragen, und das Goldene in seinen Augen würde glänzen. Nur für sie ganz allein.

***

Katharina von Bora starb am 20. Dezember 1552.

Einen Tag später wurde sie nachmittags um 15 Uhr mit einer großen Veranstaltung der Universität in der Torgauer Stadtkirche St. Marien beigesetzt, in der sonst nur Angehörige des Hofes ihre letzte Ruhe fanden. Bis heute ist dort ihr farbiges Epitaph zu finden, welches ihre Kinder kurz nach ihrem Tode stifteten.

Nachwort

Katharina von Bora, eine Frau aus der Zeit, als man noch Hexen verbrannte und der Wahn umging, die Erbsünde sei allein durch «Weiberungehorsam» in die Welt gekommen, sodass Frauen der Mund unter einer Haube verbunden und jede eigenständige Handlung verboten wurde. Eine solche Frau wagt es, sich über alle Regeln und Moralvorstellungen hinwegzusetzen, ihren Ehemann selbst zu wählen und ihm offiziell ihren Heiratsantrag überbringen zu lassen: «Sagt dem Doktor Martinus, ihn würde ich nehmen.»

Wohl keine Frau der Geschichte hat mich mehr fasziniert als diese weltberühmte Unbekannte an der Seite Martin Luthers, des Reformators. Wenig Gesichertes ist von ihr überliefert und das wenige stets durch die Wahrnehmung ihres Gatten gefiltert, der Briefe an seine Frau schrieb, Briefe über sie schrieb und in Tischreden über sie sprach. Worte voller Zärtlichkeit, Bewunderung, Respekt, Besorgnis und auch Tadel. Doch zu diesem wenigen gehört ihr Heiratsantrag, der wie ein Lauffeuer in Luthers Freundeskreis die Runde machte.

Sie muss eine charismatische Frau gewesen sein, diese Katharina von Bora. Wie gern hätte ich sie persönlich kennen gelernt, mit ihr gesprochen, ihre Meinung erfahren, von ihr selbst gehört, was die Welt nur durch Luther erfahren hat, und in ihr Herz geschaut. Die einzige Möglichkeit dazu bestand darin, mich in historischen Dokumenten und Archiven, den Orten ihres Lebens und der Literatur auf Spurensuche zu begeben.

Ich begann mit der Literatur, die sich alsbald auf über einen Meter Bücher über Katharina selbst, Martin Luther und seine Zeitgenossen, die Reformationszeit als Epoche, ihre Stil- und Modegeschichte, medizinisches und Hebammenwissen der Zeit, das Leben in Nonnenklöstern und Kirchengeschichte, Berichte über Pilgerreisen der Zeit, moderne Reiseführer, historische Landkarten, Forschungen zur Stadtgeschichte etwa von Torgau, Wittenberg, Brehna und Grimma mit Nimbschen, Sagen der Regionen und vieles mehr in meinem Bücherregal erstreckte. Zu den ergiebigsten Büchern gehörten für mich: «Katharina von Bora, Luthers Eheweib» von Günter Luther aus dem Jahr 1992; «Zu Haus bei Martin Luther. Ein alltagsgeschichtlicher Rundgang» von Antje Heling aus dem Jahr 2003; «Katharina von Bora.Martin Luthers Frau» von Ernst Kroker aus dem Jahr 1964 sowie «Der langsame Aufstieg des Morgensterns von Wittenberg. Eine Studie und eine Erzählung über die Herkunft von Katharina von Bora» von Wolfgang Liebehenschel aus dem Jahr 1999.

Die Lektüre erschloss mir erste Namen und Verwandtschaftsbeziehungen zwischen Katharinas Großfamilie, denen ich durch intensive Recherchen im Internet nachging. Dessen Suchmaschinen erwiesen sich als Fundgruben der Ahnenforschung, sodass ich familiäre Verbindungen aufdeckte, die nachweisen, dass Katharina von Bora keineswegs aus unbedeutendem, armem Landadel stammte, wie bisher angenommen, sondern mit den Vornehmsten des Landes verwandt und verschwägert war.

Hinweisen aus der Literatur folgend, befasste ich mich intensiv mit Berichten von Pilgerreisenden nach Jerusalem, die damals unter der adligen Bevölkerung einen ebenso hohen Stellenwert hatten wie die frühere Teilnahme an Kreuzzügen. Dabei stieß ich mehrmals auf persönliche Schriften von Adligen, deren Häuser in direkter verwandtschaftlicher Beziehung zu Katharina von Bora standen. Auch Katharinas hochadliger Großvater Hans von Bora alias Hans von Mergenthal der Alte veröffentlichte seine Erfahrungen, aus denen hervorgeht, dass er bereits als junger Edelknecht Hans von Bora an einer solchen Pilgerreise teilnahm, ehe er wenig später im Jahr 1465 zum Reichsritter erhoben und unter einem neuen Namen zum zweiten Mal übers Meer ins Heilige Land fuhr.

Den einstigen Reichtum und damit auch den gesellschaftlichen Status derer von Bora bzw. von Mergenthal kann man bis heute an ihren Rittersitzen zu Wendischbora und Deutschenbora ablesen, die zwar baulich heruntergekommen, aber nach wie vor imposant anzusehen sind. Ebenso eindrucksvoll erheben sich die Sitze der angeheirateten Familienangehörigen aus dem Hause von Haugwitz, von Schönberg, von Ende, von Reinsberg, von Kauffungen und anderen.

Das Haus von Mergenthal ist bis ins 18. Jahrhundert auf den Gütern von Katharinas Großvater nachzuweisen. Welchen Rang es hatte, lässt sich unter anderem daran ablesen, dass der Letzte dieser Dynastie, August Philipp von Mergenthal, Senior-Prälat und Domherr zu Meißen, mit Billigung seines Landesherrn den bis heute existierenden Ort Mergenthal gründete, um seinen berühmten Namen nicht untergehen zu lassen.

Im Zusammenhang dieser Ahnenforschung studierte ich auch einen so genannten «Geschlechterzug», dessen Stammelternpaar Katharinas Großmutter Anna von Schönberg mit dem Großvater Hans von Mergenthal dem Alten samt deren gemeinsamen Kindern und allen ihren Nachfahren sind. «Geschlechterzüge» waren damals hoch in Mode. Wer auf sich hielt und es sich leisten konnte, ließ sich einen solchen bebilderten Stammbaum malen. Der «Geschlechterzug» des Hauses von Mergenthal befindet sich bis heute in Deutschenbora, dem einstigen Erbsitz derer von Bora, den man immer noch durch ein hohes Rundbogentorhaus betritt, in dessen Scheitel das Hauswappen mit den Initialen A. P. V. M. des letzten Besitzers verwittert. Unmittelbar gegenüber diesem Torhaus erhebt sich die einstige Hauskirche, in deren Gruft die Gebeine der Hausfrauen und Hausherren ruhen, deren verwitterte Epitaphien sowie die geschlossene Patronatsloge ihre Wappen zeigen. Entlang der offenen Empore aber erstreckt sich der Öl auf Holz gemalte Geschlechterzug, welcher mit Nameninschriften und Wappentafeln alle Familienmitglieder einzeln aufführt.

Beginnend mit einem Bibelspruch aus Joel 1,4 zur Heuschreckenplage: «Ein Geschlecht vergeht, das andere kommt», reihen sich die Geschlechtstafeln auf, bis sie mit dem Vers enden: «Das Mergenthalsche Geschlecht wird jetzt durch mich beschlossen. So viele Jahre hat in Sachsen-Land florirt; Die Zeit, so Gott gesetzt, ist bey ihm nun verflossen, Ich soll der Letzte seyn, so diesen Namen führt. Gottlob, dass jederzeit sich's rühmlich hat verhalten, In all seinem Thun den

Höchsten lassen walten. Es ist genug, es ist vollbracht! Nun ist es aus! Welt gute Nacht! August Philipp von Mergenthal.»

Vergleicht man das unter einem Frauengebände sichtbare Gesicht der Großmutter Anna von Schönberg mit Gemälden Katharina von Boras, fallen die fein gezeichneten Brauen und großen Augen als Familienmerkmale auf. Die lange, kräftige Nase hingegen ähnelt der des Großvaters.

Als aufregendste Entdeckung erwies sich die Inschrift zur Herkunft dieses Großvaters, die besagt: «Im 1.4.1476 Jar am Dienstag nach Invocavit ist Herzog Albrecht von Sachsen mit seinen Retern und Dinern von Dresden ausgezogen nach dem Heiligen Lande. Also seiner fürstlichen Gnaden Rat und Diner Hans der Alte von Mergenthal zu Klitse wohnhaftig mitgezogen und den Ritterstand an sich genommen, derselbige ist nach Andreä des 1.4.80 Jahreszeit zu Torgau in der Pfarrkirchen begraben.»

Ganz eindeutig ist damit nachgewiesen, dass Hans von Bora alias Hans von Mergenthal mit seiner Ehefrau Anna von Schönberg nicht, wie bisher angenommen, zu Hirschfeld oder Deutschenbora lebte, sondern zu Klietzen, einem kleinen Ort nahe Bitterfeld und Brehna, wo sich jene Klosterschule befindet, in der Katharina in ihrem sechsten Lebensjahr eingeschult wurde. Die Ortsgeschichte weist für Klietzen einen Rittersitz aus, der noch im 18. Jahrhundert bestand, heute aber verloren ist. Ebenso ist ein Hans von Bora mit einem Sitz zu Lausigk nahe Klietzen zu Katharinas Lebzeiten urkundlich nachzuweisen, der keine männlichen Nachkommen hatte. Dieser ist meiner Meinung nach Katharinas Bruder Hans, der die Besitzungen zu Klietzen mitsamt Lehen erbte.

Ebenfalls aus den Inschriften des Geschlechterzugs geht hervor, dass nicht Katharinas Vater, sondern Hans von Mergenthal der Junge, Halbbruder von Katharinas Eltern, den Rittersitz Hirschfeld aus dem von-Bora-Leibgedinge der Mutter erbte, dort lebte und auch starb. Da er beim Tode des Vaters noch ein Kleinkind war, wuchs er mit seiner Mutter und deren zweitem Ehemann Jan von Haugwitz auf Schloss Hirschstein an der Elbe auf. Zum Zeitpunkt seines Todes im

Jahr 1506 besaß das Haus von Mergenthal noch keine eigene Hauskirche, konnte oder wollte aber wegen des neuen Namens die Grabkapelle des Hauses von Bora in der Klosterkirche zu Altzella nicht mehr nutzen. Aus diesem Grund wurde Hans von Mergenthal der Junge in der Nachbarkapelle, der Grabkapelle der Wettiner Landesfürsten, beigesetzt; eine Ehrung, die ebenfalls auf den hohen Status der Familie verweist. Erst seine Nachfahren erbten auch Deutschenbora aus dem Leibgedinge-Nachlass der Mutter, den der Stiefvater bis dahin verwaltet hatte.

Hans von Bora hatte folglich zu keiner Zeit auf Hirschfeld oder Deutschenbora gewohnt. Mithin kann auch seine Tochter Katharina nicht dort geboren sein.

Für mich stellte sich somit die Fragen, wer war Katharinas Vater Hans von Bora, wo lebte er mit seiner Frau Anna von Haugwitz und wo wurde Katharina geboren? Wieder half mir das Studium der Sekundärliteratur sowie der Ahnenforschungsangebote des Internet. So besagen unter anderem das Zedler Universal-Lexikon, die Ahnenliste der Minna Salzmann, die Allgemeine Deutsche Biographie, die Forschungen Fritz Fischers sowie der Nachlass Friedrich Kleins und eine handschriftliche Notiz einer Wittenberger Rechtsanwaltsgattin namens Hofmann zur Familie von Mergenthal, dass Hans von Bora alias Hans von Mergenthal der Alte in erster Ehe mit Elisabeth von Schleinitz verheiratet war, die aus einem der berühmtesten Adelshäuser des Landes stammte und zu Wolffen bei Bitterfeld, nahe Klietzen, zu Hause war. Der Name Schleinitz, so heißt es dort, leite sich aus dem Wendischen ab und bedeute eine schöne Rose. Darauf verweisen die drei Rosen im Wappen des Hauses, die sich später in einem Fensterwappen derer von Bora zu Lippendorf wiederfinden.

Denselben Quellen ist zu entnehmen, dass besagter Hans von Bora alias Hans von Mergenthal der Alte aus seiner ersten Ehe mit Elisabeth von Schleinitz Kinder hatte, und zwar einen Sohn Hans, eine Tochter Maria und einen weiteren Sohn Alexius. Letzterer habe seinen Vater als Knappe auf einer Pilgerreise nach Jerusalem begleitet und sei später ein enger Freund des Studenten Martin Luther geworden. Als er auf tragische Weise bei einem Duell oder einem schrecklichen Unfall ums Leben kam, sei Luther in eine tiefe Depression gefallen. Von Furcht vor Gottes Zorn erfasst, gelobte er wenige Tage nach dem Tod des Freundes, ins Kloster zu gehen, falls er vor einem Blitzschlag gerettet würde. Am Namenstag des Freundes erfüllte er sein Gelöbnis.

Wenngleich bisher kein Dokument gefunden wurde, welches die erste Ehe des Hans von Bora alias Hans von Mergenthal der Alte mit Elisabeth von Schleinitz beweist, erscheinen mir die Nachweise der Ahnenforschung überzeugend und ergänzen die vorhandenen Fakten so schlüssig, dass sie zur Basis meines Romans wurden und mich dazu inspirierten, Katharina von Bora vor meinen inneren Augen lebendig werden zu lassen.

Ihr Vater, Hans von Bora, ist deshalb in meinem Roman der Sohn des Hans von Bora alias Hans von Mergenthal der Alte aus erster Ehe und Erbe der väterlichen Burg zu Klietzen nahe dem Sitz der mütterlichen Verwandtschaft zu Wolffen bei Bitterfeld und Brehna. Auf dieser Burg zu Klietzen lebt er mit Katharinas Mutter. Dort wird Katharina geboren und später als Adelstochter aus dem nahen Umland im Kloster zu Brehna eingeschult. Dort haust zuletzt Katharinas Bruder Hans von Bora ohne männlichen Nachwuchs und wird mit seinem Lehenssitz im nahen Lausigk aktenkundig.

So mischen sich Rechercheergebnisse mit Phantasie zu einem neuen Ganzen.

Karin Jäckel
26. September 2005
www.karin-jaeckel.de